# 美国史研究的
# 传承与创新

### 纪念历史学家丁则民
### 诞辰百年论文集

梁茂信　主编

中国社会科学出版社

**图书在版编目（CIP）数据**

美国史研究的传承与创新：纪念历史学家丁则民诞辰百年论文集／
梁茂信主编 . —北京：中国社会科学出版社，2019.7
ISBN 978 - 7 - 5203 - 4707 - 5

Ⅰ.①美…　Ⅱ.①梁…　Ⅲ.①美国—历史—文集
Ⅳ.①K712.07 - 53

中国版本图书馆 CIP 数据核字（2019）第 144733 号

| | | |
|---|---|---|
| 出 版 人 | 赵剑英 |
| 责任编辑 | 张　林 |
| 特约编辑 | 张　虎 |
| 责任校对 | 周晓东 |
| 责任印制 | 戴　宽 |

| | | |
|---|---|---|
| 出　　版 | 中国社会科学出版社 |
| 社　　址 | 北京鼓楼西大街甲 158 号 |
| 邮　　编 | 100720 |
| 网　　址 | http://www.csspw.cn |
| 发 行 部 | 010 - 84083685 |
| 门 市 部 | 010 - 84029450 |
| 经　　销 | 新华书店及其他书店 |

| | | |
|---|---|---|
| 印　　刷 | 北京明恒达印务有限公司 |
| 装　　订 | 廊坊市广阳区广增装订厂 |
| 版　　次 | 2019 年 7 月第 1 版 |
| 印　　次 | 2019 年 7 月第 1 次印刷 |

| | | |
|---|---|---|
| 开　　本 | 710 × 1000　1/16 |
| 印　　张 | 35.5 |
| 插　　页 | 2 |
| 字　　数 | 545 千字 |
| 定　　价 | 168.00 元 |

丁则民（1919 年 7 月—2001 年 2 月）　　王旭绘

# 前　言

丁则民先生（1919—2001 年）不仅是中国美国史研究的奠基者之一，而且也是中国世界现代史学科的奠基者之一，因而也是中国世界史学科的奠基者之一。在长达半个世纪的执教生涯中，他在学科教学、教材编写、人才培养、学术研究和对外交流等方面，为中国的世界史学科，特别是东北师范大学世界史学科发展做出了重要贡献。东北师范大学世界史学科在过去半个世纪中长期稳居国内该学科前三甲，丁则民先生功不可没。

丁则民先生系福建省闽侯县人，1919 年生于北京，1937 年入燕京大学法学院就读，1938—1942 年在西南联合大学历史系就读，获学士学位，1947 年负笈美国求学，1949 年获硕士学位后回国。之后，他在华北人民革命大学政治研究院学习一年，1950 年 11 月被分配到北京师范大学历史系，从事世界现代史与美国史的教研工作，历任讲师和副教授。1952 年全国高校院系调整时来到坐落于长春的东北师范大学工作，一直到 2001 年去世，凡半个世纪。

在东北师范大学期间，丁先生的工作与东北师范大学世界史学科的发展紧密相连。1952—1965 年，他的工作主要集中在三个方面：一是开创世界现代史学科，长期从事世界现代史教学工作，这个时期的美国史研究也是为了满足世界现代史教学工作的需要；二是从 1956 年开始到1962 年，他集中精力，编写了国内首批世界现代史教学大纲和《世界现代史》教材，其间翻译的美国学者的成果也是为这一目标服务的；三是从 1955 年起担任历史系副主任，主管教学工作，是当时历史系领导班子中唯一的从事世界史教学工作的教师,一直到"文化大革命"开始之前。1974—1978 年,他的工作重点仍然是世界近现代史学科建设,重点是师资培训、课程设置和教材建设。改革开放之后,年逾花甲的丁则民先生的工作重点转向了美国史。此后到他去世时,先后发表了近 30 篇学术论文,涉及美国史学史、移民史、西部史、城市史和中美关系史。同期,他不仅在东北师范大学创立了当时国内为数不多的美国史研究室,建立了藏书近 4000 册的美国史图书室,而且也是中国美国史学会和六卷本《美国通史》的发起人之一,他承担的第三卷《美国内战与镀金时代》代表了迄今中国学者关于这一段美国历史研究的最高水平。更重要的是,20 世纪 80 年代,他带领历史系美国史和世界近现代史专业的教师,先后成功申获世界地区国别史(1981 年)和世界近现代史(1985 年)两个二级学科的硕士学位授权点,1986 年又成功申获世界近现代史博士点,是东北师范大学世界近现代史专业唯一被国务院学位办授予博士生导师资格的教师。这样,丁则民率领的美国史和世界近现代史,与林志纯和朱寰先生率领的世界古代中世纪史专业,共同撑起了东北师范大学世界史学科本、硕、博三级人才培养体系的平台。

在人才培养方面,丁则民先生在他生命最后的 20 年里,先后培养了近 20 名硕士研究生和 13 名博士研究生。东北师范大学因此也被认为是中国美国史人才培养的重镇之一。这些学生毕业后无论从事何种职业,均已成为所在单位或领域里的带头人和骨干。尤其是在与美国研究相关的学术界,不少学生已成为国内知名的学者和专家,为中国改革开放尤其是美国问题研究的发展做出了重要贡献。

在对外交流方面,他多次随同学校领导出访美国,与美国多所大学建立了长期的校际交流关系,而且,他经过多方的努力,东北师范大学在 20 世纪 80 年代和 90 年代交替之际,成功地被纳入中美富布莱特学者计划之中。自 1990 年开始,到 2010 年,东北师范大学接受来访的美国富布莱特学者超过 10 人,向美国派遣的中方富布赖特学者达 23 人,是东北地区中方派出富布莱特学者人数最多的单位。此外,90 年代,在丁则民先生的努力下,东北师范大学美国研究所先后与美方学者举行了五次别开生面的电话会议。对外学术交流成为助推东北师范大学美国史和世界近现代史专业发展的动力来源之一。

在丁则民先生的带动下，世界现代史专业也迅速发展。它不仅在20世纪90年代较好地完成了师资队伍的新老交替，而且其研究水平和人才培养，也成为中国高校世界史学科中的重要力量。更重要的是，在90年代后半期开始的教育部主导的一系列平台申请中，东北师范大学的世界史学科功不可没。例如，1995年被授予教育部哲学人文学科人才培养基地、"211工程"重点建设单位、教育部人文学科重点基地——世界文明史中心（1999年）、世界史被列入国家重点学科（2001年）、历史学一级学科博士点和博士后流动站（2003年）等。尤其是在2001年之后的十多年间，东北师范大学美国史和世界近现代史专业教师在美国史研究领域的成果斐然，为东北师范大学世界史入选国家一流学科建设，发挥了不可替代的作用。诚如康有为所言："师道既尊，学风自善。"当我们为东北师范大学世界史学科在半个世纪以来的繁荣发展感到高兴和骄傲的时候，我们更应当饮水思源，缅怀前辈。

为了纪念丁则民先生坚定不移的爱国情怀、孜孜以求的敬业精神、一丝不苟的认真态度、矢志不移的精神、虚怀若谷的胸怀和诲人不倦的高贵品质，我们在丁则民先生诞辰百年之际，编纂了《美国史研究的传承与创新》论文集。其中收录的文章都是作者未公开发表的原创成果，是中国美国史学界献给丁则民先生的一份礼物。古人云：国将兴，心贵师而重傅，说的就是国家的发展，要尊师重道。本论文集取名"传承"与"创新"，有如下含义：

（1）文集的作者都是活跃在当下中国美国史研究领域的佼佼者，是第一代中国美国史研究的开拓者在改革开放之后培养起来的新一代学者，在中国的美国史研究发展中，担当着承上启下、继往开来的历史重任。这里所说的"传承"就是指传承老一辈学者尊师重学的精神和无私的育人之道，这其中既有治学的方法，也有做人做事的美德，实现师德、师能和师魂的传承。（2）改革开放中成长起来的这一代学者，都自知青少年时代的基础教育中存在着"先天不足"缺陷，这激发了他们进入大学后，珍惜生命，发奋读书的豪情壮志，因而在各自研究生教育中，能较好地理解和感悟老一辈学者渴望学生成才的殷切期望，在做人和做学问方面，对老一辈学者的道德文章与园丁精神有自己的认识和时代的感悟，因而在他们各自岗位上，在教书育人的同时，也能像老一辈学者那样突出做人做事的优秀品质。他们传承的不仅是老一辈的学业，更重要的是老一辈的道德文章和敬业精神。这一点非常珍贵，因为在任何一个时代，奋发向上的品质、海纳百川的胸怀和教书育人的奉献精神是永远不过时的。（3）目前活跃在中国美国史学界的这一代学者也是中国改革开放的受益者，经历了40年来中国改革开放和社会发展的风雨历程，在学术研究上也见证了学界研究向历史客观主义学术的转变，学术研究的环境、资料条件、经费支持，以及对外学术交流的机会等外在条件，均超过了前辈学者所在的时代。他们通过自己的艰苦努力，在学术上都达到了各自人生应有的高度。本文集中收录的成果，是他们自己学术水平的真实体现。更重要的是，他们也担当着人才培养的重任。他们自己刻苦钻研学术的同时，也积极吸纳国外的最新学术成果，因而在积极探索和创新的同时，培育出继往开来的新一代历史学者，进而在将来拉近与美国学界的差距，尽早实现中美学界的对等交流。（4）学术探索如逆水行舟，不进则退。我们面对已经取得成就，既不能高枕无忧，也不能妄自菲薄，而是要实事求是，精益求精，通过学术研究，为中国社会的发展和人类文明的进步，尽职尽责，贡献我们应有的力量。

在本集筹划与组稿的过程中，承蒙各位作者惠爱，在百忙中鼎力支持，在此深表感激。尤其是王旭教授不仅撰写了专题论文，而且将自己新作——丁则民先生的画像——无私地奉献出来。此外，东北师范大学社科处、历史文化学院和世界文明史中心等诸多单位给予了积极热心的支持。中国社会科学出版社张林女士自始至终，不厌其烦，在审稿与校对等方面，提供了不可替代的支持与帮助，在此一并表示感谢。因我们的水平有限，编辑过程中的种种疏漏在所难免，敬请方家批评指正。

梁茂信

2019 年 1 月 18 日于净月小宅

# 目　录

# 美国革命与雷纳尔
# 关于"美洲退化"的例外

王晓德

　　在启蒙运动时期，欧洲人对美洲的认识很大程度上还处于想象之中，大洋彼岸的大陆充满着令欧洲人无限遐想的异国情调。自 1492 年哥伦布远航美洲以来，欧洲人对美洲的了解主要局限于从新大陆返回到欧洲的冒险家、传教士和观光客等撰写的各类文字。他们的描述多为自己所亲历或目睹耳闻，对欧洲人认识一个真实的美洲比较有参照价值，但他们无疑是站在欧洲文明的立场上来描述美洲的风土人情以及生存环境的，难免把想象夹杂于其中，借此展现出新大陆与旧世界在很多方面具有本质差异与不同，对美洲自然环境和当地人生活方式的赞美也不乏其人。他们的描述多是提供与欧洲有所区别的异域风情，给欧洲人想象美洲留下很大的空间。启蒙运动弘扬"理性"与"科学"，旨在把人们从中世纪的"愚昧"和"迷信"中解放出来。这是新时代在人类文明地平线上即将冉冉升起的意识形态先声，反映出欧洲文明在迎接新时代到来时远远走到世界其他地区之前。这是欧洲文明进步的体现，但欧洲人固有的优越感由此得到进一步加强，致使"欧洲中心主义"在学界开始居于主导地位。在这种大环境下，尚未走出"野蛮"状态的美洲成为凸显欧洲文明优越的一面镜子。在要求更为公正之新制度产生的呼声中，美洲被一些思想家借用来谴责专制主义在海外之"邪恶"行为的对象。法国学者纪尧姆－托马·雷纳尔神父（Guillaume-Thomas Raynal）1770 年出版了《东西印度欧洲人殖民地和贸易的哲学与政治史》（以下简称《哲学与政治史》），这两种倾向在这部多卷本的著述中体现得淋漓尽致。新大陆的"低劣"既映衬出旧世界的"开明"，满足了欧洲人的文化优越心态，又不可避免地扮演了雷纳尔抨击殖民主义在海外之罪恶的"角色"，让读者对专制制度产生痛恨与抵制情绪。这部著作以法文在荷兰出版之后，即刻在欧洲学术界掀起波澜，不久便被翻译为多种欧洲国家文字出版发行，历经数十年而不衰，几乎每年都有再版和修订版，至于盗版的数量，根本无法统计。《哲学与政治史》对雷纳尔生活之时代欧洲人形成美洲观的影响，很少有论著与之相比。一部学术著作能够产生如此之大的影响力，一方面说明其对美洲的描述与时代的主流思潮相吻合，自然会博得读者的青睐；另一方面却表明在欧洲学界称得上研究美洲的名副其实专家并不是很多。这无疑给《哲学与政治史》"独领风骚"很多年提供了条件，同时成就了雷纳尔在欧美学术界的大名。美国学者达拉斯·欧文认为，就对法国舆论的影响而言，雷纳尔"应该与孟德斯鸠、伏尔泰、狄德罗和卢梭齐名或在他们之上"。[1] 欧文谈的是启蒙运动期间的情景，这种情景在雷纳尔去世之后很快风光不再。这位曾经在学界风靡一时的名人逐渐淡出人们的视野，成为历史长河中的"匆匆过客"，被后世所遗忘。雷纳尔以《哲学与政治史》遐迩著闻，最终却因这部著作为世人所遗弃。就国内学术界而言，研究启蒙运动的思想家一直是"热点"之一，但对雷纳尔思想的研究为空白，就连提到雷纳尔之名的相关研究也不多见。对于这种缺憾，本文力图探讨其思想的一个侧面来加以弥补。

从总体上讲，雷纳尔对美洲持否定态度。这是美国革命爆发之前欧洲学界研究美洲的主旋律，追根溯源还是学者们无法突破欧洲中心主义设置的樊篱，他们总是用"高高在上"的优越眼光看待非欧洲世界的发展。"美洲退化"便是在这种氛围之下产生的一种贬低新大陆的理论，在当时引起很多欧洲学者的共鸣。雷纳尔开始涉足美洲研究时，这种理论已得到著名博物学家布丰伯爵的系统阐释，荷兰哲学家科内利乌斯·德波将之进一步发挥。他们对美洲的自然环境与风土人情大加贬损，对塑造欧洲人的美洲观无疑产生了很大的影响。雷纳尔全面接受了"美洲退

---

[1] Dallas D. Irvine, "The Abbé Raynal and British Humanitarianism," *The Journal of Modern History*, vol. 3, No. 4, December 1931, p. 565.

化论",把这种论说贯穿于《哲学与政治史》之中,似乎以更具说服力的事例来表明恶劣的气候与潮湿的地面等因素是导致新大陆动植物和人发生退化的主要原因。雷纳尔以"退化论"解释美洲各个方面之"低劣"多是拾人牙慧,缺乏原创性。他的"贡献"主要不是在布丰和德波等研究的基础上进而深入,而是让更多的欧洲人以为美洲之"退化"乃是一种难以遏制的趋势,加强了他们脑海中的美洲负面形象。已故的美国历史学家伯纳德·希恩认为,雷纳尔神父"是位才华横溢的哲学家和历史学家,充分利用了其他人的思想,让布丰和德波的主张广为人知"。① 这种评价不失为卓见。美国革命爆发之后,雷纳尔的美洲观虽无发生根本改变,但却让他开始重新思考对美洲本质的认识。美国革命是一场摆脱殖民统治争取独立的战争,导致与专制完全对立之共和制度脱颖而出,很大程度上与雷纳尔撰写这本书的主旨不谋而合,自然让他对此前形成的美洲观进行深刻反省。

一些学者批评雷纳尔的美洲观不能自圆其说,对美洲描述的错误漏洞甚多。② 他们的指责主要是针对雷纳尔对美洲退化的阐释。其实,前后不一致恰恰反映出雷纳尔的一种矛盾心态。雷纳尔无疑赞成布丰爵士构架的"美国退化"体系,又接受了德波关于欧洲移民后裔在相同自然环境之下势必发生退化的观点。这一点在《哲学与政治史》第一版中体现得比较明显。雷纳尔不是一个固执己见的学者,这部在学界与社会反响很大的著作出版之后,他不断地进行修订,根据局势的变化予以增删。美国学者萨蒙认为,1774 年雷纳尔对《哲学与政治史》"进行了较大修订,将其篇幅扩大了近 1000 页,把某些章节移到新位置,增加了最后一篇第 19 篇,以把总体结论集中论述。1780 年版包括一些新章节,删除了一些章节。关于英属北美的部分重新进行安排,这样第 18 篇成为对美国

---

① Bernard W. Sheehan, *Seeds of Extinction*: *Jeffersonian Philanthropy and the American Indian*, Chapel Hill: The University of North Carolina Press, 1973, p. 70.

② 参见 Andrew P. Moore, *French Observations of America*: *Intercultural Commentary in the Age of Revolution*, A Dissertation of the Catholic University of America, 2005, p. 80; Henry T. Tuckerman, *America and Her Commentators*: *With A Critical Sketch of Travel in the United States*, New York: Charles Scribner, 1864, p. 108。

革命原因和进展的最新描述"。① 受欧洲中心主义的局限，雷纳尔不会改变他对美洲退化的总体看法，但在论及北美欧洲移民后裔退化时却是闪烁其词，语焉不详，即使对他们身体机能发生退化予以描述，几乎无恶语相加，让读者明显感到还是与土著印第安人的退化存在本质上的区别。美国革命让雷纳尔颠覆了对英属北美殖民地移民后裔的看法，如何描述他们与退化之间的关系，大概令雷纳尔颇费周折。如果他们发生退化，那如何解释由他们发起抵制殖民主义与建立一种更为公平之制度的这场革命呢？如果他们没有发生退化，那岂不是瓦解了《哲学与政治史》构架之学说的基础吗？雷纳尔不会彻底否定他对欧洲移民后裔发生退化的看法，但显然把英属北美 13 个殖民地的移民后裔视为例外，这一点已经在对革命之前英属北美殖民地的描述中部分体现出来。美国历史学家纪尧姆·安萨特的研究表明，在雷纳尔看来，"盎格鲁美洲人的殖民事业"证明是"一个完全的例外"。他也注意到雷纳尔在 1780 年版中"并未从根本上修改美洲退化之说，这样就难免在论述美国时破绽百出，前后矛盾了"。② 安萨特所言为事实，这是雷纳尔难以摆脱的一个研究"困境"。其实，雷纳尔在修订时也是力求前后一致，尽量不让读者感到他的退化之说突然发生改变。这种考虑在他对英属北美殖民地的描述中表现出来，希望有一个缓和的过渡。国外学者注意到这一现象，但很少考虑到这只是雷纳尔为随后论述这个新国家的一种铺垫。这样，雷纳尔谈及美国革命过程，多是就事论事，赞扬的语言居多，不仅看不到退化之语，而且还把扭转美洲退化趋势的使命寄托在这些"盎格鲁美国人"的身上。雷纳尔的美国观是其认识美洲的重要组成部分，但却不是他在美国革命之前形成之美洲观的逻辑延伸，很大程度是这种把美洲视为"低劣"之观念的例外或悖逆。美国革命造就了这个脱胎于旧制度的新国家建立，这个过程改变了很多欧洲人对美洲的认识，导致他们重新审视此前形成的美洲观，不过要他们彻底抛弃对美洲或美国的偏见，在欧洲中心主义居

① J. H. M. Salmon, "The Abbe Raynal, 1713 – 1796: An Intellectual Odyssey," *History Today*, vol. 26, No. 2, 1976, p. 111.

② Guillaume Ansart, "Variations on Montesquieu: Raynal and Diderot's Histoire des deux Indes and the American Revolution," *Journal of the History of Ideas*, vol. 70, No. 3, July 2009, pp. 403, 415.

于主导地位的时代几乎是不可能的。这一点同样反映在雷纳尔的思想中，在其美国观里明显体现出来。

## 一 对英属北美殖民地的"偏爱"

雷纳尔生活在启蒙运动的时代，他是一位自由主义者，对君主专制之痛恨体现在《哲学与政治史》著述的字里行间，把由这种制度带来的海外殖民扩张视为与大自然背道而驰。欧文认为，雷纳尔思想体现出的原则之一是"确信任何专制主义形式都是极端不公正的"。[①] 雷纳尔主持撰写《哲学与政治史》，旨在把专制主义视为欧洲大国在美洲殖民扩张中产生"邪恶"的根源之一。欧洲在美洲的殖民国家主要是西班牙、葡萄牙、法国和英国，在雷纳尔的眼中，从海外殖民扩张角度讲，这几个国家实质上没有多大区别，但从政治体制上看，英国与另外几个国家显然是不同的。启蒙时代的一些思想家对英国通过宪法限制国王权力的体制深表赞同，将之看作分权制衡体制的典型。伏尔泰在 1733 年出版的《哲学通信》中谈到，英国是"世界上抵抗君主达到节制君主权力的唯一的国家，他们由于不断的努力，终于建立了这样开明的政府：在这个政府里，君主有无限的权力去做好事，即使想做坏事，那就双手被缚了；在这个政府里，老爷们高贵而不骄傲，且无家臣；在这个政府里，人民心安理得地参与国事"。[②] 孟德斯鸠把英格兰的政治体制看作分权的典型案例，他详细论述了在这种政体之下公民的自由如何能够得到保证。孟德斯鸠声称他纯粹为理论上的探讨，至于"考察英国人是否实际上享受这种自由，已不是我的事。就我的目的而言，观察到这种自由已被他们的法律所确立就已足矣，我无须再做进一步探究"。[③] 伏尔泰和孟德斯鸠是启蒙时期的思想大家，他们对英国政体的看法代表了学术界的主流，其影响至今犹存。雷纳尔对英国政体亦有研究，孟德斯鸠 1748 年出版了

---

① Irvine, "The Abbe Raynal and British Humanitarianism," *The Journal of Modern History*, vol. 3, No. 4, December 1931, p. 566.

② 伏尔泰：《哲学通信》，高达观等译，上海人民出版社 2014 年版，第 37 页。

③ Baron de Montesquieu, *The Spirit of Law*, translated by Thomas Nugent, Revised edition, vol. I, New York：The Colonial Press, 1899, Book XI, p. 162.

《论法的精神》，雷纳尔同年出版了《英国议会史》专著，他在写这本书时显然没有受到孟德斯鸠相关思想的影响。雷纳尔笔头很快，属于多产学者，前一年刚出版了《荷兰总督史》，抨击了奥兰治王室牺牲荷兰共和主义的利益寻求专制权力的野心，而在《英国议会史》中却转而批评共和主义原则。这种自相矛盾的观点表明雷纳尔的思想正在形成之中，变化不定。雷纳尔从来都不是坐在书斋中进行纯粹研究的学者，法国与英国在海外的竞争让他对英国政体大加挞伐，这种倾向明显表现出与学界主流思想悖逆。雷纳尔批评了分权体制，为君主专制辩护，把英国的政治制度说成是动荡、内战和弑君的根源，认为与"绝对君主体制"相比，混合政体令人"不可思议"，本质上存在不稳定的因素。① 不过，《英国议会史》出版之后几乎没有在欧洲学术界产生任何影响，这大概与雷纳尔在学界刚刚出道有很大的关系。雷纳尔随后不久成功地获得了法国几位著名人士的友谊与庇护，出任了《法兰西信使》杂志编辑，经常出入名人举办的沙龙。他能言善辩，才气横溢，就连孟德斯鸠也以与他结交感到为荣。正是在与他们对各种现实问题的讨论中，雷纳尔逐渐转变为一个坚定的自由主义者，对君主专制政体必欲抨击而后快，转而对限制君主权力的英国政治体制大加赞扬。在修订版的《哲学与政治史》一书中，雷纳尔在批评欧洲君主专制政体时与 1688 年之后英国形成的分权政体进行了比较，认为在这种体制下，人民"不再属于他们的领袖；在人类中间一个平等政府的必要性无可置疑地被确立起来；继而社会的基础得以巩固；最终合法的辩护权，即受到压迫之国家的最后一招，无可争议地被牢牢固定下来"。在雷纳尔的笔下，英国宪法是对受到压迫者的有效保护。掌权者的行为由此"变得公开化。任何对最无名之人做出的困扰或暴行很快公之于众。他们的讼事成为全体人的讼事；根据犯罪性质或人民的倾向，施暴者受到惩处，受到伤害者获得满意的结果"。上述之言是雷纳尔对"英国宪法的描述"，旨在让"所有人确信一种适当的思考

---

① 关于雷纳尔在《英国议会史》中提出的主要观点，参见 J. H. M. Salmon，"Liberty by Degrees：Raynal and Diderot on the British Constitution，" *History of Political Thought*，vol. 20，No. 1，Spring 1999，pp. 89 - 90。

方法,即在世界各地从来没有一个宪法规定的如此之合理"。① 显而易见,到了撰写《哲学与政治史》时,雷纳尔虽然对孟德斯鸠等提出的分权体制还存有一些枝节异议,② 但其关于英国政体的观点已与思想界主流相吻合,成为在理论上抨击君主专制政体所举的实例。对英国政体的"偏好"势必潜移默化地影响到他对英属北美殖民地的描述,关于这些殖民地白人移民后裔的退化,雷纳尔没有刻意回避,但却是轻描淡写,以温柔的语言点到为止,在多数情况下对他们表现出明显赞扬的态度,为随后把美国这个新国家作为例外来描述架起了一道和缓过渡的桥梁。

在《哲学与政治史》中,雷纳尔对英属北美殖民地的描述主要集中在第 17 篇和第 18 篇,第 17 篇内容为英属北美北部殖民地,主要是描述1763 年"七年战争"结束之后英国从法国手中获得的加拿大殖民地,占该篇篇幅 2/3 还多,描述新英格兰、纽约和新泽西殖民地的篇幅不到 1/3。这样,对英属北美 13 个殖民地的描述主要集中在第 18 篇,其中约 1/2 篇幅是关于美国革命的前奏、爆发与进程。雷纳尔关于英属北美殖民地的论述与美国革命爆发有密切的联系,自然引起大西洋两岸很多人的密切关注。《哲学与政治史》修订版出来之后增加部分随即被翻译为英文,很快又被出版社应读者需求单独编为两卷出版发行。③ 雷纳尔把宾夕法尼亚殖民地作为第 18 篇开首,主要不是考虑到章节编排之所需,而是刻意为之。在雷纳尔看来,新英格兰殖民地还存在一些"邪恶"之事,如清教徒对其他宗教派别的迫害以及塞勒姆女巫审判案等④,但宾夕法尼亚在英属北美诸殖民地中却是"鹤立鸡群",表现出近乎"完美无缺"的境况,为建立公正社会树立了一个样板。安萨特认为,雷纳尔将英属北美殖民

---

① The Abbé Raynal, *A Philosophical and Political History of the Settlements and Trade of the Europeans in the East and West Indies*, revised, augmented and published in ten vulumes, Newly Translated by J. O. Justamond, vol. VI, Book XIX, London: Printed for W. Baynes, 1813, pp. 303 – 304. (以下书名简写为 *A Philosophical and Political History*。说明:本文所引 19 世纪之前的书,原书扫描件皆来自 https://archive. org 网址,以下书籍不再标出该网址。)

② 详见 Raynal, *A Philosophical and Political History*, vol. VI, Book XVIII, p. 59。

③ The Abbé Raynal, *A Philosophical and Political History of the British Settlement and Trade in North America*, two volumes, Edinburgh: Printed by C. MacFarquhar, 1776.

④ 详见 Raynal, *A Philosophical and Political History*, vol. V, Book XVII, pp. 434 – 437。

地理想化，尤其是把宾夕法尼亚殖民地理想化为"美德、开化和容忍之地"。① 翻阅雷纳尔对宾夕法尼亚殖民地的描述，这种评价丝毫不为过。其实，宾夕法尼亚作为一个例外体现在很多人的著述中，伏尔泰在其《哲学通信》中有一封信是关于威廉·佩恩在美洲建立的宾夕法尼亚殖民地的，对佩恩的宗教容忍之称赞溢于言表。伏尔泰在以后的著述中重复了这种观点，他在 1771 年发表的《关于百科全书的问题》中把宾夕法尼亚殖民地称为"人间天堂"，以满怀激情的语言写道："啊！宾夕法尼亚，我或许要在你的怀中去度过我的余生，要是我还有余生的话。您位于北纬四十度，气候最温和宜人，您的田野肥沃，您的住房修建得合适，您的居民勤劳，您的工厂受到重视，您的公民们长久安居乐业。"② 欧洲自由主义者已习惯于把对宾夕法尼亚的赞美作为抨击君主专制"腐败堕落"的例子，这个殖民地表现出在专制制度之下缺乏的"信仰自由、美德、简朴和平等"。③ 雷纳尔没有到过美洲，对宾夕法尼亚殖民地的了解主要来自文本材料，一方面具有那个时代自由主义的特征，另一方面主要是为随后把发起一场摆脱殖民统治革命的美国人视为退化之例外埋下伏笔。

在第 18 篇开首，雷纳尔谈到"恶政"与"善政"并存不悖，简明扼要地指出两者之间在本质上存在的区别。"恶政"主要由专制政府所为，人们对之耳熟能详，不必为此浪费笔墨。"善政"主要有以下几个特点：一是帝国之命运"建立在美德之上"；二是社会无动荡和战争之虞，人们安居乐业，"农业、艺术、科学和商业等得到改善，将让懒惰、无知和不幸一扫而光"；三是有一个开明的"国家元首"，这一点对"善政"至关重要，这位元首"将为国家不同阶层之人提供保护，受到人们的敬仰"。他将十分清楚在他治下的"社会无人遭受痛苦，不存在一些人对整体利益的伤害，因此他将致力于所有人的幸福"；四是"不偏不倚的公正"，

---

① Ansart, "Variations on Montesquieu: Raynal and Diderot's *Histoire des deux Indes* and the American Revolution," *Journal of the History of Ideas*, vol. 70, No. 3, July 2009, p. 403.

② 伏尔泰：《哲学通信》，第 20 页。

③ 详见 Guillaume Ansart, "From Voltaire to Raynal and Diderot's *Histoire des deux Indes*: The French *Philosophes* and Colonial America," in Aurellan Craiutu and Jeffrey C. Isaac, eds., *America Through European Eyes: British and French Reflections on the New World from the Eighteenth Century to the Present*, University Park: The Pennsylvania State University Press, 2009, p. 76。

这一点"将确保对那些有决定性影响之契约的监督";五是"受到简化之法律的稳定性"或持久性;六是"税收的分配"将按照比例用于"公共开支"。① 其实,雷纳尔这个开场白主要是针对宾夕法尼亚殖民地而言的,这个"国家首脑"便是该殖民地的奠基者威廉·佩恩。佩恩是教友派的领袖,其思想充满着自由平等的理念,终身致力于建立一个"公平公正"的社会,宾夕法尼亚殖民地成为佩恩实现这种理想的"实验地"。按照雷纳尔的描述,佩恩有着不同寻常的人格魅力,可以说是近乎完美。佩恩出身显贵,把"公正的行为"带到新大陆,有资格"享受在美洲树立了一个稳健和公正之范例的荣誉,欧洲人在此之前从来没有考虑过获得这种荣誉"。佩恩受过良好的教育,对人宽大为怀,慈悲为先,把不同种族之间"平等"的理念落实到治理他所设计的理想社会之中。这样,佩恩的"仁爱不可能只局限于野蛮人,扩大到希望在其法律下生活的所有人"。佩恩意识到,人们的幸福"取决于立法的性质",对他而言,"公共荣耀与私人快乐两个首要原则是自由和财产"。雷纳尔把佩恩视为"具有美德的立法者",把"容忍"作为他治理社会的基础。雷纳尔对佩恩其人以及他对宾夕法尼亚的治理发自内心的由衷称赞,这在《哲学与政治史》中可谓是个例外。他甚至把佩恩称为"真正的哲学家"②,言下之意,佩恩把他对人类文明发展的思考置于宾夕法尼亚的实践之中,取得的成就足以让那些坐在书斋内对理论思考的"哲学家"叹为观止。

正是在佩恩的精心治理之下,宾夕法尼亚殖民地"繁荣非常迅速。这个共和国既没有战争、讨伐以及争斗,也没有发生吸引平民百姓眼球的任何革命,很快激发起整个世界对之赞扬"。对于宾夕法尼亚这种欣欣向荣的局面,就连处于"野蛮状态"的印第安人部落也受到感化,对教友派信徒表现出的"美德深表赞美"。宾夕法尼亚的成功预示着一个新时代的到来,欧洲"习俗和法律长期以来让每个人很清楚实现古典英雄时代完全是不可思议的,而这个时代却在宾夕法尼亚变为现实,无人不为之欢呼雀跃"。雷纳尔对美洲的自然环境通常持"否定"态度,正是气候的"恶劣"才导致了动植物与人发生退化,这种观点可以说贯穿于《哲

---

① Raynal, *A Philosophical and Political History*, vol. Ⅵ, Book ⅩⅧ, p. 2.

② Raynal, *A Philosophical and Political History*, vol. Ⅵ, Book ⅩⅧ, pp. 11, 12, 13.

学与政治史》全书，但宾夕法尼亚殖民地却被雷纳尔呈现出另外一番景象。这一地区"天空纯洁清澈，气候自然非常有益健康，耕作让气候更加适宜；水质同样是有益健康，清澈见底，总是在岩床上或沙滩上缓缓地流动"。总体而言，土地"比较肥沃，尤其是处在溪流之间的土地向四面八方延伸，与可通航的河流相比更加有助于这个地区的丰饶多产"。这一地区有益于动植物生长的自然环境很大程度上归功于欧洲移民的到来，他们通过不懈的努力改造了气候与土壤，使之更加有益于人类的生存与发展。当欧洲人"最早来到这一地区时，他们只是发现了用于盖房的树木和铁矿。随着时间的推移，他们砍掉树木，清理了地面，饲养了无数家畜，栽植了各种水果，种植了各种谷物，尤其是小麦和玉米"。农业活动的增加显然有助于自然环境朝着有益于人类生存方向的改变，宾夕法尼亚由此呈现出农业社会的繁荣景象，整个社会进入了"良性循环"，生活在这一地区的人不仅无饥荒之虞，而且还享受着法律保护的"公民自由"与"宗教自由"。这种宽容平等的环境吸引着"瑞典人、荷兰人、法国人，尤其一些勤劳的德国人，纷纷来到这一地区"，不同的基督教教派在这里寻找到了弘扬上帝福音的自由场所，诸如"教友派、再洗礼派、英国国教、循道宗、长老会、莫拉维亚教会、路德宗和天主教"等教派信徒和睦相处，为了"共同的事业"而辛勤工作。[1] 佩恩致力于把宾夕法尼亚殖民地建成体现出"自由、平等、公正"的社会，他在世时这一目标部分实现，与专制制度统治之下的社会形成了鲜明对比。这位被雷纳尔高度评价的伟人 1670 年去世，但他提出的理念及其付诸实践被生活在这一地区的欧洲移民及其后裔发扬光大，对雷纳尔随后形成其对美国的认识产生了非常重要的影响。

对于英属北美其他殖民地，雷纳尔也进行了较为详细的描述，雷纳尔没有刻意避讳这些殖民地存在偏见、暴力、征服等"邪恶"之事，对欧洲移民后裔的身体机能发生退化亦有一些描述，哪怕是寥寥数句，无足轻重，与此同时却把这些殖民地的社会稳定、经济繁荣、外贸兴旺以及人口增长等体现在字里行间，让读者明显感到英属北美殖民地在整体上不是处在退化过程之中，而是展现出走向繁荣昌盛的广阔前景。雷纳

---

① Raynal, *A Philosophical and Political History*, vol. Ⅵ, Book ⅩⅧ, pp. 14, 15 – 16.

尔把美洲视为一个"退化"的大陆，北美地区同样发生了"退化"，但雷纳尔对英属北美殖民地的描述，笔墨更多地放在这些殖民地发展的积极方面①，尤其是把宾夕法尼亚殖民地描写成一个"样板"社会，暗含着雷纳尔致力于建立一个与君主专制制度相对立的政治理想在这些殖民地得以实现，这也是雷纳尔在 1774 年的修订版中不赞成这些殖民地与宗主国英国之间的冲突导致两者相分离的主要原因，说到底还是反映出在他的内心深处对英国政治体制有所认同，反映到对英属北美殖民地的描述上，自然表现出某些"偏爱"，很大程度上把这些殖民地的特性与 1776 年之后宣布独立的美利坚合众国有机地联系在一起。

## 二 美利坚人的"退化"例外

英属北美殖民地是《哲学与政治史》修订版的重点，雷纳尔对这本书的修订主要集中于这些殖民地。第一次进行较大修订时，美国革命正在酝酿之中，到第二次大的修订时，美国革命接近成功。对于不是置身于这一进程的欧洲人来说，即使是美洲问题研究专家，大概北美局势变化之快也是出乎了他们的预料之外，实在有应接不暇之感。早期版关于英属北美殖民地的内容不是出自雷纳尔一人之手，他在修订时不可能对之进行完全重写，但北美局势的迅速变化对他修订势必会产生较大影响。在修订版中，对英属北美殖民地"退化"的描述，雷纳尔实际上处于一种十分矛盾的心态。就他本人而言，他不会完全放弃克里奥尔白人移民后裔的身体机能发生退化之说，但又要将生活在英属北美 13 个殖民地的白人移民后裔描绘为退化之"例外"，原因在于他们发起了摆脱殖民统治的一场革命，属于建立一个新型国家的那一代人。要是他们像印第安人一样发生退化，那么如何能够以更具说服力的理由解释这场影响人类历史发展进程的革命呢？阅读《哲学与政治史》修订版，从行文中我们可以体验到雷纳尔对处理这一问题的煞费苦心。他对北美白人移民后裔的赞扬居于主导，只是夹杂着几句身体机能与欧洲土著白人的区别，既体

---

① 关于新英格兰殖民地为一个"秩序井然"和"管理有方"的社会的描写，详见 Raynal, *A Philosophical and Political History*, vol. Ⅴ, Book ⅩⅦ, p. 442。

现出生活在美洲相同自然环境之下任何人都会发生"退化"，与全书的主旨相一致，又不会对他们成为建立与专制体制相对立之新制度的奠基者产生多大影响。从修订版来看，在北美地区欧洲移民后裔的退化问题上，雷纳尔对不影响整体的枝节几乎未作改动，在涉及一些关键性的描述上，雷纳尔还是会全盘修改，看法与过去判然有别。有学者认为，美国革命的成功改变了很多欧洲人对美洲的认识，其中包括雷纳尔在内。这种观点无疑是正确的，就雷纳尔而言，他对英属北美殖民地看法的修订奠定了其美国观的基础。

关于英属北美 13 个殖民地白人移民后裔的退化，在《哲学与政治史》的旧版中有些描述，新版中也没有完全删除。通常而言，雷纳尔先是对他们称赞有加，接着再谈到他们在身体机能上与欧洲人的区别。如雷纳尔写道，宾夕法尼亚人"一般是外表端正，他们的妻子面容娇美，和蔼可亲，比欧洲女人更早地做了母亲，她们也更早地不再生育"。北美地区"现在居住着健康强壮之人，身高在正常水平之上"，他们比欧洲人"更早地发育成熟，但寿命不是太长"。① 雷纳尔将这种现象归因于气候多变。发动美国革命的人主要是英属北美殖民地白人移民后裔的男子，雷纳尔从心底讲不愿意把"退化"之名强加给他们。雷纳尔在修订相关文字时，差不多完全删除了对他们身体机能发生退化及其导致之后果的详细阐述。在旧版中，雷纳尔写道，英属北美殖民地的白人移民后裔"尽管自出生以来就习惯于美洲的气候，但在干活时不像欧洲人那样强壮有力，在战斗中不像欧洲人那样灵活敏捷。也就是说，教育未能使他们健全，或者说大自然使他们孱弱。在这种异国的天空之下，他们的心智就像他们的身体一样失去了活力"。有了这个铺垫之后，雷纳尔紧接着说出了一段在很长时间内具有轰动效应的话语，宣称这些北美克里奥尔自由人"最初还能灵活敏锐，很容易领悟思想，但他们不能聚精会神，也使自己不习惯于进行持久的思考。令人吃惊的是，美利坚尚未产生出一个优秀的诗人，没有一个熟练的技师，在任何艺术或科学领域没有一个天才。他们在每个方面几乎处处都表现出了某种天赋，但无论如何却没有一个著名的天才。他们先于我们早熟和成熟，当我们达到了智力的全面

---

① Raynal, *A Philosophical and Political History*, vol. Ⅵ, Book ⅩⅧ, pp. 19 – 20, 125.

开发时，他们却远远地落在了后面"。① 雷纳尔这段话被视为关于美利坚人退化的经典，遭到与他同时代很多美国人的强烈抨击，美国开国先辈们对雷纳尔的批评主要集中在他宣称的这个论断上。杰斐逊在《弗吉尼亚纪事》中认为，美国产生了诸如华盛顿、富兰克林和里滕豪斯等，他们足以与欧洲的天才人物相提并论。如果按照人口比例，美国产生的天才人物已"完全达到了所应该提供的数额"。约翰·亚当斯多年后依然念念不忘雷纳尔对这个新国家的"侮辱"，他在 1814 年致杰斐逊的信中列举了美国在各个领域产生的一大串具有世界性影响的天才人物。② 如果按照雷纳尔这个论断进一步推理的话，"退化"的美利坚人不可能领导这场包含着抵制专制主义与殖民主义的革命，但美国革命已经是摆在雷纳尔面前的一个无可否认之事实。雷纳尔要么彻底否定自己这种论断，要么继续坚持美利坚人或美国人发生退化，采取模棱两可的"骑墙"态度只会带来更为激烈的批评，对已经大名在外的雷纳尔来说几乎是不可能的。

作为一个自由主义者，雷纳尔毫不犹豫地选择了前者，在修订中重写了这段话，所持观点不仅与此前迥然相异，而且还对之进行了批评。雷纳尔关于美利坚人发生退化的观点改变得如此彻底，令很多读过旧版本的欧洲人愕然。雷纳尔改写到，与他们的祖先相比，英属北美殖民地的"居民被普遍认为在干活时更少强健，在战争中更少有力，更不适应从事艺术。因为对清理地面、纯洁空气、改变气候以及改善自然界的关注消耗掉这类人的所有才能，人们由此得出结论，当他们迁徙到另外一个天地时，他们将发生退化，不能将其智力提升到进行任何复杂的思考"。显而易见，雷纳尔是以他人的语气来说这番话的，言下之意，这不是雷纳尔本人的观点，他只是转述欧洲人所持的一种普遍看法。要是雷

① The Abbé Raynal, *A Philosophical and Political History of the Settlements and Trade of the Europeans in the East and West Indies*, vol. Ⅲ, Book ⅩⅧ, Glasgow: Printed by and for D. M' Kenzie, 1812, p. 301.

② 参见 Thomas Jefferson, *Notes on the State of Virginia*, New York: Printed by Davis, 1801, pp. 97 – 100; John Adams to Jefferson, February (March 3), 1814, in Lester J. Cappon, ed., *The Adams-Jefferson Letters: The Complete Correspondence between Thomas Jefferson and Abigail and John Adams*, Chapel Hill: The University of North Carolina Press, 1987, p. 426。

纳尔同意此说，那等于只是玩文字游戏，没有对此前观点进行实质性修
订。既然不是他所持的看法，雷纳尔对之提出质疑乃为顺理成章，与此
同时也彰显出他的观点是"鹤立鸡群"，别具一格了。雷纳尔把上述看法
称为"事关重大的偏见"，如何消除这种偏见，雷纳尔提出要做几件必要
之事，一是"一个富兰克林将教会我们大陆的哲学家控制雷电之技术"；
二是"这个杰出之人的学生将把灿烂之光投向自然科学的几个领域"；三
是"在新大陆这个区域，具有说服力的辩论将复兴在这个最引以为豪之
古代共和国已经产生的这些强烈而迅猛的影响"；四是"人的权利和国家
的权利将在最早文献中被牢牢确定，这些将是遥远时代的魅力和慰藉"。
正是具备了这些先决条件，富有想象力的"有品位作品将步那些具有理
性观察著述之后很快出现。新英格兰可能很快将涌现出自己的荷马、自
己的忒奥克里托斯以及自己的索福克勒斯。这里丝毫不缺乏帮助，不缺
乏大师，不缺乏榜样。教育正在不断地扩大和改善。越来越多的人受到
良好的教育，他们更为从容自如地发展自己的才华，远比欧洲人强很多。
在欧洲，教育，甚至对年轻人的教育，常常与进步背道而驰，与智力开
发和理性发展也是格格不入的"。雷纳尔由此得出结论，新大陆与旧世界
不同，旧世界是"艺术从南向北传播，我们在新大陆将看到北部启蒙南
部"。① 雷纳尔与他的同时代很多人一样难以走出"欧洲中心主义"设置
的樊篱，这一点在《哲学与政治史》中充分体现出来。然而，雷纳尔为
了抬高新英格兰等殖民地，甚至不惜贬低欧洲，让读者多少感到有些
"矫枉过正"的味道，足见其用心良苦。

　　雷纳尔对英属北美殖民地看法的改变，与这一时期出版的对北美考
察报告和研究成果有很大的关系。1763 年英法"七年战争"结束，法国
蒙受羞辱，被迫将整个加拿大和俄亥俄流域割让给英国，作为对其盟国
西班牙把佛罗里达转让给英国的补偿，法国把路易斯安那割让给西班牙。
法国政府希望进一步了解英属北美殖民地的状况，鼓动这些殖民地起而
造反，让英国自顾不暇，为法国重建"美洲帝国"扫清障碍。为此很多
法国人被政府秘密派往英属北美殖民地考察，他们返国后撰写了关于这
些殖民地现状的报告，内容包括对自然和人文环境的描述。美国学者杜

---

① Raynal, *A Philosophical and Political History*, vol. Ⅵ, Book ⅩⅧ, pp. 112 – 113.

兰德·埃切维利亚列举了分别由德彭特勒鲁瓦（De Pontleroy）、德卡尔布男爵（the Baron De Kalb）以及一位匿名作者撰写的三份报告。埃切维利亚说，从报告的内容来看，他们惊讶地发现了一个具有活力的繁荣国度。气候有益于健康，土地肥沃，自然资源丰富。船坞每年建造 150 艘船只，捕鱼船队规模很大，港口商船林立表明对外贸易异常活跃和与日俱增。当地居民身体健壮，富有活力。人口增长速度每 20 年翻一番，到处都可以看到"小孩子像池塘里的一群群鸭子一样成群结伙"。① 雷纳尔在《哲学与政治史》中对这些报告未置一词，他自称撰写这本书时穷极资料，那肯定不会放过这些与美利坚人"退化"不大相符的报告。按照"退化"之说，美洲人口不可能呈现出增长趋势，但雷纳尔涉及北美地区人口时，却丝毫看不见这一地区在这方面存在"退化"的痕迹。富兰克林 1755 年把数年前写成的一篇关于英属北美殖民地人口调查的论文印成小册子出版，认为英属北美殖民地每隔 25 年人口就可以翻一番，主要原因在于北美地区土地肥沃充足，来自欧洲的移民能够用很少的钱购买到足以养活一大家子人的土地。北美资源的丰富固然促进了人口的增长，但原因不仅于此，生活在这块土地上的人们起早贪黑与乐意接受教育同样发挥了重要的作用。② 富兰克林的观察影响了雷纳尔对北美人口增长的判断，他强调英属北美殖民地人口"令人惊奇的增长原因在于殖民地气候本身，正如经验表明的那样，殖民地人口数目每 25 年自然翻一番。富兰克林先生将使这些事实显而易见"。③ 人口增长是衡量一个国家或地区繁荣的重要指标，雷纳尔接受了富兰克林的观点，显然旨在表明英属北美殖民地不是处于"退化"过程之中，而是一个具有活力的欣欣向荣地区。

按照雷纳尔的退化论，恶劣的气候是造成这种现象的主要原因。雷纳尔在上文谈到北美人口增长源于殖民地气候本身，这说明导致动植物退化的北美湿气很重的气候已得到完全改变。1771 年，北美博物学家休·威廉森在《美利坚哲学学会学报》上发表了一篇关于英属北美中部

---

① Durand Echeverria, *Mirage in the West: A History of the French Image of American Society to 1815*, New York: Octagon Books, Inc., 1966, p. 21.

② 详见 Benjamin Franklin, *Observations Concerning the Increase of Mankind, Peopling of Countries, etc.*, New York: Reprinted by William Abbatt, 1918, p. 8。

③ Raynal, *A Philosophical and Political History*, vol. VI, Book XVIII, p. 123.

殖民地气候发生根本改变的文章，认为欧洲白人移民后裔已经彻底改变了北美地区的气候，使之向着更有利于人的健康方向发展。此外，农业的进步导致气候更加温暖，很少潮湿。① 威廉森的这篇文章主要是针对欧洲学界存在的美洲气候潮湿不利于人类生存观点而写的，虽不足于改变欧洲人对美洲气候的看法，但对雷纳尔修订关于英属北美殖民地的观点肯定会产生一些影响。这一点从雷纳尔的相关论述中便可略知一二。雷纳尔写道，随着欧洲殖民者的到来，北美地区的"面貌即刻获得了改变。他们在技艺工具的帮助之下引进对称性。无路可走的森林很快得到清理，为宽敞的住所腾出了空间。野熊被驱赶，取而代之的是大批的家畜。与此同时，荒草野丛被谷物丰收所取代。河水离开了其固定的水域，排入土地的内部或者通过很深的运河流入大海。海岸布满城镇，海湾船只林立。这样，新大陆像旧世界一样变得为人所用"。② 首次系统阐述"美洲退化论"的布丰伯爵认为欧洲白人移民后裔不仅不会退化，而且会改善新大陆的自然环境，承担着扭转美洲退化趋势的责任。③ 雷纳尔与布丰一样，把改变美洲自然环境的使命寄托在白人移民后裔身上。与布丰有所区别的是，雷纳尔的白人移民后裔仅仅局限于英属北美 13 个殖民地，布丰对此还只是一种设想，而雷纳尔在行文中已将这种设想在这些殖民地变为现实。

"退化"趋势的扭转除了该地区有"缺陷"的自然环境被白人移民后裔所改变之外，很大程度上是他们具有接受良好教育的条件，知识在这里获得人们的重视，他们从知识中汲取到促使社会蓬勃向上的力量。雷纳尔举出很多例子来说明这一点。他在书中记述道，1732 年，在富兰克林的不懈努力之下，费城"建立了最为高雅的图书馆，馆内藏有最有名望的英国作者、一些法国作者和拉丁语作家撰写的书籍，图书馆只有周

---

① 参见 Hugh Williamson, "An Attempt to Account for the Change of Climate, which has been observed in the Middle Colonies in North-America," in *Transaction of the American Philosophical Society*, vol. I, Philadelphia: Prinnted by William and Thomas Bradford, 1771, pp. 272 – 280。

② Raynal, *A Philosophical and Political History*, vol. V, Book XVII, pp. 366 – 367.

③ 参见 Count de Buffon, *Buffon's Natural History: Containing A Theory of the Earth, A General History of Man, of the Brute Creation, and of Vegetables, Minerals*, Translated from the French by J. S. Barr, vol. VII, London: Printed for the Proprietor, 1807, p. 48。

六向公众开放"。1749 年，还是由于富兰克林的辛勤努力，费城成立了一所学院，旨在"为不同学科培养具有学识的睿智之才。这所学院刚运行时只招收学习文学写作的青年才俊，后来逐渐开设医学、化学、植物学和自然哲学等课程"。在雷纳尔的笔下，费城被描写为一座拥有重视知识氛围的文明城市，尽最大可能地"提供人性能够需要的各种帮助，提供勤劳能够利用的各种资源"。雷纳尔甚至假设，如果"专制主义、迷信或战争将让欧洲再次突然陷入只有靠着哲学和艺术让人们摆脱的野蛮状态时，神圣之火将在费城保持着燃烧，从这里照耀世界"。[1] 新英格兰殖民地的中心波士顿处处显示出高雅社会所具有的特性，社交优雅，生活宽松，完全与伦敦无异。用雷纳尔的话来说，在美国革命爆发之前，波士顿"拥有三万五千至四万名居民，他们属于不同的教派。他们的住房、家具、衣着、食物、社交、习俗和礼仪等与伦敦的生活方式极为相似，找出任何其他区别几乎是不可能的"。[2] 在《哲学与政治史》第一次进行较大修订的版本中，雷纳尔充满激情地写道，北美地区将产生"一个新的奥林匹斯山，一个新的世外桃源，一个新的雅典，一个新的希腊"，新英格兰"也许会产生另外一个牛顿"。因此，正是"从英属美洲开始，科学的第一束光芒将照射四方，最终将照亮长期处于灰暗的天空，无人对此有任何怀疑"。[3] 不知何故，这段话在最新修订版中给删掉了，或许是雷纳尔出于精练文字的考虑抑或还有其他想法，不得而知，但却表明从开始修订时雷纳尔就把英属北美 13 个殖民地看作"退化"的异类，最新修订版只是用不同的词语加强了这一观点而已。

在对《哲学与政治史》两次大的修订中，雷纳尔不惜笔墨，描述了英属北美 13 个殖民地居民的生活，他们具有古典共和国的美德，不求奢侈糜烂，更无腐败堕落，似乎返回到自由主义者向往的远古时代雅典和斯巴达共和国公民的简朴生活。在欧洲专制统治之下，王公贵族纸醉金迷，放荡不羁，社会上充斥着腐朽没落的风气。雷纳尔那一代自由主义者对之痛心疾首，必欲抨击而后快。在他的笔下，只有在英属北美 13 个

---

[1] Raynal, *A Philosophical and Political History*, vol. Ⅵ, Book ⅩⅧ, pp. 27 - 28.

[2] Raynal, *A Philosophical and Political History*, vol. Ⅴ, Book ⅩⅦ, p. 451.

[3] Raynal, *A Philosophical and Political History*, vol. Ⅵ, Book ⅩⅧ, 1812, p. 302.

殖民地，人们"过着与人类初始目标相符的田园生活，这种生活最大限度地适合于人类种群的健康和增长"。这里有"家庭生活的愉悦"，有"父母和子女的相互依恋"，有"夫妻之间的恩爱"，还有"靠着心灵才能品尝到的纯洁而舒心的激情，这种激情让所有其他喜悦望尘莫及"。凡此种种便是"整个北美地区展现出的令人陶醉之景象"。[①] 雷纳尔对美利坚人这种富有情调的闲情雅致生活由衷地赞赏，固然有把美利坚人视为"退化"例外之意，但却包含着对欧洲社会奢靡之风予以强烈谴责的倾向。在雷纳尔对《哲学与政治史》进行大刀阔斧修订时，英属北美13个殖民地已成为美利坚合众国的化身，美利坚人与独立之后的美国人完全可以画等号，前者表现出的生理特性或许还可以依稀地看到那么一点"退化"的痕迹，但这种痕迹在摇身而成为美国人的身上便荡然无存了。

## 三　逃离欧洲专制暴政的"避难所"

在启蒙运动时代，绝大多数学者把自己的研究与解决现实政治、经济和社会等问题密切联系在一起，坐在书斋中做纯粹学问的人不是很多。雷纳尔对美洲历史与现状的研究，现实关怀更为突出，旨在把美洲作为一面镜子，映照出在专制主义主导下欧洲大国殖民扩张的非人道性以及给大西洋两岸大陆带来的巨大灾难，以此唤醒欧洲人长期被麻醉的思想意识，自觉地抵制统治他们的君主专制政体，以一种能够给大众带来幸福的新政体取而代之。这是雷纳尔设计《哲学与政治史》撰写主旨时所考虑的一个带有全局性的问题，力图将之作为一根主线通贯全书，多少有点为与专制相对立政体的横空而出大造"声势"之意。阅读这部多卷本的著述，对专制暴政的强烈谴责体现在行文之中，让读者明显地感受到专制与自由的对立以及前者对后者的剥夺。一些学者认为，这部著作"试图提供一种全新的殖民地意识形态，对旧制度进行强有力的共和主义

---

① Raynal, *A Philosophical and Political History*, vol. Ⅵ, Book ⅩⅧ, p. 126.

批评"。① 此言甚是。正是由于对专制暴政的激烈讨伐，雷纳尔不能见容于皇宫王室，遭到法国官方的迫害，不得不流亡国外，以免遭到不测。《哲学与政治史》在荷兰阿姆斯特丹出版之后，很快在欧洲学界掀起波澜，叫好之声鹊起，但在"法国遭禁，列入禁书，撕为碎片烧掉"。遭禁的主要原因在于其内容"对政府不敬，亵渎神灵，打算煽动起反抗政府的权威，颠覆公民政府的基本原则"。② 在雷纳尔看来，君主专制统治差不多与暴政画等号，暴政的主要表现是统治者拥有无限的权力，被统治者遭受残忍的压榨，持不同政见者面对着肆无忌惮的迫害，他们享有的人身自由遭到无情的剥夺。在专制制度之下，欧洲"王室通常必会利用可耻的阴谋和腐败资源，求助于可憎的压迫和暴虐手段，国家总是与君主协商。王室的权力是无限的，没有得到法律的批准；人民虽然常常不愿意受到约束，但他们的自由得不到任何保证。这个便引发了持续不断的猜忌、恐惧和争斗。政府的全部注意力不是针对国家的福利，而是寻求奴役人民的方法"。③ 那些不愿意屈从专制暴政淫威的人们，为了获得自由不得不离开母国，寻找适应自己发展的新环境。从雷纳尔的观察来看，大概只有新大陆的北美地区能够接纳这些在专制暴政之下遭受压迫和迫害的穷苦之人或富有道义的理想之人，为他们提供所谓的"避难所"。尤其是美国革命爆发和成功之后，对那些受到专制制度迫害的人来说，这个新国家作为他们实现自己理想之"避难所"的意义便更为突出了。

政治体制涉及在治理国家上权力资源如何分配的问题，在专制体制之下，权力掌握在没有对之有任何限制或制衡的一国之君手中，大到社会秩序好坏，小到百姓生活优差，与君主如何把行使权力导向何种方向有很大的关系。在欧洲中世纪时期，君主的权力虽然有时受到教会权力的制约，但世俗权力基本上掌握在君主或完全听从君主之命的官员手中。

① Jorge Canizares-Esguerra, *How to Write the History of the New World: Historiographies, Epistemologies, and Identities in the Eighteenth – Century Atlantic World*, Stanford: Stanford University Press, 2001, p. 35.

② Paul Hazard, *European Thought in the Eighteenth Century from Montesquieu to Lessing*, translated by J. Lewis May, Cleveland and New York: The World Publishing Company, 1963, p. 96.

③ Raynal, *A Philosophical and Political History*, vol. V, Book XV, p. 138.

权力是国家机器运行时一种能够带来实际利益的最大资源，如果不能受到有效制约的话，极有可能会导致掌握权力者把公共资源据为己有，以侵犯广大民众的切身利益来满足王公贵族等少数特权阶层的物质欲望和奢侈享乐。因此，对那些深受专制体制伤害的人来说，起而推翻这种体制是解决问题的根本，要是公开对抗的条件不成熟，那么只有远走他乡，在没有专制主义的土壤上寻求有利于个人发展的空间。用雷纳尔的话来说，欧洲"大多数国家弥漫着不宽容的专制精神，迫使无数的受害者在大片荒芜的土地上寻求避难所"。只有美洲才存在着尚未人迹罕至的"荒芜土地"，这些"逃避暴政迫害的人越洋过海，放弃了返回母国的全部希望，把自己永远地依附于这个地区，因为它既为他们提供了避难所，还为他们提供了舒适安逸的生存条件"。① 雷纳尔的"这一地区"显然是指英属北美殖民地或在这些殖民地上建立的美利坚合众国。对雷纳尔本人来说，他打心底不愿意本国的民众外流，因为在他生活的时代，人口多寡是衡量国家强弱的主要指标之一，要是人口流出过多，势必会影响经济发展，谈何国家繁荣强大。雷纳尔把人口外流归因于专制暴政，用他的话来说，"暴政和迫害正在毁灭欧洲的人口"。② 当受到专制迫害或不满专制统治的欧洲人登上船只，驶向一望无际的茫茫海洋时，雷纳尔心里默默地为他们祈祷，冀望这些背井离乡的人们能够顺利抵达大洋彼岸，在陌生的土地上扎下根，实现自己的梦想。他在《哲学与政治史》第17篇结尾处写道："无论我的同胞之生存距离我有多么的遥远，他们的幸福从来不为我漠视；但我觉得自己深受热切之关心的感动，以支持那些被迷信或暴君驱赶离开本土的人。我很同情他们的遭遇。当他们登上船只时，我仰望苍穹。我的声音与风浪波涛汹涌的翻滚声合二为一，船只在乘风破浪中将携带着他们抵达海洋的彼岸；我反复地大声喊叫，让他们顺利发展！让他们在即将定居的荒无人烟地区寻找到平等的幸福，甚或优越于我们的生活；如果他们将在那里建立一个帝国，让他们使自己及其后代免遭他们已经感受到的灾难之伤害。"③ 雷纳尔这段充满深情的语

---

① Raynal, *A Philosophical and Political History*, vol. Ⅵ, Book ⅩⅧ, p. 112.

② Ibid. .

③ Raynal, *A Philosophical and Political History*, vol. Ⅴ, Book ⅩⅦ, pp. 468 – 469.

言既包含着他对欧洲专制主义的痛恨情绪，又把大洋彼岸的北美地区成为这些移居者的"避难"之所以跃然纸上，反映出他本人对那片从未踏上的土地寄托实现其终生追求之理想的希望。在英属北美 13 个殖民地变为美利坚合众国之后，雷纳尔所抱的这种希望便更为强烈了。

北美成为受压迫者的"避难所"是针对欧洲专制暴政而言的，专制主义是对人之本性的压抑，而对自由平等的追求一直伴随着与专制暴政的殊死搏斗，此消彼长。在雷纳尔看来，英属北美 13 个殖民地弥漫着"自由"的氛围，固然有着自身的原因，但与英国也有很大的关系。他在第 14 篇开首写道，在现代历史上，英格兰是出现很多重大政治现象的国家。正是在英国，人们可以看到自由与专制进行最为激烈斗争的场面，两者虽互有胜负，但最终"自由"占据了上风，导致宪法的产生。正是英国拥有了宪法，法律才能"保护个人的尊严，保护个人自由，保护思想自由；换言之，法律使个人成为公民"。这种局面显然是"自由"对专制的胜利，然而英国"尚未向世界展示这一伟大的场面，其在美洲群岛的殖民地便率先开始了"。① 雷纳尔这里把北美"自由"的根源追溯到英国宪法，言下之意，英国栽种的自由之树在北美地区结出了丰硕的果实。启蒙时期一些思想家把自然环境与国情民风密切地联系在一起，在孟德斯鸠所著的《论法的精神》中明确体现出来。雷纳尔同样持这种倾向，如他谈到立法目的时强调"所有法律就其本质而言应该旨在社会的幸福，实现这一伟大目标的手段完全取决于自然禀赋。也就是说，气候，即天气和土壤，对立法者来说是首要遵循的规则"。② 北美地区浓厚的自由精神同样受自然环境的影响，用雷纳尔的话来说，北美地区民众"居住的土地肯定在他们身上保持一种有利于自由思想产生的情绪。他们散居在一望无际的大陆，自由散漫乃为他们的本性。他们四周为岩石、群山以及尚未开发的辽阔平原，在成片森林的边缘，一切依然展现出荒凉野性，没有什么东西能够让人回想起对人的奴役或残暴，他们似乎从自然物中获得了自由与独立的经验"。③ 这种人口散居的自然环境，再加上相关立

① Raynal, *A Philosophical and Political History*, vol. Ⅴ, Book ⅩⅣ, pp. 1 - 2.

② Raynal, *A Philosophical and Political History*, vol. Ⅵ, Book ⅩⅧ, p. 131.

③ Ibid., p. 149.

法对人享受之权利的保护，几乎不可能产生类似欧洲的专制主义或暴政。雷纳尔对此写到，英属北美殖民地居民"很清楚他们祖先为这种权利付出的代价。他们居住的这块土地必须形成有利于这些思想的态度"。在这片广袤无垠的土地上，"丝毫不存在奴隶制或专制者的痕迹"。① 说北美地区不存在奴隶制显然不符合事实，其实雷纳尔并没有否认奴隶的存在。按照他提供的数字，英属北美 13 个殖民地拥有人口近 300 万名，其中包括约 4 万名黑人。② 在这些黑人中，处于奴隶地位的肯定占绝大多数。雷纳尔痛恨奴隶制，将之视为殖民主义给新大陆带来的邪恶之一。然而，为了强化北美是受压迫者"避难所"的意义，他甚至对这一地区的奴隶生活进行粉饰美化，声称"不可否认的是，与西印度群岛的奴隶相比"，北美地区的奴隶"饭食不错，衣着整洁，很少受到虐待，劳动负担也不是很重。法律更为有效地保护了他们，他们很少成为可憎暴君的残忍或反复无常的牺牲品"。③ 雷纳尔把北美地区看作受压迫者逃离专制暴政的"避难所"，显然意在强调这一地区充满自由平等的氛围为他们提供了充分发展的空间，很大程度上有抨击与自由相对立的专制主义之含义在内。从这个意义上讲，雷纳尔对北美地区自由环境的称赞，多少有点"醉翁之意不在酒"的味道，与撰写《哲学与政治史》谴责欧洲专制暴政的主旨是相一致的。

在北美地区这个专制暴政的"避难所"，自由不只是意味着法律对民众享受之权利的保护，而且随着一代代追求自由的移民在这里安营扎寨，繁衍后代，这种理念早已渗透到当地居民的生活之中，成为彰显与欧洲社会区别开来的一种文化传统。在雷纳尔的眼中，这是吸引欧洲受压迫者或迫害者来到北美地区的主要诱因。美利坚人或美国人的生活方式究竟如何，从雷纳尔的描述来看，他显然是以古典共和国的传统作为参照的，受孟德斯鸠的影响比较大。在考察北美地区居民的生活时，雷纳尔在书中使用了"自由""美德""平等"和"节俭"等词汇，而这些词汇

① The Abbé Raynal, *The Revolution of America*, London: Printed for Lockyer Davis, 1781, p. 13.

② 参见 Raynal, *A Philosophical and Political History*, vol. Ⅵ, Book ⅩⅧ, p. 247。

③ Raynal, *A Philosophical and Political History*, vol. Ⅵ, Book ⅩⅧ, p. 120.

亦为孟德斯鸠的著述中所常见。① 安萨特由此认为，《哲学与政治史》一书把"美国看作是平等和简朴的理想过去之重塑"，雷纳尔等的"美国形象反映出孟德斯鸠的经验主义及其著名论断的影响，即美德构成了共和政府的原则，民主精神构成了对平等和节俭的热爱"。② 雷纳尔没有孟德斯鸠的理论高度，只是试图通过对美利坚人或美国人的生活方式的描述来高扬古典共和精神在这个地区的再现与重振。古典美德最大的克星是奢侈与腐败，一旦后者弥漫于人们的生活之中，那也就意味着弘扬自由的政治体制走到历史的尽头。北美地区不存在产生腐败的土壤，社会亦无奢靡的风气，生活在这块土地上的移民及其后裔十分珍视来之不易的"自由"，通过自己的努力以保持这块土地的"纯洁"或不受到腐败的"玷污"。为了实现这个目的，他们"几乎都致力于农业、商业和有用的劳作，通过简朴的生活方式提高和加强了智力。他们迄今为止离富裕尚远，犹如尚未摆脱贫困一样，但他们不可能堕落于过度的奢侈或过多的欲望。尤其是在这个国家，享受自由的人能够使自由得以维护，能够表明自己有决心维护一种似乎是对所有其他权利可靠保障的世代相传之权利。这便是美国人的决心"。③ 美国革命和建国那一代人竭力想保持古典美德来使这个新国家采用的共和制长治久安，通过宣扬节俭的生活把欧洲的腐败抵挡在疆域之外，很大程度上是要让自由的旗帜在这块土地上永久飘扬，给全世界受压迫者和迫害者提供一个"向往之地"。从这个意义上讲，雷纳尔关于北美地区为受压迫者"避难所"的观点从正面树立了美利坚人或美国人的高大形象，此时要是再谈他们的身体机能发生了"退化"，那无异于自找麻烦，难免陷入遭受抨击的尴尬之境了。

雷纳尔是启蒙时期研究美洲问题的专家，他对美洲的描述游弋于想象与事实之间，对欧洲人形成不切合实情的美洲观产生了很大影响，遭到独立后的很多美国政治精英和学者的批评，但对雷纳尔关于美国的看法却不乏称赞者。约翰·克雷弗克是从法国移居到宾夕法尼亚的归化移

---

① 孟德斯鸠的相关论述参见 Montesquieu, *The Spirit of Law*, vol. I, Book V, pp. 42 – 42。

② Ansart, "Variations on Montesquieu: Raynal and Diderot's Histoire des deux Indes and the American Revolution," *Journal of the History of Ideas*, vol. 70, No. 3, July 2009, p. 418.

③ Raynal, *A Philosophical and Political History*, vol. Ⅵ, Book XⅧ, p. 149.

民。美国革命成功之后，他为了帮助欧洲人对这个新国家及其公民有所
了解，遂于 1782 年出版了《一个美国农夫的信札》。克雷弗克以信札的
形式讲述了美国是一个什么样的国家以及美国人在日常生活中表现出的
特性。克雷弗克在序言中写到，他撰写的这本书是献给雷纳尔神父的，
称赞雷纳尔揭示了美国的真正本质，将之说成是"自由的安全地带，未
来国家的摇篮以及贫苦欧洲人的避难所"。① 克雷弗克很清楚欧洲人对这
个新国家存在很多误解和偏见，他对雷纳尔表现出莫大的钦佩，主要在
于这位著名人士能够准确地理解美国存在的本质及其意义，在当时欧洲
不了解这个新国家的大环境下做到这一点实属不易。雷纳尔对美国这种
看法，显然与他对英属北美 13 个殖民地的称赞是一脉相承的，反映出一
个与专制主义为敌的自由主义者对这个新国家怀抱的希望。

## 四　对美国革命及其意义的观察

雷纳尔对美国革命的看法经历了一个思想转变过程，他最初不希望
英属北美 13 个殖民地脱离英国，在行文中有时把美国革命称为"骚乱"
（disturbance）、"叛乱"（rebellion）以及"造反"（revolt）等。② 这些词
汇反映出当时欧洲人对这场革命的普遍看法，表明他们对其性质并无真
正的认识。富兰克林受命赴法国之时，欧洲人对英属北美 13 个殖民地发
生的这场争取独立的斗争基本上不了解，很多人不假思索地想象，这是
在遥远的地方发生的一场内部骚乱而已，很快就会风平浪静，恢复正常。
富兰克林在欧洲精英阶层名气大、交际广，他出使法国的一个重要使命
就是把北美殖民地发生之事的真相告诉能够影响政府决策的精英人士，
以谋得法国政府对美国自由事业的支持。雷纳尔与富兰克林比较熟悉，
在革命爆发之前，担任美利坚哲学学会会长的富兰克林推荐雷纳尔成为
该学会的外籍会员。雷纳尔对美国革命及其意义的理解肯定受到富兰克

① J. Hector St. John de Creveoeur, *Letters from an American Farme*, Reprinted from the Original Edition, New York: Fox, Duffield & Company, 1904, p. xxxii.
② 参见 Raynal, *A Philosophical and Political History*, vol. V, Book XVII, p. 451; vol. VI, Book XVIII, pp. 241, 219。

林等的影响，同时也把个人的想象夹杂其内，反映出他对这个新国家的看法很难摆脱欧洲长期形成的阴影。雷纳尔不是坐在书斋中做高深学问的人，对于刚刚宣布独立的英属北美殖民地如何与英国协商解决面对的问题，他实际上主动卷入其内。1777 年，英国密使保罗·温特沃斯（Paul Wentworth）在巴黎与雷纳尔频繁会面，大概是想让雷纳尔出面协调与美国驻巴黎代表的秘密会谈，旨在使刚宣布独立的美国与英国达成和解。富兰克林等非常清楚此事的来龙去脉，对雷纳尔的行为不仅默认，而且还让雷纳尔扮演了美国谈判代表与英国政府接触的中间人角色。同年 5 月底，雷纳尔前往英国访问，名义上是为修订《哲学与政治史》收集资料，实际上"对英国和其殖民地之间的冲突更感兴趣"。雷纳尔"似乎以一种微妙的方式卷入了美国特使与有权势的英国人之间的准外交关系。据说，雷纳尔把富兰克林的信件转交给后者在伦敦的朋友。以后，雷纳尔被法国外交部门怀疑为美国特使与英国间谍温特沃斯之间的中介"。① 很少有权威材料证明雷纳尔到伦敦访问时进行了上述活动，研究此事的学者多是根据间接史料的一种推测，但至少说明了两点，一是雷纳尔与富兰克林关系甚好，在如何解决所面对的问题上有一定的共识；二是雷纳尔希望英国能够与北美 13 个殖民地和解，反映出他内心对英国一直存在的"偏袒"。这两点对他形成关于美国革命的看法产生了程度不同的影响。

雷纳尔对美国革命及其意义的看法主要体现在《哲学与政治史》的修订版中，与他对英属北美 13 个殖民地的观点不存在割裂，而是有机地连接一个整体，很大程度上是殖民地居民享受的"自由"受到母国肆无忌惮的侵犯后他们做出的武装反抗举措。殖民地的抗争不能看作简单的"内乱"，而是所谓"反叛者"把启蒙思想家提出的原则作为指导，让反抗具有了正当的理由，一定程度上讲把"反抗"提升到新的高度。雷纳尔由此认为"使革命正当化的原则被广泛传播。这些原则起源于欧洲，尤其起源于英国，被哲学家传入美国。母国的知识转而成为自己的对立

---

① Irvine, "The Abbe Raynal and British Humanitarianism," *The Journal of Modern History*, vol. 3, No. 4, December 1931, p. 570.

面"。① 这场革命虽酝酿了很长时间，但母国对殖民地强行征税成为导火索。根据雷纳尔的描述，英国议会置其北美殖民地的利益于不顾，把高额税收强加给这些殖民地，殖民地居民"缴纳的税超乎人们的想象"。英国政府"征税的方式本身就是压迫。一场战争在国王和臣民之间形成。那些提高国家税收的人无疑是公民的敌人。他们要保护自己的财富免遭税收，犹如免遭侵略一样"。殖民地居民从英国宪章中找到他们应该享受的权利，即"没有他们的同意不得征税"。这种权利"应该是每个人享有的权利，因为其奠定在理性的永恒法之上"。在雷纳尔看来，自由本身是一种不可剥夺的权利，一旦自由不复存在，对其他权利的保障便会成为一纸空文，流于形式。因此，维护殖民地居民享受"自由"的权利便成为他们起而反抗的根源。雷纳尔以波士顿为例说明"自由"在反抗英国殖民统治中激发民众斗志的重要作用。在这个打响"反抗"第一枪的城市，对自由的"炽热精神越来越令人兴奋。宗教界的大声疾呼增强了自由呼声的力量。教堂与号召反抗英国最激烈的语言遥相呼应。对哲学家来说，这无疑是一个很有兴趣的壮观场景，他们看到，甚至在庙堂，在圣坛的脚下，在这些地方，迷信肯定不停地祝福国家强化控制，牧师必须常常对暴君阿谀奉承，但此时自由却呼唤着维护受压迫者的权利"。在这种局面下，当"一个自由民族祈求天国抵制压迫时，求助于武力就不会拖得太久了"。殖民地居民"揭竿而起"正是维护这种"世代相传之权利"的一种本能反应，只有这种权利得到维护，才能获得"对所有其他权利的最可靠保证。这便是美国人的革命"。英属北美 13 个殖民地居民享有自由的权利由来已久，自由早已成为一种传统深深地嵌入当地人的生活之中。他们很难容忍这种"世代相传"的自由受到侵犯，拿起武器使之得以维护乃是对自由的珍视。雷纳尔借用殖民地居民的话宣称，假如"我们服从他们，我们便无与他们抗争的权利。只有自由才能宣告我们无罪。自由和完全的自由是值得我们努力和冒险的唯一目标"。② 雷纳尔从殖民地居民维护自由的角度揭示美国革命的起源，不失为一种卓见，可以说是抓住了理解这一重大问题的关键，在同时代的欧洲知识精英层

---

① Raynal, *A Philosophical and Political History*, vol. Ⅵ, Book ⅩⅧ, p. 161.

② Raynal, *The Revolution of America*, pp. 2, 3, 10 – 11, 14, 25, 85.

中也是不多见的。

如果雷纳尔笔墨至此的话，那么他肯定不会招致美国人的批评。潘恩 1782 年 8 月 21 日给雷纳尔写了一封 80 余页的长信，反驳了他对美国革命的"误读"。[①] 这些批评显然与雷纳尔的上述见解关系不大，而是涉及他对英国政府施加给殖民地"暴政"的描述有点模棱两可，是非不清。雷纳尔对英国一向抱有好感，尽管他在论及英属北美 13 个殖民地以武力对"自由"权利维护时驳斥了英国当局所持的一些观点，[②] 但却让读者不会感到他具有义愤填膺的情绪。他甚至混淆了殖民地反抗与英国镇压在本质上存在区别，声称"文明人的历史只是其悲惨苦难的历史。历史的每一页都沾满着血迹。一些是压迫者的血迹，另一些却是受压迫者的血迹。按照这种观点，人类比野兽更为邪恶，更为可悲。不同种类的野兽靠着不同物种生存。然而，人类社会从来没有停止相互攻击。甚至在同一社会，只存在毁灭和被毁灭的条件，无论政体的形式或虚伪的平等过去或现在是什么，这种状况一直与原始的自然不平等相对立"。正义的革命或战争同样会导致流血，这是推动社会进步必须要付出的代价，显然不能用"相互攻击"来说明北美地区发生的事件。雷纳尔甚至认为殖民地并未遭受到不公正的待遇，认为引发地球上许多次革命的全部原因"无一存在于北美。这里丝毫没有针对宗教或法律的暴行。殉道者和公民的鲜血不曾流淌在绞刑架上。道义没有遭受到任何侮辱。人民依恋的礼仪和习惯无一被用作嘲笑的对象。专制权力不曾把任何居民从家庭和朋友那里拖出，使之陷于牢狱的恐惧之中。公共秩序并未遭受到破坏。管理政府的原则未曾发生丝毫改变，政府的准则依然总是相同的"。[③] 雷纳尔上述之言显然与北美的实际状况不符，但却会对欧洲读者产生误导，他们还以为美国革命是一场"无事生非"的暴乱，这种看法也与他对美国革命的一些观察自相矛盾。这段话遭到潘恩等的激烈抨击，潘恩认为雷纳尔没有生活在美国，根本无法理解这场革命发生的"有力原因"。[④]

① 参见 Thomas Paine, *A Letter Addressed to the Abbe Raynal on the Affairs of North-America*, London: Printed for J. S. Jordan, 1791, pp. 1 – 81。

② 详见 Raynal, *A Philosophical and Political History*, vol. Ⅵ, Book ⅩⅧ, pp. 167 – 174。

③ Raynal, *A Philosophical and Political History*, vol. Ⅵ, Book ⅩⅧ, pp. 164 – 164, 216.

④ 详见 Paine, *A Letter Addressed to the Abbe Raynal on the Affairs of North-America*, pp. 1 – 2。

雷纳尔绝不是个"满嘴跑火车"的学者，他为何说出这番话，肯定有自己的深入思考，大概只能说明他不愿意把英国划入专制暴政国家之列，同时暗示了美国革命与以往世界历史上发生的所有革命皆有所不同，具有自身的特殊性。至于特殊性表现在哪些方面，雷纳尔没有言明，但他对这场革命将给美洲和世界带来巨大影响有种直感，这是以往革命所无法比拟的。希望和担忧交织在一起，构成了雷纳尔对这个在殖民地废墟上兴起之共和制国家的看法。

　　雷纳尔是启蒙运动时期著名的自由主义者，他对专制主义和殖民主义的抨击构成了《哲学与政治史》的主线之一，他把美洲描述为"低劣"旨在谴责欧洲大国的殖民扩张给新大陆带来的"邪恶"。美国革命改变了雷纳尔对美洲一切皆为"低劣"的看法，很大程度上与雷纳尔主持撰写这部多卷本著述所遵循的主旨不谋而合。革命本身是反对殖民统治，革命结果是一个与专制主义相对立的共和体制国家的诞生。因此，不管雷纳尔对美洲表现出多大的偏见以及对英国政体抱有多大的好感，他无疑会对这场革命发出由衷的赞扬。1776 年 7 月 4 日，大陆会议发布《独立宣言》，宣布脱离英国，建立美利坚合众国。雷纳尔对此显得异常激动，把这个已宣布独立的国家称为"英雄的区域"，并带有遗憾的口气宣称，他年迈体弱，已无机会踏上这片神圣的土地，他将永远不会出现在"组成你们阿勒奥珀格斯山的那些值得敬重者的中间。我将永远不会出席你们国会的议事。我在告别这个世界之前也不会目睹到容忍、道义、既定法律、美德和自由在这里找到归宿。我的骨灰将不会撒在这片自由神圣的土地，我只是希望能够撒上。我的临终遗言是对上帝发誓，祈祷你们大功告成"。① 这段话应该是发自这位致力于反专制暴政斗士的由衷心声。在美国开国先辈看来，美国革命的特殊性体现在其不仅是一场美利坚人争取独立的战争，而且还是改变人类历史进程的伟大壮举。富兰克林 1777 年 5 月初在致塞缪尔·库珀的信中谈到了这个新国家为人类承担的历史使命，宣称"我们的事业是整个人类的事业，我们在维护自己的自由时为他们的自由而战。这是上帝赋予我们的一项光荣任务，我确信，上帝已经给了我们完成这一任务的精神和德行，最终将使之成功地圆满

---

① 　Raynal, *A Philosophical and Political History*, vol. Ⅵ, Book ⅩⅧ, p. 196.

完成"。① 雷纳尔差不多重复了富兰克林的这种看法，把美国革命说成是
"将转变为受压迫者抵制暴君的普遍战争，人类的希望寄托于美国革命的
成功"。因此，美国人的"事业是全人类的事业，成为我们自己的事业。
我们要对暴君进行报复，至少要把我们的仇恨情绪发泄到外国压迫者的
身上。在挣脱镣铐的声响中，对我们来说，我们的镣铐似乎正在变得更
轻；当我们得知全世界人民不再看中君主时，我们随即感受到能够呼吸
更为纯洁的空气。此外，这些争取自由的伟大革命教训了暴君，警告他
们不要指望人民会忍耐过长，指望他们永远不会受到惩罚"。由此可见，
这个新国家担负着把受压迫者从专制主义暴政下解放出来的使命。雷纳
尔把美国比喻为远古时代人类毁灭于大洪水之后幸免于难的"一个家
庭"，这个家庭"受命于上帝让地球重新成为人类的居住地"。美国"便
是这个家庭。专制主义已淹没了一切，我们能够使这个世界第二次复
兴"。这样，在美国革命进行之时，全世界的"未来一代把眼睛盯着我
们，正在祈求我们获得自由。我们将决定他们的命运。如果我们背叛了
他们，他们总有一天戴着锁链走过我们的坟墓，把邪恶的咒语甩给我
们"。② 雷纳尔上述文字中的"我们"，显然是指正在为争取独立而浴血
奋战的美国人。在雷纳尔的笔下，这个正在人类地平线上冉冉升起的共
和制国家成了全世界受压迫者和迫害者的最大希望。

出于对君主专制体制的不满情绪，雷纳尔对这个新国家的共和政体
称赞乃是太正常之事了，赞扬之语中夹杂着对共和政体在美国能否成功
运行表示怀疑。当时很多欧洲精英人士认为，成功的联邦共和国疆土面
积都不是很大，如荷兰、威尼斯、瑞士等欧洲国家。③ 言下之意，共和体
制很难在国土面积广阔的美国存在下去。雷纳尔没有明确表明这种担忧，
不过在行文中却流露出这方面的意思，认为共和原则从理论上讲通常是
正确的，然而要将这些原则实际运用于这个新共和国时肯定会遇到困难，

---

① Benjamin Franklin to Samuel Cooper, May 1, 1777, Paris, in Francis Wharton, ed., *The Revolutionary Diplomatic Correspondence of the United States*, vol. 2, Washington: Government Printing Office, 1889, p. 313.

② Raynal, *A Philosophical and Political History*, vol. Ⅵ, Book ⅩⅧ, pp. 244, 194.

③ 参见 Willis Fletcher Johnson, *America's Foreign Relations*, vol. Ⅱ, New York: The Century Company, 1916, pp. 134 – 135。

原因主要在于美国疆域过大。雷纳尔主要是从政府发挥效率角度考虑的，他以国土面积很小的荷兰以及历史上的古希腊联盟加以说明。国土面积小易于让联邦共和国成为凝聚力很强的一个整体，能够有效地在重大问题上达成各省之间的共识。美利坚合众国却是与之相反，疆域"分散在一片广袤的大陆之上，在新大陆占据了差不多1/4的空间，被沙漠、群山、海湾和辽阔的海岸所隔离开，不可能具备这种迅速联系的有利条件。如果大陆会议得不到每个州的特别协商而不能在政治利益上做出决定，如果在各种重要时刻，在发生各种无法预测的事件上，大陆会议必然要发出新的指示，作为一个新的代议制政权，这个机构将不会有效率。路途的距离、延误以及无休止的辩论，常常会损及公众利益"。① 雷纳尔没有说出共和制不适宜美国之语，但要是一种政体缺乏效率且不能为公众从事各种活动提供便利的话，那么长此以往必会走到历史的尽头。这是一种推测，不见得符合雷纳尔对采用共和政体之美国的认识，但他后来思想的转变肯定与这种认识有很大的关系。

《哲学与政治史》最新修订版问世时，美国革命尚未结束，北美地区依然处在战火硝烟之中。雷纳尔无疑希望一个与君主专制政体对立的共和国获得成功，为依然饱受专制压迫的人们树立一个榜样，成为他们逃避暴政的"避难所"，但他对这场革命能否顺利成功依然存在疑问。在雷纳尔看来，革命进程的时间拖得越长，革命者也许越会发生"厌战"情绪，即"一个正在为自由而战的民族，疲惫于痛苦的长期斗争，更易于受到目前危险的打击，未来前景反倒激发不起他们，这个民族会感到他们勇气受挫，也许总有一天受到诱惑宁愿依附于和平，而不愿意伴随着危险和流血的独立和骚乱"。雷纳尔这里表示了一种担心，肯定是希望这种情况不要出现，美国人应该克服一切困难，将这场争取独立的战争进行到底，直到取得最终的胜利。雷纳尔在书中很少涉及法美结盟，作为一名深受法国专制主义之害的人，他打心底里不愿意自由的美国与专制的法国结为同盟。当法国作为美国的盟国介入之后，他预言英国和法国"两个多年处于争夺状态的国家将血洒大洋水域，再次玩起了这种令人恐惧的游戏，在这种游戏中，国家的繁荣将永远弥补不了特殊的灾难。它

① Raynal, *A Philosophical and Political History*, vol. Ⅵ, Book ⅩⅧ, p. 200.

们身上表现出的野心不会熄灭对它们同胞的所有仁慈，在大灾难来临之前它们就开始部署，无论在这两个半球的哪一个，灾难将准备降临到人类头上"。① 美国革命的成功大概很难离开国际社会的支持，法国在这场革命中扮演了不可或缺的重要角色，专制的法国支持自由的美国显然是利益诉求使然，借以打击宿敌英国，重振在美洲的昔日雄风。美国求助于法国同样是利益的需要，原则在外交中往往是服务于实际利益的实现。雷纳尔隔洋观察，对这个新国家在这场争取独立的战争中所面临的巨大挑战无亲身体验，难免隔靴搔痒，不得要领。上述两段话表明雷纳尔对美国革命还是缺乏真正的理解，这是远离美国革命战火而又对革命进程关注的欧洲文人之共同特征。

雷纳尔很清楚美国革命成功之后对欧洲和世界的影响，这个新国家必会成为"地球上最为繁荣的国家之一"。采用共和体制的美国一旦走出疆域辽阔而带来效率低下的困境，走上强大是必然之事，这是一个很难遏制的大趋势。按理说，雷纳尔应该为此感到高兴，但他无论如何还是难以兴奋起来。雷纳尔不满君主专制的统治，可是内心绝不希望本国或本地区衰落下去，更不愿意看到这个新国家未来成为欧洲的主人。然而，美国在北美的崛起本身便是对欧洲的一种威胁。他设想，一旦这个疆域一望无垠的大陆确立了"自由"，这个新国家将会成为欧洲的"社会渣子、阴谋之人、煽动叛乱者、恶人或运气不佳者的避难所"。他们不务正业，好吃懒做，骚动不安，更易于转向征战掠地，通过一场持久的战争使侵略转变成一种习惯性的职业。这个"新民族已经做好了入侵的准备"，他们"将选择他们的敌人、他们的战场和他们的胜利时刻。他们的攻击总是出乎意料地降临到毫无防御的海域或海岸。在很短的时间内，南部诸省将成为北部诸省的战利品，前者丰富的产品将弥补后者产品的贫乏。我们绝对君主的属地甚至会争取加入自由民族的联邦"。届时新大陆将与旧世界相分离，成为只属于"它们自己"的半球。要是这种扩张不会停止的话，就连"欧洲总有一天会发现被她的孩子所控制"②。言下之意，美国最终会征服欧洲和整个世界。美国学者托马斯·墨菲总结了

---

① Raynal, *A Philosophical and Political History*, vol. Ⅵ, Book ⅩⅧ, pp. 201, 222-223.

② Raynal, *The Revolution of America*, pp. 169-170, 174, 2.

雷纳尔这方面的看法，即"新大陆尽管曾经为不毛之地，但最终会繁荣昌盛，可能会主宰旧世界"。① 这是雷纳尔向欧洲大国发出的警告，暗示了绝不能让北美地区完全落入美国手中。雷纳尔在书中向马德里和凡尔赛王室建议采取措施在北美地区保持两个大国的存在，以便形成"相互监督、相互抑制和相互制衡"。这种"互惠的不信任"可以防止这个新国家在遥远的地方采取"入侵"行动，保持新大陆建立的其他国家"享有迄今为止尚未受到干扰的安定状态"。② 雷纳尔对美国的这种认识纯粹是一种主观猜测，明显地打上欧洲人对美国偏见的烙印，但他对独立后的美国人充满活力和勃勃雄心的估计是正确的，至于这个新国家通过扩张把北美地区绝大部分领土据为己有，还真是被雷纳尔不幸而言中了。

雷纳尔美国观的形成受到富兰克林等的影响，有个人独到见解之处，但最终还是难以走出欧洲中心主义设置的樊篱，不可避免地说出一些"不着边际"之语，这也是潘恩、杰斐逊以及马泽伊等对其关于美国看法提出质疑和批评的主要原因。雷纳尔美国观无疑存在着前后不一致之处，遭到一些学者的诟病。其实，这种不一致反映了他观察这个新国家时所面对的一个"困境"。他把美国看作美洲退化的例外，但还是无法彻底告别使他成就大名的这种理论。这样，当他力求《哲学与政治史》修订版保持全书观点一致时，在涉及具体问题时自然就难免顾此失彼了。

# 五　余论

在《哲学与政治史》第一版问世时，英属北美 13 个殖民地已开始出现与英国脱离的倾向，但尚未在殖民地社会居于主流。雷纳尔肯定查阅了大量关于北美地区的图书资料，他甚至连殖民地报纸所刊登的相关花边新闻也不放过。③ 不过，雷纳尔与绝大多数欧洲精英人士一样，大概没

---

① Thomas K. Murphy, *A Land without Castles: The Changing Image of America in Europe*, 1780 – 1830, Lanham: Lexington Book, 2001, p. 18.

② Raynal, *A Philosophical and Political History*, vol. Ⅵ, Book ⅩⅧ, pp. 242 – 243, 245.

③ 雷纳尔引用北美报纸的不实新闻引起的贻笑大方之事详见 Salmon, "The Abbe Raynal, 1713 – 1796: An Intellectual Odyssey," *History Today*, vol. 26, No. 2, 1976, pp. 112 – 113.

有料想到北美地区会发生一场改变世界历史进程的革命。美国革命爆发之后，很少有欧洲人对这场革命及其意义有所了解，甚至可以说是一无所知。雷纳尔是个政治敏锐性很强的学者，他没有囿于成见，根据局势的变化开始对《哲学与政治史》进行较大修订，把美国革命发生的原因、进程及其意义展现在欧洲人的面前。从现在的眼光来看，雷纳尔对美国革命的描述非常简单，多为常识，还存在不正确之处，夹杂着个人想象的成分在内，但在当时对美国革命及其意义的认识能够达到像雷纳尔这样的深度和高度，在欧洲学者中恐怕亦为凤毛麟角。因此，雷纳尔的修订版问世之际正是美国革命在北美如火如荼进行之时，即刻受到欧洲读者的热捧，成为"革命时代法国人对美国观察之研究的起点"。① 安萨特对雷纳尔的修订版批评甚多，但不否认在《哲学与政治史》中，"专门涉及 13 个殖民地和美国的章节构成了 18 世纪法国关于美国最具影响的描述"。② 雷纳尔关于美国革命的部分被译为英文单独出版，译者在英译本前面的公告中对这部书评价极高，称其为"文艺复兴以来出现的最杰出的作品之一，可能是已知任何作品中最具有启发性"。这部书"讨论英国与其殖民地争执的增补内容为人们长期殷切之期待"。③ 译者为英国人，匿名译者，或许是想避免英译本出版后遭到官方的迫害。英国著名人士威廉·科贝特阅读了英译本之后，称雷纳尔对美国的描述令人耳目一新，激起了他访问这个新国家的冲动。④ 法国学者勒内列夫人（Madame Renelle）1786 年出版了《新地理》（*Nouvelle geographie*）一书，作者在这本广泛使用的教科书中重复了"美洲退化论"，与此同时又把美国描写为繁荣、自由、平等、宗教自由、美德和启蒙之地。⑤ 勒内列夫人对美国的认识显然受到雷纳尔的影响。欧洲人对美洲抱有很大的偏见，这种偏见同样体现在对新独立的美国之认识上，雷纳尔的视野同样受到这种偏见

---

① Moore, *French Observations of America: Intercultural Commentary in the Age of Revolution*, p. 81.

② Ansart, "Variations on Montesquieu: Raynal and Diderot's Histoire des deux Indes and the American Revolution," *Journal of the History of Ideas*, vol. 70, No. 3, 2009, p. 400.

③ Raynal, *The Revolution of America*, p. iii.

④ William Cobbett, *The Life and Adventures of Peter Porcupine*, Philadelphia, 1796, p. 29.

⑤ 参见 Echeverria, *Mirage in the West: A History of the French Image of American Society to 1815*, p. 144。

的局限，但他毕竟是站在反专制主义和殖民主义的立场上来观察这场革命及其意义的，对欧洲人认识美国显然是起到积极作用，很大程度上广泛传播了美国的正面形象。因此，雷纳尔对美国革命的看法只有放到他所处的时代才能显示出重大的意义。

雷纳尔对美国革命的考察，同样有很强的现实关怀，对自由美国的称赞显然有谴责专制法国的含义，暗示法国人民要为争取自由起而与专制统治进行斗争。德国历史学家赖因哈特·克泽勒科认为，雷纳尔对美国革命的论述是对法国人民的巧妙隐蔽鼓动，要他们进行反抗，在一场反对旧世界政治镇压的跨洋道义胜利中击败旧秩序。① 法国人很快举起了反对旧秩序的革命大旗，美国革命在其中显然扮演了"榜样"的角色，而他们中很多人对美国革命的了解正是来自雷纳尔的修订版。用美国学者安东尼·帕格登的话来说，雷纳尔这部著述"在法国大革命之前和期间广受欢迎，对革命做出非常重要的意识形态的贡献"。帕格登引用一位学者的评论说，这本书激发起读者的全新的狂热，即"自由的狂热"。② 在很大程度上讲，雷纳尔基本上达到了他对美国革命描述的主要目的。很耐人寻味的是，法国革命爆发之后，巴黎街头血流成河，恐怖笼罩着这座具有悠久历史的城市。雷纳尔目睹了这一过程，对革命又有了新的认识，思想开始趋向保守。1791 年 5 月 31 日，很少参与公众辩论的雷纳尔向国民议会提交了一篇讲演，当日向议员们宣读。在讲演中，雷纳尔出乎意外地要求加强王室权力，取缔政治俱乐部，提防民众暴政和暴力。他情绪激动，谴责了"多数人暴政"给法国带来的灾难，宣称"当我看到最为卑鄙邪恶的人被用作一场有益之革命的打手时，当我看到神圣的爱国主义之名沦落为邪恶罪行时，当我看到在自由旗帜之下胜利者狂欢游行示威时，我的眼睛充满了泪水"。③ 雷纳

---

① Reinhart Koselleck, *Critique and Crisis*, Cambridge：MIT Press, 198, pp. 173 – 186. 转引自 Moore, *French Observations of America*：*Intercultural Commentary in the Age of Revolution*, p. 56。

② Anthony Pagden, *European Encounters with the New World*：*From Renaissance to Romanticism*, New Haven：Yale University Press, 1993, p. 143.

③ 详见 Ansart, "Variations on Montesquieu：Raynal and Diderot's Histoire des deux Indes and the American Revolution," *Journal of the History of Ideas*, vol. 70, No. 3, 2009, p. 420；Salmon, "The Abbe Raynal, 1713 – 1796：An Intellectual Odyssey," *History Today*, vol. 26, No. 2, 1976, p. 117。

尔这种反对革命的态度似乎与他往日的形象背道而驰，但如果我们仔细地考察雷纳尔对美国革命的看法，这种思想转变大概也不会是出乎预料之外了。

（本文作者系福建师范大学社会历史学院教授）

# 美国建国精英的知识、眼界和政治取向

李剑鸣

美国业余历史写手托马斯·韦斯特，对"建国者"在各种出版物中不断遭到苛评深感不平，便自告奋勇地替这些历史人物充当辩护人，于1999 年推出《捍卫建国者：美利坚起源中的种族、性别、阶级和正义问题》一书，大力弘扬"建国之父"的思想和历史贡献。[①] 未料，他的辩护却并未赢得美国史学界的好感。即便是约瑟夫·埃利斯这位专门研究"建国者"的职业史家，也不仅批评本书带有保守的意识形态色彩，而且还直截了当地把它说成是为现实需要而滥用历史的典型。[②] 其实，大致就在为韦斯特写书评的同时，埃利斯自己的新书《建国的兄弟们：革命一代》也摆在了书店的架子上。他自承，这本书旨在肯定"那些处于全国性事变中心的行使权力的政治领导人"的历史地位。[③] 可是，在书评人小詹姆斯·班纳看来，埃利斯这本书给人的印象似乎是，那几个"少数人中的少数人"的"行动和意图"，对于创建和维护这个国家乃是居功至伟的。[④]

---

① Thomas G. West, *Vindicating the Founders: Race, Sex, Class, and Justice in the Origins of America*, Lanham, Md: Rowman and Littlefield, 1999.

② Joseph J. Ellis, "Who Owns the Eighteenth Century?" *The William and Mary Quarterly*, Third Series, vol. 57, No. 2 (Apr., 2000), pp. 417–421.

③ Joseph Ellis, *Founding Brothers: The Revolutionary Generation*, New York: Alfred A. Knopf, 2000, p. 13.

④ James M. Banner, Jr., "Review of *Founding Brothers: The Revolutionary Generation* by Joseph J. Ellis," *The William and Mary Quarterly*, Third Series, vol. 58, No. 2 (Apr., 2001), p. 491.

如果埃利斯的书再晚几年出版，所受到的批评也许就不会这么温文尔雅。经过几代激进史家的解构和重构，美国革命史的面目早已是今非昔比。一方面，普通民众和边缘群体的作用被不断放大，一场革命（revolution）被说成了多场革命（revolutions）的复合体；另一方面，精英领导人则不断遭到"边缘化"乃至"妖魔化"。于今，普通人和边缘群体变成了革命的主角，被奉为真正的革命者；而以往备受推崇的"建国之父"则被描绘为三心二意的革命者，只是在民众革命行动的压力下才没有完全沦为革命的绊脚石。由此形成的乃是一种民众和精英二元对立的美国革命史叙事。① 此外，还有不少史家关注革命的破坏性和不确定性，突出战争对普通人生活和社会关系的破坏，渲染那些不革命和反革命的人所遭受的磨难和苦痛，把革命描绘成一场充满暴力的灾难性内战。② 这些新的革命史写作固然揭示了美国革命的许多新面相，但对那个大变动时代的利益关系和权力斗争做了过于简单和道德化的处理，尤其是刻意贬低和矮化精英领导人，这不仅无助于理解民众和精英在革命中的不同作用，而且还可能掩盖美国革命的主要内涵和基本特征。

在当时的参与者看来，美国革命首先是，而且主要是一场政治事变，它的最大成果是创建了一个独立的、联盟式的新型共和制国家，为人类获得和维护自由开辟了一条现实可行的制度性道路。③ 这一结果固然不是精英领导人独力造成的，但是他们在其中无疑扮演了主要角色。革命时期的核心工作，诸如革命理念的阐发，大陆会议的召开，大陆军的组建，

---

① 代表性的论著有 Woody Holton, *Forced Founders: Indians, Debtors, Slaves, and the Making of the American Revolution in Virginia*, Chapel Hill: The University of North Carolina Press, 1999; Gary B. Nash, *The Unknown American Revolution: The Unruly Birth of Democracy and the Struggle to Create America*, New York: Viking, 2005; Alfred F. Young, Gary B. Nash, and Ray Raphael, eds., *Revolutionary Founders: Rebels, Radicals, and Reformers in the Making of the Nation*, New York: Alfred A. Knopf, 2011; 等。另参见李剑鸣《意识形态与美国革命的历史叙事》，《史学集刊》2011 年第 6 期，第 3—29 页。

② Patrick Spero and Michael Zuckerman, eds., *The American Revolution Reborn*, Philadelphia: University of Pennsylvania Press, 2016; Alan Taylor, *American Revolutions: A Continental History*, 1750 – 1804, New York: W. W. Norton, 2016.

③ 参见李剑鸣《从政治史视角重新审视美国革命的意义》，《史学集刊》2017 年第 6 期。

军事行动的擘画，各州的立宪，同法国等欧洲国家的交涉，与英国的谈判，《邦联条例》的制定，联邦宪法的起草和批准，无一不是在精英领导人主持下展开和完成的。像美国的"新美国革命史学"那样片面贬抑建国精英的历史地位，同以往一味颂扬他们的革命功勋一样，都是一种具有很大遮蔽效应的革命史观。因此，重新关注作为一个群体的建国精英，特别是了解他们的知识结构、眼界胸怀、思维方式、价值取向和行事风格，对于理解美国独立和建国的历程，对于把握美国革命的历史地位，至少在学术层面具有重要的意义。[①]

# 一　革命精英的知识结构

美国革命领导人绝大多数都不是起于草莽的豪勇之士。他们大多出身于殷富之家，受过良好的教育，精熟书史，见多识广，思维洞达。他们的知识世界的构建，受益于"大航海"以来知识和信息传播方式的巨大变革。自 15 世纪末以降，人类的空间概念发生了重大变化，不同地方的人们交往逐渐密切，生产和生活方式也随之改变。其中尤为突出的变化是，知识迅速增长，知识的传播和共享也越来越便捷。美国革命一代获取知识和信息的渠道，较其前辈大为拓展。他们注重吸收来自中心地带的各种各样的知识和信息，也格外重视教育和修养对于生活的意义，喜欢以学识来评品人的高下。约翰·亚当斯曾说，乔治·华盛顿不是一个学者，几乎谈不上有什么文化，因为他没有学识，也很少读书。[②] 亚当斯之所以这样看待华盛顿，是因为华盛顿确实没有受过正规的高等教育，也不善言辞，不懂外语，有人甚至怀疑他的很多文件都系他人代笔。不过有趣的是，华盛顿却因军事上的功勋而得到了学识上的荣誉。1776 年 4 月 3 日，哈佛学院授予华盛顿法律博士学位，以褒奖他将英军驱逐出波

---

① 本文的某些论点笔者曾在 2014 年 12 月的一次讲座中粗略提及，参见李剑鸣《学术的重和轻》，商务印书馆 2017 年版，第 137—150 页。

② Gordon S. Wood, *The Revolutionary Characters: What Made the Founders Different*, New York: Penguin Books, 2006, p. 33.

士顿的战绩。① 其实，如果翻阅华盛顿的文件集，特别是他的书信、日记和公告，就不难看到，他在知识、思维方式和价值取向上，同那些博学之士并没有多大分别。这说明革命一代处在同一种文化当中，分享了当时精英所共有的知识、视野和思维方式。

考察革命精英的知识世界，可从空间和时间这两个维度着眼。就空间而言，革命精英的知识涵盖当时已知世界的绝大部分地区。虽然他们对世界许多地方的了解颇有局限，其知识中混杂着传闻和偏见，但这与那个时代知识的来源和流传方式有关，并不是他们刻意歪曲。他们当中许多人并未离开过北美，但是知见博洽，眼界开阔。他们作为一个群体所掌握的知识，不可谓不丰富。在时间的维度上，革命精英对于从古代及于当世的历史、哲学、文学和其他门类的知识均有涉猎。他们中不少人受过系统的古典教育，能够阅读古代作品，甚至能用拉丁文写作。他们对于当时各地的历史与现状也有一定的了解，经常把它们同美国的情况加以比较，剖析其中的利弊和得失，用以界定美国革命的目标和意义。反过来，他们又用美国革命的理想来描绘世界的未来，希望建立一种共和主义的世界秩序，把贸易而不是战争作为国际交往的主题。而且，他们中多数人都不尚空谈，堪称善于调动各种知识来思考和处理具体事务的实干家。

相对而言，革命精英对于"遥远的东方"虽有所知，但大体只是一些支离破碎的讯息，既不系统，也不确凿，其中包含大量的误解和偏见。乾隆时期的绝大多数中国人对于美洲可谓全然无知，更不用说留意美国当时正在发生的巨变。可是，美国的革命精英则在某些场合提到过中国。他们有时把孔子说成是和柏拉图、亚里士多德一样的古代贤哲，但在更多的时候却把中国作为"反面教材"。有个拥护1787年新宪法的人谈到，"荒谬的贸易精神"流弊甚大，导致欺诈成风，而"中国人非常善于欺诈……最近一些去中国的船只上的船员，被骗买下了做成熏猪腿形状和颜色的木头块"；而且，商业精神也不利于保持旺盛的"荣誉感和尚武的德行"，中国有上百万甚至超过一百万的军队，却被"鞑靼人"（the Tartars）的一支

① Hezekiah Niles, ed., *Principles and Acts of the Revolution in America*, New York: A. S. Barnes & Co., Publishers, 1876, p. 131.

小小军队所征服。① 他们还提到过中国的裹脚习俗，用以比喻不适当的体制必然束缚社会，导致"自然的扭曲"。② 他们也知道中国有万里长城。在殖民地晚期，弗吉尼亚人一心要向西迁移，英国政府却想方设法拦住这股西进的潮流，以免引起印第安人造反，增加防卫的负担。1773 年《弗吉尼亚报》上有文章就此评论道："除非有百万士兵把守，即便是第二道中国长城也难以阻挡赴俄亥俄地区及附属土地上的定居运动。"③ 此外，革命精英还喜欢用波斯和土耳其做反面例证。在他们看来，这些地方盛行奴役、暴政和恐怖。当论及丧失自由的可怕时，他们往往会提及波斯的惨状、土耳其的暴政以及东方普遍存在的腐败和杀戮。他们在批评英国议会对北美的政策时，就用土耳其来做参照，称英国议会的执行权是"一个比土耳其的执行权更加可怕的值得我们注意的对象"。④ 那种痛恨反英分子、大力贬损民主的"效忠派"，也没有忘记"东方"的反衬效用："他们（指马萨诸塞抵制英国的派别——引者注）将本省区的全部权力都揽到了自己手中。它被叫作民主制和共和制，但这两个名称它哪一个也配不上；它只是一种由暴民和暴乱来残酷实施的专制主义，比东方暴虐的君主制更加违背人类的权利。"⑤

　　不过，就介入的深度和作用的强度而言，革命精英关于古代地中海世界的知识显然更加重要。⑥ 有学者指出，18 世纪是一个"新古典时代"，古典传统对革命时代的美国人尤其具有重要的意义。⑦ 在日常生活中，他们以追慕古风为时尚。托马斯·杰斐逊对弗吉尼亚常见的"哥特

---

① Nicholas Collin, "An Essay on the Means of Promoting Federal Sentiments in the United States," in Colleen A. Sheehan and Gary L. McDowell, eds., *Friends of the Constitution: Writings of the "Other" Federalists 1787 - 1788*, Indianapolis: Liberty Fund, 1998, pp. 431 - 432.

② Gordon S. Wood, *The Creation of the American Republic*, 1776 - 1787, New York: W. W. Norton, 1972, p. 613.

③ Holton, *Forced Founders*, p. 7.

④ *The Boston Gazette*, May 13, 1771.

⑤ John Adams and Jonathan Sewall, *Novanglus, and Massachusettensis; or Political Essays*, New York: Russell & Russell, 1968, p. 158. 据后来学者考证，这位化名"马萨诸塞人"的政论作者其实是丹尼尔·伦纳德（Daniel Leonard）。

⑥ 关于精英领导人的古典知识状况的讨论，系据拙文《在雅典和罗马之间——古典传统与美利坚共和国的创建》（《史学月刊》2011 年第 9 期，第 108—124 页）中的有关内容改写。

⑦ Wood, *The Creation of the American Republic*, p. 50.

风格"的乔治式建筑十分蔑视，甚至深感羞耻；他不仅一心以罗马古典建筑为范本来建造自己在蒙蒂塞洛的宅邸，而且在弗吉尼亚新首府里士满的建设中大力倡导古典风格，以致当地的公共建筑大多近于公元1世纪罗马方殿的翻版。① 在公共领域，他们也仰慕古代立法者建城创制的事迹，深信革命的爆发为他们进行政治创新提供了绝好机会。例如，约翰·亚当斯就说过："亲爱的朋友，你我被赋予生命的时代，乃是古代的立法者希望生活的年代。"②

这些革命精英之所以向往古典风尚，自比"古代立法者"，首先缘于他们早年所受的古典教育，以及由此养成的古典兴趣和对古典价值的欣赏。北美殖民地的教育大体上因袭英国的体制，以文法学校和高等学院为主干，以拉丁文、古希腊文、文学和古物学方面的课程为核心，构筑一条系统传承古典知识的渠道。这种教育理念及相应的实践，一直延续到美国建国初期。古希腊语和拉丁语被称作进入高等学院和获得学士学位的"通行密码"。③ 凡希望进入学院深造的青年，首先必须掌握古典语言的基础知识，而文法学校正是为此而设。从殖民地时期直到建国初期，古典课程和语言教学的方式都没有很大的改变。④ 高等学院更是古典知识的"一统天下"，学生自入学开始，古典知识就始终伴随着其学习生涯。革命精英大多受过良好的教育，具备直接阅读古典作品的能力。在各类图书馆和私人藏书中，古典题材的书籍平均占10%—12%。⑤ 革命精英在繁忙的公务之余，仍然有针对性地阅读和参考古典作品。在制宪会议期间，出使巴黎的托马斯·杰斐逊给詹姆斯·麦迪逊寄去若干本波里比乌斯的著作和若干套古典作家的作品。其他制宪会议成员对于古典知识也

---

① Wood, *The Revolutionary Characters*, p. 104.

② John Adams, "Thoughts on Government," in Charles Francis Adams, ed., *The Works of John Adams*, 10 vols., Boston: Charles C. Little & James Brown, 1850 – 1856, vol. 4, p. 200.

③ Richard M. Gummere, *The American Colonial Mind and the Classical Tradition*, Cambridge, Mass.: Harvard University Press, 1963, p. 55.

④ Carl J. Richard, *The Founders and the Classics: Greece, Rome, and the American Enlightenment*, Cambridge, Mass.: Harvard University Press, 1994, p. 13.

⑤ Meyer Reinhold, *Classica Americana: The Greek and Roman Heritage in the United States*, Detroit: Wayne State University Press, 1984, pp. 28 – 30, 96.

有浓厚的兴趣。① 无怪乎有位美国学者断言，革命时期乃是"古典传统在美国的黄金时代"；在美国宪法的制定和批准过程中，对古典政治理论和实践的"求助"达到了高峰。②

不过，革命精英并非泛泛涉猎古典知识，而是根据具体需要从古典作品中汲取养分，寻求资源。按照 18 世纪的标准，掌握古代语言，熟谙古典知识，不仅是一个学者的必备条件，而且"可使年轻人能够在公共职位上为他们的国家服务"。③ 当时人相信，"在萨鲁斯特、西塞罗、塔西佗和李维的陪伴下"，年青一代会成长为"一个好人和一个有用的公民"。④ 革命精英还刻意模仿古人的装束和举止，创造适合自己的个人古典形象，竭尽全力去实现古典价值。⑤ 有时，古代的伟人还能刺激普通居民的政治想象；用一个波士顿人的话说，"看起来，我们在每两三个村镇和区里，就有一个梭伦或莱库古"。⑥ 对于那些写作和发表政论的作者来说，取一个拉丁文或拉丁化的笔名，几乎成为一种时尚。采用取自古代希腊和罗马的笔名，可收一石数鸟的功效：既可隐藏真实的身份，又能显示自己的博学，还有助于寄托特定的思想取向。罗马共和初期的贵族 Publius Valerius Poblicola（或 Publicola）很受当时人青睐，被视为共和制的象征。1787 年，马里兰议会下院领导人威廉·帕卡曾用"Publicola"作笔名，与上院代言人亚历山大·汉森（化名 Aristides）就纸币法案进行论战。亚历山大·汉密尔顿在 1778 年便用"Publius"作笔名，在 1787—1788 年又同詹姆斯·麦迪逊、约翰·杰伊一道，用这个笔名发表了题为"联邦主义者"的系列文章。"反联邦主义者"中也有人用"Poplicola"

① Gummere, *The American Colonial Mind and the Classical Tradition*, p. 174.

② Reinhold, *Classica Americana*, pp. 95, 102.

③ Gummere, *The American Colonial Mind and the Classical Tradition*, p. 72.

④ John Adams to John Quincy Adams, May 18, 1781, in L. H. Butterfield, ed., *Adams Family Correspondence*, 12 vols., Cambridge, Mass.: The Belknap Press of Harvard University Press, 1963 – 2015, vol. 4, p. 117.

⑤ Gordon S. Wood, *The Radicalism of the American Revolution*, New York: Vintage, 1993, pp. 204, 210 –211.

⑥ Quoted in Richard L. Bushman, "Massachusetts Farmers and the Revolution," in Richard M. Jellison, ed., *Society, Freedom, and Conscience: The American Revolution in Virginia, Massachusetts, and New York*, New York: W. W. Norton, 1976, p. 80.

（原文如此）作笔名，发表文章阐述反对宪法的理由。不过，反对1787年宪法的人更喜欢用"Brutus""Cassius"和"Cato"这样的古代名字，以表达誓死反抗"暴政"、捍卫共和理想的态度和决心。①

精英领导人利用古典知识的主要方式，当然不限于借用古人名字作笔名，而主要是从古代历史中吸取经验和教训，从古典理论中发现可以用于现代国家构建的思想资源。虽然他们毫不犹豫地采用共和制，但就他们所了解的古代历史而言，共和事业却很难说具有光明而乐观的前景。杰斐逊曾经提到，有人从古代共和国的历史推断，共和政体在弗吉尼亚的前景令人感到悲观。② 在制宪会议上，本杰明·富兰克林感叹道："我们已回到古代历史中去寻找政府模式，考察了那些不同形式的共和国，它们在形成时就各自带有解体的种子，现在都已不复存在。"约翰·迪金森也谈到，最为理想的有限君主制在美国行不通，人们喜爱的共和制在历史上又都是"失败"的；但也不必绝望，因为古代共和国之最终消亡，只能证明它们"在体制上很糟糕"，而美国人应当找到一切可以"匡正其弊病"的措施。③ 可见，正是由于古代共和国"均以失败而告终"，革命精英才觉得有必要总结其"失败的教训"，思考如何避免重蹈覆辙，使共和制真正成为一种"千秋万代的新秩序"。用新泽西一位基层领导人的话说，希腊、罗马、迦太基和英国由于未能时刻警惕暴政和篡权的出现，以致丧失自由，因而"我们"要以"他们的命运"为警示，"避开使他们全都触礁沉船的那块石头"。④

---

① 除了借用古人的名字，不少政论作者还以能体现其立场、观点或主题的拉丁词或职位名称作为笔名，如"Sincerus""Candidus""Benevolus""The Censor"之类。参见 Eran Shalev, "Ancient Masks, American Fathers: Classical Pseudonyms during the American Revolution and Early Republic," *Journal of the Early Republic*, vol. 23, No. 2（Summer, 2003）, p. 154。

② Thomas Jefferson, *Notes on the State of Virginia*, ed. by William Peden, New York: W. W. Norton, 1972, p. 128.

③ Benjamin Franklin, June 8, 1787; John Dickinson, June 2, 1787; in Max Farrand, ed., *The Records of the Federal Convention of 1787*, 4 vols., New Haven: Yale University Press, 1966, vol. 1, pp. 451, 87.

④ Cumberland County［new-jersey］Committee, in Peter Force, ed., *American Archives: Fifth Series Containing a Documentary History of the United States of America from the Declaration of Independence July 4, 1776, to the Definitive Treaty of Peace with Great Britain, September 3, 1783*, 3 vols., Washington, 1848–1853, vol. 1, p. 812.

　　因此，革命领导人在援引古典知识时，对古代政治理论常怀贬斥之意，而更看重古代历史所包含的经验教训。① 约翰·亚当斯声称，古人提出的各种政体理论都不适合现代社会；那些对现代社会有价值的"政府科学"的重大改进，并不为古人所知晓，或者至少未被他们付诸实践。② 杰斐逊晚年也表示，亚里士多德等古代作家所处时代和社会的特点与现代大不一样，因而他们关于政府问题的论著，已无任何启迪可言，即便亡佚或误传，也不值得引以为憾。③ 相反，他们大多注重从古代历史中寻找参考和启迪，用亚当斯的话说，"希腊的历史对于我们的国人来说，就好比是大陆人所说的许多家庭拥有的'梳妆室'"，里面有许多用以反观自己的镜子。④ 在革命期间，特别是邦联时期，一些报纸经常刊出关于斯巴达、雅典和罗马历史的知识片断，古代共和派的事迹，以及讨论古代历史教训的短论。有的文章还明文提示读者，古代史事对了解当前现状具有启示意义。⑤

　　在革命的不同阶段，精英领导人对古代历史的看法也有所不同。当革命爆发之初，他们面临的首要任务，乃是动员民众参与和支持对英战争，牺牲个人利益以争取和巩固独立。因此，他们大多推崇斯巴达式的平等社会，欣赏共和初期的罗马，因为那里的公民随时都准备为公共利益而献身。⑥ 同时，反面的例证也成了他们的"警钟"，比如有报纸文章提及，雅典人在马其顿大军压境时仍疏于防卫，不肯齐心抵抗，以至城邦沦陷。⑦ 随着战争的结束，自由和个人权利的重要性凸显出来，斯巴达、雅典，甚至罗马的社会价值便遭到了质疑。约翰·亚当斯在1786年

---

　　① 关于美国建国者利用古典政治理论和历史知识的一般情况，参见 Richard M. Gummere, "The Classical Ancestry of the United States Constitution," *American Quarterly*, vol. 14, No. 1 (Spring, 1962), pp. 3 – 18。

　　② John Adams, *A Defense of the Constitutions of the United States of America*, in Charles Francis Adams, ed., *The Works of John Adams*, vol. 4, pp. 284, 559.

　　③ Thomas Jefferson to Isaac H. Tiffany, August 26, 1816, in H. A. Washington, ed., *The Writings of Thomas Jefferson*, 9 vols., Washington, D. C.: Taylor & Maury, 1853 – 54, fol. 7, p. 32.

　　④ Adams, *A Defense of the Constitutions of the United States of America*, in Charles Francis Adams, ed., *The Works of John Adams*, fol. 4, p. 469.

　　⑤ *The Columbian Herald*, November 23, 1784.

　　⑥ *The New-York Gazette*, April 2, 1770; Wood, *The Creation of the American Republic*, p. 53.

　　⑦ "Philo-Americanus," *The Pennsylvania Evening Post*, July 6, 1775.

指出，虽然莱库古的制度很好地维护了国家的独立，但却没有重视人民的幸福和自由。① 同年，旅居英国的美国青年威廉·默里也谈到，如果说"对贫穷的爱好"乃是斯巴达政体的崇高性的基础，那么它也只能存在于一个人数很少的社会；"像斯巴达那种建立在严格的平等观念之上的政府已经失败了，因为它们的形成是与自然对立的"；它们"迫使人性变成扭曲的形态"，而不是赋予它自由展示和发挥的空间。② 这表明，及至革命后期，古典共和主义的价值受到了质疑，人们开始反思共和政体的价值基础。到了共和国初期，有人发现，公民教育中涉及政府科学的部分，通常以关于罗马、斯巴达和雅典的知识为主，而很少谈及美国及各州的宪法，于是呼吁学校课程在古代历史和哲学之外，应当包含美国政府和政治方面的内容。③

毋庸赘言，革命精英的主体是英格兰人的后裔，他们自然更关注同文同种的英国人的历史、文化和当前政治，而且希望从中获得更多的参照和启发。最早发起抵制帝国政策的那一批精英，成长于殖民地社会迅速发展、上层人急迫地追求英格兰化的时代。他们在心理上认同于不列颠特性（British-ness），热切希望成为伦敦精英那样的英格兰人，得到母国上流社会的尊重。但是，母国的精英权贵盛气凌人，威斯敏斯特的决策者傲慢霸道，来到殖民地的官员和军人往往自命高人一等。这些人对"新大陆"的英格兰人后裔，无分尊卑贵贱，都怀有轻蔑和鄙夷之情，甚至视作低等的可怜虫。殖民地精英满心屈辱地意识到，他们与帝国中心都市精英之间的差距，远甚于波士顿或费城与伦敦之间的距离。于是，他们便极力从特殊性和差异性中寻求自身的优势和长处，并以贬斥母国的奢靡、腐败和道德沉沦来寻求心理平衡，甚至借抵制和抗争来舒缓因

---

① Adams, *A Defense of the Constitutions of the United States of America*, in Charles Francis Adams, ed., *The Works of John Adams*, vol. 4, pp. 555 – 556.

② William Vans Murray, *Political Sketches*, *Inscribed to His Excellency John Adams*, London, 1787, pp. 31, 42 – 43.

③ William Loughton Smith, *A Comparative View of the Constitutions of the Several States with Each Other*, *and with That of the United States*, Philadelphia：Printed by John Thompson, 1796, p. 3.

不被伦敦所尊重而引起的愤懑与焦虑。① 因之有学者提出，美国革命与其说是一次"分离"（disintegration）的危机，不如说更像一次"整合"（integration）的危机。② 独立战争爆发以后崛起的更年轻的精英领导人，通常没有那么强烈的英格兰意识，对英国的认识也没有包含那么复杂的情感因素。与此相应，革命精英对于英国传统和政治体制的态度，在革命的不同阶段也有显著的差别。在争取独立时，他们极力撇清同英国的关系，对英国体制持尖锐的批评态度，那些主张效法英国的人也受到了猛烈的抨击。到了革命后期，建立稳定有效的政治体制成为当务之急，他们不期然改变了对英国宪政的看法，转而肯定和羡慕"有限君主制"的某些长处。

复兴于革命后期的对于英国宪政的兴趣，其实有着深厚的历史渊源。在整个殖民地时期，北美精英深为自己的英格兰人身份而自豪，普遍对英国宪政推崇备至。在1752年10月9日的《波士顿邮差报》上，有文章引用英国议会下院一位"有学识的先生"的话说，英国宪政的各个部分完美结合，彼此制约，防止任何一个部分越出权限而占据支配地位，从而保障"人民的幸福与安全"；因此，这种宪政是"人类的深谋远虑所能构想出来的最好和最便利的"体制。③ 丹尼尔·福尔在1756年谈到，英国宪政是世界上唯一一种既能使人民幸福，又能让君主伟大的体制。④ 两年后，有个清教牧师在布道词中宣称，英国宪政以其构造和运行之优势，无须采用特殊的措施来维持，其本身的性质就足以使之长存。⑤ 以上这些话，可谓道出了许多殖民地精英的心声。而且，殖民地精英还相信，

---

① Robert M. Weir, "Who Shall Rule at Home: The American Revolution as a Crisis of Legitimacy for the Colonial Elite," *Journal of Interdisciplinary History*, vol. 6, No. 4（Spring, 1976）, pp. 679 – 700.

② Stephen Conway, "From Fellow-Nationals to Foreigners: British Perceptions of the Americans, circa 1739 – 1783," *The William and Mary Quarterly*, 3d Series, vol. LIX, No. 1（January 2002）, p. 65.

③ *Boston Post Boy*, October 9, 1752.

④ Daniel Fowle, *An Appendix to the Late Total Eclipse of Liberty*, Boston: Printed by Daniel Fowle, 1756, p. 11.

⑤ Thomas Frink, *A King Reigning in Righteousness, and Princes Ruling in Judgement*, Boston: Printed by S. Kneeland, 1758, p. 79.

殖民地政府同英国宪政有着某种对应性，因而也是优良的体制。不过，关于英国宪政的这类说法，同英国政治的实际并不完全吻合，因而带有某种想象的性质。据伯纳德·贝林研究，17、18 世纪的英国人从当时的政治稳定中看到了混合宪政的好处，觉得正是王权、贵族院和平民院三种权力既区分又混合、由相互牵制而获致平衡的局面，根除了"任意专断的权力"这种在政府中反复发作的恶疾。但是，这种看法非但与实际不符，而且带来误导，因为国王、贵族和平民都不是截然分开的政治实体，而权力的实际运作也不是简单的混合与平衡的问题。总之，17 世纪末以后所谓的社会和谐与政治稳定，并不是源自这种假想的"社会—宪政等级"的平衡。①

随着与母国矛盾的加剧，殖民地精英也开始意识到，英国宪政并非如最初想象的那样完美，不然何以会一而再、再而三地发生侵害殖民地人权利的事情？于是，他们疑心英国宪政已然腐败变质，正在演化为"任意专断（arbitrary and despotic）的国家"。他们感到，英国宪法遭到了攻击，人民的"神圣权利和特权"为"受贿和腐败的议会"所背叛。更可怕的是，这种贿赂和腐败之风可能越过大西洋，感染北美的议会。② 1769 年在伦敦出版了一本讨论殖民地与母国争端的小册子，针对当中的某些言论，本杰明·富兰克林做了反驳性的批注，流露出他对英国体制的失望和蔑视。他宣称，殖民地人民的最大幸运，正在于摆脱了母国体制的压迫；"如果他们（殖民地居民——引者注）带着你们（本土英国人——引者注）的政府和法律，他们现在就得服从于宗教法庭、什一税、议会的教会法、渔猎法，等等；他们自从离开了那个王国，就从未服从过这些东西"。③ 由此推论，殖民地政治制度和法律，比母国更优越，能够更好地维护自由。当时的确有人明确表达了这样的看法：虽然"我们的参事会、代表院和总督与英格兰的贵族、平民和国王相对应"，但实际上"（我们的）参事会乃是选举的，其智慧并不逊于贵族"；"我们的代

---

① Bernard Bailyn, *The Origins of American Politics*, New York: Alfred A. Knopf, 1968, pp. 22 - 24.

② Gracchus, "To the PRINTER," *The New-York Journal*, May 3, 1770.

③ John Bigelow, ed., *The Complete Works of Benjamin Franklin*, 10 vols., New York: C. P. Putnam's Sons, 1887 - 1888, vol. 4, pp. 316 - 317.

表院比平民院更有尊严，后者是由其社会的十分之一所选择的，而前者是我们普遍表决（general voice）的结果"。在这种情况下，殖民地人还有理由服从那个远在威斯敏斯特的议会吗?① 到1775年，有个小册子作者更是直截了当地宣布，英国和殖民地根本就是两个国家（two countries），各自有各自的宪法，两者虽然在精神和原则上是相似的，但却是"完全分开和不同的"。②

在独立呼声渐趋高涨的同时，对英国社会和政体加以"妖魔化"，不仅成了反英派宣泄对母国不满和愤恨的方式，而且更是论证独立正当性的话语策略。《独立宣言》文本中的"小前提"，就完全是由这样一套话语所构成的。各州跟进大陆会议决定的文件，也大体采用了这类措辞，称英国社会充塞着"奢靡腐败"和"掠夺性贪欲"，英国政府堕落为"专制"，距毁灭已为期不远，因而脱离英国而独立，不仅是不得不然的事，而且属于明智之举。③ 进入革命后期，虽然英国宪政的某些元素已悄然进入美国体制，但这时美国精英领导人的政治自主意识趋于增强，他们一方面吸纳英国制度的长处，另一方面又极力申明美国体制的独特性，继续贬抑英国宪政。一度被视为"自由堡垒"的英国宪政，早已失去了诱人的光芒。有人在文章中呼吁："我们也应当尽快抛弃英国法律的那堆垃圾，这些法律是为君主制的傲慢、专断和压迫的政府而制定的，因而非常不适合一个民主的共和国（a democratic republic）。"④ 詹姆斯·图德·塔克在1784年写道："我们过于倾向于从英国宪政引申出我们关于政府的看法，而英国宪政中无疑没有哪个部分是建立在自由的原则之上的。"⑤ 当费城制宪会议的参加者讨论参议院的选举方式时，詹姆斯·威

① *The Boston Gazette*, May 13, 1771.

② *America's Appeal to the Impartial World*, Hartford: Printed by E. Watson, 1775, p. 47. 据称这本小册子写于1775年之前，因等纸张印刷，延误了出版。

③ *New-York Gazette*, October 19, 1776.

④ "A Monitor," *The Columbian Herald*, November 26, 1784.

⑤ Thomas Tudor Tucker, "Conciliatory Hints, Attempting, by a Fair State of Matters, to Remove Party Prejudice," in Charles S. Hyneman and Donald S. Lutz, eds., *American Political Writing during the Founding Era, 1760–1805*, 2 vols., Indianapolis: Liberty Press, 1983, vol. 1, p. 610.

尔逊明确表示，"英国政府不可能成为我们的楷模"。① 在讨论第一院的财政提案权时，皮尔斯·巴特勒表达了类似看法："我们经常轻易接受英国议会很出色的观点，不管有没有理由都要照搬"；实际上它与美国的情况没有相似性。② 稍后，在讨论参议院的组成时，查尔斯·平克尼也说，美国社会的平等是其他国家所没有的，在美国多数人享有自由的政治权利，因而不能采用英国政体；英国宪政与美国人民的情况并不符合。③ 这些制宪者看问题的方式有一个共同点：美国国情特殊，不允许采纳英国的模式。不过，在本杰明·拉什看来，不愿仿效英国体制中那些有用的东西，乃是一件令人遗憾的事，这也是导致邦联和各州宪法不够成熟的一个重要原因。④

虽然制宪者反复强调不可照搬英国体制，但并未妨碍他们援引英国宪法和历史方面的知识，以支持或强化他们的主张和观点。当论及第一院的平等表决权时，罗杰·谢尔曼提到了英国贵族院的经验，称贵族院与平民院拥有同等的表决权，因而能维护自己的权利。富兰克林在书面发言中，援引苏格兰和英格兰合并后在议会的境遇，以说明大州不会借比例代表制来吞噬小州。数日后，鲁弗斯·金在论证共同政府不会损害小州的利益时，也提及苏格兰和英格兰合并的史事，并称当初苏格兰的爱国者也有现今美国小州同样的担心，然而结果表明，苏格兰的繁荣和幸福因联合而得以增进。⑤ 詹姆斯·麦迪逊支持建立一个足以保障财产权利的第二院，并认为由任期较长所带来的稳定性尤为重要。他举例说，如果英国现在允许所有阶层的人民参加选举，土地业主们的财产就会不安全，因为很快就会出现土地法；因此，美国的土地所有者应当在政府

① James Wilson, June 7, 1787, in Farrand, ed., *The Records of the Federal Convention of 1787*, vol. 1, p. 153.

② Pierce Butler, June 13, 1787, in Farrand, ed., *The Records of the Federal Convention of 1787*, vol. 1, p. 238.

③ Charles Pinckney, June 25, 1787, in Farrand, ed., *The Records of the Federal Convention of 1787*, vol. 1, p. 398.

④ Benjamin Rush, "To the People of the United States," in Niles, ed., *Principles and Acts of the Revolution in America*, p. 234.

⑤ Roger Sherman, June 11, 1787; Benjamin Franklin, June 11, 1787; Rufus King, June 30, 1787; in Farrand, ed., *The Records of the Federal Convention of 1787*, vol. 1, pp. 196, 198, 493.

中占有一定份额，以保护其利益，制衡其他阶层；而参议院就是这样一个机构，应当具有长久性和稳定性。① 在讨论立法否决权时，古维诺尔·莫里斯主张这一权力应由法官和行政官一同执掌，并援引英国的例子说，英国的法官在立法中享有很高的地位，有些法官本身就是立法机构的成员，有些还在枢密院任职。② 显然，这些人对英国体制和传统了如指掌，在讨论中只要有必要，有用的例子便可信手拈来，显得悠游裕如。

革命精英在政治理论方面的知识和修养，同样予人以深刻的印象。除前文提到的古典理论外，他们还熟读17世纪以来英国和欧陆的许多理论著作。诚如英国历史学家 J. C. D. 克拉克所说，在18世纪中期的英美世界，没有人使用"启蒙"这样的词汇；法国式的启蒙运动并不见于英美。③ 但这并不意味着革命精英不了解当今所谓的"启蒙思想"。实际上，他们经常阅读启蒙哲人的著作，并在政治写作和公共讨论中引用有关的言论。

过去有较长一个时期，美国史家不假思索地把洛克视为美国革命的"教父"，把《政府论第二篇》看成革命一代进行政治探索的指路明灯。但是，伯纳德·贝林在20世纪60年代指出，从殖民地时期开始，美利坚人就对英国反对派的抗议性写作发生兴趣，并把其中的观点作为看待公共生活的参照。《加图信札》的一些篇目在北美一再重印，经常为人所引用。约翰·特伦查德和托马斯·戈登主办的《独立辉格派》（Independent Whig），在殖民地也颇受关注，上面刊登的全部文章于1740年在费城重印。波林布鲁克的著作在北美也拥有不少读者，其中的文字经常被转述和引用。不妨说，殖民地人接受了英国反对派的政治理念，认可他们对英国政治的理解，并以此来观察自己身边的政治世界。④ 接着，贝林通过对革命时期若干政治小册子的解读，发现英国政治反对派的理论和语言

① James Madison, June 26, 1787, in Farrand, ed., *The Records of the Federal Convention of 1787*, vol. 1, p. 431.

② Gouverneur Morris, July 21, 1787, in Farrand, ed., *The Records of the Federal Convention of 1787*, vol. 2, p. 75.

③ J. C. D. Clark, *The Language of Liberty* 1660 – 1832: *Political Discourse and Social Dynamics in the Anglo-American World*, Cambridge, England: Cambridge University Press, 1994, p. 14, footnote 46.

④ Bailyn, *The Origins of American Politics*, pp. 54 – 57.

不仅为革命者所继承和发挥，而且在复杂的革命情势中发生了出乎意料的转化，塑造了独立后新的政治文化。① 贝林这一不拘成说的新颖见解，在美国史学界引起震动，激发许多学者重新思考美国革命的思想来源。

美国政治学者亚历克斯·塔克尼斯撰文质疑旧说，称美国革命者抵抗话语的思想来源并非单一，其中既有洛克的理论，也包括来自圣经、法律—历史和共和主义的资源。每一种资源代表一种论证抵抗逻辑的路径，而在当时的政论作者心目中，这些不同的思想并不是彼此排斥的。有的小册子作者在同一文章中同时使用前述四种话语，似乎没有意识到它们之间有什么需要解决的"张力"。总之，"殖民地居民聚集了所有支持革命的论据，而不在意它们在逻辑上是否相互协调一致"。② 另有学者则突出强调苏格兰启蒙运动对美国革命思想的意义，关注亚当·斯密（Adam Smith）、大卫·休谟（David Hume）、托马斯·里德（Thomas Reid）、亚当·弗格森（Adam Ferguson）、弗朗西斯·哈钦森（Francis Hutcheson）等苏格兰理论家的影响，认为他们的思想与洛克差别甚大，而对美国革命一代有不可忽略的启发，尤其是给杰斐逊的思想打上了清晰的烙印。③ 还有学者发现美国"建国之父"乃是《国富论》最早的读者，杰斐逊则可能在读到《国富论》以前就对亚当·斯密发生了兴趣，麦迪逊的政治经济观点也受其影响。而且，亚当·斯密在书中不时论及"美洲"事务，尤其是他提出的常备军乃属必需的观点，在美国宪法的有关条文中留下了印记。④

这些讨论揭示了美国革命在思想理论来源方面的多样性，同时也从一个侧面说明，作为一个群体的革命精英，在知识和思想上确实拥有相当广泛而深厚的积累。据约翰·亚当斯回忆，"波士顿惨案"及后续的案

---

① Bernard Bailyn, *The Ideological Origins of the American Revolution*, Cambridge, Mass.: The Belknap Press of Harvard University Press, 1967.

② Alex Tuckness, "Discourses of Resistance in the American Revolution," *Journal of the History of Ideas*, vol. 64, No. 4 (October 2003), pp. 547 – 563.

③ Garry Wills, *Inventing America: Jefferson's Declaration of Independence*, New York: Vintage Books, 1979; Steven M. Dworetz, *The Unvarnished Doctrine: Locke, Liberalism, and the American Revolution*, Durham: Duke University Press, 1990, p. 16.

④ Samuel Fleischacker, "Adam Smith's Reception among the American Founders, 1776 – 1790," *William and Mary Quarterly*, 3rd Series, vol. LIX, No. 4 (October 2002), pp. 897 – 915.

件审理，在各殖民地引起广泛关注，人们进一步思考英国议会权威的限度和殖民地人的权利，试图从英国内战及随后的历史中获得启发，于是《加图信札》《独立辉格派》、特伦查德和戈登的其他所有著作、麦考莱夫人（Mrs. Macaulay）的《历史》、伯格（Burgh）的《政治探寻》、克拉伦敦（Clarendon）的《内战史》以及各种关于英国革命的史书，一时成为许多人争相阅读的热门书籍。[1] 费城的制宪者发言时，则经常引述古今多种理论著作。当讨论限制第一院议员担任其他官职的规定时，巴特勒借用"伟大的孟德斯鸠"的话说，把权力托付于人，任由他们加以滥用以谋求私利，实为不智之举。为了证明个人在自然状态中都同样拥有主权和自由时，马丁朗诵了洛克、瓦泰尔（Emer de Vattel）、萨默斯勋爵（Lord Summers）和普利斯特利（Joseph Priestly）著作中的句子；当论证州在同样情况下同样有主权和自由时，他又念了洛克、瓦泰尔和拉瑟福德（Rutherford）的几段话。伦道夫为论证公平代表制对政府的重要性，宣称"著名的孟德斯鸠"明确表示，选举权（suffrage）乃是共和政体的基本原则。当讨论执行权的独立性时，麦迪逊引用孟德斯鸠的话说，暴虐之法可能被制定出来，也可能以暴虐的方式来执行。在讨论到宪法草案的最后几条时，迪金森提出，他在研读布莱克斯顿《英国法律评注》时发现，"ex post facto"（不追溯既往）只涉及刑事案件，并不足以限制各州制定在民事案件中追溯既往的法律，因而需要做进一步的规定。[2] 这些制宪者针对具体问题引经据典，出口成诵，说明他们不仅谙熟各种理论著作，而且善于灵活运用。

就单个作家而言，最受革命精英青睐的仍然是洛克。塔克尼斯分析了18世纪六七十年代的33种小册子，发现其中有12种引用了洛克，占36%，引用率在所有非圣经文献中居于首位；而西德尼、哈林顿、《加图信札》的引用次数则多在3次以下；另有15位作者很少引用非圣经文献，其中找不到洛克、科克、布莱克斯通、哈林顿、西德尼、加图、孟

---

[1]  John Adams to Dr. J. Morse, 5 January, 1816, in Charles Francis Adams, ed., *The Works of John Adams*, vol. 10, p. 202.

[2]  Farrand, ed., *The Records of the Federal Convention of 1787*, vol. 1, pp. 391, 437, 438, 580; vol. 2, pp. 34, 448 – 449.

德斯鸠等的名字。从时段来看，1766—1768 年和 1772—1774 年的小册子引用洛克者较多，而在 1775 年以后，由于反抗理论的重要性下降，直接引述洛克的次数随之减少，因为这时洛克的理论已成隐性的预设，而不再是直接讨论的话题。① 另有一桩趣事，也足可说明洛克在时人心目中的地位。1787 年马里兰议会两院就纸币法案发生激烈分歧，参议院代言人亚历山大·汉森不慎透露，他此前并未认真读过洛克和西德尼关于政府的论述；代表院骨干人物威廉·帕卡立即抓住这个漏洞，揶揄汉森说："我相信，你在合众国是唯独一个从没有读过洛克和西德尼论政府的法官。"② 言外之意，洛克和西德尼的著作乃是所有法官的必修课。另外，即便革命精英引述许多其他作家的词句，但他们在观念上显然更接近于洛克。他们提到洛克时，常用"不朽的洛克先生"（immortal Mr. Locke）、"伟大的洛克先生"（the great Mr. Locke）、"伟大的哲学家和政治家"（great philosopher and statesman）这类敬称，以表达崇仰之情。③

当然，革命精英并不是掉书袋的学究。他们大多是行动者和实干家，只不过善于理性地阐述行动的思想逻辑。他们调动多种理论和知识，但并未胶柱鼓瑟，而是采取务实和实用的态度。他们不是钻研某一学说的专家，通常不会在深入了解某种思想体系后再加以利用。他们对英国和欧陆思想理论的选择，往往具有很强的随机性和倾向性。他们的见解和主张也许受到往哲时贤的启发，但主要来自他们对现实政治的理解，而且服务于当前的具体需要。他们很少原封不动地照搬理论，而是基于情境而加以发挥或化用，以加强已有的主张，阐扬先在的理念。因此，他们不像后世学者那样具有自觉而强烈的流派意识，他们的心目中也许不存在共和主义与自由主义的分野，也不看重哈林顿和洛克的差别，只要是合意而可用的资源都不放过。这样就使他们的思想在表面上充满矛盾，带有突出的混合性。其实，他们并不是机械地将多种理论观点拼接起来，而是视需要汲取不同的思想资源，再根据经验和对现实的理解加以创造

---

① Tuckness, "Discourses of Resistance in the American Revolution," p. 550.

② William Paca to Alexander Contee Hanson, in Melvin Yazawa, ed., *Representative Government and the Revolution: The Maryland Constitutional Crisis of 1787*, Baltimore: The Johns Hopkins University Press, 1975, p. 132.

③ Dworetz, *The Unvarnished Doctrine*, pp. 76, 87.

性地转化。从这个意义上说，把美国革命视为某种欧洲思想的产儿，就难免误解美国革命者对待理论和知识的方式。当论及欧洲理论对各州制宪的影响时，约翰·亚当斯写道："这些睿智和具有警惕性的人民，在建构政府时所采取的慎重态度乃是史无前例的；从来没有任何政府是如此完美地依据人民的权利和平等而建立的。它是洛克、西德尼、卢梭和德·马布利（的思想）在实践中的运用。"① 他这样说，似乎并非意在强调欧洲理论对各州立宪的指导，而旨在阐明美国的政治实验与正义的理论原则乃是完全合拍的。在关于 1787 年宪法的讨论中，有个署名"Americanus"的作者，就对待欧洲政治理论的态度发表意见说："在这样一桩令人关注的事业当中，如果把我们自己交给那些有系统的作者（systematic writers）提出的普遍原理和原则来支配，无论这些作者的名气如何之大，都会是一种不可饶恕的轻率之举。我们固然应当利用他们所能提供的任何一点启示，但如果用这些明显不适用于我们政治制度性质的普遍原理和原则来束缚我们自己的手脚，难道不是彻头彻尾的发疯吗？"② 这番话所针对的固然是某位作者的论辩方式，但也表达了革命者对待欧洲理论的理性态度。

再则，革命精英运用理论资源的方式，同美国革命的特点也有密切的关系。美国革命是 18 世纪的内生性革命，不同于后来的各种外源性革命。外源性革命有赖于革命家的谋划和发动，在缺乏本土理论资源的情况下，他们通常引入外来的理论，用以界定革命的目标，阐发革命的意义，激发追随者的热诚。于是，革命理论的引入、转译、宣传和灌输，就构成革命的基础性工作，关乎事业的成败。谁对革命理论拥有传播和诠释的能力，谁就能在很大程度上掌握革命的领导权。美国革命则不然。它是在复杂多变的内部情势中酝酿而成的，事先并没有革命家为它制定目标和方案，并为之进行策划和密谋。七年战争之后，殖民地的内外形势为之大变，加以帝国政府做出突如其来的政策调整，冲击了殖民地人长期以来形成的习惯，威胁到他们一直信奉的价值，也撼动了他们对自

① John Adams, "Observations on the Reconstruction of Government in Massachusetts during the Revolution," in Charles Francis Adams, ed., *The Works of John Adams*, vol. 4, p. 216.

② *The Daily Advertiser*, December 5, 1787.

身的认知和对未来的期望。抵制和反抗帝国权力的运动由此而起，当双方都找不到妥协的基点时，武装反叛便不期而至。一旦同母国彻底决裂，殖民地原来所受到的体制、权力和意识形态等多重约束便告解除，独立和自由的诉求轰然迸发，汇成变革和创新的大潮。那些最初并无革命意识、更没有系统计划的精英领导人，面对急变的事态，猛然意识到自己已然置身于革命的洪流之中。一般说来，在内生性革命中，革命领导人无须借助于革命理论来教育和动员民众，而只需用民众熟悉的语言把革命的价值和理想表达出来。因此，思想理论资源对于革命精英的作用和意义，主要不在于塑造新的价值和理想，而只是强化已有的习惯和希望，为正在进展的革命运动提供说明、解释、辩护和劝服。就此而言，革命精英既不是洛克的信徒，也不是"加图"的追随者，而更像是唤醒和驱使那些沉睡已久的理论先哲的"法师"。

诚然，知识结构和价值取向之间有着紧密的相关性。在《独立宣言》发布后，大陆会议决定为新国家设计一个国玺，与会者提出了不同的设想。约翰·亚当斯从希腊神话中获得灵感，富兰克林诉诸《圣经·旧约》来构思自己的方案，而杰斐逊则更倚重英国古代历史。三人的方案虽然反映了不同的知识兴趣，但包含的价值取向则具有互补性。他们都相信，新国家须以美德、自由和平等为旗帜。[①] 这也表明，革命精英所掌握的知识是驳杂而多样的。显然，多种多样的知识在他们探索建国道路时发挥了不同的作用，给他们提供了丰富的参照和启迪，帮助他们思考一个困扰人类历史的巨大难题，这就是采用何种政体才能同时保障自由和秩序。美国革命一代考察了不同国家的历史和现状，尤其是古代以来多种政体的经验教训，发现人类始终难以摆脱一个困境：无论实行何种政体，其结果都是自由和秩序不可兼得。人类希望获得自由，力图摆脱压迫，但在寻求自由、摆脱压迫的过程中又往往带来动荡，造成社会失序。反过来，过于强调权威和秩序，又必然带来控制、压迫和奴役。[②] 不过，革命

---

① Benjamin H. Irvin, *Clothed in Robes of Sovereignty：The Continental Congress and the People out of Doors*，New York：Oxford University Press，2011，pp. 1 - 2.

② 自由和秩序的兼得或平衡，可以说是一个吸引政治理论家注意力的古老问题；如何做到"有自由却非无政府，有秩序但不是暴政"，在亚里士多德的政治思考中就占有重要的地位。参见阿兰·瑞安《论政治》上卷（林华译），中信出版社 2016 年版，第 133 页。

精英觉得他们处在一个特殊的时代，有可能建立一种既能摆脱压迫，又能避免动荡的体制，也就是自由和秩序相平衡的体制。他们抱有这样的信心，离不开多种有利的因素和条件，也得益于他们所拥有的知识和信息。

## 二　历史意识和世界眼光

在为默西·奥蒂斯·沃伦的《美国革命史》所写的导言中，美国学者莱斯特·科恩（Lester H. Cohen）指出，沃伦提及历史中存在三组冲突，在政治上是自由和专断权力的冲突，在伦理上是美德和贪欲的冲突，在哲学上是理性和激情的冲突；而历史就是一部自由、美德和理性与盲目追求权力、奢靡和激情的行为的持续不断的斗争史；自由、美德和理性三者相互支撑，也一起构成共和政体的支柱。① 沃伦作为革命时期的亲历者，在革命史写作中所表达的这种历史意识，也反映了作为一个群体的革命精英的思想。在革命一代心目中，当时的世界确实充满着各种二元对立，无论是自由和专断权力的对立，还是美德和贪欲的对立，抑或理性和激情的对立，落实到现实政治世界中，都可以归结为自由体制与专制政府的对立。自由体制有利于维护人民的权利，也需要人民以美德来支撑，须以理性方式处理公共事务。这种二元对立的思维方式塑造了他们对政治的认识，同时他们又力图突破各种二元对立的制约，开创一种有利于维护自由的新秩序。

美国历史学家理查德·霍夫斯塔特谈到，"建国之父"同后世政客的一个显著区别在于，他们更喜欢畅想未来，描画远景，深以自己的制度性创造的新奇为荣。② 的确，在世界历史上，不少国家经常发生重大的政治变动，可是夺取权力的人往往仿照前朝故事，继承先前体制，于是所造成的变化仅限于朝代的更替，而很少有体制的创新。然而，美国革命

---

① Mercy Otis Warren, *History of the Rise*, *Progress*, *and Termination of the American Revolution*, 2 vols., 1805; Indianapolis: Liberty Fund, 1994, vol. 1, p. 5.

② Richard Hofstadter, *The American Political Tradition and the Men Who Made It*, New York: Vintage, 1989, p. xxxiv.

一代具有强烈的历史意识和清晰的世界眼光，感到自己处在一个前所未有的创造历史的时刻，不想效仿任何现存的模式，不去照搬母国的体制，更不会直接援用古代的办法。托马斯·潘恩在 1776 年初激情昂扬地宣布，脱离英国而独立，使美利坚人获得了一个历史上罕见的机遇，可以创建地球上"最高贵、最纯洁的宪政"，有力量让世界从头开始，造成一个新世界的诞生。① 同一年，约翰·亚当斯也不无自豪地宣称，在人类历史上，人们享有自己选择政府的机会从来十分罕见，而现在美利坚人却获得了这样的机会，以建立一种人类智慧所能构想出的"最明智、最幸福的政府"。② 1777 年，马萨诸塞众议院的制宪决议也表达了同样的心情："（世界上）很少人有机会来为他们自己选择和制定政府的宪法。这是一种很大的特权，本州善良的人民现在所享有的这样一个机会，乃是仁慈的天意所施与的特殊恩惠，（人类）自己及其后代的利益和幸福在高声召唤他们，要他们用智慧和谨慎来加以改进。"③ 从更深的层面来说，革命精英之所以具有这样的信心和理想，是因为他们意识到，自己处在历史和未来的一个有利的交汇点上。就建立"自由的政府"而言，他们感到美利坚人拥有任何其他人民都不曾有过的有利条件，不仅没有旧形式的负担，而且"拥有他们之前所有国家的历史和经验"，得到历代积累的知识和先贤苦思冥想出来的理论的启发。尤为重要的是，在他们所处的时代，"政治自由的各项原则和各种政府的基础已经得到自由的探讨和公正的确定"。④ 这种得天独厚、机不可失的自觉意识，在托马斯·图德·塔克 1784 年的一篇文章中得到更系统、更透彻的阐发："我们相较于其他国家人民的优越条件，确实是令人惊奇的。看来上帝好像是有意用其他

---

① Thomas Paine, *Common Sense*, in Philip S. Foner, ed., *The Complete Writings of Thomas Paine*, New York: The Citadel Press, 1945, p. 45.

② Adams, "Thoughts on Government," in Charles Francis Adams, ed., *The Works of John Adams*, vol. 4, p. 200.

③ Resolution Authorizing the General Assembly to Frame a Constitution, April 4, 1777, in Oscar Handlin and Mary Handlin, eds., *The Popular Sources of Political Authority: Documents on the Massachusetts Constitution of* 1780, Cambridge, Mass.: The Belknap Press of Harvard University Press, 1966, p. 171.

④ The Essex Result, 1778, in Oscar Handlin and Mary Handlin, eds., *The Popular Sources of Political Authority*, p. 329.

所有国家的各种革命和不幸来为我们提供具体的指导，然后再将我们放在一个使我们能实际从中受益的唯一可能的环境中。在我们之前，从来没有哪个国家的人民像我们一样彻底摆脱了世袭统治者和专断势力的控制。从前没有任何人民能够在平等的条件下进行如此自由的联合协作。……为了使这样一种条件能为人民所真正利用，需要为他们提供一个新的世界，使他们免受人类其余人的干扰。在我们身上，也唯独只有在我们身上，宇宙的伟大统治者赐予了这一伟大而美好的祝福。为了表示我们对他的这一赐福的谢忱，我们应当改善我们美好的环境，使之有益于我们自己和我们后代的福利。我们应当树立一个审慎精思、公平正义和宽宏大量的榜样，成为无愧于在自由事业中所进行的崇高战斗的人。"①

拉什也从另一个角度来呼应塔克上面的这番话。他感到，美国革命并不是美国人的孤立行动，而对欧洲、对世界的未来都有着方向性的意义。他提醒自己的同胞，欧洲各国人民在拭目以待，要看看美国人采用共和政体以后，究竟是增加还是减少人类的幸福；"世界的命运和自由，现在可能就取决于我们提供什么榜样"。②

革命精英的想象力和创造力，来自他们开阔而贯通的视野，得益于他们善于吸取人类历史经验的习惯，也离不开他们从广阔的时空来界定革命目标的思维方式。革命精英虽然致力于政治创新，并把美国革命视为一个崭新的开端，但并未把自己的工作置于历史和传统之外。他们将美国革命视作一个转折点，而不是历史和传统的断裂。实际上，他们相信知识、经验和习惯的意义，反对割裂历史，喜欢援引先例来为革命的正当性做辩护，并在政体设计、制度安排乃至具体仪式等方面，都吸收和改造了许多取自过往的元素。③ 另一方面，他们虽然身处边缘地带，但

---

① Tucker, "Conciliatory Hints, Attempting, by a Fair State of Matters, to Remove Party Prejudice," in Hyneman and Lutz, eds., *American Political Writing during the Founding Era, 1760–1805*, vol. 1, pp. 629–630.

② Benjamin Rush, *Considerations upon the Present Test-law of Pennsylvania: Addressed to the Legislature and Freemen of the State*, Philadelphia: Printed by Hall and Sellers, 1785, p. 21.

③ 例如，大陆会议倡导的独立日纪念仪式，明显承袭了以往殖民地居民庆祝国王诞辰的节目。参见 Irvin, *Clothed in Robes of Sovereignty*, p. 11。

不甘于做狭隘的地方主义者，更不愿沦为短视的实用主义者。潘恩在《常识》中指出，发生在北美的斗争并不是地方性的，而关乎整个大陆；也不是短期的，而涉及千秋万代。① 康涅狄格州长乔纳森·特朗布尔（Jonathan Trumbull）给荷兰一个小册子作者写信说，"自由的事业并非仅为我们这种自由之邦所特有，它乃是共同的事业"。② 在费城制宪会议上，当讨论到联邦立法机构第二院的选举方式时，詹姆斯·威尔逊提醒与会者，考虑到美国辽阔的国土和众多的人口，现在所要建立的政府，不仅会影响当前一代人民及其成倍增加的子孙后代，而且还会波及全球。③ 在讨论第二院的设置时，汉密尔顿说出的一番话更是意味深长。他表示赞同麦迪逊关于"我们现在要永久地决定共和政体的命运"的说法，因为如果政府形式不具备稳定性和智慧，不仅"我们自己"遭遇失败，而且会使"人类"永远失去共和政体。他还补充到，他本人并不十分赞成共和政体，这样说是为了提醒那些拥护共和政体的人。④ 古维诺尔·莫里斯也表达了同样的想法，称"他是作为一个美利坚的代表来到这里的；他还自诩在一定程度上自己是作为整个人类的代表来到这里的，因为整个人类将会受到本次会议结果的影响。他希望先生们的眼光超越现在这一刻的时光，超越他们获取政治渊源的狭隘的地方限制"。⑤ 作为对新宪法的制定和批准起过关键作用的人物，这几个人不约而同地表达了相同的看法：共和政体的命运不独关乎当前这一代人，其意义也不仅仅限于美国；它将超越时空，与未来许多世代的人们、与全世界人民的未来联系在一起。费城制宪会议乃是一次闭门会议，到会的人大多彼此熟识，照常理没有刻意"作秀"的必要，因而他们这些话大体上表达了真实的信念。诚然，这些话里带有文化上的优越感和自负感，但他们的立足点在

---

① Paine, *Common Sense*, in Foner, ed., *The Complete Writings of Thomas Paine*, p. 17.

② Janet Polasky, *Revolutions without Borders: The Call to Liberty in the Atlantic World*, New Haven: Yale University Press, 2015, p. 25.

③ James Wilson, June 25, 1787, in Farrand, ed., *The Records of the Federal Convention of 1787*, vol. 1, p. 405.

④ Alexander Hamilton, June 26, 1787, in Farrand, ed., *The Records of the Federal Convention of 1787*, vol. 1, p. 424.

⑤ Gouverneur Morris, July 5, 1787, in Farrand, ed., *The Records of the Federal Convention of 1787*, vol. 1, p. 529.

于相信追求自由合乎人类天性，并认为人类可预期的理性行动可以实现这样的目标。

不仅制宪者具有这样的眼光和胸襟，那些参与批准新宪法辩论的人，也把美国革命视为一个新开端，把当前的政治实验看成塑造人类未来的历史机遇。在马萨诸塞批准宪法大会上，洗礼派牧师查尔斯·巴克斯对新宪法大加赞扬，称其优点在于禁止贵族头衔和世袭权力，而这两者正是"外国暴政的主要发动机"。他认为，美国革命所基于的原则是，"每个人生来就享有对生命和自由的平等权利，官员除了经过人民的同意而公正地赋予他的权力之外，没有权利得到其他的权力"；而且这部新宪法给人民保留了一种合宪的权力，"使每个官员再度回到私人的地位"，以有效地防止侵害他人的权利和滥用权力。他还充满激情地宣布，现在一扇大门已经打开，美国人民要建立一个"正义的政府"，以保障"平等的自由"，而这样的大门以前从来没有对地球上的任何人民打开过。① 这个"大门"的比喻包含着一种深刻的历史意识，即美国人面临一个前所未有的机遇，可以为自己、为后人，也为全人类探寻一种能够带来安全与幸福的体制。这种历史意识，在另一个新宪法拥护者的笔下，变成了一种更加紧迫的使命感。他提醒自己的同胞，在《巴黎和约》签订以后，许多人都错误地认为一切都已大功告成，剩下的事情就是展开双臂迎接幸福；可是，实际上更艰巨的任务还在前头，因为："我们要建立一个帝国。美国革命是人类历史上一个独特的时代。目前这个时期对我们来说，较之将来的任何时期，都是同样重要、同样棘手和同样关键，其程度甚至可能有过之而无不及。与打仗和消灭敌人相比，抑制自私的冲动，打开狭隘的心灵，消除陈旧的偏见（因为各州相互之间一直存在最为愚蠢、没有头脑和心胸狭窄的偏见），放弃地方的情感，紧密结合成一个伟大的人民，去追求一种共同的利益，乃是困难得多的事情。现在，一个实现最为丰富的福佑的机会已经展现出来了。新宪法可为我们提供国家的尊

---

① Isaac Backus, February 4, 1788, in Jonathan Elliot, ed., *The Debates of the Several State Conventions on the Adoption of the Federal Constitution*, *as Recommended by the General Convention at Philadelphia in 1787*, 5 vols., Philadelphia: J. B. Lippincott & Co., 1861, vol. 2, pp. 150 – 151.

严和有力量的政府。"①

美国革命精英开创新时代的使命感，在一定程度上也缘于他们把美国同欧洲做比较，由此形成道德上的优越感和自信心。18 世纪的法国正处在一个文化创造的活跃时期，其实力和影响在欧陆诸国中居于首位。但在北美英裔居民的眼里，法兰西却不啻是专制、腐败和愚昧的代名词。17 世纪末期，新英格兰人反对安德罗斯及其同党，其主要理由是，"他们随心所欲地制定法律，根本不经人民自己或他们的代表同意，这种做法确实旨在摧毁英格兰政府的根基，而建立一个法兰西式的政府"。② 费城商人弗朗西斯·罗尔在讨论"暴政"的定义时，直截了当地以法国为例证。③ 为了强化自身的特殊性，北美英裔居民还刻意把法国"妖魔化"。1746 年，弗吉尼亚的威廉·史密斯在布道词中抨击法国君主，指斥这个"天主教篡权者"（Popish Pretender）企图攻击英国国王，"反对我们的宗教，我们的法律，我们的自由，以及我们的一切社会权力和利益"；其图谋一旦得逞，后果便不堪设想。④ 1757 年，南卡罗来纳总督威廉·利特尔顿（William Henry Lyttleton）在议会说，法国"始终如一的目的和坚持不懈的努力，就是要在法律、宗教和自由的废墟上建立暴政和迷信"。⑤ 七年战争以后，英国政府对加拿大的法国体制和习惯表示优容，这在美利坚人中间引起担忧和不满。1775 年 7 月 10 日，费城 4 位长老会牧师在致北卡罗来纳同道的公开信中表示，英国政府"在魁北克确立了天主教和法国的专断之法，难道他们不会在宾夕法尼亚或北卡罗来纳干同样的事吗？"⑥ 革命时期来到美国的法国人也很容易觉察到，美国人继承了英国

① A Freeman, "Essay to the People of Connecticut," in Colleen and McDowell, eds., *Friends of the Constitution*, p. 283.

② John Phillip Reid, *The Concept of Representation in the Age of the American Revolution*, Chicago: The University of Chicago Press, 1988, p. 15.

③ Francis Rawle, *A Just Rebuke to a Dialogue Betwixt Simon and Timothy*, Philadelphia: Printed by S. Keimer, 1726, p. 24.

④ William Smith, *A Sermon, Preached Before the General Assembly, at Williamsburg, March 2, 1745 – 6*, Williamsburg, Va.: Printed and sold by William Parks, 1746, p. 22.

⑤ Quote in Conway, "From Fellow-Nationals to Foreigners," p. 77.

⑥ Francis Allison, et al., "An Address to the Ministers and Presbyterian Congregations in North Carolina," in William L. Saunders, ed., *The Colonial Records of North Carolina*, 10 vols., Raleigh, NC: Josephus Daniels, 1886 – 1890, vol. 10, p. 225.

人的"反法偏见",他们的书里和歌谣里都充满了对法国的敌视和嘲弄,因此不可能指望他们真心热爱法国;"只有我们对他们有用,他们才会喜欢我们"。① 另一方面,当时"美洲退化论"在欧洲知识界颇有市场,流行的见解把美洲视为物种退化、文化落后的边缘地带,对北美欧洲裔居民也表现出歧视之意,引起美国建国精英的不满和反驳。② 来自本土的英国人在看待远在大西洋另一侧的"表亲"时,也不免带着几分轻蔑。据说,有个英国军官宣称,美利坚人在精致文雅方面较古老的国家至少落后一百年。然而,北美英裔精英却针锋相对、以牙还牙地回应道:"在人性、节制、纯洁、正义、尊重人类的权利和各种美德方面,他们要比我们落后一百年。"③ 同母国的敌对无疑强化了革命者对欧洲的"偏见",他们作为欧洲移民的后裔,却对新近从欧洲迁来的"外国人"满怀疑惧。在为那些未能通过"忠诚测试"的本土生人的政治权利辩护时,本杰明·拉什警告说,如果不让这些人参加选举投票,那么宾夕法尼亚的政府就会落入新来的"陌生人"手中,而他们所怀有的"欧洲的政府观念",必然会危害自由的体制。④

到革命后期,随着美国体制的形成,精英领导人的文化自主意识也趋于增强。他们竭力把美利坚人同欧洲人区分开来,努力以美国社会和美利坚人的特殊性来界定美国革命的世界历史意义。在南卡罗来纳批准宪法大会上,查尔斯·平克尼就这个问题做了具体阐述。为了说服人们批准新宪法,他对制宪代表设计政府体制的依据和逻辑做了说明。他解释到,制宪代表要建立一种适当的政府体制,首先必须获取的知识就是对人民的了解,因为这一政府体制是为人民而建立的,如果不熟悉"他们的处境,他们的习惯、意见和资源",就根本不可能在"充分或可行的

---

① Translated and edited by Durand Echeverria, "The American Character: A Frenchman Views the New Republic from Philadelphia, 1777", *The William and Mary Quarterly*, 3rd Ser., vol. 16, No. 3 (Jul., 1959), pp. 404 – 405.

② 参见王晓德《布丰的"美洲退化论"及其影响》,《历史研究》2013 年第 6 期,第 136—153 页;王晓德《美国开国先辈对"美洲退化论"的反驳及其影响》,《世界历史》2017 年第 1 期,第 4—22 页。

③ Clinton Rossiter, *Seedtime of the Republic: The Origins of the American Tradition of Political Liberty*, New York: Harcourt, Brace & World, Inc., 1953, pp. 430 – 431.

④ Rush, *Considerations upon the Present Test-law of Pennsylvania*, pp. 8 – 9.

原则"之上建立一个政府。他接着讨论了美国和欧洲的差别，以阐明美国人民的具体特征。他说，那些在欧洲产生等级差别的原因在美国均不存在，而且今后也不可能出现；即便在财富方面难免出现差别，但也无关宏旨。长子继承制早已被废除，那些无遗嘱的地产可以在子女中平分；在东北部各州，子女间财产继承的不平等也已绝迹。而且，在东北部各州，地产几乎是平等划分的，拥有大地产的人和没有小块土地的人均为数甚少；大多数人民自己耕种自己的土地，其余的人则从事手艺和商业。美国人民中固然也存在不同的阶层，但这种阶层的划分与欧洲并不一样，其突出特点是"土地的占有和耕种者"构成人民的主体，并且是政府一切权威的依托。总之，"财富的平凡乃是我们国民特性的主要特征"，全国财富的主体平等地分布在人民的手中，危险的富人不多，悲惨的穷人也很少见，这样人民就可以生活在一个"温和而平等的政府"之下。在这个政府中，除了业绩和才能就不问其他差别，荣誉和职位也平等地向所有公民开放。①

查尔斯·平克尼在提到"温和而平等的政府"时，就已触及美国革命在"政府科学"方面的创新及其意义。在革命后期，这正是革命精英热衷于谈论的问题。他们习惯于把美国的政治实验置于世界政体演化的历史脉络中看待，尤其偏好与欧洲做比较，以凸显自己在政体上的创新。在上文引述的同一次发言中，平克尼还详细阐述了美国的政体创新在世界历史上的意义。他说，在所有的科学中，政府科学或政治科学乃是最为困难的。从古及今，各国采用过多种政府形式，其中有君主制、贵族制和共和制，而共和制又有单一国家和联邦同盟之分。但是，所有这些政府形式的实践都存在很大的局限。他不由地大发感慨："他们关于政府的知识是多么的有限和不完善啊！他们对代表制的真正原则的了解是多么的缺乏啊！享有我们叫作自由的东西的国家是多么的少啊！像我们有望从我们自己的体制得到的一样，能满足公共幸福这一目的的政府是多么的为数有限啊！"接着，他话锋一转，又把美国和欧洲加以对比，其扬美抑欧之态达到无以复加的地步。他宣称，除英国有限地肯定公民的自

①　Charles Pinckney, May 14, 1788, in Elliot, ed., *The Debates of the Several State Conventions*, vol. 4, pp. 320 – 323.

由并保护私有财产外，其他欧洲国家普遍地践踏人性，剥夺人的权利；然而，"我们受到的教育是，所有正当的权力（power of right）属于人民；它直接来自他们，为了公共福祉而代理给他们的官员；我们的统治者乃是人民的仆人，顺从他们的意志，生来就是为他们所用的。而欧洲的政府是多么的不同啊！在那里人民乃是统治者的仆人和臣民；在那里业绩和才能不起什么作用；所有的荣誉和职位都被出身、运气和等级所吞噬。"

因此，"对一个认为有能力自己统治自己的人民来说，从欧洲是找不到什么先例的"；制宪会议的参加者没有先例可循，只不过有短短几年的经验，但他们摆脱了理论的束缚，突破了以往关于共和国的各种说法，基于代表制和联邦制的原则，建立了一种新型的共和政体。欧洲的历史并未给美国的政治探索提供什么有益的经验，反过来，美国的实验则必将给欧洲带去光明和希望。说到这里，平克尼禁不住用充满激情的语调表示：

> 如果美国革命没有发生，爱尔兰能享有她目前这些商业和立法的权利吗？尼德兰帝国的臣民会为了他们所要求的特权起而抗争并最终获得成功吗？法国的议会会反抗其君主的敕令，并使用让最自由的人民感到光荣的语言为之辩护吗？我还要补充一点，如果他们没有关于美利坚的知识引导他们去观察，一种与之相称的关于自由和人类权利的意识会如此盛行于那个王国吗？绝对不会。因此，让我们自豪地认为，我们已经教育了一些古老国家睿智的人民去探索他们作为人的权利；也让我们祈祷，革命的效果永远不要停止发挥作用，直到使所有国家的人民都坚定不移地反抗专制的束缚。①

这番话听起来颇有大言不惭的意味，而且还以引领世界发展方向自相期许。不过，这并不是平克尼个人独有的想法。早在 1776 年 6 月大陆会议关于独立问题的辩论中，理查德·亨利·李就说过："欧洲的眼睛在

---

① Charles Pinckney, May 14, 1788, in Elliot, ed., *The Debates of the Several State Conventions*, vol. 4, pp. 318 – 327.

看着我们！她要求我们成为一个活生生的自由的榜样……她邀请我们准备一个避难所，让那些不幸的人们来此找到慰藉，让那些受迫害的人们来此得到憩息。"① 戴维·拉姆齐则在 1778 年断言，美国人成功地争取自由的"高贵榜样"，不仅将给"旧世界"受奴役的人们送去启迪和激励，使那里的暴政和专制摇摇欲坠，而且会传播到一个又一个国家，"直至暴政和压迫从地球上被彻底地连根拔除"。② 1781 年 12 月，约翰·亚当斯从阿姆斯特丹给妻子写信说："上帝的伟大计划必须要完成。的确伟大得很啊！这次革命将使社会进步的速度加快好几个世纪。……在西方，光明从黎明扩散，祝愿它越来越光辉，直到至善之日（perfect day）的到来！"③ 1787 年 6 月 1 日，正在费城参加制宪会议的乔治·梅森在一封信中称，"现在拟议要建立的体制，将会对今后出生的千百万人的幸福或不幸产生何种影响，这是一件何等重大的事情，以至于要耗尽和以某种方式中止人类理解力的运行（operations of human understanding）"。④ 1788 年 6 月，麦迪逊在弗吉尼亚批准宪法大会也说，美国建立"自由政府"的方式，在世界上引来极大的赞扬；从创世直到美国革命，这是"自由居民"自己商议政府形式、自己选择能得到公民信任的政府的第一例。⑤

这些人置身于动荡不宁、前路未卜的境况，面对一个尚在襁褓中的新生国家，却在那里"瞻前顾后"，踌躇满志。他们不仅要为自己的事业在历史中寻找一个重要位置，而且还要替世界的未来和后代的幸福打好基础。约翰·亚当斯晚年感叹道："美国革命不是一个普通的事件。它的后果和影响业已扩散到全球的大部分地方。它们何时会止步？哪里又是

---

① Niles, ed., *Principles and Acts of the Revolution in America*, p. 399.

② David Ramsay, *An Oration on the Advantages of American Independence: Spoken before a Publick Assembly of the Inhabitants of Charlestown in South-Carolina, on the Second Anniversary of that Glorious Era*, Charlestown: Printed by John Wells, 1778, p. 15.

③ John Adams to Abigail Adams, December. 18, 1781, in Butterfield, ed., *Adams Family Correspondence*, vol. 4, p. 266.

④ George Mason to George Mason, Junior, June 1st, 1787, in Robert Rutland, ed., *The Papers of George Mason*, 3 vols., Chapel Hill: The University of North Carolina Press, 1970, vol. 3, p. 893.

⑤ James Madison, June 24, 1788, in Elliot, ed., *The Debates of the Several State Conventions*, vol. 3, p. 616.

尽头?"他深信,美国革命的"方式和举措"对于"南美和所有其他国家"都有益处,因为"它们可以教导人类,革命并不是小事情,绝不应当草率行事。没有仔细考虑,不做冷静思量,没有正义和人道的坚实、永久而不朽的基础,没有具备足够的智慧、毅力和正直等品质的人民——这些品质使他们能够坚定、耐心和顽强地经受他们不得不遭遇的种种起落沉浮和艰难困苦,就绝不能进行革命。"①

亚当斯真是十分幸运,得享天年,有机会在美国革命结束三十余年后来谈论它逐渐呈现的世界历史意义,并预言它今后可能产生更大的全球性影响。如果不是后来美国的发展在一定程度上证实了他的说法,那么后人难免觉得他的话狂妄而可笑。

亚当斯的话还表明,精英领导人在反思美国革命的意义时,往往带有某种"例外论"和"优越论"的倾向,流露出对其他地区和人民的偏见。另一些精英领导人也有类似的态度。罗伯特·利文斯顿曾说,在旧世界,"政府都是武力或欺骗的产儿,并带有其父母的性质的强烈特征";旧世界居民之间的分歧,总是由刀剑来解决的。但是,上天赋予合众国人民一个难得的机会,使他们得以自己选择政府。② 詹姆斯·威尔逊也认为,在世界其他地方,政府的革命往往是与战争和战争所带来的各种灾难联系在一起的,而在美国却能"优雅、和平、自愿地"讨论如何从一种宪政转向另一种;"幸福的经验教导我们用不同的眼光来看待这种革命——把它们看成不过是改善关于政府的知识、增进社会和人类幸福的前进步伐"。③ 稍后,麦迪逊在给《国民报》所写的文章中,进一步阐述了美国政体的优越性。他从孟德斯鸠关于政府驱动原则的理论入手,依据主导精神和原则把政府分成三种类型。第一种是以永久军事力量来运行的政府,军队在维持政府的同时,也得到政府的维持,同时也使人民背上沉重的负担。这是当前欧洲几乎每一个政府的特点。第二种是以腐

---

① John Adams to H. Niles, February 13, 1818, in Charles Francis Adams, ed., *The Works of John Adams*, vol. 10, pp. 282, 283 – 284.

② Robert Livingston, June 19, 1788, in Elliot, ed., *The Debates of the Several State Conventions*, vol. 2, pp. 209 – 210.

③ James Wilson, November 26, 1787, in Elliot, ed., *The Debates of the Several State Conventions*, vol. 2, p. 433.

败的势力来运行的政府，用私人利益的动机来代替公共责任，奖赏同党，收买对手，其政策服务于少部分人的贪欲而不是全体的利益。这实际上是以牟利的党派分子替代军队，在多数人拥有自由的表象下建立少数人的实际优势。第三种政府则"从社会的意志获得力量，以其措施的理性、并基于社会的理解和利益来运作"；这是自远古以来哲人们所寻求的，也是人性所憧憬的政体，这就是美国所"发明"的共和政体。① 他不仅强调美国共和政体合乎人性，顺乎人心，而且指明革命所缔造的政体在世界政府史上具有划时代的意义，因为这种政体不同于世界上的任何政府，实现了人类最有智慧的头脑所长期求索的理想目标。②

精英领导人关于美国革命的世界意义的思考和表达，并不完全是无中生有的自吹自擂，也不能简单地视作井底之蛙似的自我陶醉。事实上，殖民地脱离英帝国而独立建国，"边缘地带"兴起民主共和的实验，这在当时的大西洋世界引起了广泛的关注。③ 美国革命正当后世史家所构想的"鞍型期"（saddle period）的开端，因而不妨说，由它所开启的民主共和实验，在"鞍型期"大西洋政治世界的变动中占有重要的位置。当反英运动初起之际，荷兰人卡佩伦（Joan Derk van der Capellen）就在自己所写的小册子中断言，如果北美殖民地奋起争取自由，那么欧洲将随之爆发革命，反抗暴政的烈火必成燎原之势。④ 托马斯·潘恩也曾谈到，通过美法军事联盟、富兰克林出使法国、拉法耶特参战、美国各州宪法法文本的出版以及赴美参战官兵的回国等媒介，美国革命的精神和原则在法

① James Madison, "For the *National Gazette*," in Robert Rutland, et al., eds., *The Papers of James Madison*, Charlottesville: The University Press of Virginia, 1983, vol. 14, pp. 233-234.

② 对美国政府独特性的这种理解，并不是麦迪逊一个人独有的观点。塞缪尔·威廉斯在1794年写到，专制统治总是蔑视人民，视之为"mob"，并力图将他们保持在这种状况，不容许他们获得改善；但美国政府建立在"人的理性和社会本性"之上，希望在人类增进知识、美德和自由的不断改善中，而得到可靠的支持和长久的延续。参见 Samuel Williams, *The Natural and Civil History of Vermont*, in Hyneman, and Lutz, eds., *American Political Writing during the Founding Era*, vol. 2, p. 966。

③ 关于美国革命在欧洲的反响的一般性讨论，参见 Leslie Lipson, "European Responses to the American Revolution", *Annals of the American Academy of Political and Social Science*, vol. 428 (Nov., 1976), pp. 22-32。

④ Polasky, *Revolutions without Borders*, p. 24.

国广为传播，产生了极为深远的影响。① 这类说法在一定程度上为后世学者的研究所证实。

法国作为美国独立战争的参与者，对于"新大陆"的事变及其意义有着特殊的关注，不少人推崇美国"造反者的英雄主义"；对美国的热情甚至渗透到法国社会的中下层，人们普遍期望美国取得胜利。② 像雅克－皮埃尔·布里索（Jacques – Pierre Brissot）这种不安分的法国哲人，不仅对北美新生的共和国颇为好奇，而且还热切盼望有机会渡海前去一游。③ 当时法国政界和知识界的精英对美国的事变与宪法颇有兴趣，做过相当细致的讨论。其中影响最大的著作，无疑当数雷纳尔神父的《美国革命》和马布利神父的《论美利坚合众国的政府与法律》。这两部书出版后，很快在大西洋世界引起关注和反响，随即有英译本在英国和美国面世，美国革命领导人也迅速做出了回应。雷纳尔的观点引起了乔治·华盛顿的关注，并请托马斯·潘恩撰写《就北美事务致雷纳尔神父》一文予以驳斥。马布利的书和杜尔哥的评论一起，激发了约翰·亚当斯对美国各州宪法的思考，并最终写成《为美利坚合众国诸宪法辩护》一书，系统阐述了自己对美国人政治创新的理解。他的书出版后，又在法国改革派中引起高度的关注。④

美国革命中的许多重要文献也被译成法文出版。《独立宣言》《邦联条例》等美国革命的重要文件，各州的宪法，尤其是有些州宪法中的"权利法案"或"权利宣言"，自 1776 年后不断在法国出版，或刊登在法文报纸上。1782—1783 年，潘恩的《常识》出过 5 个法文版；1776—

---

① Thomas Paine, *Rights of Man*, in Foner, ed. , *The Complete Writings of Thomas Paine*, pp. 300 – 301.

② Durand Echeverria, *Mirage in the West: A History of the French Image of American Society to 1815*, Princeton: Princeton University Press, 1957, pp. 39 – 41.

③ Polasky, *Revolutions without Borders*, p. 26.

④ Abbé Raynal, *The Revolution of America*, London: Printed for Lockyer Davis, Holborn, 1781; Abbé de Mably, *Observations on the Government and Laws of the United States of America*, London: For J. F. R. , 1784（该书同年还在伦敦出了另一个英译本，标题作 *Remarks Concerning the Government and the Laws of the United States of America: In Four Letters, Addressed to Mr. Adams*）; Thomas Paine, *A Letter Addressed to the Abbe Raynal on the Affairs of North-America*, London, 1782; John Adams, *A Defence of the Constitutions of Government of the United States of America*, 3 vols. , London: Printed for C. Dilly, 1787 – 1788.

1786 年，美国各州宪法也在法国出版过 5 次。法国那些不满"旧制度"的自由派和知识分子，把美国人抗击英国压迫的革命同他们自己反对贵族制的斗争联系起来，借助对美国共和实验的关注，以表达他们抛弃旧体制、改革社会和政治秩序的愿望。拉法耶特甚至暗中盼望法国能很快就有一部宪法和"权利法案"。到了 1789 年，当法国革命者打算在制宪之前起草《人权和公民权宣言》时，他们想到的先例就是美国革命初期弗吉尼亚、马里兰等州的立宪，美国各州和联邦宪法也成为他们讨论政府框架的重要参考。① 当时身在巴黎的杰斐逊亲眼观察法国人起草新宪法的过程，在给麦迪逊的信中不无自豪地提到，"我们的（宪法）公认是他们的样板"。② 此外，美国革命的影响还悄然渗透到法国革命的政治语言中，像"联盟"（federation）和"邦联"（confederation）这类此前不常见的词，在法国变得广为人知，并为一个重要的革命节日（联盟节）的命名提供了灵感。③

在从前的母国，美国革命同样激起了相当大的反响。英国激进主义者与美国革命者之间发生了频繁的互动，伦敦的舆论对美国事变也颇为关注。1784 年，政论作家理查德·普赖斯牧师大力颂扬美国革命，称之为"一场为了普遍自由的革命"，开创了人类历史的新纪元，传播了"对人类权利的正当情感"，激发了反抗暴政的精神，为世界各地的被压迫者提供了一个"避难所"，为创建一个可作为"自由、科学和美德的基地"的国家奠定了基础。④ 在苏格兰的政治斗争中，围绕美国革命和美国制度发生了激烈的辩论，保守派和激进派都以美国为例证来阐发自己的主张。前者以美国的动荡和不确定局面来证明"没有限制的自由"无比可怕，

---

① R. R. Palmer, *The Age of the Democratic Revolution: A Political History of Europe and America*, 1760 – 1800, Princeton: Princeton University Press, 1959, vol. 1, pp. 263 – 282; Echeverria, *Mirage in the West*, pp. 42 – 44, 71; Joyce Appleby, "America as a Model for the Radical French Reformers of 1789," *The William and Mary Quarterly*, vol. 28, No. 2（Apr., 1971）, pp. 267 – 286; 威廉·多伊尔:《牛津法国大革命史》，张弛等译，北京师范大学出版社 2015 年版，第80—83、148 页。

② Thomas Jefferson to James Madison, August 28, 1789, in Julian P. Boyd, ed., *The Papers of Thomas Jefferson*, Princeton: Princeton University Press, 1958, vol. 15, p. 365.

③ 莫娜·奥祖夫:《革命节日》，刘北成译，商务印书馆 2017 年版，第58—59 页。

④ Richard Price, *Observations on the Importance of the American Revolution, and the Means of Making it a Benefit to the World*, Boston: Re-printed by Powars and Willis, 1784, pp. 3 – 5.

后者则以美国革命的成功和民主体制的确立来展示自由事业的美好前景。① 更有意思的是，马萨诸塞殖民地前总督托马斯·波纳尔十分关心美洲事务，正当独立战争结束之际，他便放眼展望美国远大而美好的未来。他宣称，美国人已有一个良好的开端，而且独享难得的天时地利，只要牢记自己的义务和使命，就一定能拥有不可限量的前程。他提醒"合众国和美国的公民"，要"尊重人类的自由和权利"，假借自由的商业渠道向全世界输送他们不断创造的"美好事物"，把自己作为"神意手中的工具"来"扩展人类社会的文明"，以自己的榜样传授"政治真理"，使人们懂得政府的目的不是奴役人而是使人享有更加自由和幸福的生活。只要做到这些，美国就会成为一个"万民来投的国家"（a Nation *to whom* all Nations will come），欧洲列强就会争相与之结盟，世界各地"受压迫和受伤害的人民"就会纷纷前来寻求庇护。对那时的美国人来说，"海洋的宝藏就会倾泻而下，各国的财富就会奔涌而至，他们就必定成为人口众多、富裕昌盛的人民"。② 从后世的视点来看，波纳尔这番话不啻是对美国发展历程的精妙而准确的预言。

　　不过，在独立战争结束后的最初几年，美国所显示的前景却并没有这么鼓舞人心。相反，各种关于美国深陷困境的消息不时见诸英国报端，于是英国舆论中也有"唱衰"这个新国家的声音。1785—1786 年，有人就邦联时期的税收、债务和向西移民等问题发表评论说，"美国乃是当今世界上最为悲惨的国家"。当在费城举行制宪会议的消息传到英国后，有人在《绅士杂志》上断言，"这个国家目前快要被抛进民众动乱的深渊"，费城制宪会议也只能带来"混乱和无政府的景象"。在这种舆论氛围中，理查德·普莱斯忽然发现，自己当初那么高调地阐发美国革命的重要性，已被许多人说成是荒唐可笑之举。③

　　潘恩则把美国革命置于更加广阔的视野中看待，不仅充分肯定其世

---

①　Alan Rogers, "American Democracy: The View from Scotland, 1776 – 1832," *Albion: A Quarterly Journal Concerned with British Studies*, vol. 6, No. 1 (Spring, 1974), pp. 63 –71.

②　Thomas Pownall, *A Memorial Addressed to the Sovereigns of America*, London: Printed for J. Debrett, 1783, pp. 137 –138.

③　Mary Jane Bragg, "American News in English Periodicals, 1783 – 1800," *Huntington Library Quarterly*, vol. 8, No. 4 (Aug., 1945), pp. 398, 400.

界历史意义，而且大力称赞革命后的美国在各方面所取得的进步。他禁不住感叹道，如果亚洲、非洲和欧洲各国早一点奉行类似美国的原则，那么他们目前的情况肯定要大大好于现在的实际。① 他的说法也在一定程度上得到后世研究的验证。美国学者珍妮特·波拉斯基指出，受到美国革命的激发，向往自由、反抗暴政和蔑视权贵的呼声，在18世纪末响彻广阔的大西洋世界，回荡在北美、欧洲、拉美和非洲四个大陆。革命和自由的理念不胫而走，尤其是小册子这种承载激进思想的文本，在美国革命中曾援引来自欧洲的理论资源以构筑自由的话语，接着又把革命的理念传播到日内瓦、荷兰和比利时等地，激励当地的人民"在18世纪80年代以美国自由的语言为争取主权而战斗"，不仅在大西洋世界完成了一个观念流通的循环，而且还伴随着一连串革命性的事变。②

诚然，在这个时期欧洲激进主义者的眼里，美国革命者只是反抗"专制"统治和争取自由的榜样；对瑞士、荷兰、比利时和法国等地的革命者来说，美国革命所带来的启迪主要在于"树立了自由的标准"，而不是为建立民主政体提供了榜样。但是，美国革命对于民主的改造和振兴，在欧洲知识界也引起了一定的关注。1783年，法国哲人马布利神父发表致约翰·亚当斯的系列信札，阐述他对美国各州宪法和法律的看法，把"民主"作为理解美国各州政府的关键词，并以古代希腊民主和罗马共和国做参照来评论美国民主的长短利钝。他承认民主具有一定的优势，但如果不慎重加以管控，也会导致巨大的危险。他在评论宾夕法尼亚和马萨诸塞的体制时，批评前者过于偏向于民众，而后者则糅合了民主和贵族制的优点。他还预言，由各州组成的美利坚联盟有可能演化为贵族制。③ 实际上，美国的政治实验扩大了"民主"一词在欧洲主流政治语言中的分量，而且使之逐渐具备不同于古典政治学的含义。大致在18世纪90年代以后，法国、荷兰和瑞士等地的政治语言中，也出现了"民主代

---

① Paine, *Rights of Man*, in Foner, ed., *The Complete Writings of Thomas Paine*, p. 355.

② Polasky, *Revolutions without Borders*, pp. 1 – 16, 18. 不过，波拉斯基把某些（借助于个人旅行和文字流传的）偶发的观念传播或零星的相似事件连缀起来，断言四个大陆都存在某种"对自由的普遍呼唤"，似有根据不足和过度诠释的嫌疑。

③ Abbé de Mably, *Observations on the Government and Laws of the United States of America*, pp. 1 – 122, see especially pp. 11 – 12, 21 – 43, 116 – 117.

表制政体"（democratic representative government）、"民主代表制宪政"（a democratic representative constitution）和"代表制民主"（representative democracy）一类的词汇。① 在法国革命结束以后，北大西洋两岸又发生了关于民主的新一轮辩论。

美国革命能在欧洲等地产生影响，并不是由于美国革命者向外输出革命，因为他们根本就没有这样的意图。他们不过是基于对自由和平等的信念，深信追求安全和幸福乃人类天性使然，既然美国革命开创了这样一个新的时代，其他地区的人民就必定会群起效仿美国所树立的榜样，自愿地投入争取自由和平等的事业。尽管美国革命精英就革命的原则和实践不厌其烦地加以阐述和宣扬，但是欧洲政界和知识界关于美国革命的讨论，却是缘于美国革命本身的冲击以及由此引起的主动关注，主要不是受美国方面宣传的影响。托马斯·波纳尔所写的讨论美国政治的小册子，其本意在于向美国人表达他对美国政治及其前景的看法，可是该书的出版商却在广告中郑重其事地宣称，实际掌握关于美国的新体制、新宪法和行政运行方式的知识，对于欧洲的政治家也具有不可或缺的重要性。② 这个例子从一个侧面表明，美国革命及其政治创新对于欧洲人具有毋庸置疑的吸引力。

在反驳雷纳尔神父对美国革命的误解时，潘恩饱含浪漫之情地指出，一个伟大的国家要致力于倡导"普世社会的原则"（principles of universal society），要克服"地方观念"，把全人类无分国族和职业都视为"同一个造物主的作品"（the work of one Creator）。③ 可是，用今人的眼光看来，革命精英的言行却远未达到这种境界。美国学者爱德华·康特里曼就革命时期印第安人的境遇评论说，"美利坚自我主权的官方语言是普世的和包容的"，宣称"所有人被创造时都是自由的"，"一个民族……解除把他们与另一民族联系在一起的政治纽带"，"我们人民……特制定和确立本宪法"以"保障自由的福佑"；等等。但实际情况却是另一回事，印第安人被当成

---

① R. R. Palmer, "Notes on the Use of the Word 'Democracy' 1789–1799," *Political Science Quarterly*, vol. 68, No. 2（June 1953）, pp. 217, 219.

② Pownall, *A Memorial Addressed to the Sovereigns of America*, pp. ii–iii.

③ Paine, *A Letter Addressed to the Abbe Raynal on the Affairs of North-America*, p. 66.

打击、消灭和奴役的对象，被排除在新体制之外。① 另有不少学者用同样的逻辑指摘革命精英表里不一，言行错位：一面高扬自由、平等的建国理想，一面继续奴役黑人，歧视女性，排斥底层民众。② 不过，如果回到 18 世纪中后期的历史语境便不难看出，革命精英虽然使用了普遍主义的语言，但遵循的却是当时通行的政治语法和社会语义学，对某些关键词汇和核心句式的理解与当今颇不一样。例如，他们谈到"人""人民""我们""自由"和"平等"时，所采用的是当时约定俗成的定义。他们用这样一套普遍主义的语言谈论他们正在进行的事业，在当时的语境中有着明白无误的含义；可是在后人眼里，这一套语言与当时的实际反差甚大，难免显得虚伪。

而且，随着对美国革命的意义的不断阐释和反复界定，人们似乎逐渐忘记了这场革命原本是一次独立战争，或者说主要是一次独立战争。革命精英既不是在为北美所有人争取自由，更没有打算一举解放全人类。他们力争实现的目标在于摆脱英国的控制，确立以英裔白人为主体的自治体制。只是由于他们所具有的知识、眼界和世界主义情怀，才使这一地域性事变超越了时势和历史的限制，从一场殖民地"叛乱"转化为意义深远的政治和社会变革，不仅建成了一个独立的新国家，而且开启了人类历史的新方向。

潘恩相信，美国革命的最大意义在于改造了"我们思考的风格和方式"，这比政治革命更为重要。人们的心灵受到开启，摆脱了无知和偏见，学会用新的眼睛来观察，用新的耳朵来倾听，用新的观念来思考，于是变成了"完全不同的人民"。③ 可是无论如何，那个时代的人们看待世界、看待自己的方式，与今人仍有绝大的不同。毕竟，迷信和偏见曾经盛行于许多世代、许多地区，对人的生活和世界的演化产生重要的影响。在许多情况下，偏见被用来维护某种出于无知的自大和自负，美国革命精英的偏见固然也具有类似的性质，但同时也有助于他们思考如何维护人的尊严和价值，如何建立最有利于自由和安全的体制。他们调动

---

① Edward Countryman, "Indians, the Colonial Order, and the Social Significance of the American Revolution," *The William and Mary Quarterly*, Third Series, vol. 53, No. 2 (Apr., 1996), pp. 355 - 356.

② Nash, *The Unknown American Revolution*, see especially pp. 423 - 455.

③ Paine, *A Letter Addressed to the Abbe Raynal on the Affairs of North-America*, pp. 45, 47.

多方面的知识、信息和经验，深入探查身边的政治世界，推敲建国的目标，其思考和想法体现出一定的历史感和前瞻性。

# 三　绅士共和主义者

就财富、教育、修养和社会地位而言，美国革命领导人在当时都不是"等闲之辈"，而是一批真正的精英。他们大多家资殷富，仪态岸然，思维敏捷，博闻多识，并且享有一定的社会声誉。1787 年夏天在费城开会的那批人，只是他们当中的一部分。费城制宪会议的记录提及与会人员时，在华盛顿、富兰克林和埃德蒙·伦道夫三人的名字前用了"His Excellency"（阁下），其他人均用"The Honorable"（足下），名字后面接"Esquires"（先生）。按当日的惯例，只有社会地位很高或担任高级职位的人，才能使用这样的尊称和头衔。① 不仅如此，这些人自己也有强烈的精英意识，对于自身有很高的期许。在制宪会议上，他们强调未来在联盟政府中任职的人必须是"心智开明之士"，是"最优秀的人"或"最出众的人"。当他们这样说时，暗中所参照的可能就是他们自己。

美国历史学家戈登·伍德把建国精英说成由启蒙所造就的绅士，称他们为一批不可复制的杰出人物。伍德对 18 世纪绅士的形象做了细致的描绘。那些身处欧洲文化外围的北美殖民地精英，十分急切地希望展示他们的学识和教养（learning and politeness），以表明他们属于当时的"文化世界"的一部分，要让人觉得他们乃是"绅士"。当时绅士的观念具有十分重要的道德含义，做一个绅士，就是要像绅士一样思考和行动，也就是要有理性、宽容、诚实、讲究美德和真诚坦率。这也是成为政治领导人的前提。在北美殖民地文化中，绅士和普通人的区别要超过其他一切区别，甚至超过自由人和奴隶的区别。要成为一个绅士，不仅应有知识和教养，还须借助强大的"经济基础"，因为绅士不以职业谋生，不与

---

① Farrand，ed.，*The Records of the Federal Convention of 1787*，vol. 1，pp. 1 - 2，7. 一个有趣的现象是，宣布独立之初就有人宣称，"头衔是君主制或专断政府的产物"，美国应当采用"自由政府的简朴语言"，把"Excellency""Honorable"之类的头衔留给"英王的卑贱的仆人们"。可是直到建国初期，美国的精英领导人对这类头衔仍然恋恋不舍。参见"A Commonwealth's Man,"*The Pennsylvania Evening Post*，July 13，1776。

市场勾连，而且要有足够的闲暇。也只有这样，才能充当政治领导人。除开家世和财富，风度、趣味和个性方面的因素同样重要。绅士都用银质刀叉吃饭，爱好古典作品，能弹奏乐器，相互交换诗作，在公开论辩中则极力展示自己的学识。绅士都住在漂亮的宅邸中，房间里挂着自己的画像；出门时则头戴假发或在头发上扑粉，穿着皱边的衣服和丝绸袜子。绅士最重要的品质是"教养"，即在公开场合与人交往时表现高雅美好的风度，而且要显得轻松自如，浑然天成。伍德总结道，建国精英的伟大源自他们所处的鼓励绅士文化的时代环境，而在公共生活中体现卓越乃是绅士文化的最高追求；因此，他们在公共事务方面不仅比普通人更有见识和理性，而且也较少私心，更能体现民意和推进公共福祉。①

实际上，革命精英的形象并非如此单纯而清晰。他们是一批有着多种色彩、多重形象的人。在私人生活中，他们大多是奴隶主、商人、律师和大地主，不仅追逐财富、职位和荣誉，喜爱舒适的生活，而且有时也利用公共权力或机会来谋取私利。面对个人生活中的各种实际问题，他们像常人一样斤斤计较，甚至不惜玩弄花招。华盛顿外出公干，总是惦记蒙特弗农的事务。在远赴费城参加制宪会议期间，他把种植园托付给侄子打理，可又为之悬心，对家的事情总是详加过问。他仔细查看侄子寄来的每周报告，其回复也是巨细靡遗；他担心庄稼的长势，具体指导侄子如何照管田庄。而且，他悄悄盼望会议尽快结束，早有归心似箭之意。② 富兰克林在革命精英中自是颇受敬重的长者，可是他早年曾与别的女子私通，并留有一个私生子。他曾担任几个殖民地的代理人，常年旅居欧洲，生活在那里有如鱼得水之感，经常周旋于权贵豪门之间，对帝国体制也曾真心拥戴。当殖民地反英运动兴起后，他的暧昧立场招致北美同胞对他的怀疑，觉得他不是一个真正的爱国者，甚至怀疑他是英国密探。为了消除这种嫌疑，塑造一个坚定的爱国者形象，他于 1775 年7 月给自己在英国的好友威廉·斯特拉恩（William Strahan）写信，义正

① Wood, *The Revolutionary Characters*, pp. 3 - 28; Gordon S. Wood, *The Americanization of Benjamin Franklin*, New York: The Penguin Press, 2004, pp. 35 - 37.

② Pauline Maier, *Ratification: The People Debate the Constitution*, 1787 - 1788, New York: Simon & Schuster Paperbacks, 2010, p. 28.

词严地谴责他和英国政府一起残害北美同胞，并宣布与之绝交。他特意让人看到这封信，但实际上并未将信寄出。几天后，他又给斯特拉恩写了另一封信，满怀深情地述说他们的友谊。① 伯纳德·贝林也曾论及杰斐逊的多面性，称他"既是一个激进的乌托邦理想主义者，又是一个精明、机巧甚至狡猾的政客；既是一个善用优雅词汇、能产生推动力的修辞家，又是一个不尚空谈（no-nonsense）的管理者……"②

这些出色的精英集中涌现于同一个时代，共同发起和领导同一场事变，可是他们却并非总是惺惺相惜，肝胆相照。相反，他们彼此竞争，私相臧否，暗加指摘，有时甚至用语尖刻，以致引发纠纷。在马萨诸塞，大名鼎鼎的约翰·汉科克和詹姆斯·鲍登可谓一对政治"冤家"，多年来为权势和声名而激烈角逐，经常搅动州内政局。即便是华盛顿这种公认的革命元勋和道德楷模，也难免招致物议。约翰·亚当斯在1785年9月的一封信中谈到，人民须通过教育而获得自主意识，明白自己乃是权力的源泉。他说，与其崇拜华盛顿，不如赞美培育他的国家和人民。他认为，华盛顿不过是美国社会的产物，只是美国人个性的样板而已。华盛顿如果生当庞培之世，可能就是恺撒；如果处于查理一世时代，也许就是克伦威尔；如果与菲利普二世同时，兴许就是奥伦治亲王。可是在美国，他就只能选择退职还权，而不可能有别的什么野心。③ 精英领导人之间的恶评也是颇为常见的。麦迪逊在1788年10月17日致杰斐逊的信中，谈到了即将到来的总统选举。他告诉远在欧洲的杰斐逊，由于总统将来自一个南部州，那么副总统就必须出自南部以外的州；北部提出的候选人是汉科克和亚当斯，但他们两人都会引起争议，因为汉科克是一个软弱、抱有野心、追逐名誉、玩弄阴谋的人，而亚当斯则因最近书中宣扬的政治原则引得南部人不快，而且他在战争期间曾参与反对华盛顿的阴

---

① Wood, *The Revolutionary Characters*, p. 84.

② Bernard Bailyn, *To Begin the World Anew*: *The Genius and Ambiguities of the American Founders*, New York: Vintage, 2004, p. 47.

③ John Adams to John Jebb, 10 September, 1785, in Charles Francis Adams, ed., *The Works of John Adams*, vol. 9, pp. 540 – 541.

谋，个性上又惯于自大自负，并不适合做华盛顿的副手。①

但是，这些人作为一个群体，在公共领域的形象同他们在私人生活中的表现，却是迥然不同的。尽管他们在许多具体问题上常有尖锐的分歧，但他们力图克服地方偏见，超越纯粹的个人考虑，而且精通折中樽俎之道，善于化解矛盾，避免因冲突而导致共同事业的破产。美国历史学家福里斯特·麦克唐纳曾就费城制宪会议代表的知识结构、思想取向和政治立场做过分析。他认为，有四套想法引导和制约着制宪者：一是要为公民的生命、自由和财产提供保护，二是对共和主义的崇奉，三是能运用历史经验来支持或说明其理由，四是掌握大量可以利用的政治理论。这也可以说是制宪者共有的禀赋和思想特征。对于制宪会议来说最大的幸运在于，有一批名声很大而思想激进的人物，由于各种原因没有去费城。如果约翰·亚当斯、杰斐逊、塞缪尔·亚当斯、理查德·亨利·李、帕特里克·亨利以及其他"76 年重要的共和派"都参加制宪会议，那么会议的局面和结果可能大不一样。麦克唐纳认为，在制宪代表中，那些怀有强烈国家主义思想的人发挥了主要作用。其为首者是华盛顿，成员包括纳撒尼尔·戈勒姆、鲁弗斯·金、汉密尔顿、古维诺尔·莫里斯、罗伯特·莫里斯、詹姆斯·威尔逊、乔治·克莱默、托马斯·菲茨西蒙斯、乔治·里德、富兰克林、威廉·戴维、威廉·皮尔斯等，麦迪逊和查尔斯·平克尼也可勉强算在其中。这群人大多出生于国外，或在国外受过教育，或多年来为大陆事业服务，大多推崇英国宪政，具有精英主义倾向。再者，他们都是务实而重视经验的人，其中有些人熟知历史和政治思想，大多极具天赋，年富力强，而且能言善辩，敢想敢干。麦克唐纳把另一批人称作"共和主义空想家"（republican ideologues）。他们在人数上少于国家主义者，在思想上则带有波林布鲁克、孟德斯鸠或古典共和主义的痕迹，希望把共和国建立在公共美德的基础上。其中，约翰·兰辛、罗伯特·耶茨等未能坚持到会议结束，而乔治·梅森、埃德蒙·伦道夫、卢瑟·马丁、埃尔布里奇·格里等则拒绝

_____

① Madison to Jefferson, Oct. 17, 1788, in James Morton Smith, ed., *The Republic of Letters*: *The Correspondence between Thomas Jefferson and James Madison*, 1776 – 1826, 3 vols., New York: W. W. Norton, 1995, vol. 1, p. 563.

在宪法草案上签字。他们年龄偏大，缺乏想象力，往往处于防守的位置。① 可是，这些人无论存在多大的个性差异，发生多么尖锐的思想分歧，但终究没有分裂为敌对的派别，没有人以革命的名义来打击对手，而是最终一起完成了宪法的起草。这或许是美国革命精英与其他革命的领导者显著不同的地方。

这些思想取向不同、分歧甚大的革命精英，终能求同存异，共举大业，这主要缘于他们拥有基本的价值共识，也同他们具备健全的公共人格有关。在马萨诸塞，塞缪尔·亚当斯是出名的激进主义领导人。他1780年制宪会议上倡导一院制政体，而最终的宪法条文却与他的主张相去甚远。他在宪法获得批准后写信给约翰·亚当斯，并未流露愤懑和失望之情，而是激情洋溢地表示，立宪这件"伟大的工作是在人民的美好心情中进行的"；"在这个关口最需要一部良好的宪法"；希望宪法能够带来很好的效果，使马萨诸塞在战争中发挥更大的作用。② 帕特里克·亨利的人品和行事风格颇受时人诟病，他最初拒绝去费城参加制宪会议，当新宪法进入批准程序后，他又成了弗吉尼亚反对派的主将，令新宪法的支持者们颇为忌惮。在弗吉尼亚批准宪法会上，他频频发言，并同多名代表发生激烈争执，尤其是与埃德蒙·伦道夫几乎闹到决裂的地步。他一度放出"狠话"，称如果大会对宪法不做修改即批准的话，他就回家去做点他觉得有义务该做的事。伦道夫听了这话，指责亨利是以退出大会相要挟。③ 可是，当看到新宪法的批准已成定局时，亨利却表示：

> 如果我成了少数派中的一员，我会怀有那种确信自己在一桩美好事业中居于劣势（overpowered）而产生的痛苦感受。但我仍然会是一个和平的公民。我会自由地运用我的头脑、双手和心灵，采取合乎宪法的方式，去恢复失去的自由，消除这一体制的缺陷。我不

① Forrest McDonald, *Novus Ordo Seclorum*: *The Intellectual Origins of the Constitution*, Lawrence: University Press of Kansas, 1985, pp. 3 – 7, 185 – 205.

② Samuel Adams to John Adams, July 10, 1780, in Robert J. Taylor, ed., *Massachusetts, Colony to Commonwealth*: *Documents on the Formation of Its Constitution, 1775 – 1780*, Chapel Hill: The University of North Carolina Press, 1961, p. 166.

③ Maier, *Ratification*, p. 296.

希望走向暴力，但会满怀希望地等待，在革命中蓬勃高涨的精神尚未消失，那些献身于革命的人们的事业尚未失败。因此，我会耐心等待，希望看到这一政府发生变化，变得有利于人民的安全、自由和幸福。①

从表面看，他的表态带有不讲原则的"机会主义"的意味，但实际上是一种有理有节的政治姿态。他一方面表示不会用暴力反抗新体制，也不会脱离现存的政治社会，另一方面又声明自己会采取合法方式推动对新体制的改革，以有利于维护自由。

另一个例子是埃德蒙·伦道夫。他在 1787—1788 年联邦立宪过程中的表现，的确充满反讽的意味。在费城制宪会议上，他是少数几个位高名重的人物之一，由他陈述的"弗吉尼亚方案"启动了宪法草案的商讨。但是，他对后来形成的宪法草案多有不满，最终没有在上面签字。此举不禁使宪法的支持者忧心忡忡，觉得他会成为新宪法最有分量的反对者。可是，他在弗吉尼亚批准宪法大会上的举止，又一次出人意表。他宣称，他本人在制宪会议上始终是严格按照自己的良知行事，履行了他对本州的职责；他对拒绝在宪法上签字并不后悔，因为他仍然反对新宪法；但是既然现在已有 8 个州批准了宪法，他也愿意成为"联盟的朋友"，支持本州批准宪法。他多次发言为制宪会议辩护，反驳亨利的指责。他还自称"革命之子"，最关心"公共正义的保障"，因为这是"获得公共幸福的首要步骤"。如果此刻联盟解体，一切"我们为之战斗的"福佑都会化为泡影，而不接受新宪法就会导致联盟解体。亨利对伦道夫的表现十分不满，影射他前后不一、自相矛盾；这惹得伦道夫怒气冲天，表示即便与亨利断交也要坚持自己的立场。他还劝说和提醒其他的反对者，"拒绝服从多数的决定是对共和主义的每一条原则的破坏"，难免导致内战，造成无政府和混乱；如果代表们会议结束后回家对选民说，自由受到了威胁，虽然多数同意新宪法，但仍不应当服从它，这将会使自己和他人都陷入混乱无序之中。伦道夫最后说，他虽然反对宪法，但出于联盟存亡

---

① Patrick Henry, June 25, 1788, in Elliot, ed., *The Debates of the Several State Conventions*, vol. 3, p. 652.

的考虑，他选择支持批准，这就是历史应当记下的真相。① 可见，伦道夫
始终秉持革命精英普遍看重的政治理性，不隐瞒自己的立场和态度，但
又不以一己之见绑架乃至损害公共利益，在坚持原则的同时善于审时度
势，在维护个人尊严的同时又尊重规则。亨利和伦道夫这两个宪法的反
对者虽然在会上相互攻讦，但最终都表示接受会议表决的结果，这恰好
诠释了革命精英在公共生活中的行事风格。

在公共生活中讲究理性，尊重多数的决定，以公共福祉为优先考虑，
这种"绅士作风"并非仅见于少数几个著名人物，一些名气较小的人也
有同样的表现。在马萨诸塞批准宪法大会上，当宣布会议以 19 票微弱多
数通过批准宪法的决议后，几个此前一直强烈反对批准宪法的代表立即
发言表态。有一个姓怀特（White）的代表说，他因相信宪法会危害自由
而反对批准它，但既然多数人认为应当采纳它，他会尽最大努力来引导
其选民"和平地生活在它之下，并愉快地服从它"。另一个姓威杰里
（Widgery）的代表接着发言，表示他在返回选民当中后，会告诉他们自
己反对采纳宪法，但是"睿智而有理解力的多数人"同意采纳它；他会
极力在人民中间"播撒团结与和平的种子"；他希望没有人会盼望或建议
进行任何形式的抗议，因为这个会议成员是完全代表人民的；并表示他
将全力支持宪法，祝愿它在 13 个州都能得到批准。还有一个姓怀特尼
（Whiteney）的代表说，他虽然反对过宪法，但他会像投过赞成票一样支
持它。另有一个姓库利（Cooley）的代表也表示，他的良知和理性指导他
投票反对宪法，但现在他会极力说服其选民，批准和采纳宪法是妥当的。
当时还有不少人抢着发言，但天色已晚，只得推迟到第二天。次日，又
有几个反对者表态说，他们不仅自己接受会议的结果，而且也会说服其
选民支持宪法。其中有个姓兰德尔（Randal）的代表说，他一直反对宪
法，像一个优秀的士兵一样为之战斗，现在他被打败了，但他希望少数
派所害怕的东西不会出现，而多数派所希望的东西则会大获丰收；回去
以后，他会和人民一起和平地生活。② 诚然，接受多数的决定乃是共和主

---

① Edmund Randolph, June 4, 6, 9, 17, 24, 25, in Elliot, ed., *The Debates of the Several State Conventions*, vol. 3, pp. 29, 65, 67, 187, 188, 463 – 471, 597, 652.

② Elliot, ed., *The Debates of the Several State Conventions*, vol. 2, pp. 181 – 183.

义的政治规则，也是马萨诸塞人从殖民地时期开始就已形成的习惯。但值得注意的是，反对派对于新宪法的担忧和反对乃是至为强烈而真诚的，他们不遗余力地阻止它获得批准，可见这对他们是一桩意义重大的事业；在一切努力均告失败后，他们本该铩羽落魄，愤然退场，可是他们却积极地表态拥护大会的决定，并祝愿新宪法实施后能带来良好的局面。总之，曾经引起那么激烈的争议和冲突的新宪法，一旦获得批准，便能平静而顺利地实施，这似乎不仅仅是服从多数人决定的政治规则在作用，而且也体现了一种成熟的政治理性。这就是何以在新宪法获得批准之际，有人会忍不住惊叹："当前是一个爱智的时代，美国是一个理性的帝国。"①

这些革命精英不仅富于理性精神，而且还十分务实和重视经验。他们对自己所处的社会及民情有着清醒的认识，并且以这种认识来校正自己行动的方向。在费城制宪会议上，代表们对君主制的态度就是很能说明这一点。当讨论到执行权的设置时，詹姆斯·威尔逊谈到，就美国当前的形势而言，需要某种君主制的力量来扭转局面，但是美国的风习则反对国王而倾向于共和制。他接着又说，美国人民最初起来革命，反对的并不是英国国王，而是英国议会；也就是说，他们并不反对单一的行政首脑，而是反对腐败的一群人。威尔逊本人虽然并不推崇君主制，但感到集中而强大的执行权确有必要；他根据自己对美国社会的了解，做出了一个非常重要的判断，即直接建立君主制固然不可取，但不意味着不能设立一个拥有重要权力而地位甚高的单一行政首脑。约翰·迪金森则十分欣赏英国式的"有限君主制"，称之为世界上最好的政府形式，经验证明它所带来的福祉胜过共和制。可是，他感到建立这样一种有限君主制在美国是行不通的，因为"我们目前的形势禁止这样的实验"。他具体解释说，建立这样的政体需要有贵族，需要设贵族院，然而这些并不是"吹一口气"或"动一下笔头"就可以创造出来的；它们是许多世代的产物，兴起于特别复杂的环境中，而这些美国都不具备。伦道夫却坚

---

① Enos Hitchcock, "Oration, Providence, 4 July, 1788," in John P. Kaminski, et al., eds., *The Documentary History of the Ratification of the Constitution*, Madison, Wis.: State Historical Society of Wisconsin, 1995, vol. 18, p. 234. 案："爱智的时代"系"an age of philosophy"的意译。

决反对设立单一的行政长官，因为据他判断，"人民的固定思想倾向是反对任何与君主的相似性的"，单一行政长官不会赢得必要的信任。格里也认为，美国公民中不反对任何君主制手段的人到不了1/‰，他们不可能同意一个采用君主制手段的方案；一旦会议提出的方案得不到人民的支持，就难免引起不和与混乱，那时外国势力趁机插手，局面就会十分危险。① 这几个发言的人都不欣赏民主，对君主制非但不厌恶，而且还深感它拥有共和制难以比拟的优点。他们虽然把君主制的某些机制植入美国体制，但终究没有全盘照搬君主制。阻止他们这样做的关键因素，正是政治理性和对事物的常识性判断。他们对当时美国的民情有着清醒而准确的判断，认为政治文化的主导倾向是共和主义，如果提出的政府方案违拗这种倾向，就很有可能导致政治灾难。

这就是说，虽然精英领导人有自己的价值取向和政治立场，但他们能够理性地意识到，一种政体以及相应的制度和机制，必须适应具体的社会条件，并尽可能切合人民的习惯和期望。查尔斯·平克尼在制宪会议上的发言，突出地体现了革命精英的这种眼光。平克尼认为，美国不宜采用英国式政体，世界上没有两个国家的人民的情况和环境是完全一样的，如果采用同样的政体，就不可能获得同样的裨益，因此，"一种制度必须符合它要治理的人民的精神和习性，必须是从它们当中生长出来的"。他具体阐述说，虽然美国人民可以分成专业人员（professional men）、商业人员和土地集团三个阶层，但每个阶层中的个体在政治上都是平等的，而且只有同一种利益，相互之间存在依赖关系；对于这样一个平等的公民群体而言，英国宪政显然是不适合的。英国人中间存在三个等级，三者差别甚大，不可能采用共同的代表制，而必须以各自的代表来维护其利益，这样就很自然地形成了一种混合平衡的政体。如果在美国也建立英国那种由三个分支构成的政府，那么其中两个分支就没有可供代表的等级。他还谈道，尽管目前有些地方发生了混乱，但只要适当赋予政府权力就可扭转局面。他特别提醒其他与会者，共同政府固然

---

① James Wilson, June 1, 1787; John Dickinson, Edmund Randolph, June 2, 1787; Elbridge Gerry, June 26, 1787; in Farrand, ed., *The Records of the Federal Convention of 1787*, vol. 1, pp. 71, 86 – 88, 425.

需要一定程度的稳定性，但人民的选举权利必须得到保障，各州政府也须保留其地方性权利，否则共同政府就难以有效地长存。一言以蔽之，在设计政府方案时，必须首先考察本国人民的情况，否则就不知道何种政府能够保障他们的权利和自由。① 平克尼这里讨论政体问题所依据的思路，显然近于英国和欧陆的经验主义政治理论，同孟德斯鸠的观点尤其若合符节。不过，他对美国社会和民情的观察和分析，特别是由此得出的结论，则具有格外深长的意味。他对共和主义、人民的作用、选举权利和州权利的强调，也许不一定出自真诚的政治信念，但无疑是根植于经验和常识之中的。

如前所述，并非所有精英领导人都是真诚而坚定的共和主义者。这些人成长于君主制时代，熟悉君主制的规范，体验过做"英王陛下臣民"的滋味，用鲁弗斯·金晚年的话说："我们生下来就是某个国王的臣民，习惯于称我们自己是'陛下最忠实的臣民'；我们开始进行那场以革命告终的争执，并不是要反对国王，而是反对他的议会。"② 杰斐逊在1789年致麦迪逊的一封信中也谈道，"我知道我们中某些人想马上建立君主制。但他们人数不多，分量不足。……我们受的是君主主义的教育，如果我们中有些人仍然保留那种崇拜，并不足为怪"。③ 这就是说，要彻底抹去君主制在精英领导人心灵上留下的痕迹，并不是一件轻而易举的事。不过，也正是这批人坚持推进共和制实验，抵制住了君主制的诱惑。虽然他们中有些人在内心十分欣赏君主制，但终究没有试图在美国建立君主政体。这一方面是由于形格势禁，使他们无从着手；另一方面理性和常识也提醒他们，不能做这样的尝试。

关于华盛顿与君主制的关系，一度是一个颇受关注的话题。人们最关心的问题是，华盛顿在具备足够的威望、势力和机遇时，为什么没有

① Charles Pinckney, June 25, 1787, in Farrand, ed., *The Records of the Federal Convention of 1787*, vol. 1, pp. 402–404, 410.

② Quoted in Louise Burnham Dunbar, *A Study of "Monarchical" Tendencies in the United States, from 1776–1801*, The University of Illinois Studies in the Social Sciences, vol. X, No. 1, Urbana and Champaign: University of Illinois Press, 1920, p. 127.

③ Jefferson to Madison, Mar. 15, 1789, in Smith, ed., *The Republic of Letters*, vol. 1, p. 588.

拥兵称王？在独立战争期间，华盛顿经常被比拟为历史上的某位强权人物，关于他可能成为独裁者或君主的说法，也不止一次在外间传播。早在 1776 年，马萨诸塞就有人把华盛顿称作"伟大的克伦威尔"（Great Cromwell）。① 在马萨诸塞批准宪法大会上，有人回顾独立战争初期的往事，称华盛顿是开天辟地以来最伟大的将军，即便在古代希腊和罗马也没有这样的将军，超过他的只有耶和华。② 对于这种崇拜华盛顿的现象，当时也有人提出批评，称"除非把邪神及其崇拜者从军营中赶走，否则不能指望常备军能带来什么好处"。还有人觉得，过度赞颂华盛顿，称他为"人民之父""国家之父"或"人们共同的父亲"，难免带来极大的危害，使他有可能利用军队获取法外权力来进行统治。③ 华盛顿本人固然从未显露拥兵自重的苗头，但是独立战争后期确曾有人建议华盛顿以君主制来拯救美国。这就是广为人知的刘易斯·尼古拉（Lewis Nicola）信件。

在约克敦大捷以后，美国局势中最大的不安定因素来自军队。艰苦赢得战争胜利的士兵，不能从国会获得足够的报酬，军饷问题引发了普遍不满，哗变事件时有发生。一些军官把这种状况归咎于共和政体的虚弱和无能，暗中商议采用某种更具效能的政体。关于推举华盛顿为美国独裁官的议论，在越来越多的人中间流传。④ 而且，只要把华盛顿和克伦威尔联系在一起，人们就难免联想到英国内战的史事和"英格兰共和国"的命运。于是，共和制在美国的前景便笼罩在浓重的阴云之下。⑤ 尼古拉信件就是君主主义者在这种氛围中投出的问路之石。尼古拉生于爱尔兰，在英军中升至少校，1766 年前后移居费城。他参加大陆军以后，以组织

---

① Edward Countryman, *A People in Revolution: The American Revolution and the Political Society in New York*, 1760 – 1790, Baltimore: Johns Hopkins University Press, 1981, p. 224.

② Perley, January 21, 1788, in Elliot, ed., *The Debates of the Several State Conventions*, vol. 2, p. 52.

③ Charles Royster, *A Revolutionary People at War: The Continental Army and American Character*, 1775 – 1783, New York: W. W. Norton, 1981, pp. 179 – 181, 257.

④ Merrill Jensen, *The New Nation: A History of the United States During the Confederation*, 1781 – 1789, Boston: Northeastern University Press, 1981, p. 47.

⑤ Rock Brynner, "Cromwell's Shadow over the Confederation: The Dread of Cyclical History in Revolutionary America," *Proceedings of the Massachusetts Historical Society*, Third Series, vol. 106 (1994), pp. 35 – 52.

才能出众而受到尊重。他在 1782 年 5 月 22 日致华盛顿的信中表示，自己内心怀有在美国实行君主制的想法，但慑于"偏执于共和制的人"对此的反感和攻击，不便公开表达，现在也只是秘密地向华盛顿吐露。他提出的具体方案包括：采纳英国式的混合宪政；在西部建立军事殖民地；希望华盛顿能登上国王之位。① 华盛顿获信大惊，当即写回信对此严加斥责。尼古拉也颇感尴尬和惧怕，三番五次给华盛顿写信，对于自己提出这一使华盛顿不快的方案一再道歉，并辩白说，自己绝对没有损害国家的意图，而且这种"错误的想法"仅仅"密封在"他的内心，也绝不至于造成什么危害。②

那么，应当如何看待华盛顿对待尼古拉信件的态度呢？难道仅仅是华盛顿的个人品质决定了共和制在美国的命运吗？难道美国人在政治上的运气仅仅取决于他们遇到一个不爱慕君主虚荣和权势的"开国元勋"吗？美国政治学和历史学大家查尔斯·比尔德评论说，前有恺撒和克伦威尔的成例，而华盛顿不为所动，未热衷于独揽大权，对革命事业和人民具有自己的信念，反对军事独裁，这是他"最不朽的功劳"。③ 当然不能说此事与华盛顿的个人品质和信念毫无关系。华盛顿始终不主张用建立君主制的方式来挽救危局。1782 年 6 月 23 日，詹姆斯·瓦纳姆将军（General James M. Varnum）给华盛顿写信说，美国目前令人绝望的状况，只能用"绝对君主制"或"军政权"（military State）来解决问题，因为广大公民普遍缺乏支撑"民主共和制"的热爱平等的精神，而是倾心于贪婪、妒忌和奢靡。华盛顿在回信中说，情况虽然危急，但并未到绝望的地步，"某种幸运的转折点（some fortunate Crisis）将会到来，到那时，这些在我看来普遍盛行于各阶层的破坏性情绪，将会让位于对自由的热爱，正是这种自由之爱在这场战斗中一开始就激励着我们"。④ 这些句子或许包含政治策略的考虑，但也反映了华盛顿对共和制的信心。在"解

---

① Dunbar, *A Study of "Monarchical" Tendencies in the United States*, pp. 41 – 44.

② Dunbar, *A Study of "Monarchical" Tendencies in the United States*, Appendix A, pp. 129 – 134.

③ 查尔斯·比尔德：《共和对话录》，杨日旭译，东方出版社 2008 年版，第 23—24、26 页。

④ Dunbar, *A Study of "Monarchical" Tendencies in the United States*, pp. 47 – 48.

甲归田"以后，华盛顿害怕被人比拟为克伦威尔，因之在是否重返公共生活的问题上一度颇费踌躇。① 这也的确表明他具有不受权势诱惑的决心。

然而更为重要的是，美国多数人对共和主义满怀热爱，君主制情绪并没有想象的那么强烈。当时确曾出现过若干个君主制方案，但均未赢得广泛的支持。② 尼古拉在给华盛顿的信里抱怨人们"偏执于共和制"，他提出君主制计划时也远非理直气壮，在遭到华盛顿斥责后又作惊弓之鸟状。这也从反面说明，美国当时的政治文化和社会风气的主流都倾向于共和主义，实行君主制的想法仅暗藏于少数人心中，他们因为害怕招致公愤，才不敢明目张胆地亮出自己的旗号。华盛顿作为一个克制而有理性和常识的政治人物，即便真为"拥兵称王"而心动，也不可能不会看到，君主的宝座将成为埋葬自己毕生功名的坟墓。

# 四　结语

美国历史学家伯纳德·贝林曾提出一个意味深长的问题：美国革命一代创建了一种在当时的世界具有全新意义的政治体制，那么他们的这种政治想象力和创造力究竟来自哪里呢？贝林为了解答这个问题，借用了艺术批评家肯尼思·克拉克（Kenneth Clark）的"外省风气"（provincialism）的概念。据克拉克所论，在欧洲艺术发展史上，那些身处大都市的艺术家，其创造力会慢慢枯竭，大都市艺术在深化和打磨其最初的成就中难免变得重复、过度精致、学院化和自我循环；而那些外省的艺术家则拥有地方社会特有的新鲜活力，具备不同于中心都市居民的知识、气质和素养，于是迸发出新的想象力和创造力，从而使艺术的面貌为之一变。贝林参照这种思路来讨论美国革命中的政治创新，发现英国和法国无疑是当时政治世界的中心，而殖民地则属于边缘地带；美国革命一代正是由于身处边缘地带，便不用对确立已久的政治模式心怀敬意，也不必尊崇传统，得以大胆地另辟蹊径，用新的方式来思考政治问题，以

---

① Brynner, "Cromwell's Shadow over the Confederation," pp. 48 – 49.

② Dunbar, *A Study of "Monarchical" Tendencies in the United States*, p. 128.

完全不同的路径来创建新的国家和新的体制。贝林用饱含赞赏之情的笔调写道："美利坚国家的创立者是现代史上最有创造力的一群人"；美国革命则是"西方历史上最具创造力的时刻。伟大的权威，公认的理论，大都市复杂精巧的世界，统统都被抛在后面，而新鲜的思想和来自地方经验的智慧则受到更大的青睐"。①

在贝林看来，美国革命精英的政治想象力和创造力，同他们身处边缘地带的境况有着密切的关系。这的确是一种洞见。革命精英确实处于当时世界的边缘，因为欧裔居民的北美至多属于欧洲文化的"外围"（marchland）。然则身处边缘地带，并不会自动产生想象力和创造力。实际上，革命精英意识到自己处于边缘地带，极力想突破这种不利处境带给他们的各种局限和束缚。他们注重吸收多种知识和信息，努力扩大自己的视野，一心要从更大的空间和更长的时段来看待革命事业。就知识、视野和思维方式而言，革命精英并不是闭塞无知的"乡巴佬"，而可以说是身处边缘地带的"世界主义者"（cosmopolitanists）。他们并不仅只关注地方性事务，而是极力做到"视通万里，思接千载"，把自己想象成超国界的"世界公民"，从更广阔的时空来界定革命的目标和意义，自命要为世界历史和整个人类开辟一个新的时代。正是由于精英领导人在一定程度上打破了边缘地带所带来的限制，才能把美国革命同人类命运挂起钩来，他们的政治探索才能产生巨大而深远的历史效应，他们所创建的体制及其所依托的价值观念才能具有持久的生命力。

18 世纪中后期的北美的确处在一个大变动的时代，摆脱英国的控制，建立独立的国家，锻造一种以自由和公共福祉为鹄的新型政府体制，乃是美国革命的基本内涵和主要目标。精英领导人身当巨变之世，其政治想象力和开创新纪元的雄心壮志都受到激发，把革命视作一个创造历史、开启未来的重大机遇。用约翰·杰伊的话说，"美利坚人是上天赐予机会来精心思考和选择他们将要生活于其下的政府形式的第一个民族"。② 这一思考和选择政府形式的工作，主要是在精英领导人主持下进行的。其结果乃是众所周知的：他们以《独立宣言》和《联邦宪法》的签名人而

---

① Bailyn, *To Begin the World Anew*, pp. 4 – 35.

② "Judge Jay's Charge," in Niles, ed., *Principles and Acts of the Revolution in America*, p. 63.

名垂史册。

当然，精英领导人所做的这一切，并非在完全由他们自己所控制的条件下进行的。他们时刻感受到多种多样的压力，特别是普通民众的行动和诉求所营造的政治文化氛围，在很大程度上制约着他们在关键问题上的决断。许多民众行动直接构成更大的革命运动的一部分，比如反对和抵制《印花税法》《汤森税法》等帝国政策，组建地方委员会和民兵连队，加入大陆军，参与选举和政治集会，都属于这个范畴。在这类行动中，民众与精英通常有着比较密切的互动和合作。另有许多民众行动则属于"抗争性聚集"，比如食品骚乱，抗税行动，阻挠债务审判，营救被监禁的债务人，士兵哗变，围攻不受欢迎的精英，等等。对于这类抗争活动，精英领导人和当局不仅表示反对，有时还予以弹压。这些抗争性事件的参与者，眼光大多聚焦在具体的问题上，诉求和主张大多只涉及具体的事务，较少触及全国性的革命目标，因而具有地方性、偶发性和特殊性。① 另外，随着选举性职位的增多，候选人财产资格的降低，普通民众还把许多原来社会地位偏低的"新人"送进了权力中心。行动的民众不仅造成了直接的政治压力，而且营造出民众主义的政治文化氛围。在这种情势下，精英领导人急迫地谋求保持自己的权势。他们不得不匆忙宣布独立，在各州推动制宪，在地方倡导建立常规政府，并精心筹划和完成联邦立宪，谋求确立秩序，树立法律的权威。② 可是，他们在追求这些目标时，往往不能随心所欲，而必须审时度势，折冲樽俎。他们既要实现自己的目标，又不得不顾及普通民众的态度；既要遵循基本的原则，又必须因时顺势、通权达变。③

精英领导人的利益关切固然不同于普通民众，但是他们大多能在特定场合超越一己之私的局限，从全局着眼考虑革命的目标和意义。精英

---

① 关于美国革命时期民众行动的不同类型的分析，参考了查尔斯·蒂利对"抗争性聚集"（contentious gatherings）和"社会运动"（social movement）等概念的讨论。参见 Charles Tilly, *Regimes and Repertoires*, Chicago: The University of Chicago Press, 2006, pp. 49 - 55。

② Holton, *Forced Founders*, pp. 164 - 165; Jackson Turner Main, *The Sovereign States*, 1775 - 1783, New York: New Viewpoints, 1973, p. 142; Jensen, *The New Nation*, pp. 118 - 122.

③ Jackson Turner Main, *The Upper House in Revolutionary America*, *1763 - 1788*, Madison: The University of Wisconsin Press, 1967, p. 204.

领导人之间也经常发生分歧乃至冲突，出现一些不同的"小圈子"，只是远未达到你死我活、不可调和的地步，更没有采取极端手段以消灭对手。从这个意义上说，精英领导人大致是一个有连续性的群体，没有分裂成一个接一个竞相取代的对立派别。精英领导人固然不喜欢民众行动和激进主义，但大体上能够处之以理性而有节制的态度。他们感受到民众行动以及相应的政治文化的压力，在思考和行动时也不得不顾及这种压力。但是，他们也没有为民众行动所裹挟；或者说，民众行动尚不具备裹挟精英领导人的力量。有时，精英领导人受到民众行动的推动，或出于具体考量而把自己的主张说成普通人的心声。不过，在更多的情形下，精英领导人刻意引导和控制民众行动，使之不至于损害他们所设定的革命目标。这样就在很大程度上有助于避免革命发生不必要的曲折和反复。

美国历史学家 T. H. 布林借助民众主义的"扬声器"，高声宣扬普通人在革命中扮演的关键角色："没有成千上万普通人民愿意抛家舍业，拿起武器，不惜杀人和可能被杀，一小帮为政治理论而争吵的精英绅士，所造成的只能是一个辩论的社会，而不是一场革命。"① 诚然，那"一小帮精英绅士"的确热衷于讨论政治理论，可是这种工作并非纯粹地"逞口舌之能"，也不是可有可无的小点缀。他们力图将殖民地的"反叛"论证为"革命"，并为它设定原则和目标。再者，他们除了"为政治理论而争吵"，还做了其他许多重要的事情。

总之，美国革命不仅是 13 个殖民地（州）的"共同事业"，也是精英和民众的"共同事业"；离开任何一方，美国革命都是难以成立的。无论是革命运动的兴起和推进，还是革命政治文化的形成，都离不开一个大陆性的权力和信息网络，离不开一个统领全局的领导群体。实际上，涵盖整个大陆的权力和信息网络，乃是由各地精英借助通讯委员会、大陆会议、大陆军和各殖民地（州）权力机构而建立的；而统领全局的领导群体，则由大陆会议成员、大陆军将领、各殖民地（州）领导人所构成。与此同时，普通民众则构成革命的主力，如果没有他们的积极参与和大力推动，没有他们对自由和平等的热切追求，也就根本无从谈及革

---

① T. H. Breen, *American Insurgents, American Patriots: The Revolution of the People*, New York: Hill and Wang, 2010, p. 4.

命运动。即便有某种变动和震荡，那也很可能只是一场上层精英的夺权行动，能否成功还在未定之天。显然，唯有普通民众和精英领导人的协同参与，才使得美国革命成为一场声势浩大、影响深远的事变。正是基于这一考虑，清晰地描述精英领导人是一些什么样的人，就成为美国革命史叙事中不可或缺的一环。

（本文作者系复旦大学历史学系教授）

# 联邦实施法的制定与重建政治的困境
## （1870—1872）

王　希

重建（1863—1877 年）是美国历史上的宪法再造时代。这一时代产生的三条宪法修正案代表了北部共和党人、废奴主义者和新近获得解放的非裔美国人对原始联邦宪法秩序的一种深刻改造，也代表了内战之后的美国人对国家政治原则的一次重新界定和对美利坚民族政治前景的一种新的期盼。第十三条宪法修正案（1865 年生效）宣布废除美国境内所有地区的奴隶制，否定了自由与奴隶制并存的"一国两制"局面，可谓是美国历史上第一部真实的"自由宣言"，其重要性丝毫不亚于《独立宣言》。第十四条宪法修正案（1868 年生效）建立了出生地公民资格（birthright citizenship）的公民构成原则，宣称包括非裔美国人在内的所有美国公民都享有平等公民权利，赋予联邦政府保护公民权利的责任，成为一部与《权利法案》相得益彰的"权利宣言"。第十五条宪法修正案（1870 年生效）禁止联邦和州政府以种族为由剥夺公民的投票权，以宪法名义赋予黑人参与政治的权利，重新界定了美国政体的选民基础，为建构跨种族的美国民主奠定了宪法基础。

新的宪法修正案固然重要，但它们必须得到持续有效的实施，自由、公民权利平等和跨种族民主等原则才有可能转化成为具体政策和实践，第二次建国者们所期望的新宪法秩序才可望真实地建立起来。如何实施新的宪法修正案？如何将它们的原则转化成为州和联邦政府的政治行为规范？如何保障新近获得解放的非裔美国人能够在内战之后平等地享有自由，并不受威胁地参与政治？这些是当时领导重建的共和党人面临的主要问题。

这些问题也带给共和党人一个事先完全没有料到的挑战——联邦国家执法机制和执法能力的建构。内战之前，美国公民虽然拥有两种公民资格（联邦公民和州公民），但公民权利的赋予与管理基本上是州政府的责任，这是战前联邦制的核心内容之一。新宪法秩序对传统的"二元主权"（dual sovereignty）分割做了重要的调整，明确建立起联邦公民资格和联邦公民权利的法律范畴，并通过禁止州剥夺联邦公民权利的方式赋予了联邦政府保护合众国公民权利的责任。然而，联邦政府虽然拥有了新的权力和责任，却没有履行权责的执法机制与资源。建立有效的、可持续的联邦执法机制，是实施宪法修正案的关键，也是"第二次建国"能否最终成功的关键所在。

1870—1872年，北部共和党人控制的国会通过了五部法律，都与实施新宪法修正案相关，其中有三部被称为"联邦实施法"（federal enforcement acts），另外两部分别针对移民归化和联邦拨款，但包含了与宪法修正案的实施密切相关的内容，故也属于"联邦实施法"的范畴。实施法的内容是界定联邦执法目的、规范执法范围、建立执法机制和配置执法资源。实施法希望实施的法律包括第十四条、第十五条宪法修正案和《1866年民权法》，但主要目标是实施黑人选举权，即保证南部黑人选民能够自由、安全地参与选举，并在当选之后敢于出任公职。在重建的历史背景下，黑人选举权的实施直接关系到国会重建政策的成功。选举权是国会赋予南部黑人公民的一种新的联邦公民权利，拥有选举权的黑人公民也因此成为美国选举政治中的一种新的政治权力。共和党领导的联邦在内战中战胜了南部同盟（Confederacy），其中坚分子被国会的激进重建政策剥夺了政治权利，南部白人对共和党人抱有普遍的敌意，在这种情况下，拥有选举权的黑人成为共和党在南部推行重建宪法改革所依赖的政治同盟军。所以，保障黑人能够有效地行使选举权，与捍卫内战、保障新宪法秩序的成功和维系共和党的长期执政是联系在一起的，联邦实施法的制定也因此具有了多重目的：贯彻新的国家政治原则，巩固共和党的执政基础，建构新的联邦执法能力。

从19世纪70年代初国会政党力量的对比来看，实施法的制定应该不是一件困难的事情。共和党人主导的国会刚刚通过了三条新的宪法修正案，共和党人继续占有国会两院的绝对多数，白宫也由共和党人总统（尤里乌斯·格兰特）坐镇，民主党人即便联合起来，也无法对共和党的立法意愿构成体制上的威胁。但正如我们在下面的讨论中即将看到的，联邦实施法的制定过程并非一帆风顺。本文将再现 1870—1872 年国会制定联邦实施法的过程，展示不同派别的共和党人在立法过程中所表现的不同立场，讨论共和党内部在关键问题上的分歧如何影响了实施法的内容与力度，揭示隐藏在不同立场背后的对重建宪法改革的不同认知与期盼。我认为，了解和研究这些分歧对我们认识重建宪法革命的局限性，并理解这场革命为何在 19 世纪末走向失败，具有重要的启示。

## 一　第十五条宪法修正案的批准及联邦实施法制定的背景

1869 年 2 月 26 日，第十五条宪法修正案经国会两院通过、格兰特总统签署后送交各州批准。新英格兰地区各州的共和党势力强大，很快批准了修正案，包括先前曾一度否定黑人选举权的康涅狄格州。[1]但在中大西洋各州，批准的进展并不顺利。纽约州的激进共和党人曾在 1867 年提出过赋予本州黑人以选举权的主张，但他们在当年的选举中败北，此后他们对这一议题一直小心翼翼，但并没有放弃这一目标。国会对第十五条宪法修正案的批准要求带来了新的机会，他们希望推动对修正案的批准，而不必担心受到本州反对黑人参政的保守选民的惩罚。1869 年，共和党掌握的纽约州议会批准了宪法修正案，民主党人在 1870 年夺回州议会控制权后企图收回先前的批准，但为时已晚。[2] 宾夕法尼亚州在 1837 年剥夺了黑人公民的选举权，激进共和党人曾企图在 1868 年推翻这一歧

---

[1]　John Niven, "Connecticut, Poor Progress in the Land of Steady Habits," in *Radical Republicans in the North: State Politics during Reconstruction*, ed. James C. Mohr, Baltimore: Johns Hopkins University Press, 1976, pp. 43 – 44; William Gillette, *The Right to Vote: Politics and the Passage of the Fifteenth Amendment*, Baltimore: Johns Hopkins University Press, 1965, pp. 119 – 130.

[2]　James C. Mohr, "New York: The De – Politicization of Reform," in Mohr, *Radical Republicans in the North*, pp. 71 – 75.

视性做法，没有成功。但格兰特的当选令该州共和党人士气大振，终于于 1869 年 3 月战胜了民主党的抵制，批准了宪法修正案。新泽西州也在等待了一年之后批准了宪法修正案，唯有特拉华州拒绝批准。①

共和党人虽然在西海岸各州州议会中占有多数，但因为华工问题的存在，这些州大都断然拒绝批准第十五条宪法修正案，唯一的例外是内华达州。1870 年，加利福尼亚州人口中华人与黑人人口的比例是 10∶1，即便所有黑人拥有选举权，也不会对白人选民的权力构成任何威胁。但该州民主党人别有用心地将黑人选举权与所谓"华人选举权"（Chinese suffrage）混为一谈，制造出一种西部的华人将通过第十五条宪法修正案获得投票权，从而左右该州政治的恐慌气氛。这一战术很奏效，击败了加州共和党人推动批准宪法修正案的努力。俄勒冈州在修正案生效之前从未采取过任何批准的行动。②内华达州之所以批准修正案，关键在于本州国会参议员威廉·斯图尔特（William Stewart）的幕后游说。斯图尔特是第十五条宪法修正案的主要起草者之一，他向家乡的共和党同僚反复保证，该修正案只是限制了州政府以种族和肤色为由剥夺公民选举权的权力，仍然保留了各州将"出生地"（nativity）作为一种限制选民资格的权力，所以在美国居住的华人不可能借机成为选民。③换言之，在第十五条宪法修正案之下，各州仍然拥有广大的宪法空间将本州认为不合格的居民排除在选民队伍之外。

---

① 特拉华州最终在 1901 年批准了第十五条宪法修正案。Edward Price，"The Black Voting Rights Issue in Pennsylvania, 1700 – 1900," *Pennsylvania Magazine of History and Biography* 100, July 1976, p. 363; David Montgomery, "Pennsylvania: An Eclipse of Ideology," in Mohr, *Radical Republicans in the North*, 56 – 57; Thomas A. Sanelli, "The Struggle for Black Suffrage in Pennsylvania, 1838 – 1870", Ph. D. diss., Temple University, 1977, pp. 239 – 299; Gillette, *Right to Vote*, pp. 113 – 119; Marion Thompson Wright, "Negro Suffrage in New Jersey, 1776 – 1875," *Journal of Negro History*, 33, April 1948, pp. 218 – 223.

② 加利福尼亚州和俄勒冈州最终分别在 1962 年和 1959 年批准了第十五条宪法修正案。Gillette, *Right to Vote*, 84 – 85, 155 – 58; Alan P. Grimes, *Democracy and the Amendments to the Constitution*, Lexington, Mass.: Lexington Books, 1978, p. 58.

③ 内华达是第一个批准第十五条宪法修正案的州。为了推动本州的批准，斯图尔特警告该州议会说，如果内华达不批准修正案，当选总统格兰特可能会削减从该州任命联邦官员的恩惠待遇。1869 年 3 月 31 日，内华达州州议会的两院分别以 23∶16 和 14∶6 的多数批准了宪法修正案。Gillette, *Right to Vote*, pp. 84, 157 – 58; Russell Elliott, *Servant of Power: A Political Biography of Senator William M. Stewart*, Reno: University of Nevada Press, 1983, pp. 63 – 64.

边界州和中西部地区的批准是喜忧参半。肯塔基州拒绝批准。马里兰州议会由民主党人控制，先是在 1870 年 2 月否定了宪法修正案，但在修正案即将生效的时候又通过了一部允许黑人参加选举的州法。① 俄亥俄州共和党人在内战时期结成的政治联盟此刻正面临瓦解，但以勉强的多数批准了宪法修正案。② 密歇根州的共和党人议会迅速批准了宪法修正案，因为它认为宪法修正案既不会干涉马萨诸塞对选民的"教育背景"资格的要求，也不会干涉罗得岛州对选民"出生地"资格的要求，更不会让太平洋沿岸各州为"中国佬有可能将自己选举成为公职官员"而感到惊恐不安。③ 在格兰特总统的敦促下，内布拉斯加州州长戴维·巴特勒（David Butler）于 1870 年 2 月召集了州议会特别会议，后者以绝对多数的优势批准了修正案。④ 中西部的其他州，包括伊利诺伊、印第安纳、堪萨斯、威斯康星和衣阿华也都忠实地批准了宪法修正案。密苏里州共和党人第一次忘了批准宪法修正案的第二条，1870 年 1 月再度批准了整个

① Jean H. Baker, *The Politics of Continuity: Maryland Political Parties from* 1858 *to* 1870, Baltimore: Johns Hopkins University Press, 1973, pp. 177 – 179, 202 – 203; Charles L. Wagandt, "Redemption or Reaction?: Maryland in the Post – Civil War Years," in *Radicalism, Racism, and Party Realignment: The Border States during Reconstruction*, ed. Richard O. Curry, Baltimore: Johns Hopkins University Press, 1969, pp. 146 – 187.

② 根据 Felice A. Bonadio 的研究，1868 年，俄亥俄州的共和党人面临一场内部的分裂危机。党内的年青一代成员对老一辈在政党忠诚、政党腐败和关税改革等问题所持有的立场表示不满。1869 年夏，这些新的共和党人组成了公民改革党（Citizens Reform Party），并在州议会中扮演了一种起平衡力量的角色。这一发展可以被视为北部正在出现的自由派共和党人运动的一种分支。但在该州支持批准宪法修正案的州议员主要是老一辈的共和党人。Felice A. Bonadio, "Ohio: A 'Perfect Contempt of All Unity,'" in Mohr, *Radical Republicans in the North*, pp. 94 – 100; Gillette, *Right to Vote*, pp. 86, 143 – 144.

③ *Detroit Advertiser-Tribune*, February 27, 1869, quoted from Willis F. Dunbar and William G. Shade, "The Black Man Gains the Vote: The Centennial of Impartial Suffrage' in Michigan," *Michigan History* 56, Spring 1972, p. 52.

④ 当得知内布拉斯加州议会要到 1871 年才开会的消息之后，格兰特敦促戴维·巴特勒为批准修正案立即召开"特别议会"，因为他希望"看到这个具有全国重要性的问题及早得到解决，以免夜长梦多"，弄得"人民动荡不安"。1870 年 2 月 17 日，内布拉斯加议会批准了修正案。Grant to David Butler, Washington, November 23, 1869, Ulysses S. Grant, *The Papers of Ulysses S. Grant*, ed. John Y. Simon, 20 vols., Carbondale: Southern Illinois University Press, 1967 – 1995, 20, pp. 15 – 16.

宪法修正案。①

除田纳西州之外，前南部同盟各州在一年之内相继批准了第十五条宪法修正案。②南部批准的进展比较顺利，原因是南部黑人男性自《1867年重建法》实施开始后就拥有了选举权，所以南部白人普遍将第十五条宪法修正案视为共和党人的一种计谋，目的是将选举权赋予居住在边界州和北部州的黑人，而不是对南部施加的一种额外惩罚。对于得克萨斯、弗吉尼亚、密西西比和佐治亚等州而言，宪法修正案的批准仍然是它们得以重返联邦国会的前提条件之一，它们的及时批准对第十五条宪法修正案获得宪法要求的3/4的州的批准是极为关键的。最终，国务卿汉密尔顿·费什（Hamilton Fish）宣布，第十五条宪法修正案得到足够数量的州的批准，于1870年3月30日正式生效。③

对于北部民众而言，第十五条宪法修正案的批准意味着反对奴隶制的漫长而血腥的斗争行将结束。许多非裔美国人似乎也分享这一看法。1870年四五月间，北部各地的黑人群众走上街头，召开集会，庆祝第十五条宪法修正案的生效。波士顿在市立公园举行庆祝活动，大约有3000名黑人市民参加，其中包括了著名的马萨诸塞州第五十四（有色人种）军团的一些老兵。在密苏里州圣路易斯市的庆祝活动中，黑人选民和他们的家人组成的游行队伍长达2英里。密歇根州底特律市的黑人在游行时，高举着林肯、格兰特和约翰·布朗等的画像，嘴里唱着："投票箱终于来了，让我们做好投票的准备，把票投给让我们获得自由的政党！"④1870年4月26日，一位白人旁观者记下了当日在费城看到的黑人庆祝活

---

① *Congressional Globe* (hereafter, cited as *CG*), 41 Cong. 2 sess. , 1870, pt. 2: 1074, 1388; Kenneth Larry Tomlinson, "Indiana Republicans and the Negro Suffrage Issue, 1865 – 1867", Ph. D. diss. , Ball State University, 1971, pp. 213 –232; Gillette, *Right to Vote*, pp. 84 – 85; Margaret L. Dwight, "Black Suffrage in Missouri, 1865 –1877", Ph. D. diss. , University of Missouri, 1978, pp. 113 –114.

② 关于南部各州批准第十五条宪法修正案的细节，参见 Gillette, *Right to Vote*, 96 – 97。

③ The Proclamation of the Secretary of State (Hamilton Fish) and Grant's message to the Sen-ate and House, in *Messages and Papers*, 7, pp. 55 –57.

④ Elijah W. Smith, "Freedom's Jubilee"; B. F. Roberts, "Celebration of the Fifteenth Amendment in Boston"; "The Celebration in Detroit"; Washington *New Era*, April 28, 1870; Dwight, "Black Suffrage in Missouri," pp. 116 –124.

动的情况：

> 我从伦巴德街进入第十二大道，然后走到第五大道上。这条平时看上去平淡无奇的大街此刻被五颜六色的彩旗和各种装饰品所装扮起来。街道两旁住房里的房客们纷纷涌到街头上。他们看上去兴高采烈，表现出一副郑重其事的样子，手里拿着玫瑰花结和各种颜色的小旗。①

巴尔的摩市《新时代》的记者描述了该城的庆祝活动：

> 用彩旗和万年青装饰起来的四轮马车上，坐满了身穿白色衣裙、手里舞动小彩旗的年轻姑娘；游行队伍中还有一辆马车，上面装着一台印刷机，不停地将印有第十五条宪法修正案的小纸片压制出来，随着游行队伍的行进，这些小纸片被不断地发送给大街两边的人群中。②

许多著名的废奴运动积极分子、共和党立法者和黑人领袖应邀在各地的庆祝活动上发表演讲。他们纷纷宣称反对奴隶制的革命取得了最后的胜利。在致波士顿集会的信中，废奴主义运动的领袖威廉·洛伊德·加里森（William Lloyd Garrison）写道，北部推崇的自由意识形态最终取得了胜利，随着黑人的解放和获得选举权，"南北利益会得到统一，原来只在美国一个区域实施的体制将在其他区域内得到尊奉"。③

对于许多废奴运动的老战士来说，第十五条宪法修正案将美国带入了一个新的历史时代。黑人领袖弗雷德里克·道格拉斯（Frederick Doug-

---

① "The Fifteenth Amendment Celebration in Philadelphia," *New Era*, May 5, 1870.

② "The Fifteenth Amendment: The Grand Celebration in Baltimore on the 19th," *New Era*, May 26, 1870.

③ 在巴尔的摩的集会上，共和党人法官休·邦德（Hugh Bond）、田纳西州的共和党议员霍拉斯·梅纳德（Horace Maynard）、南卡罗来纳州的共和党议员弗雷德里克·索耶（Frederick A. Sawyer）、弗雷德里克·道格拉斯和约翰·兰斯顿（John M. Langston）等都出席讲话。兰斯顿后来成为内战后建立的黑人大学霍华德大学法学院的院长。*New Era*, May 26, 1870.

lass）分享了这样的看法。在 1870 年 4 月 22 日在纽约州阿尔巴尼的集会上，他对听众宣称道：

> 第十五条宪法修正案对于我们来说意味着什么？我告诉你们，它意味着，从现在开始直到未来，在全体国民眼中，有色人种都将被视为是能够为自己的生存和福祉负责的人。它意味着我们与其他人站在了同一条起跑线上……它意味着你、我和我们所有人都将告别那个令我们窒息的狭窄空间，意味着我们将享有其他人所享有的舒适与独立。它意味着，我们必须勤奋工作，用心经营商业，使用储蓄时要精打细算，要培养坚韧不屈的素质……它意味着（一个人的）肤色将不再是一种灾难，（一个人的）种族也不再是一种犯罪，自由将成为所有人都应享有的权利。①

废奴主义运动领袖温德尔·菲利普斯（Wendell Phillips）虽然对第十五条宪法修正案并不十分满意，但他仍然分享道格拉斯的乐观主义，把修正案称之为是"人类所有国家所想象或获得过的一部最伟大、最具有基督精神的法律"。他相信，修正案将非裔美国人从一个"不久前还在遭受奴役、至今还在承受憎恨的种族提高到了一种享有完整公民权"的地位，并也因此成了"奴隶解放的一种结果和对奴隶解放本身的一种保障"。②在这种乐观情绪的推动下，1870 年 4 月 9 日（第十五条宪法修正案生效 10 天之后），菲利普斯担任主席的美国反对奴隶制协会（American Anti-Slavery Society）宣布解散。道格拉斯对他的听众们说，协会虽然解散了，但它的精神会利用"新的工具"为美国的印第安人、妇女和世界

---

① "Speech of Frederick Douglass at Tweddle Hall, Albany, April 22, 1870," *New Era*, May 5, 1870；同见 Frederick Douglass, *The Frederick Douglass Papers*, ed. John W. Blassingame and John R. McKivigan, 5 vols., New Haven: Yale University Press, 1979 – 1991, 4, pp. 270 – 271。

② 菲利普斯对参议院在最后一刻将第十五条宪法修正案草案中"担任公职"的字样删除的做法表示失望。他希望负责修正案起草的参议员们能够表现得"更像是政治家一点，而不是更像是改良者一点"。Wendell Phillips, "The Constitutional Amendment," *National Anti-Slavery Standard*, March 20, 1869; "Congress," *National Anti-Slavery Standard*, February 20, 1869; LaWanda Cox and John H. Cox, eds., *Reconstruction, the Negro, and the New South*, Columbia: University of South Carolina Press, 1973, pp. 106 – 107.

上"其他地方的受苦受难人群"争取他们的利益。①

许多共和党人也认为,随着男性黑人投票权问题的解决,该党也完成了反奴隶制的历史使命。自上任起,黑人选举权一直是令格兰特总统深感焦虑。当看到此事"不再成为一个政治问题"之后,他有一种如释重负的感觉。在写给国会两院的贺信中,他宣布"重建因此而结束了",敦促国会将注意力转向推动黑人的"普遍教育"的问题上,以保证他们能够更好地使用新近获得的权利。②其他的共和党领袖也表达了类似的意见。联邦最高法院首席大法官西蒙·蔡斯(Salmon P. Chase)是最早推动黑人选举权的共和党领袖之一,他敦促黑人选民要努力习得关于信仰、美德、知识、耐心、节制和"兄弟般的友好感情"等素质,以更好地行使手中的政治权利。③

蔡斯等甚至更为乐观地认为,第十五条宪法修正案的生效意味着为南北和解开辟了道路,北部应该重新考虑恢复前南部同盟反叛者的政治权利的问题,对后者展示出宽恕和仁慈之情。在回复辛辛拉提市黑人的邀请信时,蔡斯建议获得选举权的黑人推动国会采取行动,终止第十四条宪法修正案(第三条)对前南部同盟反叛者们的政治权利的剥夺。他认为,通过这样的慷慨举动,黑人可以帮助国家建立和平,展示善意,带来一个繁荣的未来。④一家波士顿的共和党报纸也认为,"(第十五条宪法)修正案将终结(国内的)所有敌意,允许国家使用自己的能量,调整遭受破坏的工业,将全国团结起来,争取获得最高水平的繁荣与幸

---

① *Anti-Slavery Standard*, May 29, 1870; Frederick Douglass, *The Life and Writings of Frederick Douglass*, ed. Philip S. Foner, 4 vols. , New York: International Publishers, 1950 – 1955, 4, p. 45; "The Disbandment of the Forces," *New Era*, April 28, 1870.

② 格兰特的讲话转引自 Grant speech to a crowd at the White House, April 1, 1870, Grant, *Papers*, 20: 137 – 38; Grant to Elihu B. Washburne, Washington, January 28, 1870, Ulysses S. Grant, *General Grant's Letters to a Friend*, 1861 – 1880 (1897; reprint, AMS, 1973), 64 – 65; *Messages and Papers*, 6: 55 –56。

③ 蔡斯信件转引自 "Judge Chase, Letter from Him in regard to the Fifteenth amendment-He Advocates Universal amnesty," *Chicago Tribune*, April 14, 1870。

④ Ibid.

福。"①密苏里州参议员查尔斯·德雷克（Charles D. Drake）因为在佐治亚州回归联邦的辩论中发表激进言论，而引发《芝加哥论坛报》的不满，后者冷言冷语地劝告激进共和党人"不要再管黑人的闲事"。②

黑人群众的感激之情也令许多共和党人感到满意。他们相信，在未来的选举政治中，黑人选民将毫不犹豫地与该党站在一起。1870 年 4 月，辛辛拉提市举行地方选举，当地黑人第一次参加了投票，时任俄亥俄州州长的拉特福特·海斯（Rutherford B. Hayes）观看黑人的投票之后，在日记中写道，黑人选民们表现得"非常高兴"，"几乎所有人"都把选票投给了共和党候选人。③纽约市的《独立报》（Independent）甚至预测说，新近获得选举权的黑人将在 1870 年国会和州选举中大大增强共和党的胜算。《纽约时报》赞同这一预测，并作出结论说，如果新增加的 80 万张黑人选票（其中 70 万张来自南部）能够做到"统一投票"的话，那么这些黑人选票"将决定未来许多年的大选结果"。④ 另外一家共和党的"喉舌"《哈珀周刊》（Harper's Weekly）则更为乐观地预测说，再过一两年，联邦将"完全回归正常，平等权利将得到保障，公债将大大减少，税收将彻底消失，外交问题将得到令人满意的调整"。⑤

尽管如此，国会共和党人却对重建宪法修正案的实际效力保持一种谨慎的态度。对激进共和党人来说，新宪法修正案的漏洞是显而易见的。譬如，第十五条宪法修正案并没有削减或解除州在规定选民资格方面的终极权力，而只是对州在规范选民资格的权力方面加入了一种限定性的规定——禁止州以种族、肤色或先前曾遭受奴役的经历为理由来剥夺联邦公民的选举权。除此之外，州仍然可以通过其他限制——如财产资格、

---

① *Boston Advertiser*, January 25, March 1, 1869, and April 1, 1870, 转引自 Edith Ellen Ware, *Political Opinion in Massachusetts during Civil War and Reconstruction*, New York：Columbia University Press, 1916, pp. 181 – 182。

② "Partisan Legislation," *Chicago Tribune*, April 21, 1870.

③ April 4, 1870, in Rutherford B. Hayes, *Diary and Letters of Rutherford Birchard Hayes*, ed. Charles R. Williams, 5 vols. , Columbus：Ohio Archeological and Historical Society, 1922 – 1926, 3, p. 94.

④ Editorial, New York *Independent*, February 24, 1870；"The Colored Vote," *New York Times*, May 17, 1870.

⑤ "The New Year," *Harper's Weekly*, January 8, 1870.

居住年限资格或文化水平资格等——将公民排除在选民队伍之外。州完全可能将这些限制写入到州宪法之中,尤其是在民主党人重新掌握南部各州的政权之后。当参议院为接受弗吉尼亚州回归联邦进行辩论时,来自密歇根州的共和党人雅各布·霍华德(Jacob Howard)就明确表示了这一担心。他说,如果州政府将两百美元的财产资格作为选民资格,弗吉尼亚州的黑人选民能够满足这一资格要求的人将是寥寥无几,当这种情形发生的时候,第十五条宪法修正案在该州将不具有"任何价值"。①

国会共和党人的担心当然没有理由的。1870年初南部所呈现的,并不是北部所希望看到的安定、祥和、恩怨化解和经济繁荣,而是由三K党等白人组织的活动引发的暴力冲突、对黑人和共和党人的残酷迫害,以及普遍的混乱无序。三K党组织于1866年在田纳西州由前南部同盟将领内森·贝德福德·福雷斯特(Nathan Bedford Forrest)创建,其成员中包括了一批白人至上主义的极端分子;到1870年年初,该组织的分支已经遍布整个南部。三K党打出的口号是恢复南部的传统和社会秩序,但真实目的则是要推翻共和党人在激进重建时期建立的州和地方政府。三K党人将打击共和党领袖和黑人选民作为自己的主要任务,只要是共和党的支持者,都会被该组织视为政治上的敌人。三K党的攻击对象同时包括了白人和黑人,但它对于敢于公开将选票投给共和党候选人的黑人选民尤其痛恨,竭尽全力对后者进行威吓或诉诸直接的武力攻击,有的时候还会使用极端手段,直接将共和党领袖和支持者杀死在家中。到1870年,三K党、白茶花会(White Camelia)、白人兄弟会(White Brotherhood)等白人组织已在南部各州深深扎根,组成了一种政治恐怖主义组织的网络,在政治上成为南部民主党的一支半军事化力量。三K党的暴力威胁令敢于参加投票的黑人选民人数大减,共和党在南部的支持力量遭到实际削减,民主党则希望借机夺回对南部州议会的控制权。②

---

① *CG*, 41 Cong. 2 sess., 1870, pt. 1, p. 600.

② 关于这一时期的三K党活动的经典研究,参见 Allen W. Trelease, *White Terror: The Ku Klux Klan Conspiracy and Southern Reconstruction*, New York: Harper & Row, 1971; Michael Perman, *Reunion without Compromise: The South and Reconstruction*, 1865 – 1868, Cambridge: Cambridge University Press, 1973; George C. Rable, *But There Was No Peace: The Role of Violence in the Politics of Reconstruction*, Athens: University of Georgia Press, 1984, pp. 60 – 80, 85 – 100。

　　面对三 K 党的暴行和威胁，南部各州因州宪法和州内政治的限制，无法采取和实施一种有效的应对政策。亚拉巴马州的共和党人政府曾通过了一部反三 K 党的法律，但却未能加以实施。许多州拒绝将终止人身自由保护令（the writ of habeas corpus）——不得在没有确凿证据的情况下对任何人实施违反正当法律程序的逮捕和关押——的权力授予州长，束缚了州政府的手脚。1870 年 3 月，北卡罗来纳州州长威廉·霍顿（William W. Holden）面对因三 K 党的猖獗活动造成的不断恶化的政治局面，向格兰特总统和国会请求帮助，要求启用联邦军事法庭的机制来帮助打击该州的三 K 党活动。三 K 党分子对共和党的白人和黑人支持者所进行的肆无忌惮的攻击，霍顿写到，已经将北卡州置于"一种叛乱的状态之中"，而州政府因为缺乏财政和人力资源，无法单枪匹马地战胜政治恐怖主义。霍顿呼吁："如果国会能够授权总统在某些地区终止人身保护令状的有效期，如果罪犯遭到逮捕、在军事法庭被审判，并被处以死刑，我们将很快在全国拥有和平和秩序。"①

　　一位佐治亚州的黑人州议员通过来自密西西比州的第一位黑人联邦参议员海勒姆·雷维尔斯（Hiram R. Revels）向国会递交了一份请愿书，其中写道：

　　　　如果今年秋天举行选举的话……整个选举过程将充满暴力和流血，人民的意愿不可能得到公正的表达。我们将会被那些武装和组织起来的反叛者组成的团伙从投票站里赶出来，如同发生在（上次）总统选举时的情形一样，而我们州将很快为民主党的极端分子所控制。②

类似这样的请愿信显示，如果联邦政府不立即而认真地采取行动来保护

---

　　① W. W. Holden to U. S. Grant, March 10, 1870, in Grant, *Papers*, 20: 211 – 12; Trelease, *White Terror*, pp. 191 – 273; Eric Foner, *Reconstruction: America's Unfinished Revolution*, 1863 – 1877, New York: Harper & Row, 1988, pp. 342 – 344, 425 – 430.

　　② *Atlanta Constitution*, March 16, 1870, 转引自 Edmund L. Drago, *Black Politicians and Reconstruction in Georgia: A Splendid Failure*, Baton Rouge: Louisiana State University Press, 1982, pp. 57 – 58。

黑人选民的话，南部各州共和党政府的垮台只是一个时间问题。1870 年 3 月 16 日，当参议院在讨论佐治亚州回归联邦的议案时，雷尔维斯站起身来"请求参议院为［南部那个］赤手空拳的种族提供保护"，他要求国会和共和党在南部实施最近生效的第十四条、第十五条宪法修正案。这位黑人参议员充满激情地呼吁道：在内战最紧要的关头，当"联邦军队因为伤亡和失败而大量减员的时候"，是"黑人士兵及时地补充上来，拯救了联邦军队，所以北部欠黑人士兵一个很深重的但难以履行的义务"。①其他来自南部的共和党参议员也提醒他们的同事说，"每一封［南部］来信"都记录了"一些令人感到愤怒的悲剧"细节，"除非使用最严厉的法律，没有什么东西可以终结这个充满血腥味的反叛时代，或者能够惩罚这个用刺刀和子弹组成的王朝"。南部参议员们还说，共和党"需要直起腰来，推动重建政策的实施，不然的话，整个重建的体制以及与之相关的所有原则，都将会变得一钱不值"。②南部民主党人则公开诋毁第十五条宪法修正案，视其视为一纸空文。西弗吉尼亚州一家大报认为，"直到州议会要求本州宪法和法律向（第十五条宪法）修正案看齐，或者联邦国会通过法律来实施它，否则宪法修正案不会在南部产生任何效果。"③

　　为南部三 K 党的恐怖主义活动深感震惊的同时，共和党人开始考虑如何实施第十五条宪法修正案的问题，并将此视为一项"绝对必要"的行动。④然而，共和党人也有自己的党派利益考虑，他们所关切的不光是南部黑人投票权能否得到保障的问题，还包括如何终止民主党人在北部城市选举中长期以来的欺骗和舞弊行为。当时在纽约担任联邦律师的爱德华兹·皮尔蓬特（Edward Pierrepont）表示说，如果在纽约实施第十五条宪法修正案，民主党的选举腐败行为将会大大减少，共和党的获胜将得到保障。皮尔蓬特后来将担任格兰特政府的第三位总律师（attorney general，1870 年司法部成立后，中文改称司法部长）。关于即将来临的

---

　　①　雷维尔斯的讲话似乎是针对佐治亚一群黑人州议员的请愿书做出的回应，但他在讲话中没有直接提到请愿书的事情。*CG*, 41 Cong. 2 sess. , 1870, pt. 3, p. 1987.

　　②　Ibid. , pt. 4, p. 3669（Statement of George E. Spencer of Alabama）; 3613（Statement of John Pool of North Carolina）. 34.

　　③　Ibid. , p. 3568.

　　④　Ibid. , p. 3568（Statement of John Sherman）.

1870 年国会选举，皮尔蓬特在当年 5 月写道，在纽约市，因为舞弊行为，"民主党将指望获得 55000 票的多数……至少获得比他们投下的多 28000 张选票的多数"。他建议"国会应该有权通过一部能够保护我们的法律——第十五条宪法修正案已经赋予了国会这样的权力，但我不知道国会是否有勇气敢于使用这项权力"。他向格兰特担保说，如果联邦政府能够出面建立起一种联邦实施机制，以实施第十五条宪法修正案的名义来监管纽约的选举，共和党人可以保住这个州，"否则就没有希望了"。显然，皮尔蓬特的意思是要将第十五条修正案的实施与联邦打击北部城市的选举舞弊行为联系在一起。他对该宪法修正案的第二条（实施条款）做了一个宽松的解释，认为其包括了联邦政府监管国会和总统选举的权力。他告诉格兰特说，"联邦权力应该用来保障联邦事业的成功"。①

的确，第十五条宪法修正案的第二条赋予国会"以适当的立法"（appropriate legislation）实施修正案第一条的权力。事实上，也并非只有皮尔蓬特一个人注意到了第二条的重要性。来自印第安纳州的共和党人奥利弗·莫尔顿（Oliver P. Morton）提醒他的参议院同事们说，（修正案）第二条的目的就是"授权国会，令其保证每个黑人能够完整地享有他的所有权利"，宪法修正案的两个条款应该被理解为是"一种和谐的统一"。②如同我们在后来的国会关于实施法案的辩论中所看到的，许多共和党议员也都认为，除非或直到另外的联邦法对其予以启动或进行实施，第十五条宪法修正案将不会自动生效。俄亥俄州的共和党参议员约翰·谢尔曼（John Sherman）通常属于温和派共和党人的阵营，此刻也对制定宪法修正案的实施法表示支持。他认为，如果没有后续的联邦法律来"实施"（enforce）第十五条宪法修正案的话，修正案本身"将不会具有法律的完整效力和约束力"，而实施宪法修正案则是共和党人的"不可推卸的责任"：

---

① 第十五条宪法修正案的全文为：第一款 合众国公民的选举权，不得因种族、肤色或以前是奴隶而被合众国或任何一州加以拒绝或限制。第二款 国会有权以适当立法实施本条。转引自王希《原则与妥协：美国宪法的精神与实践》（增订版），北京大学出版社 2014 年版，第 815 页。Pierrepont to Grant, New York, May 19, 1870, Grant, *Papers*, 20, pp. 426 – 27.

② *CG*, 41 Cong. 2 sess., 1870, pt. 4, p. 3670.

　　不然的话，那些在各州实施选举法的民主党人法官们会以他们自身对宪法的解读来为他们的行动开脱，这样一来，在那些对黑人行使选举权抱有强烈反对情绪的社区里，第十五条宪法修正案实际上将被视为是废纸一张。①

老练的谢尔曼显然看到了宪法实施过程中的一个需要面对的现实问题：第十五条宪法修正案的真实意图是什么？应该如何解读？由谁来解读或以谁的解读为准？换句话说，如果这条宪法修正案建立起了一个（黑人）公民应该享有选举权的原则，那么他如何能够在现实的政治选举中行使这项权利，联邦政府如何确保他可以行使这项权利，尤其是在州拒绝为他行使选举权提供保护的情况下，这显然是需要有其他更为具体的联邦法律来说明；而如果联邦政府需要提供保护的话，国会应该为联邦政府实施这项修正案配备什么执法机制和资源，这也是需要回答的。因此，制定宪法修正案的实施法不仅是一种政治需要，而且也是一种将立法转化为执法的程序逻辑的要求。

　　在共和党人眼中，实施第十五条宪法修正案还有另外一个更现实和更紧迫的目的。正如皮尔蓬特和谢尔曼的意见中所透露的，它可以帮助共和党在即将到来1870年国会选举中赢得胜利。南部的形势说明了问题的紧迫性：民主党在三K党恐怖主义活动的辅助下，意在夺回州政府的权力，而支持共和党的南部黑人选民还未完全在政治上站稳脚跟，南部白人中的共和党力量还很薄弱，实施第十五条宪法修正案不仅会保障黑人选民的投票权，而且还帮助本党在南部白人选民中发展支持力量。只有将拥有投票权的黑人变成一支具有长时效的忠诚于共和党的南部选民队伍，共和党才能对抗正在迅速恢复元气的民主党势力。与此同时，联邦的实施行动也能够帮助清除民主党在北部选举中的舞弊行为，保持北部各州选票箱的纯净，给共和党人一个光明正大的赢得胜利的机会。

　　此刻，许多共和党人都认为，该党所追求的利益与联邦国家的利益不但不矛盾，反而是和谐一致的。在刚刚结束不久的内战中，代表自由价值的北部共和党战胜了拥护奴隶制的南部民主党，赢得了军事、政治

---

① *CG*, 41 Cong. 2 sess. , 1870, pt. 4, p. 3568.

和道德上的全面胜利，而共和党在重建中能否保障黑人的投票权，直接关系到共和党是否能够捍卫内战的结果，所以，实施重建宪法修正案不仅是对联邦国家权威的正当性的一场考验，也是对共和党重建政策的道德性和政治力度的一场考验。正如密苏里州共和党议员卡尔·舒尔茨（Carl Schurz）指出的，实施宪法修正案的政治意义在于使用联邦国家的权力对一种"大众偏见"进行强制性的改革，"只要这种偏见不断地滋生出来……［并］……被用来反对前奴隶们行使选举权"，联邦政府就必须实施新的宪法秩序。①所以，实施内战宪法修正案，用霍华德的话来说，是为了防止内战危机在美国的"重演"，也是为了维系"联邦的权威"。②换言之，这样做也是为了完成共和党人的一种承诺：他们刚刚领导了一场自由战胜奴隶制的革命，他们希望将这场革命继续领导下去。

如前言提到的，1870—1872 年，共和党人控制的国会一共制定了五部与实施第十四条、第十五条宪法修正案相关的法律。③这五部法律相互之间存在一种主题和立法秩序上的关联，它们合在一起，构成和代表了重建时期共和党人的一种特殊努力，希望赋予第十五条宪法修正案所建立的原则以真实、具体的内容，为实施黑人选举权的原则、保障公民平等参与政治提供联邦执法机制的保护，建立一种统一的联邦选举的监管体系，保证选举的公平与公正，维护美国民主的纯洁性。从宪法发展的角度来看，这些实施法的制定代表了一种现代意义的国家能力建构，是联邦国家为公民行使权利提供保护的开始。

五部法律（见表 1）的制定跨越了四个国会会期（session），分别是第 41 届国会第二会期（1869 年 12 月 6 日—1870 年 7 月 15 日）、第 41 届国会第三会期（1870 年 12 月 5 日—1871 年 3 月 4 日）、第 42 届国会第一会期（1871 年 3 月 4 日—1871 年 4 月 20 日）和第 42 届国会第二会期

---

① *CG*, 41 Cong. 2 sess. , 1870, pt. 4, p. 3608.

② Ibid. pp. , 3610 – 3611.

③ 这五部法律分别是：（1）act of May 31, 1870, *Statutes at Large* 16 (1870): 140 – 146 (enforcing voting rights of U. S. citizens)；（2）act of July 14, 1870, *Statutes at Large* 16 (1870): 254 – 256 (amending naturalization laws)；（3）act of February 28, 1871, *Statutes at Large* 16 (1871): 433 – 440 (amending act of May 31, 1870)；（4）act of April 20, 1871, *Statutes at Large* 17 (1871): 13 – 15 (enforcing provisions of the Fourteenth Amendment)；and（5）act of June 10, 1872, *Statutes at Large* 17 (1872): 347 (appropriation for sundry civil expenses of the government)。

（1871 年 12 月 6 日—1872 年 6 月 10 日）。

**表1　　　　　　　1870—1872 年联邦实施法制定的时间与内容**

| 联邦（实施）法及生效时间 | 立法辩论的国会会期 | 立法目的 | 与第十五条宪法修正案的关系 |
|---|---|---|---|
| 第一部实施法（1870 年 5 月 31 日） | 第 41 届国会第二会期 | 实施联邦公民选举权 | 直接相关 |
| 联邦归化法（1870 年 7 月 14 日） | 第 41 届国会第二会期 | 修订联邦归化法 | 间接相关 |
| 第二部实施法（1871 年 2 月 28 日） | 第 41 届国会第三会期 | 修订第一部实施法 | 直接相关 |
| 三 K 党实施法（1871 年 4 月 20 日） | 第 42 届国会第一会期 | 实施联邦公民的民权 | 直接相关 |
| 联邦拨款法（1872 年 6 月 10 日） | 第 42 届国会第二会期 | 提供综合民事拨款 | 间接相关 |

在五部法律立法辩论的两届国会中，共和党在国会两院始终占据着多数党的优势。譬如，在辩论和通过第一部联邦实施法和联邦归化法的第41届国会第二会期期间，参议院的 72 名参议员中，有 61 名为共和党人，其余为民主党人和独立保守派；众议院共有众议员 243 人，其中民主党议员为 64 人，其余均为共和党人。[①]第 42 届国会的情况也大同小异。显然，共和党在国会两院中都是多数党。具有这样的优势，再加上格兰特总统坐镇白宫，通过联邦实施法对共和党来说应该不是一件困难的事情。然而，事实上，从 1870 年 2 月针对第一部实施法法案的辩论开始，一直到 1872 年 6 月联邦拨款法的辩论结束，共和党党内的意见分歧和冲突成为实施法立法过程中的主要障碍，极大地困扰着两院的共和党议员。共

---

① 国会议员的数字来自 *CG*, 41 Cong. 2 sess., v－xi. 共和党议员的数字包括了北卡罗来纳的约翰·普尔（John Pool），他的政党归属被记载成为辉格党（Whig），但此刻辉格党作为政党组织已经从美国政坛消失了。*Biographic Di-rectory of the American Congress*, 1774－1989（Washington, D. C.：U. S. Government Printing Office, 1989），1469.

和党人在几个问题展开了激烈的辩论：第十五条宪法修正案究竟应该保护谁的投票权？实施这一修正案的联邦执法官员应该拥有多大的权力？总统是否有权调动联邦军队以维持选举的和平和公正地举行？在联邦政府和州政府之间，谁应该拥有管理公民选举权和选举程序的更大的权力？并非州或联邦官员的个人（private individuals）是否应该为违反了第十四条、第十五条宪法修正案而受到联邦政府的惩罚？针对这些问题，共和党和民主党之间的分歧是截然对立的，但共和党内部对这些问题也存在分歧。从表面上看，共和党人的内部分歧似乎只限于政策制定的技术层面，但实际上这些分歧暴露出共和党人在重建性质和重建的政治期望方面的巨大分歧，揭示了为何共和党人在新旧宪法秩序交替过程中为何不敢将宪法再造的步子迈得更大的原因。更重要的是，这些辩论和分歧暴露了共和党在战后的意识形态因地方利益所困越来越处于一种分崩离析的状态。这些因素都有效地阻止了共和党将重建变成一场更为激进的宪法革命。这种保守性的宪法改革也为重建的最终失败埋下了伏笔。

## 二　第一部联邦实施法的制定

共和党内的分歧在两院开始辩论第一部实施法法案便开始暴露出来。众议院的实施法议案（H. R. 1293）于 1870 年 2 月 21 日提交给众议院，但众议院的辩论直到 5 月 16 日才开始进行。众议院法案是由经验丰富的共和党议员约翰·宾厄姆（John Bingham）提交的，基本目标很简单，即在全国范围内实施第十五宪法修正案。宾厄姆在介绍法案时指出，黑人选举权不仅在南部遭到了剥夺，即便在北部和他的家乡俄亥俄州也遭到否定。①众议院法案一共有 10 条，第一条宣布在联邦境内所有层次的选举中实施第十五条宪法修正案，违法者将被处以 500—5000 美元的罚款和从一年到三年不等的监禁。法案的第三条至第八条对那些阻挠黑人选民为参加选举而进行登记、纳税和投票活动的联邦和州政府官员，法案的第二条和第九条对那些使用武力或暴力阻止黑人选民行使选举权的个人（individuals）实施惩罚。最后，法案授权联邦巡回法院法官来审理所有

---

① *CG*, 41 Cong. 2 sess., 1870, pt. 2, pp. 1459, 1812; pt. 3, p. 3503.

与实施法相关的案例。①

尽管内容不多，众议院法案的方向明确，目标清楚，惩罚力度也很严厉。它包含了两个明显的特点：第一，包括州和地方在内的所有选举中都必须尊重和奉行黑人选举权的原则，因为州和地方选举的事务在战前属于州权的管理范围，而第十五条宪法修正案并没有明确说明黑人选举权的原则也适用于州和地方选举，所以这一宣示是对第十五条宪法修正案的宽泛解读；第二，除惩罚违规的政府官员外，该法案对非政府官员的个人阻止黑人选民行使投票权的行为也实施惩罚，第十五条宪法修正案明确禁止的是联邦和州政府的歧视行为，并没有涉及个体公民的种族歧视行为，这显然也是对修正案权限的扩展式解读。该法案虽然授权联邦巡回和地区法院法官来审理一切相关案例，但并没有提供执法所需要的实施机制（enforcement machinery）。②因此，众议院的法案给人的印象是，它的作用似乎更多的是一种威胁性的警示，而不是真正的惩罚。

参议院于 4 月 19 日提出了自己的实施法法案。与众议院法案相比，它显得更为冗长，执法范围也更加宽泛。法案是在由威廉·斯图尔特、奥利弗·莫尔顿、查尔斯·萨姆纳（Charles Sumner）和乔治·埃德蒙兹（George Edmunds）等提出的多种草案的基础上综合而成的，最终版本经过了参议院司法委员会的反复斟酌和修订。③这部法案共有 17 个条款：第一条至第五条禁止联邦和州政府官员乃至“任何个人”阻止黑人选民行使选举权或阻止他们为参加选举而参与登记的活动，违法者将受到联邦法的惩罚；第六条授权联邦法院审理相关案件；第八条至第十条授权联邦地区法院任命联邦选举监察官以监督选举，规定了监察官的权责和待遇，并授权他们必要时在投票站对违法者实施逮捕；第十一条、第十二条授权总统指导实施的权力以及在必要时动用联邦军事力量以辅助实施的权力；第十三条、第十四条宣布将那些被第十四条宪法修正案第三条禁止担任公职的（但已经当选的）前南部同盟分子解除公职，并继续禁止这些人担任公职；第十五条至第十七条则宣布实施《1866 年民权法》

---

① *CG*, 41 Cong. 2 sess., 1870, pt. 2, pp. 1459, 1812; pt. 4, pp. 3504–3505.

② Ibid..

③ Ibid., pt. 2: 1584; pt. 3, p. 2808; pt. 4, p. 2942.

所列举的公民权利。①

与众议院法案相比,参议院法案有几个明显的不同。第一,它建立起一条原则,即为满足选民资格而进行的相关活动(包括为了参加选举而纳税和进行选民登记)与到投票站去投票的行为一样都属于公民行使选举权的行动范围,应该受到联邦政府的同等保护;这样的规定将行使选举权的行动范围扩大到了选民登记和为选民登记而需履行的纳税和财产评估活动,也将违法行为的界定扩大到了这个范围。第二,参议院法案将个体公民单独进行的或有组织的个体公民结伙进行的对其他公民的权利(包括选举权)侵犯行为视为一种联邦罪,并给予严厉的惩罚;这一条明显是针对南部三 K 党而制定的。第三,参议院法案为实施黑人选举权的法律提供了执法机制的支持:它授权联邦地区法院的法官任命选举监察官(election commissioners)和代理监察官(deputies)以负责监视选民登记和选举过程,授权总统“为更迅速地实施逮捕和对违反本法的犯罪嫌疑人进行审判时”动用联邦军事力量。②第四,参议院法案不仅实施第十五条宪法修正案,同时也将第十四条宪法修正案和《1866 年民权法》纳入联邦实施法的覆盖范围,继续剥夺前南部同盟中坚分子的公职担任权,打击由非政府官员组成的三 K 党政治恐怖主义。③在最后一个问题上,参议院共和党人比起他们的众议院同伴来对南部的问题看得更透彻一些。他们看到,阻止黑人行使投票权的不光是南部各州选举法中隐含的法律障碍,而更多的是由三 K 党这样的组织在投票站之外的地方对黑人选民展开的恐吓和打击活动。如果参照众议院法案,斯图尔特在辩论中说,一群暴徒可以在种植园内或公路上“阻止黑人选民进行登记,如同发生在弗吉尼亚的情形一样,但法律却对这种行为却没有任何惩罚的条款”。④参议院共和党人还意识到,一旦民主党人夺回了南部州政府的权力,他们还将发明出其他的企图剥夺黑人选举资格的规定,而南部的共和党政府仅凭自身的力量却无法制止三 K 党的恐怖活动,也无法阻挡

①　*CG*, 41 Cong. 2 sess., 1870, pt. 2, pp. 1459, 1812; pt. 4, pp. 3561 - 3562.

②　Ibid., p. 3561.

③　Ibid., pp. 3559 - 3561.

④　Ibid., p. 3559.

南部白人使用暴力剥夺黑人选举权的发展趋势，在这种情况下，联邦政府有责任进行干预。①显然，参议院的法案意图为南部黑人选民提供一种更为完整的保护，为实施这种保护配置更为充分的执法机制。

两院于5月中旬开始对各自的实施法法案展开辩论。众议院在简单辩论之后，于5月16日毫无悬念地以"一边倒"的党派多数票（partisan vote）通过了本院的议案（H. R. 1293）。②但在参议院的辩论中，共和党人内部无法达成一致意见，陷入了僵局。激进共和党人要求通过一个比提出的议案更为严厉的实施法，而温和派则希望看到一个比之更温和的法案。当众议院的法案抵达参议院时，温和派立即要求用众议院提出并通过的法案取代参议院的法案。③5月18日，眼看参议院无法对众议院的法案继续置之不理，在参议院引领实施法辩论的斯图尔特提议，将众议院的法案提交给参议院讨论。然而，当新的辩论一开始，在萨姆纳的敦促下，斯图尔特立即提议将众议院法案的内容全部删除，代之以参议院的法案，这样置换的结果是，在对众议院法案进行辩论的名义之下继续对参议院的法案展开辩论。通过这个战术安排，众议院的1293号法案（H. R. 1293）实际上变成了参议院的810号法案（Senate No. 810）。④这样做的另外一个目的是综合两院的法案，因为最终的法案必须同时获得两院的同意。

参议院民主党人对两个法案都表示反对，但尤其反对参议院的法案，因为它对联邦权力做了极具危险性的扩张。马里兰州的乔治·维克斯（George Vickers）认为，国会没有必要制定实施法，因为根本"就不存在通过这个法案的紧急状态"，而"将投票权赋予非洲人种族，并不意味着要扩大国会对白人种族的控制权力"。在维克斯看来，共和党人企图使用联邦政府的力量来改变南部根深蒂固的政治习惯是徒劳的，选票本身"并不能提高有色人种的地位，使他们能够与白人平起平坐"；因为种族分离和种族差异均是上帝所为，"无论是法律还是联邦军队的刺刀，都无

① *CG*, 41 Cong. 2 sess., 1870, pt. 2, pp. 1459, 1812; pt. 3, p. 3559.
② 众议院的投票结果为：同意131票（都为共和党人），反对43票（42名民主党人加1名共和党人），弃权53票（34名共和党人，18名民主党人和1名保守派议员）。Ibid., p. 3504.
③ 约翰·谢尔曼曾建议将众议院的议案作为替代法案。Ibid., p. 3518.
④ Ibid., pp. 3560 – 3562.

法否定上帝的创造"。①俄亥俄州民主党参议员艾伦·瑟曼（Allen Thur-
man）将参议院法案斥为"极不负责的、极其草率的"立法。他从联邦
制的角度提出质疑：对选举舞弊行为的惩罚是州法管制的内容，如果国
会授权联邦法院来审理选举的违法行为，等于将"把惩罚类似犯罪的权
利（right）从州法院手中夺走［了］"。他对国会授权总统使用军事力量
来维护投票站的秩序也格外反感，称这样做无非是将"民选政治秩序的
核心置于军事权威的统治之下"。②对于参议院法案提出的对阻止黑人选民
的个人行为的惩罚，民主党人也竭力反对，认为这是尤其危险的立法，
因为它将那些"普通的违规者、扰乱治安的人和那些仅仅是触犯了州法
的个人"纳入联邦法的惩罚范围内，用新泽西州民主党人约翰·斯托克
顿（John P. Stockton）的话说，这样的立法将会制造出"大量的新的违法
行为"来。③

　　共和党保守派认为参议院法案对前南部同盟中坚分子的惩罚过于严
厉了。来自康涅狄格州的奥利斯·费里（Orris S. Ferry）要求删除法案中
的第十三条、第十四条，因为它们继续剥夺南部白人中精英分子的参与
政治的权利，违反了"共和党的建党原则"，"对于整个社会而言也是一
种伤害"。④他主张恢复前南部同盟分子的参政权，既然新的宪法修正案建
立起了联邦公民权，国会应该鼓励前南部同盟分子"从区域主义的孤立
中解脱出来，拥抱这个伟大光荣的联邦公民大家庭"。⑤费里的真实用意在
于提倡一种对南部白人实施和解的政策，以此在他们中间赢得共和党的
支持者，否则的话，共和党将"会在每个南部州遭遇失败"，而南部的黑
人选民"将继续保留他们对旧家庭和前主人的依恋"，在政治上无法建立
起共和党需要的长期信任感。⑥费里的提议得到一群来自南部的共和党参
议员的支持，其中包括来自密西西比州的、国会历史上的第一名黑人参
议员雷维尔斯。雷尔维斯也敦促国会对南部白人展示政治上的宽大为怀

---

① *CG*, 41 Cong. 2 sess., 1870, pt. 2, pp. 1459, 1812; pt. 3, pp. 3481, 3484.
② Ibid., pp. 3487 – 3488.
③ Ibid., p. 3568.
④ Ibid., p. 3490.
⑤ Ibid..
⑥ Ibid..

之心。① 南卡罗来纳州的弗里德里克·索耶（Frederick Sawyer）称赞费里的话"反映了共和党内绝大多数人的意愿"，担心如果继续剥夺南部白人的政治权利，共和党必将"失去其支持力量中的一个重要部分"。②这些反应显示，共和党中有相当一部分人将该党在南部发展的希望寄托在南部白人身上，而不是在南部黑人身上。这种看法将很快在共和党内成为一种普遍共识。

激进派对于温和派和保守派的"和解政策"极为恼火。③在他们看来，允许前叛乱分子恢复政治权利、出任南部各州的公职的做法是危险的，尤其是在南部还没有牢固地建立起黑人选举权之前。莫尔顿争辩说，这样做将瓦解共和党为建立黑人选举权所做出的一切努力，并将第十四条宪法修正案变成"一张彻头彻尾的废纸"。莫尔顿警告他的同事们说，如果允许杰斐逊·戴维斯（Jefferson Davis）重返参议院，这就意味着黑人参议员雷尔维斯将被扫地出门，所以和解政策是"一个错误的政策，从一开始就注定要失败"。他强调说，前南部同盟反叛分子"已经被钉在了

① 这是雷维尔斯在参议院围绕实施法辩论中的唯一一次发言。他在参议院的时间只有一年左右（1870年2月25日至1871年3月3日），被安排在当时并没有起眼的教育与劳工委员会里。在任职期间，他一共提出了三项法案，内容是针对密西西比的经济和首都华盛顿的种族混合教育问题，但都未能变成法律。雷维尔斯也向参议院提交了18项请愿书，大部分是关于恢复密西西比州白人参政权的内容。在实施第十五条宪法修正案的问题，雷维尔斯看上去对参议院激进派的实施法案并没有表现出特别的兴趣，但他在1870年3月6日关于佐治亚州回归联邦的辩论中曾呼吁联邦政府对州政府予以保护。在第一部和第二部实施法通过的时候，雷维尔斯是国会中唯一的黑人议员，但在两部法案付诸表决的时候，国会记录显示的都是"没有投票"（not voting）。这种情况有两种可能，一是表决的时候他不在场，二是他在场，但选择不投票。CG, 41 Cong. 2 sess., 1870, pt. 2, p. 1459, 1812; pt. 3, p. 3503. (speeches of Hiram R. Revels), pt. 3, pp. 1986–1988; pt. 4, p. 3520; Samuel Denny Smith, *The Negro in Congress*, 1870–1901 (Chapel Hill: University of North Carolina Press, 1940), 20; Maurine Christopher, *Black Americans in Congress* (New York: Thomas Y. Crowell, 1976), 9.

② CG, 41 Cong. 2 sess., 1870, pt. 4, pp. 3517–3518.

③ 需要在此说明的是，本文使用的"激进派"（radical）或"温和派"（moderate）特指在联邦实施行动问题上持不同立场的共和党人。换言之，这是在本文的语境下为了讨论的方便而采用的一种"工作定义"（working definitions）。即便如此，共和党议员的立场在这个问题是不停地发生变化，这种立场变动有时甚至发生在讨论同一法案的时候。所谓"激进派共和党人"指那些希望对南部采用更为严厉的措施、希望为实施第十五条宪法修正案更加扩大联邦权力的共和党人。"温和派"或"保守派"则指那些倾向于支持对黑人选举权进行有限的联邦实施措施和鼓励在最低联邦干预的前提下由州自觉遵守修正案的共和党人。

反叛的耻辱柱上，他们将一直背负那个可耻的罪名"。①西蒙·卡梅伦（Simon Cameron）对莫尔顿的警告表示赞同，并提议参议院通过法案，规定在实施黑人选举权之前，禁止恢复南部反叛白人的政治权利。这位宾夕法尼亚州共和党的大佬非常干脆地说："战时的反叛者不管说什么始终都是联邦的叛徒。"②

　　尽管许多共和党人反对恢复前叛乱分子的政治权利，但他们对实施一部权力广泛的联邦实施法仍然很犹豫，不敢贸然表示支持。他们担心，如果仅仅是为了保护黑人行使选举权，国会就通过这样一部覆盖面如此广泛的联邦法，会不会剥夺或侵犯州政府管理本州选举事务的权利。这种担心不是没有理由的：制定选举规则传统上属于州权范围，联邦政府除了在与种族和肤色相关的选民资格问题上可以进行管理之外，没有权力废除州这个问题上的其他权力。他们认为，任何对黑人选举权的联邦保护，都不能超出对第十五条宪法修正案的严格而忠实的解读所允许的范围。③约翰·谢尔曼支持实施法的行动，但反对通过一个过于严厉的法案。他认为参议院法案的第二条、第三条在定罪方面"过于模糊不清和过于不严谨"。他提醒到，对第十五条宪法修正案应该给予谨慎、严格的解读，不能为了保护黑人选举权而将所有的州制定的选民登记法律宣布作废。④莫尔顿虽然反对温和派的"和解政策"，此刻也批评参议院法案的权限"超过了第十五条宪法修正案"规定的范围。他认为众议院法案则基本上是"局限在第十五条修正案所界定的主题之内"，但参议院法案则"太笼统了"，许多内容"在第十五条修正案里找不到［立法的］根据"。⑤显然，在州有绝对的管理选举事务的权力问题上，这些共和党人分享民主党人的看法，对联邦政府是否有权惩罚那些违反了第十四条、第十五条宪法修正案的个体公民抱有怀疑的态度。当出现联邦与州权力

---

①　*CG*，41 Cong. 2 sess.，1870，pt. 4，p. 3489.

②　Ibid.，p. 3519.

③　莫尔顿自己也承认，各州仍然保留对选举权和选举事务的所有权力，唯一的例外是"我们夺走了它们以种族和肤色名义剥夺选举权的权力"。Ibid.，pp. 3569–70.

④　Ibid.，p. 3570.

⑤　随着辩论的展开，莫尔顿将改变自己的立场。他在5月20日辩论中还会提议对阻挠黑人行使选举权的个人进行惩罚的补充条款。Ibid.，pp. 3570，3678.

的划分并无清楚定论的时候，他们选择保守的立场，希望采取一种温和的、更有节制性的实施政策。

对激进派而言，所谓州权理论纯属是"无稽之谈"，是一种为否定联邦政府保护美国公民的权利所寻找的托词而已。"州权"的说法令那些曾与奴隶制势力打过交道的激进派尤其刺耳，令他们记忆起引发内战的原因。舒尔茨对温和派要求尊重州权的说法大加鞭笞，他认为州政府曾肆意践踏黑人的公民权利和政治权利，是共和党领导的革命将这些权利拯救出来，置于"受联邦保护的完全地带之中"。[1]在他看来，内战转换了美国宪法的原则，此时此刻的联邦宪法是"为所有美国人提供权利的保护……保护全体人民而不只是一部分人民拥有的合作管理共同事务的权利和方式，或为他们提供直接的保护，或在直接保护做不到的时候，采用自愿授权的做法"。[2]

无疑，激进派将拥有选举权的黑人选民视为其在南部发展本党势力的一个重要基础，但他们企图通过一个强有力的实施法的动机要比从中获取政治便利更为复杂。他们对第十五条宪法修正案采用一种宽泛的解读，是因为他们早已料到南部州政府和白人社区势必采用各种措施和方法来干扰和阻止黑人行使选举权，所有阻止行动的出发点都将是种族和肤色歧视；与此同时，他们认为，投票权并不是脱离特定的政治和社会背景而独立存在的，作为联邦公民权的一个关键内容，投票权与其他公民的享有之间存在密切的关系；所以，为了保证黑人选举有效地行使投票权，斯图尔特说，联邦实施法必须做到能够应对"各州发明的……一百种选民资格要求"，包括能够阻止三K党成员到种植园里去威胁恐吓黑人选民。他提到，参议院法案之所以采用"宽泛的语言"来界定联邦政府的权力，其目的就是为了将保护面覆盖到"一个选民为获得选民资格而采取所有必要的行动"的范围。[3]参众两院的实施法法案的真正区别在于，威斯康星州的马修·卡彭特（Matthew H. Carpenter）说，众议院法案将通过"罚款和监禁"来惩罚一种既成事实的犯罪行为，而参议院法案

① *CG*, 41 Cong. 2 sess. , 1870, pt. 2, pp. 1459, 1812；pt. 3, p. 3608.

② Ibid. , pp. 3608 – 3609.

③ Ibid. , p. 3658.

将"执行和实施（第十五条宪法修正案）的原则"，"保证黑人选民在投票站投下的选票是有效的"。①除了对州权理论的反感之外，激进派也感到时间上的紧迫性。他们担心本届国会会期不会再有时间来另外通过一部新的实施法法案，故决定将民权的保护也包括在实施投票权的联邦法的范围之内。②

其结果是，在辩论中，有几个重要条款被补充到参议院法案之中。其中一条是不担任公职的个人（individuals）在违反了第十四条、第十五条宪法修正案的时候将在本法案下受到惩罚。这一条既是针对南部出现的个人或联合起来群体对黑人行使暴力的做法，也是针对州政府拒绝为公民提供权利保护的一种补救措施。北卡罗来纳州的约翰·普尔（John Pool）曾经是一名辉格党人，他说，如果"一州有意忽视自己境内的公民能够自由、公正和完整地享有权利的话"，联邦政府就有责任"提供"这种保护。这个添加最终会变成实施法第六条，同时也使实施法成为美国历史上第一部对侵犯其他公民的公民权的个人实施惩罚的联邦法律。③ 意识到绝大部分南部黑人仍然将依赖白人经济才能生存，共和党激进派还在参议院法案对白人雇主以经济威胁为手段阻止黑人参与政治的经济手段进行了防范，禁止白人雇主因为黑人参加投票就将他们解雇或从租房和租用土地上驱赶出去或拒绝签署新的雇佣合同等。莫尔顿说，这些威胁手段都是前主人掌控黑人的最有效方式，也是"南部黑人面临的最大威胁"。他和普尔推动这一添加条款，使其最终变成了实施法的第五条。④

此外，实施法的定稿还添加了三个与打击北部城市的选举舞弊行为有关的条款。⑤ 提出这些条款的谢尔曼以 1868 年发生在纽约市的选举舞弊情况为例，指出北部存在的选举不规范行为十分严重，甚至引发了

① *CG*, 41 Cong. 2 sess., 1870, pt. 2, pp. 1459, 1812; pt. 3, p. 3563.

② Ibid., p. 3658 (Statements of Stewart).

③ Ibid., p. 3613. "个人"（individuals）指的是不担任公职的个人居民或虽然担任公职但采取个人行动的个人。这一条到后来演变成为联邦对公民权利进行保护的一个重要执法条款。详细讨论见 Xi Wang, *The Trial of Democracy: Black Suffrage and Northern Republicans*, 1860 – 1910, Athens: University of Georgia Press, 1997, Chapter 3。

④ Ibid., pp. 3612, 3678.

⑤ 这些添加的条款成为了实施法的第二十一、二十二和二十三条。Ibid., pp. 3663 – 3664.

"比拒绝给予黑人选票都更严重数倍的抱怨",民主党人之所以能够控制纽约市的每一个国会选区完全是因为他们的舞弊行为,而肆无忌惮的选举舞弊完全破坏了整个国家选举体制的纯洁性。谢尔曼疾呼到,选举舞弊已经变成为"一种国家邪恶,其规模之巨大,充满了危险","性质极其恶劣"以至于国会必须"采取某些措施",以保护自身和人民不受由其引发的危险的伤害。①谢尔曼的附件条款遭到了民主党议员的反对,被认为是为共和党谋私利的做法,但在共和党多数的坚持下,它们被写入实施法的定稿文本中。②从选举制度现代化的角度看,谢尔曼的附加条款为联邦实施事业打开了新的前景,围绕制止选举舞弊的争论将在随后两个实施法的辩论中继续展开,并将持续整整 20 年。

1870 年 5 月 20 日,经过长达 19 个小时的辩论之后,参议院通过了实施法法案。③众议院在接到参议院法案之后,立即要求召开两院协商会,以解决参众两院法案不一致的问题。协调的结果是参议院法案基本保持不变,参议院在 5 月 25 日再次予以通过。④众议院民主党人企图通过冗长辩论(filibuster)的方式来阻止法案的通过,但因共和党人占有绝对多数的优势,众议院通过了两院联席会议的报告。⑤ 5 月 31 日,实施法经格兰特总统签署之后正式生效⑥(关于参众两院对第一部实施法的最终表决情况,见表 2、表 3)。

---

① *CG*,41 Cong. 2 sess.,1870,pt. 2,pp. 1459,1812;pt. 3,p. 3664.

② Ibid.,pp. 3664 - 3665(Statement of Eugene Casserly),3672(Statement of Sumner).

③ 参议院大多数共和党人最终接受了参议院对众议院法案的修订。参议院表决的结果是 43:8,有 21 人弃权。共和党人中只有约瑟夫·福勒(Joseph S. Fowler)投了反对票,另有 17 人缺席,其余均投了赞成票。Ibid.,3690.

④ 斯图尔特是两院联席会议的参议院领袖,他向参议院报告说,两院会议的报告"没有改变参议院通过的法案的根本内容,只是将其稍稍调整了一下,使其变得更为和谐一些"。Ibid.,3753 - 3754(William Stewart). 最终投票结果是按政党分野"一边倒",48 票赞成(均为共和党人),11 票反对(10 名民主党人加上 1 名联共共和党人),13 名缺席(包括 1 名保守派和 10 名共和党人)。Ibid.,pt. 5,p. 3809.

⑤ Ibid.,p. 3884.

⑥ 关于 1870 年 5 月 31 日联邦实施法的全文,参见 *Statutes at Large* 16,1870,pp. 140 - 46;同时参见 Wang,*The Trial of Democracy*,Appendix One,267 - 275。

表 2　　参议院对 1870 年实施法法案（两院联席会议报告）的表决结果

| 政党 | 赞成 | 反对 | 弃权 | 合计 |
| --- | --- | --- | --- | --- |
| 共和党人 | 47 | 2 | 11 | 60 |
| 民主党人 | 0 | 9 | 0 | 9 |
| 其他 | 1 | 0 | 2 | 3 |
| 合计 | 48 | 11 | 13 | |

资料来源：CG，41 Cong. 2 sess.，p. 3809.

表 3　　众议院对 1870 年实施法法案（两院联席会议报告）的表决结果

| 政党 | 赞成 | 反对 | 弃权 | 合计 |
| --- | --- | --- | --- | --- |
| 共和党人 | 131 | 1 | 30 | 162 |
| 民主党人 | 1 | 55 | 8 | 64 |
| 其他 | 1 | 2 | 1 | 4 |
| 合计 | 133 | 58 | 39 | |

资料来源：CG，41 Cong. 2 sess.，p. 3884.

　　第一部实施法共有 23 条，虽然宣布对第十四条、第十五条宪法修正案和《1866 年民权法》同时实施，但它的焦点是在实施黑人选举权。第一条使用肯定语气，重申了第十五条宪法修正案第一条的内容，声称所有美国联邦公民在"任何由人民参与的选举中"的投票权不得因种族、肤色或先前受过奴役的理由遭到剥夺。该法命令选举官员给予所有选民同等机会来满足州对选民资格所做出的各种要求而不得施加任何种族歧视（第二、三条），对那些通过武力、行贿、威胁和恐吓等方式阻止合格选民行使投票权的行为进行惩罚（第四条），对那些以损害选民经济利益为手段来阻止选民行使选举权的行为进行严厉的罚款和监禁的惩罚（第五条），对两人或两人以上的结伙群体以合谋方式阻止一个公民"自由地行使和享有宪法和美国法律赋予他的任何权利或特权"（any right or privilege）的行动进行惩罚（第六条）。① 实施法还提供了实施过程需要的执法机制（mechanism）的支持和程序，包括授权联邦法院来审理实施法引发的案例，授权联邦执法官和联邦律师负责调查违反第十五条宪法修正案的行为和实施逮捕，授权总统在必要时动用军队在投票站维持秩序（第七至十三条，第十九条、第二十三条）。实施法严厉制止和惩罚选举中的舞弊行为（第二十至二十二条），并继续剥夺前南部同盟中坚分子出任公职的权利（第十四、十五条）。最后，实施法宣称，包括移民在内的所有人将享有平等的民事权利（civil rights），包括签订合同、起诉和其他为《1866 年民权法》所保障的权利（第十六至十八条）。②立法者显然意识到该法案所覆盖的问题甚多，决定将这部法律命名为"为实施第十五条宪法修正案和为实现其他目的的立法"（An Act to enforce the Fifteenth Amendment and for other purposes）。③

1870 年实施法是为实施十五条修正案制定的第一部，也是最重要一部的联邦法。此后两年中通过的四部直接或间接相关的实施法都是从它衍生而来。它界定了在第十四条、第十五条宪法修正案的保护下公民行使投票权的程序与行动范围，赋予了第十五条宪法修正案具体的内涵，将公民权利与政治权利联结成为一个整体。实施法也将联邦政府的权力扩展到州法有意无意忽略的地方，对南部的用武力和暴力反对黑人参加选举的个体公民的行为进行了惩罚，并通过实施法范围扩展到了北部城

①　着重号为笔者所加。法案的最终版本并没有具体说明"任何权利或特权"的内容。但根据参议院辩论的背景（尤其是提出这一条款的约翰·普尔的发言），这里的"权利"是指那些为第十四、十五条宪法修正案和《1866 年民权法》所保护的权利，其中包括了选举权。这一条款遭到了民主党议员和温和派共和党人的反对，并在 1876 年美国诉克鲁克香案（U. S. v. Cruikshank）的判决中受到联邦最高法院的挑战。但最高法院当时并没有宣布此条款违宪。1875 年和 1878 年编撰的《联邦法修订本汇编》（Revised Statutes）将这一条款收入其中，在"民事权利法"（Civil Rights Law）的分类条目下列为第 5508 条。该条款后来变成了《美国法典》（United States Code）第十八部分下属第 241 条。详细讨论见 Wang, The Trial of Democracy, Chapters 3 and 5, Appendix Six。

②　实施法第十六条规定，无论是公民还是外国人，在美国的所有人都应该"与白人公民"同等的、为法律和程序所保障的完整而平等的个人和财产安全，同时也受制于同等的惩罚和税收管理。州不允许对外国人征收不平等的税收。第十七条规定，不得因肤色和肤色或种族原因加不平等的惩罚。第十八条宣布本联邦法将实施《1866 年民权法》。CG, 41 Cong. 2 sess., appendix, 651 – 653.

③　Statutes at Large 16, 1870, pp. 140 – 146.

市，推动建立一种全国性的选举监管体制。从宪法秩序来看，这部法律在扩充联邦政府保护公民权利的职责方面迈出了极为巨大的一步。

因为突破了传统的宪法界限，这部法律自然也引发了恐惧，即便那些极力推动实施法的共和党人也很大程度上分享了这种恐惧。舒尔茨是实施法的坚定支持者，但他同时也警告自己的激进派同事说，"一旦必要的压力"不再存在之后，联邦政府应该停止使用专门立法的做法来推进和实施黑人的权利，因为如果共和党"将这场革命推向更远的方向"，以至于不恰当地进一步"集中联邦权力"，那它将遭遇一种"人民出于直觉的反对"，而且这种反对力量"要比那种效忠本党的力量要强大许多"。①讲过此话后不久，舒尔茨将加入到方兴未艾的自由派共和党人阵营之中，并在后来的实施法辩论中变成了一名主要的反对派。那些比舒尔茨更为保守的共和党人自然也十分关切舒尔茨的问题。

国会共和党人在第一部实施法立法中产生的分歧为《纽约时报》所注意到。该报认为这种党内分歧集中表现在是否宽恕前南部同盟分子和如何找到最恰当的"应对南部人民的政策"。②该报认为，共和党在这些问题上形成了两个派别：一派希望对南部"实施一种新的严厉的措施"，而另外一派则"想要平息［南北之间的恩怨］，追求一种宽厚而谨慎的措施"，将重建与内战的问题分离开来。③《纽约时报》显然看到了问题的实质，但此刻的共和党无法摆脱这种分歧的困扰。

## 三　黑人选举权、华人选举权与《1870 年归化法》的制定

第一部实施法的主要目的是保护南部黑人选民有效地行使选举权，但它的最终版本加入了防范与打击北部选举中的舞弊行为的条款。第十

① *CG*, 41 Cong. 2 sess., 1870, pt. 4, p. 3609.

② "The Fifteenth Amendment," *New York Times*, May 18, 1870.

③ "What Shall We Do Next?" *New York Times*, May 18, 1870, p. 4. 《纽约时报》对更为温和的众议院法案表示同情，认为它在达到预期的目的之后就会停止实施，而参议院的法案则是一种"对众议院法案的内容的毫无必要的扩展"。"Enforcing the Fifteenth Amendment", *New York Times*, May 23, 1870.

五条宪法修正案并不涉及选举舞弊的问题，也没有明确授权国会就制止这一行为而立法，然而北部选举的舞弊给共和党带来的伤害与南部对黑人选举权的剥夺的效果是一样的，最终都是伤害共和党赢得国会选举的胜利。这种情况令共和党人感到十分不安。约翰·宾厄姆和约翰·谢尔曼两人都来自俄亥俄州，民主党在该州势力逐渐变大，该州的权力很可能落入民主党手中，所以两人认为制止北部选举的舞弊行为与为南部黑人选民提供保护是同等重要的。在第一部实施法的辩论中，他们就曾发出警告，说北部城市的舞弊现象会继续干扰共和党，① 而第一部实施法则会对此毫无效力。内战结束之后，共和党不再有战时动员的优势，而民主党人在北部选民中开始赢得越来越多的支持，许多共和党人对该党 1868 年在纽约市的选举失败仍然记忆犹新：格兰特没有赢得纽约州的选举人团票，民主党人还从该州 31 个众议院席位中赢得了13 席。②

北部城市选举中最常见的舞弊行为是，不具备公民身份的新移民在政党支持下，使用虚假的归化文件前往选举站参加投票。《1866 年民权法》建立起了联邦公民资格的原则，规定了美国公民所享有的联邦公民权利将不得受到州的剥夺。这一原则随后被第十四条宪法修正案确认。但在实际操作中，移民的归化程序在很大程度上是由州来掌控的。因为第十四条、第十五条宪法修正案都没有直接将选举权赋予公民，或者明确说明选举权是美国公民应该拥有的不可分离的一种权利，所以，选举权的管理——包括选民资格的界定和正在申请归化和等待归化资格被批准的外国人是否可以参加选举——仍然是由州来决

---

① *CG*, 41 Cong. 2 sess., 1870, pt. 4, p. 3664.

② Everette Swinney, *Suppressing the Ku Klux Klan: The Enforcement of the Reconstruction Amendments*, 1870 – 1877 (New York: Garland, 1987), 103 – 104; Robert A. Horn, "National Control of Congressional Elections" (Ph. D. diss., Princeton University, 1942), pp. 153 – 154. 同时应该指出的，在1868 年总统大选中，民主党总统候选人霍拉肖·西摩（Horatio Seymour）曾任过纽约州州长，这个因素对于他赢得纽约的选举人团票有重要的影响。

定的。① 所以，在纽约这样新移民人数众多的地方，哪个政党控制了当地的归化程序，就等于控制了新选民的政党归属。

对于共和党来说，纽约市的民主党政党机器构成了特别的威胁，因为它控制了该市新移民选民的一大部分人。1868 年，共和党以 1 万张选票的微小差别输掉了纽约市的选举，可是当年臭名昭著的民主党政党机器坦慕尼协会（Tammany Hall）对新移民发放了 16000 份代金券，帮助他们支付完成归化程序所需要的费用。共和党在纽约市的联邦联盟俱乐部（Union League Club）因此要求国会立法来统一监管移民归化程序。随着1870 年中期选举的到来，共和党人将打击北部选举中的舞弊行为视为一项紧迫的工作，国会共和党人也因此将改革归化程序纳入联邦政府的管理范围之中，以期杜绝选举中因滥用归化程序而引发的舞弊行为。② 这正是《1870 年归化法》法案得以提出的背景之一。

《1870 年归化法》也是 1870—1872 年通过的五部联邦实施法中的第二部，但在通常的针对非裔美国人权利的立法史中一般会被忽略，因为它的目的是修订移民归化程序，看上去似乎与第十五条宪法修正案并没有关系。但实际上在围绕它的辩论中，外国移民的归化问题与美国公

---

① 内战之前，关于外国移民在完成归化程序之前或宣布要归化成为美国公民之后是否享有选举权，联邦政府并无统一的规定。国会在 1790 年宣布要建立统一的归化程序，并在此后规定了归化的条件等，但国会在这方面总是小心翼翼地行事。一是因为崇尚州权的势力较大，二是因为移民归化的程序基本上是在州政府的管理之下。联邦归化机构的缺失也是原因之一。所以，归化的事务主要由州来负责实施，外国人获得选举权的事也是交由州来负责。而外国人的投票权问题也因州而异。1848 年，威斯康星州宪法规定，外国移民只要一旦宣布自己的归化的愿望，他就可以投票，但归化则需要等待 5 年才能完成。同年，伊利诺伊州也企图将选举权赋予给本州的外国人，但这项提议以悬殊很小的表决被击败，1850 年密歇根州的宪法规定，男性白人在本州居住 6 个月之后，可以拥有选举权，但禁止外国人投票。1850 年的肯塔基州宪法准允外国移民参加投票，前提条件是在本州居住两年之后。1857 年，明尼苏达州要求外国移民至少在本州居住 6 个月之上才能参加投票。俄勒冈在内战前夕允许外国人在宣布归化意愿之后可以参加选举，印第安人则需要再加上 6 个月，但华人、黑人和黑白种族的后裔被排斥在选民之外。1859 年，马萨诸塞州要求移民在完成归化程序两年之后方能参加选举。Kirk H. Porter, *A History of Suffrage in the United States*, Chicago: University of Chicago Press, 1918, pp. 113 – 134; James H. Kettner, *The Development of American Citizenship*, 1608 – 1870, Chapel Hill: University of North Carolina Press, 1978, pp. 344 – 345; Edward P. Hutchinson, *Legislative History of American Immigration Policy*, 1789 – 1965, Philadelphia: University of Pennsylvania Press, 1981, pp. 11 – 46, esp. 45 – 46.

② *New York Times*, October 26, 1868; Albie Burke, "Federal Regulation of Congressional Elections in Northern Cities, 1871 – 1894", Ph. D. diss. , University of Chicago, 1968, pp. 36 – 37.

民的选举权和联邦政府对公民选举权的实施问题被联系起来了，所以它也就在第一部联邦实施法（1870 年 5 月 31 日通过）和第三部实施法（1871 年 2 月 28 日通过）之间起了具有逻辑关系的连接角色。与此同时，在归化法的辩论中，共和党内部在重建政治涉及的一系列问题——包括黑人选举权的目的、公民资格与选举权的关系、全民选举权（universal suffrage）的底线等——的分歧进一步暴露出来，成为一场关于美国民主的前景与质量的辩论。这场辩论也将共和党推行重建宪法改革的困境展示出来——如何处理该党宣称的种族间政治平等的理想主义与党内议员所代表的不同地区的经济和政治利益之间的矛盾和冲突。

归化法法案于 1870 年 6 月 13 日首先由纽约州激进派共和党人诺厄·戴维斯（Noah Davis）提交到众议院进行辩论，在此两周之前国会刚刚通过了第一部实施法。戴维斯的法案目的很明确：修订现行的移民归化法，对归化程序中出现的舞弊和欺骗行为进行惩罚，授权联邦法院审理由归化程序引发的案例。法案清楚明了，没有任何涉及选举权的文字，①众议院的民主党人虽然表示反对，但占有绝对多数优势的共和党很快将反对声音淹没，毫无困难地通过了法案，提交给参议院表决。②

一周之后，参议院开始讨论众议院的法案。辩论一开始，参议院司法委员会的成员、来自纽约州的共和党大佬罗斯科·康克林（Roscoe Conkling）便提出以一个参议院的议案替代众议院议案。③康克林的替代议案共有 13 条，其中 11 条是针对归化事务的，分别涉及归化程序、方式、费用、申请归化和公民身份的资格等，还涉及对归化过程中出现的

---

① 戴维斯提交的法案共有四条：第一条对外国人在归化程序中的作假行为（包括发假誓、出示假材料等）进行惩罚，第二条惩罚申请公民资格程序的作假行为，第三条禁止使用以不实手段获取的归化文件，第四条授权联邦法院审理相关案例。*CG*, 41 Cong. 2 sess., 1870, pt. 5, pp. 4366 – 67.

② 如同在第一部联邦实施法的表决一样，众议院对戴维斯法案的表决也是以党派立场划线，表示赞成的 131 票均来自共和党人议员，所有的反对票（47 票）均来自民主党人议员，另外 53 名议员弃权。Ibid., p. 4368.

③ Ibid., pt. 6, p. 4835.

舞弊行为的惩罚等。①但康克林的议案所覆盖的不仅仅是归化问题，而是进入到选举权的范围之中。在最后两条中，议案授权联邦地区法院和巡回法院的法官可以任命代理人（deputies）随时前往到某一城市或城镇的选区去监察选民登记的情况，但这些城市或城镇的人口必须在 2 万人以上；负责监察选民登记的联邦官员的职责是监察选民登记、投票和计票过程，包括"核查所有登记的选民名字和选民投出的选票"（第十二条）。该议案的最后一条（第十三条）授权联邦执法官为保障投票站的秩序可以任命足够数量的代理执法官，后者的职责是在选举时根据自己的判断对违反选举秩序的人实施必要的逮捕。最后两条的核心内容，是要求一个通过归化获得公民资格的选民在投票之前，向联邦官员出示他的公民身份证明，而这份证明必须是由一个联邦法院签发的。②显然，这项要求是为了将控制归化程序的权力转移到联邦执法官手中。

从长远来看，康克林的提案也许可以被理解成是对联邦管理归化事务的体制进行现代化改造的一种真诚努力。③ 事实上，当时备受尊重的政治学家弗朗西斯·利波尔（Francis Lieber）也在提出这样的改革，他建议建立一个联邦移民委员会，专门负责控制"整个移民事务"。1870 年 4

---

① 康克林法案的前 11 条的内容是：前五条规定了外国人申请归化资格的程序、居住期要求、方法、时间和申请地的细节；第六、七条规定了公民身份证明的使用和归化申请人的子女的归化问题；第八条规定公民身份证明将统一由联邦法院颁发；第九条对涉嫌对公民身份证明弄虚作假的行为进行惩罚；第十条对干扰联邦法官工作的人进行惩处；第十一条规定了归化的费用。*CG*, 41 Cong. 2 sess. , pp. 4835 – 4836.

② Ibid. , pp. 4835 – 4836.

③ 根据富兰克林（Frank G. Franklin）的研究，建立统一归化程序的问题在 1787 年制宪会议上提出过，但被否定了。内战之前，理论上州和联邦法院都有处理移民归化程序的权力，但实际上主要是各州法院在负责实施。作为美国第一部归化法的《1790 年归化法》规定，自由白人（free white persons）在美国居住 2 年之后可以申请归化加入美国籍，程序是在居住 1 年以上的州向该州的普通法法庭提出申请并登记即可。《1795 年归化法》要求更长的居住期限，并要求申请人提前宣示归化的意愿、放弃先前的政治忠诚、放弃一切贵族头衔，但仍然保留了归化申请人的肤色要求。改法规定，各州的法院和联邦领地的法院或者联邦上诉或地区法院都有权负责实施归化程序。《1798 年归化法》是针对法国大革命后的欧洲和美国内部的政治局势而制定的，延长了申请人的居住期限。《1802 年归化法》仍然保留了归化申请人的肤色要求，要求所有外国居民在联邦法院登记。1813 年和 1824 年的归化法并没有改变批准归化的权力来源。国会曾经企图在 1845 年和 19 世纪 50 年代后期修订归化程序，但没有能够成功。Frank George Franklin, *The Legislative History of Naturalization in the United States* ( Chicago: University of Chicago Press, 1906), pp. 48 – 107, esp. 48, 70 – 71, 93, 107.

月，利波尔曾两次致信国务卿费什，敦促他将移民事务的管理权"置于联邦政府的权威和规范之下"，因为这是"联邦政府的责任"。[①]即便在当时，康克林提案也隐含了一条合理的宪法逻辑在其中：既然第十四条宪法修正案确认了联邦公民身份的界定，那么联邦政府就有权控制这个吸收新公民的程序。康克林解释说，他的替代方案的目的是取消州在公民身份批准问题上独享的司法权，将归化移民获取联邦公民身份的权力交由联邦法院统一掌管，这样做的目的是净化移民归化的程序，"为美国公民身份带有的权利加上一种更自信的、更能被欣赏的新价值"。[②]然而，在1870年的政治背景下，康克林的动机更可能被民主党人理解成为是为了实现一种带有党派利益的目标，即打破民主党对纽约市的新移民中的选民的控制。为什么在归化法提案中加入最后两条，康克林和司法委员会都没有说明，但理由似乎是显而易见的。那就是，在人数众多的大城市的投票站里，派出联邦官员去清查那些通过非法渠道归化入籍的选民，阻止他们非法参加选举。康克林也许认为，这个安排是第一部实施法的原则在技术和内容上的一种符合逻辑的延伸，因为第一部实施法为联邦政府在南部推动黑人选举权配备了执法体制的支持。康克林也可能认为，既然联邦政府有权控制外国人归化成为公民的程序，那么在国会选举中由联邦官员核查归化公民的选民资格自然也是联邦政府的一种责任。无论如何，康克林的提案将归化、公民身份和选举权与第一部实施法联系起来了。从技术层面讲，最后两条（关于联邦执法人员对选举的监督）扩大了第一条实施法的内容，但并没有超越它的原则。正是这两条新加的内容将成为制定1871年2月28日实施法（第三部实施法）的跳板，而后者将专门针对北部选举中的舞弊行为而制定。

民主党人一眼看穿了康克林提案的党派动机，立即对此表示反对。[③]但他们的反对多集中在对归化程序的控制问题上，尤其反对联邦政府对州拥有的批准移民归化权力的剥夺。只有特拉华州的托马斯·贝亚德

① Lieber to Hamilton Fish, New York, April 3, April 15, 1870, Francis Lieber Papers, Huntington Library, San Marino, California.

② CG, 41 Cong. 2 sess., 1870, pt. 6, pp. 5120 – 5121.

③ Ibid., p. 4837 (Statement of Willard Saulsbury), pp. 4838 – 4840 (Statement of George Vickers).

(Thomas Bayard) 对提案最后两条的宪法根据提出了质疑。贝亚德是参议院民主党人中最精通法律事务的人，他对康克林提案隐含的逻辑提出质疑。他说，选举权是不是一种"公民资格碰巧带有的权利中的一种"完全取决于"各州的宪法规定"，第十五条宪法修正案只是限制州不能以种族和肤色为理由来规范选民资格，但它并没有给予联邦政府监管联邦内所有选举的"不受限制的权力"。①选民资格的规定是由州决定的，共和党人将在投票站核查选民资格与对移民归化程序的规范捆绑在一起的做法是一种对州从未让与给国会的权力的"公然篡夺"；如果国会无权赋予（外国人）选举权，它也就没有"任何控制（外国人是否应该享有）选举权的"权利。② 言外之意，归化移民是否享有选举权应该由州来决定。

尽管民主党人的反对声浪很高，但他们在参议院里终归势单力薄，不足以对法案的通过构成任何实质性的威胁。真正的威胁来自共和党内。许多共和党议员并不喜欢这项提案，有些人更是对它痛恨有加。西海岸和中西部的共和党人对民主党的批评表示附和，认为康克林的法案是对归化程序的"干扰和阻碍"。③ 这两个地区迫切地需要新移民的迁入，有的州还特意缩短了归化入籍的居住期限，目的是吸引更多的永久定居者，而联邦政府制定的漫长而烦琐的归化程序对各州显然是不利的。印第安纳州的莫尔顿对联邦政府保护黑人权利的措施是支持的，此刻对归化法案也颇有微词，认为它过于复杂，建议司法委员会在立法上不要超越众议院法案的范围。④艾奥瓦州的詹姆斯·豪厄尔（James Howell）指责纽约州共和党人是借国会之手来谋取自身的利益。⑤其他人则警告说，对移民进行严厉审查的做法将"严重伤害（移民中的）本党的支持力量"，也会在州和地方招致反感，影响本党的竞争力。⑥共和党人在归化问题上对州权的坚持不无讽刺意义，因为不久前大多数的共和党人曾支持联邦政府

---

① *CG*, 41 Cong. 2 sess. , 1870, pt. 6, pp. 5114 – 5115（Statement of Thomas Bayard）. 103. Ibid. , 5176.

② Ibid. , p. 5176.

③ Ibid. , pp. 5115 – 5117（Statement of Oliver P. Morton）.

④ Ibid. , pp. 5115 – 5117.

⑤ Ibid. , p. 5118.

⑥ Ibid. , pp. 5118 – 5119（Statement of Carl Schurz）.

在管理联邦公民身份和权利方面拥有更高的权力。

在各方的压力之下，康克林同意以众议院议案为基础修订他的提案，但拒绝将最后两条去掉，事实上也没有共和党内的批评者对这两条提出异议。但就在参议院即将针对法案的定稿达成一致的时候，查尔斯·萨姆纳突然站起来，建议在康克林已经修订完毕的新议案中加入新的一条内容："对国会制定的所有与归化相关的法律进行如下修订，即将（这些法律中）任何地方出现的'白人'（white）一词予以删除，以便归化程序不再有种族或肤色的区分。"①

作为一名废奴运动的老战士和一名种族平等的提倡者，萨姆纳很早就下定决心要铲除美国法律中所有的包含种族差别的条文。他在实施法辩论之前就对激进派的同事们说过："只要'白人'一词被继续允许在国会立法中扮演任何角色，我都不认为（反对奴隶制的）工作已经结束了。"②《1790年归化法》规定只有"自由白人"（free white persons）才有资格通过归化成为美国公民，所以，当移民归化程序被提出来予以修订的时候，萨姆纳自然不会放过这个机会。③他的逻辑很清楚：既然《1866年民权法》和第十四条宪法修正案建立了无肤色区别（colorblind）的联邦公民身份，那么与公民资格密切相关的联邦归化法也必须与第十四条宪法修正案保持一致，删除其中含有的肤色歧视规定。他没有想到的是，他的提议会在共和党内引爆一颗意识形态的定时炸弹，不仅完全破坏了党内在这项议案上刚刚达成的一致意见，而且几乎葬送了这一议案本身。

如果萨姆纳的修正提案变成法律，来到美国的外国移民都可以不受种族和肤色限制申请进入归化程序，当他们完成归化程序成为美国公民，可以获得公民身份所附带的所有权利，包括选举权，成为新的选民和美

---

① *CG*, 41 Cong. 2 sess., 1870, pt. 6, p. 5121.

② Sumner's letter to the Committee of the Anti-Slavery Society, Senate Chamber, April 8, 1870, in *National Anti-Slavery Standard*, April 16, 1870.

③ 自《1790年归化法》建立起只有"自由白人"才能申请归化入籍的原则之后，虽然归化法几经修改，但无人提议将"白人"一词从归化法中删除。萨姆纳是第一位对归化程序中的种族歧视提出挑战的人。关于归化法中的 free white persons 的解读和相关案例，参见 Luella Gettys, *The Law of Citizenship in the United States*, Chicago: University of Chicago Press, 1934, pp. 62 - 69。

国民主的参与者。这样的提议具有道德上的崇高力量，充满了理想主义的色彩，但只有为数不多的共和党人会对它表示支持。即便是弗朗西斯·利波尔也不会支持。利波尔曾支持联邦政府对移民事务进行强有力和统一的管理，但在第十五条宪法修正案通过之后，他却建议国会通过法律禁止"任何非白人作为移民进入美国"。①本身是德国移民的利波尔对纽约城里充斥着德国和爱尔兰移民、对旧金山被中国和日本移民填满的前景感到非常恐惧。但为萨姆纳的提议彻底激怒的却是来自西部各州的共和党人。随着大量华人签约劳工源源不断地来到洛基山脉地区，西部各州正在就华工问题展开激烈的辩论。尽管此刻距离全国性大规模的排华浪潮还有将近 10 年的时间，但西部的排华情绪已经变得非常明显，而且在急速扩散。②在西海岸和洛基山脉各州，华人问题曾经是批准第十五条宪法修正案的主要障碍。即便修正案最终并没有剥夺州对选民的出生地资格进行限制的权力，加利福尼亚和俄勒冈仍然拒绝予以批准。内华达虽然批准了修正案，但默认的前提是华人移民或华人劳工不可能利用该修正案获得选举权。③在这样的情势下，对于西部的共和党人来说，接受萨姆纳的提议无异于是一种政治上的自杀行为。所以，他们对萨姆纳的提议进行了最为激烈的反对。

　　几个月前，威廉·斯图尔特曾在参议院领导了关于第十五条宪法修

---

①　Lieber to Hamilton Fish, New York, April 3, April 15, 1870, Lieber Papers, Huntington Library.

②　根据罗杰·丹尼尔斯（Roger Daniels）的研究，大规模的华人进入美国是自 1849 年加利福尼亚发现金矿之后开始，直到 1882 年 5 月排华法案通过后终止。在这期间，总共有将近 30 万华人进入美国。大约 10 万华人在 1849—1870 年进入美国。斯坦福·莱门（Stanford M. Lyman）估计的数字要小一些，在不受限制的时段（1852—1882 年），大约有 10 万华人男性，8848 名华人女性进入美国。两位作者都认为来美华人中的 90% 为成年男性。19 世纪 60 年代，华工问题还只是一个区域问题，但 1867 年，曾经提倡自愿移民政策的加州共和党人丢掉了对州议会的控制权，华人移民问题进入全国政治议题之中。1868—1871 年，加州共和党人开始要求联邦政府出面禁止华人进入美国。1870 年 7 月，旧金山举行了反对华人的游行和群众大会，对州议会施加压力，州和市政机构也通过了一些排华的地方法律。1880 年 10 月 31 日，丹佛市爆发了美国第一场大规模的排华骚乱。Roger Daniels, *Asian America: Chinese and Japanese in the United States since 1850*, Seattle: University of Washington Press, 1988, pp. 9 - 80, esp. 9, 29, 39, 69; Stanford M. Lyman, *The Asian in the West*, Reno: Western Studies Center, Desert Research Institute, University of Nevada, 1970, pp. 18, 27 - 28.

③　Gillette, *Right to Vote*, pp. 54, 77 - 78, 154 - 158.

正案和第一条联邦实施法的辩论，此刻他成为萨姆纳提案的激烈批判者。斯图尔特称，他并不反对给予华工以民事权利（civil rights）的保护，但他反对允许华工借归化程序变成美国公民，并进而获得选举权。对于他来说，赋予美国黑人以选举权是"一个正义的行动"，因为：

> 黑人是我们中间的一员。美国是他的故土。他出生在这里。他在这里有权要求获得保护。他在这里有权要求获得选举权。与这个国家人民中的其他任何人一样，他是一名美国人，是一名基督教徒。他热爱美国国旗。尽管他是愚昧的，尽管他曾经当过奴隶，但要紧的是，他应该获得选举权，这样他可以在遇到巨大困难的时候能够保护自己，在一个自由政府中，这样的事情经常发生，而且总是会发生的，所以在我们国家人人都需要自己照顾好自己。①

而华人呢？斯图尔特说道，华人则是完全不同类型的一种人，"在宗教上，他们是异教徒；在信仰上，他们服从王权"，他们"把所有的现代发明统统看成是危险的，不屑一顾"；如果把选举权赋予中国华工，无异于将"整个太平洋沿岸的政治命运"交到一群愚昧无知的人手中。②俄勒冈州的乔治·威廉姆斯（George H. Williams）很快将担任格兰特总统的司法部部长，此刻他提议将华人从萨姆纳的提案中删除（也就是说，即便对非白人开放归化程序，华人也必须被排除在可以归化的"非白人"之外）。威廉姆斯将允许华人归化入籍看成对美国自由劳动意识形态和实践的一种潜在的威胁。他认为，华工是一支有组织的劳工力量，与南部先前的奴隶劳动力队伍相似，如果他们获得了公民身份和选举权，他们可能被转化成为一支有组织的政治力量。威廉姆斯向参议院同事发出警告说，一旦华人可以投票，在下一次选举中，"美国的黑人和白人会携起手来，把共和党打个落花流水，因为该党从中国引入了他们的竞争对手"。③

此刻参议院共和党人在华人问题上的表现令人感到极具讽刺意味。

---

① *CG*, 41 Cong. 2 sess. , 1870, pt. 6, p. 5152.
② Ibid. , p. 5150.
③ Ibid. , p. 5158.

先前在种族问题上用来区分"激进派""温和派"和"保守派"的界限此刻已经变得模糊不清了。萨姆纳是自己提案的最坚定的捍卫者,他在此刻的两名战友却是来自伊利诺伊州的莱曼·杜伦巴尔(Lyman Trumbull)和来自罗得岛州的威廉·斯普拉格(William Sprague)。杜伦巴尔平时是一名更为保守的共和党人,此刻却指责斯图尔特的立场是种族主义的,他并提醒后者说,就在不久之前"黑人仅仅因为他的肤色被剥夺了他的所有权利"。①斯普拉格是一名棉纺厂厂主,他之所以支持萨姆纳的提议是因为他指望美国能够从中国的廉价劳动力中受益。卡尔·舒尔茨不久前还是激进共和党人的中坚分子,此刻发生身份转换,正在迅速转变为一名自由派共和党人。他对斯图尔特和威廉姆斯的立场表示反对,并劝告昔日的激进派战友萨姆纳收回提议,因为它"并不十分成熟",只会"给归化法法案的通过造成障碍"。②

同样来自马萨诸塞州的共和党人亨利·威尔逊(Henry Wilson)也拒绝支持萨姆纳的修正提案,因为他深知马萨诸塞州一些工厂主因使用华人来做"替代工人"(替代那些进入罢工状态的工人)而在该州引发了愤怒的辩论,他将引入华工苦力的做法看成是一种"现代版的奴隶贸易制度",华工也是大公司用来挑战"美国南北自由劳动体制"的马前卒。他说,如果在美国的中国人自愿融入和同化到美国社会中,他将支持他们拥有选举权。但他不相信这种情况会发生,因为华人来自中国,而中国"到处都是廉价的劳工,遍地都是邪教,它的文明与我们的文明是完全不同的"。③奥利弗·莫尔顿曾在参议院领导过几次关于黑人权利的辩论,而

---

① *CG*, 41 Cong. 2 sess., 1870, pt. 6, p. 5164.

② 舒尔兹对斯提尔图和威廉姆斯针对中国移民发表的带有种族歧视的言论表示反对。他并不认为华人人数的增长对美国构成了任何威胁。他认为,美国不应该排斥华人,相反应该想办法在向华工施加美国化影响的方向努力,等他们返回中国的时候能够培养起他们的"新的需求"。一旦这些华工回到故乡,他们会在中国"宣传"美国人的消费方式,并在那里帮助为美国产品"逐渐创造当地市场"。斯普拉格将华工看成是一种不断生长的国家经济体系中的一部分劳工力量,它可以给美国带来需要的利润和廉价劳动力。斯图尔特与威廉姆斯此刻的眼光看上去更像是只顾本国后院的地方政客,而舒尔茨和斯普拉格绝对是当时共和党内最具有全球眼光的人,他们已经在设想美国经济的全球化前景。这种前景最终会在20世纪部分地得以实现。Ibid., pp. 5159 – 5160(Statement of Schurz), 5170 – 5171(Statement of Sprague).

③ Ibid., pp. 5161 – 5162.

此刻，他认为将华人从选举权的享有中排除出去与《独立宣言》的原则并不矛盾，因为中国人并没有一种享有美国人权利的"自然权利"。①

显然，共和党人被萨姆纳提案可能带来的一系列后果和焦虑（其中相当一部分是他们想象的）吓坏了——来自西部和东北各地的反华情绪、对奴役劳动力制有可能死灰复燃的担心、急需从民主党人那里将自由劳动支持者争取回来的迫切心情等，这一切迫使他们将曾经一度推崇的普遍政治平等的原则搁置到一边，重新拾起种族主义的理论，对谁有资格享有美国民主的权利设定界限。迄此为止，共和党人无疑已经意识到，要将普遍平等的概念转化为一项在现实可行的普遍政策是多么困难。然而，如果以种族（race）作为理由将中国人从归化程序中排除出去会带来一个问题：既然可以以种族为由禁止中国人通过归化变成美国公民和获得美国公民的选举权，那民主党人为何不可以以种族为由将黑人从美国选民队伍中排除出去呢？民主党人和妇女选举权的提倡者的确也提出了同样的问题：当白人妇女还没有获得选举权的时候，为何不可以将更"愚昧的"黑人排除在选民队伍之外以保证美国民主的质量呢？在回应这些问题的时候，共和党人以中国政治体制的落后和华人的文化缺陷与低贱为由来为自己开脱［与使用妇女的性别劣势（sexual inferiority）为由来捍卫他们反对妇女选举权的做法形成对比］：黑人是美国公民，有权获得选举权，而华人则是一个从文化上和政治上都不够资格成为美国公民、享有美国民主的种族。用斯图尔特的话来说，黑人选举权的问题是一个与"正义的行动"相关的问题②，而华人的选举权问题则是"一个现实的问题"，不是"一个有关原则的问题"。③

参议院最终对归化法法案的表决充满了戏剧性。在对萨姆纳的修正提案（从联邦归化法废除"白人"一词，将归化的通道向所有人开放）表决之前，来自特拉华州的民主党人威拉德·索尔斯伯里（Willard Saulsbury）为了彻底击败共和党人的归化法议案，提议将中国人和非洲人从归化程序中一同排除出去。共和党的大多数人立即否定了这一用心险恶的

---

① *CG*, 41 Cong. 2 sess., 1870, pt. 6, p. 5175.

② Ibid., p. 5152（Statement of William Stewart）.

③ Ibid., p. 5158（Statement of George H. Williams）.

修正提案。①

　　民主党人的捣乱行为立刻令共和党人警觉起来。为了表示该党在黑人平等问题上的坚定立场，同时也为了"挽救（法案）有效的实用性……而不至于导致它被全盘否定"，亚拉巴马州的威拉德·华纳（Willard Warner）建议在现有的法案中补充一个条款，允许将归化程序在白人移民之外延伸到"出生在非洲的人和非洲人的后裔"。新的提议立刻得到了共和党多数派的同意，但这个多数也是小得可怜的一个多数，赞成票仅仅比反对票多一票。华纳的修正案后来变成了《1870 年归化法》的最后一条。②从 19 世纪后期和 20 世纪初的移民历史来看，这个补充条款对于美国向非洲人开放移民和归化入籍的通道是十分重要的，尤其是对于那些居住在加勒比海地区的非裔人来说。然而，当时在参议院参与表决的共和党议员心里都清楚，此时此刻有机会或有能力到美国来移民的非洲人并没有多少，并不会对美国的移民和归化程序形成任何冲击。所以，华纳的补充条款基本上是一种政治姿态，用他的话说，是表达一种内战和重建期间已经形成的关于黑人权利的"十分成熟的民意"，并非为了敞开大门吸引非洲人到美国来定居并享有美国的民主。③

　　在对华纳的修正提案表决之后，雷曼·杜鲁布尔企图再修订华纳的提正提案，提出将"来自中华帝国的人"也加入到华纳提出的"出生在非洲的人"之后，这样整个修正条款就会将归化程序向白人、非洲人和"来自中华帝国的人"开放，但他的建议很快就被否决了。否决的票数是31:9，有 32 人弃权。杜鲁布尔为何要提出将华人纳入归化程序？他的真实用心似乎是希望以此来击败华纳的修正提案，而并非真心支持中国人获得归化入籍的通道。他认为，如果允许非洲人进入归化程序，美国的大门就会对"整个非洲大陆打开，而那个大陆上却住满了地球上的各色

---

　　①　*CG*, 41 Cong. 2 sess., 1870, pt. 6, p. 5160.

　　②　华纳认为，参议院共和党人对萨姆纳建议的反对是明智的，这种反对与林肯将他的解放奴隶宣言推迟到合适的时间的做法是一样的明智。表决的结果是：21 票赞成（均为共和党人），20 票反对（12 名共和党人，8 名民主党人），31 票弃权（27 名共和党人，1 名民主党人）。投赞成票的包括萨姆纳、特鲁杜尔、扎卡里亚·钱德勒（Zachariah Chandler）、莫尔顿和斯普拉格；投反对票的有康克林、威尔逊、斯图尔特和威廉姆斯。雷维尔斯没有参加投票。Ibid., p. 5176.

　　③　莫尔顿在辩论中提到，有来自西印度洋群岛的人"希望通过归化入籍，但就非洲而言"还没有人从那里到美国来。Ibid., p. 5177.

各样的低贱的人群……邪教徒、食人族、野兽崇拜者,这些家伙的聪明程度根本无法与中国人相提并论"。支持杜鲁布尔提议的共和党人只有8票(占共和党总票数的15%),而且支持者主要来自南部。其他的85%的共和党人或者是表示反对(24票),或者是弃权(27票)。[1] 当萨姆纳的修正提案被付诸表决的时候,共和党议员中的大多数人决定不予以支持,他们或者缺席,或者与民主党人站在一起投了反对票。[2](参议院对华纳修正提案和萨姆纳修正提案的表决结果,见表4、表5)。

**表4　参议院对1870年归化法法案中的华纳修正提案的表决结果**

| 政党 | 赞成 | 反对 | 弃权 | 合计 |
| --- | --- | --- | --- | --- |
| 共和党人 | 21 | 12 | 27 | 60 |
| 民主党人 | 0 | 8 | 1 | 9 |
| 其他 | 0 | 0 | 3 | 3 |
| 合计 | 21 | 20 | 31 | |

资料来源:CG, 41 Cong. 2 sess. , p.5176.

**表5　参议院对1870年归化法法案中的萨姆纳修正提案的表决结果**

| 政党 | 赞成 | 反对 | 弃权 | 合计 |
| --- | --- | --- | --- | --- |
| 共和党人 | 12 | 19 | 29 | 60 |
| 民主党人 | 0 | 7 | 2 | 9 |
| 其他 | 0 | 0 | 3 | 3 |
| 合计 | 12 | 26 | 34 | |

资料来源:CG, 41 Cong. 2 sess. , p.5177.

也许因为整个辩论的焦点都集中在华人归化和选举权问题上,康克林原法案的最后两条(关于联邦政府指派监察官员到投票站监管选举)

---

[1] 包括特鲁布尔在内的九名共和党人对特鲁布尔的建议表示支持,其中包括萨姆纳。*CG*, 41 Cong. 2 sess. , 1870, pt.6, p.5177(including statement of Trumbull).

[2] 支持萨姆纳修正提案的共和党人共有12人,除了支持特鲁布尔的建议的9人之外,另有3名共和党人也表示支持。但参议院的几位共和党领袖人物,包括斯图尔特、威廉姆斯、康克林、钱德勒和威尔逊等对萨姆纳的修正提案表示反对。Ibid. , p.5177.

完全被忽略了，直到最后一刻才被人记起。同样，又是民主党人托马斯·贝亚德对这两条的合宪性问题提出了质疑。但贝亚德的质疑没有引起任何回应。①所以，归化法法案的最终版本几乎与众议院法案的最初版本内容一致，唯一不同的是加入了康克林的两个修订条款（第五、六条）和华纳的修正提案（第七条）。②法案的第五条、第六条对在大城市投票站履行选举监管的联邦官员的职责和权力做出了明确规定，加强了第一部实施法中的相关条款。1870 年 7 月 4 日，参议院表决通过了归化法法案：33 票赞成，8 票反对，31 票弃权。在没有加入杜鲁布尔建议和萨姆纳修正提案的情况下，超过半数的共和党人（55%）批准了这条法案，有 26 名共和党人（43%）弃权，来自西弗吉尼亚州的共和党人阿瑟·波尔曼（Arthur Boreman）对众议院法案投了反对票。③几天之后，众议院接受了参议院的修正案，再度通过了法案。④7 月 14 日，在格兰特总统签署之后，法案变成法律，开始生效。

《1870 年归化法》对于第十五条宪法修正案的实施，并没有产生长期的影响力，一方面是因为它的作用是补充性的，另一方面是因为它很快将会被第三部实施法（1871 年 2 月 28 日实施法）所取代。但围绕它的辩论则具有特殊的意义。辩论暴露出当时美国在联邦公民资格和公民权的管理与界定的制度缺失和混乱。华纳修正条款的通过展示了共和党人为建构内战后新的美国民主的政治团结，但萨姆纳提案的被击败又暴露了这种团结的脆弱性。这也许是一个不好的兆头，随着重建的深入，地方利益与联邦利益的比重将会重新调整，党内派别也会出现重组，通过内战时代的意识形态和理想主义所建构起来的党内团结将变得越来越难以维系。

弗雷德里克·道格拉斯密切跟踪和观察了围绕归化法的整个辩论过程。他对萨姆纳在华人问题上始终坚持平等原则的立场十分赞赏，但这

---

① 贝亚德的问题被提交给全院委员会之后就没有了下文。*CG*, 41 Cong. 2 sess. , 1870, pt. 6，pp. 5176 - 5177.

② 关于该法的全义，参见 *Statutes at Large* 16，1870，pp. 254 - 56；Wang, *The Trial of Democracy*，Appendix Two，275 - 277。

③ *CG*，41 Cong. 2 sess. , p. 5177.

④ 众议院的最终表决结果是：132：53，有 45 名议员没有投票。131 名共和党人（占共和党在众议院人数的 81%）投票批准了参议院的修订，29 名共和党人缺席，只有 1 人投票反对。没有任何 1 名民主党人投票表示赞成。Ibid. , p. 5441.

场参议院共和党的内斗也令这位黑人领袖深感忧虑，他不知道在未来的时间里共和党是否能够将种族之间权利平等的斗争坚持下去：

> 我担心的是，在这个问题上，我们将面临一场恶战（a bitter contest）。交战的一方抱有偏见、种族自豪感和狭隘的政治经济观点，另外一方却力图推动人性价值、文明和明智的政策。从你的立场中，我看到了坚持不变的原则的价值所在。当其他人犹豫不决的时候，你坚定地向前挺进。当其他人为眼前的利益所纠缠的时候，你却始终与这些宽广、宏伟和具有永久意义的原则保持一致，并在它们的照耀下，义无反顾地前行。①

## 四　其他三部实施法的制定（1871—1872）

《1870 年实施法》和《1870 年归化法》的制定都有一个非常现实的目的，即帮助共和党在即将到来的1870 年中期选举中应对民主党的挑战。对于共和党人来说，1870 年选举是1872 年总统大选的一次预演。《1870 年归化法》通过后不久，格兰特便致信康克林，表示了他对纽约在即将到来的选举中的担心。他敦促说，作为"最大的……同时也是最重要的州"，纽约必须保证"举行一个公正的选举"，必须"保证共和党在该州的胜利"。②北部报纸也预测，新近生效的联邦实施法将会帮助联邦政府制止民主党的选举舞弊行为。尽管对任命联邦选举监察官一事仍然持有保留意见，《芝加哥论坛报》对《1870 年归化法》表示欢迎，赞成联邦政府对在大城市举行的选举进行监督。该报说，如果这部法律能够"公正而坚定地在下一次选举中得以实施，全国每一个诚实而正直的民主党人，也会与每一个共和党人一样，可以更自由地呼吸，并在内心深处知道，

---

① Douglass to Sumner, Rochester, July 6, 1870, in Frederick Douglass, *The Life and Writings of Frederick Douglass*: *Volume IV Reconstruction and After*, ed. Philip S. Foner, New York: International Press, 1955, 4, pp. 222 – 223.

② U. S. Grant to Roscoe Conkling, August 22, 1870, Roscoe Conkling Papers, Library of Congress.

共和国所面临的主要危险之一已经被排除了"。①

　　曾在众议院领导归化法辩论的诺厄·戴维斯此刻已经辞去国会议员的职务，担任了纽约南部联邦地区法院的律师，主持联邦政府在纽约的机构，为实施联邦法律做好准备。1870 年 11 月 7 日，在选举的前一天，戴维斯和联邦执法官乔治·夏普（George H. Sharpe）与纽约市长奥基·霍尔（A. Oakey Hall）、纽约市警察署（Board of Police）的代表博斯沃思（J. S. Bosworth）达成协议，后者表示该市的警察将会信守承诺，与联邦执法官一起合作，保证选举有效和干净地进行。协议的目的是为了让联邦军队的干预"变得完全没有必要"。尽管如此，纽约州州长约翰·霍夫曼（John T. Hoffman）仍然命令该州国民警卫队做好准备，应对选举日可能出现的紧急情况。《纽约时报》将民主党人的行动称为"一种坦慕尼协会的伎俩"。②与此同时，在纽约市的联邦选举监察官也事先查看了选民登记表，从中挑出来 15000 个"以舞弊方式登记的"选民名字。联邦监察官准备了 500 份针对以舞弊形式进行登记的选民的逮捕证。③选举日那天，总共有 26 人因选举舞弊而被捕，其中包括坦慕尼协会执委会的一名成员。纽约市选民登记在当天减少了 2 万—3 万人。但民主党的州长和市长都成功当选，虽然他们赢得选举的多数票数量大大减少了。④这个选举结果与共和党所预期的或希望的还是有很大的距离，并不怎么令人鼓舞。尽管纽约市的民主党人未能增加他们在国会众议院的席位，但纽约上州的民主党却新获得了四个国会议员的席位。⑤从整个中期选举的结果来看，民主党在众议院的席位从第 41 届国会第三次会期的 69 席增加到了第 42 届国会的 102 席，民主党的力量在参议院也有小升，从 11 席上升到

---

① "The Law against Election Frauds," *Chicago Tribune*, October 19, 1870.

② "An Agreement Entered into by the Federal and City Authorities," *New York Times*, November 8, 1, 1870.

③ "The Registry Frauds," *New York Times*, November 8, 2, 1870.

④ *New York Times*, November 2, 9, 1870.

⑤ 纽约市民主党人在国会众议院中占有 6 个席位，这个数字到 1870 年选举时一直保持不变，但纽约州民主党人在众议院占有的席位总数从第 41 届国会的 12 席增加到第 42 届国会的 16 席。Swinney, *Suppressing the Ku Klux Klan*, 107, 111.

13 席。①这些对于共和党人来说都是糟糕的消息。

南部的情况也不乐观,对共和党人的执政构成了同样的威胁。在三 K 党恐怖主义活动的帮助下,南部民主党人也迅速回到了州和地方的政治舞台中心。佐治亚州的民主党人赢得了该州立法机构 80% 的席位和本州的大部分国会议员席位。前南部同盟军队将领达德利·杜波伊斯(Dudley Du Bois)虽然是该州三 K 党的领袖人物,但却从东部地区赢得了国会众议院的席位,他所在的地区是该州三 K 党威胁活动最为猖獗的地方。在佛罗里达州,黑人选民因为选举共和党人而受到威胁,敢于前去投票的人大为减少,该州共和党的多数也直线下降。②亚拉巴马州民主党人赢得了州立法机构的下院,得克萨斯民主党人赢得了四个众议院席位中的三个。③与此同时,第一部实施法在南部的实施并不得力。格兰特总统虽然声称要执法,但实际采取的行动也相当有限。④ 查尔斯·萨姆纳曾对格兰特的执法不力提出批评,并且部分地为了这个原因在 1872 年拒绝支持格兰特的连选连任。⑤

---

① 根据第 42 届国会公布的议员名单,在 75 名参议员中,63 名是共和党人(包括北卡罗来纳州的约翰·普尔,他虽然被划为辉格党人,但投票时基本上与共和党站在一起),11 人是民主党人,1 人为保守派。在众议院里,171 名众议员为共和党人,69 人为民主党人,4 人为保守派。在第 42 届国会第一会期里,参议员的总数为 73 人,其中 57 人是共和党人,13 名为民主党人,另外还有 1 名辉格党人(普尔)和 1 名保守派[弗吉尼亚州的约翰·约翰斯顿(John W. Johnston)]。众议院有 136 名共和党人,96 名民主党人,还有 6 名来自南部的保守派和 1 名独立派。*CG*, 41 Cong. 3 sess., pt. 1: v – xi; 42 Cong. 1 sess., pt. 1: v – xii.

② Trelease, *White Terror*, pp. 241 – 242.

③ 根据埃里克·方纳的研究,共和党在选举中失败的原因有多种。在佐治亚州和亚拉巴马州,共和党内出现的内斗和意志消沉被民主党人有效地加以利用;南部各州都出现了程度不同的暴力活动,协助了民主党的取胜;在密苏里州、西弗吉尼亚州、弗吉尼亚州和田纳西州,共和党都出现了分裂。在南部腹地,暴力活动扮演了一个很重要的角色。但到了 1870 年左右,三 K 党已经"将许多社区的共和党基层组织捣毁了"。Foner, *Reconstruction*, pp. 441 – 444; see also Trelease, *White Terror*, 273.

④ Trelease, *White Terror*, pp. 385 – 386.

⑤ Charles Sumner to Gerrit Smith, Nahant, August 20, 1871, in Charles Sumner, *The Selected Letters of Charles Sumner*, ed. Beverly Wilson Palmer, 2 vols., Boston: Northeastern University Press, 1990, 2, pp. 569 – 570. 萨姆纳与格兰特在外交政策上也存在巨大的分歧,萨姆纳对格兰特企图兼并多米尼加共和国的做法尤其反感。两人的分歧最终导致萨姆纳失去了参议院外交事务委员会主席的职位。参见 David H. Donald, *Charles Sumner and the Rights of Man*, New York: Alfred A. Knopf, 1970, pp. 435 – 497。

与民主党在北部选举赢得胜利一样，三 K 党在南部的猖狂活动也让共和党人感到震惊。①共和党人担心，如果他们不能有效地利用目前在国会两院占有多数席位的优势，继续推动第十五条宪法修正案实施的话，两年之内形势可能发生逆转，丢失国会的多数。联邦执法官 1870 年在纽约市的执法大大减少了选举舞弊行为的发生，但正如《纽约时报》指出的，联邦实施行动"并没有从根本上"动摇坦慕尼协会的民主党机器对该市政治的控制。②所以，在第 41 届国会第三会期开幕之后，共和党人便开始提出新的实施法法案，要求国会进行辩论和通过。这样做一方面是因为纽约的实施提供了成功的经验，另一方面也是为修补早先实施法中存在的技术漏洞。③

1871 年 2 月 15 日，众议院司法委员会的约翰·宾厄姆提交了一份新的实施法法案（H. R. 2634）。新法案的目的是为实施第十五条宪法修正案提供执法的体制和硬件支持。事实的确如此。从法案的内容来看，新法案实际上是《1870 年实施法》中第二十条（执法程序）的扩增版。换言之，就是在原实施法的执法条款中增加了长达 19 个新条款的细节。新法案将在选举投票和选举登记时的舞弊行为清楚地界定为是违反联邦法的犯罪行为，要求所有州制定的管理国会选举的法律必须遵从联邦法。法案的第十八条宣布废除《1870 年归化法》中第五、六条两条，但在新法案的第二条中又规定，在两万人口以上的城市里，联邦法官在政党要求的情况下为每个投票站任命两名选举监察官前往监督选举。此外，法案规定了联邦法院任命总监察官的程序（第三、十三条），描述了联邦监察官的职责（质疑有嫌疑的选民、监察选民登记、实施逮捕、监督投票、登记和计票等）与报酬（第四至六条），赋予监察官和执法官任命代理人的权力（第八、十二条），惩罚对执法联邦官员进行骚扰的人以及惩罚玩

---

① 在新当选的 124 名众议员中，有 60 人为民主党人，他们中间有 33 人来自北部和西部各州，27 名来自南部和边界州，民主党的力量在纽约州、宾夕法尼亚州、田纳西州和肯塔基州尤其强大。在新当选的 64 名众议员中，只有 10 人来自南部各州。

② "Our Worthy Masters – As Before," *New York Times*, November 9, 1870.

③ "The General Result," *New York Times*, November 10, 1870, 1; *CG*, 41 Cong. 3 sess., 1870, pt. 1: 170 (John Charles Churchill and Thomas A. Jenckes), 378 (Churchill), 1014 (Roscoe Conkling).

忽职守的联邦官员（第七、九条至第十一条），授权联邦法院审理由该法引起的所有诉讼案件（第十四至十七条）。法案的最后一条（第十九条）要求在国会选举中使用印制的选票。①

与第一部实施法不同的是，新法案提供了详细的执法程序指导，对执法官员的职责做了解释，对违反选举法的罪行和选举舞弊的行为等做了清楚的界定，而使用印制和书面选票的要求则是将选举机制推向现代化的举措。②新实施法的目标是针对州的管理和规范选举程序的权力而制定的。1870 年选举的情况表明，北部的舞弊行为与南部的三 K 党暴力活动对共和党人都是有害的，前者可能更具有威胁性。伊利诺伊州共和党人伯顿·库克（Burton C. Cook）宣称，"比起自由的源泉将要遭到舞弊行为的毒害和腐蚀的可能性来说"，任何通过战争暴力来推翻自由的企图"都显得更为遥不可及"。③宾厄姆认为，新实施法是要为联邦政府配备一种"自我保护的权力"，以应对那些"并不诉诸暴力但却另行其道"并意图"毁灭联邦政府"的州法。④

民主党人则不这样认为。他们将新实施法斥责为共和党"为保住权力而采取的丧心病狂的极端之举"。在民主党人看来，第十五条宪法修正案第二条提供的实施权只是一种"辅助性的"（accessory）和"潜在性的"权力，只要州没有采取以种族为理由的反对黑人选民的行动，这项权力就"必须永远地处于这种状态"之中，而新实施法则将不可避免地摧毁州的主权，会导致国家政治"走向君主制、贵族制、无政府主义和革命"。⑤民主党人企图采用冗长发言的战术来阻止法案的通过，但共和党利用在两院的多数强行通过了法案。1871 年 2 月 28 日，格兰特总统签署了新的实施法。⑥（关于参众两院对第三部联邦实施法法案的表决结果，

---

① *CG*, 41 Cong. 3 sess., 1871, appendix, 342 – 45; *Statutes at Large* 16, 1871, pp. 433 – 440.

② Gillette, *Retreat from Reconstruction*, 26.

③ *CG*, 41 Cong. 3 sess., 1871, pt. 2, pp. 1280 – 1281.

④ Ibid., pp. 1284 – 1285.

⑤ Ibid., pt. 3, pp. 1641（Eugene Casserly），1639（George Vickers）；pt. 2, pp. 1273（Stephen L. May-hem），1277 – 1279（Michael Kerr）.

⑥ 来自密西西比州的黑人参议员雷维尔斯在表决中投了赞成票。Ibid., pt. 2, p. 1285；pt. 3, p. 1655.

见表 6、表 7）。

表 6 　　　　　　　　参议院对 1871 年实施法法案的表决结果

| 政党 | 赞成 | 反对 | 弃权 | 合计 |
|------|------|------|------|------|
| 共和党人 | 38 | 1 | 22 | 61 |
| 民主党人 | 0 | 8 | 3 | 11 |
| 其他 | 1 | 1 | 0 | 2 |
| 合计 | 39 | 10 | 25 | |

资料来源：CG，41 Cong. 3 sess.，p. 1655.

表 7 　　　　　　　　众议院对 1871 年实施法法案的表决结果

| 政党 | 赞成 | 反对 | 弃权 | 合计 |
|------|------|------|------|------|
| 共和党人 | 142 | 3 | 22 | 167 |
| 民主党人 | 1 | 59 | 9 | 69 |
| 其他 | 1 | 2 | 1 | 4 |
| 合计 | 144 | 64 | 32 | |

资料来源：CG，41 Cong. 3 sess.，p. 1285.

　　共和党人制定第三部实施法的主要目的是压制北部的选举舞弊行为，与此同时，他们也在南部战线展开另外一场不同的战斗，目标是打击三 K 党的政治恐怖主义。1870—1871 年，三 K 党的暴力活动在南部达到一个高峰，在南北卡罗来纳州尤其如此。1870 年 8 月 22 日，南卡罗来纳州州长罗伯特·斯科特（Robert K. Scott）向格兰特总统通报了该州的政治形势。斯科特称，该州北部最近举行的选举表现出一种"异常的安宁"，很可能是因为这个地区附近"有联邦军队团队的驻扎"，而这个地区"也是（三 K 党分子）遭到逮捕最多的地方"；但在更北的社区中，白人占了绝大多数，当地反对黑人选举权的极端分子发动了一项"破坏选举"的运动，他们捣毁了投票箱。斯科特对发生在劳伦斯县的暴力活动做了通报，该州共和党的官员不断受到攻击，恐怖主义和无法无天的气氛弥漫整个地区，"男女黑人仅仅因为敢于在政治上表达自己的意见，在深夜被从家里拽了出来，遭到残忍和野蛮的毒打"。他告诉格兰特，该州的民兵装备不良，没有能力去应对经验丰富的三 K 党成员。①到 1871 年春天，一个来自南卡罗来纳州的代表团告知格兰特说，该州政府已经无力维持当地的秩序。

北卡罗来纳的情况也好不到哪里去。共和党的议员被赶出了州立法机构。州长霍尔顿（Holden）遭到弹劾，并被以滥用戒严法的罪名治罪。②共和党的"喉舌"《哈珀周刊》呼吁国会立即采取行动，保护黑人选民，"防止联邦政府落入三 K 党人的政党手中"。③格兰特也向国会施加压力，要求通过一个有效的立法来镇压三 K 党的暴力行为。在给众议院议长詹姆斯·布莱恩（James Blaine）的信中，格兰特要求国会对"南部一些地方存在的令人感到恐惧的情况"给予立即的关注，即便本次国会会期只有时间讨论一个议题，这个议题应该是为保护南部的人员和财产"提供具体的措施"。④

1871 年 3 月初，第 42 届国会第一会期开幕之后，共和党人立即提出了一部旨在反对三 K 党的联邦实施法法案，这就是后来著名的《三 K 党强制实施法》（Ku Klux Force Act）。1871 年 2 月中旬国会在讨论第三部实施法的时候，曾经有人企图将这部法案提交辩论，但遭到众议院共和党领袖的否决。布莱恩和詹姆斯·加菲尔德（James A. Garfield）等都认为法案超出了国会的权力范围，故与民主党人站在一起否定了此议案。⑤然而，南部形势的恶化迫使国会共和党人重新开始对这个法案的辩论。

从重建时期联邦实施法制定的顺序来看，《三 K 党强制实施法》是自 1870 年以来的第四部实施法，它是好几种不同的立法建议的集大成者，但其主要目标是实施第十四条宪法修正案，以联邦政府的名义保障联邦公民的"所有权利、特权或豁免权"，打击和惩罚那些违法的个人。南部的形势使国会共和党人意识到，大部分反对黑人参与政治的行动都是非政府官员的个人（private individuals）以大小不同的团伙方式（譬如，三

---

① Scott to Grant, RG 107, NA, in Grant, *Papers*, 20：249 - 251.

② Foner, *Reconstruction*, pp. 431 -44；Gillette, *Retreat from Reconstruction*, p. 92.

③ "The Ku Klux Klan," *Harper's Weekly*, April 1, 1871, 282.

④ Grant to James G. Blaine, Washington, March 9, 1871, Ulysses S. Grant Papers, ser. 2, Library of Congress.

⑤ Trelease, *White Terror*, pp. 387 -388.

K党的组织）合谋进行的，而南部各州政府则对这些暴力行为采取不作为的态度，没有进行制止和惩罚的措施。在这种情况下，除非联邦政府出面行使权力，否则第十四条宪法修正案所建立的联邦公民权利将会流于一句空话，而如果要以联邦政府的权力来惩罚违反的个人，则必须要对重建宪法修正案的授权做一种宽泛的解读。当南部进入一种无政府主义和遍地流血的状态之中，密歇根州的共和党人威廉·斯托顿（William Stoughton）写道："犯罪是通过不同寻常的合谋方式进行的，打击这种罪行也要求（国会）采取非同寻常的立法。"①马萨诸塞的巴特勒则更为直白地建议：终止三K党暴力恐怖主义的唯一办法是启动"强有力的、富有活力的法律……并在需要的时候坚定地予以实施，包括动用军事力量"。②

　　两院围绕三K党实施法的法案进行了冗长的辩论，有80多名国会议员直接参与了辩论。辩论的焦点是国会是否有权以第十四条宪法修正案的名义保障南部黑人公民的权利。大多数共和党人选择与该党的政治原则站在一起，赞同使用联邦权力来保护公民权利。在众议院的辩论中，詹姆斯·门罗（James Monroe）指出，宪法修正案是联邦宪法的"一种自然生长"。③俄亥俄州的塞缪尔·谢拉巴格（Samuel Shellabarger）是众议院辩论的领袖人物，他驳斥了民主党人对法案合宪性的质疑，宣称那个"将一个永久性的财产变成了一个永久性的公民"的宪法革命是"绝不会走回头路的"。④温和派共和党人亨利·道斯（Henry Dawes）也用一种少见的激进语气声称，总统可以将州法"作为一种工具来实施合众国的法律"。⑤在参议院，约翰·普尔则将1870年5月第一部实施法辩论时曾经使用过的一个观点进一步发挥，将其变成了一种更为透彻的宪法理论，即在第十四条宪法修正案生效之后，联邦公民权"不再只是一种基于默示的存在，而是变成了一种具有实质内容的东西，由此产生的一切相关事务都在联邦权威的管理之中"；换言之，第十四条宪法修正案为所有的

---

① *CG*, 42 Cong. 1 sess., 1871, pt. 1, p. 322.

② Ibid., p. 448 (Statement of Benjamin F. Butler).

③ Ibid., p. 370 (Statement of James Monroe).

④ Ibid., p. 519.

⑤ Ibid., p. 477.

美国公民提供了一种新的权利——受（联邦）法律保护的权利。①在这个问题上，普尔宣称：

> 如果州不能保障和实施黑人拥有的这项权利，如果州拒绝承认他们作为州和联邦公民拥有自由地行使和享有受到保护的权利，那么，仅凭黑人拥有联邦公民身份这一资格，联邦政府就必须而且完全可以通过所有适当的立法，通过联邦法院拥有的所有权力，通过联邦政府指挥的所有陆军和海军，为这些州的黑人公民提供联邦的保护。②

然而，反对强制实施法的主要威胁仍然是来自共和党内部。在参议院共和党中充当反对派领袖的是特鲁杜尔和舒尔茨。特鲁杜尔并不反对联邦有权实施宪法修正案的原则，但他认为强制法在扩权方面走得太远，变成了"一部通用于联邦内各州的总刑法法典"。③舒尔茨对特鲁杜尔的批评表示赞同，称强制法法案是"联邦权威对地方自治政府的合法空间的一种侵犯"。此刻的舒尔茨将自己标榜为"一个自由派共和党人"，力图追求与南部白人社会的和解，认为进一步的联邦实施法对于制止南部暴力是一种错误的解决办法，只会恶化党派政治的分野。他声称，即便南部黑人的不幸遭遇值得同情，但比起黑人的利益来，"整个美国人民的权利和自由更为重要"。换言之，惩罚邪恶"绝不应该以牺牲永久的良善为代价"。④

尽管有自由派共和党人和民主党人的反对，强制实施法在经过许多修订之后，分别在众议院和参议院获得通过。经过两院的两度联席会议磋商谈判之后，法案最终在4月19日得到两院的再度批准。⑤经格兰特总

---

① *CG*, 42 Cong. 1 sess., 1871, pt. 2, pp. 607 – 608.

② Ibid., p. 609.

③ Ibid., p. 579.

④ Ibid., pp. 687 – 688.

⑤ 众议院以118：91的表决结果通过了法案，有18人没有参加投票。Ibid., p. 522. 参议院的投票结果是45：19，有6人没有参加投票。Ibid., p. 709.

统签署之后,《三K党实施法》于1871年4月20日生效① (关于参众两
院对《三K党强制法》法案的表决,见表8、表9)。

表8　　　　参议院对1871年《三K党强制法》法案的表决结果

| 政党 | 赞成 | 反对 | 弃权 | 合计 |
|------|------|------|------|------|
| 共和党人 | 36 | 2 | 17 | 55 |
| 民主党人 | 0 | 10 | 3 | 13 |
| 其他 | | 1 | 1 | 2 |
| 合计 | 36 | 13 | 21 | |

资料来源: CG, 42 Cong. 1 sess., p. 831.

表9　　　　众议院对1871年《三K党强制法》法案的表决结果

| 政党 | 赞成 | 反对 | 弃权 | 合计 |
|------|------|------|------|------|
| 共和党人 | 93 | 1 | 36 | 130 |
| 民主党人 | 0 | 67 | 25 | 92 |
| 其他 | 0 | 6 | 2 | 8 |
| 合计 | 93 | 74 | 63 | |

资料来源: CG, 42 Cong. 1 sess., p. 808.

　　比起最初的提案,强制法的最终版本略微简短,但保留了原始提案
的执法力度。它授权联邦法院审理一切与侵犯《1866年民权法》相关的
权利案例 (第一条);授权总统动用联邦军队来镇压有组织的国内骚乱,
并授权总统在必要时终止人身保护令状的使用 (第三、四条);禁止三K
党分子在联邦法院的案件审理中担任陪审团成员 (第五条);对那些为本
法第二条治罪的罪犯提供帮助的人进行惩罚 (第六条)。强制法的最重要
内容是第二条,它对20多种具体的犯罪行为和非法活动做了细致的分类
和描述,其中包括使用武力和威胁手段来阻止和干扰选民在联邦选举中

---

① 众议院对两院联席会议报告的表决结果是93票赞成 (均为共和党人),74票反对 (均
为民主党人),63票弃权 (49名共和党人,14名民主党人)。CG, 42 Cong. 1 sess., 1871, pt. 1,
p. 831. 参议院的表决结果是: 36票赞成 (均为共和党人),13票反对 (均为民主党人),21票
缺席 (20名共和党人,1名民主党人)。Ibid., p. 808.

自由地行使投票权。①这一条规定的起源可以追溯到 1870 年 5 月 31 日联邦实施法的第六条，正是在 1870 年实施法中第一次建立了对个人（以单独或合谋方式）使用暴力侵犯受联邦法律保护的权利的行为进行惩罚的原则，但当时对这种行为的界定非常模糊，在实际的实施过程中很难准确地用来给犯罪嫌疑人定罪。新的强制法则明确地将三 K 党及其类似组织所进行的政治暴力活动统统宣布为非法。②

从执法力度来看，《三 K 党实施法》是这一时期所有联邦实施法中最为强硬的，而且适用范围非常广泛，如果得到彻底实施的话，将在镇压三 K 党的斗争中带来最有效的成果。但它的立法显然也激化了共和党内部的分歧，加速了该党在南部政策上的分裂。强制法在国会得以辩论和通过的时刻，正是自由派共和党人（Liberal Republicans）开始兴起的时候。这个与主流共和党人（Regular Republicans）日渐分离的派别主要是由来自东部和中西部的前激进派共和党人组成，他们曾在战前的废奴运动和重建初期的宪法修正案制定过程中扮演了重要的角色，但此刻对格兰特政府的腐败非常痛恨，担心实施法所创造的联邦执法官员的任命权会遭到滥用，希望寻求一种和解的政策来解决南部问题，并希望适当地恢复传统的宪法主义实践。③所以他们很自然地成为共和党内的反对强制法的主要力量。舒尔茨早期曾是黑人权利的支持者，此刻却不遗余力地反对通过新的联邦实施法。赋予黑人以选举权，在他看来，是内战带来的"一个必要的和绝对具有逻辑性的结果"，也是一种帮助黑人学会自己

① 所列举的违法行为包括：合谋或威胁使用暴力来推翻美国政府，阻止联邦政府的执法行动，阻止他人接受或出任联邦公职，伤害联邦官员和他们的财产，威胁或阻止证人到联邦法院出庭作证，对任何陪审团成员的判罪和定罪决定施加影响，以伪装身份在公共道路上直接或间接剥夺任何人"享有平等法律保护的权利或受法律保护的平等特权和豁免权"，阻止"任何拥有合法选举权的美国公民以合法的方式对任何具有合法资格的美国总统、副总统或国会议员候选人表示支持"。*CG*, 42 Cong. 1 sess., 1871, appendix, 335–36.

② *Statutes at Large* 17, 1871, pp.13–15；同见 Wang, *The Trial of Democracy*, Appendix Four, 288–291。

③ 关于自由派共和党人运动与联邦实施行动之间的关系，参见 Wang, *The Trial of Democracy*, Chapter 3。关于自由派共和党人运动的政治与思想起源，参见 John G. Sproat, "*The Best Men*"：*Liberal Reformers in the Gilded Age*, 1968；reprint, Chicago：University of Chicago Press, 1982, pp.3–71；also see Earle Dudley Ross, *The Liberal Republican Movement*, New York：Henry Holt, 1919。

保护自己的策略，其目的"尽可能地避免联邦政府干预"各州的地方事务。然而，在舒尔茨看来，黑人未能抓住掌握新权利的机会，他们被不诚实的政治投机分子所蒙骗，盲目地进入政治野心家的阵营，后者也应该为南部出现的政治灾难负责；他认为，与其继续依赖南部黑人的政治力量来重建南部，共和党应该转向与南部内部的"品格优秀的人"进行合作，所以共和党应该宽宏大量，解除第十四条宪法修正案中对前南部同盟分子的政治限制，恢复他们担任公职的权利。①同为自由派共和党人"喉舌"的《芝加哥论坛报》也嘲笑《三K党强制法》是企图"用一台强力压缩机来治疗一种癌症"。该报将南部的政治失序说成是"激进主义的恶果"，敦促共和党放弃联邦实施的行动。②这种论调与共和党早先的激进主义形成鲜明的对比。

其他的共和党人对超越传统宪政主义的界限也颇为担忧。他们欢迎联邦政府在某些经济和金融领域提供援助，如提供铁路资金或实施某种有利于经济的货币政策等，但他们不确定联邦政府是否应该在保护公民权利和政治权利方面拥有更多的权利，因为这些传统上是州所管辖的领域。他们分享自由派共和党人的担心，大规模的联邦实施行动最终将导致一个权力强大而且高度集中的联邦政府的出现，将会威胁地方政府的自主性，并将会导致腐败。"我们现在是在宪法的边缘地带上立法，"未来的总统詹姆斯·加菲尔德说，"我们党内很多人正在打破界限，这在我看来，是在将我们置于一种双重危险之中，我们的工作可能被最高法院彻底推翻，也可能给民主党的政治演说提供自我伤害的新材料。"③《哈珀周刊》此刻仍然是主流共和党的"喉舌"，虽然对联邦实施法继续表示支持，但也因为实施法在好几个问题触及传统宪政主义的底线而对强制法的可行性表示担忧。④

党内的反对声音和自由共和党人的出现对共和党继续推进联邦实施行动带来了普遍的负面影响，但对该党1872年希望通过另一部支持黑

---

① *CG*, 42 Cong. 1 sess., 1871, pt. 2, pp. 687 – 690.

② "The South and Its Ailments", *Chicago Tribune*, February 19, 1871.

③ Garfield to Burke Hinsdale, March 30, 1871, Letterbooks, Garfield Papers, Library of Congress, quoted from Gillette, *Retreat from Reconstruction*, 52.

④ "The Ku Klux Bill", *Harper's Weekly*, April 15, 1871, p. 330.

人选举权的实施法尤其带来了负面的影响。这部新的实施法案（S. No. 791）是由路易斯安那州共和党人威廉·凯洛格（William Kellogg）1872 年 3 月 11 日在参议院提出的，本质上是一个补充性质的法案，其内容是，国会授权联邦巡回上诉法院的法官在有选民诉求的时候可以为每个投票站任命联邦监察官员，负责监督选举和计票过程。这一规定将会把由《1870 年归化法》和《1871 年 2 月实施法》中规定的联邦授权——允许联邦检察官在拥有两万人以上的城镇投票站监察选举和计票过程——延伸到全国所有的投票站。①这样做的目的是加强联邦实施行动在南部——尤其是在南部的乡村地带——的执行力度。用奥利弗·莫尔顿的话说，这样可以"尽可能地在乡村地区激发出（获胜的）信心来"。②

参议院民主党人提出将新实施法法案与正在讨论的政治大赦法案（解除对前南部同盟反叛分子担任公职的禁令）挂钩，企图用这一战术击败共和党人的立法意图。但大多数共和党人反对将两者挂钩，并设法于1872 年 5 月 14 日通过了凯洛格的实施法法案。③但当法案在 5 月 28 日抵达众议院进行讨论时，民主党议员要求撤销对议案的辩论，因为他们不想看到"投票站里有一支军队在监督选举的举行"。④负责该法案辩论的约翰·宾厄姆企图拯救这个法案，在 5 月 31 日敦促众议院就该案进行表决，许多共和党人加入民主党，表示众议院将不再讨论该法案，事实上等于终结了该法案的生命。⑤同一天，众议院也否定了参议院的另外一部与联

---

① 在凯洛格提出他的法案（S. No. 791）之前，其他议员也在两院分别提交了其他法案，要求修订先前的实施法，但这些法案并未被列入两院的议程之中。CG, 42 Cong. 2 sess., 1871 - 72, pts. 1 - 2, p. 24 (Statement of Henry B. Anthony), 59 (Statement of George Hoar), 318 (Statement of Frederick T. Frelinghuysen), 1115 (Statement of Thomas Boles), 1558 (Statement of William P. Kellogg), 1588 (Statement of Henry W. Corbett), and 1773 (Statement of Hale Sypher).

② Ibid., 1872, pt. 4, p. 3319.

③ Ibid., pp. 3322 (Statement of George Edmunds), 3322 - 23 (Statements of Thomas Norwood and Eugene Casserly), 3420 (Statements of Henry B. Anthony, Lyman Trumbull, Thomas J. Robertson and John Sherman), and 3421 (Statement of Sumner). 参议院对此案的表决依然是遵循党派分野的格局。投赞成票的 36 人均为共和党人议员，投反对票的 17 人有 12 人是民主党人议员。Ibid., p. 3431.

④ Ibid., pt. 5, p. 3934 (Statement of James Beck).

⑤ Ibid., p. 4103.

邦实施行动相关的法案，后者企图将《三 K 党实施法》第四条的时效期延长到下一届国会任期。①显然，众议院的政治气氛已经发生了明显的变化。

　　然而，凯洛格并不甘心放弃，决心等待合适的机会，将被众议院否定的法案予以复活。6 月初，当众议院的"综合民事拨款法案"（H. R. 2705）被送到参议院进行辩论和批准的时候，凯洛格立即抓住机会，提议在拨款法案中加入一项修正条款——国会授权所有联邦上诉法院法官以监察联邦选举的权力，准允他们任命监察官在投票站行使监督选举并实施逮捕的权力。显然，凯洛格采用了"夹带"（rider）——将一项立法内容附加在被讨论的法案中作为其获得参议院批准的前提条件——的立法战术来"复活"先前被众议院打入冷宫的法案。②为了迅速通过凯洛格的夹带立法，参议院共和党人启动极不寻常的规定，将每次议员的发言时间限制在 5 分钟内。民主党人对这个立法策略非常恼怒，指责共和党人阻挠"参议院的言论自由"。③两党议员唇枪舌剑，言辞激烈，互不相让。共和党人如果想要通过新的实施法法案，民主党议员艾伦·瑟曼（Allen Thurman）抗议说，应该"像男子汉做事一样，采用光明正大的方式"。④查尔斯·萨姆纳则反驳说，国会拨款的目的就是执行现行的法律，其中包括国会通过的实施法。他甚至建议将他提出的新的公民权利法也附加到众议院拨款法案中。在目睹了凯洛格的实施法法案在众议院遭遇失败之后，萨姆纳对未来国会能够继续推动和捍卫黑人选举权的前景深感无望，他对本党的同事呼吁说，"我相信这是我们的最后的机会，当我们还掌握着保障黑人享有平等权利的权力的时候，我们绝不

----

　　① 《三 K 党实施法》（1871 年 4 月 20 日生效）第四条授权总统在必要时终止人身自由保护令状的效力，但规定这种授权将在一个常规国会会期之后终止。参议院在 1872 年 5 月 21 日通过了关于延长这一授权的法案，但众议院却否定了这一法案。詹姆斯·加菲尔德和其他共和党人众议员在这个问题上选择加入与民主党人为伍的反对阵营中。*CG*, 42 Cong. 2 sess., pt. 4, p. 3431; pt. 5, p. 3932.

　　② Ibid., pt. 5, pp. 4361 – 4362 (Statement of William Kellogg).

　　③ Ibid., p. 4366 (Statement of Allen Thurman).

　　④ 所有的民主党人和共和党人领袖人物都参加了这次辩论。Ibid., pp. 4362 (Statement of Allen Thurman), 4363 (Statement of Eugene Casserly), 4363 (Statement of William Kellogg), 4364 (Statement of Roscoe Conkling), 4389 (Statement of John Sherman).

应该因为一个技术问题而将黑人权利搁置不顾。"①

最终，参议院共和党人在 6 月 7 日通过了附加了凯洛格修正条款的众议院拨款法案（H. R. 2705），但多数票的优势并不很大。②拨款法案回到众议院时遭遇搁浅。6 月 8 日，两院的代表再度召开联席会议，经过 8 小时的讨价还价之后，参议院对凯洛格修正条款做出了一些关键的让步：联邦法官必须是在至少 10 名选民提出要求之后才有权力任命负责监督选举的联邦监察官（凯洛格的修正条款要求只需两名公民提出要求即可任命）；选举监察官必须来自他们所居住的选区；除在人口 2 万人以上的城市之外，其他所有的选举监督人都没有任何报酬。然而参议院最重要的让步是，在人口不足两万人的地区的投票站，联邦执法官没有实施逮捕的权力。③加菲尔德认为，这些实质性的让步完全剥夺了联邦实施法应有的效力，而那些在投票站执法的联邦官员在面对违反第十五条宪法修正案的行为所能做的只是展示"一种道义上的挑战"。④

当参众两院最后一次联席会议的报告返回众议院的时候，只有谢伦伯格对联邦执法官的权力限制提出了质疑，其他共和党人则大多保持了沉默。众议院于 6 月 8 日通过了妥协案。当两院报告抵达参议院的时候，莫尔顿也对最后一项让步提出质疑，认为它将联邦执法官"变成了一个悄然无声的旁观者，甚至连质疑选民资格的权力也没有了"。乔治·埃德蒙兹（George Edmunds）是参加两院联席会议的参议员之一，他提到众议院坚持要"将这一条写进法案中以此表明它的不同立场"。埃德蒙兹承认，参议院代表最终被迫接受了众议院的要求，"因为我们希望将此事有一个了结"。⑤1872 年 6 月 10 日，也就是第 42 届国会第二会期的最后一天，参议院表决接受了两院联席会议的报告（关于参众两院对联邦拨款法法案两院联席会议决定的表决结果，见表 10、表 11）。

---

① *CG*, 42 Cong. 2 sess., p. 4393.

② 参议院通过此法案的表决结果为：32 票赞成，11 票反对，31 票弃权。Ibid., 4398.

③ Ibid., pp. 4440（report of Garfield in the House），4495（report of Cole in the Senate）.

④ Ibid., p. 4454.

⑤ Ibid., p. 4495.

**表 10**  众议院对 1872 年综合民事拨款法法案的
两院联席会议最终报告的表决结果

| 政党 | 赞成 | 反对 | 弃权 | 合计 |
|---|---|---|---|---|
| 共和党人 | 102 | 1 | 31 | 134 |
| 民主党人 | 0 | 71 | 27 | 98 |
| 其他 | 0 | 7 | 1 | 8 |
| 合计 | 102 | 79 | 59 | |

资料来源：CG，42 Cong. 2 sess.，p. 4456.

**表 11**  参议院对 1872 年综合民事拨款法法案的
两院联席会议最终报告的表决结果

| 政党 | 赞成 | 反对 | 弃权 | 合计 |
|---|---|---|---|---|
| 共和党人 | 38 | 5 | 13 | 56 |
| 民主党人 | 0 | 12 | 4 | 16 |
| 其他 | 1 | 0 | 1 | 2 |
| 合计 | 39 | 17 | 18 | |

资料来源：CG，42 Cong. 2 sess.，p. 4495.

《1872 年综合民事拨款法》是五部联邦实施法中的最后一部，它是以夹带条款的方式通过的。它的作用基本上是象征性的，并没有很大的实际效力和效应。它事实上代表了共和党从先前坚持的实施法立场中的一种退步。更要紧的是，它是两院共和党人在黑人选举权问题上立场日益分离的产物：参议院共和党人中大多数人的立场依然是激进的，但众议院共和党人已经开始变得越来越温和，甚至趋向于保守了。对于共和党人来说，早先在黑人选举权问题上可以期望的党内团结此刻已经越来越成为一种历史了。

## 五 实施法制定中的"权力"与"权利"困境

回过头来看，1870—1872 年共和党为实施黑人选举权而展开的立法行动，为维护内战宪法修正案建立的种族权利平等和黑人选举权的原则、推动选举程序的现代化做出了重要的贡献。然而，这些立法的通过并非一帆风顺，其过程不仅充满了民主党与共和党之间的政治交锋，更是充满了共和党内部不同意见和派别的冲突。共和党内的交锋尤其具有启示意义，因为它们展示了共和党人在面对内战后的宪法再造、宪法重建等重大实质问题所存在的立场分歧。总结而言，这种立场分歧主要表现在三组相互对立、相互矛盾的政治考量上：①共和党人希望为非裔美国人的公民权利和政治权利提供必要的保护，但在立法的时候却又不愿意或不敢突破传统宪政主义信条的约束；②共和党人希望授权联邦政府来贯彻重建宪法修正案所含有的革命性和民主性原则，但他们害怕这样做会带来一个权力不受节制并会腐败丛生的联邦政府，也不愿剥夺原来为州所保留的政治自主权；③他们希望通过支持创造一种新的种族关系模式，但又担心对黑人权利的保护和坚持势必会造成对白人公民权利的伤害或剥夺。这些相互对立的思考犹如幽灵一样始终交织在一起，贯穿于联邦实施法的立法辩论之中，影响着国会共和党人的判断与决策。共和党人的焦虑与犹豫不决最终集中在一个关键问题上：在实施黑人选举权和内战宪法修正案方面，联邦政府到底应该走多远？换个角度来看这个问题。也就是说，为了保障新解放的黑人能够享有新的权利，国会究竟应该赋予联邦政府多大的权力？

从意识形态上来看，激进共和党人始终将黑人选举权的实施视为联邦政府的一种责任。黑人对于重建政治的参与，对于维系和巩固共和党在联邦和各州的政治领导权都是至关重要的，因为共和党的掌权为美国的整体利益提供了一种必要的政治保障。激进派的这种认知不是一种意识形态上的强词夺理，也不是为了捞取政治好处的一种借口，而是从内战和重建经历中总结出来的历史经验。内战和重建创造了一个新的全国政府，新的宪法修正案赋予了美国一种新的政治生命，赋予了联邦政府一种新的责任，也赋予了共和党一种新的政治使命，那就是要维护和巩固林肯所说的"自由的新生"。为了做到这一点，联邦政府必须坚定地推动黑人选举权的实施，因为这对于捍卫内战的结果是非常重要的。在这种情况下，黑人选举权既是重建政治的目的，也是重建政治的武器，两者相互依存，并不矛盾。

温和派和保守派共和党人对黑人选举权的问题抱着一种谨慎，甚至怀疑的态度。与激进派共和党人相比，他们对黑人的政治能力并不抱有同等的信心。他们虽然接受黑人解放和黑人参政这一内战的合法结果，但他们并不希望彻底改变原有的联邦与州之间的权力分野。这些共和党人在不同程度上分享民主党人的恐惧感，他们认为不受节制的联邦政府及其权力的扩张将会破坏各级政府原有的权力制衡，而联邦政府的权力也将会为肆无忌惮的政客们所滥用。但他们最为担心的是，由联邦政府出面来为黑人行使政治和公民权利提供全面的保护将会从根本上改变美国政体的本质，打破联邦与州政府之间的权力分割和制衡。他们不愿意看到选举权从一种拥有自由和独立地位的男性公民享有的"特权"变成一种普遍权利，不愿意看到这种在联邦政府的保护下不受限制地得到使用，他们害怕普遍行使的黑人选举权会改变美国民主的共和品质，最终将美国民主变成一种充斥着愚昧无知并为政治野心家所操纵的政治体制。

意识形态的分歧并非国会共和党人被贴上"激进派""温和派"或"保守派"标签的唯一原因。事实上，除了查尔斯·萨姆纳和为数不多的在政治上始终保持一贯立场的几个共和党人之外，大多数共和党人的政治观同时带有上述这些相互矛盾的立场。他们在讨论其中一个实施法的时候可以是"激进派"，但在针对另外一个实施法的辩论中，则可能采取"温和派"或"保守派"的立场，有的时候他们会在讨论同一法案时改变自己的基本立场。政治态度不是影响共和党人做出决策的唯一因素。事实上，因为他们所代表的地区利益、经济利益和政治利益是如此的多元，许多共和党人在做决定时所遵循的原则来自其他方面，而并非来自共和党宣称的政治原则。

然而，尽管共和党内存在这些意识形态的分野和政治与经济利益的分歧，国会中的共和党人能够联合起来在两年之内通过了五部与实施黑人选举权相关的联邦法。尽管其内部充满了犹豫不决和争吵，但正如国会的投票记录所显示的，大多数共和党人在黑人选举权问题上是团结一致的。是什么力量促成并维系了这种共和党内的团结？将国会共和党人团结在一起的不仅仅是对自由和平等原则的坚持，不仅仅是出于惩罚先前敌人的强烈愿望，也不仅仅是为了赢得选举的党派利益的驱动，而是所有这些考虑加在一起的合力。共和党人不是政治天使，他们希望赢得选举，那是该党追求的现实的政治目标；他们也需要在南部发展本党的力量，因此他们需要为黑人支持者提供保护。在这些现实面前，共和党的自我保护、自我扩张与为黑人伸张正义、与有效地界定内战宪法修正案的具体内容、与建立一个健康的全国选举体制、与扩大联邦政府保护公民权利的现代国家机制是密切联系在一起的，所以共和党人推进联邦实施法的目的是混合的和复杂的。正是在这样的历史背景下，共和党人的努力和他们制定的重建实施法成为极有价值的重建历史的一部分。重建实施法的价值不光在于只是因为它们让我们看到了重建时代宪法再造历程中的保守与激进、权利与权力、传统与革新的博弈，更因为它们的制定帮助巩固了内战的政治结果、开辟了内战之后的美国联邦国家的行政和司法能力建设，为20世纪60年代联邦政府再度实施黑人选举权提供了经验。

[本文作者系北京大学历史系和美国宾夕法尼亚州印第安纳大学（Indiana University of Pennsylvania）历史系教授]

# 美国主流工会保守主义传统的起源、发展与僵化：一个思路

王心扬

美国主流工会为何执着于保守主义？也就是说，为何不主张改变资本主义？[①] 这是一个永远也不会离开我们的重大学术问题。一百多年来，有关学者针对这个问题进行了不倦的探讨，提出了各种不同的解释模型，其中不乏真知灼见，但也存在一些误区。其一是忽视思想传统的连续性。早期学者在研究主流工会的保守主义传统时，往往聚焦于美国劳联的经济工联主义，并认为这个保守主义传统是 19 世纪后期产生的。但他们很少注意到，美国劳工的保守主义早在 18 世纪末就已初步形成，日后主流工会的意识形态是在此基础上发展起来的。更为重要的是，学者普遍认为，主流工会不主张推翻资本主义，是因为美国工人缺乏阶级觉悟。不过，近年来的研究成果已经颠覆了美国工人缺乏阶级觉悟的观点。然而问题是，既然美国工人具有阶级觉悟，他们为何不主张改变资本主义呢？

---

① 德国社会学家沃纳·桑巴特（Werner Sombart）1906 年提出了"美国为何没有社会主义"这个重要问题。参见 Werner Sombart, *Why Is there No Socialism in the United States*? White Plains, New York: International Arts and Sciences Press, 1976。学者大都认为，"美国为何没有社会主义"，可以分为两部分进行探讨。其一，美国为何没有持久性的、代表工人阶级利益的社会主义政党；其二，美国主流工会为何不接受社会主义思想，也就是说，为何不主张改变资本主义。其实，这第二个问题比第一个更为重要，因为即使美国有持久性的社会主义政党，倘若它得不到劳工运动的认同和支持，也是很难成气候的。本文所谓的主流工会，是指那些会员众多而且有持久影响力的行业工会，如国际雪茄烟工人工会、铸铁工人工会等。当然，最主要的是将绝大部分行业工会整合到一起并长期掌握劳工运动主导权和话语权的美国劳联（American Federation of Labor）。

可见,只关注阶级意识的有无与强弱而不去分析美国工人阶级觉悟的性质,仍然无助于我们理解主流工会为何执着于保守主义。

本文试图为理解美国主流工会保守主义传统的形成与发展提供一个与以往稍有不同的思路。基于思想传统具有连续性的理念,同时,鉴于工匠是美国工人阶级的先驱而且在日后的劳工运动中居领导地位,本文首先考察 18 世纪后期工匠的意识形态和政治认同,发现他们的共和主义思想——拥护私有财产、主张机会平等、行业利益至上以及由此产生的阶级合作思想——属于资产阶级性质的意识形态,这在很大程度上决定了工匠会认同美国的政治制度,使合众国的劳工运动从一开始就不易走上改变资本主义的道路。在 19 世纪上半叶,共和主义继续影响着劳工运动的走向。工匠们认为,他们与雇主的斗争是在争取共和主义许诺给他们的追求幸福的权利。内战后,劳工运动中出现了两种势力相互博弈的局面。一方面,劳动骑士团表现出某种改变资本主义的倾向,但同时又继承了早期工匠的阶级合作思想,反对罢工;另一方面,以美国劳联为代表的行业工会承认劳资之间的对立,支持罢工。然而它们又沿袭了早期工匠的资产阶级世界观和拥护美国政治制度的传统,主张在资本主义体制之内进行经济斗争。博弈的结果是行业工会占了上风,也就是不主张改变资本主义的工联主义占了上风。

最后,进步主义时期目睹了美国主流工会指导思想的又一个重要变化。19 世纪后期美国政府对罢工的残酷镇压使劳联领导层在罢工问题上变得胆怯,他们不再像七八十年代那样提倡罢工斗争了。同时,雇主阶级当中也有人意识到缓和劳资关系的必要,开始提倡阶级合作。此外,联邦政府为了社会安定,在遇到劳资冲突时也逐渐放弃了一味帮助雇主镇压工人的做法,而是作为第三方进行调停,甚至还通过了一些有利于劳工的立法和行政措施。这一系列做法令行业工会的领导人感觉到,通过阶级合作既可以改善工人的处境,也可以令他们的工会避免被瓦解。于是,劳联等行业工会与政府越走越近,它们的保守主义传统变得僵化了。

在讨论开始之前有必要指出,本文并非全面回答和解释美国主流工会为何执着于保守主义,为何不主张改变资本主义。大家都知道,解决这个重大问题需要长期和不懈的努力,绝不是一篇论文能够做到的事情。

我完全意识到，这项研究工程有可能将问题简单化，挂一漏万更不在话下。不过，既然是一个思路，它也就不可能面面俱到，即使对文献的检讨也不可能做到"竭泽而渔"。同时，作为一个思路，它的着眼点是事物的主流，有限的篇幅不允许我们将所有的例外都囊括进去。当我们说劳动骑士团一贯反对罢工的时候，并不意味着这个工会从未支持过任何工业行动。同样地，当我们说美国劳联一贯排斥有色工人和妇女的时候，也不意味着它从未吸收过弱势群体的成员入会。这些相信读者都能够理解。

# 一　文献回顾

在有关美国劳工为何执着于保守主义的众多解释模型中，最系统也最有影响力的是威斯康星学派的约翰·康门斯（John R. Commons）和他的学生赛利格·伯尔曼（Selig Perlman）等所构筑的理论体系。简略地讲，康门斯认为，美国工人从不反对私有财产权，因此，他们的指导哲学是个人主义的，而不是社会主义的。美国劳工运动是基于"中产阶级"或"生产者阶级"的理念，而不是基于"工资阶级"的思想。同样重要的是，男性白种工人不必流血牺牲就"免费"得到了普选权，这使他们未能像欧洲工人那样，在争取普选权的斗争中获得阶级意识成长的机会。同时，由于美国经济呈现出时而繁荣时而衰退的周期，所以，美国工会的力量比较多变和不稳定，在经济良好的时候快速成长，在经济低迷时则趋于瓦解。在这些条件下产生出来的工人阶级不可能具有革命的、社会主义性质的阶级觉悟，而是具有既和雇主分离又和雇主合作性质的阶级意识。[①] 最后，大批移民的到来，造成了一个成分复杂的美国工人阶级，不同移民群体之间的竞争阻碍了工资阶级的团结，同时雇主又时常挑拨不同族群之间的关系。所以，按照阶级的原则将不同种族的工人组

---

① John R. Commons ed., *History of Labor in the United States*, New York: The MacMillan Company, 1918, vol. I, pp. 4 – 5, 11, 15.

织起来非常困难。①

继康门斯之后,伯尔曼特别强调私有财产观对美国劳工运动造成的不利影响。他指出:"因为任何形式的劳工运动都(应该)是一个反对私有财产权的运动,所以,私有财产制度在劳工运动所处的社会里深入到什么程度,对于劳工运动是极为重要的。"劳工必须得到公众——尤其是中产阶级——的舆论支持,才有可能限制由于雇主任意行使自己的财产权而产生的恶劣后果。但是在美国,私有财产权具有巨大的力量,所以劳工运动很难得到社会的支持。一旦美国社会察觉到劳工可能要彻底铲除私有财产,而不是限制它的使用,公众立刻就会站到雇主一边来对付劳工。劳联领袖赛缪尔·龚伯斯(Samuel Gompers)似乎正是意识到劳工所处的环境很容易转变为敌视劳工的环境,所以在俄国革命后的动荡年代里才一再谴责共产主义。②

伯尔曼还认为,美国劳工之所以坚持保守主义,是因为他们具有强烈的工作意识(job consciousness),却缺乏阶级觉悟。他写道:"美国劳工运动中一个压倒性的问题是如何让工人阶级永久性地组织起来。其他[国家]的劳工运动都没有像美国劳工组织特有的那样,要应对劳工组织脆弱的问题。总的来说,美国劳工组织的脆弱是由于美国工人缺乏阶级觉悟造成的。"伯尔曼指出,美国工人缺乏聚合性的原因之一,是主流工会的上层残酷打压双重工会(dual unions)和剥夺地方分会举行罢工的权利。③ 同时,美国工人有很高的流动性。很多人都不是终身在同一个工业部门做工,而是不断地从一个部门转移到另一个部门,从一个地点转移

---

① Commons ed., *History of Labor in the United States*, vol. 1, p. 10; John R. Commons, *Race and Immigrants in America*, New York: The MacMillan Company, 1907, pp. 149 - 150.

② Selig Perlman, *A Theory of the Labor Movement*, New York: The MacMillan Company, 1928, reprinted by Augustus M. Kelley Publishers, 1970, pp. 156 - 161.

③ 所谓双重工会,是指在已有的工会之外另行成立同一个行业的工会组织。其中一个典型的例子就是1914年成立的美国联合制衣工人工会(The Amalgamated Clothing Workers of America)。由于此前已经建立了一个全国性制衣工人工会——美国团结制衣工人工会(The United Garment Workers of America),联合制衣工人工会的建立无疑代表着一种双重工会的局面。地方分会的罢工是指未经全国性工会批准的工业行动,尤其是当某个工会的全国委员会已经和雇主达成协议的情况下地方分会组织的罢工。工会总部不但打压这些"非法"罢工,甚至还从外面招徕工人填补罢工工人留下的工作空缺。参见 Perlman, *A Theory of the Labor Movement*, pp. 162 - 164。

到另一个地点。此外，美国免费的公立教育和大量的经济机会令不少工人都有向上升迁的可能。美国的民主制度又使他们得天独厚地拥有投票权。"在其他国家里"，伯尔曼写道，"劳工运动刚刚开始的时候工人根本无权投票。说到底，不需要利用'剩余价值'理论就可以令工人们相信他们是一个独立的阶级，而且应该具有'阶级意识'。"最后，属于不同民族的移民的到来对本土工人构成了一种竞争性的威胁，结果，本土工人没有将敌意对准雇主，而是对准了移民，这也是导致美国工人阶级缺乏聚合性的重要原因。①

威斯康星学派对美国劳工史学的影响是不容否认的，尽管它的理论受到新劳工史学家的批评和质疑。正如肖恩·威兰兹（Sean Wilentz）所指出的，"尽管我们不愿承认，［但］四代人之前沃纳·桑巴特和赛利格·伯尔曼提出的问题［如今］仍然塑造我们的［研究］工作。"② 康门斯师徒认为美国劳工运动是基于"中产阶级"而不是基于"工资阶级"的理念，认为不同族群移民的到来分裂了美国的劳工队伍，并且认为早已确立的民主制度以及职业升迁不利于美国工人产生革命性的阶级觉悟，这些观点对于我们理解美国主流工会的保守主义传统至今仍然具有重要的参考意义。③ 不过，和许多其他理论体系一样，康门斯学派有关美国劳工保守主义的解释架构不可避免地具有某些弱点。例如，伯尔曼只是重点讨论了私有财产观如何影响了法院和中产阶级对待劳工运动的态度，却较少触及工匠本身的私有财产观如何影响美国的劳工运动。其实，在一定程度上正是由于工匠拥护私有制，并视自己的专业技术为私

---

① Perlman, *A Theory of the Labor Movement*, pp. 162 – 169. 伯尔曼认为，美国工人的流动性和向上升迁的机会削弱了他们的阶级觉悟，归根结底还是在谈阶级觉悟的有无和强弱，这里不再就这个观点展开讨论。

② Sean Wilentz, "Against Exceptionalism: Class Consciousness and the American Labor Movement, 1790 – 1920", *International Labor and Working Class History*, No. 26, Fall 1984, p. 1.

③ 事实上，探讨美国劳工为何执着于保守主义的学者很少能够绕过威斯康星学派的理论体系，更遑论超越这个体系。例如，斯蒂文·瑟恩斯特朗姆（Stephan Thernstrom）所做的研究曾经很有影响，他发现，一部分非技术工人确实经历了地域流动和职业升迁，因此，美国工人的阶级觉悟比较微弱，未能产生典型的无产阶级。参见 Stephan Thernstrom, *Poverty and Progress: Social Mobility in a Nineteenth Century City*, Cambridge: Harvard University Press, 1964。很显然，瑟恩斯特朗姆不过是在给伯尔曼的观点做脚注而已。

有财产，所以由他们主导的主流工会始终没有走上改变资本主义的道路。

伯尔曼认为，美国工人只具有"工作意识"却缺乏阶级意识，这个论点也不完全符合历史事实。例如，早在 18 世纪，马萨诸塞州林镇的鞋匠就已经认识到，他们所处的社会分为生产者和寄生者两部分。工匠将那些不事生产却骑在生产者阶级头上的人称为吸血鬼。一个帮工生动地将那些拥有不动产的人形容为粘在劳动者身上的"水蛭一样"的害虫，直到将后者生命的源泉榨干。[1] 戴维·蒙哥马利教授（David Montgomery）在研究了纽约、波士顿、费城和巴尔的摩工人阶级的状况后发现，在 19 世纪的前 20 年，印刷工匠、裁缝、鞋匠、木匠、石匠和其他技术行业里的帮工和师傅都组成了彼此不同的协会，由帮工组成的协会甚至认为有必要开除那些上升到雇主地位的会员，说明他们已经认识到各自阶级利益的不同。[2] 更值得注意的是，在 19 世纪最后 30 年，美国工人举行了多次规模巨大的罢工和同情罢工，这些工业行动常常充满血腥和暴力。不过，下面我们将会看到，虽然美国工人确实具有阶级意识，但他们在和雇主进行斗争的过程中却没有亮出改变资本主义的旗号。这是为什么呢？爱德华·汤普森（E. P. Thompson）等英国马克思主义史学家的理论体系对我们理解这个问题颇有启发意义。

汤普森在他的名著《英国工人阶级的形成》中明确指出，"阶级的经验主要是受生产关系制衡的"。不过，他认为，阶级的形成不仅仅是由于经济上的原因，同时也是由于文化上的原因。事实上，人的阶级意识是通过各种不同的文化形式表现出来的，如传统、价值系统、思想和制度等。[3] 受到汤普森观点的影响，美国学者肖恩·威兰兹（Sean Wilentz）意识到，过去大家认为美国工人缺乏阶级觉悟，是因为在历史学家心目中，所谓"阶级觉悟"就必须是对资本主义劳资关系全方位的和革命性

---

[1] Alan Dawley, *Class and Community, The Industrial Revolution in Lynn*, Cambridge: Harvard University Press, 2000, p. 44.

[2] David Montgomery, "The Working Classes of the Pre – Industrial American City, 1780 – 1930", *Labor History*, vol. 9, Issue 1, Winter 1968, p. 6.

[3] E. P. Thompson, *The Making of the English Working Class*, New York: Pantheon Books, 1963, pp. 9 – 10.

的批判，而且这种阶级意识本来就应该在美国出现。威兰兹指出，事实上，在19世纪上半叶，一种［阶级］意识已经以各种不同的方式出现了（只不过没有以学者心目中理想的形式出现）。当时，人们开始用资本主义雇主与雇工之间阶级分野的术语去解释社会动乱和共和国的衰落。然而，这种关于阶级的意识在更广泛的意义上是以保护"生产者阶级"利益的形式出现的。①

在新劳工史研究成果的启发下，问题渐渐变得明朗了。很显然，仅仅具有阶级觉悟未必会令美国工人阶级走上推翻资本主义的道路。这是因为，美国工人当中存在不同性质的阶级觉悟，主张推翻资本主义的阶级觉悟只是其中一种，而且不代表劳工运动的主流。说得更明确些，美国早期工匠所具有的，是不满大商人和银行家的垄断行为以及雇主的剥削，但是却不主张改变资本主义的阶级意识。遗憾的是，有关学者在讨论美国劳工的阶级觉悟这个问题时，聚焦于阶级觉悟的有无和强弱的大有人在，而意识到阶级觉悟具有不同类型的人却屈指可数。② 最终还是蒙哥马利教授将我们对这个问题的理解向前推进了关键性的一步。他指出，在19世纪，美国工人和他们的雇主进行着极其激烈的经济斗争，然而他们在政治行为上却没有表现出阶级意识。③ 蒙哥马利的观点无疑起到了画龙点睛的作用。下面我们会看到，正是工匠对美国政治制度的认同为他们的经济斗争划定了界限，令他们不易走上改变资本主义的道路。

最后，我们还应该看到，康门斯学派对思想传统的连续性认识不足。

---

① Sean Wilentz, *Chants Democratic*, *New York City and the Rise of the American Working Class*, *1788 - 1850*, New York: Oxford University Press, 1984, pp. 15 - 17.

② 仅仅注重阶级觉悟有无和强弱的研究取向至少到20世纪80年代还有相当大的影响力。例如，赛莫尔·马丁·李普赛特（Seymour Martin Lipset）在比较了北美洲、大洋洲和欧洲的工人运动后发现，一个国家的等级界限越是僵硬，就越容易出现以工人阶级为基础的、激进的政党。"在美国，……由于没有贵族或封建的经历，再加上工业化之前民主政治的历史，遂使得具有阶级觉悟的政治不再凸显，同时，也减少了改变主要［社会］结构的主张。"Seymour Martin Lipset, "Radicalism or Reformism: The Sources of Working-class Politics," *The American Political Science Review*, vol. 77, No. 1, March 1983, pp. 1 - 18.

③ David Montgomery, "The Shuttle and the Cross: Weavers and Artisans in the Kensington Riots of 1844," *Journal of Social History*, vol. 5, No. 4, Summer 1972, p. 411.

他们在研究美国工会的保守主义时，一般都聚焦于美国劳联的经济工联主义（business unionism），甚至认为经济工联主义肇始于 19 世纪 70 年代和 80 年代，却较少关注劳联保守主义的历史渊源。[①] 不过，同属威斯康星学派的菲利普·塔夫特（Philip Taft）却指出："有证据显示，经济工联主义是美国最早出现的工党主义（laborism），这个思想在 18 世纪末和 19 世纪初成立第一批工会时就已经开始了，而且 19 世纪 30 年代最早的工会运动又充分发展和促进了这个思想。"[②] 紧接着，蒙哥马利教授又进一步提出，研究美国工人对工业革命的反应必须从研究早期工匠开始。他写道："我们在评估工人对工业主义的反应时，［在时间上朝着事后］跨越了一大步，而不是首先考虑工业革命之前劳工的行为和态度。在探讨内战后的变化所带来的震惊时，我们的注意力向事后推迟了半个世纪。我们对于农业社会价值体系（agrarian values）的关注令我们忽视了不断扩大的工厂制对城市底层阶级文化遗产的影响。"[③] 正是基于思想传统具有连续性的理念，本文决定以早期工匠的意识形态和政治认同为出发点去探索主流工会保守主义的形成与发展。

## 二 早期工匠对美国政治制度的认同

工匠对美国政治制度的认同早在独立战争期间就已经表现出来了，他们不但积极投身美国革命，而且在某种意义上甚至可以说参与了合众国政治制度的制定。大家都知道，在美国革命中发挥过重要作用的本杰明·富兰克林（Benjamin Franklin）和汤玛斯·潘恩（Thomas Paine）都

---

① 即使到 20 世纪末仍有学者认为，美国劳联从 20 世纪初开始提倡经济工联主义，置经济利益于政治改革之上。参见 Victoria C. Hattam，*Labor Visions and State Power：The Origins of Business Unionism in the United State*，Princeton：Princeton University Press，1993，p. 3。

② Philip Taft，"On the Origins of Business Unionism," *ILR Review*，vol. 17，No. 1，October 1963，p. 21.

③ Montgomery，"The Working Classes of the Pre-Industrial American City，1780 - 1930," p. 22. 关于学界研究早期工匠历史的总结，参见 Sean Wilentz，"Artisan Origins of the American Working Class," *International Labor and Working Class History*，No. 19，Spring 1981，pp. 1 - 22。

是工匠出身。当时，英帝国为了保护本土工业，极力阻止北美发展制造业。① 英国为遏制殖民地制造业的成长而采取的种种措施不可避免地将北美工匠推到了与不列颠帝国势不两立的立场上。所以，毫不足怪，工匠成为抵制进口运动（non-importation）的主力军。英国国会在 1773 年和 1774 年通过的茶税法（Tea Act）和不可容忍的法令（Intolerable Acts）使工匠的反英情绪更加高涨。不过，工匠投身美国革命并非仅仅出于经济原因，其中也有深刻的政治动机，因为他们最终要在北美建立共和体制，以保障自己的政治和经济权益。用里昂·芬克（Leon Fink）的话来说，工匠们将政治上对民主的信仰和经济上对自由市场的信赖结合起来，向往一个革命后会出现的基于小财产的、更加平等的社会秩序。②

　　美国早期工匠，特别是上层工匠，都具有相当程度的文化知识和政治觉悟。除了富兰克林和潘恩，费城著名的革命派欧文·比德尔（Owen Biddle）和戴维·瑞藤豪斯（David Rittenhouse）都是钟表匠出身的知识分子。其中瑞藤豪斯是声望仅次于富兰克林的科学家，是杰佛逊所崇拜的偶像，在费城的技术工人中有大批追随者。查理斯·皮尔（Charles W. Peale）更是一位富有传奇色彩的工匠。虽然他早年贫困潦倒，但通过努力最终成为皮革匠、银器首饰匠和钟表匠。广泛的阅读以及英国对殖民地的压迫导致工匠对专制王权的憎恶和对共和制度的向往。其中皮尔就是一位"即使英王经过也绝对不会脱帽的"坚定的共和主义者，也是一位很早就鼓吹独立的革命派。③ 一个纽约工匠购买胸针的故事更加反映出技术工人对英国专制王权的憎恶。有一天，这位年轻的工匠购买了一

---

　　① 然而，尽管英国人采取了种种限制性措施，北美殖民地在 18 世纪中期却经历了制造业的蓬勃发展。到美国革命前夕，工匠几乎占费城人口的一半。1796 年，纽约市每 100 个男性工人当中有近半数是工匠。参见 Eric Foner, *Tom Paine and Revolutionary America*, New York: Oxford University Press, 1976, p. 28; Carl F. Kaestle, *The Evolution of an Urban School System*, *New York City*, 1750 – 1850, Cambridge: Harvard University Press, 1973, pp. 31 – 32; Charles S. Olton, "Philadelphia's Mechanics in the First Decade of Revolution, 1765 – 1775," *The Journal of American History*, vol. 59, No. 2, September 1972, pp. 316 – 317。

　　② Leon Fink, "American Labor History," in Eric Foner ed. *The New American History*, Philadelphia: Temple University Press, 1990, p. 236.

　　③ Eric Foner, *Tom Paine and Revolutionary America*, p. 116; 关于美国早期工匠通过努力成为科学家或进入其他较高层次的职业，参见 Olton, "Philadelphia's Mechanics in the First Decade of Revolution, 1765 – 1775," p. 313, footnote 9。

枚华丽的胸针,当时他并不知道那枚装饰物的政治含义。后来当朋友告诉他那是波旁王朝的象征时,这个年轻人的共和主义情结令他一刻都不能容忍这个代表暴君的徽章。他一口气跑回首饰店,要求店主给他调换一枚适合民主精神的装饰物。①

出于共和主义情结,工匠们早在革命之前就已经强烈要求政治上的平等。在革命的中心费城,技术工人坚决反对富商对该市政治和经济生活的操控,要求在民选的政府职务中要有工匠的名额。那些参加了民兵的工匠甚至要求所有的军官都要通过不记名投票产生,足见他们对民主制度的向往。② 以工匠为主体的纽约自由之子在抗击英军的时候并没有忘记自己被剥夺了选举权,他们强烈要求政治上的平等并最终取得胜利。按照新规定,大部分工人只要居住在纽约就有权在选举中投票。在查理斯顿市(Charleston,South Carolina),技术工人还迫使商人同意在起草抵制英货的委员会中必须有工匠的平等代表权。结果这个委员会由 13 名商人、13 名种植园主和 13 名工匠组成。③

工匠在潘恩的《常识》起草和出版过程中所发挥的重要作用更能够说明他们对美国革命的参与程度。在出版商都不愿为《常识》排版的情况下,印刷匠罗伯特·拜尔(Robert Bell)毅然承担了这份工作。同时,工匠出身的富兰克林、瑞藤豪斯和拜尔还是少数几个阅读过《常识》的初稿并做过少量修改的人物。④ 此外,我们也不应该忘记,汤玛斯·杰佛逊是在一位砖瓦匠家中完成《独立宣言》的写作的。⑤ 纽约工匠的政治觉悟和他们的费城同行相比毫不逊色。虽然工匠时常和商人在一些联合委员会中分享权力,但他们有自己独立的政治意识和政治行动。工匠们大都认真阅读潘恩的著作,他们在演讲中透露出来的"平等"和"共和主义"信息都反映出学习潘恩著作的成果。在美国宪法的酝酿过程中,纽

---

① Wilentz, *Chants Democratic*, *New York City and the Rise of the American Working Class*, p. 62.

② Eric Foner, *Tom Paine and Revolutionary America*, p. 62, pp. 64 – 65.

③ Philip S. Foner, *History of the Labor Movement in the United States*, vol. 1, *From Colonial Times to the Founding of the American Federation of Labor*, New York: International Publishers, 1998, p. 38.

④ Eric Foner, *Tom Paine and Revolutionary America*, pp. 74 – 75.

⑤ Philip S. Foner, *History of the Labor Movement in the United States*, vol. 1, p. 42.

约的工匠始终关注着那些制宪的绅士们关于宪法原则和个人权利的讨论。在一份递交给纽约临时州议会的请愿书中，工匠还强烈要求起草中的州宪法要经过全体人民的批准。在他们看来，"人民自愿的同意"是这部州宪法具有合法性的唯一有效的标准。①

阿瑟·施莱辛格（Arthur M. Schlesinger）曾经指出："民众的暴力在导致独立战争的一系列事件的每一个重要转折点上都发挥了决定性的作用。"② 而工匠就是这些政治暴民（political mobs）中的一支重要力量。1765 年印花税法和其他一些法律通过后，纽约的工匠便成为当时最大的反英组织自由之子的核心力量。其中，家具制造匠马瑞纳斯·威赖特（Marinus Willet）成为一位能干的街头抗议领袖。两位造船木匠托尼和戴理（Tony and Daly）则成为一群海员的带头人，这些海员正是纽约抗英暴民的骨干。③ 印花税法通过后，自由之子，特别是木匠、鞋匠、车夫、黑铁匠和其他工匠以及心怀不满的海员曾迫使纽约的印花发放官辞职。工匠们还洗劫了英国军官詹姆斯少校的住宅，因为他曾发誓要积极执行印花税法。在汤森法案（Townshend Act）通过后，自由之子中的工匠又成为强烈要求停止进口英国货物的中坚力量。当自由之子的一位领导人亚历山大·麦克都格（Alexander McDougal）由于攻击地方议会而被捕入狱时，工匠们组织了声势浩大的示威游行，支持这位"美国的威尔基斯"（Welkes of America）。④

印花税法被废除之后，工匠们继续他们的反英活动。纽约自由之子的代表还帮助其他城市的反英分子建立类似的组织。1768 年英军驻扎波

---

① Howard B. Rock, *Artisans of the New Republic*, *The Tradesmen of New York City in the Age of Jefferson*, New York: New York University Press, 1984, p. 22.

② Arthur M. Schlesinger, "Political Mobs and The American Revolution, 1765 – 1776," *Proceedings of the American Philosophical Society*, vol. 99, No. 4, August 30, 1955, p. 244. 关于工匠在马萨诸塞地区的暴民运动中所发挥的作用，参见 R. S. Longley, "Mob Activities in Revolutionary Massachusetts," *The New England Quarterly*, vol. 6, No. 1, March 1933, p. 108, p. 119。

③ Roger J. Champagne, "Liberty Boys and Mechanics of New York City, 1764 – 1774," *Labor History*, No. 8, Issue 2, Spring 1967, p. 119.

④ Rock, *Artisans of the New Republic*, pp. 20 – 21. 约翰·威尔基斯（John Welkes）是 18 世纪中期英国的一位激进主义政客。他曾极力为他的选民争取政治权利，在美国独立战争期间又支持北美的"反叛者"，因而在北美的反英民众中很受欢迎。

士顿之后，殖民政府号召当地工人帮助修建兵营，但木匠和砖瓦匠都拒绝为英军效劳。于是，英军不得不派人到纽约去招徕木匠和泥瓦匠。然而，纽约的工匠立刻做出决定，不为"这个国家的敌人"工作。在查理斯顿，工匠推选了 6 个人作为即将召开的议会的代表。当消息传到波士顿的时候，那里的工匠也行动起来并进而掌控了该市的政府。一位上层人士在 1770 年写道："波士顿的商人们现在已经完全无法参与市政会议的辩论了。会议正由最低等的人组成的暴民所掌控。"税务官理事会也评论道："在这些会议上，社会最底层的工匠们以极大的自由在讨论有关政府的最重要的问题。"赛缪尔·亚当斯（Samuel Adams）感慨地说：最终拯救这个国家的，肯定是城镇工人和小农的坚定的爱国主义。①

波士顿屠杀案发生后，工匠们开始武装起来，做好同英军直接对抗的准备。在驻扎英军最多的波士顿，技工们组织了一个有效的谍报网，监视英国士兵的一举一动。当他们得知英军准备将军事物资移出朴次茅斯时，一位叫保尔·瑞威尔（Paul Revere）的工匠星夜奔驰，赶去传递情报。自由之子在附近的工匠和农民帮助下立即行动起来，在英军到达之前夺走了这批物资。同样地，在得知英军准备逮捕赛缪尔·亚当斯和约翰·韩考克（John Hancock）时，瑞威尔也及时通知了这两位革命领袖，令他们免遭毒手。1775 年 4 月，工匠们又得知英军准备夺取革命军在康克德（Concord）的军事储备，于是，教堂的灯笼立刻闪烁起来，瑞威尔再次飞驰报信。结果使英军在莱克星顿（Lexington）和康克德都遭到由自由之子组成的民兵的伏击，有近 300 名英军士兵被击毙、击伤或俘虏。在独立战争中，工匠和普通工人更是活跃在战斗的最前线。波士顿一个完全由工匠组成的炮兵连里曾涌现出数名美军军官。在宾夕法尼亚第 11 步兵团两个连的 57 名士兵里，除了 7 名农民，其余都是来自各行各业的工匠及普通工人。②

如前所述，工匠投身革命的一个主要目的，是建立共和制度以保护他们的政治和经济权益。所以，他们十分关心联邦宪法和州宪法的制定。

---

① Philip S. Foner, *History of the Labor Movement in the United States*, vol. 1, pp. 35 - 39.
② Philip S. Foner, *History of the Labor Movement in the United States*, vol. 1, pp. 40 - 41, p. 43.

在费城，民兵的主体是来自劳动人口的底层（当然主要是工匠），这些人在 1776 年宾州的激进主义宪法制定过程中发挥了主导作用。① 现在国家实现了独立，建立了共和体制，而且制定了旨在保护公民权益的宪法，为建立新制度做出巨大贡献的工匠自然感到欢欣鼓舞。他们普遍将支持联邦宪法的运动视为争取独立的继续。一位署名"砖瓦匠"的人用他的行业语言写道："［美国］宪法是一个高尚的、可以令美国的自由安身的大厦。"1788 年 7 月 4 日费城庆祝通过宪法的大游行也显示出工匠和底层民众的政治态度。这一天，该市所有行业的工匠都出动了，每一个行业都组成自己的方阵，并拥有自己行业的彩车、旗帜和标语。"这些形式不同的标语和彩车，"艾瑞克·方纳（Eric Foner）评论道，"表达了工匠们对［美利坚］新政府所抱的希望。"这一点，从各个方阵的标语中也可以清楚地看到。海员和造船工匠的旗帜上写着："愿［美国的］商业兴旺，愿它的制造业得到回报。"酿酒匠的标语则是"国内酿造的［啤酒］是最好的！"② 由于在建国初期执政的联邦党人主张发展制造业，因而得到广大工匠的支持。在 1789 年的国会选举中，绝大多数纽约工匠都积极提名联邦党人做候选人。1789 年 4 月 30 日那一天，工匠们就像一年前庆祝美国宪法批准时一样，涌上街头庆祝华盛顿的就职典礼。③ 有学者就此评论道：工匠支持联邦党人，是因为"联邦党人是［制定美国］宪法的政党，他们看上去也是［美国］革命的政党"。一些工匠还以联邦党人的身份当选为纽约市议会的议员。联邦党领袖亚历山大·汉密尔顿（Alexander Hamilton）逝世后，工匠总协会为他哀悼 6 个星期。④ 值得注意的是，革命的成功与联邦政府的建立并不意味着工匠对美国政治制度的热爱开始减退，恰恰相反，他们希望这个制度能够长久存在下去。在 1828 年的一次宴会上，罗得岛州的一群工匠曾经向"美国制度"、向"亨利·克雷

---

① Gary B. Nash, Billy G. Smith and Dirk Hoerder, "Labor in The Era of The American Revolution: An Exchange," *Labor History*, vol. 24, Issue 3, 1983, p. 432.

② Eric Foner, *Tom Paine and Revolutionary America*, pp. 205 – 206; see also Montgomery, "The Shuttle and the Cross: Weavers and Artisans in the Kensington Riots of 1844," p. 422.

③ Alfred Young, "The Mechanics and the Jeffersonians: New York, 1789 – 1801," *Labor History*, vol. 5, Issue 3, 1964, p. 247.

④ Young, "The Mechanics and the Jeffersonians: New York, 1789 – 1801," pp. 250 – 252.

（Henry Clay）”以及向“杰克逊将军”敬酒。① 美国立国后，罗得岛州仍然沿用英国殖民政府 1663 年通过的特许状，其中规定，只有那些拥有 134 美元不动产的人及其长子才能够在选举中投票。这个不合理的制度引起越来越多人的反对，工匠则是争取普选权运动的中坚力量。其中新英格兰最杰出的工人领袖木匠塞斯·路德（Seth Luther）曾在全州各处发表演讲，鼓动工人和其他人士出来争取普选权。他在批评特许状政府的政策时说，“1663 年的殖民地特许状是和《独立宣言》《美国宪法》，以及罗得岛《权利法案》的精神背道而驰的。”② 显然，路德仍然沿用革命时期的思维方式来表达自己的政治主见。同时，工匠们往往选择在美国国庆日或华盛顿生日举行集会和游行以表达对社会的不满，无疑也是认同美国制度的表现。

## 三 工匠意识形态的资产阶级性质和早期劳工运动的特点

肖恩·威兰兹（Sean Wilentz）在描述美国建国初期的政治形势时写道：“在 19 世纪初，一个美国公民按照定义必定是一个共和主义者，也是美国革命遗产的继承者。”③ 从这个逻辑出发，为美国独立做出重要贡献的工匠当然更是坚定的共和主义者。实际上，共和主义（republicanism）正是美国早期工匠意识形态的主体。伯尔曼认为，那些具有工作意识的本土工匠为劳工运动的主流思想定下了基调。即使在阶级觉悟这个问题上与伯尔曼意见相左的学者也都承认，在 19 世纪的劳工运动中有一个占压倒优势的思想，它就是工匠所拥护的共和主义。④ 工匠之所以能够为这个主流思想定下基调，是因为他们是美国工人阶级的先驱，而且直到 20 世纪初，他们（以及后来的技术工人）在劳工运动中都扮演着领导

---

① Gary Kulik, "Pawtucket Village and the Strike of 1824: The Origins of Class Conflict in Rhode Island," *Radical History Review*, Spring 1978, No. 17, p. 12.

② Seth Luther, *Address on the Right of Free Suffrage*, Providence: S. R. Weeden, 1833, p. 9.

③ Wilentz, *Chants Democratic*, *New York City and the Rise of the American Working Class*, p. 61.

④ 参见 Bruce Laurie, *Artisans into Workers*, *Labor in Nineteenth Century America*, Urbana and Chicago: University of Illinois Press, 1997, p. 10。

角色。下面我们将具体分析美国工匠共和主义思想的性质。

　　拥护私有财产是美国早期工匠意识形态的一个极其重要的内涵。技术工人通常把共和主义中的"公民权"理解为保护私有财产的权利。鼓吹革命最力，也是备受工匠尊敬的潘恩就特别强调私有财产的重要性，他认为人的自然权利应该包括"获得和占有财产的权利"。① 在法国革命期间，潘恩在建立共和体制和普选权等问题上表现得比雅各宾党人都更为激进，但是当有些法国人要求更为彻底的社会改革时，他却非常不情愿放弃自由竞争和私有财产的原则。艾瑞克·方纳曾经深刻地指出："就其本质来说，工匠实现独立的愿望表明他们对私有财产极度的尊敬。"② 潘恩之后的其他工匠领袖也都十分重视私有财产。19 世纪初曾经做过小工匠师傅的工人领袖托马斯·斯基摩尔（Thomas Skidmore）就深受潘恩思想的影响。斯基摩尔认为财富是由农民和工匠——也就是通过劳动——创造出来的，劳动可以确保一个人占有财产的权利。③ 新英格兰工人领袖路德也非常重视私有财产。他曾经明确表示："有人指责我们要分割财产，……我以全体工人的名义，觉得自己有权告诉大家，这种指责是错误的，是彻底错误的，而且是恶意的。"④ 即使在他那篇《关于普选权》的激进演讲里，路德也十分和善地对有钱人说："我要对所有有权势的人说，还我们公道，我们会竭尽全力和你们一起保护你们的财产。"⑤

　　早期工匠意识形态的另一显著特点是他们对自己行业利益的极端重视与执着，这一点是和他们的私有财产观及独立观紧密相连的。工匠虽然不像商人那样拥有大量资金和不动产，但他们的作坊、生产工具和专业技术就是他们的私有财产。在工业革命之前，工匠在他们居住的城镇里普遍受到尊重，因为居民的日常用品无一不是他们制造的。例如，裁缝们在游行时常常举着这样的标语："我最初赤身裸体，是你给我穿上了

---

　　① "Tom Paine to Thomas Jefferson", in Philip S. Foner ed. *The Complete Writings of Thomas Paine*, New York: The Citadel Press, 1945, vol. 2, p. 1298.

　　② Eric Foner, *Tom Paine and Revolutionary America*, p. 39.

　　③ Thomas Skidmore, *The Right of Man to Property*, New York: A Ming, 1829, p. 42, p. 43, p. 55, p. 56, p. 57 and p. 79.

　　④ 引自 Louis Hartz, "Seth Luther, The Study of a Working Class Rebel," *The New England Quarterly*, September 1940, No. 13, p. 411。

　　⑤ Seth Luther, *Address on the Right of Free Suffrage*, p. 22.

衣服"（Naked was I and Ye Clothed me）！同时，工匠，特别是工匠师傅，对生产——包括作息时间、产量和对学徒的培训——拥有绝对的控制权。工匠在社区受到的尊重和他们对生产的控制权促进了他们对自己行业的自豪感，他们常常将自己的技术称为"光荣的行业"。[1] 即使有些人的职业日后出现了很大变化，但他们仍不希望失去自己先前的工匠身份。例如，富兰克林是美国早期著名的政治家、外交家和科学家，但他希望在自己日后的墓志铭上只刻上"工匠"这一个身份，[2] 足见工匠对自己行业有多么依恋。

工匠一向都从自己的行业利益出发去理解"独立"的内涵。当初他们投身独立战争固然有爱国的一面，但同时也因为英国的贸易政策危害到他们的行业利益。有三位学者在评论美国革命时期工匠的奋斗目标时写道："社会地位的上升——从工匠的行列进入商人和律师的队伍——并不是他们的目标，积累财富也不是。但是实现'独立'，或者换句话说，脱离对他人的依赖，对于工匠和普通工人来说才是非常重要的。"[3] 然而，在当时北美最大的制造业中心费城，几乎所有工匠的技术行业都受到英国政策的危害，他们理所当然会要求民族和国家的独立。另一个制造业中心纽约的工匠普遍认为，"独立"既意味着从英国人的统治下独立出来，同时也意味着他们能够在没有外来干涉的情况下专心从事自己的技术工作。[4] 对于工匠来说，要完全实现独立，就必须最终成为工匠师傅和拥有自己的手工工场，不再受雇于人。富兰克林本人不但实现了从帮工到师傅的梦想，而且在遗嘱中还设立了一个基金，目的是帮助年轻的工匠建立自己的生意。[5]

对行业利益的执着常常令帮工、学徒与师傅之间的阶级对抗意识处于从属地位。在美国早期的手工工场里，虽然存在着学徒、帮工和师傅

---

[1] Laurie, *Artisans into Workers*, *Labor in Nineteenth Century America*, p. 27.

[2] Charles S. Olton, *Artisans for Independence*: *Philadelphia Mechanics and the American Revolution*, Syracuse, New York: Syracuse University Press, 1975, p. 11.

[3] Nash, Smith and Hoerder, "Labor in The Era of The American Revolution: An Exchange," p. 426.

[4] Wilentz, *Chants Democratic*, *New York City and the Rise of the American Working Class*, p. 92.

[5] Eric Foner, *Tom Paine and Revolutionary America*, p. 39.

之间的等级差别，但是在同时，一种家长式的管理方式和生活气氛往往
又倾向于缓和不同等级之间的对立。例如，学徒和帮工常常和师傅坐在
同一条板凳上工作，都穿着皮革围裙，手上都磨出了厚茧。学徒和帮工
往往和师傅的家庭一起用餐，甚至住在同一个屋檐下。更为重要的是，
"今日的帮工就是明日的师傅"是当时广泛流传的口头禅。虽然不是每个
人都能最终上升到师傅的地位，但有不少人的确实现了这个理想。① 与此
同时，从传统的"生产者主义"（producerism）出发，工匠们认为师傅和
小企业主也都是劳动者，只有银行家、律师和投机者才是寄生阶级。因
此，在节日的庆典中，师傅和帮工一向是走在同一个梯队里，以显示同
一行业内部的团结与和谐。在 19 世纪上半叶纽约的节日庆典中，工匠们
总是高举着本行业的旗帜、徽章与工具，排成整齐的序列沿街游行。制
桶匠举着的标语写着："像兄弟般地友爱"，鞋匠们的箴言则是"团结就
是力量"。② 源于费城的美国联合工匠公会（The Order of United American
Mechanics）在 19 世纪 40 年代既接受工匠也接受小企业主作会员，而工
匠通常推举雇主做公会的首领。③

　　"平等"同样是工匠十分珍视的共和主义价值观。潘恩就非常重视平
等的原则。有学者甚至认为"平等是潘恩道德和政治思想的基石"。④ 同
时，基于自然法的"平等"观已经被明文写入《独立宣言》，并成为工匠
日后评判政治和社会问题的圭臬。然而，在经济意义上，"平等"涉及

---

　　① 关于帮工上升为工匠师傅的具体实例，参见 Montgomery，"The Working Classes of the Pre-
Industrial American City，1780 – 1830，" pp. 5 – 6。

　　② Wilentz，*Chants Democratic*，*New York City and the Rise of the American Working Class*，p. 90.

　　③ Laurie，*Artisans into Workers*，*Labor in Nineteenth Century America*，p. 98；如前所述，在早
期工匠当中，师傅、帮工和学徒之间有一种行业自豪感和团体归属感，我们姑且将它称为竖向的
忠诚。但另外，当资本主义企业家对赚取工资的工人采取对抗而不是合作的态度时，一种横向的
忠诚也在缓慢地发展，虽然还够不上成熟的工人阶级意识。例如，费城的木匠帮工在 1760 年成
立了一个社团，几年后曾试图建立工资的标准等级，裁缝们在 1771 年也组织起来，争取将产品
价格定在一定的水平上，以便使自己能够过上体面的生活。就这样，工匠们超越了仅仅对行业的
忠诚而且建立了自己的政治实力。关于工匠"对行业及社区的忠诚"和"底层工匠朦胧状态的
阶级意识"之间复杂关系的分析，参见 Nash，Smith，and Hoerder，"Labor in The Era of The Amer-
ican Revolution：An Exchange，" pp. 427 – 430。

　　④ Karen M. Ford ed.，*Property*，*Welfare*，*and Freedom in the Thought of Thomas Paine*，Cana-
da：Edwin Mellen Press，2001，p. 17.

"分配平等"和"机会平等"两个不同的概念,工匠究竟拥护哪一种平等呢?总的来说,在美国早期工匠身上这两种平等观兼而有之。然而,工匠思想的主流是强调机会平等。他们日后反对商人垄断物价,指责黑人、华工和东、南欧移民压低他们的工资和抢夺他们的工作机会,都是主张机会平等。正如艾瑞克·方纳所指出的:"当时〔指美国革命时期——笔者按〕和现在一样,当大多数美国人讲到平等时,他们的意思是机会的平等和法律面前的平等,而不是指财产和收入的平等。"①

工匠拥护私有财产和主张自由竞争,这就使他们不可能追求整个社会在分配上的平等。在这方面,富兰克林和潘恩对工匠的影响十分显著。富兰克林是技术工人心目中的偶像,他的《穷理查年鉴》(*Poor Richard's Almanack*)一书的主旨是倡导勤劳、节俭、清醒和自律等美德。这个基督教新教伦理曾经对工匠产生了很大影响。在18世纪50年代和60年代,《穷理查年鉴》每年都销售1万多册。一位费城的技工说,在工匠的习惯当中几乎很少见到腐败、铺张和奢华的现象。他们的习惯主要是勤劳、节约、俭朴和坚毅。按照富兰克林的思想,那些不成功的人到头来只能怪罪自己没有遵循这些美德。② 这一点潘恩发挥得更为彻底。潘恩坚持认为,经济上的不平等是由于每个人才能和勤劳程度的不同所导致的。他写道:"贫富之间的区别在很大程度上可以不必依赖压迫和贪婪等粗俗、难听的词汇得到解释。所谓压迫通常是一种结果,而很少是,几乎从来都不是,富人(赖以致富)的手段。"③ 在早期工匠看来,穷人很容易被暴君所驱使。因此,他们特别欣赏自己的小工场。纽约的工匠甚至认为,只有那些拥有小作坊的人才真正体现出共和主义的价值观。④

19世纪20年代美国工业革命肇始后,不断有小工匠师傅走向破产,同时,帮工和学徒成为师傅的梦想也逐渐破灭了,这些人通通沦为工厂中的技术工人。然而,工匠的共和主义传统却没有因此而被割断,"独立""私有财产""平等"和"公民权"仍然是技术工人理解自己和雇主

---

① Eric Foner, *Tom Paine and Revolutionary America*, p. 123.

② Eric Foner, *Tom Paine and Revolutionary America*, p. 36, p. 47.

③ Paine, "Of Monarchy and Hereditary Successions", in Philip S. Foner ed. *The Complete Writings of Thomas Paine*, p. 9.

④ Wilentz, *Chants Democratic*, *New York City and the Rise of the American Working Class*, p. 93.

的关系，以及为提高工资和缩短工时同雇主进行抗争时所使用的话语。正如菲利普·方纳（Philip S. Foner）所指出的，"革命时期那些伟大的表述——生命、自由和追求幸福——给了劳工争取较高的工资、较低的工时和较好的工作条件的勇气。革命先辈们做出的牺牲激励着 19 世纪 20 年代、30 年代和 40 年代的工人要求在他们所创造的财富中有更大的份额。"[1]

应该注意的是，在现代的工厂里，技术工人和非技术工人常常并肩工作，前者的共和主义思想不可避免地对后者产生影响。[2] 1834 年，罗威尔（Lowell）的纺织女工因为不满雇主降低工资而举行罢工。她们自称是"自由之女"（daughters of freemen），而将雇主称为托利党人（Tories），原因是这些托利党人雇主要将她们降低到依附的（不独立的）地位。这些女工显然是继承着美国革命时期的共和主义话语，同时又赋予"独立"的观念以新的含义。在她们看来，独立意味着要过上体面和有尊严的生活。差不多在同一个时期，宾夕法尼亚的罢工工人称他们的雇主为"暴君"（tyrant），[3] 同样是独立战争时期美国人和英国人抗争时所使用的语言，只不过现在践踏他们自由的——压低工资和提高工时——不再是英国人，而是美国的工厂主了。罗得岛州的木匠路德就经历了从帮工沦落为工厂工人的过程，他曾对雇主增加工时的做法表示过强烈不满。他在 1834 年的一次讲话中也将商人和工厂主称为暴君：

> 波士顿的造船匠、填缝匠和刻石匠从未向贵族人士乞求过或得到过恩惠，也永远不会向他们乞求或从他们那里得到恩惠，不论他们是商人、工厂主还是共和国的其他暴君。由于我们刚刚提到了盘克山（这是美国独立战争中的一次关键战役——笔者按），我们现在顺便要说，那个尚未完成的纪念碑是我们尚未实现的独立的最好象征。在那

---

[1]　Philip S. Foner, *History of the Labor Movement in the United States*, vol. 1, p. 47.

[2]　如前所述，许多非技术工人也参加了美国革命。所以，共和主义意识形态对于他们并不陌生。此外，19 世纪上半叶成立的"新英格兰工匠、农民和其他工人协会"也体现出技术工匠和普通工人之间的联系。

[3]　Laurie, *Artisans into Workers*, p. 63.

些贵族人士对工匠和工人谈到恩惠之前就让它处于未完成状态吧。①

既然工匠的阶级斗争是美国革命的继续，他们的指导思想自然就不可能离开共和主义的格局。在 19 世纪 40 年代，"新英格兰工匠、农民和其他工人协会"（The New England Association of Mechanics，Farmers，and Other Working Men）指出，当地的工厂是贪婪的标志，工厂制会粉碎美国自由人的独立精神。② 同样是从共和主义的立场去批判现状。

"公民权"在 19 世纪工匠的劳工斗争中也发挥过积极作用。美国早期工匠不仅仅把"公民权"理解为选举权，而是常常将它解释成为改善自己的待遇而组织工会的权利。在 19 世纪初，纽约的鞋匠曾被指控为非法地组织起来向他们的雇主勒索钱财，费城的鞋匠也遭到过类似的指控。不过，鞋匠们却理直气壮地指出，为了促进个人的幸福而组织起来是宾夕法尼亚州的法律赋予他们的公民权。③ 到了内战以后，许多技术工人都明确表示，举行罢工是行使共和国赋予他们的、与生俱来的权利。如果一个共和国竟然站在垄断者和投机者的立场上，无视失业者的痛苦和镇压它的公民，那就说明这个共和国已经背离了强调所有人都具有平等权利的共和主义传统。④ 布鲁斯·劳瑞（Bruce Laurie）指出，工人们是"利用大家通常所理解的共和主义中有关公民权的观念向雇主在工资、工作时间和工作条件方面的权威进行挑战"。⑤

从上面的讨论中不难看出，工匠共和主义的核心是捍卫私有财产、主张机会平等和维护行业利益，这几个原则正是构成资本主义思想体系的基本要素，因此我倾向于将美国早期工匠的意识形态定义为资产阶级

---

① Seth Luther, *An Address to the Working Men of New England，on the State of Education，and on the Condition of the Producing Classes in Europe and America*，New York，name of publisher not identified，1833，p. 25，26.

② Laurie, *Artisans into Workers*，p. 64.

③ Darid Montgomery, *Citizen Worker，The Experience of Workers in the United states with Democracy and the Free market during the Nineteenth Century*，New York：Cambridge University Press，1993，pp. 46–47.

④ Richard Oestreicher, "Terence Powderly, The Knights of Labor, and Artisanal Republicanism," in Melvyn Dubofsky and Warren Van Tine eds. , *Labor Leaders in America*，Urbana：University of Illinois Press，1987，p. 39.

⑤ Laurie, *Artisans into Workers*，p. 63.

性质的世界观。① 这也正是他们认同美国政治制度的根本原因，因为《独立宣言》和《美国宪法》所代表的政治制度都旨在维护私有财产权和机会平等（当然能否完全做到另作别论）。虽然工匠对雇主的剥削和商人的巧取豪夺并非无动于衷，而且在建国后从未停止过抗议和罢工。但是，由于他们认同美国的政治制度，同时又具有资产阶级性质的世界观，这就决定了由他们主导的劳工运动很难走上反对资本主义的道路，至多是在资本主义体制之内进行经济斗争以改善工人的生活水准。如前所述，19 世纪前半叶绝大多数罢工的目标都是提高工资和缩短工时，而不是改变资本主义制度。一位关注劳工运动的杂志编辑在 1867 年时发现：在美国，"工人和资本家之间的社会界限并非十分清楚。大多数成功的雇主开始时也都是工人；大多数工人也希望……成为雇主。……所以，美国的罢工比起英国来更像是一种生意（business），更不像是［对雇主不满的］一种情绪。"②

## 四 内战后美国劳工运动中两种势力的博弈

历时 4 年的美国内战以北部工业资产阶级的胜利宣告结束。随着这一胜利，合众国工业革命的步伐也开始加快，结果是更多的小工匠师傅、帮工和学徒沦为工厂工人。也正是在这个时期，"工匠"一词渐渐不再被大家使用，他们通通被称为工人了。在工厂里，昔日手工作坊中师傅、帮工和学徒一起工作、一起用餐的准家庭气氛已不复存在，代之而起的则是管理层与工人相脱离的劳资关系。在 19 世纪最后 30 年，也就是镀金时代，随着企业之间的竞争日趋激烈，雇主对工人的剥削也不断加重，这就必然引起工人的不满，所以，这个时代目睹了美国工人的阶级意识空前发展和劳资之间的一系列血腥对抗。

---

① 康门斯和伯尔曼均认为工匠具有中产阶级性质的世界观，这个论断当然不无道理。我猜想他们是基于工匠拥护小财产的心态而下的定义，因为工匠既反对大商人聚敛财富，同时又蔑视社会底层的穷人。我则是从另一个角度去理解工匠的共和主义思想。由于他们拥护私有财产和主张机会平等，所以我将他们的共和主义定义为资产阶级性质的意识形态。将工匠的共和主义确定为资产阶级性质的世界观可能也有助于我们理解工匠及后来的技术工人为何不主张改变资本主义。

② E. L. Godkin, "The Labor Crisis," *North American Review*, CX, July, 1867, pp. 177 – 179, Cited in Eric Foner, "Why Is There No Socialism in the United States?" *History Workshop*, No. 17, Spring, 1984, p. 58.

　　1877 年的铁路工人大罢工代表着内战后第一次大规模的、充满暴力的阶级冲突。当时恰逢经济衰退，铁路公司决定削减工人工资和裁员，这一决定立即引发了罢工浪潮。罢工始于西弗吉尼亚州，并很快沿铁路线蔓延开来。政府随后派兵镇压，行动中射杀了 10—20 名罢工者，击伤数十人，工人则几乎烧毁了铁路公司的所有财产。在民兵和正规军的联合镇压之下，罢工终被粉碎。[①] 1892 年，卡内基钢铁公司的工人又举行了一次震惊全国的罢工行动。这一年，该公司准备削减工人 22% 的工资和解雇一批工人。由技术工人组成的钢铁工人工会拒绝了资方的这一决定，于是公司下令关闭位于侯姆斯台德（Homestead）的炼钢厂，并雇用了 300多名武装侦探保护厂房，工人则表现出空前的团结和斗争性。不过，州长很快就动员了 8000 名国民警卫队将罢工镇压下去，公司还以制造骚乱以及谋杀等罪名控告了 185 名罢工者。[②]

　　在侯姆斯台德罢工的同一年，爱达荷州的柯达林（Coeur d'Alene）矿区也经历了一场血腥的劳资对抗。这个矿区的工人早先组建了团结矿工工会（Consolidated Miners' Union），并迫使雇主给所有工人定下统一的工资标准。不过资方随即建立了矿主保护协会，向工会提出新合约，规定将矿工的工资降低 25%，但遭到工会的拒绝。于是，矿主决定停产，并雇来破坏罢工者维持生产。罢工很快就转变为暴力冲突，导致多名矿工的伤亡。劳联宣布全力支持罢工工人，拨款 500 美元作为他们的辩护费，并要求国会彻查此次事件。由于州长调动了国民警卫队及联邦军队进行镇压，这次罢工行动也以失败告终。[③] 1893 年经济危机期间，位于芝

---

　　① 关于这次罢工经过，参见 *The New York Times*, July 21, 22, 23, 24, 26, 1877。另见宾夕法尼亚州议会调查委员会的报告，*Report of the Committee Appointed to Investigate the Railroad Riots in July*, 1877, pp. 907 – 910, 收入 Richard Hofstadter, *American Violence: A Documentary History*, New York: Vintage Books, 1970, pp. 134 – 138。

　　② 关于侯姆斯台德大罢工的部分报道，参见 *The New York Times*, July 2, 8, 11, 15, 19, August 5, 16, October 4, November 21, 1892。关于国会对于这次事件的调查报告的一部分，参见 Senate Report No. 1280, Fifty-Third Congress, Second Session, pp. 68 – 72, 收入 Hofstadter, *American Violence: A Documentary History*, pp. 143 – 147；另见 Philip S. Foner, *History of the Labor Movement in the United States*, vol. 2, pp. 206 – 218。

　　③ 关于此次罢工的记载，始见 *The Spokane Weekly Review*, July 14, 1892, 收入 Hofstadter, *American Violence: A Documentary History*, pp. 148 – 151。另见 *The New York Times*, July 12, 14, 15, 17, 18, 1892; Foner, *History of the Labor Movement in the United States*, vol. 2, pp. 230 – 234。

加哥附近的普尔曼（Pullman）机车车辆厂解雇了半数的工人，那些留用的也被削减了20%的工资。当工人要求恢复先前的待遇被拒时便开始罢工，他们的行动最终得到美国铁路工会的全力支持，由芝加哥出发的24条铁路全部陷于停顿。最后，克利夫兰总统派遣了正规军赴芝加哥进行镇压，民兵也赶来助阵，导致4名工人被杀，20人受伤。次日又有14000名警察、民兵和军队开赴罢工现场，将罢工击垮。①

上述的工业行动只是内战后美国工人无数次罢工中的几个突出的实例。这些罢工显然比19世纪前期的劳工斗争更加激烈，更加充满暴力。同时这个时期的劳工运动还表现出某种反对资本主义的倾向。例如，当时全国最大的工会劳动骑士团提倡废除工资制，主张通过教育和组织合作团体实现工人阶级的解放。1877年铁路罢工的矛头更是直指当时的统治精英，包括铁路大亨、军事将领和政治权力的经纪人。更值得注意的是，劳工斗争的目标还包括制定标准的工资等级、推行工会制定的工作规则，以及禁止惩罚和解雇工人。工人的这些要求，用蒙哥马利的话来说，代表着"一种有意识的对资产阶级贪婪的个人主义伦理的摒弃"。②不过，如果我们就此得出结论，认为改变资本主义业已成为主流工会的既定方针，那就将问题过分简单化了。因为这个时期美国劳工运动的意识形态并非铁板一块，而是包含着许多矛盾和对立，这些矛盾首先反映在支持还是反对罢工这个问题上。

虽然在镀金时代美国工人表现出强烈的阶级意识和空前的斗争性，然而在同时，劳工运动中反对罢工、主张仲裁的思想也相当普遍。③ 例如，劳动骑士团的领导层就旗帜鲜明地反对罢工。该工会的最高领导人泰伦斯·包德利（Terence V. Powderly）曾在骑士团机关刊物《团结劳工

---

① 参见 The Chicago Times, July 8, 1894, 收入 Hofstadter, American Violence: A Documentary History, pp. 152–156, 关于这次罢工的部分报道，参见 The New York Times, May 12, 14, 1894。另见 Philip S. Foner, History of the Labor Movement in the United States, vol. 2, pp. 261–278。

② David Montgomery, "Labor and the Republic in Industrial America: 1860–1920," Le Mouvement Social, No. 111, April-June 1980, pp. 203–204.

③ Norman J. Ware, The Labor Movement in the United States, 1860–1895, A Study of Democracy, Gloucester, Mass.: Peter Smith, 1959, pp. 127–129, 131–132. 在19世纪后期，所谓"仲裁"（arbitration）和我们今天所理解的含义颇有不同。当时它主要是指劳资双方通过谈判解决他们之间的分歧，而不是由第三方介入和做出评判。

报》（*Journal of United Labor*） 上撰文抨击罢工行动，包德利写道：

> 罢工会带来一系列的、永无休止的恶果。无论罢工者取得胜利
> 还是遭到失败，结果都是一样。如果他们胜利了，公司方面会收敛
> 锋芒，等待时机，然后冷不防地进行反扑，或者解雇罢工领导人，
> 或者缩减工资。无论是哪一种结果，工人都会再次罢工；［因为］如
> 果他们不这样做，就等于承认自己被打败了，而且还要听命于资本。
> 就我这方面来说，我看不到目前进行的罢工有什么好处。罢工是一
> 种失败……我每逢想到罢工都会感到惊恐。①

包德利的助手约翰·海斯（John W. Hayes）认为，仲裁会令雇主和工人的
关系走得更近。② 包德利成为骑士团领袖后，不断地利用手中的权力调和
阶级关系，并尽其所能阻止骑士团分会的罢工行动。他曾经在芝加哥牲
畜围场罢工可能接近胜利的时候下令停止行动，在瑞丁铁路系统罢工时
袖手旁观，并竭尽全力阻止纽约中央铁路的罢工。1886 年，威巴斯
（Wabash） 铁路系统爆发了工业行动，西南地区其他铁路的工人请求举行
同情罢工，但遭到骑士团总执委会秘书的拒绝。③
19 世纪后半叶美国劳工运动中另一个重要分歧是沿着种族、族群和
宗教问题展开的。事实上，种族和族群矛盾对工人阶级意识的负面影响
早在 19 世纪初就已见端倪。例如，在巴尔的摩市，白人木匠曾将非洲裔
工人赶出造船业。④ 在 19 世纪 30 年代和 40 年代的费城地区，信奉天主
教的爱尔兰移民工人和信奉新教的本土工匠围绕着饮酒问题以及公立学
校应该使用什么版本的《圣经》不断进行着激烈的内斗。对于卷入政治
运动的新教工匠来说，他们的对立面不是资本家，而是罗马天主教徒。
而在信奉天主教的爱尔兰工人眼中，他们的敌人正是本土的新教工匠。

---

① *Journal of United Labor*, August 15, 1880, pp. 37 - 38; August 15, 1882, pp. 283, 295.

② Laurie, *Artisans into Workers*, *Labor in Nineteenth Century America*, pp. 166 - 167.

③ Ware, *The Labor Movement in the United States*, pp. 19, 89, 138, 150 - 151.

④ "Frederick Douglass Confronts Working-Class Racism, 1836," in Eileen Boris and Nelson Lichtenstein eds. Major Problems in the History of American Workers, Documents and Essays, Lexington, MA: D. C. Heath & Company, 1991, pp. 134 - 136.

每逢选举，新教的和天主教的工人不是彼此团结起来，而是和他们各自族群的雇主结了盟。① 从 19 世纪 30 年代开始直至内战，费城的本土工匠与爱尔兰移民工人为了工作竞争而争斗不断，这个争斗又和天主教与新教之间的矛盾相重叠，更加深了两组工人之间的对立。同时，爱尔兰工人认为自己的社会地位高于黑人，使用暴力攻击非洲裔工人能够令他们感觉到自己和本土白人是平等的，而且还能够有效地将黑人从某些行业中驱逐出去。而黑人也不甘接受自己每况愈下的命运，1842 年，当爱尔兰运煤工"入侵"黑人社区时，后者不惜朝他们开枪射击。② 不过，到了镀金时代，随着越来越多的黑人、华工和东南欧移民走上劳动力市场，工人内部的分裂变得更加严重了。

美国劳工运动中历来都存在着提倡种族平等和坚持种族主义这两种对立的倾向。骑士团高层提倡劳动者的兄弟情谊代表着前一种倾向。基于这个理念，黑人和白人、妇女和男子、技术工人和非技术工人都受到欢迎。包德利曾经生动地描述说："一个申请者不应该因为他的肤色而被拒绝入会。反而倒是应该看看他的心灵和思想是否带有颜色。"③《团结劳工报》也指出："如果我们基于肤色和宗教信仰而拒绝任何靠光荣劳动过活的人入会的话，那就背离了骑士团的每一个宗旨。我们的纲领宽大得足以将所有的人都吸收进来。"④ 根据 1886 年的一项估计，当时骑士团的成员已经超过 70 万人，其中至少有 6 万名黑人。⑤ 在 1886 年召开的年会上，包德利决定由第 49 分会的黑人会员法兰克·费罗（Frank J. Ferrel）将他介绍给东道主弗吉尼亚的费兹胡·李（Fitzhugh Lee），这位州长是内战期间南部叛军总司令罗伯特·李（Robert Lee）的侄子，他本人也是南

---

① Montgomery, "The Shuttle and The Cross," Especially, pp. 411, 425, 427, 431, 434, 439.

② Michael Feldberg, "The Crowd in Philadelphia History: A Comparative Perspective," *Labor History*, vol. 15, Issue 3, Summer 1974, pp. 332 - 333, 335,

③ *Proceedings of the General Assembly of the Knights of Labor*, September 9, 1880, p. 257；关于包德利坚持黑白平等的立场，可见 *The New York Times*, July 26, 1891。

④ *Journal of United Labor*, August 15, 1880, p. 49.

⑤ Sidney H. Kessler, "The Organization of Negroes in The Knights of Labor," *Journal of Negro History*, vol. 37, July 1952, p. 272; Kenneth Kann, "The Knights of Labor and the Southern Black Worker," *Labor History*, Winter 1977, vol. 18, No. 1, p. 54.

方军队的一位将领。当一家白人旅店拒绝费罗入住时，第 49 分会的白人会员决定抵制这家酒店，和费罗一起到一家黑人开设的旅馆过夜。① 骑士团以实际行动向种族歧视挑战，这在 19 世纪 80 年代的美国南部不能不说是一个惊人之举。

然而，骑士团领导层大力吸收黑人入会并不意味着它的白人会员都已经克服了种族主义。事实上，这个工会吸收黑人主要是为了防止非洲裔工人同他们竞争工作机会和破坏他们的罢工。② 这一点《团结劳工报》说得很清楚："每当工人举行罢工的时候……雇主首先要做的是什么呢？他是不是要四处求索，寻找能够取代罢工工人的人，而不去考虑他们的国籍、肤色和信仰呢？他当然会这样做。……那我们为什么要让愚蠢的种族偏见将那些可能帮助雇主压低工资的人拒之于工会之外呢？"③ 不幸的是，虽然骑士团吸收了许多南部黑人入会，但广大白人会员对工作竞争的担心却丝毫没有减少。例如，1886 年，骑士团成员赢得了里士满市议会的多数席位，他们立即通过决议，禁止黑人承担建设新市政厅的工作。④ 即使那些主张吸收黑人入会的骑士团领导人也没有真正克服种族偏见。包德利在自传里坦承，骑士团"无意干涉南方种族之间的社会关系。骑士团要努力解决的是工业的，而不是种族的问题"。⑤ 尽管如此，对吸收非洲裔工人入会的不满最终还是导致许多南部白人退出了骑士团。其中一位白人会员对《纽约时报》记者说："骑士团强行将有色人种安插在我们中间的做法迫使我离开了这个工会。"⑥

在 19 世纪后半叶的美国西部，中国移民是一支重要的劳工队伍。据

---

① 关于第 49 分会在里士满会议期间坚持黑白平等的原则，参见 *The New York Times*，September 29，1886；Leon Fink，*Workingmen's Democracy*，*The Knights of Labor and American Politics*，Urbana：University of Illinois Press，1983，pp. 162 – 163。

② 关于黑人被雇主用来取代罢工中的白种工人，参见 *The New York Times*，May 28，1874，March 19，1880，September 4，1883。

③ *Journal of United Labor*，August 15，1880，p. 49.

④ Melton A. McLaurin，"The Racial Policies of the Knights of Labor and the Organization of Southern Black Workers，" *Labor History*，Fall 1976，vol. 17，No. 4，pp. 582 – 583.

⑤ Terence Powderly，*Thirty Years of Labor*，1859 – 1889，Columbus：Excelsior Publishing House，1890，p. 660，p. 662.

⑥ *The New York Times*，October 7，1886.

1872 年的一项统计，旧金山市的工厂工人中有近一半是中国移民。[①] 到 1880 年，加州制鞋业中 52% 的劳动力，雪茄烟制造业中 84% 的工人，以及毛纺业中 32% 的打工者是华工。[②] 当时，无论是修建铁路还是在工厂做工，中国移民的工资都比白种工人的收入要低。[③] 在旧金山制造妇女服装的行业，华工的平均年收入是 364 美元，而制造男子服装的白种工人的年工资则是 597 美元。[④] 既然华工经常接受低微工资，那么就很容易被雇主用来破坏白种工人的罢工。出于对工作竞争的恐惧，西部白种工人大都将华工视为他们的主要敌人。《团结劳工报》曾直言不讳地说，华人的 [工作] 竞争给我们带来了灾难。这种竞争随时就在我们身边，并给白种的、信仰基督教的劳工阶级带来令人震惊的苦难和落魄。[⑤]

骑士团的许多分会都是排华运动的急先锋。在旧金山，骑士团和雪茄工人工会主导了那里的排华运动。他们组织了大规模的排华集会和游行，并从纽约输入雪茄工人取代华工。骑士团的领袖们从不掩饰他们曾经用恐怖手段对付中国移民，还为自己在《排华法案》通过的过程中所发挥的重要作用感到自豪。[⑥] 19 世纪后期发生在西部各州攻击华工的事件都有骑士团成员参加，其中最令人发指的当属 1885 年发生在怀俄明州石泉市（Rock Springs）的屠杀中国移民惨案，这起惨案至少导致 28 名华人被杀害。[⑦] 在 19 世纪后期，加利福尼亚的白种工人普遍认为自己受到上

---

[①] Ronald Takaki, *Strangers from a Different Shore*, *A History of Asian Americans*, Boston: Little, Brown, and Company, 1989, p. 87.

[②] Ping Chiu, *Chinese Labor in California*, *1850 – 1880*, *An Economic Study*, Madison: Wisconsin Historical Society, 1963, p. 65.

[③] 1879 年，旧金山的一位雇主告诉《编年报》（*Chronicle*）的记者说，他付给白种工人的日工资是 1.5 美元，付给华工的是 1.25 美元。参见 *The New York Times*，1879 年 8 月 10 日。

[④] 参见 Takaki, *Strangers from a Different Shore*, p. 88。

[⑤] *Journal of United Labor*, August 15, 1880, p. 39.

[⑥] *The New York Times*, November 9, December 2, 1885; Almer C. Sandmeyer, *The Anti-Chinese Movement in California*, Urbana: University of Illinois Press, 1973, p. 98; Philip S. Foner, *History of the Labor Movement in the United States*, vol. 2, p. 59.

[⑦] "Report of Frederick A. Bee, Chinese Consul in San Francisco, to Cheng TsaoJu, Chinese Minister to the United States, September 30, 1885," attached to *the Message from the President of the United States relative to Chinese Treaty Stipulation*, Executive Document No. 102, 49th Congress, 1st Session, March 2, 1886, p. 12; *The New York Times*, September 4, 5, 6, 1885.

下两方面的攻击：来自上方的是资本家的剥削，来自下方的则是华工对他们工作机会的威胁。然而，当他们进行反击的时候，却是向下去攻击华工，而不是向上去攻击资本家。① 与此同时，南部白人骑士在面对资本家的剥削和黑人的工作竞争时，往往也是将斗争矛头指向下方的黑人。② 此外，许多行业工会都明文规定不吸收黑人入会，其结果至少是削弱和分裂了南部的劳工运动。③ 欧裔工人将矛头对准有色工人，而不是对准资本家，使他们的阶级意识产生混乱，也使劳工运动进一步偏离正道，这就很难指望他们向资本主义制度挑战了。

在镀金时代，美国劳工运动中"产业工会"与"行业工会"这两种组织原则之间更有冰炭不相容的趋势。骑士团在吸收会员时不考虑肤色、性别，也不考虑是否拥有专门技术，是在贯彻产业工会的原则。这不但体现出它的领导层实现劳动者阶级团结的愿望，同时也为骑士团与社会主义者合作提供了一个平台。然而，骑士团既然要贯彻产业工会的原则，就不可避免地使自己走到大批行业工会的对立面，而它的绝大部分分会又恰恰都是行业工会。④ 行业工会（craft unions 或 trade unions）的一个鲜明特点就在于它的排外性。出于捍卫技术工人既得利益的目的，行业工会坚持以行业的形式组建工会，理由是这样做有利于整个行业的工人一起和雇主进行交涉，同时它们大都拒绝吸收非技术工人入会。例如，国际印刷工人工会在 1880 年曾建议和其他印刷工人工会合并，组建一个"大陆行业工会联盟"（Continental Federation of Trades）。新联盟的纲领草

---

① 在早期的美国，雇主为了节省开支，时常以低工资雇用尚未出师的学徒，遇到这种情况，许多帮工都迁怒于学徒，而不是怨恨雇主。参见 Philip S. Foner, *History of the Labor Movement in the United States*, vol. 1, p. 73。这和 19 世纪后期白种工人向下攻击有色工人而不是向上攻击资本家是否属于同一个心理，值得进一步探讨。

② 参见 McLaurin, "The Racial Policies of the Knights of Labor and the Organization of Southern Black Workers," pp. 582 – 583。

③ Gerald N. Grob, *Workers and Utopia：A Study of Ideological Conflict in the American Labor Movement*, 1865 – 1900, Evanson, Illinois：Northeastern University Press, 1961, p. 153.

④ 参见 Ware, *The Labor Movement in the United States*, p. 29, p. 30, p. 39; Grob, *Workers and Utopia*, p. 101。当然，有些行业分会同时又隶属于全国性或国际性的行业工会，而后者往往并不附属于骑士团，这就导致这些地方分会究竟应该忠于骑士团还是忠于全国性工会的困惑。

案规定："只要有可能，就要传播严格的行业工会原则。"① 1881 年，"有组织的行业工会与其他工会联盟"（Federation of Organized Trades and Labor Unions）的第一次会议在匹兹堡召开，准备组建一个纯粹的行业工会联盟，并取名为"美国与加拿大有组织的行业工会联盟"。②

不过，由于参加会议的有不少劳动骑士团的代表，而骑士团的领导层是主张产业工会原则的，所以，组建纯粹行业工会联盟的倡议在当时并不占上风。骑士团的秘书罗伯特·雷顿（Robert Layton）发言时说，"这次大会曾被广泛地宣传为一次［代表所有］劳工的大会，而我们现在却在大谈行业［工会的原则］。为什么不能将骑士团［吸收所有劳动者的原则］作为这个联盟的基础呢？"由于这两种组织原则水火不容，骑士团很快退出了这个新工会联盟。新联盟在 1883 年召开第三次会议时，赛缪尔·龚伯斯（Samuel Gompers）当选为会议的主席，会议决定在新联盟的纲领上加上"记录罢工""通过工会行动支持八小时工作制"和"增加会费及建立基金"等条款。其中木匠工会还主张将 1886 年 5 月 1 日锁定为所有行业工会争取八小时工作制的日子。③ 由于骑士团主张阶级合作，反对罢工，上述的要求都是它的领导层无法接受的。

缩短工时是 19 世纪美国广大工人的奋斗目标。为实现这个目标，工人们从 1835 年开始就不断地举行罢工。到 1884 年，行业工会与其他工会联盟宣布，从 1886 年 5 月 1 日起，"八小时"应该成为法定的工作时限。随后，骑士团的一些成员，特别是行业工会，为实现八小时工作制而陆续举行罢工。不过，5 月 4 日发生在芝加哥的干草市场事件（Haymarket Affair）却给八小时工作制运动带来了悲剧性的结果。④ 事件发生后，包德利在一封信件中表示："我们从未锁定 5 月 1 日为举行罢工或其他种类［行动］的日子……以后也不会这样做。骑士团的任何分会都不得在执行

---

① George A. Tracy, *History of the Typographical Union*, p. 315, cited in Ware, *The Labor Movement in the United States*, p. 244.

② Ware, *The Labor Movement in the United States*, p. 247.

③ Ware, *The Labor Movement in the United States*, pp. 247, 248 – 250.

④ 1886 年 5 月 4 日，芝加哥干草市场有一个集会，声援为争取 8 小时工作制举行罢工的工人。当警察试图驱散人群时，有人向后者投掷了一枚炸弹，导致 7 名警员和数名平民丧生。警方随即逮捕了一批无政府主义者，其中 7 人被判死刑，1 人被判入狱 15 年。

总部命令的印象之下举行罢工。"本来，骑士团不断吸收行业工会加盟的做法已经令后者的领导人咬牙切齿，包德利等人反对罢工的政策又进一步激化了骑士团与行业工会之间的矛盾。其实，一些行业工会早就酝酿着脱离骑士团。1886 年 4 月，木匠工会、雪茄烟工人工会、花岗石切割工人工会和铸铁工人工会的领导人联合发出信函，号召当年 5 月在费城召开会议，目的是"保护我们每个组织免受某一伙人的恶意操作，这伙人公开夸口一定要摧毁行业工会"。会议专门起草了一份协定。其中规定：未经［地方］分会的允许，骑士团不得擅自组建行业性分会；任何接受低于行业工会规定的工资标准的人不得成为骑士团成员；任何有破坏罢工前科的人不得入会；骑士团的任何组织者，倘若诱导行业工会解散或延缓行业工会的发展和特权，都将被解职；当任何一个行业工会举行罢工而且问题没有得到令人满意的解决之前，骑士团的地区和地方分会不得进行干扰。①

很显然，上述协议的每一个规定都和骑士团的指导思想——提倡产业工会的原则和反对罢工——针锋相对。这说明行业工会维护技术工人既得利益和在资本主义体制之内进行经济斗争的决心是十分坚定的。而在斗争的另一方，又恰逢第 49 分会中的社会主义者开始控制骑士团总执委会，这些社会主义者坚决维护产业工会的原则，同时主张改变资本主义，当然不可能向龚伯斯等人做出让步，于是骑士团的分裂就在所难免了。1886 年 11 月，行业工联主义者发出号召，准备在俄亥俄州的克伦巴斯市召开会议，目的是成立一个行业工会联盟。号召书认为，应该在严格认可每一个行业自治的基础上建立全国性和国际性的行业工会。这个号召遂导致大批行业工会陆续撤出骑士团和美国劳联的成立。诺曼·威尔（Norman Ware）认为，"骑士团和行业工会之间的冲突……并不是不可以遏制的。［冲突］并非完全是——也并非主要是——因为［组织］结构的不同或观点的不同，而主要是由于个人的傲慢和野心、政治阴谋和

---

① *Proceedings of the First Annual Convention of the American Federation of Labor*, 1886, p. 16; 行业工会反对骑士团吸收有破坏罢工前科的人入会，既表现出技术工人维护自己既得利益的愿望，也反映出他们排斥有色工人和移民工人的决心，因为资本家主要是利用有色工人和移民来压低技术工人的工资和破坏他们的罢工。

不测事件［所导致的］。"① 作为研究美国劳工史的一位领军人物，威尔在评论骑士团与行业工会的分歧时，竟然忽略了"行业工会"与"产业工会"之间不可调和的矛盾，却着眼于个人野心和不测事件上，这真是明察秋毫却不见舆薪了。

　　虽然以上的讨论不可能涵盖镀金时代劳工运动中所有的对立与冲突，但两种不同的意识形态对劳工运动的影响还是比较清楚了。一方面，骑士团主张废除工资制，提倡劳动者的阶级团结，坚持产业工会的原则，很可能是受到社会主义思潮的影响，有意将美国社会从资本主义制度中拯救出来。然而，它又坚持生产者主义，主张劳资合作，反对罢工，提倡勤俭、清醒和自律的基督教新教思想，这就意味着骑士们不可能真正走上推翻资本主义的道路。另一方面，本土技术工人坚持按行业工会的原则将工人组织起来，坚持各个分会的独立自主，排斥有色工人和移民，其本质是维护私有财产和行业利益。但行业工会又认识到工人与资本家之间的对立（详见下一节），主张在资本主义体制之内进行经济斗争，并领导了镀金时代的大部分罢工。由此看来，到19世纪末，早期工匠的共和主义仍在影响着美国劳工运动，不过这个传统已经分裂为不同的碎片，劳工运动中不同的势力各继承了其中一部分碎片，因而产生了两种意识形态相互博弈的局面。博弈的结果，是行业工会所代表的不改变资本主义的路线占了上风。保守主义路线之所以有如此强韧的生命力，是因为在19世纪末和20世纪初，技术工人仍然有许多既得利益需要捍卫，② 而共和主义——私有财产和追求幸福的权利——为他们的斗争提供了必要

---

① Ware, *The Labor Movement in the United States*, p. 295, pp. 162 – 163.

② 技术工人在镀金时代仍然维护行业利益，是因为许多专门技术并没有因为机械化的到来而瞬间消失。其中有些行业，像制鞋业中上楦工（lasters）的专门技术直到19世纪末才逐渐被机器所代替。更为重要的是，机械化虽然淘汰了许多手工技术，但同时又催生了一批新的技术行业，如钢铁制造业中出现的锻工、辗轧机转动工、韧化工、洗金属工等。此外，随着越来越多机器的发明，又出现了大批改进和维修机器的技术工人。所以，直到19世纪末20世纪初，美国工人当中仍有相当一部分人在从事技术性工作，仍然享受着较高的工资待遇，行业利益仍然是他们需要捍卫的阵地。参见 Irwin Yellowiz, "Skilled Workers and Mechanization: The Lasters in the 1890s," *Labor History*, vol. 18, Issue 2, Summer 1977, pp. 197 – 213. David Montgomery, *The Fall of the House of Labor*, *The Workplace*, *the State*, *and American Labor Activism*, 1865 – 1925, New York: Cambridge University Press, 1987, p. 23。

的思想武器和话语。

# 五　20 世纪初美国劳工保守主义传统的僵化

　　到 19 世纪 90 年代，代表行业工会利益的美国劳联已经成为继骑士团之后规模最大、生命力比以往任何劳工组织都强的全国性工会。到 1920年，劳联已拥有 400 多万会员，因而被称为劳工之家（the House of Labor）。劳联的指导思想一般被称为经济工联主义（business unionism），它的领导人则常常使用"纯粹和简单的工联主义"（pure and simple unionism）一词来形容这个行业工会联盟的指导哲学。同时，也有学者将它叫作"慎重的工联主义"（prudential unionism）。实际上，这三个名称的含义相去不远，都意味着接受工业资本主义的永久性和在资本主义体制之内进行经济斗争以改善工人的生活水准。[1]

　　和劳动骑士团改变资本主义的志向相比较，劳联的指导思想无疑是保守的，到 19 世纪末，它甚至从自己先前支持罢工的立场向后退却了。担任劳联主席近 40 年的龚伯斯从激进主义向保守主义的转变就体现出这种退化。不过，龚伯斯并非天生的保守主义者，他早年的朋友当中有不少人信奉马克思主义和社会主义，其中费迪南·劳若（Ferdinand Laurell）曾特意为了他将《共产党宣言》译为英文，并逐段地给他讲解其中的内容。在这些思想的影响下，龚伯斯认识到阶级矛盾的存在。他写道："基于我对工业世界中占主导地位的情况最初的理解，我相信，而且我可以肯定地说，雇主阶级和工人阶级的经济利益不是和谐的。有时候出于暂时的考虑，[两者之间的] 利益可以调和，但那只是暂时的。"[2] 龚伯斯虽然没有正式加入第一国际，但是他同情这个组织的目标，并且参加它的会议。[3] 出于激进主义信念，他曾响应"美国及加拿大有组织的行业与劳工联盟"发出的为实现八小时工作制举行罢工的号召。学者往往认为龚伯斯领导下的劳联一向都排斥黑人、妇女和东、南欧移民，这说明大

---

[1]　参见 Laurie, *Artisans into Workers*, pp. 176 – 177。

[2]　*American Federationist*, vol. 21, Part 2, 1914, p. 624.

[3]　Grob, *Workers and Utopia*, p. 144.

家对这位劳工领袖早年的历史还缺乏了解。实际上，龚伯斯早年对弱势群体颇有同情。他曾以主席的身份建议劳联按照不同的产业部门组织起来，但遭到行业工会领导人的拒绝。此外，劳联曾因为有些国际工会反对吸收黑人而拒绝给它们发放证书。龚伯斯还由于试图将黑人组织起来而受到在劳联内部占统治地位的白种技术工人的谴责。[①]

然而，到 19 世纪末 20 世纪初，龚伯斯领导下的劳联的立场却发生了转变。这位劳工领袖一反过去积极支持罢工的态度，反对 1894 年普尔曼机车车辆厂的罢工和其他一些罢工行动。[②] 1901 年联合钢铁工人工会举行罢工时，它的领导人曾诉请龚伯斯将这次工业行动视为工联主义的一次主要战役，并建议劳联召集有关的国际工会领导人商讨对策。然而，龚伯斯非但不理会这个建议，而且拒绝召开劳联执委会会议商讨这次罢工。当时，联合矿工工会主席约翰·米切尔（John Mitchell）有意发动同情罢工，切断钢铁公司的煤炭供应，以声援正在罢工的工人（其实米切尔的态度并不坚决，而且日后和龚伯斯一起反对同情罢工）。但龚伯斯却没有进一步鼓励和督促米切尔采取实际行动。在资方强大的攻势之下，联合钢铁工人工会最终不得不承认罢工失败。[③]

劳联为何在 19 世纪末变得更加保守？我们在上一节已经指出，内战后劳工运动中两种势力博弈的结果，是主张在资本主义体制之内进行经济斗争的行业工会占了上风。因此，在不主张改变资本主义这个问题上，代表技术工人利益的劳联从一开始就是保守的。例如，龚伯斯和他的同志就认为，资本主义所取得的进展，会令越来越多的财富和权力集中到

---

① John H. M. Laslett, "Samuel Gompers and the Rise of American Business Unionism," in Dubofsky and Tine eds., *Labor Leaders in America*, pp. 68 – 69, 76 – 77.

② 我们说到 19 世纪末 20 世纪初劳联不再支持罢工，意思是它在面对罢工问题时变得比较犹豫和胆怯，但并不意味着它已经完全放弃和雇主的斗争。事实上，在这个时期，劳联下辖的行业工会的罢工行动从未中断。龚伯斯虽然没有支持普尔曼罢工，但事后却声援被政府逮捕的罢工领导人尤金·德布斯，并筹集资金准备为德布斯辩护。

③ Laslett, "Samuel Gompers and the Rise of American Business Unionism," p. 83. 当然，龚伯斯这样做也有他的苦衷，因为他觉得在没有做好准备的情况下向美国钢铁公司这样的巨型企业挑战是不可能成功的，同时，由于劳联的分会具有很大的自主权，他也无权命令联合矿工工会举行同情罢工。

少数人手中。要扭转这个自然的趋势和哀叹小企业主的消失是徒劳的。①
就其外因来说，劳联变得更加保守也是镀金时代和进步主义时期一系列
重大事件所导致的结果，特别是美国政府对罢工的残酷镇压。龚伯斯曾
目睹了 1874 年 1 月发生在纽约汤普金广场射杀示威工人的事件并险些丧
命，这次事件为他日后转向保守主义埋下了伏笔。他在 50 年后撰写回忆
录时，那次镇压的情景仍然历历在目。龚伯斯写道："当这些基本事实被
弄清之后，它们成为我日后多年理解劳工运动的路标。我意识到，劳工
运动的领导权只有交给那些具有每天靠劳动赚取面包的经验的人才算安
全。……我［从这次事件中］还看到了与知识分子［案：指社会主义者］
结盟的危险，这些人并不理解，拿劳工运动做试验等于是拿人命去做试
验。"他接着指出，发生在汤普金广场的事件"促使纽约各个劳工组织中
的人士坚持不懈地去探索有建设性的事情"。"工人阶级的解放只能通过
自己的努力才可能实现，……经济上的改善是实现这个理想目标的第一
步，政治上的努力必须服从这个目标。"②

　　龚伯斯将罢工的失败归咎于社会主义政党的误导，从此便决定不和
任何政党发生关系，并反对任何形式的政治工联主义。虽然广大工人在
19 世纪前半叶及内战后曾卷入美国的政治生活（特别是在城市一级），或
支持共和党或投票给民主党人，但是到了 19 世纪后期工人们逐渐认识
到，民主、共和两党都不是代表工人利益的政党，他们对政党政治普遍
失去信心，不主张建立工党。③ 工人大众对政党政治的冷漠遂使劳联领导
人反对社会主义政党的政策得以实行。基于这些理念，成立于 1895 年的
"社会主义行业与劳工联盟"（Socialist Trades and Labor Alliance）便成为
龚伯斯的眼中钉。他认为这个联盟是劳工阶级的敌人，旨在毁灭劳联的
核心利益。龚伯斯对成立于 1905 年的世界产联（Industrial Workers of the
World）更是深恶痛绝。他认为世界产联的真正目的是破坏和瓦解劳工运
动，使之转变方向。他命令劳联所有的分会驱逐产联分子，还批准劳联

① 参见 Laurie, *Artisans into Workers*, *Labor in Nineteenth Century America*, p. 178。
② Samuel Gompers, *Seventy Years of Life and Labor: An Autobiography*, edited and with an Introduction by Nick Salvatore, Ithaca: ILR Press, 1984, pp. 34–35.
③ Montgomery, *Citizen Worker*, pp. 130–154.

成员工会破坏产联所举行的罢工。①

在 20 世纪初的进步主义时期，美国政府——特别是联邦政府——的职能发生了某些变化，开始在劳资冲突中扮演调停人的角色，这是令劳联的保守主义趋于僵化的又一个重要因素。在这个时期，参众两院中的进步派议员和西奥多·罗斯福（Theodore Roosevelt）及伍德罗·威尔逊（Woodrow Wilson）等有改革思维的总统都意识到，如果政府再像以往那样，一味地帮助雇主镇压罢工，可能会引发更多的社会动乱。于是联邦政府在"捍卫公众利益"的口号下，作为劳资以外的第三方调停劳资冲突，并推动了一些有利于劳工的立法的通过。大家都知道，截至 20 世纪初，雇主阶级大都不承认工会的合法性，不承认工人有集体交涉的权利。同时，联邦政府也从未制定过任何保障工人阶级权益的法律。1902 年当宾州无烟煤矿工人举行罢工时，资方态度傲慢，甚至不愿和工会代表坐下来进行谈判。考虑到冬季即将到来，没有煤炭供应会导致社会的不安，罗斯福总统采取了强硬立场，迫使资方和工会谈判，这场纠纷最终以雇主同意增加工人工资 10% 而宣告结束。

在镀金时代，雇主阶级除了联合政府镇压罢工，还成功地利用谢尔曼反托拉斯法（Sherman Anti-Trust Law）起诉工会。这项法律本来是针对大公司垄断州际贸易的行为而制定的，但司法部门却将工人罢工也解释为垄断行为。同时，法院还经常发布罢工禁令（injunctions），遂使工会很难发起罢工行动。龚伯斯曾经回忆说，当时"随着时间的流逝，［法院］在劳资争拗中颁布的罢工禁令的范围和频率不断地增加，严重妨碍了工会进行必要的工作"。② 为了扭转这个局面，劳联曾进行了不懈的努力，试图影响国会通过反罢工禁令的措施，但是却屡试屡蹶。直到 1913 年民主党控制了国会两院再加上威尔逊当选为总统，事情才出现转机。这一年，美国劳工部的建制得以恢复，其职能之一便是协调劳资关系。不过，在美国劳工运动史上具有里程碑意义的是 1914 年克雷顿反托拉斯法（Clayton Anti-Trust Law）的通过。这项法律规定，劳动力不是商品，谢尔曼反托拉斯法不适用于工会的罢工。这对于美国劳工运动来说，无

---

① Laslett, "Samuel Gompers and the Rise of American Business Unionism," p. 80.

② Gompers, *Seventy Years of Life and Labor: An Autobiography*, p. 182.

疑是一次重大胜利，龚伯斯兴奋地将克雷顿法称为美国劳工的大宪章。[1]有学者甚至认为，在进步主义时期，"通过国家政治机器调解［劳资］冲突的努力是向劳工做出的重要让步"。[2] 第一次世界大战爆发后，劳联与美国政府走得更近了。

1916 年，威尔逊开始做参战准备，为了争取劳工的支持，特任命龚伯斯为国防会议咨询委员会委员，[3] 随后又任命他为这个委员会下辖的劳工事务委员会主席。[4] 政府的这些举措令龚伯斯受宠若惊，他认为，自己被任命为国防会议咨询委员会委员，是朝着劳工加入政府内部小圈子的方向迈进了一步。而咨询委员会下属的劳工委员会的成立以及龚伯斯被任命为这个委员会的主席，更被认为是政府对工会的正式承认。后来，威尔逊又设立了战时劳工会议局，这个机构的一个指导原则就是工人有组织工会和进行集体交涉的权利，它还规定，工人不能因为加入工会而被解雇。[5] 劳联领导人既然从威尔逊那里看到承认工会的倾向，这自然促使他们更加卖力地支持政府的战争政策，也就更加不可能走上改变资本主义的道路了。十月革命爆发后，龚伯斯曾告诫威尔逊不要援助布尔什维克。[6] 1919 年，国际工会联合会在海牙召开了成立大会，提出了生产资料公有制等社会主义纲领。[7] 龚伯斯虽然参加了这次会议，但他对国际工联的社会主义倾向却十分反感，不久劳联便退出了国际工联。

---

① Gompers, *Seventy Years of Life and Labor: An Autobiography*, p. 186.

② Guadalupe Correa-Cabrera and Ruth Ann Ragland, "Workers, Parties and a 'New Deal：' A comparative analysis of corporatist alliances in Mexico and the United States, 1910 – 1940," *Labor History*, vol. 57, No. 3, 2016, p. 329.

③ "Gompers to the Executive Council of the AFL," February 28, 1917, in Stuart B. Kaufman ed., *The Samuel Gompers Papers*, vol. 10, Urbana：University of Illinois Press, 1986, p. 18, pp. 20 – 21, footnote 1.

④ "An Address at the Organizational Meeting of the Committee on Labor of the Advisory Commission of the Council of National Defense," April 2, 1917, *The Samuel Gompers Papers*, vol. 10, p. 51.

⑤ "The Right to Organize," *Report of the Proceedings of the Thirty-Eighth Annual Convention of the American Federation of Labor*, 1918, Washington, D. C.：The Law Reporter Printing Company, 1918, p. 64.

⑥ "The Chief Danger of Revolutions and Revolutionary Movements in Eastern Europe：Revolutions in Western Europe," *The Samuel Gompers Papers*, vol. 10, pp. 343 – 344.

⑦ *Publications of the International Federation of Trade Unions*, No. 1, *Development and Aims*, Amsterdam, n. p., 1919, pp. 13 – 15.

在联邦政府的职能发生某种积极性转变的同时，大资产阶级内部也出现了改革的呼声，一部分企业主开始提倡阶级合作，并向主流工会抛出了橄榄枝，其表现之一就是 1900 年全国公民协会（National Civic Federation）的建立。这个协会的宗旨，按照它的创建者拉尔夫·伊斯利（Ralph M. Easley）的想法，是通过不同阶级之间的合作实现社会和谐以及维护现存的社会制度。他认为，企业和劳工领袖有必要进行合作，以降低不断扩大的阶级冲突所带来的危险。[1] 截至 1903 年，在 367 家资产超过千万美元的大公司当中，有近 1/3 向全国公民协会派出了代表，[2] 可见寻求阶级合作在雇主阶级当中也成为一股风气。全国金属行业协会（National Metal Trades Association）的领导人甚至走遍全国，迫使雇主们在缩短工时问题上进行合作。[3] 公民协会的首任主席是企业家出身的联邦参议员马克·汉纳（Mark Hanna），龚伯斯则担任副主席。其他参与创建公民协会的劳工领袖包括国际码头工人工会的丹尼尔·凯菲（Daniel Keefe）、联合煤矿工人工会的约翰·米切尔和印刷工人工会的 J. J. 苏利文（J. J. Sullivan）等，说明愿意与资方合作的劳工领袖也不在少数。

在它成立后的数年间，全国公民协会在缓和阶级对立方面确实做了不少工作。例如，在 1902 年无烟煤矿罢工期间，它曾做了大量动员，力图使劳资双方达成协议。1902—1903 年，该协会共促成 118 起劳资纠纷的当事人坐下了谈判，1905 年促成了 156 次谈判。[4] 全国公民协会调和阶级矛盾的努力对劳联领导层指导思想的转变产生了重大影响，导致他们逐渐远离阶级斗争的理念而倡导阶级合作。龚伯斯在自传中写道："全国公民协会通过实际的努力，使雇主阶级和工人阶级能够会面，以便能够面对面地讨论劳资关系问题，消除了由于隔绝（阶级冲突就根植于这种隔绝）而产生的互不信任。"紧接着，他又批评社会主义者关于阶级斗争的理论："社会主义者如此热衷于在选票站以［革命的］风暴改变世界，

---

① James Weinstein, *The Corporate Ideal in a Liberal State*, 1900 - 1918, Westport: Greenwood Press, 1981, pp. 7 - 8; David Montgomery, *Workers' Control in America*, *Studies in the History of Work*, *Technology*, *and Labor Struggles*, New York: Cambridge University Press, 1981, p. 52.

② 参见 Weinstein, *The Corporate Ideal in a Liberal State*, p. 8。

③ Montgomery, *Workers' Control in America*, p. 52.

④ Ibid. , pp. 65 - 66.

所以他们不断地宣讲［阶级］利益不可调和以及阶级斗争的信条。他们极力反对任何在现存的工业秩序中改善［工人阶级生活］的组织和运动。当劳工代表参加全国公民协会的会议并积极参与调解部门的工作时，那些具有阶级觉悟的同志们惊恐地宣称，说我们被蒙蔽了眼睛而且被麻醉了。"① 龚伯斯明确表达了劳联不主张改变资本主义的态度。

到了 19 世纪末 20 世纪初，除了组建公民协会，雇主阶级还建立了公共慈善事业和商业保险，以期缓和阶级矛盾。同时，民主、共和两党的政客还常常扮成工人阶级的朋友，并且给行业工会和骑士团的杰出人物一些政府中的位置。19 世纪 90 年代初，单单在芝加哥就有大约 400 名工人领袖从市政府那里拿工资。政府的这一举措果然收到了一定的成效，导致大企业中无数失败的罢工和工会会员的减少。② 同样地，纽约的民主党也给许多行业工会领导人安排了政府职位。③ 在这个阶段，劳联开始奉行 "报答朋友和惩罚敌人的"（reward your friends and punish your ene-mies）的政治路线，在民主和共和两党中选择同情劳工的候选人加以支持，从而进一步融入美国的政治制度。④

以上的讨论显示出行业工会领导层的保守主义性格，劳联主席龚伯斯甚至有过 "愿上帝保佑美国制度" 的名言。⑤ 不过，以劳联为代表的行业工会奉行保守主义路线，并不意味着在这个时期完全没有激进的劳工运动。如前所述，社会主义思想在 19 世纪后半叶的罢工工人中产生过一定的影响。其中，美国工人党（Workingmen's Party of the United States）吸收了许多骑士团成员。在 1877 年的大罢工中，工人党的执行委员会曾号召工人组织起来，要求联邦政府接管和经营全国所有的铁路和电报线路，并以立法的形式建立八小时工作制。同时，工人党在芝加哥和圣路易斯还组织和领导了罢工指导委员会。⑥ 到 20 世纪初，社会主义运动变得更

① Gompers, *Seventy Years of Life and Labor: An Autobiography*, p. 118.
② Montgomery, "Labor and the Republic in Industrial America," pp. 208 – 209.
③ Montgomery, *Citizen Worker*, p. 144.
④ See Julie Greene, *Pure and Simple Politics: The American Federation of Lator and Political Activism*, 1881 – 1917, New York: Cambridge University Press, 1998.
⑤ Maurice Isserman, "'God Bless Our American Institutions': The Labor History of John R. Commons," *Labor History*, vol. 17, Issue 3, September 1976, p. 310.
⑥ Montgomery, "Labor and the Republic in Industrial America," p. 207.

为兴旺，以尤金·德布斯（Eugene Debs）为代表的美国社会党在 1912 年总统大选中获得近百万张选票。虽然劳联领导层在罢工问题上变得愈加保守，但由于它的分会具有很大的自主权，所以行业工会的罢工行动也是此起彼伏。此外，大批非技术工人——包括移民工人——也多次表现出激进主义倾向。成立于 1905 年的世界产联（Industrial Workers of the World）矢志于推翻资本主义制度，并积极吸收非技术工人和有色工人入会。但是，世界产联存在时间非常短暂，它不但没有得到美国社会的同情，反而遭到政府的镇压。相反，以劳联为代表的行业工会不但在人数上远远超过世界产联，而且得到美国政府和资方的某种承认，从而掌握了劳工运动的话语权和主导权。不言而喻，在 20 世纪初的政治环境之下，非技术工人的激进组织是很难取代劳联这样的保守主义工会进而成为美国劳工运动的主流的。

以上我们重点讨论了劳联领导层的保守主义路线，然而问题是：劳联的广大会员是否支持龚伯斯等领导人所代表的保守主义路线呢？大家都知道，劳联在做出重大决定时，一般都经过代表大会的表决。例如，社会主义劳工党在 1891 年曾申请加入劳联。当时，不光龚伯斯持反对态度，而且劳联代表大会也以 1574 票对 496 票的大比数通过决议，反对给该党发放证书。[1] 事实上，劳联成立时，它的许多地方组织已经是成立多年、羽翼丰满的行业工会，并拥有很大的自主权，广大会员在一些问题上确实与劳联的领导意见相左，令后者不得一意孤行。[2] 不过，从 1886 年至 1924 年，龚伯斯连续当选劳联主席（只有一次落选），说明在奉行经济工联主义这个原则问题上普通会员和领导层的看法基本上是一致的。有学者曾经比较了 1886—1900 年三个行业工会的兴衰，发现具有工作意识的国际雪茄烟工会由于奉行劳联的政策——征收高会费，建立强大的资金储备和广泛的福利制度，结果从一个弱小的组织成长为劳联里最强大、最成功的分会之一。同时，他们在政治上采取了"报答朋友和惩罚敌人"的政策，促使纽约州通过了一些对劳工有利的立法。另一方面，

---

[1] "Samuel Gompers to Frederick Engels: A Letter," in *Labor History*, vol. 11, Issue 2, Spring 1970, p. 210.

[2] Laslett, "Samuel Gompers and the Rise of American Business Unionism," p. 64.

深受社会主义劳工党影响的烘焙及糖果工人工会和制鞋、制靴工人工会采取了与行业工会截然不同的立场。它们认为福利制度会削弱工会的斗争性，所以坚持低会费政策，并谴责劳联不与任何政党结盟的路线。结果非但未能改善工人的工资和工作条件，而且制鞋、制靴工人工会的会员人数直线下降。后来，这两个工会改弦易辙，奉行劳联的经济工联主义路线，情况竟大为改善。到1903年，烘焙工会的会员猛增到1.8万人。到1904年，制鞋工会的情况也峰回路转，会员增加到6万人。最后，连德布斯、维克多·伯格（Berger）和茅瑞斯·希尔奎特（Morris Hillquit）等创立的美国社会党也不得不承认经济工联主义的重要性，并采取了支持行业工会运动的政策。①

　　然而，既然普通会员支持劳联领导层，那么是否验证了和谐史学所强调的霸权（hegemony）理论呢？霸权论当然是左翼史学家绝对不会认同的。有新左派学者认为，主流工会得以奉行保守主义路线，是劳工领袖不断削弱普通会员斗争性的结果。不过，针对这个观点，艾瑞克·方纳却提出了疑问。他写道："没有人能够令人信服地解释，为什么想必具有斗争性的普通会员会一再选择温和的'错误引导者'（misleader）来代表他们。"他接着问道，如果美国官方对劳工采取了超常的高压政策，那为什么美国工人始终认为联邦政府多少是超越阶级利益的呢？② 另有学者指出，龚伯斯认识到劳联普通会员将自己看作潜在的中产阶级成员，而且主要是想实现物质方面的目标，所以他力图使劳联成为实现普通会员目标的工具。③ 意思是说，是劳联的领导在迎合普通会员的意愿，而不是逼迫普通会员接受他们的保守主义政策。看来，普通会员和他们的领导层究竟是怎样一种关系，还有待继续探讨。

① John H. M. Laslett, "Socialism and The American Labor Movement: Some New Reflections," *Labor History*, vol. 8, Issue 2, spring 1967, pp. 136 – 139.

② Eric Foner, "Why Is There No Socialism in the United States?" *History Workshop*, No. 17, Spring 1984, p. 68, p. 70.

③ Grob, *Workers and Utopia*, p. 145.

# 六　余论

　　以上我们从早期工匠的意识形态与政治认同入手，追踪了美国主流工会保守主义传统的形成与发展，直至 20 世纪初趋于僵化。接下来的情况是大家都比较熟悉的，同时由于篇幅的关系不能再做详细论述。笼统地讲，从第一次世界大战到 30 年代初，对于美国劳工运动来说，大部分消息都是坏消息。战争期间民族主义的高涨以及战后出现的红色恐惧，为政府镇压激进主义运动提供了一个极好的借口。由司法部长米切尔·帕尔默（Mitchell Palmer）主持的对激进分子的大搜捕就是其中一例。在这种政治氛围之下，主张以暴力推翻资本主义的世界产联当然更是在劫难逃，最终被镇压下去。同时，以全国制造商协会（National Association of Manufacturers）为代表的雇主阶级打响了"开放工厂"（open shop）的战役。20 年代共和党当政时期，政府又开始偏袒企业，雇主借此机会给工会"关闭工厂"的要求贴上"非美国行为"的标签。[1] 在政府和雇主的联合打击之下，劳工运动不可避免地陷入低潮，工会会员锐减，罢工也大为减少。不过，劳联虽然也失去了不少会员，但仍以 300 万会员的实力存活了下来，原因之一就是它奉行不改变资本主义的哲学，因而得到政府和雇主的容忍。

　　到了 30 年代的新政时期，美国劳工运动似乎迎来了一个新时代。在这个阶段，富兰克林·罗斯福总统的政策逐渐向劳工方面倾斜，国会在 1935 年通过的《瓦格纳法》更明确规定工人有组织工会和进行集体交涉的权利。[2] 同时，随着机械化的不断深入以及零件标准化和传送带的广泛应用，技术工人的人数进一步减少，执着于行业工联主义的劳联越发显

---

　　[1]　Allen M. Wakstein, "The National Association of Manufacturers and Labor Relations in the 1920s," *Labor History*, vol. 10, Issue 2, Spring 1969, pp. 163 – 176. "关闭工厂"是大部分工会的奋斗目标，意思是资方在招工时必须雇用工会会员，以防止资本家利用非工会会员破坏罢工。

　　[2]　最近有研究显示，由于罗斯福新政包含了一些令劳工受惠的措施，从而将一部分工会纳入民主党的选民阵营，削弱了美国劳工对建立工党的支持。参见 Barry Eidlin, "Why Is there No Labor Party in the United States? Political Articulation and the Canadian Comparison, 1932to1948", *American Sociological Review*, vol. 81, No. 3, 2016, pp. 488 – 516。

示出它的落后性。在这种情况下，主张产业工联主义的美国产联便走上了劳工运动的舞台。产联不但在组织原则上表现出进步倾向，而且有很多美共党员加入它的行列。不过，产联虽然是左倾工会，但它只是希望同具有自由主义倾向的政府合作进行社会改革，通过政府分配经济和政治利益来扩大社会福利。产联的指导哲学，归根结底，和劳联的经济工联主义并没有本质的区别。到了冷战初期，产联为了生存，开始驱逐内部的共产党员，[①] 并且和劳联联手打击欧洲的左翼工人运动。到1955年劳联与产联正式合并，更加说明这两家工会在不改变资本主义这个问题上没有原则上的分歧。合并后的劳联—产联（AFL-CIO）如今仍然是全美最大、掌握劳工运动领导权和话语权的工会组织。

（本文作者系香港科技大学教授）

---

① *The New York Times*, March 28, April 28, 1946; November 14, 1947; August 31, October 4, December 5, 10, 11, 1948.

# 文化能否成为软实力：
# 关于美国对外文化输出的历史考察

王立新

  1990 年，美国学者约瑟夫·奈在《注定领导》① 一书中提出"软实力"概念，2004 年又出版著作专门讨论软实力问题。根据奈的界定，国际关系中的软实力是指"通过吸引而不是强迫或收买实现自己愿望的能力，它来源于一个国家的文化、政治理想和政策的吸引力"。②

  "软实力"概念一经提出就得到广泛接受，政治家、学者和外交政策分析家开始频繁使用这一概念。越来越多的政治家意识到，在信息时代，软实力——一个国家通过吸引和说服，而不是武力或武力威胁和经济付出实现目标的能力——变得越来越重要。在 19 世纪权力政治时代，国家实力主要由军事与经济力量构成，大国的标志是在战场上战胜对手。而在信息时代，国际政治变成争取人心的斗争，"现实政治"（realpolitik）变成"心灵政治"（noopolitik）。③ "现实政治通常是关于谁的军事和经济

---

① Joseph Nye, *Bound to Lead*: *The Changing Nature of American Power*, New York: Basic Books, 1990.

② Joseph Nye, *Soft Power*: *The Means to Success in World Politics*, New York: Public Affairs, 2004, Preface, p. x.

③ "心灵政治"（noopolitik）是兰德公司战略分析家约翰·阿奎拉和戴维·朗费尔特在一份提交给美国国防部的报告中提出的概念，强调在信息时代运用说服性的软实力而不是传统的军事硬实力在全球范围内构建共同理念和价值观的重要性，并将其视为治国才能的新形式。John Arquilla and David Ronfeldt, *The Emergence of Noopolitik*: *Toward An American Information Strategy*, Washington, D. C.: Rand, 1999.

能够获胜，而心灵政治归根结底是关于谁的故事能获胜。"①也就是说，"在当前信息时代，胜利不单纯取决于谁的军队战胜对手，还取决于谁讲述的故事能够赢得人心"。② 国家之间不仅进行军备竞赛和经济竞争，还展开"叙事竞赛"（narrative contest）。

在当今世界上，美国无疑是拥有强大软实力的国家，美国的霸权地位既依赖其强大的军事和经济实力，也依赖其声望，特别是其文化和政治理想的吸引力。根据英国波特兰传播咨询公司与南加州大学公共外交研究中心联合进行的研究，2016 年美国的软实力在世界各国排在首位，2017 年排在第 3 位，2018 年排在第 4 位。③ 美国文化和政治价值观的吸引力在其软实力构成中占有重要比重，而这一吸引力在很大程度上又是美国大力输出其文化的结果。

本文尝试把文化史与外交史相结合，从软实力构建的视角来考察历史上的美国对外文化输出，试图讨论和回答以下三个问题：美国在历史上是如何开展对外文化输出的？在不同历史时期，对外文化输出与美国对外政策和战略的关系如何？美国对外文化输出是否壮大了美国的软实力从而有利于美国外交目标的实现？需要说明的是，本文并非基于一手材料的专题研究，而是对美国文化输出史的概览性总结和回顾。

# 一 美国对外文化输出的历史轨迹

美国从 19 世纪初开始输出其文化。从国家与社会的关系的角度，根据联邦政府介入文化输出的程度，可以把迄今为止的美国对外文化输出划分为三个阶段："二战"前以自由放任为特征的自由主义时代；"二战"和冷战期间文化输出被高度地缘政治化和意识形态化时代；冷战结束以

---

① John Arquilla and David Ronfeldt, *The Emergence of Noopolitik：Toward An American Information Strategy*, Washington, D. C.：Rand, 1999., p. 53.

② Joseph Nye, "The Future of Soft Power in US Foreign Policy," in Inderjeet Parmar and Michael Cox, eds., *Soft Power and US Foreign Policy：Theoretical, Historical and Contemporary Perspectives*, London and New York：Routledge, 2010, p. 8.

③ https：//softpower30. com/? country_ years = 2016；https：//softpower30. com/? country_ years = 2017；https：//softpower30. com/? country_ years = 2018（2018 年 8 月 24 日获取）.

来自由主义复兴和公共外交兴起的时代。

美国对外文化传播活动大体上始于 19 世纪初，最初是由教会发起的。1812 年，公理宗传教差会美部会派遣艾多奈拉姆·贾得森和塞缪尔·米尔斯等赴印度传教，开启了美国海外传教运动的进程。传教士奔赴东方的主要目的是宣教，并不负有传播美国文化的任务。但是到当地后，为了吸引当地民众以及为传教创造有利的社会和文化环境，也从事了大量的教育和文化活动，传播西方文明和美国文化，包括创办报刊、建立医院和学校。①也就是说，传教士既从事"福音化"（evangelization）活动，也开展"文明化"（civilizing）工作，无意中成为美国文化的传播者。

到 19 世纪 90 年代，美国独具特色的大众文化开始向海外，特别是欧洲传播，最具代表性的大众文化形式是由有"野牛比尔"（Buffalo Bill）之称的威廉·弗雷德里克·科迪（William Frederick Cody）制作的反映美国西部生活的"狂野西部秀"（Buffalo Bill's Wild West Show）。西部秀最初采取舞台剧的形式，后来逐渐发展成大型的露天演出，展示了美国西部各种人物，包括牛仔、盗匪、印第安酋长和巫师的形象以及西部的社会生活和荒野风光。演出以善与恶、文明与野蛮、进步与落后之间的斗争为主题，场面宏伟，景象壮观，创造了关于美国西部的神话。1887—1906 年，演出团曾多次赴欧洲各地，演出地点除英格兰、苏格兰和威尔士外，还遍及欧洲大陆的 15 个国家，引起巨大的轰动，吸引大量欧洲观众，英国维多利亚女王曾亲临现场观看演出。② 其风格和理念为后来的好莱坞西部片所继承。

从世纪之交开始，美国商品潮水般涌入欧洲，美国文化和生活方式也以美国商品为载体传入欧洲，以至于英国记者威廉·斯特德（William Stead）在 1902 年惊呼美国"正以自己的形象塑造世界"，20 世纪的潮流

---

① 到 1935 年，欧美新教差会在非西方地区共开办了 57000 所中小学和 100 所大学。这些教会学校既讲授科学、地理和人文知识，也传播民主思想和个人权利观念。到 1938 年，新教宣教机构在非西方国家开办的医院已达 1000 多所，聘用了约 1350 位医生和 13000 名护士。Dana L. Robert, *Christian Mission: How Christianity Became a World Religion*, Hoboken, New Jersey: Wiley-Blackwell, 2009, p. 50.

② Charles Eldridge Griffin, *Four Years in Europe with Buffalo Bill*, Lincoln: University of Nebraska Press, 2010, p. xviii.

将是"世界的美国化"。① "一战"后，美国商品、资本和技术更是大规模进入欧洲，与之相伴的是以福特制为代表的大规模生产方式和大众消费主义文化传入欧洲。以效率、机械技术、标准化生产、大众消费和大众民主为代表的"美国方式"（Americanism）对欧洲的传统构成巨大的冲击。英国哲学家罗素称为"新的人生哲学"，是"适合机器时代的新观念"，未来将"取代旧观念"。②

这一时期兴起的好莱坞电影成为展示美国生活方式、传播美国文化的另一重要载体。从"一战"结束到20世纪30年代初，好莱坞电影基本上占据了世界主要国家电影市场一半以上的份额，在英国、德国、法国、意大利、日本、巴西占据的份额分别是81%、47%、63%、79%、22%和85%。③ 法国驻美大使保罗·克劳德尔（Paul Claudel）在1930年感叹美国的"无声电影和有声电影已经让法国人沉醉于美国的生活、方法和风俗之中"，美国商品和文化的传播"带来新的权利观念和新的生活节奏"，"法国生活和文化中以前由西班牙和意大利、19世纪由英国所占据的地位现在属于美国，我们越来越追随美国人"。④

随着美国高等教育的发展，吸引国际学生到美国学习成为输出美国文化和价值观的重要方式。1905年只有9所美国高等教育机构招收国际学生，在美的外国留学生人数约600人。到1930年，有450所美国大学招收国际学生，学生总数有1万人。来源地最多是亚洲（中国、日本和菲律宾），然后是欧洲、北美、中南美洲、非洲和中东。⑤按照美国学者保罗·克雷默的划分，"二战"前赴美的国际学生主要有四类：一是以促进国家自强为目标的留学生，晚清时期赴美学习的中国幼童即属于这一类；

---

① William T. Stead, *The Americanization of the World or the Trend of the Twentieth Century*, New York and London: Horace Markley, 1902, pp. 2, 354 – 356.

② Bertrand Russell, "The New Life That is America's," *New York Times*, May 22, 1927, Sec. 4, p. SM1.

③ William Victor Strauss, "Foreign Distribution of American Motion Movies," *Harvard Business Review*, vol. 8, No. 3, April 1930, pp. 309, 311.

④ Frank Costigliola, *Awkward Dominion: American Political, Economic, and Cultural Relations with Europe*, 1919 – 1933, Ithaca and London: Cornell University Press, 1984, p. 20.

⑤ Paul A. Kramer, "Is the World Our Campus? International Students and U. S. Global Power in the Long Twentieth Century," *Diplomatic History*, vol. 33, No. 5, Nov. 2009, p. 791.

二是为有效管理美国新获得的殖民地和训练殖民地"自治"而招收的来自美国殖民地，特别是菲律宾的学生，这些留学生学成回国后成为菲律宾政治、教育和商界的精英；三是由教会团体出于布道和海外宣教需要而资助赴美的学生，目的是培养传教助手和当地牧师，并逐步实现基督教会的本色化；四是由商业、教育和慈善团体发起的以培育国际主义、推动跨国交流和促进世界和平为目标的留学项目，项目的发起者包括美国国际教育学会、扶轮国际、卡内基基金会等。①

基金会在"二战"前的美国对外文化传播方面也扮演了重要角色。美国慈善基金会中的"三巨头"——卡内基、洛克菲勒和福特基金会的主要事业虽然是在美国国内，但也资助一些国家的教育、文化、医疗和卫生事业，开展国际教育与文化交流。基金会在海外从事这些事业的初衷并非是传播美国文化，但其活动把美国的学术成果、教育模式和发展经验传播到国外，实际上起到了输出美国文化的作用。②

在这一阶段，在传统的自由主义文化观影响下，美国社会在对外文化输出问题上奉行自由放任和自愿主义（volunteerism）原则。美国民众普遍反对联邦政府从事和兴办文化事业③，认为联邦政府参与文化事业、建立文化机构与宪法第一条修正案规定的言论、出版和宗教信仰自由原则相违背，容易演变成对人民思想的控制（"洗脑"）或成为党派的工具。因此，文化的生产和传播应该交给公民团体、教育机构和个人。这种自由主义文化观相信思想和信息的自由流动符合美国利益，而政府对文化活动的参与和管理会妨碍这种流动，因此，政府的作用越少越好。作为

---

① Paul A. Kramer, "Is the World Our Campus? International Students and U. S. Global Power in the Long Twentieth Century," *Diplomatic History*, vol. 33, No. 5, Nov. 2009, pp. 783 – 789.

② 相关研究可参见 Robert F. Arnove. , ed. , *Philanthropy and Cultural Imperialism: The Foundations at Home and Abroad*, Bloomington: Indiana University Press, 1982; Benjamin B. Page and David A. Valone, eds. , *Philanthropic Foundations and the Globalization of Scientific Medicine and Public Health*, Lanham: University Press of America, 2007; John Krige and Helke Rausch, eds. , *American Foundations and the Coproduction of World Order in the Twentieth Century*, Bristol: Vandenhoeck & Ruprecht, 2012; 马秋莎：《改变中国：美国洛克菲勒基金会在华百年》，广西师范大学出版社 2013 年版；资中筠：《洛克菲勒基金会与中国》，《美国研究》1996 年第 1 期。

③ 1787 年美国宪法所列举的联邦政府权力范围并不包括管理文化和教育活动，唯一与教育和文化相关的条款是第一条第八款："为促进科学和实用技艺的进步，对作家和发明家的著作和发明，在一定期限内给予专利权的保障。"

应对大萧条的临时救济措施，联邦政府曾于 1935 年出台多个文化项目，以解决剧作家、演员、艺术家和作家的生计问题。但很快这些项目就遭到批评，被认为是在为民主党做宣传，众议员约翰·P. 托马斯（John P. Thomas）甚至指责联邦戏剧计划是"共产主义组织的分支机构"和"新政的宣传机器"。① 国会 1939 年拒绝向联邦戏剧计划拨款，其他文化项目也逐渐被取消。这里固然有党派斗争的成分，但也反映出美国民众对联邦政府从事文化活动的疑忌和警惕。直到今天，联邦政府也没有设立专门管理文化事业的机构。这反映出美国社会流行的观念：文化属于个人创造、大众娱乐和私人企业的领域，不应成为政府外交政策的工具。②

到 20 世纪 30 年代末，美国已经形成由私人团体和民间机构发展对外文化关系的制度和网络。私人团体主导文化输出与文化交流不仅符合美国的价值观，有助于发挥私人的创造精神，而且也与"一战"后美国的对外战略相一致，既可以促进美国的全球利益，又可以避免让美国卷入国外的政治纷争和军事冲突。另外，20 年代也是国际主义、和平主义思潮盛行的时代，人们相信不受政治污染的信息和文化的自由流动以及世界范围内的智力合作可以促进国家间的相互理解，并进而有助于世界和平的维护。

这一时期联邦政府在对外文化输出中扮演的角色是营造有利的环境和给予政策上的支持，其直接发起或参与的项目非常少。1908 年，美国国会通过决议退还"庚款"，资助中国学生赴美留学，这是联邦政府最早发起的对外文化关系项目。20 世纪 20—30 年代国会还曾有一些小额拨款用于参加泛美联盟的教育、科学和文化活动。但"二战"前，联邦政府的这些参与都是零星的，而非持续的行动，其作用仅限于拨款，具体实施完全由美国各大学来负责。联邦政府没有明确的对外文化政策，也没有设立专门的机构对国际文化交流活动进行管理。

唯一的例外是"一战"后期短暂存在的战时联邦机构"公共信息委员会"（Committee of Public Information）。美国对德宣战后，威尔逊总统

① Colin Gardner, *Joseph Losey*, Manchester：Manchester University Press, 2004, p. 10.

② Jessica C. E. Gienow-Hecht, "Shame on US？ Academics, Cultural Transfer, and the Cold War—A Critical Review," *Diplomatic History*, vol. 24, No. 3, Summer 2000, p. 466.

意识到国内外的支持对美国获得战争胜利至关重要，于 1917 年 4 月签署行政命令，成立公共信息委员会，并任命科罗拉多州丹佛市《落基山新闻》的记者乔治·克里尔（George Creel）为主席。委员会最初的工作是向国内民众发布战争信息、进行战时动员以及对美国媒体进行监管。1917 年 10 月设立对外部，职责是向外国民众发布准确的关于美国的信息和宣传美国的战争目标。委员会本质上虽然是一个实施战争动员、"推销"威尔逊国际主义思想、"争取人类心灵"的战时宣传机构，但其活动也起到了传播美国思想和价值观的作用。战争结束后，委员会于 1919 年 6 月解散。这一方面是因为美国人对宣传活动的天然不信任，另一方面则因为共和党议员担心该机构会成为总统实现国内政治目标的工具。公共信息委员会虽然存在时间很短，但影响很大，它确立了一个原则：在战争或国家处于紧急状态时，政府建立宣传机构是必要的。

大体上从 20 世纪 30 年代末期开始，国际文化交流被纳入美国的国家战略中加以考虑，甚至成为服务于具体外交政策目标的工具，文化输出开始被地缘政治化和意识形态化，这一趋势一直持续到冷战结束。

从 30 年代末期到 90 年代初，从国家与社会的关系的视角来看，美国的对外文化输出有如下特点：

（1）美国决策者和精英开始把思想和文化输出当作促进国家安全以及进行意识形态斗争和地缘政治角逐的工具，而不再仅仅是打造美国良好形象和促进国家间相互理解的手段，对外文化输出越来越成为美国国家安全战略的一部分。

（2）和平时期联邦政府建立了常设的文化交流与宣传机构，政府大规模地卷入文化交流与输出，直接发起文化外交与对外宣传活动，或对国际文化交流进行规制以将其纳入符合美国外交目标的轨道。就联邦政府参与的活动而言，以单向输出为特征的信息项目（informational programs）或对外宣传实际上压倒强调互惠互利的文化外交，成为美国输出思想和文化的主要手段。

（3）在"冷战共识"影响下，民间团体、文化和教育机构、个人被动员和整合到国家的对外文化战略中，并对国家目标具有高度认同，对外文化关系领域国家与社会的界限越来越模糊，甚至不复存在。

国际文化交流领域的自由主义和自由放任的时代结束了，国家主义

（nationalism）时代开始了，这里的国家主义不仅是指文化传播服务于狭隘的国家战略与外交目标，还指国家权力的深度介入和参与。文化交流越来越成为促进国家利益、扩大国家权势、服务国家战略的手段，越来越远离增进国家间相互理解、促进世界和平以及造福于人类的国际主义目标。这一转变是 20 世纪 30 年代后期以来美国所面临的国际和国内环境发生急剧变化的结果。

首先是美国地缘政治环境和国家安全形势的巨大变化。随着法西斯力量和极权主义的崛起以及纳粹德国在西半球的文化宣传和思想渗透，美国政府从 30 年代末期开始感受到前所未有的不安全。珍珠港事件的爆发标志着美国享有所谓"免费安全"（free security）的时代一去不复返了，美国被迫投入到世界大战中。"二战"结束后不到两年的时间，美苏之间又爆发了冷战，美国由 20 世纪初期"一个极安全的国家变成一个极不安全的国家"。[①] "二战"和冷战都是需要交战国动员全部资源和力量进行较量的总体战（total war），特别是冷战被视为"争取人类心灵"的斗争，胜负主要并非由军事手段来决定（这一特征由于核武器的发明而得到强化），而取决于人心的向背，而文化输出和对外宣传是塑造认知、培育情感、影响人心的最重要手段。美国决策者相信，美国文化和生活方式的传播是抵制和瓦解苏联共产主义的最有效工具。美国决策者和民间团体都意识到文化应该而且必须被用来促进国家安全，服务于美国与苏联开展的意识形态斗争。

其次是新政开启的联邦政府职能拓展和权力扩张的长期趋势。这一趋势导致美国人逐渐接受联邦政府对文化与教育事务的参与和管理，并认可将文化与教育交流作为美国对外关系的一部分。助理国务卿萨姆纳·韦尔斯 1935 年在美国高校协会年会发表演讲，提出对拉美的"睦邻政策"要发展三个方面的关系："没有猜疑和误解的政治关系，有助于健康的国际贸易的经济关系和促进更广泛地欣赏其他民族的文化与文明的

---

① 此为乔治·凯南的说法。George F. Kennan, *American Diplomacy*, The University of Chicago Press, 1984, p. 3.

文化关系",而且三个方面是"紧密地联系在一起的"。① 这是联邦政府首次明确地把文化交流作为美国对外政策的一部分,这一做法随着美国卷入"二战"和进行冷战成为惯例,原来纯属于私人生活领域和州权管辖范围的文化与教育生活成为美国国家权力规制的对象。正是 20 世纪 30 年代以来难以逆转的美国国家权力扩张趋势为国际文化交流的地缘政治化提供了主要的国内政治背景。

再次是 20 世纪后半期通信和传媒技术的革命性变化,特别是收音机、电视和互联网的发明和广泛使用。这些变化使通过输出思想和文化影响外国受众变得简单可行,各国领导人都意识到通过影响敌国领导人和公众的认知、情感与态度可以瓦解敌国的社会制度和意识形态,从而战胜对手,因此都有意识、有计划地利用思想和文化输出实现国家的外交目标。这一进程开始于"二战"时期,并在冷战时期达到高潮。

面对德国和日本在拉美发动的宣传攻势,在 1936 年 12 月布宜诺斯艾利斯召开的泛美会议上,美国提出通过政府间合作推动美洲国家间文化交流的倡议。与会 21 国签订了《促进美洲国家间文化关系协定》(Convention for the Promotion of Inter-American Cultural Relation),规定签约国每年互派 2 名学生和 1 名教授。根据该协定,美国每年可以接受大约 40 名学生和 20 名教授,同时向美洲国家派出同样数量的学生与教授。② 为了实施该条约,1938 年 7 月,国务院设立文化关系司(Division of Cultural Relations),其职能是"管理国务院涉及文化关系的官方活动""协调对智力合作有兴趣的政府各部门的活动",以及"与全国的私人团体合作,为其提供适当的设备和支持并尽可能地协调它们的活动"。③《促进美洲国家间文化关系协定》的实施和文化关系司的建立标志着美国政府"首次

① Sumner Welles, *The Roosevelt Administration and Its Dealings with the Republics of the Western Hemisphere*, Department of State Publications No. 692, Washington, DC: GOP, 1935, pp. 1, 16.

② 条约全文见 US Department of State, *Treaties and Other International Agreements of the United States of America*, 1776 - 1949, vol. 3, Washington, DC: GOP, 1969, pp. 372 - 377。

③ Cordell Hull, "The Division of Cultural Relations of the Department of State," Lewis Hanke, ed., *Handbook of Latin American Studies: A Selected Guide to the Material Published in 1937 on Anthropology, Art, Economics, Education, Folklore, Geography, Government, History, International Relations, Law, Language, and Literature*, Cambridge, Mass.: Harvard University Press, 1938, pp. 502 - 503.

在国际文化关系中承担实质性的和持续的责任",① 是美国文化外交的肇端,也是文化交流服务于美国国家安全的开始。"二战"期间,文化关系司负责的文化关系项目包括人员交流、在海外建立美国文化中心、分发各种文化材料以及提供技术援助等,涉及的国家和地区也从拉美扩展到中国、欧洲和中东。到 1945 年年底,美国向 31 个国家派遣了文化事务官员(cultural affairs officer),其中 20 个国家在拉美,其他 11 个国家是西班牙、土耳其、中国、叙利亚、埃及、比利时、法国、希腊、荷兰、意大利和葡萄牙。② 1944 年 1 月,文化关系司被取消,国务院成立公共信息办公室,下属的"科学、教育和艺术处"负责原文化关系司承担的大部分职能。同年年底,公共信息办公室改名为公共事务办公室(Office of Public Affairs),其职能是"负责对外信息和文化关系的政策和行动的制定与协调,包括维护不同国家之间信息的自由流通,促进与其他国家的科学文化知识交流"。此外,公共事务办公室还负责"协调联邦政府其他部门的文化项目和行动,以使其与美国总体外交政策相一致"。③ 国务院机构的这一改组显然是出于战争的需要,突出文化交流为战争和国家安全服务的功能。

太平洋战争爆发后,联邦政府于 1942 年 6 月成立了实施战时动员和宣传的机构——战争信息署(Office of War Information),其中海外部负责向盟国、中立国以及沦陷和新解放的国家和地区发布有关战争进程的官方信息以及塑造美国的国家形象。战争信息署主要是一个信息发布和对外宣传的机构,但也开展了一些文化活动,将其作为信息和宣传活动的补充,包括资助外国媒体人士和新闻评论员短期访问美国以了解美国的战争努力和生活方式,以及在世界各地建立图书馆,收藏关于美国文化、历史和社会的书籍、杂志和美国政府文件。同时战争信息署的宣传活动

---

① Francis J. Colligan, "Twenty Years After: Two Decades of Government-Sponsored Cultural Relations," *Department of State Bulletin*, vol. 39, No. 995, July 21, 1958, p. 112.

② Manuel Espinosa, *Inter-American Beginnings of U. S. Cultural Diplomacy*, Washington, D C: Department of State Publication 8854, 1976, p. 188; Kevin V. Mulcahy, "Cultural Diplomacy and the Exchange Programs: 1938 – 1978," *Journal of Arts Management*, *Law & Society*, vol. 29, No. 1, Spring 1999, p. 14.

③ Departmental Order 1301 of December 20, 1944, *Department of State Bulletin*, vol. 11, No. 286A, December 17, 1944, Supplement, pp. 790 – 791.

本身也会起到传播美国思想和观念的作用。

　　"二战"结束后，战争信息署被取消，部分职能并入国务院。国务院撤销公共事务办公室，于 1946 年 1 月组建国际信息和文化事务办公室（Office of International Information and Cultural Affairs），统筹对外宣传与文化交流。战争信息署的取消表明对外宣传在和平时期美国对外关系中的重要性下降，美国不再需要以联邦政府的名义进行大规模的海外宣传活动，但国际信息和文化事务办公室作为常设机构的建立表明联邦政府已经把对外信息传播和宣传作为其常规职能保留下来。这在"二战"前是难以想象的。

　　随着美苏冷战的爆发，联邦政府以远比"二战"时期大得多的规模卷入对外文化输出和宣传活动，对外文化关系成为进行意识形态斗争和地缘政治争夺的重要工具。在美国决策者看来，输出美国文化有助于传播自由、民主的理念和抵制共产主义的影响。不仅如此，对外宣传和文化交流还可以用来反击共产党国家特别是苏联和民主德国的宣传，消解欧洲知识分子对美国文化的反感。美国文化与德、法等欧洲国家的精英文化传统格格不入，欧洲知识精英一直把美国视为粗野的、缺乏高雅文化的暴发户，批评美国人崇尚的是物质主义、消费主义和工业野蛮主义，美国社会流行的是低俗、粗鄙和肤浅的大众文化。① 而苏联和民主德国则宣传自己有高雅的艺术和深厚的文化传统，一个德国人可以既是一位共产党员，又是柴可夫斯基和贝多芬音乐的欣赏者。在这一背景下，对外信息和文化交流项目被认为是争取欧洲知识分子、维护美国作为"自由世界"领袖的声望、遏制共产主义传播的重要工具，因此必须由联邦政府来主导。乔治·凯南在《苏联行为的根源》一文中即提出美国对苏遏制战略的重要方面就是实施"适当规模的宣传活动"（informational activi-

---

　　① 1958 年，美国欧洲基金会主席弗兰茨·约瑟夫和雷蒙·阿隆合编了一本文集，来自世界各地的 20 名作者描述了自己国家对美国社会的印象。美国虽然被认为在工业生产和技术发明发面成就非凡，但总体上被视为粗鄙野蛮、"长着乡巴佬脑袋的巨人"。法国人尤其对美国印象不佳。Franz M. Joseph and Raymond Aron, eds., *As Others See Us*: *The United States through Foreign Eyes*, Princeton: Princeton University Press, 1959, p. 353. 转引自 Jessica C. E. Gienow-Hecht, "Shame on US? Academics, Cultural Transfer, and the Cold War—A Critical Review," *Diplomatic History*, vol. 24, No. 3, Summer 2000, p. 468。

ties）去"影响苏联国内的发展以及主要由苏联政策决定的整个共产主义
运动内部的发展"。①

冷战时期美国对外文化输出有以下几种方式：

一是国际教育交流，包括留学生和人员培训。冷战时期的国际教育
交流被赋予帮助被战争蹂躏国家战后重建、争取新兴国家青年精英、影
响第三世界国家发展道路的使命。1969 年在美国学习的国际学生有 12
万。② 美国成为吸引外国留学生最多的国家。联邦政府在其中扮演的角色
包括：发起国际教育交流项目，制定吸引留学生的政策，向外国学生提
供资助，为国际学生提供各种便利等。联邦政府直接发起的最著名的国
际教育交流项目是富布莱特项目。1948—1964 年，约有 2.1 万美国人和
48 个国家的 3 万外国人参加了这一项目。此外，联邦政府还大力推进所
谓的人员交流，规模最大的人员交流项目是训练国外的军事人员，包括
根据军事援助计划而进行的项目、与武器转让相关的军事培训以及反叛
培训等。受训人员来自西欧、东亚和拉美。到 1973 年，美国军事部门共
训练了 43 万外国公民。③

二是对战败国的再教育活动。美国在占领德国和日本期间大力推行
去纳粹化和去军国主义化，对两国进行民主改造，为此需要向两国国民
灌输自由主义价值观，对其进行再教育。占领当局在两国开展以新闻出
版、无线电广播、电影戏剧和教育改革为内容的再教育活动都起到了传
播美国文化和价值观的作用。此外，美国还推进美德和美日之间的教育与
交流，人员交流成为广义的再教育运动的一部分。1945—1954 年，有超过
1.2 万名德国人和 2000 美国人参与了美国政府发起的美德交流项目。④

三是美国政府发起的宣传活动。1948 年美国国会通过《史密斯—蒙
特法》（Smith-Mundt Act），该法又称《1948 年美国教育与信息交流法》

---

① X, "The Sources of Soviet Conduct," *Foreign Affairs*, vol. 25, No. 4, July 1947, p. 581.
② Kramer, "Is the World Our Campus? International Students and U. S. Global Power in the Long Twentieth Century," *Diplomatic History*, vol. 33, No. 5, Nov. 2009, p. 792.
③ Ibid., pp. 795–796.
④ Milton C. Cummings, Jr., *Cultural Diplomacy and the United States Government: A Survey*, Washington, D. C.: Center for Arts and Culture, 2003, p. 4. https://intranet. americansforthearts. org/sites/default/files/MCCpaper. pdf（2018 年 11 月 8 日获取）.

（United States Informational and Educational Exchange Act），是第一部授权联邦政府和平时期在海外开展信息和宣传活动的立法。作为该法的一部分，国务院的国际信息和文化事务办公室被分解成教育交流办公室（Office of Educational Exchange）和国际信息办公室（Office of International Information）。前者负责人员交流项目以及海外图书馆和文化机构的运作，属于文化外交的范畴；后者负责新闻、出版、广播和电影等事务，致力于短期目标，属于对外宣传。

1953 年，艾森豪威尔总统发布命令，成立独立于国务院、直属白宫的对外宣传机构——美国新闻署，负责除中央情报局和军方以外的所有信息项目，国务院的信息活动和"美国之音"广播都划入美国新闻署。其职责是利用广播、新闻出版、影视等媒体，阐释美国的对外政策，宣传和推销美国意识形态和生活方式，打造美国形象。美国新闻署被称为"世界上最大的全职公共关系组织"，在冷战高潮的 20 世纪 80 年代每年的预算超过了 5 亿美元，在世界约 150 个国家开展活动。①

除了国务院和新闻署的活动外，中央情报局开展的隐蔽宣传行动和心理战也起到传播美国思想和价值观的作用。例如，中央情报局支持的文化自由委员会（Congress for Cultural Freedom）和亚洲基金会（Asia Foundation）都开展了大量的文化、宣传和教育活动。

冷战时期的宣传活动有一些不变的主题：第一类是负面主题，即反共；第二类是正面主题，即扬美。反共宣传虽然不能直接传播美国文化，但却可以为美国文化的传播创造条件。而扬美宣传就是在传播美国文化和美化美国形象，包括宣传美国的生活方式、政治制度和价值观，美国的科学和技术进步以及美国的对外经济和技术援助；展示美国的自由工会制度、艺术成就以及普通人的幸福生活；解释美国民主的运作；夸赞消费资本主义的好处，等等。

苏联解体和冷战结束后，由于不存在纳粹德国和苏联那样的重大国家安全威胁以及挑战美国生活方式的强大的敌对性意识形态，美国朝野

① William M. Chodkowski, "The United States Information Agency", November 2012, https: //www. americansecurityproject. org/ASP%20Reports/Ref%200097%20 - %20The%20United%20States%20Information%20Agency. pdf（2018 年 12 月 12 日获取）.

陶醉于美国制度的胜利和"历史的终结"中,对外宣传在国家整体战略和对外政策中的重要性大大降低,联邦政府在对外文化输出中的作用弱化,美国又回到民间团体、教育机构和私人企业主导国际文化交流的时代,对外文化关系中的自由主义思想得以复兴。"9·11"事件后,以消除反美主义、树立美国良好形象为主要目标的公共外交兴起,联邦政府的作用虽有所加强,但已难以回到冷战时期联邦政府主导对外宣传和国际文化交流的国家主义时代。正如约瑟夫·奈在 2005 年所观察的,随着冷战的终结,"美国政府在海外的文化活动大幅度减少了",文化活动"在美国外交价值体系中的地位下降了"。① 一直到今天,跨国公司和大学而不是联邦政府成为输出美国文化和生活方式的主要力量。

联邦政府作用弱化的重要表现就是美国政府从事的信息和宣传活动大幅度减少。1999 年,美国新闻署被取消,原属新闻署的对外宣传和人员交流功能被转移至国务院,由负责公共外交和公共事务的副国务卿来统管。保留原隶属于新闻署的广播理事会(Broadcasting Board of Governors),负责美国的对外广播(包括美国之音、自由亚洲电台和针对古巴的马蒂电台),广播理事会接受国务院的政策指导,但并不隶属于国务院。信息项目重新回到国务院,其规模和影响都今非昔比。

从事文化外交和对外宣传的人员数量也大幅度减少。美国新闻署在20 世纪 60 年代中期的鼎盛时期有 1.2 万雇员,1994 年约有 9000 人,到1999 年被国务院接管时只有 6715 名雇员。②从 1993 年到 2002 年,在海外工作的文化外交人员数量减少了 30% ,在美国国内负责文化外交的人员减少了 20% 。③

联邦政府用于文化外交和宣传活动的拨款被大幅度削减。国务院教育与文化事务局负责的教育和文化交流的经费从 1993 年到 2000 年下降了

① US Department of State, *Cultural Diplomacy*: *The Linchpin of Public Diplomacy* (Report of the Advisory Committee on Cultural Diplomacy), September 2005, p. 4. https://www. state. gov/documents/organization/54374. pdf (2018 年 11 月 18 日获取).

② Nye, *Soft Power*: *The Means to Success in World Politics*, p. 104.

③ Juliet A. Sablosky, "Recent Trends in Department of State Support for Cultural Diplomacy: 1993 – 2002," p. 1. https://www. americansforthearts. org/by – program/reports – and – data/legislation – policy/naappd/recent – trends – in – department – of – state – support – for – cultural – diplomacy – 1993 – 2002 (2018 年 11 月 7 日获取).

29%（扣除通胀因素），大量美国在海外设立的文化中心、图书馆被关闭。① 从 1995 年到 2001 年，由该局发起的项目资助的人数从 4.5 万人下降到 2.9 万人。② 富布莱特项目的经费也大幅度缩减，接受富布莱特项目资助的人员从 1993 年的 6518 人减少到 2000 年的 4648 人。③冷战时期，联邦政府资助的无线电广播被 50% 以上的苏联人和 70%—80% 的东欧国家人民收听。而在 21 世纪初，仅有 2% 的阿拉伯人收听美国之音。④ 美国国务院 2002 年的公共外交项目（包括信息项目和教育与文化交流项目）加上相对独立的对外广播项目的总经费约 11.2 亿美元，只相当于国防开支（3479 亿美元）的 0.32%。⑤国务院 2003 年的公共外交预算是 6 亿美元，只占国务院国际事务预算的 4%。在这 6 亿元的公共外交预算中，其中约 40%，即 2.45 亿美元用于教育与文化交流，包括学术交流、青年交流和职业交流，在海外举行的绘画、雕塑、摄影和电影展，表演艺术家的海外旅行演出，文化人士的演讲和工作坊等。⑥

   "9·11"恐怖袭击发生后，美国决策者震惊于伊斯兰世界对美国的误解与仇恨⑦，开始重视对伊斯兰世界的宣传和文化交流。而美国对伊拉克的入侵、阿布格莱布和关塔那摩的虐囚丑闻极大损害了美国的声望，美国作为"自由火炬"和"民主灯塔"的形象大为暗淡，在一些人眼中美国甚至成为危险、邪恶的力量。美国国务院文化外交咨询委员会深刻意识到这一点，该委员会在 2005 年公布的报告提出，美国"在国际社会的信誉和声望下降的趋势必须改变"，而文化交流对扭转这一趋势"非常重要"。⑧

---

① Juliet A. Sablosky, "Recent Trends in Department of State Support for Cultural Diplomacy: 1993 – 2002," p. 10.

② Ibid. , p. 9.

③ Ibid. , p. 12.

④ Nye, *Soft Power: The Means to Success in World Politics*, p. 104.

⑤ Ibid. , p. 124.

⑥ US Department of State, *Cultural Diplomacy: The Linchpin of Public Diplomacy*, p. 9.

⑦ 小布什总统在"9·11"恐怖袭击后一个月举行的记者招待会上谈到，与大多数美国人一样，他难以理解为什么人们如此仇恨美国。The President's News Conference, Oct. 11, 2001, https://www.presidency.ucsb.edu/documents/the – presidents – news – conference – 1089 （2018 年 11 月 28 日获取）.

⑧ US Department of State, *Cultural Diplomacy: The Linchpin of Public Diplomacy*, p. 5.

在这一背景下，对外宣传和文化外交（教育与文化交流）被统称为"公共外交"，被赋予对抗国际恐怖主义、在伊斯兰世界争取人心的使命，成为美国的国家形象工程，在美国总体外交政策中的重要性有所提升。注重人员交流的文化外交成为公共外交的重要形式。2005 年发布的美国国务院文化外交咨询委员会报告赋予文化外交以重要的使命：

> 文化外交是公共外交的核心，因为文化活动可以最好地展现一个民族对自己的理解，而且文化外交可以以巧妙、广泛和可持续的方式来促进我们的国家安全。实际上，历史记录已经表明美国丰富的文化在塑造我们的国际领导地位，包括影响反恐战争方面发挥的作用并不亚于军事行动，因为内嵌于我们的艺术和思想传统中的价值观构成抵御黑暗力量的防波堤。①

2007 年 5 月，美国国务院发布了由"公共外交和战略传播政策协调委员会"撰写的首个《美国公共外交和战略传播国家战略》，试图协调各部门的公共外交活动，其中特别强调公共外交三大优先的领域：一是扩大教育和交流项目，并称这是"过去 50 年来最有效的公共外交工具"；二是推进传播活动的现代化，包括利用互联网媒介、扩大美国官员在外国媒体出现的机会以及加强对美国外交官的外语培训；三是推动"事迹外交"，即宣传美国在海外开展的使外国受益的人道主义援助、卫生和教育项目，报道美国的经济成就和美国政府对外国文化和历史的尊重。②2010 年 3 月，美国国家安全委员会发布了《战略传播国家战略》，国防部发布了《战略传播报告》。3 月 10 日负责公共外交的助理国务卿菲利普·克劳利（Philip J. Crowley）提出了国务院开展公共外交的路线图，包括在

---

① US Department of State, *Cultural Diplomacy*: *The Linchpin of Public Diplomacy*, p. 1.

② Policy Coordinating Committee on Public Diplomacy and Strategic Communication, *U. S. National Strategy for Public Diplomacy and Strategic Communication*, June 2007. 转引自 Kennon H. Nakamura and Matthew C. Weed, *U. S. Public Diplomacy*: *Background and Current Issues*, Congressional Research Service, Dec. 2009, p. 33. https：//foreignaffairs. house. gov/files/CRS% 20Report. pdf（2018 年 11 月 21 日获取）。

国务院 6 个地区局中设立新的负责公共外交的副助理国务卿职位。①

这些新趋势都表明美国迎来所谓的"公共外交时代"。当前，联邦政府内承担公共外交职能的部门有两个：一是负责对外广播的广播理事会；二是国务院，其活动包括信息服务和人员交流两大类。国务院设有负责公共外交与公共事务的副国务卿，下辖负责教育与文化事务的助理国务卿、负责公共事务的助理国务卿和国际信息项目协调员。此外，美国国务院的 6 个地区局和 11 个功能局也承担一定的公共外交活动，美国驻外国的大使馆设有公共事务部，负责在驻在国开展公共外交活动。2016 财年，美国联邦政府公共外交总支出是 20.3 亿美元，占整个国际事务预算（553 亿美元）的 3.7%，占联邦政府自主性支出（discretionary spending）的 0.17%。其中教育与文化交流支出 5.91 亿元，广播理事会支出 7.529 亿元，美国驻外使馆和领事馆的公共外交支出 5.042 亿美元（包括用于美国人员工资的 1.346 亿美元），其余为预算外的追加资金项目，如海外紧急项目，经济支持项目，援助欧洲、欧亚和中亚的项目等。②

冷战后美国联邦政府开展的公共外交（包括文化外交和对外宣传）远没有达到冷战期间的规模和影响，主要受制于资金减少和缺乏部门协调。国务院无权命令其他政府机构支持公共外交，负责公共外交的副国务卿缺乏预算方面的权力和公共外交领域的专长。国家安全委员具有协调各部门的权威，但缺乏足够的工作人员和热情来发起行动和提出倡议。意识形态和国家安全因素的影响主要体现在对外文化输出被用来抵消伊斯兰极端势力的反美宣传、消除恐怖主义滋生的土壤以及在世界范围内促进民主，而不再是地缘政治争夺和意识形态竞赛。

根据国务院文化外交咨询委员会 2005 年发布的报告，"9·11"事件后美国开展文化外交的目标包括：促进建立美国与其他国家之间"互信的根基"；展示美国的价值观，挑战认为美国人"空洞、好斗和不信神"

---

① Helle Dale, "Public Diplomacy and Strategic Communications Review: Key Issues for Congressional Oversight", March 22, 2010, https://www.heritage.org/global - politics/report/public - diplomacy - and - strategic - communications - review - key - issues（2018 年 11 月 9 日获取）。

② The United States Advisory Commission on Public Diplomacy, *2017 Comprehensive Annual Report on Public Diplomacy and International Broadcasting*, pp. 13, 24 - 25, https://www.state.gov/documents/organization/274950.pdf（2018 年 11 月 20 日获取）.

的流行观念；证明美国与其他民族一样重视家庭、信仰和教育；建立不受政府更迭影响的人民之间的联系；在存在政策分歧的情况下提供与其他国家进行合作的机会；为人文交流建立中立的平台；在外交关系紧张或没有建立外交关系的情况下提供灵活、普遍接受的缓和渠道；接触传统外交手段无法触及的外国社会有影响力的成员以及精英以外的年轻人和普通公众；促进公民社会的成长；抵消误解、憎恨和恐怖主义；教育美国人了解其他社会的价值观和敏感议题，以避免失礼和误判；通过支持开放和包容原则缓解其他国家内部的文化争论。①

　　大体说来，民间团体和机构以及跨国企业而不是联邦政府在冷战后的美国文化输出中扮演了主要角色。在教育与文化交流领域，美国吸引越来越多的国际学生，人员交流也出现大幅度增加。但这一趋势并非美国政府出于国家安全和地缘政治考虑推动的结果，事实上，由美国政府发起的教育交流项目很少。在这一阶段，留学生赴美的最大动力是新工业化国家对技术的需求，出于这一目的到美国留学的外国学生最多。由于美国政府的新自由主义政策导致大学经费锐减，美国的大学把国际学生学费作为重要的收入来源，出台了一系列吸引留学生的政策，有利于外国学生赴美学习。全球化进程中的私人企业，特别是跨国公司主导的全球资本主义扩张极大地促进了美国对外文化传播。以好莱坞为代表的娱乐性跨国公司跻身于美国最大的出口企业行列，这些企业在"娱乐"全世界的同时也把美国文化、生活方式和价值观传播到世界各地，娱乐业成为输出美国文化的主要渠道。《新视野季刊》主编内森·加德尔斯在 2000 年提出，随着冷战的结束，"曾经塑造历史的那些重大力量在个人生活中消退"，人们有了比以前更多的私人空间来享受"娱乐文化"（fun culture），美国对外文化输出的目标也经历了从"遏制"（containment）苏联共产主义到满足世界各地"娱乐"（entertainment）需要的转变：

　　　　遏制共产主义的需要一度界定了美国在全球的主要存在，现在则是娱乐扮演了这一角色。音乐电视已经到达中央情报局从未到达

①　US Department of State，*Cultural Diplomacy：The Linchpin of Public Diplomacy*，p. 16.

的地区，当年绿色贝雷帽和丑陋美国人活动的地方现在则有梦工厂的"魔法小战士"（Small Soldiers）和迷人的电影明星。甚至亨利·基辛格这样的精明地缘政治家都在为迪士尼这样的超级软强权（soft superpower）工作。正如军事—工业复合体是冷战经济的核心一样，今天，媒体—工业复合体已经崛起为全球信息经济的核心部门。这一复合体不仅包括好莱坞，还包括迅速成长的有线公司和软件公司以及传统的电视和印刷媒介。①

## 二 关于对外文化输出目标的争论

文化与国家实力究竟是何种关系？文化活动是否应该成为国家外交政策的工具？开展对外文化关系的目标究竟是什么？是为外交政策服务，扩大国家的影响力，把文化输出当作提高国家软实力的战略，还是促进跨文化理解和交流智力成果？

毫无疑问，纯粹民间的教育与交流并不带有明确的扩大国家软实力的目的，即使这些活动增强了美国的影响力，这也只是教育与文化交流的副产品，这一点学者们并无异议。在历史上争议较大的是由政府发起、组织或资助的交流项目，正是联邦政府和国家力量的介入引发了关于文化交流的目的与方式的争论，即国际文化交流的目的究竟是什么？什么样的方式是最好的文化交流方式？

在1938年文化关系司成立的时候，参与文化交流的民间人士和具体负责交流事务的官员都反对把文化交流作为具体外交政策的工具，强调国际教育与文化交流对促进国家间相互理解的意义以及交流的互惠性质。首任司长本·彻林顿主张文化关系项目应尽可能超脱于政治，不能沦为对外宣传，文化宣传带有"渗透、强加和单边主义"的色彩，而文化关

---

① Nathan Gardels, "From Containment to Entertainment: The Rise of the Media – Industrial Complex," *New Perspectives Quarterly*, vol. 17, No. 5, Special Issue, 2000, p. 100.

系司的理想是在没有政府限制和压力的情况下推进广泛的文化交流。① 同时,"在与美洲其他共和国的关系中严格遵守互惠的精神"。② 第二任司长查尔斯·汤姆森也认为,文化关系项目的主要目标是"通过科学、技术和教育的改善,通过艺术、新闻、电影和广播以及各领域知识领袖的访问来增进相互理解,消除文化交流的障碍以及促进思想和智力成就的自由交换"。③文化交流"本质上是互惠的,也必须是互惠的"。汤姆森还特别强调文化关系项目的"教育性"而不是"宣传性",称"宣传的方法一般类似推销"(advertising),是"单方面的","旨在培育一种积极的或有利的态度,即有时被称为'善意'(good will)的思想状态","善意主要是情感性的,可以很快就消失"。"而文化关系的方法是教育","其目标更深入、更持久,旨在培育一种可以恰当地称之为'谅解'(understanding)的思想状态"。这种思想状态"根植于知识和由知识中生长出来的信念而不是情感或激情",因此"更持久"。汤姆森进一步解释说,"当两国发生纠纷时,由宣传培育出来的善意会很快被忘掉,而如果两国人民之间已经形成有效的谅解,那么即使他们之间有分歧,每一方也能较好地理解另一方,愤怒会减弱,相互调整和最终解决纠纷的途径也会被找到。"④ 国务卿赫尔也指出文化关系司发起的项目是"建立在互惠基础上的","文化关系必须是双向的",其目标是通过"向国外传播美国有代表性的文化和智力作品并在美国传播其他国家的同类作品"实现"美国与其他国家人民之间建立在文化与精神联系基础上的更好理解和相互

① Statement by Ben M. Cherrington, in General Advisory Committee to the Division of Cultural Relations, Minutes, Nov. 21, 1938. 转引自 Frank Ninkovich, "Cultural Relations and American China Policy, 1942 – 1945," *Pacific Historical Review*, vol. 49, No. 3, August 1980, p. 473。

② Memorandum by Ben M. Cherrington, May 27, 1940. 转引自 Frank A. Ninkovich, *Diplomacy of Ideas: U. S. Foreign Policy and Cultural Relations, 1938 – 1950*, New York: Cambridge University Press, 1981, p. 35。

③ Charles A. Thomson, "The Cultural-Relations Program of the Department of State," *Journal of Educational Sociology*, vol. 16, No. 3, Nov. 1942, p. 135.

④ Charles A. Thomson, "The Role of Cultural Exchange in Wartime," Address Delivered before the American Political Science Association, New York, N. Y., December 31, 1941, *Departmrnt of State Bulletin*, vol. 6, No. 132, Jan. 3, 1942, p. 30.

尊重"。①在珍珠港事件前，文化关系司的活动大体上遵循了这些原则。

但是，珍珠港事件后，动员文化资源促进国家安全的呼声越来越高，文化与教育交流开始为反对轴心国的战争服务，结果是"随着时间的推移，单方面宣传与互惠的文化合作之间的界限越来越模糊"。② 1944 年 1 月，文化关系司被取消，国务院成立"公共信息办公室"，下设五个处：当前信息处，研究和出版处，电影和广播处，科学、教育和艺术处以及中央翻译处。其中的科学、教育和艺术处承担原来文化关系司的职能，负责国际教育与文化交流项目。这一机构改组反映出决策者越来越强调对外宣传与信息项目的重要，并把教育与文化交流视为战时美国对外政策的工具。

冷战开始后，文化输出更是成为美国对外战略的一部分。决策者把对外文化交流的目标界定为影响外国受众，改变外国人的价值观、情感和态度，打造良好的国家形象；主张联邦政府应该积极协调、参与和组织对外文化输出与宣传活动；更重视对外宣传和信息项目，认为以人员交流为主的文化外交既浪费资源，见效又慢。这种主张把思想和文化输出作为促进美国国家实力与利益的手段，更倾向于从国家主义（nationalism）而非国际主义（internationalism）的立场看待国际文化关系。

但是，参与文化关系项目的民间团体和人士抵制把教育与文化交流等同于宣传的做法，反对改变文化关系项目的目标。这引发了美国政府内部关于文化关系项目功能和目标的争论：文化交流应该如何促进美国利益？文化关系项目是否应为具体的外交政策目标服务？

教育界和文化界人士反对把对外文化交流活动视为纯粹的外交政策工具，更强调教育与文化交流本身的价值而不是为外交政策服务的功能，认为不能仅从狭隘的国家主义立场理解对外文化关系，相信国际教育与文化交流的根本作用是通过促进国家间相互理解以及建立和平与合作的国际秩序来间接地而非直接地促进美国的安全。具体承担教育交流工作

---

① Hull, "The Division of Cultural Relations of the Department of State," in Hanke, ed., *Handbook of Latin American Studies*, pp. 503 – 504.

② Ben M. Cherrington, "Ten Years After," *Association of American Colleges Bulletin*, vol. 34, Dec. 1948, p. 5. 转引自 Mulcahy, "Cultural Diplomacy and the Exchange Programs: 1938 – 1978," *Journal of Arts Management*, *Law & Society*, vol. 29, No. 1, Spring 1999, p. 14。

的国际教育协会主席、有"国际主义使徒"（apostle of internationalism）之称的斯蒂芬·达甘（Stephen Duggan）更是明确提出，文化交流活动如果被用来实施某项外交政策，那么它"就不再是文化关系，而是宣传"。① 接替斯蒂芬·达甘担任国际教育协会主席的劳伦斯·达甘（Laurence Duggan）在 1946 年给助理国务卿的信中指出，学生交流项目"绝不能成为我们政府试图影响在美外国学生以促进特定政策和计划的工具"。②

1943 年 2 月，由文化和教育界知名人士组成的文化关系总咨询委员会③提出：应大力发展美国与其他自由国家之间的文化关系，"以培育在相互理解和欣赏基础上的有益的国家间关系"；文化关系项目是长期的、持续的活动，但也应该"适应变化的形势和需要"；文化关系项目的范围是广泛的，应该涵盖智力和文化活动的各个方面，包括艺术、科学、技术、文学和教育等各方面的交流；这种交流应该对所有参与国都有益，被用来促进人类福祉和有助于维护知识和文化自由。④ 也就是说，文化关系项目是教育性的活动，而不是对外宣传；它不应该服务于某项特定的外交政策和短期目标，而是应该服务于美国对外政策的长期目标，包括传播科学知识和民主的理想、促进国家间相互理解、营造有利于国家间合作与世界和平的氛围等。

在冷战的高潮年代，仍然有很多人士坚持从国际主义的视角来看待国际教育与文化交流。曾在 1965—1967 年担任负责教育和文化事务助理国务卿的哲学家查尔斯·弗兰克尔（Charles Frankel）1966 年这样阐释美国开展国际文化交流的目标：

---

① Minutes of Meeting of Feb. 23 – 24, 1943, General Advisory Committee, Division of Cultural Relations, Department of State, April 1943, pp. 9, 17 – 18. CU History Files.

② Kramer, "Is the World Our Campus? International Students and U. S. Global Power in the Long Twentieth Century," *Diplomatic History*, vol. 33, No. 5, Nov. 2009, p. 800.

③ 成员包括纽约城市学院教育系前主任、国际教育协会主席斯蒂芬·达甘，著名国际主义者、哥伦比亚大学教授詹姆斯·肖特维尔（James T. Shotwell），美国广播教育委员会主席约翰·史蒂倍克（John W. Studebaker）和杰出图书馆学家、美国图书馆协会主席卡尔·米拉姆（Carl H. Milam）。

④ Minutes of Meeting of Feb. 23 – 24, 1943, General Advisory Committee, Division of Cultural Relations, Department of State, April 1943, pp. 9, 17 – 18. CU History Files.

美国作为一个民族和世界文明的成员对海外教育与文化项目有无可置疑的兴趣。这部分是因为这样的项目有助于培育更有利的美国"形象"以及使美国的政治性政策更可能成功，还因为美国的教育、学术和文化资源可以对提高其他国家人民的福祉和生活乐趣以及促进其社会的稳定与安宁做出重要贡献。同时，美国对海外教育与文化交流抱有兴趣还因为其他民族的智力和艺术成就是美国可以获取力量和启发的源泉。从这个意义上可以说，国际教育与文化项目是美国国家政策的工具。①

在公共外交时代，文化和艺术界的人士仍然反对把文化仅仅作为外交政策的工具。耶鲁大学戏剧学院教授琼·钱尼克批评美国政府推行的文化外交以宣传美国的价值观为目标，把重点放在外交而不是文化上，其结果是"文化仅仅被作为工具，在一些糟糕的情况下，甚至成为武器"。而"艺术家从事跨文化交流的目的不是宣传自己的价值观，而是理解不同的文化传统，寻找新的富有想象力的灵感的源泉，发现新的创作方法和途径以及与拥有不同世界观的人们进行交流。他们渴望被影响而不是影响他人。"她建议当时的国务卿康多莉扎·赖斯（Condoleezza Rice）"倾听这些年来一直从事国际交流活动的艺术家的意见"，"将重心放在文化"，"在差异中寻找共同价值观，促进相互尊重和理解"。②

由文化、教育界人士和国务院官员组成的国务院文化外交咨询委员会在2005年提交的报告中也强调"文化外交是双行道，每有一位外国艺术家受到美国艺术作品的启迪，就会有一位美国人受到其他文化传统的创造性作品的触动"。"艺术和文学发展史展示的是相互借鉴的过程，美国文化受益于与其他国家的艺术和智力成果的对话"。因此，"倾听是文化外交活动的核心，要想让文化外交产生效果，我们首先必须倾听其他国家同行的声音，同其他国家的博物馆长、作家、电影制片人、戏剧导

---

① Charles Frankel, *The Neglected Aspect of Foreign Affairs: Educational and Cultural Policy Abroad*, Washington: The Brookings Institution, 1966, pp. 88 – 89.

② Joan Channick, "The Artist as Cultural Diplomat," *American Theater*, vol. 22, No. 5, May/June 2005, p. 4.

演、舞蹈家和教育家寻找共同点，也就是与他们共同探索真理和自由的普遍价值。"报告赞扬"那些在国外旅行的美国艺术家，无论以官方还是非官方身份，都是对美国做出难以估量贡献的文化外交家"。①

国家主义者和国际主义者之间的争论贯穿于"二战"后至今的文化传播活动中。总的说来，秉承国际主义理想的美国知识界、文化界和教育界人士构成强大的抗衡力量，对联邦政府和外交决策者把国际文化交流纳入国家外交战略的企图构成有利的牵制，使美国的对外文化传播并没有完全沦为国家政策的工具。

## 三  美国对外文化输出的效果

长达两个世纪的美国对外文化输出究竟产生了怎样的效果？世界范围内的美国文化传播是否提高了美国的声望，增强了美国吸引其他国家追随自己的能力，即软实力？这一问题无疑非常复杂，对它的回答依赖于大量以经验材料为基础的具体的、个案的研究，而这显然是一篇论文，甚至一本书都无法完成的，本文只是尝试对此进行初步的探讨。

总的说来，美国文化的全球传播无疑改变了很多外国人的价值观，导致对美国的亲近、信赖以及对美国外交目标的支持和追随，从而促进和加强了美国的力量。美国的软实力长期在世界各国中名列前茅，其中文化所占比重最大。2018 年美国软实力居于世界第四位，与 2016 年的第一位相比有所下降，这主要是因为特朗普的个性和上台后采取的"美国优先"政策损害了美国的形象和声望，其广义的文化实力仍在世界上首屈一指。正如波特兰公司和南加州大学公共外交研究中心联合发布的 2018 年全球软实力排名报告指出的，美国"以高等教育、文化生产和技术创新为代表的软实力是最强的"。②

较早的例子是中国最早赴美的留学生容闳。容闳于 1847 年随布朗牧

---

① US Department of State, *Cultural Diplomacy: The Linchpin of Public Diplomacy*, pp. 4 – 5.

② Jonathan McClory, *The Soft Power 30: A Global Ranking of Soft Power 2018*, Portland Communications Ltd and The USC Center on Public Diplomacy, 2018, p. 50. https://softpower30.com/wp – content/uploads/2018/07/The – Soft – Power – 30 – Report – 2018. pdf（2018 年 12 月 15 日获取）.

师（Samuel Robbins Brown）赴美留学，1854 年获得耶鲁大学文学学士学位。在美国的经历改变了他的观念，他深感中国人"身受无限痛苦，无限压制"，认识到"予之一身既受此文明之教育，则当使后予之人，亦享此同等之利益"，决心向国人传播西方文明和美国文化，"以西方之学术，灌输于中国，使中国日趋于文明之境"。①其后半生的工作"皆以此为标准"，包括组织幼童赴美，参加维新和共和革命，推动中国的现代化。容闳的思想和行动扩大了美国对中国的影响，其追求与近代美国对华政策的目标也是一致的。

如果说容闳的经历反映了美国民间发起的教育交流的积极影响，南非前总统弗雷德里克·德克勒克（Frederik W. De Klerk）的转变则显示了美国政府宣传项目的成功。德克勒克于 1936 年出生在约翰内斯堡近郊的一个保守色彩极浓的权贵家庭，拥护种族隔离制度，1972 年成为国会议员。1976 年参加了美国新闻署发起的国际访问者领袖项目（International Visitor Leadership Program），参观了纽约、华盛顿、旧金山和洛杉矶，游览大峡谷并在新奥尔良观看了爵士乐演出。1989 年 9 月德克勒克成为南非总统，决心终结种族隔离制度，而结束南非的种族隔离制度是当时美国对非洲政策的基本目标，为此美国对南非实施了严厉的经济制裁。从 1990 年起，德克勒克先后宣布解除对非洲人国民大会、南非共产党等反种族主义统治的政党和组织的禁令，释放入狱达 20 多年的纳尔逊·曼德拉，赋予黑人以公民权，废除各项种族隔离立法，成功地实现了南非向多种族民主社会的过渡。德克勒克后来回忆说，美国之行对他有重要影响，使他坚信"必须以非歧视的方式来处理多种族社会可能出现的冲突"。②

近年来的冷战史研究表明，1989 年前后东欧和苏联发生的剧变在很大程度上是美国对该地区长期进行文化输出和从 20 世纪 50 年代后期开启的美苏之间人员交流的结果。1958—1988 年，一大批苏联人通过各种交

---

① 容闳：《西学东渐记》，钟叔河主编《走向世界丛书》，岳麓书社 1985 年版，第 61—62 页。

② Christopher S. Wern, "How Far Will De Klerk Go?" *New York Times*, Nov. 19, 1989. https://www.nytimes.com/1989/11/19/magazine/how-far-will-de-klerk-go.html（2018 年 12 月 6 日获取）.

流项目访问美国，他们中有学者、学生、科学家、工程师、作家、记者、音乐家、舞蹈家和运动员，还包括一些克格勃的官员，这些人受到美国文化和价值观的深刻影响。实际上，正是交流项目掀开了铁幕，与美国长期的思想渗透一起为戈尔巴乔夫上台后实施公开化和改革培育了环境和土壤，播下了后来苏联剧变的种子。①

根据美苏之间签订的交流协议，1958 年有四位来自苏联的研究生在哥伦比亚大学学习，其中包括当时苏共中央的工作人员亚历山大·雅科夫列夫（Aleksandr Yakovlev）。雅科夫列夫后来成为戈尔巴乔夫倡导的公开化政策的设计者、戈尔巴乔夫和知识界的联络人、自由派报刊的保护者，在戈尔巴乔夫与里根的 5 次会谈中，都坐在戈尔巴乔夫的身边。1998 年，雅科夫列夫接受采访时承认，在美期间他阅读了 200 多本在苏联无法得到的书籍，两年的学习经历对他的思想产生深刻的影响。② 另一位是奥雷格·卡路金（Oleg Kalugin），当时是克格勃的官员，研究生学习结束后回到苏联，后来作为克格勃驻美官员又在美居住了 10 年，在 20 世纪 80 年代后期成为苏联体制的批评者和改革派人士。他回忆说，在美国学习的经历使他开始怀疑苏联的共产主义制度，并一度让他"非常痛苦"：

　　我拥有在美国旅行与人们就任何话题进行讨论的自由，这与我的国家形成鲜明的对比，在那里这种友好的、开放的态度会受到严厉的制止，或遭遇闭门羹。当时间流逝我将结束海外的工作返回苏联时，我越来越强烈地意识到自己正在令人沮丧的共产主义帷幕背后沉沦下去。在 1958 年，我知道我们的生活会更加糟糕，认识到与更幸运的美国人民相比，我们还有很长的路要走。③

---

① 曾长期在苏联和东欧国家从事文化外交工作的美国新闻署前官员耶尔·里士满（Yale Richmond）通过采访当事人撰写的《文化交流与冷战》，展示了美苏之间的教育与文化交流如何改变了苏联人的观念，瓦解了苏联的意识形态和政治制度，最终使美国获得冷战的胜利。Yale Richmond, *Cultural Exchange and the Cold War: Raising the Iron Curtain*, University Park, Penn: The Pennsylvania State University Press, 2003.

② Richmond, *Cultural Exchange and the Cold War: Raising the Iron Curtain*, p. 29.

③ Oleg Kalugin, *The First Directorate: My 32 Years in Intelligence and Espionage against the West*, New York: St. Martin's Press, 1994, p. 32. 转引自 Richmond, *Cultural Exchange and the Cold War: Raising the Iron Curtain*, p. 34。

卡路金在 1997 年接受采访时直言不讳地指出："（与美国的）交流项目是植入苏联的特洛伊木马，在苏联制度被腐蚀的过程中发挥了巨大的作用。它们打开了一个封闭的社会，极大地影响了以更开放的眼光观察世界的年轻人，并随着时间的推移不断地影响越来越多的人。"①

正如奥地利萨尔斯堡大学莱茵霍尔德·韦格雷特纳教授所言，"不论美国的军事力量和政治承诺在为美国赢得欧洲冷战奠定基础方面多么重要，实际上是美国的经济和文化吸引力真正赢得大多数青年人的思想和心灵，使他们追求西方民主"。② 普林斯顿大学教授、纽约卡内基基金会东欧种族关系项目负责人艾伦·卡索夫做出了类似的评论：

> 在成千上万参与同美国和西欧交流的苏联与东欧学者和知识分子中……有很多后来成为地下力量的成员，他们是有较好社会地位的个人、政治精英和学术精英，他们最初都是忠诚分子，在外国的经历使他们意识到进行根本改变的必要性，并与更加激进的政治和文化异见分子……一起成为变革的代理人，在欧洲共产主义崩溃中扮演了关键的有时是无意识的角色。③

美国的对外文化输出之所以能产生良好的效果，其原因是多方面的。

一是美国对外文化传播主要是私人团体和民间机构来完成的，而不是由政府来包办和代替的，这使美国的文化输出至少在表面上看没有那么强烈的政治色彩。美国强大的公民社会和高度发达的文化与教育事业为美国的对外文化传播提供了强有力的支撑。美国的软实力不是由联邦政府和伟大的领导人创造的，而主要是由好莱坞、哈佛大学、微软和迈

---

① Yale Richmond , "Cultural Exchange and the Cold War: How the West Won," *American Communist History*, vol. 9, No. 1, 2010, p. 66.

② Reinhold Wagnleitner, "The Empire of Fun, or Talkin' Soviet Union Blues: The Sound of Freedom and U. S. Cultural Hegemony in Europe," *Diplomatic History*, vol. 23, No. 3, Summer 1999, p. 506.

③ Allen H. Kassof, "Scholarly Exchanges and the Collapse of Communism," *Soviet and Post – Soviet Review*, vol. 22, No. 3, 1995, pp. 263 – 274. 转引自 Richmond , "Cultural Exchange and the Cold War: How the West Won," *American Communist History*, vol. 9, No. 1, 2010, p. 64。

克尔·乔丹等非政府力量创造的。

二是美国文化自身的普适性和大众性使其具有广泛的吸引力。美国一直是一个多元、平等和民主的社会,缺乏贵族阶层和等级观念,其文化产业以普通大众为目标观众,旨在为国内来自多元族群的消费者提供休闲和娱乐,这种大众性和民主性打破了文化消费的阶级界限,具有欧洲精英主义文化难以比拟的优势。而美国社会种族和族群的高度多样性也使美国的文化产品具有普适性,可以吸引世界各国的观众,打破了文化消费的民族与地理界限。好莱坞电影就是典型。

三是美国社会本身的开放、多元、包容和民主使美国文化在海外有可信性和说服力。一个国家形象的塑造归根结底要依赖本国自身的表现,特别是其政治、经济和社会的状况以及国家的治理水平,而文化输出活动和所谓的软实力战略都是辅助性的。一个经济繁荣、政治民主、公民权利得到保障的社会本身就具有强大的吸引力。相反,如果一个国家贪污腐败盛行,社会急剧分化,个人自由和公民权利受到严重践踏,不管这个国家在宣传中如何包装自己,把自己描绘得如何天花乱坠,都难以取信于世界。

实际上,减少对文化事业的控制本身就会成为吸引力的来源。美国电影艺术与科学学院主席沃尔特·万格(Walter Wanger)在 1943 年的一篇文章中指出:"在欧洲人的思想中,民主制度成功运转的最令人钦佩的证据就是坦诚反映美国现实的电影《愤怒的葡萄》(Grapes of Wrath)。一位评论家这样说:'只有真正的民主国家才能生产《愤怒的葡萄》,将其推向市场,然后去做些什么去改变电影所揭示的状况。'"而最危险的事情就是美国电影只向世界展示某些理想主义者所主张的"美国生活较好的一面",如果那样的话,美国电影就会失去其活力,丧失其作用,"也不会在整个世界有卖座力"。① 1957 年,捷克斯洛伐克政府允许美国电影《十二怒汉》(Twelve Angry Men)在捷克上映,意在让民众了解资本主义社会的黑暗。但是,捷克斯洛伐克知识分子看过电影后的反应却与捷克政府的目标背道而驰,他们得出的结论是:"如果一个国家可以生产这样

---

① Walter Wanger, "OWI and Motion Pictures," *The Public Opinion Quarterly*, vol. 7, No. 1, Spring 1943, pp. 109, 110.

描绘自己的电影，那这个国家一定会有自信和内在的力量，一定足够强大并且是自由的。"① 显然，如果一个国家严格控制文化的创作与生产，只允许讲述关于自己的优点，这种文化传播是不大可能成功的。

尽管美国文化的广泛传播在很多情况下带来了有利于美国外交目标实现的结果，但需要注意的是，对外文化传播并非必然或并不总是带来国家声望的提高和软实力的增强。美国决策者和从事公共外交的官员广泛持有这样一种信念，即美国的文化产品具有不证自明的、可移植的、不受语境限制的含义，是美国思想和价值观的载体，只要把美国文化传播出去，让其他国家的人民接触到美国的文化产品，就自然会接受其中所体现的思想和价值观，从而对美国产生好感和追随。这种信念是错误的。文化研究的成果表明，传播并非一个直线的、受众简单地接受文化产品制造者试图通过文化产品传达的思想和观念的过程。实际上，消费者并非是被动的接受者，他们有很大的主动性，会对接收到的信息进行选择、改造和利用，在具体的时空环境下将其重新语义化（resemanticize），这导致文化传播者的目的有时很难实现。现代解释学也认为，文本的解读是解读者与文本之间交互作用的过程，解读者并不是一张白纸，而有自身的文化传统和利益需要，接受的往往不是文本的全部意义，也不一定是文本的本来意义，甚至可能借助文本创造新的意义。因此，不能简单和一厢情愿地认为，文化传播与软实力之间总是和必然存在正相关的关系。美国学者保罗·科恩（Paul A. Cohen）就注意到，近代来华的基督教传教士试图把"福音"包裹在科学的外衣下进行传播，借助西方现代文明知识来传播基督教，但实际的结果却与传教士的意图相反，在很多情况下，近代中国知识分子只接受西方的科学或世俗知识，却对"福音"毫无兴趣。"在接受西方知识的同时拒绝西方的宗教不但证明是可行的，而且前者甚至可以变成用来反对后者的武器"。②

美国文化输出的效果还受到美国社会自身状况的制约，特别是 20 世纪 70 年代以前盛行的种族隔离制度以及至今仍然存在的各种显性和隐性的种

---

① Nye, *Soft Power: The Means to Success in World Politics*, p. 17.

② 保罗·科恩:《1900 年以前的基督教传教活动及其影响》，载费正清主编《剑桥中国晚清史》上卷，中国社会科学院历史研究所译，中国社会科学出版社 1985 年版，第 617 页。

族歧视现象成为美国的"阿喀琉斯之踵",损害了美国试图输出的制度模式和价值观的可信性和感召力,削弱了文化输出的效果。美国国务院在1958年的一份报告中清楚地认识到,美国南方的种族歧视对国际舆论的影响已经严重损害美国的国家利益,包括"削弱美国作为自由和民主捍卫者的道德地位",让世界"质疑美国关心其他民族特别是非白人国家福祉的真诚性和能力",并"为反美主义宣传提供了固定的靶子"。① 在国际教育交流领域,美国糟糕的种族关系造成的后果尤其严重。属于有色人种的第三世界国家的留学生在离开美国时难免会对美国社会的种族歧视和民主运作的种族界限抱有恶感,这极大地损害了美国制度和价值观的吸引力,导致美国政府试图把留学生塑造成美国政策支持者的目标难以实现。

因此,美国对外文化输出并不能总是增强美国的影响,在很多情况下可能损害美国的利益,削弱美国的力量。

文化输出对美国利益的损害首先体现在文化输出引发美国文化与当地文化之间的尖锐冲突并导致反美主义的兴起。代表性的例证有:19世纪后半期基督教的传播引发的中国士绅和民众以捍卫中国文化传统为目标的排外主义,这种排外主义在义和团运动中达到高潮;20世纪20年代在法国兴起的反美主义(anti-Americanism),法国知识分子批判美国以机械化大规模生产和大众消费主义为内容的"美国方式"导致物质主义和低级趣味的泛滥,瓦解了法国以哲学和艺术为代表的高雅文化;60—70年代第三世界国家对美国"文化帝国主义"的批判,谴责美国的强势文化输出瓦解了其他国家的文化传统,导致世界文化的"美国化"和同质化。在这些批评者眼中,美国是一个粗鄙、堕落和邪恶的国家,美国追求的利益和目标也就缺乏正当性。

其次,美国的文化输出培养和制造了美国的反对者和敌人,造成美国权力和利益的巨大损失,代表性人物是日本海军大将山本五十六和埃及哲学家萨义德·库特布(Sayyid Kutb)。山本五十六曾于1919—1921年在美国哈佛大学学习,被认为是日本少有的"美国通",后来成为日本联合舰队司令,策划和指挥了对珍珠港的偷袭,并在太平洋战争初期重创

---

① Michael L. Krenn, "'Unfinished Business': Segregation and U. S. Diplomacy at the 1958 World's Fair," *Diplomatic History*, vol. 20, No. 4, Fall 1996, p. 591.

了美国海军。萨义德·库特布 1949—1950 年在美国首都华盛顿的威尔逊师范学院、科罗拉多州立教育学院和斯坦福大学学习。在美国的学习经历不仅没有使他成为西方文明的接受者和崇拜者，反而成为美国文化和社会的尖锐批评者。他返回埃及后出版《我所见的美国》（*The America that I Have Seen*），抨击美国是一个物欲横流、骄奢淫逸的社会，对美国的物质主义、种族主义、个人自由、经济制度、性关系和拳击比赛深恶痛绝，提出埃及人必须做一个虔诚的穆斯林而不是美国人那样的人。在美国的留学经历实际上更强化了库特布的伊斯兰认同，使他成为坚定的反美主义者和极端伊斯兰主义者的领袖和导师，其著作深刻地启迪了策划"9·11"恐怖袭击的本·拉登。①

美国文化输出还带来第三个后果，即增强美国文化输入国和接受国的文化影响力，产生所谓的"反向软实力"（reverse soft power）。② 最典型的例子是来华的传教士对中国文化的欣赏、对中国命运的同情和对中国立场的支持。

传教士赴华本来是为了传播"福音"和美国文化，改变中国人的信仰，让中国皈依基督教。但一些传教士长期居住在中国，逐渐对中国和中国文化产生浓厚的感情，并积极开展对中国历史、哲学和艺术的研究。不少教会大学在 20 世纪 20—30 年代大力发展中国文化研究，并且与美国大学合作（如建立哈佛—燕京学社），在美国大学建立汉学项目，成为中国文化在美国的传播者。早在 1919 年，来华的美国浸礼会传教士葛德基就注意到这一现象：一些传教士本来是"带着赐予（基督）启示的激情"，"作为西方精神生活的使者到远东"来向"异教国家"布道的，但"在传播过程中东方却给了他启示，他出来是为了改变东方，但回去的时候自己却成了被改变

---

① 2004 年发布的"9·11"恐怖袭击调查委员会最后报告称本·拉登在思想上"严重依赖埃及作家萨义德·库特布"，正是对库特布思想的接受使本·拉登和他的追随者相信为了捍卫自己的信仰，对平民进行大规模杀戮是合理和符合正义的。National Commission on Terrorist Attacks Upon the United States, *The 9/11 Commission Report*, July 22, 2004, p. 51. https: //9 - 11commission. gov/report/911Report. pdf （2018 年 12 月 26 日获取）.

② "反向软实力"是丹麦奥尔堡大学（Aalborg University）的拉斯马斯·伯特尔森教授提出的。参见 Rasmus G. Bertelsen, "American Missionary Universities in China and the Middle East and A- merican Philanthropy: Interacting Soft Power of Transnational Actors," *Global Society*, vol. 28, No. 1, Jan. 2014。

的人",开始"向本国传教",即向美国人介绍和传播中国的文化遗产,其结果是"改变了千百万宣教事业支持者(指普通的美国教徒——引者注)的态度,……帮助他们更加欣赏远东文明的伟大和优秀"。[1]

在 20 年代中国民族主义运动的高潮中,传教士敦促美国放弃在华治外法权和不平等条约中的特权。抗战爆发后,传教士和教会团体揭露日军的暴行,支持中国抗战,呼吁美国政府对日本实施禁运,向中国提供经济和军事援助。此时的传教士转而成为中国利益和目标的支持者。[2]

## 四 结束语

"软实力"是当代国际关系领域使用最多的"热词"之一,其发明者约瑟夫·奈也因此享誉世界。但是,将文化视为综合国力的组成部分和外交政策的工具来加以建设无论对文化发展本身还是对国家目标的实现都是利弊参半的,更不能简单地把文化输出等同于国家软实力的扩大。美国的历史经验表明,文化输出,特别是国家主导的文化宣传带来的后果实际上是相当复杂的,它既可以扩大国家的影响力,也可能引起接受国的激烈反应,甚至培育和制造出敌人。文化传播的最重要目标应该是寻求被理解,而不是被接受,不是去影响他人,而是相互借鉴和启迪。片面地以提高国家文化软实力为目标推行的文化传播工程有时是难以奏效的,公开宣称这一目标在策略上更是不明智的。归根结底,文化交流不仅仅是实现国家主义目标的工具,更应该成为推动跨文化理解、培育国际主义观念、促进人类共同福祉的根本途径。

(本文作者系北京大学历史学系博雅特聘教授、教育部"长江学者"特聘教授)

---

① Earl Herbert Cressy, "Converting the Missionary", *Asia*, vol. 19, No. 6, June 1919, pp. 553 – 556.

② 详见王立新《踯躅的霸权:美国崛起后的身份困惑与秩序追求(1913—1945)》,中国社会科学出版社 2015 年版,第 440—444 页;Stephen G. Craft, "Peace Makers in China: American Missionaries and the Sino – Japanese War, 1937 – 1941," *Journal of Church and State*, vol. 41, No. 3, Summer 1999, pp. 575 – 591.

# 从白宫到市政厅：20 世纪美国联邦政府城市政策综述

王 旭

## 一 患难与共：联邦政府城市政策的缘起

在联邦制的二元框架下，美国宪法对地方政府只字未提，一应权力凡未明确授予联邦政府者，均笼统地由"各州及其人民保留之"，因此地方政府与联邦政府的关系就像它们与华盛顿特区的地理距离一样，一直比较疏远。1929 年经济大萧条来袭，许多城市面临破产，无力自保，各州也难以招架，全国大城市的市长纷纷前往华盛顿特区，希望联邦政府施以援手，帮助地方政府摆脱危机。富兰克林·罗斯福就任总统后实施"新政"，其中比较重要的大规模公共工程项目、就业计划项目和社会福利项目，都与城市有关。同时，他还直接从住房政策入手，创建两个新的联邦政府直属机构。一是 1933 年建立的房主贷款公司（The Home Owner Loan Corporation），为有困难的家庭提供低息贷款并延长还款期限。1933—1937 年，该公司提供了 1/6 的住房贷款按揭、赎回 1/2 的住房抵押权。这样就遏制了住房抵押权被银行收回。二是 1934 年建立的联邦住房管理局（Federal Housing Administration），为私人机构发放的贷款提供担保，使贷款期限从原来的 8—10 年延长到 20 年甚至 30 年，并将首付款从 50% 减少到 10%—20%。在这两个机构和后来的退伍军人事务署的共同努力下，从 1934—1972 年，美国住房拥有量从 44% 上升到 63%。公共工程管理局下设的美国紧急住房公司（U. S. Emergency Housing Corporation)，向地方公共住房机构提供资助。而这些机构恰恰是各州立法下建立的，在住房方面有一定的合法权利。通过这些渠道，联邦政府开始参与地方事务。在资助项目上更是经常完全绕过州，直接与市长展开工作。①

不过，罗斯福把住房拥有权看成是美国理想的象征，因此他所资助的对象主要是低密度、独户住房，无意为公共住房建设提供联邦政府资助。在这个思想指导下，联邦住房管理局拒绝向其他形式的住房或修缮旧房提供贷款，这实际上就鼓励了在大都市区边缘地带建造新的住房。而这样的政策对高密度多户住宅为主的城市核心区来讲乏善可陈。结果，"新政"的改革加速了中产阶级住户向郊区迁移和内城衰败的速度。②与此同时，这两个机构实行的"红线政策"也在无形中强化了长期以来困扰城市的种族隔离局面。③

当然，直至今日，联邦政府在体制上也无权对地方事务置喙，只是在外围、通过各种经费和政策扶持来参与地方事务。联邦政府在制定、管理和解释联邦援助城市的各项立法中，多半出台很多规定或要求，地方政府必须遵循才能获得财政资助。另一个办法是，联邦政府官员可以根据联邦宪法第十四条修正案对地方市民提供保护。此政策起于1954年布郎案判例，根据这个判例，地方政府或官员因种族问题而不给市民必要的法律保障时，或者剥夺他们的生命、自由或财产时，可以推翻地方政府或官员的做法。最高法院运用这一条款在"布郎诉教育委员会"案中废止了学校中的种族隔离。后来，又陆续出台很多判例，对少数族裔、妇女以及残疾人等的权利予以保护。

其实，联邦政府参与地方事务，早在第一次世界大战时就已有了先例。一战迫使美国联邦政府承担起住房开发商的角色。在美国劳工部下属的美国住房公司（U. S. Housing Corporation）和美国航运局的应急船运公司（U. S. Shipping Board's Emergency Fleet Corporation）的名义下，联邦

① 关于罗斯福"新政"时期的城市政策，参见梁茂信《美国联邦政府城市政策的形成》，《东北师范大学学报》2002年第6期。

② Christopher Howard, *The Hidden Welfare State: Tax Expenditures and Social Policy in the United States*, Princeton: Princeton University Press, 1997, pp. 49 – 53.

③ 王旭：《"红线政策"与美国住房市场的反歧视立法》，《社会科学战线》2016年第4期。

政府建造了大约 1.6 万套住宅，以便从事战时军火工业生产的工人可以方便地往返工厂和船坞。美国住房公司和应急船运公司还在这些工人社区配套建设了学校、图书馆、教堂和娱乐设施。建筑设计师、城市规划师和住房改革派对此乐见其成，他们希望用标准化方式，而不是建成战后就拆除的临时住房，这样一来此举可以为将来住房开发提供一个范例。他们说服伍德罗·威尔逊总统和国会议员建造高标准的永久性住房。因为战争在此后 5 个月就结束了，所以大部分住房是在战后完成的。可惜翌年的审计调研发现美国住房公司大量投资用于繁复的住房设计和不必要的开销，因此受到社会广泛的质疑。结果，这个联邦政府参与的住房实验在争议声中被放弃，国会命令以公开拍卖方式出售了这些住房。① 但私人建筑市场火爆，1922—1929 年，平均每年建造 88.3 万套住房，绝大部分在大都市区的边缘地带。这就为 1929 年经济大萧条埋下了祸根，住房抵押贷款危机引发了连锁反应，进而整个经济体系崩溃。依靠房地产税为税基的城市政府出现亏空，无法支付市政雇员开支，大量警察、消防员、教师和其他市政公务员被解雇。各城市寻求州政府的帮助，但州政府也面临同样的问题。于是，很多州和城市将最后的希望寄托在华盛顿。很多市长担心经济困境会引起骚乱，芝加哥市长在向国会众议院作证时这样说："国会现在给芝加哥提供贷款的成本要比将来派军队平息骚乱便宜得多。"②

1939 年全国资源规划理事会（National Resources Planning Board，NR-PB）是由全国规划理事会和全国资源理事会合并而成，后来成为二战期间城市规划的主要机构。全国资源规划理事会援引全国资源理事会 1937年的《我们的城市：在全国经济中的作用》调研报告，建议对全国住房、交通、大都市区合并统筹改革，包括联邦和州及地方政府间合作达到一个无前例的水准。1942 年，该理事会下设的城市化委员会提交一份城市再开发的详细计划，并建议在战后组建一个内阁级的城市化部（Department of Urbanism），以保证联邦政府可以及时处理城市事务。国会里的保

---

① Kenneth T. Jackson, *Crabgrass Frontier: The Suburbanization of the United States*, New York: Oxford University Press, 1985, p. 192.

② Roger Biles, *The Fate of Cities: Urban America and the Federal Government*, 1945-2000, University Press of Kansas, 2011, p. 4.

守派否定了这份计划，质疑其有社会主义动机，并于 1942 年大大减少了全国资源理事会的经费。翌年，国会索性把这个机构撤销了事。比较之下，英国在战后对城市规划政策建立了稳固的控制，并在大都市区周围建设了很多新的社区。而美国却在私营企业利益集团的操控下，排除了进行全面城市规划的可能。①

当然，也有很多人持传统观念，认为应遵从宪法，联邦政府不宜过多参与地方事务。例如，一份很有影响力的刊物《美国城市》的主编哈罗德·巴特海姆在当时就警告说，如果联邦政府采取太多行动，就会把山姆大叔变成"山姆老板"。

## 二 从"新城市边疆"到"伟大社会"：20 世纪 60 年代联邦政府与地方政府的密切互动

20 世纪 30—70 年代，除了其中的 4 年外，民主党在国会参众两院都居于多数，而且，多为民主党总统，因此，联邦政府得以顺利实施其政纲，与城市的关系进入"蜜月期"。

### （一）战后初期联邦政府对城市政策的探索

二战后初期，联邦政府对城市几乎没有什么投入。在 20 世纪 50 年代和 60 年代初，美国花费在军事上的钱几乎相当于大都市区的 50 倍，在冷战期间也是如此，甚至投入在农业方面的经费也 4 倍于城市。

杜鲁门自认为与前任罗斯福一样，都是进步主义者，在继续推进"新政"举措。他就任时，大萧条和二战对城市造成的创伤日益恶化，本应全力应对。但是，战时经济向平时经济过渡，朝鲜战争的开销，共和党人支配的国会的反对，都制约了杜鲁门的"公平施政"。为应对严重的战后住房短缺，他成功地促成一系列破冰的立法，建立低收入住房的目标，并形成一个框架，使联邦政府资助的城市再开发，在住房市场上，联邦政府占有一席之地。为了应付爆炸性的住房问题，杜鲁门推迟了建

---

① Philip J. Funigiello, "City Planning in World War II: The Experience of the National Resources Planning Board," *Social Science Quarterly*, June 1972, No. 53, pp. 91 - 104.

设稠密高速公路网的活动，于 1949 年通过塔夫脱—埃伦德—瓦格纳住房法（Taft-Ellender-Wagner Housing Act of 1949），标志着复兴衰退的城市更新运动的开始，提升了人们对联邦政府参与城市事务的希望。

共和党人艾森豪威尔总统奉行"积极保守主义"（dynamic conservatism），主张有限政府紧缩开支，联邦政府尽量少参与地方事务，在住房方面联邦政府只是一个辅助的角色。尽管没有全部叫停，但艾氏减少了城市中低收入群体住房的数量，对公有住房持怀疑态度。与此同时，他全力推动高速公路建设，于 1956 年签署州际高速公路法，拨巨款在全国铺设高速公路。州际高速公路体系一方面促成了大都市区的分散化；另一方面却抽离公共交通的资源，加速了中心城市的衰退。从 1950 年到 1960 年 10 年间，郊区人口增长了 60%，但东北部中西部老城市却人口剧减。波士顿、圣路易斯、匹兹堡减少 10% 以上，底特律、明尼亚波利斯和布法罗减少 7%—10%，纽约、芝加哥和费城、克利夫兰、巴尔的摩、辛辛那提减少 5% 左右。① 所以，毫不奇怪，美国市长会议、美国市政联盟、美国城市协会等城市团体都把 20 世纪 50 年代看成是毫无希望的 10 年。

艾氏的有限联邦政府的思想对后来共和党总统有很大的影响。他在城市问题上无甚作为是可以预料的。郊区的兴盛和中心城市的衰退，在艾氏看来是市场化的结果，可以作为学术选题来研究，而不是政府应考虑的政策选项。

### （二）20 世纪 60 年代改革高潮

肯尼迪是第一个生在城市、长在城市的美国总统。其祖父是波士顿市长，他本人曾是城市选区的国会众议员、城市化程度最高的州的参议员，他对城市问题有亲身而透彻的了解。他和他的民主党国会议员候选人都得到了城市利益集团的全力支持。在竞选时，美国市长会议和美国市政联盟联合撰写了一份全面的城市发展计划书交给两党的总统候选人作为竞选纲领。民主党在竞选纲领的"城市及其郊区"部分几乎一字不

---

① Jon C. Teaford, *The Metropolitan Revolution: The Rise of Post-Urban America*, New York: Columbia University Press, 2006, p. 72. Jon C. Teaford, *The Rough Road to Renaissance: Urban Revitalization in America*, 1940 – 1985, Baltimore: Johns Hopkins University Press, 1990, pp. 122 – 124.

改地采纳了。试图清理贫民窟、资助交通改善、大都市区规划在改善市政基础设施方面有更多的投入。与艾氏相比,肯尼迪总统非常关注美国城市面临的主要问题,并使白宫开始对城市事务更多关注,使大城市的市长注意到华盛顿城市政策的剧烈变化。然而,他所发起的城市复兴的努力很多都没有付诸实践就因其受害而夭折了。冷战的危机和拖沓的经济增长限制了行政部门在城市事务上的努力,延宕了在内城向贫困开战的巨大项目的实施。然而,肯尼迪年代政策未果却为约翰逊巨大成功铺平了道路。如果说新边疆政策制定者并未在立法领域获得多大的成功,肯尼迪政府还是使联邦政府参与城市事务的思想深入人心,孕育了 60 年代成为法律的很多动议。《城市国家》的作者马克·盖尔芬德这样评价:"肯尼迪有许多业绩值得铭记,但是从长远看,我们最应该记得的是他是第一个理解大都市区革命的意义同时又是第一个试图在此方面有所作为的总统。"①他是以开拓新边疆的政纲而入主白宫的,因此其城市政策被称为"新城市边疆"(New Urban Frontier)。

20 世纪 60 年代,种族骚乱不断发生,社会动乱,城市成为社会问题的旋涡,联邦政府对城市的经费投入空前。据统计,联邦政府自地方获得的财政收入与支付给地方政府的经费比率 1950 年为 11.5%,1960 年为 16.8%,1970 年为 22.9%,1980 年达到 31.7%。东北部和中西部锈蚀带特别受益于联邦开支的增加,例如,到 60 年代末,匹兹堡每花费 1 元就有 91 美分来自联邦政府;纽瓦克和克利夫兰则分别为 64 美分和 60 美分。②面临人口、就业、工业和零售业向郊区和阳光带的转移,深受折磨的内城的市长们警告说,他们无法应付日见紧张的财政危机,愿接受联邦政府提供的财政支持。

联邦政府参与地方城市事务在林登·约翰逊时期达于顶峰。颇受困扰的城市在"伟大社会"的宏大改革中有明显体现,不仅因为贫困人口集中在贫民窟,而且也因为种族冲突在这个炽热的 10 年都集中在美国城

① Mark I. Gelfand, *A Nation of Cities: The Federal Government and Urban America*, 1933 - 1965, New York: Oxford University Press, 1975, p. 347.

② William K. Tabb and Larry Sawers eds., *Marxism and the Metropolis: New Perspectives in Urban Political Economy*, New York: Oxford University Press, 1984, p. 255.

市。约翰逊的"向贫困开战"虽然在概念上有缺陷并受有限资金制约，但毕竟还是减少了美国城市里贫困个体和家庭的数量。约翰逊政府成功地通过了新的住房立法，实质上提高了建造低收入阶层住房的补贴。1968年住房法第四条款寻求用产生联邦资助的新城的方法扩展住房的总量。在肯尼迪的11063号行政命令的基础上，1968年民权法案扩大对合适住房的保证范围到美国社区的80%，实质上第一次使郊区的住房市场向非洲裔美国人开放。1964年城市公共交通法有开创性，即授权联邦经费用于改善现有交通系统和建造新的系统。白宫试图把提升现有住房、交通和反贫困的动议结合起来，综合治理城市衰退，与国会一道出台了"示范城市"项目。在60年代自由主义顶峰年代，约翰逊政府巧妙地建构了联邦政府和城市之间的新型伙伴关系，对此，共和党也不讳言，这在范围和重要性上都有突破。

可以说，约翰逊总统比20世纪任何一位总统都更专注于城市事务。他委派了3个工作组进行调研和提出改革方案；向国会提交5个专门的备忘录以获取对他动议的支持；任命2个调查委员会评估城市危机的性质，这些都是其他总统无法超越的纪录。[1]更重要的是在任期间，他成功地推动国会通过了一系列关于城市问题的立法，如1964年通过的经济机会法，反贫困项目的第一年拨款为9.475亿美元。其他有1964年住房法，1964年城市公共交通法，1965年全国首都交通法，1966年示范城市法，1968年住房与城市发展法。其他相关法律有：1965年初级中级教育法，1968年民权法，虽然表面看上去是关于其他领域的，但对于城市和郊区生活的影响是多方面的。同样，1966年美国交通部的成立也在很大程度是因为要应对全国大都市区的问题。约翰逊的向贫困宣战的针对对象其实也是城市，因为绝大部分贫困人口居住在中心城市。这是体现约翰逊政府解决城市问题的一个突出的举措。其实，在肯尼迪政府时期就已着手进行这项工作了。1963年11月时白宫就做出安排，起草一份反贫困法案，医疗健康部、教育部、社会福利部、农业部、商务部、劳工部以及预算总署和住房与居家财务总署都参与了。肯尼迪被刺后，有人问到这项工

---

[1] Roger Biles, *The Fate of Cities: Urban America and the Federal Government*, 1945 – 2000, University Press of Kansas, 2011, p. 158.

作是否继续，约翰逊肯定地回答："这正是我要做的事，我对此有兴趣，我赞同这样做，继续做吧，放在一切工作的首位。"①因此，这些改革是罗斯福新政以来最为大胆而有力地针对城市的举措。他把住房问题置于"伟大社会"的核心位置。他说："在本世纪剩余的时间里，城市人口将翻番，城市用地翻番，我们应该建更多的住房，公路和相关设施……所以，未来的40年里我们必须重建整个美国城市……只有我们的城市伟大了，我们的社会才能伟大。"② 其实，早在约翰逊担任参议院多数党领袖时，就经常会见很多大城市的市长，赢得他们的信任和肯定。约翰逊把住房问题放在该项目最优先位置，重中之重。这也是他在当年国情咨文里出现频率最高的语汇。他在任期间，城市更新运动获得新的动力，如火如荼。约翰逊就任不久，就在 1964 年 9 月 12 日签署 1964 年住房法，拨款 11.3 亿美元用于新建和维修住房以及城市更新的相关工程，同时拨付 3.5 亿美元用于大都市区的公共交通设施改造，昭示他政策的重心和走向。当然，1965 年组建美国住房与城市发展部可能是联邦政府参与城市事务最有标志性的成就。

约翰逊极大地扩展了联邦政府在美国城市中的存在，这是毫无疑问的。联邦政府通过项目资助的形式拨付城市的款项从 1960 年的 70 亿美元到 1970 年的 240 亿美元，绝大部分增长都是在 1964—1969 年他的总统任内。③ 在住房与城市发展部成立的最初 3 年里，该部实施一系列项目，包括此前已展开的公共住房、城市更新和联邦住房管理署工作，再加上新出台的"示范城市"项目、新城项目。在 1968 年民权法的护佑下，住房与城市发展部执行了一些新的住房法规，有助于改变大都市区的种族构成。其他联邦部门如交通部、教育部、劳工部配合住房与城市发展部也出台了相关举措。

---

① James T. Patterson, *Grand Expectations*: *The United States*, 1945 – 1974, New York: Oxford University Press, 1996, p. 535.

② *Public Papers of the President of the United States*: *Lyndon B. Johnson*, 1963 – 1964, Washington, D. C. : Government Printing Office, 1965, I: 705.

③ Dennis R. Judd and Todd Swanstrom, *City Politics*: *Private Power and Public Policy*, New York: Longman, 1998, p. 134.

## 三 "新联邦主义"：从尼克松到布什，联邦与城市渐行渐远

### （一）尼克松和福特的"新联邦主义"

共和党人尼克松入主白宫后，提出"新联邦主义"（New Federalism），旨在收缩联邦政府的责任范围，重新界定联邦和地方政府的关系，标志着联邦政府逐步从城市事务的退却。当时，越南战争逐步升级，不断将国内的经费虹吸到国外，早在1967年总统和国会就在协商裁减城市项目的经费。尼克松绝对不接受"伟大社会"的自由主义主张，他的主要举措是税收分享和"一揽子"拨款。此前，联邦城市项目通常采取分类财政补贴的形式，也就是针对具体特定目的或市政活动的类别进行的拨款。但往往联邦政府官员对地方情况并不熟悉，而且地方又千方百计拉拢和贿赂联邦政府官员，因此尼克松和后来的里根、老布什和小布什都无一例外地试图削减分类财政补贴项目，取而代之的是"一揽子"拨款（block grants）。与分类补贴关注于混乱城市问题不同，尼克松的收入分享计划和倡议将联邦资金提供给所有地方政府，不仅是郊区和乡村城镇，也有大城市。这样就把中央管控项目转变为由联邦资助、地方管理的项目。"一揽子"拨款根据各种客观标准（如美国人口普查数据）将联邦资金拨给地方政府，仅给联邦管理者留下很少的自由裁量权。城市政府可以根据他们的选择来使用这些资金，不仅局限于联邦法规所列举的和符合联邦拨款管理者所认同的项目。

尼克松政府宣布暂停建公共住房，采用税收分享政策，为更大的分散化开辟道路。尼克松继任者福特签署的1974年住房与社区发展法，出台条款八、租赁协助项目，把低收入住房的责任从政府推给私人市场，并提出"社区发展'一揽子'拨款"（Community Development Block Grant，CDBG），把联邦政府的8个有关城市项目合并，给城市在使用联邦经费方面更大的选择范围。这是尼克松时期最重要的立法。1970年住房与城市发展法的第七款提高了联邦政府给新城的经费，但尼克松和福特政府私下里的挪用使这个努力在1975年遁于无形。尼克松漠视住房与城市发展部部长乔治·罗姆尼（George Romney）提出的给城市增加帮助

的请求，尼克松也特别不屑后者在消除居住隔离方面的努力。他继续寻求郊区的政治支持，并保持他在 1968 年总统大选时驾轻就熟地获取南部支持的战略，因此无意继续实行民权法，因为这会威胁到大都市区居住模式。

共和党人的拥趸主要来自郊区，生活在城市的非常少。由于 1964—1968 年发生在许多城市的骚乱产生了国内的政治压力，迫使政府在解决城市问题上有所作为，因此联邦政府仍对城市事务保持干预。尽管尼克松政府的新联邦主义将许多项目的控制权下放给州和地方政府，但是联邦政府仍然负责对这些项目进行财政资助。不过毕竟开了一个不好的先例，"新联邦主义"成了此后历届共和党政府奉若神明的旗号。

同样是共和党人，继任的福特想保持大都市区现状，维护郊区的居住隔离。看到内城的持续衰退，福特也与尼克松一样将之归咎于以往的自由主义政策的缺陷。他一直抨击约翰逊"伟大社会"的举措，试图取消"示范城市"和"社区行动"等自由主义改革项目。他信奉尼克松的"新联邦主义"，支持"一揽子"打包拨款方式，希望增强州和地方自治的能力，而减少联邦政府的负担和责任。可以说，他执政期间的作为与尼克松大同小异。但不幸的是，他执政伊始就赶上经济下滑，此时各城市恰恰需要联邦政府施以援手。其时联邦政府的财政赤字已高达 400 亿美元，原本稳定近 20 年的通货膨胀率也在 1973 年突然上升到 8%，到 1974 年初竟达到 10%。[①] 再加上欧佩克石油禁运，1973—1974 年冬油价上涨 33%，由此第一次出现"滞胀危机"。全国城市陷入一片沉寂，特别是"冰雪带"城市，在支出增加而收入减少的窘境下举步维艰。例如，1965—1975 年，纽约市的开销上涨 260%，而税收的收入却不断下降。1975 年初，纽约面临破产的威胁，向州政府和联邦政府求救。[②] 如何应对纽约市成了考验联邦政府对城市态度的一块"试金石"。美国市长会议执行委员会的 13 个成员集体面见福特，他们指出，纽约市的财政危机会波及全国的市政债券市场，其他城市恐难以继续得到贷款，但福特总统未

①　Alan Brinkley, *The Unfinished Nation: A Concise History of the American People*, New York: McGraw-Hill, 1997, p. 873.

②　王旭：《1975 年纽约市财政危机》，《华中师范大学学报》2011 年第 4 期。

予理睬。10 月 18 日，美国市长会议主席穆恩·兰德里欧（Moon Land-
rieu）在国会参议院听证会上陈述了他们的观点，很多参议员也认为联邦
有必要采取一些行动，福特仍不让步。次日《纽约日报》头条报道了福
特在全国记者俱乐部的讲话，标题是：《福特对纽约说，去死吧》。[①] 尽管
这个标题有点夸张，但福特对城市的态度已表露无遗。他似乎更在意平
衡联邦的预算，而无视全国最大的城市即将破产。

### （二）卡特的"新伙伴关系"

作为一个民主党人，卡特当选应该在恢复联邦与城市之间的密切联
系方面做出努力。卡特在竞选时也确实表态："美国最重要的问题是城
市。"在 1976 年 6 月 29 日美国市长会议上卡特向市长们说，一旦当选，
你们在白宫里就有个朋友了。但卡特上任后却打消了这个期盼，他与前
任的共和党总统一样，提出与城市的新型伙伴关系（A New Partnership），
令人联想起 20 世纪 20 年代胡佛的协作方式。在 1978 年国情咨文里，卡
特说："政府不能解决我们的问题……政府不能消除贫困，不能提供充裕
的经济，也不能减少通货膨胀，或者不能拯救我们的城市。"在 1977—
1978 年公共住房的经费只是微不足道的增长，并准备在下一年度削减相
关开支。"城市社区开发综合援助项目"（Urban Development Action
Grants，UDAG）是 1977 年住房与社区发展法的主干部分，寻求私人投资
来复兴衰退的内城，但很不幸，是以一种投入极少同时又极其有利于私
人投资者的方式。非洲裔美国人对总统赞同分散化和推崇市场方面表达
了不满，特别批评他没有在 1979—1980 年通过公平住房的立法。卡特希
望成为第一个设计联邦城市政策的总统，并为此组建城市政策研究小组。
但受紧缩经济政策和坚持有限的政府行动的态度的影响，这个研究小组
疲于应对，最后拿出一个又臭又长的报告和一系列政策建议，立马就在
国会里被"枪毙"了。总之，卡特的"新伙伴关系"是从共和党人的
"新联邦主义"的大旗上扯下一条布贴上自己的标签而已。

当然，卡特也试图出台全面系统的城市政策，并且适当将联邦资助
的重心从郊区和小城镇转向大城市，但不成功。实际上，其承诺多于成

---

① Douglas Brinkley, *Gerald R. Ford*, New York: Times Books, 2007, p. 127.

效，混乱多于清晰。卡特政府的四年任期，以在城市政策领域没有一个重要的立法举措而结束。当然，在他当选时，城市问题并非突出问题，四年后败给里根，也不在城市问题上。

### （三）里根和布什的"新联邦主义"

里根继续奉行"新联邦主义"的城市政策，而且在通往联邦主义的道路上比尼克松走得更远。除了将决策权转移到州和地方政府层面，里根还减少了联邦政府在财政资助上的责任。尽管国会中民主党议员反对里根缩减城市项目的做法，一定程度上防止了里根废除所有的城市项目，但1980—1988年，住房与城市发展部的财政资金分配权从360亿美元下降到150亿美元。横向与其他部门比较，住房与城市发展部的资金分配权下降幅度更大。里根的新联邦主义继续减少联邦政府在城市的参与，里根认为城市地区面临的问题只有在地方层面才能得到最好的解决，于是，城市政策应该是缩减联邦项目，并将分配联邦资金的权力授予州政府，而不是联邦政府，联邦的一些法规也应减少或废除。里根认为，只要地方的经济足够坚挺，城市就能够比联邦政府更好地解决自身的问题，而且减少监管是帮助地方经济繁荣的最好方式。1981年起，里根政府建议由市场来解决城市问题，目标瞄准社会项目和公共工程项目，以便大力削减联邦开支。没有任何一个内阁级的部门像住房与城市发展部这样受到严重影响，在塞缪尔·R.皮尔斯的杂乱无章的领导下，这个部士气低落，资源流失，影响力大减。而且，还出现一连串的丑闻，20世纪80年代末臭名远扬。皮尔斯对于改善大都市区公平住房毫无兴趣，这与坐镇司法部的那些共和党保守派别无二致。卡特政府时期，住房与城市发展部的预算开支占联邦政府总数的7%，到里根离开白宫时仅剩1%。总之，住房与城市发展部在里根期间失去了资源、人员、项目和声望。在一次白宫招待会上，里根居然没有认出皮尔斯，随口称他为"市长先生"，成了一个笑谈。①

白宫对城市交通也施加经济压力，1983年几乎削减公共交通的经费

---

① John J. Gunther, *Federal-City Relations in the United States*, University of Delaware, 1990, pp. 254–255.

1/3，此后还在国会里千方百计地压缩相关拨款。1988 年，在行政当局几次试图废除"城市社区开发综合援助项目"之后，国会以财政需要为名结束了这个项目。80 年代城市问题日益严重，贫困和无家可归者剧增，迫切需要支持，但里根政府无动于衷，仍坚持市场自发解决，政府不要插手，将市场的主导地位作为成功的决定因素是里根政策的显著特点。尽管尼克松的新联邦主义——其中包括"城市社区开发综合援助项目""社区开发'一揽子'拨款"和"收入分享计划"——开始偏离中央驱动的城市政策，但里根在这条道路上走得更远。即使不萧条地区也有资格申请社区开发综合援助项目，同时却减少专门用于低收入人群的项目基金总额。里根的政策转移了城市项目对东北部工业区衰退大城市问题的关注，并将资助的基金转移到更多的小城镇和南部与西部一些更新的、有活力的城市。在政治上，这将使共和党受益，因为它将援助基金从历史上的民主党地区转移到共和党人居多的地区，即从城市转移到郊区。里根直接拨款给地方政府，并让它们决定如何分配，而不是由华盛顿的住房与城市发展部来分配。

里根的城市政策中许多哲学依据都体现在他对企业区的支持上。他认为，资本主义企业充满生机，特别是小企业，可以帮助衰退的城市减轻城市问题，而不是由联邦政府设计和资助的全国项目。在企业区里能够利用减税优惠和宽松的管制，这将鼓励那些雇用当地工人的投资者，并最终通过税收增长来资助地方政府。里根在任期间，每年都推动城市经济开发区建设，但国会从中作梗，没有通过，然而还是有 37 个州通过了城市经济开发区的立法，这些立法通常旨在振兴城市衰败地区。总之，里根试图减弱联邦政府的作用，他的一句口头禅是"政府不能解决问题，反而其本身就是问题"。①通过税务代码而不是政府补贴来刺激经济，并且让私人企业带动经济增长进而解决城市问题。尽管没能在联邦层面实行，但在州的层面部分得以实现。里根并没有完全扭转前 20 年的城市政策，但他改变了政府处理城市问题的方式。

作为里根政府的两任副总统，布什基本沿袭先前 8 年的风格，继续

---

① Roger Biles, *The Fate of Cities： Urban America and the Federal Government*, 1945 - 2000, University Press of Kansas, 2011, p. 285.

削减国内开支,削减联邦政府资助低收入群体的住房资助,这对城市来说是不祥的。当然,布什对里根的冷酷的国内政策不满,转而实行相对温和的"新联邦主义",城市政策小有微调。总的来看,布什的"新联邦主义"主要体现在《1990 年格兰斯通—冈萨雷斯住房法》(Cranston-Gonzalez Housing Act of 1990)。根据该法,1991 财政年度拨款 275 亿美元、1992 财年拨款 299 亿美元,其中第一年拨款中的 10% 和第二年拨款中的 15% 用于建造低收入家庭的出租房。该法被视作布什"新联邦主义"的里程碑,但布什并不十分满意,他觉得应该分配更多的资金鼓励居民购买住房,而不是出租的公共住房。根据该法第二条款产生了"房权易得"(Homeownership Made Easy,HOME)投资伙伴关系,联邦政府打包拨款给州或地方政府用于住房改善,要求州或地方政府提供工程成本的25% 到 50% 作为配套经费。这笔款项用来修缮低标准住房,而不是为公有住房的补贴或提供租房补贴。根据该法第四条款出台 HOPE 项目(Homeownership and Opportunity for People Everywhere,HOPE),鼓励将公有住房出售给租户。HOPE 资金可以用来购买空置的、丧失抵押权的或者是老旧的独户住房或多户住房,以及公有住房。根据该法第八条款拟定棚屋修缮(Shelter Plus Care)项目,为无家可归者提供住处和社会服务。该法还为全国住房信托提供经费,帮助首次购买住房者抵押贷款的首付款和贷款分期付款的利息。1991 年拨款 2. 5 亿美元,1992 年拨款 5. 21 亿美元。这些项目都有很多突破性的举措,特别是 HOPE 项目受到广泛赞誉,被看成是联邦政府帮助内城低收入家庭获得住房权的突破,可惜该项目的经费却一直不到位。1992 年,在审议拨款时,住房与城市发展部新部长杰克·肯普(Jack Kemp)提议 8. 65 亿美元,众议院仅同意 3. 61亿,到了参议院降到 2. 15 亿美元。肯普说服总统否决参众两院的拨款决议案,但布什却与国会做了交易,以寻求国会对空间站和航空航天署提高资助的支持。总统最后签署的 HOPE 项目拨款只是 1. 36 亿美元。①

这样,布什和里根期间,联邦政府从城市事务中后撤。华盛顿特区

---

① *Congressional Quarterly Almanac*, 102nd Cong., 1st sess., 1991, vol. 47, Washington, D. C.: Congressional Quarterly Service, 1992, 334, 516, 518. From Roger Biles, *The Fate of Cities: Urban America and the Federal Government*, 1945 – 2000, University Press of Kansas, 2011, p. 316.

的一个无党派组织预算与政策优先研究中心的研究报告显示，排除通货膨胀因素，从 1981—1992 年，住房补贴方面的经费下降 82%，低收入家庭住房补助下降 66%，失业和就业培训方面补助下降 63%，社区发展、社区服务和社会服务的打包经费下降 40%。布什期间联邦政府在城市方面减少的开支产生了持续的贫困和无家可归者。总的来看，联邦政府对城市资助的经费下降 50% 以上，总体税收分享和城市发展行动经费全部消失。根据另一个统计，1979—1992 年，中心城市的贫困率从 15.7% 上升到 21.5%。①在里根和布什总统的"新联邦主义"倡议下，城市拨款项目的联邦指南从 318 页缩减到 11 页。②另外，美国市长会议的 1991 年调查发现，1980—1990 年，尽管 50 个最大的城市预算上升了 95%，联邦政府拨付市政开销的份额却从 17% 下降到 6%。③在他们那里，城市的命运要服从于经济条件和其他国内问题。针对批评意见，里根曾表示，不能提供理想的服务和就业的城市，居民可以"用脚投票"，搬走就是。这与"公共选择学派"的观点如出一辙。

## 四　"第三条道路"：克林顿政府对城市政策的新选择

经历了共和党人里根和布什 12 年执政之后，民主党人比尔·克林顿当选，翘首以盼的大城市市长们看到了希望，指望他会再现 60 年代"伟大社会"的美好时光。确实，克氏在总统任期内，高度关注城市事务。他经常会见大城市市长，并分别选择了两个大城市市长即圣安东尼奥市长亨利·西斯奈罗斯（Henry Cisneros）为住房与城市发展部部长、丹佛市长费德里克·佩纳（Federico Pena）为交通部部长。这两人都有丰富的城市管理经验，其中西斯奈罗斯当过 8 年市长，曾担任全国城市联盟主席。他因在萧条的社区实施政府—就业伙伴计划的成功而名声大噪，现

---

① Neal M. Cohen, "The Reagan Administration's Urban Policy," *Town Planning Review*, 1983, pp. 308 – 310.

② Federal Government and Cities, David Goldfield ed., Encyclopedia of American Urban History, SAGE Publication, 2007, vol. 1, p. 262.

③ Michael J. Rich, "Riot and Reason: Crafting an Urban Policy Response," *Publius: The Journal of Federalism*, 1993, vol. 23, pp. 115 – 117.

任部长肯普认为西斯奈罗斯"就是为住房与城市发展部而生的"。

但是，克林顿当选时面临很多非常棘手的问题。首先，他仅获得了43%的普选票，4 年后连选连任时获得的普选票也不过49%，因此要寻求大多数选民的支持是他始终牵挂在心的；其次，1994 年中期选举后共和党控制了参众两院，所以他很难通过新的改革举措，要做出很多让步，作为 5 任阿肯色州州长的克林顿，深谙如何在两党政治的夹缝中生存；最后，经济上面临巨额财政赤字，开销很多，他又不能减少国防预算，左右为难，只好抑制国内开销，平衡联邦预算。他不得已地削减了此前传统自由主义改革项目如低收入住房建设等，同时对前任共和党总统的举措又不能全盘否定。他也总结了历届总统的城市政策，发现多半陷入城市和郊区二元对立的窘境。他把大都市区视为一个整体，淡化郊区和城市的区别，小心翼翼地把自己称为"新民主党"人，以吸引郊区的中产阶级选民。在城市问题上，寻求左右逢源的"第三条道路"（Third Way）。

克林顿采用"第三条道路"的突出表现是借用了里根和布什的企业区思想。企业区的做法最早产生于英国，里根时期有人提议借鉴，到布什时期已有 37 个州自行创建了企业区，以振兴某些衰败地区。布什曾向国会提出议案在全国推行，但出于种种原因国会未予通过。现在克林顿乘改革的东风再度提出一个全面的计划，获得国会认可，于 1993 年正式创建了授权区／企业区（Empowerment Zones/Enterprise Communities，EZ/EC）。该项目拨款数十亿资金，用于经济萧条、失业居高不下、普遍贫穷的社区复兴，主要是内城某些区域和农村地区。其方式是自下而上，以发挥地方积极性，产生经济机会并促成城市可持续发展。①克林顿委托副总统阿尔·戈尔牵头，组建总统社区企业局，由 17 个跨部门的联邦机构代表组成，住房和城市发展部负责管理，专门处理授权社区和企业区项目的工作。在 1994 年项目实施的第一轮中，有 100 个区获得资金援助，其中 72 个在城市地区。最初被认定为城市授权区的 6 个地区在未来 10 年中，将各获得社会保障补助金所划拨的 1 亿美元，企业区在未来 5 年各获

① Michael J. Rich and Robert P. Stoker, Collaborative Governance for Urban Revitalization：Lessons from Empowerment Zones, Cornell University Press, 2014, https：//www. jstor. org/stable/10. 7591/j. ctt5hh1bt.

得 300 万美元。①

在 1996 年国情咨文中，克林顿宣称"大政府时代已经过去"，要
"结束我们熟知的福利"。他与国会中的共和党人合作以再造政府。他对
政府为低收入者提供住房所起的作用不以为然，在城市住房方面的举措
力度不大。结果，从 1991—1999 年，美国社区里低收入家庭的住房数量
下降了 94 万套。1998 年他签署了《住房质量与工作责任法》（The Quali-
ty Housing and Work Responsibility Act），修正《1937 年瓦格纳—特高尔住
房法》（Wagner-Steagall Act），授予地方住房管理部门以额外的自治权，
并要求公共住房的住户履行社区服务以获得住宿补贴。2000 年签署
《2000 年社区更新税收减免法》，希望借此刺激私人开发商建造补贴住房。
同年再签署《2000 年社区复兴法》（The Community Renewal Act of 2000），
进一步强调在内城再开发过程中私人的作用，是他和国会里保守的共和
党人密切合作的产物。

除了授权区和企业区计划以及城市住房方面的措施，克林顿时期出
台的专门针对城市的举措并不多，然而，由于其执政时赶上美国历史上
最长时间经济增长期，大环境改善，城市和城市中低收入群体也从中受
益。而且，他推行的一系列经济政策也强化了这些影响。诸如 1993 年他
的预算计划扩大了工薪退税优惠（Earned Income Tax Credit，EITC），这
一优惠降低了低收入工人的税收，被认为是全国最有效的反贫困项目，
每年使 480 万人脱贫。另一个立法《低收入住宅税收抵免》（Low Income
Housing Tax Credit，LIHTC）成为一项永久性政策，住宅开发商承诺在 15
年内将租金维持在可接受水平，来换取政府在税收方面的优惠。所以，
从大的范围看，他的举措确实使城市居民的状况有一定改善。

当然，克林顿政府也试图恢复一些被里根总统和老布什削减的城市
项目，但是 1994 年共和党控制国会后，众议院议长钮特·金里奇和他的
保守派同僚们试图废止或大幅减少一些城市分类拨款项目的支出，共和
党国会和民主党总统之间一度出现僵持不下的局面，迫使许多联邦机构
在 1995 年、1996 年停业几周。不过，1996 年最重要的城市政策——福利

---

① 《克林顿政府的城市政策》，载［美］戴维·古德菲尔德主编《美国城市史百科全书》，
上海三联书店 2018 年版，第 143 页。

改革在国会通过，经克林顿签署成为法律。同样地，政府推动房利美和房地美制定市场策略和金融产品，帮助中低收入的家庭，尤其是非洲裔美国人和拉美裔美国人购买住房，也有一定作用。

1998 年 6 月 9 日，克林顿签署"21 世纪交通平等法"，为期 6 年，拨款 2170 亿美元。其中 1760 亿美元用于高速公路维护，410 亿美元用于公共交通。该法对这些款项在城市政府的使用方面给予很大的灵活性。这个法案实际上进一步强化了分散化的走向，在某种程度上可以说是向保守的共和党国会妥协，这是克林顿政府"第三条道路"的另一个侧面。

克林顿等新民主党人和共和党的"结盟"，导致权力下放，财政紧缩，减少城市事务开支，也加深了对私人资本改善城市的依赖。1996 年总统大选时民主党的竞选纲领自诩"在权力向州和社区转移问题上，共和党在谈，民主党在做"。①《城市的命运：1945—2000 年联邦政府与美国城市》的作者罗杰·拜尔斯认为，克林顿城市政策的"第三条道路"标志着权力转移和分散化的又一次胜利。他说："克林顿政府看上去更像是共和党的逻辑继承者，而不是弘扬 60 年代民主党改革传统"。②但是，换个角度看，克林顿政府摒弃了城市—乡村二元对立的僵化思维模式，代之以大都市区，一再强调要从大都市区的视角解决问题，而不是仅限于城市辖区，就城市谈城市，这个出发点是正确的。这不能完全归之于迎合共和党国会的利益，而应看作顺应城市发展主流客观要求的前瞻性举措。

# 五　结论

美国联邦政府与城市的关系及其城市政策的发展，有一条清晰的线索：从罗斯福"新政"起，美国联邦政府大规模参与地方事务。此后虽中间有共和党总统艾森豪威尔的些微回调，但联邦政府与城市的关系已

---

① Peter Eisinger, "City Politics in an Era of Federal Devolution," *Urban Affairs Review*, January 1998, vol. 33, pp. 308 – 325.

② Roger Biles, *The Fate of Cities*: *Urban America and the Federal Government*, 1945 – 2000, University Press of Kansas, 2011, p. 325.

经制度化。到 20 世纪 60 年代肯尼迪政府和约翰逊政府时期，自由派改革达到高潮，密集出台一系列有关城市的立法，城市问题成了联邦政府工作的重要内容。1968 年尼克松执政后，出台"新联邦主义"，重新定义联邦与城市的关系，其城市政策一度渐行渐远，这一主张被其后各届共和党总统奉若神明，在里根时期甚至有所强化。"新联邦主义"的实质是分担责任和义务，但在此过程中，地方政府承担了更多的责任和义务，出现了权力转移。20 世纪 90 年代，民主党人克林顿入主白宫后，吸取历届政府的经验教训，审慎地与共和党合作，实行了不偏不倚的"第三条道路"。

总的来看，联邦政府的城市政策一贯具有鲜明的党派色彩：民主党关注城市特别是大城市，关注社会问题，关注底层需要；共和党的拥趸在郊区和农村，因此其政策也以其居民的利益为出发点。联邦住房的城市政策涉及很多方面，但比较多地集中在住房和交通问题上，对此两大党没有异议，但如何应对各有选项。在住房方面，分歧是建造低收入住房还是适合中上层需要的独户住房，是建造公共住房还是听由市场需求的私有住房，是建房还是租房；在交通方面，是重点完善城市公共交通还是铺设城际乃至州际高速公路。这些都会以城市和郊区分野，显然受益对象是完全不同的。至于联邦政府的经费支持方式，从专项资助到"一揽子"打包拨款，体现了从联邦政府主管到地方适当分权分担责任的走向。

美国住房与城市发展部的兴衰，是美国联邦政府城市政策的缩影。它成立于 20 世纪 60 年代，曾拥有拟定城市政策的实质权力，是联邦政府自由派改革高潮的标志性成果。但随着联邦政府执政方略的变化和它自身修正不力而产生一系列问题。其一，在大都市区时代，它无力对跨越城市辖区的区域性事务进行掌控或协调；其二，尼克松和里根时期，住房与城市发展部出现了一系列丑闻，效率低下，人人损毁了其形象；其三，总统常常把选任该部部长作为对某个选举群体的政治回报，或者选一个少数族裔或女性，避免使内阁级各部门主管都是男性，这就使其成了一个点缀，在内阁级各部门排名垫底，属弱势行政部门。在两党争斗的环境下，住房与城市发展部日益被边缘化。到 20 世纪末，其雇员和经费比之"伟大社会"时期少得多。克林顿时期，竟有很多共和党人提议撤销住房与城市发展部，克林顿对此也态度暧昧。结果，这个机构成了名不副实的摆设。

据此可以看出，进入 21 世纪，美国联邦政府的城市政策仍是步履艰难。18 年前，我在分析美国联邦政府的城市政策时曾这样总结：在城市问题上，"联邦政府究竟应该做什么、能够做什么，似乎成了难以破解的难题"。[①]今天看，这个难题依然没有破解。

（本文作者系厦门大学人文学院历史系教授）

---

① 王旭：《当代美国大都市区社会问题与联邦政府政策》，《世界历史》2001 年第 3 期。

# 原子能的国际管制与冷战的起源
## （1946—1949）

戴超武

第二次世界大战结束后，由于原子弹的威力和曼哈顿工程区的若干情况已公之于世，美国杜鲁门政府在管制原子能上所面临的问题，既涉及国内管制，同时更重要的，还涉及在国际层面如何管制原子能。因此，杜鲁门政府的决策，无论是国内管制还是国际管制问题，都与美国国内政治密切相关。在杜鲁门时期，国内管制的主要任务是解决一个难题：是文官管理还是军方控制；通过《梅—约翰逊法案》《麦克马洪法案》、范登堡修正案，到 1946 年《美国原子能法案》，杜鲁门政府确立了文官管制原子能的原则，并由总统掌握这一问题的最终决定权。而原子能的国际管制问题，则是美国决策者所要解决的一个更为重要的难题。杜鲁门主张原子能的国际管制，必须建立有效的管制体系，否则决不放弃对原子弹的垄断。国务院、国会及军方都在很大程度上反对国际管制，特别是与苏联分享有关技术和情报。同原子能国内管制问题一样，国际管制问题的若干内容也引起了美国国内的公开辩论。杜鲁门授权成立的原子能委员会及一系列的政策小组，形成了美国有关原子能国际管制的方案。通过对《艾奇逊—利连撒尔报告》的修改，美国最后形成递交联合国原子能委员会的报告，即《巴鲁克计划》。从这些决策过程中，可以看到美国反对国际管制的政治、经济及军事因素。美国反对国际管制，反对同苏联分享原子能秘密，这既有近期的外交目标，也有长期的政治考虑；而美、英、加三国的《华盛顿宣言》，则进一步巩固了战时所形成的英美对原子能研制的垄断，加强西方国家的合作，具有深远的政治影响和军事意义，从而使核武器成为影响与苏联关系的重要因素之一。

## 一 原子能的国内管制和 1946 年《美国原子能法》

1945 年 8 月 6 日，杜鲁门在对日使用原子弹的声明中指出："我将建议美国国会及时地考虑设置适当的委员会，来管制美国国内的原子能的生产和应用。"[①]其实，1945 年 5 月成立的临时委员会，其任务之一就是起草原子能国内管制的法案；史汀生（Henry A. Stimson）的助手哈里森（George L. Harrison）在 5 月 1 日有关成立临时委员会的备忘录中建议，"最为重要的是，在使用原子弹后，尽快做出一些保证，以便采取步骤对战后国内及国外的使用和发展提供基本的管制。……必须尽快就专利、使用、管制等问题，向国会建议必要的立法程序"。[②]5 月 31 日，临时委员会召开会议讨论战后发展计划时，临时委员会"科学专门小组"成员、加州大学教授劳伦斯（Ernest O. Lawrence）表示，如果美国要保持领先地位，那么"绝对有必要比其他国家知道得多，做得多"；他认为，除钍和铀之外，一切重元素均有利用的可能性和潜在性，还有许多尚未探知的新方法和新材料。因此，应积极进行相关工厂的扩建计划，大规模储存炸弹和原料；同时为安全起见，所建工厂应遍及全国，全力以赴地鼓励原子能的工业应用和发展。只有这样，美国才能保持领先地位。阿瑟·康普顿（A. H. Compton）、麻省理工学院院长卡尔·康普顿（Karl T. Compton）和奥本海姆（Julius R. Oppenheimer）同意劳伦斯的建议。奥本海姆补充说，指导未来国内计划的困难之一就是，不同用途之间的原料的分配问题，因此应全力鼓励工业发展，加强基本研究计划。史汀生总结了有关国内计划的意见：首先，保持原子能工业工厂的完整；其次，

---

① Philip L. Cantelon, Richard G. Hewlett, and Robert C. Williams, eds. , *The American Atom: A Documentary History of Nuclear Policies from the Discovery of Fission to the Present* (University Park, Pennsylvania: University of Pennsylvania Press, 1992), pp. 68–71.

② George L. Harrison to Stimson, May 1, 1945, Folder No. 76, Harrison-Bundy File, Records of the Chief of Engineers, Manhattan Engineer District, Record Group 77, National Archives, Washington, D. C.

大规模储存原料以做军事之用，并可用于工业和技术之上；最后，为工业发展大开方便之门。①5 月 31 日的临时会议涉及战后发展的工艺方面，但如何管理原子能的发展，这是美国决策者所要解决的首要问题之一。

1945 年 10 月 3 日，杜鲁门提交国会一份咨文，请求制定有关原子能法律。杜鲁门明确指出："首先和最迫切的一个步骤，是决定我们在美国范围内管制、使用和发展原子能的国内政策。"他强调了和平时期利用原子能的问题，建议不应由军事部门控制。②第一个涉及原子能管制的法案是《梅—约翰逊法案》（May-Johnson Bill），由来自肯塔基州的民主党众议员梅（Andrew J. May）和来自科罗拉多州的民主党参议员约翰逊（Edwin C. Johnson）在 10 月 4 日提交国会。法案提议成立一个由九人组成的委员会，不应阻止现役或退休军官担任委员，允许军人以任何方式参加拟定的组织，从而使军事部门在相关政策的决策中发挥重要作用；法案还提议，必须密切监视原子能的研究并根据委员会的定义，严厉惩罚违反行为实施。由于陆军部参与了起草工作，法案突出原子能的军事意义。③

陆军部帕特森部长（Robert P. Patterson）和格罗夫斯将军（Leslie M. Groves）在 1945 年 10 月 9 日众议院军事委员会举行的听证会上表示，法案"十分妥善"，发展原子能的职责也不应继续留在陆军部。④然而，一些从事原子能研究的科学家发动了一场反对《梅—约翰逊法案》的运动，因为在他们看来，法案不仅限制科学研究，而且由于强调军事利用，则

---

① Notes on the Interim Committee, May 31, 1945, Folder No. 100, Harrison-Bundy File, Records of the Chief of Engineers, Manhattan Engineer District, Record Group 77, National Archives, Washington, D. C.

② Harry S. Truman, *Memoirs by Harry S. Truman*, Volume One: *Years of Decisions* (Garden City, New York: Doubleday & Company, INC. , 1956), pp. 530 – 533.

③ Harry S. Truman, *Memoirs by Harry S. Truman*, Volume Two: *Years of Trial and Hope* (Garden City, New York: Doubleday & Company, INC. , 1956), p. 2; Leslie M. Groves, *Now It Can Be Told: The Story of the Manhattan Project* (New York: Da Capo Press, 1983), p. 268; J. Samuel Walker, *Henry A. Wallace and American Foreign Policy* (Westport, CT: Greenwood Press, 1976), p. 127; Richard G. Hewlett and Oscar E. Anderson, Jr. , *A History of the Atomic Energy Commission*, Volume I: *The New World, 1939 – 1946* (University Park, Pennsylvania: Pennsylvania University Press, 1962), pp. 433, 438.

④ Leslie M. Groves, *Now It Can Be Told*, pp. 440 – 441.

可能导致军方对原子能研究的控制。商务部长亨利·华莱士（Henry A. Wallace）支持科学家的意见，他还认为，法案将使由军界头目和工业家组成的"阴谋集团"控制原子能政策，并在美国形成"法西斯专政"。华莱士提请杜鲁门注意，"对某些团体而言，这些团体反对你我所赞成的立场，法案很可能使他们在非常短的时间内，在管制方面取得令人吃惊的结果"。华莱士建议，应使行政人员从属于总统，并保证不允许军方人员作为主要行政人员或代表行政人员行事。①

众议院虽通过了《梅—约翰逊法案》，但参议院的相关委员会在原子能议案的处置权问题上产生较大的分歧，最后决定在参议院设立一个特别委员会，即原子能特别委员会负责审议《梅—约翰逊法案》。该委员会主席由来自康涅狄格州的参议员麦克马洪（Brien McMahon）担任。11 月 30 日，杜鲁门在送交麦克马洪的备忘录中指出："国会为控制原子能成立的委员会应当完全由文官组成。这既符合美国现有的传统，也有法律根据。我国法律明确禁止武装部队的现役人员在政府部门担任其他职位。《梅—约翰逊法案》的这些条款需要修改。"12 月 4 日，杜鲁门在白宫举行会议，陆军部长帕特森、海军部长福雷斯特（James Forrestal）、麦克马洪、格罗夫斯、度量衡局长康登（Edward Condon）及原子能委员会顾问纽曼（James Neumann）参加了会议。杜鲁门指出，整个计划及其执行应由文官控制，政府应垄断原料、设备和生产过程。12 月 20 日，麦克马洪提交了参议院第 1717 号法案，即《麦克马洪法案》（McMahon Bill）；该法案提议成立一个由五人组成的原子能委员会，其成员由总统任命，直接对总统负责。尽管法案没有特别规定军方代表与文职官员在委员会中的相应作用，但其目的是保证文职人员对原子能的管理，强调原子能应用的军事化。②

军方对《麦克马洪法案》表示了强烈不满。1945 年 12 月 27 日，帕特森提出一份备忘录，说明军方的立场；格罗夫斯也认为，法案的缺点就是没有规定现役军官可出任委员。杜鲁门在 1946 年 1 月 23 日的备忘录

---

① Walker, *Henry A. Wallace and American Foreign Policy*, pp. 127 – 128.

② Truman, *Memoirs*, Volume Two, p. 3; Hewlett and Anderson, *A History of the Atomic Energy Commission*, Volume I, pp. 482 – 490.

中，坚持文官控制的原则，特别强调总统的最后决定权。他指出："政府官员们在国会各委员会或者在同国会议员们讨论有关原子能立法的时候，不要发表同我 11 月 30 日的备忘录中提出的并在这里加以重申的各点相矛盾的意见。"杜鲁门还明确表示，对《梅—约翰逊法案》必须加以修改。[①]同时，在 2 月 1 日致麦克马洪的信函中，杜鲁门表达了对文官控制的支持。

　　然而，从整个原子能计划的发展来看，军方特别是陆军部在发展过程中起过主导作用。格罗夫斯将军也建议，军方虽不应继续主导原子能的各项工作，但起码应参与相关的决策。因此，参议院准备对《麦克马洪法案》做出相应的修改。3 月 8 日，共和党参议员范登堡（Arthur H. Vandenberg）起草一份修正案，试图解决原子能管制过程中军方与文官之间的关系；修正案建议成立一个军事联络委员会，对原子能委员会提出的有关问题进行建议和咨询；只要军事联络委员会认为这些问题与国防有关，那就在原子能委员会进行复审，并提出建议；如果军事联络委员会认为原子能委员会的决定不符合国防和国家安全，那么可向总统反映相关情况，而总统拥有最后决定权。[②]3 月 12 日，参议院原子能委员会通过《范登堡修正案》。

　　对范登堡的这个折中办法，华莱士认为是"非常不幸的发展"，"有可能使我们处于国家军事法西斯主义的控制之下"。他先前是坚决支持《麦克马洪法案》的。他在 1946 年 1 月 31 日参议院原子能特别委员会发言时指出，法案将保证"文官对军事问题的控制"，"防止军事专政的令人不满的集权主义"；华莱士认为，通过和平利用原子能，达成同意自由交换科学情报的协议，是为了"全人类更加美好的生活，掌握并非梦想的现代的宇宙秘密"。3 月 15 日，华莱士在给杜鲁门的信函中，承认陆军部和海军部在军事利用原子能的问题上有"合理的利益"，但他强烈主张军方的影响必须限制在军事使用范围之内，在与国家安全及国防有重大关系的原子能问题上，如赋予军方广泛的权力，那将无法限制军方的影

---

　　①　Truman, *Memoirs*, Volume Two, pp. 3 – 4.

　　②　Truman, *Memoirs*, Volume Two, pp. 6 – 7; Hewlett and Anderson, *A History of the Atomic Energy Commission*, Volume I, pp. 504 – 506.

响，因为"几乎国家生活的方方面面无不与防御和安全有关"。①实际上，《范登堡修正案》并未赋予军方决策权，只是明确规定了军方拥有建议和咨询的权限，这也并不损害文官管制的原则和总统的最后决定权。为此，范登堡认为华莱士的指责"无知到了令人吃惊的地步"。

杜鲁门起初也对《范登堡修正案》持反对意见。3 月 14 日，杜鲁门在记者招待会上表示："军事部门当然要起重要作用，应同它商量；但如果认为只有军事部门能够保卫国家的安全，那就错了，直接对总统负责的文官组织，应当担负平衡地大力发展原子能的全部责任。"参议院对《麦克马洪法案》做了相应的修改，限制军方使用和装配原子武器的权力，并把最后决定权赋予总统。1946 年 7 月 31 日，众议院和参议院同时批准了《麦克马洪法案》；杜鲁门在第二天签署批准，正式成为《美国原子能法》。②

1946 年《美国原子能法》涉及国内管制原子能的各个方面，如政策的声明、原子能委员会的职能、原子能研究、裂变材料的生产、原料的控制、军事应用、专利以及情报的交流等。值得提出的是，法案对情报的交流做了严格的限制，由此导致英国的严重不安和不满。原子能国内管制问题的解决，为美国制定国际管制原子能的政策提供了法律的依据。

## 二　美国对国际管制原子能的构想与西方垄断政策的确立

国际管制原子能，与战后美国对苏联的政策是分不开的。1944 年年底，史汀生两次同罗斯福讨论原子能问题时，就曾表示出对国际管制问题的关切。史汀生说："关于 S－1 的前途与俄国的关系，我的想法是，我知道他们一直对我们的工作从事间谍活动，但他们还没有得到任何有关原子弹的真正资料；同时，我对在原子能问题上对他们保密可能产生的后果感到棘手。我认为，直到能够确认从我们的坦诚中可以获得真正

---

① Walker, *Henry A. Wallace and American Foreign Policy*, pp. 128, 141.

② Truman, *Memoirs* Volume Two, p. 15; Cantelon, Hewlett, and Williams, eds., *The American Atom*, pp. 79–92.

回报之时，才能与他们分享秘密，这点至关重要。对永久保密的可能性，我不抱幻想，但我确实认为，现在还不是同俄国分享秘密的时候。"在雅尔塔会议之前，史汀生再次向罗斯福表示：没有首先取得政治上的优势之前，最好不要向苏联提供任何情报。罗斯福对此表示同意。①

罗斯福去世后，史汀生继续向杜鲁门阐述他的观点。1945 年 4 月 24日，史汀生拜见杜鲁门时呈送一份备忘录，强调了原子能与美国外交的关系。史汀生表示："没有我国领导人对这一新式武器威力的正确评价，探讨目前可能的任何类型的世界和平组织似乎是不现实的。……毫无疑问，控制这一武器将成为困难最大的问题，涉及监察和国际管制的全权，我们之前从未注意此类问题。……按照我们目前在原子弹方面所处的地位，同其他国家分享的问题（如果分享，以什么条件分享），就成了我国对外关系中的首要问题。我们在战争以及发展这一武器中的领导作用，也使我们负有道义上不能规避的某种责任。"4 月 30 日，史汀生与杜鲁门再次会谈时更为明确地表示，只有同苏联达成国际管制，才能避免战后原子军备竞赛。②

1945 年 5 月 1 日，史汀生的特别助理哈里森在呈送史汀生的备忘录中，就管制问题提出一系列政策建议；有关国际管制的意义，备忘录指出，"如果原子能为世界爱好和平的国家正确地控制，那将能保证几代人享有世界和平，反之将导致文明毁灭殆尽"。史汀生对此非常欣赏，将备忘录送交马歇尔参阅。波茨坦会议时，在是否要把原子弹的消息告诉苏联的问题上，史汀生感到进退两难，但最后认为不应告诉斯大林，因为"一个警察国家同一个自由社会不可能维持永久的良好关系，把武器的秘密告诉苏联是危险的"。战争结束前，史汀生就原子弹的管制对美苏关系的影响形成了自己的看法。首先，他认为战争结束之时与苏联分享原子秘密还不是时候，因为"时间和方法"这个问题是美国政府必须经常考虑的；其次，如果出于某些原因认为有必要同苏联分享原子秘密的话，那也应小心

---

① Stimson Diary Entry, December 30 – 31, 1944, Henry Lewis Stimson Papers, Manuscripts and Archives, Yale University Library, New Haven, Connecticut; Lloyd C. Gardner, *Architects of Illusion: Men and Ideas in American Foreign Policy*, 1941 – 1949 (Chicago: Quadrangle Books, 1970), pp. 178 – 179.

② Truman, *Memoirs*, Volume One, pp. 85 – 87.

谨慎地加以处理。史汀生提出了一个在他看来"新颖而令人神往的主意",即使用某种方式把这种秘密作为撬开苏维埃国家大门的一种手段,以改变其政府的性质,使之成为较为民主和自由的社会;最后,无论如何都要在原子能领域内保持领先地位,即便是在同苏联分享之后。①

5月31日的临时委员会会议初步探讨了国际管制的问题。奥本海姆表示,在考虑管制与国际合作的问题时,首先是苏联的态度;鉴于苏联对科学的态度一直是友好的,美国可暂时与他们谈论这一课题,但不分享有关生产方面的任何细节。阿瑟·康普顿认为,美国需要保持自己的优越地位,同时应努力达成充分的政治协议。他赞同与安全和国际形势一致的自由竞争及自由研究活动,因为在自由研究的领域内,依然保持有关军事方面的秘密则是可能的。阿瑟·康普顿还强调指出,应寻求具有相同想法的国家之间的合作并达成协议,同时也要加强同苏联的关系。②史汀生虽然与会,但他的考虑显然是不同的。7月26日,史汀生呈送杜鲁门一份题为《对我们所面临问题的基本反应》的备忘录;史汀生认为:是苏联社会的性质,排除了有效的国际管制的可能性。虽然他不愿放弃国际管制的希望,但苏联在波茨坦会议上所制造的气氛使他相信,"即使尽最大的努力,我们也不能互相理解"。史汀生进一步指出:考虑到一旦形成敌对关系,就有可能导致新的战争与人类文明毁灭的危险,政府应"经常把注意力放在解决主要困难的时间和方法,以及我们可能拥有的产生结果的手段之上";另外,美国"可利用俄国愿意加入的愿望,使我们更接近于主要困难的解决"。③

① George L. Harrison to Stimson, May 1, 1945, Folder No. 76, Harrison-Bundy File, Records of the Chief of Engineers, Manhattan Engineer District, Record Group 77, National Archives, Washington, D. C.; Henry L. Stimson and McGeorge Bundy, *On Active Service in War and Peace* (New York: Harper & Brothers, 1947, 1948), pp. 638–641.

② Notes on the Interim Committee, May 31, 1945, Folder No. 100, Harrison-Bundy File, Records of the Chief of Engineers, Manhattan Engineer District, Record Group 77, National Archives, Washington, D. C.

③ George L. Harrison to Stimson, May 1, 1945, Folder No. 76, Harrison-Bundy File, Records of the Chief of Engineers, Manhattan Engineer District, Record Group 77, National Archives, Washington, D. C.; Henry L. Stimson and McGeorge Bundy, *On Active Service in War and Peace* (New York: Harper & Brothers, 1947, 1948), pp. 638–641.

　　从 1945 年 7 月 26 日到 9 月不到两个月的时间里，史汀生的思想发生了重大变化（volte face），这集中表现在他 9 月 11 日致杜鲁门的信及备忘录中。目前尚无文献资料解释史汀生思想变化的原因，因为格罗夫斯在 8 月 1 日还向他呈送了参加原子弹研制的科学家西拉德（Leo Szilard）在 7 月 4 日所写的请愿书；在这份主张美国与世界分享原子能知识的请愿书中，西拉德认为，"原子弹的发展给各国提供了新的毁灭方法，由我们支配的原子弹仅仅代表着向这一方向迈出的第一步"。因此，他主张在原子能问题上达成国际合作，以维护美国的国家安全。他进一步指出说："如果在战后允许在世界上形成如下情形，即准许敌对国家毫无限制地掌握这一毁灭的新方法，那么美国的城市，连同其他国家的城市一样，将始终处在被突然毁灭的危险之中。"对格罗夫斯送上的西拉德的这份请愿书，哈里森只是把它装进了卷宗。①

　　史汀生在 9 月 11 日的信函中写道："我仍不否认存在的困难，仍相信改变俄国对个人自由的态度具有极为重要的意义，但我已逐步得出一个结论：利用我们掌握原子弹，那是不可能作为导致这一变化的直接手段。我相信，作为分享原子武器的条件，我们对俄国内部变化的任何要求，将会招致不满，使我们冀望的目标更无法实现。"在题为《就原子弹管制问题拟采取的行动》的备忘录中，史汀生对原子弹与国际政治格局的关系提出了新的看法，特别是国际管制原子能的意义。史汀生认为："原子弹的出现，已对整个文明世界的军事利益，而且甚至还可能对政治利益产生巨大的促进作用。在对力量绝对敏感的国际环境中，这一武器的使用，已深深影响着全球各方面的政治考虑。"史汀生强调说，"在人类控制这一太富有革命性、太具有危险性以致不能适用古老概念的新的自然力量方面"，原子弹构成了第一步；因此，"我们同俄国人解决问题的方法，就构成了在人类历史的演变过程中最有生死攸关重要性的问题"。"如果我们现在不与他们接近，而仅仅是继续与之谈判，颇为卖弄

　　① William Lanouette, *Genius in the Shadows: A Biography of Leo Szilard: The Man behind the Bomb* (New York: Charles Scribner's Sons, 1992), pp. 272 – 273; Lisle A. Rose, *Dubious Victory: The United States and the End of World War* II (Kent, Ohio: Kent State University Press, 1973), p. 357.

地把这一武器挂在我们的屁股上，那么他们对我们的目的与动机的怀疑与不信任将有增无减"。史汀生认为："对苏联领导人来讲，在可能的最短时间内掌握这一武器，其诱惑力非常之大。英国在发展这一武器中实际上已同我们形成了伙伴关系。因此，如果不在合作与信任的基础上主动邀请苏联分享原子秘密，那么我们掌握这一武器就将继续与英国结盟，以对付苏联。此种情况几乎肯定会刺激苏联发展原子弹的狂热行动，这实际上会是一场颇具孤注一掷特点的秘密军备竞赛。有迹象表明这种行动可能已开始了。"[1]

至于同苏联分享的方式，史汀生的意见是，"在与英国讨论以后，直接提出建议，说明我方准备与俄国人订立一项协定，其目的是管理和限制把原子弹当作战争工具加以使用，并尽可能根据和平及人道主义的目的，来指导和鼓励原子能的发展。这种接近方式特别可能形成这样的建议：在俄国人和英国人都同意采取一致步骤的条件下，我们应停止把原子弹当作军事武器来进一步加以改进，并停止生产。这个建议也可能规定：如果俄国人和英国人同我们达成协议，在任何情况下不经三国政府一致同意，谁都不得把原子弹用于战争，美国应乐于同意把目前所拥有的原子弹封存起来。我们也可考虑在原子弹管制的安排中，包括一项与英国和苏联签订的条款，规定互相交换在未来发展中所取得的利益。在彼此接受的基础上，把原子能应用于商业和人道主义的事业"。[2]

史汀生的备忘录使杜鲁门认识到，有必要了解内阁对整个原子能问题的看法；9月18日的每周内阁午餐会对原子能问题进行了讨论，杜鲁门决定在9月21日举行内阁会议，专门讨论原子能问题，以决定处理国际管制的相关政策。[3]在此期间，美、苏、英三国在伦敦举行了外长会议，苏联在诸多战后问题上的强硬态度以及贝尔纳斯（James Byrnes）利用原

---

[1]　Cantelon, Hewlett, and Williams, eds., *The American Atom*, pp. 73 – 76.

[2]　"Proposed Action for Control of Atomic Bomb", Memorandum by Secretary of War (Stimson) to President Truman, September 11, 1945, in U. S. Department of State, *Foreign Relations of the United States*, *Diplomatic Papers*, *1945*, Volume II, General: *Political and Economic Matters* (Washington, D. C.: U. S. Government Printing Office, 1967), pp. 40 – 44.

[3]　John Lewis Gaddis, *The United States and the Origins of the Cold War*, 1941 – 1947 (New York: Columbia University Press, 1972), pp. 249 – 252.

子弹对苏联施加压力之企图的失败，也是影响美国决策者考虑在国际管制原子能问题上谋求与苏联合作之可行性的重要因素。

贝尔纳斯认为，垄断原子弹是美国外交的巨大优势。在波茨坦会议期间，贝尔纳斯曾告诉前驻苏大使戴维斯（Joseph E. Davies）说："新墨西哥的情形给了我们伟大的力量，总之，要控制住原子弹。"在贝尔纳斯看来，首要任务是建立起持久的和平结构，一个稳定的欧洲，无论对世界和平还是对美国安全都是至关重要的，这是第一目标。因此，在按照美国的设计达成战后诸多协议的问题上，原子武器似乎是个关键的因素；在苏联可能打破美国垄断之前，大概有足够的时间来完成这一任务。贝尔纳斯认为，在讨论原子能国际管制的问题上，过分重视科学家的建议了；尽管贝尔纳斯赞扬科学家在研发原子弹方面所取得的成就，但他认为，在是否与其他国家分享原子弹知识的问题上，科学家们并不比他了解得更多。贝尔纳斯指出：监察是关键，如果美国对监察机构开放其研究设施，而其他国家不那样做的话，那么美国就不能放弃对制造原子弹之情报的保密。贝尔纳斯相信，美国垄断的时间不是科学家推断的4—5年，而是7—10年，因此"对前景不必担惊受怕，因为7年以后，我们在这一领域内将远远走在苏联人的前头"。[①]

贝尔纳斯正是带着这种观点参加伦敦外长会议的。1945年9月4日，贝尔纳斯前往伦敦的前两天，同史汀生在白宫大厅里谈了很长时间。史汀生在日记中写道："我发现贝尔纳斯强烈反对同苏联合作的任何企图，他一心想着在即将召开的外长会议上所要面临的问题，并冀望在他的口袋里有颗原子弹，作为解决问题的巨大武器。"贝尔纳斯还请求史汀生向杜鲁门建议，在伦敦会议之前不要提出有关国际管制的任何建议。[②]在伦敦外长会议上，贝尔纳斯利用原子弹的潜在影响，在同苏联人的会谈中态度强硬，但收效甚微。在一次会议中，贝尔纳斯曾问莫洛托夫（Vyacheslav Molotov），一旦他结束了在伦敦的观光游览活动，他们是否可以坐

---

① Hewlett and Anderson, *A History of the Atomic Energy Commission*, vol. I, p. 355; James Byrnes, *Speaking Frankly* (New York：Harper & Brothers Publishers, 1947), pp. 261 – 265.

② Stimson Diary Entry, September 4, 1945, Henry Lewis Stimson Papers, Manuscripts and Archives, Yale University Library, New Haven, Connecticut.

下来"认真对待问题";莫洛托夫则问贝尔纳斯,他是否在自己的屁股口袋里装了一枚原子弹,贝尔纳斯回答说:"你不了解南方人,我们在屁股后面的口袋里装了大炮;如果你不放弃所有的拖延手段,让我们认真对待工作,那么,我准备从口袋中拿出一枚原子弹,让你们尝尝厉害。"莫洛托夫听后哈哈大笑。这种近乎玩笑的对话,在一定程度上说明贝尔纳斯试图以原子弹来影响苏联的政策,正如莫洛托夫在会议期间的一次宴会上所言:"我们完全注意到贝尔纳斯先生讲话的含义,因为美国是正在制造原子弹的唯一国家。"贝尔纳斯从伦敦回来表示,"对我们来讲,现在依靠苏联人的承诺是不明智的"。①

1945 年 9 月 21 日内阁会议是史汀生参加的最后一次内阁会议。杜鲁门首先请史汀生发表意见,史汀生着重谈了自己在 9 月 11 日备忘录中提出的建议。海军部长福雷斯特表示了异议,他指出,原子弹及如何生产原子弹的知识,是"美国人民的财富","直到我们能十分确定,即使对我们的盟国转让这一知识乃是人民的意思,这对我来说似乎也是个最值得仔细考虑的措施,而且这种措施只有在全面研究和反应之后才能采取"。福雷斯特进而指出:"俄国人同日本人一样,其思维方式是东方人的那种。直到我们同他们在协议的有效性上有长期的经验,不是根据权宜之计而是根据道义的观点",华盛顿才能相信克里姆林宫领导人的诚实。因此,福雷斯特认为,"我们应努力争取他们的谅解与同情,这看上去似乎是令人怀疑的;我们曾试图同希特勒也那样做。"为此,他赞同让联合国委任美国成为"所有原子弹原料的托管员",而美国同意只按世界组织的指示使用原子弹,因为美国"能够为联合国的利益,去行使对原子弹的托管权"。②

财政部长文森(Fred Vinson)坚决反对陆军部长的主张。他问道,如果美国愿意分享原子能的知识,那么为什么不干脆把全部军事秘密都告诉人家呢?美国那样做只会使情报交换成为单方面的事。首席检察官

---

① Daniel Yergin, *Shattered Peace: The Origins of the Cold War and the National Security State* (New York: Houghton Mifflin, 1977), pp. 123, 132 – 134.

② Walter Millis, ed., *The Forrestal Diaries* (New York: The Viking Press, 1951), pp. 94 – 96.

克拉克（Tom Clark）同意文森的意见，认为在当前的国际环境下，他不理解有什么理由把自己的秘密告诉别人。农业部长安德森（Clinton Anderson）也极力反对与其他国家分享任何有关原子能的科学、商业以及军事秘密。安德森说，他不相信俄国人，也不相信他们愿意在任何安排下交换情报。9 月 25 日，安德森致函杜鲁门说，"我仔细听了有关俄国人可能在 5 年内造出原子弹的陈述，对此表示怀疑"，因为生产原子弹"是美国长期工业机械化的特殊结果"。安德森写道，他曾在伊利诺斯州的迪凯特（Decatur）的一次宴会上发表演讲，与会者是 675 名伊利诺斯州的各界名流，"我向他们表明了自己的观点，并问他们每个人：我们应在多大程度上同俄国人分享原子弹或原子能的秘密，他们的回答是异口同声的，我没有遇到一个人认为应同俄国人分享这一秘密的任何部分"。①

　　时任陆军部副部长的帕特森同意史汀生的建议。他指出，美国不要指望自己垄断原子弹的时间会多于 4 年，因此，要尽一切努力防止核军备竞赛。②副国务卿艾奇逊（Dean Acheson）表达了自己对史汀生建议的支持。艾奇逊认为，任何共享的科学知识都是需要有保障的；美国科学家应了解苏联发展的全面情况，这样才不至于导致美国将情报提供给人家，自己却反过来得不到别人一点东西的单方面的交流。艾奇逊强调，如果没有美、英、俄三国达成的协议，联合国在原子能方面就无从发挥作用。艾奇逊在 9 月 25 日呈送杜鲁门的备忘录中承认，自己"深受史汀生上校之文件的影响"。艾奇逊首先肯定了科学家们的结论，即"我们所知道的原子弹，其秘密并非独我所有"；他强调说，俄国人毫无疑问正进行原子弹的研制，"同英国和加拿大对这一发现的共同发展计划，对苏联来说，必定是英美联合起来反对他们的铁证。……一个强大并具有强权意识的苏联政府，不对这种情况有激烈的反应是不可能的，它必定倾其全力，来弥补这种情况所产生的损失"。由此艾奇逊认为，同苏联进行核军备竞赛是无益的，因为对原子弹不存在防御手段，使用原子能可能毁

---

① Yergin, *Shattered Peace*, pp. 436 – 437.

② "Proposed Action for Control of Atomic Bomb", Memorandum by the Acting Secretary of War (Patterson) to President Truman, September 26, 1945, in *FRUS, 1945, Volume II, General：Political and Economic Matters*, pp. 54 – 55.

灭世界文明；如果美国试图宣称自己是这一武器的唯一托管国，那么苏联将认为这无疑等同于完全的垄断。因此，美国应就某些形式的国际管制，寻求苏联的合作。不过艾奇逊承认，他的建议可能会产生政治上的困难，因为"公众和国会对接受一个涉及对苏联提供实质性资料的政策是没有准备的"；对这一问题进行公开讨论，只会恶化同苏联的关系，使协议更难达成，进一步加剧国内的反对。对此艾奇逊建议，美国应寻求方法向苏联保证，不会将它们排除在原子能之外，与此同时，应让美国人民认识到，原子弹的秘密是不可能保持的。①

华莱士在 9 月 21 日会议上也支持史汀生。华莱士认为，应把有关科技的基本情报，同设计和生产原子弹的工艺加以区别，科学家已知晓原子能的基本知识，那将不再是美国独一无二的财富；因此，不要建筑一道给美国人民带来安全错觉的"马其诺防线"，因为当其他国家在原子能领域中超越美国时，美国将会措手不及。为此，华莱士主张，美国应允许联合国成员之间自由交换原子能的相关情报，但他不赞成分享制造原子弹的秘密。9 月 21 日会议后，华莱士参加了原子科学家在芝加哥举行的会议，使他更相信要自由交换有关原子能的科学情报。9 月 24 日，华莱士写信给杜鲁门，重申他反对分享原子弹的生产工程及工业技术，但也表示，目前已发表的相关科研文献，可以使任何国家在 5—6 年内制造出原子弹。因此，如果继续推行"毫无用处的保密制度以及同时储藏原子弹"的政策，这既愚蠢又危险。华莱士建议说，对美国而言，正确的路径应是同其他国家共享有关基础知识，以促进国际合作，从而为达成协议奠定基础，这一协议将保证为和平而不是为了毁灭而管制和发展原子能。如果美、英、加三国拒绝接受自由交换情报，那么，除了引起其他国家的敌意，把世界分裂成敌对阵营，并产生对盎格鲁—撒克逊国家的憎恨和恐惧外，他们将一无所获。因此，就原子能问题达成国际合作对美国的安全至关重要，因为不管拥有多少原子弹，美国还是易受原子攻击的。他希望通过联合国对原子能实行国际监督，"就此特殊领域而

---

① "U. S. Policy Regarding Secrecy of Scientific Knowledge about Atomic Bomb and Atomic Energy", Memorandum by the Acting Secretary of State to President Truman, September 25, 1945, in *FRUS*, *1945*, *vol. II*, *General*：*Political and Economic Matters*, pp. 48 – 50.

言，要么一个世界，要么没有世界"。①

9 月 21 日内阁会议是杜鲁门政府决定原子能政策的一次关键会议，集中反映了内阁成员在国际管制问题上的态度和观点，核心问题是要不要与苏联分享以及分享、合作的程度。会上虽有折中的建议，如推迟问题的解决，但基本是保守秘密和分享知识这两派意见的分歧，但双方的共同点是：决不分享有关原子弹设计和生产的技术。杜鲁门要求与会者就原子能的国际管制问题提出进一步的建议。会议结束时，杜鲁门还特意将科研发展局局长布什（Vannevar Bush）拉到一旁，说他自己特别希望听到布什的意见。

9 月 25 日，布什将备忘录递交杜鲁门，主张分享有关情报信息。布什写道，他相信向俄国人建议交换科学情报，可打开在原子能方面进行国际合作的大门，并最终达成有效的管制，而另一条道路就是通向原子弹竞赛。布什认为，"这种建议并不涉及'泄露原子弹的秘密'，秘密主要在于炸弹本身的结构细节和制造程序"。在布什看来，需要考虑的问题是：美国能与苏联合作？能相信他们吗？"这个动议在某种程度上可使我们找到问题的答案。但通常的好处在于，大家知道这个建议后就等于向全世界宣布，我们愿意在国际友好和互相谅解的道路上前进"。②

参谋长联席会议主席李海海军上将（William Leahy）几星期后将参谋长联席会议的备忘录呈送杜鲁门。参谋长联席会议的建议是，美国应保守现有核武器的所有秘密，虽然构成原子爆炸物的核物理学原理已广为人知，但制造原子武器的许多技术程序仍是秘密的。李海认为，有些人认为国际管制将阻止原子武器的使用，这纯属是无知，因为在各大国尚未就国际政治的主要问题达成共识的情况下，公开原子武器的情报只会加速核军备竞赛，使美国暴露在更大的危险之中。因此，李海提议要制订一项计划，使美国领先于那些正试图发展核武器的其他国家。对此布什后来写道：李海的观点"同一些公众和国会许多议员的战后态度一

① Hewlett and Anderson, *A History of the Atomic Energy Commission*, Volume I, p. 421; Walker, *Henry A. Wallace and American Foreign Policy*, pp. 125 – 126.

② Truman, *Memoirs*, Volume One, pp. 525 – 527; G. Pascal Zachary, *Endless Frontier: Vannevar Bush, Engineer of the American Century* (New York: Free Press, 1997), pp. 293 – 294.

样，认为原子弹‘秘密’是存在的，它可能是写在一张纸上的，具有奇妙处方的味道；如果保护它，那么我们就可能永远独家拥有原子弹”。①

在 9 月 21 日内阁会议上，杜鲁门并没有表明自己的观点，但他对这一问题的认识是明确和一贯的。在 1945 年 8 月 6 日发表的声明中，杜鲁门指出，“美国科学家或政府政策，从无向世界保留科学知识的习惯。因此，在正常情况下，关于原子能工作的各种情况都予以公开。但在目前条件下，在没有确定进一步研究可能的方法来保护我们和世界其余地区免遭破坏以前，我们不准备泄露生产或其他一切军事方面的专门技术”。8 月 9 日，杜鲁门向全国发表讲话宣称，“原子弹太危险了，在这个毫无法律秩序的世界上，对它不能不加约束……我们必须使自己成为这种新式力量的托管者”。8 月 15 日，杜鲁门在给国务卿、陆军部长、海军部长、参谋长联席会议以及科研发展局的备忘录中强调指出：“兹特命令政府各有关部门与参谋长联席会议采取必要步骤以防止泄露有关原子弹的发展、设计或生产的任何情报；也不得泄露有关原子弹在陆军或海军作战中的使用。但得到总统特许者不在此例。”②根据上述命令，美国加强了曼哈顿工程区各个机构的警戒工作。

杜鲁门在研究了科研发展局、参谋长联席会议的备忘录后，于 1945 年 10 月 3 日提交国会一份咨文；杜鲁门在咨文中指出，有关原子能管制问题，首先将同英国、加拿大讨论，然后再同其他国家讨论。杜鲁门强调：“这种讨论应当不涉及有关泄露制造原子弹本身的生产过程的问题。在这种讨论中，我们应制定办法，看在怎样的条件下，可以安全地进行国际合作和交换科学情报的工作。”一个星期以后，杜鲁门在田纳西州蒂普顿维尔（Tiptonville）附近的钓鱼胜地举行的非正式记者招待会上，表明了美国应垄断原子弹生产秘密的态度。他表示，“关于制造原子弹的科学知识，全世界都早已知道了。只有把这种知识应用于实际生产的技能才是我们的秘密，正如生产 B - 29 的实际知识一样。就科学知识而言，所有科学家都知道答案，但如何付诸生产，那才是我们的秘密。……如果他们要在这一领域赶上我们，那么就必须像我们一样，独自地进行研

---

① Truman, *Memoirs*, Volume One, pp. 527 - 528; Yergin, *Shattered Peace*, p. 135.

② Truman, *Memoirs*, Volume One, p. 524.

究"。杜鲁门还明确表示："怎样把一颗原子弹拼凑成功,这是不会公开的。"在 10 月 27 日海军节上,杜鲁门特别讲到美国担负着掌管原子武器的"神圣"的责任,他指出:"我们掌握这种武器,如同我们掌握其他新式武器一样,不会对任何国家构成威胁。目睹了美国在近代参加的两次伟大战争的这个世界能充分理解这点。在我们手中掌握这种具有毁灭性的新武力,我们视之为神圣的信任。因为我们热爱和平,世界上有思想的人民都知道,此种信任不会被违背,并会得到忠实的履行。"①

如何确定美国在国际管制原子能问题上的政策,杜鲁门政府还面临着来自国会、舆论和国内孤立主义势力的影响。1945 年 10 月参议院原子能特别委员会的成立,表明国会将在原子能政策的决策过程中发挥着重要的作用。《时代》杂志曾在 9 月 21 日内阁会议后的一周,对国会议员进行了电报民意测验;其结果表明,61 名有影响的参、众两院议员中,45 名明确反对同任何国家分享原子弹的任何知识。因此,《时代》杂志的记者麦克诺顿(Frank McNaughton)说:"如果杜鲁门政府泄露了原子弹的秘密,那将遭到国会的痛斥。"②

多数议员都坚持认为,美国不应分享这一新式武器的任何秘密。参议院对外关系委员会主席康纳利(Tom Connally)建议,应给联合国提供装配有原子弹轰炸机的舰队,用于维持和平,但他反对让世界组织自己生产原子弹。参议员罗素(Richard Russell)认为,"应使技术上如何生产原子弹的秘密尽可能长地为我所有"。范登堡则坚持,应保持美国对原子弹的垄断"直到对全世界有绝对自由、不要约束的有本质意义上的监察权"。部分议员反对分享原子能的秘密,还在于他们认为,在原子弹上所耗费的巨资,也使美国有权暂时垄断原子弹。来自新罕布什尔州的众议员梅罗(Chester E. Merrow)指出,原子弹已耗资 20.5 亿美元,"我不理解的是,为什么有人恶意要把我们通过自己的天才与自己的工业而获得的知识公之于世"。来自田纳西州的参议员斯蒂华特(Tom Stewart)强

① Truman, *Memoirs*, Volume One, pp. 530 – 533, 533 – 534; Harry S. Truman, "Address on Foreign Policy at the Navy Day Celebration in New York City", October 27, 1945, Gerhard Peters and John T. Woolley, *The American Presidency Project*, http: //www. presidency. ucsb. edu/ws/? pid = 12304.

② Gaddis, *The United States and the Origins of the Cold War*, pp. 256 – 257.

调了曼哈顿工程区的巨大代价，认为"我们以艰苦的方法挖掘了这一秘密，……其他国家也应像我们一样，通过艰苦的方法获致"。①

部分国会议员反对分享原子弹知识，在很大程度上出于对其他国家将会如何使用原子弹的担忧和恐惧，因为他们确信，美国不会用原子弹作为征服的工具。堪萨斯州的参议员卡珀（Arthur Capper）明确指出，他想确切知道，在美国公布"这一有价值的军事秘密"之前，苏联对原子弹的态度究竟如何。来自明尼苏达州的众议员克努森（Harold Knutson）说，他注意到苏联政治上的不妥协，除非莫斯科的意图变得清楚；否则，"我们最好把原子弹的秘密锁在防盗保险库内"。而范登堡则声称，让苏联对原子能秘密"在灯光熄灭的幕后任其行事"，那简直是不可想象的。康纳利认为，原子弹掌握在美国手中是安全的，"因为除了为世界和平或出于必须自卫的利益，我们是不会使用原子弹的"。来自科罗拉多州的参议员约翰（Edwin C. John）同意康纳利的观点，他宣称："万能的上帝以他无穷的智慧把原子弹赋予我们。"来自印第安纳州的参议员威利斯（Raymond Willis）说："我们知道我们将把原子能作为和平的工具加以利用，但不知道其他国家领导人的脑子里是怎样想的。"而来自伊利诺伊州的共和党众议员迪克森（Everett McKinley Dirksen）打电报给"北美报业联盟"（North American Newspaper Alliance）得意扬扬地说："让我们保持原子弹的秘密，以此确保世界和平。"②

一些议员也认识到，美国并不能永久保持原子弹的秘密。同原子科学家保持联系的来自加州的众议员沃里斯（Jerry Voorhis）在国会发言时指出：那些真正了解内情的人一致认为，原子能是无密可保的。范登堡也明确表示："我们所有的科学家都证实，无论我们喜欢与否，在以后的若干年之内，其他国家将生产出自己的原子弹。"基于此种原因，一些参议员强调，美国应保持原子能发展的优势地位。参议员埃德温·约翰逊认为："我们在原子弹的发展与使用方法上，已领先于世界其他国家。这是很重要的事情。我们不应把原子弹的秘密和工艺和任何人进行分享，从而削弱自己显著而巨大的优势。"参议员斯蒂华特则宣称，"到他们发

---

① Gaddis, *The United States and the Origins of the Cold War*, pp. 254 – 255.
② Ibid. , pp. 255 – 256.

现这一秘密之时，我们又将远远领先他们，他们会惧怕使用自己已发现的原子秘密”。①

从当时的民意测验看，大多数美国人公众反对同其他国家共享原子弹知识。1945 年 9 月的民意测验表明，82% 的美国人认为其他国家迟早会发展他们自己的原子弹；但同一调查也显示，参加这一民意测验的 85% 的美国人希望尽可能长地垄断原子武器，国际管制得到极少支持。1945 年 8 月和 10 月举行的民意测验显示，多于 70% 的美国人反对把原子武器交给联合国。当时也有舆论呼吁美国分享原子能知识和技术。自由派评论家斯温（Raymond Gram Swing）在 10 月 12 日指责杜鲁门政府通过“屠杀的力量而非理性的力量”去寻求安全，呼吁国会和公众抛弃这一政策。与此同时，美国国内的孤立主义势力也极力反对分享原子弹秘密，坚持对原子弹的垄断。这些孤立主义者反对国际管制，他们认为联合国管制原子能是再糟糕不过的事情了，“那与把原子弹交给斯大林没有两样”。“美国第一”委员会委员、芝加哥工业家莫顿（Sterling Morton）对爱因斯坦说：列宁和斯大林的革命主义，使西方世界保持原子秘密成为必不可少。②

杜鲁门政府在国际管制原子能问题上首先采取的重大行动，是同英国、加拿大等国达成协议，以保持西方国家在这一领域的领先地位，垄断相关技术和原料。

英国在 1945 年春就开始准备同美国签订原子能合作协定。根据史汀生 1945 年 6 月 25 日日记的记载：“上午 11 时，威尔逊爵士（Sir Henry Wilson）走进我的办公室，手中拿着一份我迄今尚未见到的有关 S-1 的文件。文件由罗斯福和丘吉尔在海德公园签署，我想是丘吉尔访问那里时签署的。罗斯福的抄件很显然在罗斯福先生文件中丢失了。因此，这是唯一可用的一份。但文件也没有出人意料的东西。”格罗夫斯也说：“这是我们第一次得知有这样一个文件存在。”③这份被称为《海德公园备

① Gaddis, *The United States and the Origins of the Cold War*, pp. 256 – 257.

② Justus D. Doenecke, *Not to the Swift：The Old Isolationists in the Cold War Era* (Lewisburg, Pa.：Bucknell University Press, 1979), pp. 66 – 68；Gaddis, *The United States and the Origins of the Cold War*, pp. 257, 269.

③ Stimson Diary Entry, June 25, 1945；Groves, *Now It Can Be Told*, p. 333.

忘录》(The Hyde Park Aide-Memoire) 的文件，是罗斯福和丘吉尔在1944年9月18日签署的，保证两国在战后继续在核领域进行军事和商业方面的合作。①英国据此提请注意，两国有必要按已有协议继续合作。

1945年9月25日，英国首相艾德礼（Clement Attlee）写给杜鲁门一份长信，强调英美进一步合作以及西方垄断原子弹的必要性。艾德礼指出原子弹所具有的特殊性，认为它不但在量的方面，而且在质的方面改变了战争的性质。艾德礼说："到目前为止，我尚未听到有人提出防御原子弹轰炸的任何办法，唯一的威慑手段，就是受攻击者可能回敬胜利者。……如果人类继续制造原子弹，而不去改变国家间的政治关系，敌对双方迟早会使用原子弹相互毁灭。"艾德礼进一步指出："当前的情况是，虽然与生产原子弹相关的基础科学发现已众所周知，但生产原子弹的实际经验以及解决制造过程中出现的诸如技术问题的知识，只有我们两国掌握；而实际生产原子弹的能力，则只有美国具备。……由此看来，在美国进行原子弹研制工作虽使我们在这方面取得了领先，但这也只是暂时的，而我们对这种领先地位的利用已为时不多。当然，即使其他国家能够造出原子弹，但在开始阶段，其生产规模无论如何都不能与我们相提并论。"因此艾德礼强调了英美垄断的意义，那就是"尽可能设法防止这种新式武器的生产权落到别人手里，这显然非常重要。在充分认识到这一点的同时，我越来越感到这种毁灭性的武器问世后，国家关系将发生变化"。艾德礼相信，英美作为大国肩负不可推卸的责任，强调英美伙伴关系的重要性。他指出："肩负重任的大国政治家显然从未像今天这样需要做出重大决策，这些决策不仅对于增进人类幸福是重要的，而且对于文明的延续也是至关重要的；除非在制造原子弹这件大事上有了决策，不然我们很难制定未来的规划。"因此，艾德礼向杜鲁门建议："我和您有必要一起讨论这一重大问题，以便就下一步采取什么行动取得一致意见，并在世界其他地方产生恐惧与怀疑之前采取行动，否则我们将

---

① Hewlett and Anderson, *A History of the Atomic Energy Commission*, vol. I, pp. 345 – 346.

会更加难以找到解决问题的方法。"①接到艾德礼的信函后，杜鲁门认为，有必要与英、加两国进行协商；他邀请艾德礼和加拿大总理金（W. L. Mackenzie King）在 1945 年 11 月到华盛顿举行会谈。

1945 年 10 月 16 日，艾德礼致书杜鲁门，提出应尽早举行三国首脑会晤；艾德礼在信中写道，原子弹已完全笼罩着整个伦敦外长会议，他的党内批评者正要求知道，美国多次谈及的两国有关原子能国际管制问题的会谈将会在何时开始，以及何时对苏联采取一些必要的措施。为准备与艾德礼会谈，杜鲁门在 10 月 17 日同贝尔纳斯进行磋商，并邀请李海参加；李海认为，"我国的国家安全要求在生产原子武器方面采取有效的安全措施，并要继续努力，保持在发展计划方面领先于外国"。②

与此同时，布什了解到美、英、加三国将要举行关于原子能国际管制问题的会谈；当布什在 11 月 3 日会见贝尔纳斯的时候，令他感到不安失望的是，"会议没什么组织，没什么议程，也没什么可提交的美国方案"。贝尔纳斯让布什起草一些建议性的意见。布什花了一个周末，于 11 月 5 日将一份备忘录送交贝尔纳斯。布什在备忘录中指出，美国的基本目标，是避免可能导致未来战争的核军备竞赛，所涉及的主要困难是对苏联政策的不信任；布什建议采取以下步骤加以解决：首先，邀请苏联与英美一起，在联合国安理会的主持下，参加创立一个机构，该机构可交换一切领域的科学情报，包括核裂变方面的情报；这对美国来说丝毫未损，因为许多科学情报苏联都能获取到，但这可作为对苏联意图的考验。其次，在联合国成立监察委员会，该委员会有权监察从事核研究的任何国家的实验室；该委员会可逐步发挥其作用，这样，美国就无须立即公开其原子工厂的生产过程。最后，监察制度完善后，所有国家储存的核原料只能进行和平利用，该委员会将汇报把核原料用于军事目的情况；在全部计划生效前，美国将继续生产对制造原子弹必需的原料，但承诺不装配核武器。监察制度生效后，将邀请其他国家监督美国核原料

① Letter from Mr. Attlee to President Truman, September 25, 1945, Margaret Gowing and Lorna Arnold, *Independence and Deterrence: Britain and Atomic Energy, 1945–1952*, Volume I: *Policy Making* (London: The Macmillan Press LTD, 1988), pp. 78–81.

② Truman, *Memoirs*, Volume One, pp. 539–540.

的储存。布什相信，上述办法"将符合苏联的利益，可让他们放心"。①

杜鲁门虽在11月7日批准了布什的建议，但并未提交三国华盛顿会议；11月11日，杜鲁门在同与艾德礼、金会谈时指出，美国政府认为自由交换科学情报，对于世界的和平极为重要；关于"自由交换科学情报"的含义，杜鲁门解释说，这应是指允许各国科学家彼此自由地相互访问，而自由审查把原子能用于和平目的之计划，应成为每个国家的政策。但杜鲁门同时强调说："这并不一定意味着工程和生产方面的具体情况应予以公开，正同我们不会把我们在贸易方面的任何机密公开一样。"在谈到美国国内及国际管制原子能的方案时，杜鲁门特别提到"有必要放弃安全理事会中的否决权"。艾德礼和金都同意杜鲁门的意见。②11月15日，美、英、加三国发表了关于原子能问题的《华盛顿宣言》。宣言中声称："我们曾考虑关于把原子能实际应用到工业部门中去的详细情报予以公开的问题。在军事方面利用原子能，在很大程度上有赖于在工业方面利用原子能所需要的同样方法和过程。在还不能想出为一切国家都接受的、行之有效的办法，来防止滥用原子能之前，就分享关于实际应用原子能的专门知识和情报，我们不相信这会有助于积极解决原子弹问题。相反地，我们认为这会收到相反的效果。但一旦想出行之有效的办法防止把原子能用于破坏性之目的，我们就准备在相互的基础上，同联合国其他国家交换把原子能实际应用到工业部门的详细情报。"杜鲁门、艾德礼和金还签署了一份备忘录，声明要"在原子能方面进行充分和有效的合作"。③

第二天，格罗夫斯和英国代表安德森爵士（Sir John Anderson）在华盛顿签署了一份备忘录（又称《格罗夫斯—安德森备忘录》），建议西方盟国垄断有关原子能情报和核原料。备忘录指出：三国政府同意，"除非

① Zachary, *Endless Frontier*, pp. 302 – 303; Memorandum by the Director of the Office of Scientific Research and Development (Bush) to the Secretary of State, November 5, 1945, in *FRUS*, 1945, vol. II, pp. 69 – 73.

② Truman, *Memoirs by Harry S. Truman*, Volume One, pp. 538 – 540.

③ Washington Declaration, November 15, 1945, Gowing and Arnold, *Independence and Deterrence*, Volume I, pp. 82 – 84; Memorandum by President Truman, the British Prime Minister (Attlee), and the Canadian Prime Minister (King), November 16, in *FRUS*, 1945, vol. II, p. 75.

根据三国一致通过的政策或者经过三国适当磋商，否则决不泄露原子能情报，不和其他国家政府、有关当局或个人进行关于原子能的谈判"；同时，三国政府"将采取切实措施，通过购买或其他途径，确保控制和掌握美国及其属地、英国和加拿大境内的铀、钍等矿藏；三国政府要尽一切努力，在英联邦或其他国家的领地上，把可能得到的铀、钍等原料掌握在手"。[①]

《华盛顿宣言》和《格罗夫斯—安德森备忘录》确定了西方垄断原子能的政策。而贝尔纳斯在 1945 年 12 月中旬召开的莫斯科外长会议上的所作所为，则遭到了杜鲁门的严厉批评，问题就出在原子能国际管制问题上。贝尔纳斯起初并不打算事先与苏联就此问题磋商，但他的两个顾问科恩（Benjamin V. Cohen）和帕斯沃斯基（Leo Pasvolsky）认为，应与苏联政府讨论这些问题。于是，贝尔纳斯在 11 月 27 日向英国外相贝文（Ernest Bevin）建议：莫斯科会议应讨论原子能问题，成立由科恩和帕斯沃斯基负责的顾问委员会，来决定他应该告诉苏联些什么。贝尔纳斯顾问委员会的建议基本上以《华盛顿宣言》为蓝本，但最大的区别是，下一个步骤的实施并不受上一个步骤是否顺利完成的限制。[②]

1945 年 12 月 10 日，贝尔纳斯召集参议院外交委员会和原子能委员会的主要成员，透露他打算在莫斯科会见斯大林和莫洛托夫时讨论国际管制原子能的问题，具体建议包括：其一，美苏进行原子能科学家和科学情报的交流；其二，美苏共同建立在联合国领导下的原子能委员会。关于具体事宜，哈佛大学校长、原子能委员顾问科南特（James B. Conant）12 月 7 日在给贝尔纳斯的备忘录中写道，在签订一项规定可行的检查和监督体制的条约时，美国应与其他国家分享有关"分裂 U-235 的电磁方法的全部详细资料"；在此 6 个月之后，分享"气体扩散过程的全部详细资料"；在此一年后，分享生产钚的方法；在最后阶段，美国将"销毁其全部原子弹，把原料放进仓库或用于工业动力装置，如果

---

[①] Groves-Anderson Memorandum, November 16, 1945, Gowing and Arnold, *Independence and Deterrence*, vol. I, pp. 85 – 86.

[②] Hewlett and Anderson, *A History of the Atomic Energy Commission*, vol. I, p. 470; Gaddis, *The United States and the Origins of the Cold War*, pp. 276 – 277.

达成别的国家都不制造原子弹的协议的话"。①

　　与会的参议员对贝尔纳斯的方案极为不满。因为在他们看来，成立参议院外交委员会是和行政部门进行磋商的，而不是通知外交委员会，行政机构自己已决定做了些什么。更为重要的是，他们强烈反对贝尔纳斯有关原子能问题的建议。范登堡在 12 月 10 日的日记中写道：贝尔纳斯的计划"对整个委员会来说，真是个晴天霹雳。……我们同意俄国可能会在两年之内解决这一核科学问题，但一直反对加速这天的到来，除非就世界范围的监察与管制问题达成绝对而有效的协议。……我们反对放弃任何原子秘密，除非苏联准备就此接受联合国的管辖。我们把'交换'科学家和科学情报视为彻头彻尾的绥靖行为，因为俄国没有任何东西可供'交换'。"康纳利问贝尔纳斯：他是否想在交换科学情报之前，并不寻求成立一个监察机构？贝尔纳斯对参议员的质疑未加评论。当听说科南特作为莫斯科外长会议的美方原子能问题顾问时，一位参议员轻蔑地说，把这一棘手的问题交给"学院教授"，真是愚蠢透顶。②

　　1945 年 12 月 14 日，范登堡和康纳利在拜会杜鲁门时表示，"在我们交换有关原子弹和原子能情报之前，必须建立一个监察体系"。杜鲁门表示同意，说他们可能误解了贝尔纳斯，因为国务卿没打算在莫斯科分享任何"科学"情报，他要做的可能就是寻找交换情报的可能性。范登堡和康纳利要求看一看给贝尔纳斯的指令，因为他们得到的印象，是贝尔纳斯有权在谈判过程中放弃美国"讨价还价的本钱"，去换取别人对管制计划的同意。范登堡说，参议员起码应提出他们的抗议，"我们认为行政部门责任重大，我们一致认为贝尔纳斯的方案必须终止"。杜鲁门向两人解释说，他未与贝尔纳斯讨论过，也未批准过贝尔纳斯所打算的那些措施。会见后，杜鲁门立即命令艾奇逊给贝尔纳斯打电报，将参议员的意见告诉他，并告诫他说，活动仅应限于取得苏联对成立联合国原子能委员会的支持。12 月 17 日，贝尔纳斯回电说，他从未打算在没有安全体系

　　① James Hershberg, *James B. Conant*: *Harvard to Hiroshima and the Making of the Nuclear Age* (New York: Alfred A. Knopf, 1993), pp. 248 – 251.

　　② Arthur H. Vandenberg, Jr., ed., *The Private Papers of Senator Vandenberg* (Boston: Houghton Mifflin Company, 1952), pp. 227 – 228; Herbert Feis, *From Trust to Terror*: *The Onset of the Cold War*, 1945 – 1950 (New York: W. W. Norton, 1970), p. 102.

的情况下交换任何情报，并保证要更加严格地遵守杜鲁门—艾德礼—金所达成的书面准则。12 月 20 日，当报刊报道参议院在这一问题上同杜鲁门、贝尔纳斯不和之时，杜鲁门表达了对贝尔纳斯的信任。①

贝尔纳斯在莫斯科会议上得到了苏联对美国提出的联合国原子能委员会之计划的同意，而苏联只是建议把委员会递交安理会的报告，转送全体代表大会。莫斯科外长会议在 12 月 27 日的公报中宣布，三国外长同意，联合国组织原子能管制委员会将按不同的阶段，对交换基本科学情报、限制原子武器和其他大规模杀伤性武器，以及建立有效的保护措施等问题提出建议。公告还重申了杜鲁门—艾德礼—金所达成的准则，保证"委员会的工作将根据独立的阶段进行，在下一阶段进行之前，每一阶段的成功完成将增加世界必要的信任"。②

贝尔纳斯在莫斯科的所作所为，使国务院和国会中的共和党人感到不安，他们担心苏联会把贝尔纳斯所作的让步，解释为美国软弱的表现。他们问道：为什么独家掌握原子弹的美国，要继续与莫斯科妥协呢？③杜鲁门也大为恼火，因为贝尔纳斯在这样重大的问题上"完全自作主张"，事先不同自己协商，事后也不汇报。12 月 28 日，杜鲁门、范登堡和艾奇逊在白宫讨论莫斯科外长会议公报的有关规定，范登堡特别指出，自己对有关监督和保障禁止滥用原子能情报之规定的理解是：在没有取得维护国家利益的保障之前，美国就可能讨论或同意交换原子能方面的情报了。杜鲁门对此保证说："除非就监督制度问题达成国际协议，那么，在我当总统的时候，有关制造原子弹的秘密就不会透露出去。" 1946 年 1 月 5 日，杜鲁门又专门写了一封信给贝尔纳斯，除批评贝尔纳斯在原子能问题上无视"总统的最后决定权"之外，更为重要的是，他还借此抨击苏联在东欧、伊朗、土耳其的政策，强调美国必须以"所有可能的强硬方式"对苏联的行为做出反应。杜鲁门说："我认为我们不应该再做任何妥

---

① Truman, *Memoirs*, Volume One, p. 547; Hewlett and Anderson, *A History of the Atomic Energy Commission*, vol. I, pp. 474 – 475; Gaddis, *The United States and the Origins of the Cold War*, pp. 277 – 279.

② Moscow Conference Communiqué, December 27, 1945, in *FRUS*, 1945, vol. II, pp. 822 – 824.

③ Gaddis, *The United States and the Origins of the Cold War*, p. 283.

协。……我已厌倦于笼络苏联人。"①

## 三 国际管制原子能的美国方案：
## 从《艾奇逊—利连撒尔报告》
## 到《巴鲁克计划》

《梅—约翰逊法案》和《麦克马洪法案》均考虑国际管制原子能的问题，但具体政策尚未决定。杜鲁门指定贝尔纳斯组成一个特别委员会，负责制定有关政策。1946 年初，贝尔纳斯任命的特别委员会成员有：副国务卿艾奇逊、格罗夫斯、布什、科南特以及麦克洛伊（John J. McCloy）。在委员会的第一次会议上，艾奇逊建议再成立一个小组，以研究国际管制问题并提出报告。格罗夫斯对此表示反对，认为柯南特、布什和他自己了解的相关情况，比可能组成的任何小组都要多。但格罗夫斯的意见未获通过。随即成立的"顾问委员会"（Board of Consultants）包括 5 名成员，他们是田纳西流域管理局（Tennessee Valley Authority）主任利连撒尔（David E. Lilienthal）、新泽西贝尔电话公司（New Jersey Bell Telephone Company）总经理巴纳德（Chester I. Barnard）、奥本海姆、孟山都化学公司（Monsanto Chemical Company）副总经理托马斯（Charles Allen Thomas）和通用电气公司（General Electric Company）副总经理温（Harry A. Winne）。顾问委员会的任务是，在目前尚为政治官员所不知的事实的基础上，利用大量的科技数据提出可行性的计划，并形成特别能够为苏联所接受的观点。②

为更好确定计划的性质与内容，顾问委员会的每个成员都负责起草报告的一部分，奥本海姆和托马斯的建议给特别委员会留下了深刻的印象。他们对曼哈顿工程区的工作都非常了解，认为建立一个世界机构既有积极作用，也有消极作用，因为他们不相信一个国家生产原子弹的努力，会为协议所阻止，或被监察所发现。他们强调指出，一个国家不可能为了证实生产原子武器的努力是否取消或正在进行，而同意外国人前

---

① Truman, *Memoirs*, Volume One, pp. 549, 551 – 552.

② Hewlett and Anderson, *A History of the Atomic Energy Commission*, vol. I, pp. 531 – 534.

来监察其实验室、车间和工厂的一切活动。1946 年 2 月底，顾问委员会在提交的报告草案中指出，在对国际管制机构进行深入细致的分析之后，建议成立"原子发展总署"（Atomic Development Authority），职责包括：其一，应获得含有原子物资的一切矿山的所有权或租借权，对一切铀和钍的贮存也应如此，管理一切可把矿石转为金属的精炼厂；其二，有权建设和管理一切生产和分离钚的工厂，这些工厂可生产出供和平安全使用的武器的原料；其三，可自由参加认为对执行其任务必不可少的一切研究活动；其四，有权监察和批准不属于其直接管理的原子能研究领域的一切活动。[①]报告经过详细讨论，做了若干重要修改，编成了最后的报告，"作为定案的基础"提出了。3 月 18 日，艾奇逊致函贝尔纳斯，认为顾问委员会的报告是关于国际管制所提出的最好建议，只要总统同意就可将其发表。但顾问委员会并不同意，认为在尚未安排协商之前，就向苏联表明美国愿意把自己的知识分享给其他国家，这是不明智的。[②]三天后，贝尔纳斯将《艾奇逊—利连撒尔报告》（Acheson-Lilienthal Report）递交杜鲁门、陆军部长和海军部长，同时还送给参议院原子能特别委员会一份复本。

《艾奇逊—利连撒尔报告》首先提出几个假设：其一，美国在核武器方面的优势只是暂时的；其二，必须避免军备竞赛；其三，在实现有效管制之前，美国必须保持自己的优势；其四，任何广泛的国际监察计划都是不够的，而且，由于这种做法需要美国人到苏联境内去进行检查，苏联显然是不能接受的。因此，《艾奇逊—利连撒尔报告》建议：第一，在联合国领导下成立"原子发展机构"，该机构在对全球原料进行调查以后，将采取措施，控制所有高浓度的铀和钍，保证用于和平目的；第二，某一国家不经同意使用核物质，将被视为危险的举动；要给其他国家充足的时间准备，以防可能招致的攻击；第三，在此计划下，美国有权决定何时或以何种方式停止生产原子弹；第四，假使出现上述努力在过渡时期失败这种最坏的情况，那么美国仍将在核武器方面继续处于有利地位。[③]

① Hewlett and Anderson, *A History of the Atomic Energy Commission*, vol. I, pp. 538–539.
② Groves, *Now It Can Be Told*, p. 342.
③ Hewlett and Anderson, *A History of the Atomic Energy Commission*, vol. I, pp. 540–558.

莫斯科外长会议决定成立联合国原子能委员会,规定三国应提出国际管制的计划,并派出各自的代表。3 月 16 日,贝尔纳斯与杜鲁门会谈时表示,委员会的报告可作为美国的计划,并建议任命一个在国内外都具有声望的人作为代表。杜鲁门认为巴鲁克(Bernard M. Baruch)最为合适,"会给我们要向全世界提出的建议增加分量"。巴鲁克一向被称为"总统们的顾问",享有"政界元老"的声誉,在国会内很受尊敬。3 月 18 日,杜鲁门宣布了对巴鲁克的任命。[1]

利连撒尔对任命巴鲁克非常不满,因为在他看来,巴鲁克"机灵,潇洒,富有经验。……喜欢多管闲事,但更长于幕后操纵,这样,一旦事情办糟了,他可以不负任何责任。这是我见过的最自负的人了"。[2]更为重要的是,当艾奇逊和利连撒尔得知贝尔纳斯把委员会的报告交给巴鲁克时,他们对此大为不安和恼火,害怕巴鲁克把报告删改得面目全非。所以他们决定把报告付诸报端;这样,报告立即被认为是美国政策的正式声明。

3 月 26 日,当在报纸上看到《艾奇逊—利连撒尔报告》时,巴鲁克火冒三丈,怒气冲冲地去见艾奇逊时问道:"你们的报告打算成为美国的最后建议吗?"当艾奇逊做了肯定的回答后,巴鲁克表示,"西方联盟会让 76 岁的老家伙作使者吗?让其他人去好了"![3]巴鲁克马上又去拜见杜鲁门。在给杜鲁门的书面说明中,巴鲁克指出:"我并未低估这个报告的发表在美国和全世界所产生的影响;在还没有机会仔细研究这份报告之前,我不能发表个人的具体意见,贝尔纳斯在转给我这份报告的信中说:副国务卿领导的委员会一致同意这份报告,这就使之非常接近美国政府的政策。"巴鲁克进一步指出:"我知道一般公众认为我将同我们的原子能政策的工作发生密切的联系。这种看法没有法律基础,现在副国务卿领导的委员会的报告已经发表,它的内容将大大影响政策的决定。……

---

① 有关巴鲁克计划及其美苏在联合国的斗争,参见 David W. Kearn Jr. , "The Baruch Plan and the Quest for Atomic Disarmament," *Diplomacy & Statecraft*, Volume21, No. 1, 2010, pp. 41 - 67。

② Lilienthal Journal, February 13, 1944, in David E. Lilienthal, *The Journals of David E. Lilienthal*, Volume I: *The TVA Years*, *1939 - 1945* (New York: Harper and Row, 1964), p. 625.

③ Gardner, *Architects of Illusion*, p. 192.

这份报告的发表（我知道是没有经过官方批准的）并不会减轻局势的困难。"杜鲁门向巴鲁克解释说，报告是份工作草案，不是政府批准的政策文件。当巴鲁克问由谁起草美国提交联合国的关于国际管制的计划时，杜鲁门回答说："当然是您。"当他走出白宫时，对记者提出的有关《艾奇逊—利连撒尔报告》是不是美国正式提议的问题，巴鲁克取下了自己的助听器。①

巴鲁克还向贝尔纳斯反映自己的意见。贝尔纳斯在4月19日给巴鲁克的信中，不仅明确了巴鲁克的职责，也谈了自己对《艾奇逊—利连撒尔报告》的看法。贝尔纳斯写道："我很满意在艾奇逊先生领导下所准备的报告，人们已把这份报告视为国务院的报告。不过，我并不认为它就是这个问题的结论。相反地，您在考虑这一问题后所提出的任何意见，我都将认真考虑。"有关巴鲁克的职责，贝尔纳斯说："作为美国的代表，您应当在联合国原子能委员会的会议上，宣布美国政府的政策。不过，这将留待总统去决定。……您必须谨慎运用您的判断力，避免采取与总统政策相矛盾的立场。"②

在总统和国务卿的支持下，巴鲁克开始对《艾奇逊—利连撒尔报告》进行修改，为此组成一个"私人班子"，成员有银行家汉考克（John M. Hancock）、矿业工程师瑟尔斯（Fred Searls）、史学家弗莱明（Denna Frank Fleming）、时事评论家斯沃普（Herbert Bayard Swope）和工业顾问埃伯施塔特（Ferdinand Eberstadt）等。巴鲁克做的第一件事，就是要求在涉及原子能的问题上取消大国否决权，对成员国的违反行为进行严厉惩罚。1946年3月13日，巴鲁克致函贝尔纳斯指出："联合国是这个世界的唯一希望，如果不能使之更好地运转，那就不能讨论从军事武库中消除原子弹，因为我们是唯一拥有原子弹的国家。"③5月17—18日，巴鲁克及其助手与艾奇逊及其顾问委员会在布莱尔—李大厦（Blair - Lee House）举行联合小组会议。奥本海姆认为，顾问委员会将提出建议，警告违反条款的任何行为，以此消除突然袭击的危险。艾奇逊指出，就惩

---

① Truman, *Memoirs*, Volume Two, pp. 8 - 9.

② Ibid., pp. 9 - 10.

③ Gardner, *Architects of Illusion*, pp. 192 - 193.

罚违反行为所提出的条例，将排除苏联接受美国建议的任何机会。巴鲁克坚持说，任何协议必须提供自动而不能逃避的惩罚，没有惩罚规定的法律毫无用处。双方各持己见，会谈没有任何结果。①

巴鲁克要求在原子能问题上取消否决权的建议，得到了陆军参谋长艾森豪威尔的支持。艾森豪威尔认为只有通过有效的国际管制原子能，才有希望避免核战争；但在美国放弃垄断之前，保证国家安全的需要，要求对此种管制方法加以实验与证实。在给巴鲁克的信中，艾森豪威尔指出："我们手中掌握着原子弹，事实上对世界上的侵略行为来说是一种威慑；目前，我们不能限制生产或使用这一武器的能力。控制原子武器（我们在此领域成绩斐然），而同时却没有相应地充分控制其他具有大规模杀伤力的武器的条款，这可能会严重地威胁我国的安全。"因此，"如果我们急急忙忙达成取消一切原子武器的国际协议，当某一大国违反协议时，我们就会发现自己在世界上处于束手无策的地位"。他警告说，俄国人可能会故意避免使用原子武器，但可用其他具有同样效果的武器发动战争。②

6月7日，巴鲁克在同贝尔纳斯会面时，谈论了否决权与增加惩罚违反行为的问题。巴鲁克坚持认为，《艾奇逊—利连撒尔报告》的不足之处，在于把一些主要问题留待联合国的讨论来决定，而这样的讨论是无法预测的。更为糟糕的是，对任何一方违反协议而不受惩罚的可行性，报告也并未排除。因此，巴鲁克坚持认为原子能委员会的判断应不受安理会常任理事国否决权的影响，因为"就原子能而言，没有什么否决权，因为当你在辩论时，你就可能被消灭"。③两人会谈结束后一起去白宫，同杜鲁门进行了详细的会谈。巴鲁克主要谈了取消否决权，以及对违反行为采取相应的惩罚措施；巴鲁克告诉杜鲁门，美国将反对安理会常任理事国在原子能问题上行使否决权，因此很显然，对惩罚不允许行使否决权。巴鲁克接着说："有些人会认为，刚一开始就提出这样的问题是不好

① Feis, *From Trust to Terror*, p. 112.
② Stephen E. Ambrose and Douglas G. Brinkley, *Rise to Globalism: American Forcign Policy since 1938* (New York: Penguin Books, 2011), pp. 72-73; Yergin, *Shattered Peace*, p. 238.
③ Feis, *From Trust to Terror*, p. 112.

的，因为这样会使谈判终止；但如果没有办法实施条约，那么，要这一纸条约又有什么用呢？"杜鲁门立即回答说："我对此非常赞同。"杜鲁门进一步强调说，否决权从一开始就是个错误，如果当年史汀生在中国东北问题上得到了支持，那就不会有战争。①

有关取消大国否决权的条款，汉考克1946年12月5日在美国陆军学院（National War College）发表演讲时，阐释了这一政策的意义。他指出，仍有一些人认为《巴鲁克计划》使美国放弃了原子垄断，因此在原子能领域取消否决权有着深刻的意义。五个国家拥有否决权，如果不在这一领域内取消它，那么每一个强国都能在自己周围聚集一批卫星国，并对它们承诺说："伙计，来和我一起玩吧，你可以在原子能上想干什么就干什么，我不会看到你受惩罚的，因为我会使用自己的否决权，使你免受惩罚。"因此汉考克强调说，如果说安理会否决权增加了形成这种"卫星帝国"的可能性，那么美国通过取消这个否决权，从而在极大程度上消除了这些卫星国存在的理由，也就减少了上述"卫星帝国"产生的可能性。汉考克总结说，苏联会说是《巴鲁克计划》导致了联合国的分裂，但美国的立场是，它将建立起一个世界组织。②

巴鲁克对《艾奇逊—利连撒尔报告》的第二个重大修改，是反对把核原料的采矿权划归国际所有，认为有关条文将导致资本主义国家的反对。美国碳化物联盟的高级官员曾告诉巴鲁克说：他们"强烈反对艾奇逊报告中有关原料国际所有的条文"。一位比利时矿主对巴鲁克说，他的矿山每年可生产30万吨矿石，矿山产品按合同十年内全部供应美国；他害怕国际机构会扰乱工资制度，使工人不满，并对有关国家的合作问题造成巨大的困难。巴鲁克就此问题同贝尔纳斯会谈时表示：对矿山生产采取控制将严重限制若干国家的私人企业，"美国、加拿大、英国，或许还有比利时、比属刚果、南非联邦肯定都会反对。这一计划对资本主义经济中的一切人来说，似乎是走向国际社会主义化的第一步；如果艾奇逊计划中关于所有权的建议得到俄国人的同意（优先于我的监察计划），那么我们认为，资本主义国家将会极为反感计划的这一部分。"在1946

① Gardner, *Architects of Illusion*, p. 195.

② Ibid. , pp. 199 – 200.

年 5 月 17 日的联合小组会议上，汉考克宣称，宣布对核原料实行国际所有，"将是对私人企业的巨大干涉"。汉考克还提出，美国应在联合国委员会建议起草决议案，促使联合国对原料进行国际调查，并向全世界派出两组检查人员，每组 50 人。这一方法就能发现俄国在干些什么，"如果俄国拒绝接受这一建议，那么我们就知道他们不愿达成任何国际协议"。①

1946 年 6 月 7 日，巴鲁克向杜鲁门递交了题为《美国政策的声明》的备忘录，杜鲁门在备忘录上写道："同意上述建议。"②6 月 14 日，巴鲁克将《美国政策的声明》递交联合国原子能委员会，成为美国的正式建议，即通常所称的《巴鲁克计划》（Baruch Plan）。

《巴鲁克计划》在美国国内引起了争议，以华莱士的反对最具有代表性。华莱士主张美英苏三国达成协议，并通过联合国对原子能实行有效的管制。在 1945 年 12 月 4 日的公开讲话中，华莱士虽承认"不加管制的原子弹，可能是折磨人的最大邪恶"，但他同时强调，正确地利用原子能可产生惊人的积极作用，诸如在生产能源、帮助某一地区的生物、农业、医疗以及使不发达国家一跃而入现代行列等方面，原子能都提供了无限广阔的前景。华莱士主张，应尽快建立国际管制和国内合理的调节计划，使利用原子能既安全又具有创造性。③《巴鲁克计划》公布后，华莱士于1946 年 7 月 23 日写信给杜鲁门，对《巴鲁克计划》进行批评。华莱士写道，《巴鲁克计划》致命的缺陷，在于其分阶段实施国际管制的规定，这意味着，一方面要求其他国家公布铀、钍的供应情况，停止用于军事的原子能研究；另一方面，美国将保持技术知识方面的秘密，直到国际管制符合美国的口味。"换句话说，我们要告诉俄国人的是，如果他们是'好孩子'，我们最终可能把原子能知识传授给他们和其他国家"。华莱士主张国际协议必须是"一揽子"计划，美国"必须准备达成协议，在特定的时间，或由其他国家采取特定的行动，公布情况和销毁我们的原子

① David E. Lilienthal, *The Journals of David E. Lilienthal*, vol. II: *The Atomic Energy Years*, 1945 – 1950 (New York: Harper and Row, 1964), p. 51; Gardner, *Architects of Illusion*, pp. 193 – 194.

② Hewlett and Anderson, *A History of the Atomic Energy Commission*, vol. I, p. 574.

③ Walker, *Henry A. Wallace and American Foreign Policy*, pp. 126 – 127.

弹，而不是根据我们自己的毫无限制的处理权"。针对《巴鲁克计划》坚
持取消否决权的提议，华莱士认为两者之间毫不相干，因为每个国家
"有采取自己认为必要的行动自由，包括宣战这一最后步骤"。关于苏联
对《巴鲁克计划》的反应，华莱士毫不吃惊，认为美国如处在苏联的立
场上，也会那样做的。他认为，苏联代表葛罗米柯（Andrei Gromyko）的
建议暗示，苏联人"可能愿意严肃认真地谈判，只要我们也如此"。华莱
士7月23日的信，发表在9月18日的《纽约时报》上。①

华莱士的信函刊登后，巴鲁克马上就去见杜鲁门。他向总统抱怨说，
华莱士在事实和解释方面存在重大的错误：首先，华莱士对分阶段的程
序的含义的评价是不公正的；其次，按照华莱士的理解，在美国独家垄
断原子武器这段时间内，要求苏联政府同意不试验、不生产原子弹，并
提供其储存铀和钍等原料的情况。巴鲁克希望杜鲁门让华莱士收回对
《巴鲁克计划》的批评，如华莱士拒绝的话，那么也希望杜鲁门不要采纳
华莱士的建议，否则，自己只好辞职。杜鲁门对巴鲁克说，应忍耐一个
阶段，并说准备当天下午同华莱士谈话，保证结果会让巴鲁克满意，否
则，巴鲁克就可以想说什么就说什么。②

华莱士在这一阶段一直抨击美国的对外政策，特别是对苏政策。7月
23日信件以及9月12日在麦迪逊广场花园的讲话都是最明显的例子。华
莱士的观点与杜鲁门政府的政策存在重大的分歧。杜鲁门在9月19日的
日记中写道：华莱士是个"百分之百的和平主义者，他想让我们解散武
装部队，把原子秘密交给俄国人，并相信克里姆林宫政治局内的一小撮
冒险分子。我不能理解这样的'梦想家'"。杜鲁门不能允许华莱士的观
点"危及美国在与其他国家关系中的地位"。9月20日，杜鲁门解除了华
莱士商务部长的职务。③

9月24日，巴鲁克拜会杜鲁门，对华莱士的观点逐条进行反驳。巴
鲁克说，华莱士的声明表现了他对美国立场的无知，同时，巴鲁克拒绝

---

① John Morton Blum, ed. , *The Price of Vision*: *The Diary of Henry A. Wallace*, 1942 – 1946
(Boston: Houghton Mifflin Co. , 1973), pp. 591 –597.

② Feis, *From Trust to Terror*, p. 150.

③ John L. Kelley, "An Insurgent in the Truman Cabinet: Henry A. Wallace's Effort to Redirect
Foreign Policy", *Missouri Historical Review* Volume LXXVII, Number 1, October 1982, pp. 64 –93.

接受苏联的建议，认为它不是管制原子能实际可行的计划，也没有表现出苏联诚心谈判的可能性。为进一步消除华莱士 7 月 23 日信件所产生的影响，9 月 27 日，巴鲁克和华莱士进行了会谈。参加会谈的豪泽（Philip Hauser）是华莱士在商业部的助手，曾帮助起草 7 月 23 日信件；豪泽承认，信的大部分是在巴鲁克把计划送交联合国之前写的，因而对计划的批评没有经过仔细考虑；经过长时间的讨论，华莱士及豪泽相信，美国保证时间的选定和过渡阶段的次序的计划，是最后协议中"一揽子"方案的组成部分，这一协议对各国来说是公平合理、可接受的。经过进一步讨论后，华莱士表明自己完全同意巴鲁克关于否决权问题的态度，但他也指出，主要问题是要赢得苏联的信任，这个问题仍未解决；他建议美国应停止生产原子弹，以便使苏联接受美国的建议。华莱士离开时，也承认自己还未完全了解《巴鲁克计划》。豪泽留下来，负责起草一份华莱士和巴鲁克都能接受的声明。①

但华莱士看到声明后拒绝接受。他虽承认在涉及《巴鲁克计划》中某些技术细节时犯了错误，但基本上不赞同这个方案。华莱士表示，7 月 23 日信件提出的"中心问题"仍未解决，其中最重要的是，在谈判期间和全面实行国际管制的过渡时期，美国是否继续制造和储存原子弹；另一个问题是，苏联拒绝接受对原子能计划国际监督的视察；只有建立美苏之间共同信任的关系，这些问题才能解决。华莱士认为，因为美国拥有原子弹，所以无论从行动上还是从言论上，美国都应积极主动，以防止核武器军备竞赛。对华莱士的不妥协，巴鲁克大为恼火；他发表一份公开声明，指责华莱士不承认错误，"在我国人民中间制造混乱和分裂"。巴鲁克强调说："您让我大为失望。在和平的愿望上，您并没有垄断权。我三十年来都在致力于和平，许多人的目的也都是一样的。"华莱士则抨击巴鲁克没有把程序问题与基本的以及关键性的问题区分开来；他还指责巴鲁克试图胁迫自己发表声明，以表明支持《巴鲁克计划》。②

到 1946 年 11 月初，巴鲁克认为，对美国计划的决定再也不能拖延了。他写信给贝尔纳斯指出，美国的选择是，要求原子能委员会就政策

---

① Walker, *Henry A. Wallace and American Foreign Policy*, pp. 159 – 161.

② Ibid., pp. 161 – 163.

问题发表一份报告，或不这样做委员会就休会。如果在近期投票表决，可望得到10∶2 的多数票；如推迟的话，结果就不可预测了，因为委员会新的成员需要时间来研究这一问题。巴鲁克告诉贝尔纳斯，他的工作人员正在开始准备一份政策声明，作为供原子能委员会考虑的临时报告的基础。11 月21 日，艾奇逊通知巴鲁克，总统已决定提出报告，这一报告将阐明要点，并着重指出存在的差异，同时也没强迫俄国人采取公开的立场反对美国的计划。关于莫洛托夫（Molotov）提交的关于普遍裁军的决议案，总统认为美国在原子能委员会的代表团不应去修改它，而应直接抨击它，实际上要说，"我们在这一领域已经谈了近一年了；在这一领域内，我们最强，俄国最弱；不管怎样我们没有任何成功。在此种情况下，难以想象俄国人对普遍裁军的建议是真诚的"。①

## 四 美苏有关国际管制原子能的斗争及其影响

美苏英三国在莫斯科外长会议时一致同意，在联合国设立原子能委员会，来处理国际管制的问题。1946 年1 月24 日，联合国原子能委员会成立，规定应特别提出一些明确的建议，包括为和平目的扩大国家间交换基本的科学情报；控制原子能，使之必须保证仅用于和平目的；消除国家间在包括原子武器和其他一切大规模杀伤性武器在内的军备竞赛；根据监察和其他手段的有效保护以防止信守协议的国家遭到破坏和侵略行径的危害。②根据委员会的要求，美国提交了《巴鲁克计划》，苏联提出了《葛罗米柯计划》。

1946 年6 月14 日，《巴鲁克计划》提交原子能委员会；6 月19 日，葛罗米柯向原子能委员会提交了《禁止制造和使用各种以大规模毁灭为目的的原子武器的国际公约草案》，即通常所称的《葛罗米柯计划》（Gromyko Plan）；草案建议在任何情况下都不使用原子武器，禁止原子武器的制造与储存，"自本公约生效之日起三个月内销毁一切现存的已制成

---

① Feis, *From Trust to Terror*, pp. 152 – 153.

② Joseph P. Morray, *From Yalta to Disarmament：Cold War Debate* ( New York： Greenwood Press, 1974), p. 68.

的或未制成的原子武器"。草案还强调使用和制造原子弹是"最严重的国际违反人道罪",要求予以严厉制裁。①7月24日,葛罗米柯在原子能委员会发言,对建立国际管制机构的可能性表示怀疑,他反对该机构有权干涉一国在原子能领域中进行研究,认为这是侵犯国家主权。葛罗米柯强调,任何有悖于国家主权的原则,如在安理会中限制否决权的使用等,都将损害并且可能毁了联合国。因此,根据目前美国所建议的形式,不论是作为整个报告,还是报告的某一独立部分,苏联政府都不能接受。在7月26日的讲话中,葛罗米柯指出,如果委员会不准备考虑制定一项宣布原子武器非法的协定,苏联则认为进一步的谈判是毫无用处的。②

1946年12月5日,巴鲁克要求原子能委员会通过体现美国方案要点的决议案;他认为,没有比美国政府在建议中提出的方法更为全面的了,因为一个仅宣布原子武器非法的条约,其本身对消除原子威胁并形成相互信任是不够的。巴鲁克强调其方案的关键,即"这是两者择一的问题,或者同意罪犯有权通过投票反对我们的立场,或者投票赞成彻底而基本的原则,这一原则有利于保持正义和常识"。巴鲁克警告说,如果犯罪国家有逃脱其行为后果的可能性,那么美国人民将退出联合国。③12月31日,联合国原子能委员会对美国的方案进行投票表决;如巴鲁克预计的一样,以10:2的多数票通过,苏联和波兰弃权。1948年初,法国建议原子能委员会无限期延期。

综观《巴鲁克计划》和《葛罗米柯计划》以及双方在联合国的交锋,可以看出美苏在原子能国际管制问题上的分歧主要是三个方面。美苏围绕着这三点在联合国进行了长期的辩论和斗争。由于双方存在着根本利益的冲突,使人类历史上第一次核裁军谈判毫无结果。1948年春,原子能委员会被迫宣布其工作努力的失败。④

首先,关于管制的时间选定问题。苏联认为,第一步应该达成一项

---

① David Holloway, *Stalin and the Bomb: The Soviet Union and Atomic Energy*, 1939 – 1956 (New Haven: Yale University Press, 1994), pp. 161 – 163.

② Feis, *From Trust to Terror*, p. 146.

③ Hewlett and Anderson, *A History of the Atomic Energy Commission*, vol. I, p. 617.

④ 关于美苏的分歧以及在联合国所展开的辩论,以下引文未加注释者,均引自《裁军问题文件选辑》,世界知识出版社1958年版。

国际公约，宣布原子武器非法，并保证销毁现存的一切原子武器，然后才能就管制体系提出实质性的建议。1946 年 11 月 28 日，苏联外长莫洛托夫在联合国大会第一届会议就禁止原子武器问题发言时指出："拒绝签订一个国际公约来禁止利用原子能作为实现军事目的的手段，是绝对与全世界各国人民的善良愿望和良心相抵触的。因此，我们大家有权希望，在关于缔结国际公约禁止利用原子能作为实现军事目的的手段问题上，终能使各国政府彼此间达到一致的意见。"①

葛罗米柯指出："如果不缔结禁止原子武器的公约，我们就很难解决建立这种严格管制的问题，如果不是不能的话。禁止原子武器以及所有其他大规模毁灭性武器，这是符合所有爱好和平国家人民的基本利益的。"葛罗米柯进一步指出："原子能国际监督的任务是从国家军备中取消原子武器，也就是说禁止生产和使用原子武器，并确使原子能只用于和平目的。禁止原子武器可以而且必须辅以其他措施，包括视察生产原子能的工厂。然而这些辅助措施必须服从基本任务，那就是禁止原子武器。这是不言而喻的，因为假如不首先规定禁止原子武器，那么原子能的国际监督就没有意义和毫无用处了。只有有了禁止原子武器的决定，建立国际监督以保证这一决定的有效实施才有意义。"苏联提出缔结禁止原子武器的国际公约的根据，按照葛罗米柯的说法，"那就是这种武器是侵略的武器。这些武器的目的是屠杀和平居民，主要是大城市的和平居民。认为这些武器具有防御性质的说法之所以不能为反对禁止原子武器的主张辩解，原因就在这里。"葛罗米柯把反对禁止原子武器的责任推给美国，他指出："那些反对缔结禁止原子武器的公约和主张以接受美国计划以缔结这种公约为条件的人的立场是没有理由的。这种立场证明某些国家不愿实行联合国大会关于原子能监督的决议。毫无疑问，这种情形应由美国负责，美国统治集团有他自己的策划，而这些策划的实现有赖于不建立任何原子能国际监督，有赖于原子武器的无限制生产。"②

① Hewlett and Anderson, *A History of the Atomic Energy Commission*, vol. I, p. 608; B. G. Bechhoefer, *Postwar Negotiations for Arms Control* (Washington, D. C.: The Brookings Institution, 1961), pp. 44 – 45.

② Holloway, *Stalin and the Bomb*, pp. 161 – 163.

美国的立场非常明显，在建立国际管制体系之前，决不放弃原子弹。巴鲁克指出："一俟我们已决定一种管制原子能之适当制度（包括原子弹武器之摒弃），且加以切实施行，并将管制规则之破坏定为国际罪行而酌定罚则后，即采取下列步骤：其一，原子弹之制造应即停止；其二，对于现有原子弹应依照所订条约之规定处置之；其三，关于原子能制造之技术，该总署应有充分之情报。"巴鲁克明确宣称，"但在一国准备放弃任何制胜的武器之前，必须有空谈以外之事实为之保证。此国必须获有安全之保证，这不仅是对付原子方面之违约者，而且也是防范非法使用细菌、生物、毒气等其他武器之人，甚至即为应付战争本身"。①

1946年9月17日，巴鲁克会见杜鲁门，谈到了在这一问题上同苏联的分歧。巴鲁克说，他无法想象如何同苏联达成妥协，因为"预防措施是管制的关键所在，无之，我们不能了解到安理会如何会知道未来的违反行为"。巴鲁克进而表示："在包括宣布原子武器非法的协议这一意义上，美国的计划则包含了苏联的建议，然而苏联的计划到此为止，而我们则不同。我们坚持同时的有效的并带有强制性的保卫措施，以保证不仅生产和使用原子武器是非法的，而实际上应制止它。我们看不出有任何放弃这些观点的可能性。"巴鲁克认为，美国的计划不能也不应重新考虑和修改。尽管报告可能并不完善，但问题在于，美国是否应该要求原子能委员会把报告交给安理会？巴鲁克也承认这样做的结果只能减少达成协议的机会而不是相反；或者要求委员会休会一阶段，允许在下属委员会进行讨论，特别是讨论有关这一课题的科技情报；巴鲁克认为这种权宜之计颇为可取。但是一旦失败，而且前景也不乐观的话，美国政府应要求安理会就美苏建议表示自己的态度。杜鲁门对此表示同意。②

其次，关于管制体系的本质问题，关键是监督的广度与方式。《巴鲁克计划》规定，"总署应继续不断举办调查，以便对于全世界关于铀、钍二元素之地质状况获得最完备之知识"；同时，"总署对于原子有分裂性之各项材料之生产，应行使经理式之统治"。《巴鲁克计划》还建议："总署所有一切合格代表应有自由来往出入各国国境之适当保证。总署之视

---

① Cantelon, Hewlett, and Williams, eds., *The American Atom*, pp. 92–97.

② Feis, *From Trust to Terror*, pp. 147–148.

察工作中多有因其所负之他种职务产生者，并为他种职务之附属工作。原料之严密管制亦需重要之视察办法，因为视察是本计划的关键。关于原料方面的各种经常勘察、调查与研究，其目的不仅为于积极方面协助总署之发展原子能任务，而且还在防止各国及其国民在原料方面之秘密经营。"

苏联反对赋予原子发展总署如此广泛的权力，更反对《巴鲁克计划》中有关监督的广度的建议，因为在苏联看来，每个国家应自己储藏核材料，并运转原子工厂，总署的行为干预了一国主权。葛罗米柯指出："苏联对原子能监督和视察问题的立场是明确的。严格的原子能国际监督和视察应行建立。同时这种严厉的国际监督和国际视察不应发展为对那些与原子能生产无关的工业部门的干涉。这种原子能国际监督不应涉及与原子能无关的问题。"《巴鲁克计划》是与国家主权理论相矛盾的。葛罗米柯指出："美国的监督建议是从在监督机构执行它的监督和视察的任务时，其他国家的利益应居于次要地位这种错误的前提出发的。只有从这种基本错误的前提出发才可能达到美国代表向原子能委员会所提出的建议中包含的结论，即必须把原子企业移交给负责实行监督的国际机构，归其所有。这样一种建议表明所谓《巴鲁克计划》的起草人完全忽视了其他国家的国家利益，并且是从这些国家的利益实际上必须从属于一个国家即美国的利益出发的。"葛罗米柯在联合国原子能委员会的会议上强调说："对监督机构给予这种权力，会意味着这些机构首先是控制这些机构的多数的那些人可以完全把持一切，这是很容易了解的。对监督机构给予这种权力，就可以使他有一个很便当的机会来干涉某一个国家境内的企业的活动，而这种干涉无须有任何根据"，"实际上，授予监督机关以无限制的权力，并准许它拥有和管理原子设施，只能看作是美国为它自己取得在原子能方面的世界垄断地位的一种企图。这种趋向已在原子能委员美国代表所提出的而且后来作为原子能委员会报告的基础的建议中表现出来"。①

在苏联看来，更为重要的是，"无限制的监督就会意味着监督和监督

---

① 葛罗米柯在安全理事会讨论原子能委员会第一次报告时的发言，1947 年 3 月 5 日，载《裁军问题文件选辑》，第 30—31、34 页。

机构对于在其境内实行这种监督的国家的经济生活进行无限制的干涉，并且干涉他们的内政。为了执行联合国在监督原子能与禁止原子武器方面所规定的任务，这并不是要求于我们的事，这并不是联合国在建立原子能国际监督方面的任务，……这意味着监督机构对各国的内政和经济生活进行粗暴的干涉，而这是与联合国的基本原则不相符合的"。葛罗米柯坚称，美国的建议是不能接受的，是"不合理的建议而予以拒绝"，苏联"不能允许把自己的国民经济的命运交给这个机构"。①

从 1947 年开始，美苏在原子能国际管制问题上的斗争更为尖锐，从苏联代表在联合国发言的措辞中可窥一斑。1948 年 6 月 16 日，葛罗米柯在联合国安理会的发言中指出："苏联的建议和禁止原子武器的公约结合起来，就使有效的监督得以建立，而不致侵犯参加监督制度各国的主权和独立。……美国的建议是和国家主权不相容的。通过美国的建议实际上就意味着给美国一个新的机会，通过原子能国际监督工具来干涉其他国家的经济事务。通过这些建议就意味着原子生产设施将处于只要能符合其私利就准备蹂躏任何国家主权和独立的美国垄断资本家的控制之下。"1948 年 11 月 19 日苏联代表维辛斯基在联合国大会第三届会议关于禁止原子武器及裁减军备与武装部队问题的发言中强调指出："苏联不能接受这一种计划，而且理当反对这一种计划。如果采纳了美国的所谓'国际'监督计划，那就意味着，不仅各国的原子工业的命运，而且全国经济的命运都势必要由那拥有'特殊'多数的所谓'国际'监督机构去任意摆布了。这一种多数往往会使任何一个国家的经济生活和政治生活要看代表着特定的国家集团的一种机构的计划和措施而定。这一种倾向唯有认为是侵犯国家的主权，美国的所谓'国际'监督，与国家主权的确是绝对不相容的。"1949 年 11 月 23 日，维辛斯基在联合国大会的发言中，抨击美国"狡猾地主张反对民族主义和国家主权观念的国际概念"，其政策的真正目的"为美国垄断资本在国际监督机构中获得最大限度的

---

① 葛罗米柯在安理会讨论原子能委员会第一次报告时的发言，1947 年 2 月 14 日、3 月 5 日；葛罗米柯在安理会讨论原子能委员会第二次及第三次报告时的发言，1948 年 6 月 16 日，载《裁军问题文件选辑》，第 61—80、89—99 页。

势力，把这个机构改造成实现这些垄断资本扩张主义目的的工具"。①

　　美苏不仅在管制的广度方面存在根本分歧，在管制的方式方面也是如此。《巴鲁克计划》建议："创设监督制度之初步为广泛规定总署之各种职掌、责任、权力与限制。总署之组织法一旦通过后，总署及其主管之监督制度将需要相当时间始能组织就绪，并发生效力。因此，监督方案需分期实行。关于各该期之办法应于组织法中详细规定，否则亦应在组织法由规定各时期过渡之方式，有如联合国大会于创设本委员会之决议案内所拟议者。"由此可见，美国所强调的，是国际管制原子能必须分阶段实施。

　　苏联则认为，美国分阶段监督的建议，是以美国可能在一个长时期内不受国际监督的思想为基础的，美国的计划对于那些还没有达到第一阶段的国家没有提出相对的条件。这样，计划的第一阶段——这一阶段对于生产不发达的国家是有特别关系的——除了对美国以外，对任何国家都没有好处。不特如此，监督机构可以一直借口某些国家并没有履行他们对于实施该计划的第一阶段的义务而拒绝使该国进入次一阶段。苏联代表声称，所有上述的考虑都可用来说明美国计划的主要缺点，就是这种监督是片面的，实行起来对美国有利，而为所有其他国家完全不能接受的。因此，分阶段监督也和否定国家主权的原则、否定禁止原子武器与管制原子能公约的签字国平等的原则有关联的。因此，苏联既不能接受分阶段监督原则，也不接受限额原则，不能接受该两项原则占极重要地位的美国计划。

　　美苏计划第三个方面的分歧，是关于否决权的问题，即大国在原子能问题上有无行使否决权的权利。在《巴鲁克计划》递交原子能委员会之前，《艾奇逊—利连撒尔报告》就没有提及这一问题，《巴鲁克计划》增加了这一内容，并得到了杜鲁门的批准。巴鲁克在与杜鲁门的谈话时指出：必须做出一些规定对任何违反协定的国家进行惩罚，唯一有意义的惩罚是向他宣战；可是在联合国安理会，苏联可以否决任何关于宣战

<hr>

①　维辛斯基在联合国大会第三届会议关于禁止原子武器及裁减军备与武装部队问题的发言，1948 年 11 月 19 日；维辛斯基在联合国大会第四届会议的发言，1949 年 11 月 23 日，载《裁军问题文件选辑》，第 22—26、27—38、41—51 页。

的决定，所以，关于原子武器的协定特别要排除联合国在使用原子武器方面运用否决权。巴鲁克说得非常清楚，一个条约如果没有关于惩罚的规定，那就会是毫无用处的。1946 年 6 月 14 日，巴鲁克在原子能委员会中的发言中强调指出："我所希望努力表明的，即我现时对否决权一事之关切仅系就此项特殊问题而言。凡违反其所签订之神圣约章而发展或使用原子能于破坏之途者，绝不容其借否决权为护身符。"①

苏联认为，否决权是苏联对抗不友好的所谓多数国家的唯一合法保障。他们指出，废除否决权对于所谓多数国家的计划之所以成为必要有两点理由：这将使所谓多数国家也就是美国，永远控制原子能；并且由于把原子能管制机构放在安理会之上，这样就会损害并破坏后者的权利。因此，在联合国关于原子能国际管制的历次会议上，苏联都不遗余力地反对取消否决权的建议。1946 年 12 月 4 日，莫洛托夫在联合国大会第一届会议的发言中，着重提到了否决权问题，他说："只有在安理会达到一致协议，首先是五个常任理事国彼此间达到一致协议时，才可保证通过关于裁减军备的决议。毫无疑问，达到此种协议一举不只是某一个国家所需要，而是安理会全体以及其中所有五个常任理事国一致需要的。所以制定关于裁减军备的决议的时候，如果各大国彼此间尚未达到协议而安理会又尚未依据宪章条规采取相当决定，则大国中任何一国都可以在安理会中使用'否决权'。"莫洛托夫进一步指出："很明显的，安理会里采用一致原则当然是与各委员会本身的工作毫不相干的。所以，如果认定某一拥有'否决权'的国家仿佛能够阻碍监督及观察任务的执行，那是完全不正确的。监督委员会不是安理会，因此也就没有丝毫根据来断定说某个国家可能利用'否决权'去阻碍实现监督。一切企图阻挠按照安理会决议实现监督及视察任务的举动，都不过是违背安理会决议的举动而已。正因为如此，所以那些把'否决权'问题同监督与视察问题联系一起的论调，原是毫无根据的。"②

苏联认为，取消否决权与联合国宪章相矛盾，葛罗米柯在发言中指

---

① Truman, *Memoirs*, Volume Two, p. 10.

② 《莫洛托夫在联合国大会第一委员会关于普遍裁减军备及禁止原子武器的发言》，1949 年 9 月 23 日，载《裁军问题文件选辑》，第 16—19 页。

出："苏联代表团认为，只要有人对关于所谓否决权问题的不能接受的建议进行辩护，即不能对这个问题达成协议，因为这种建议是违反联合国的原则的。……苏联代表团认为这种决定应该严格根据我们的组织的基本原则而做出，而且这种决定应由对维持和平负有主要责任的机关及安理会做出。五大国一致原则本身对于原子能的有效监督并不是一种障碍，不管有人怎样努力证明不是这样的。"1949 年 9 月 23 日，维辛斯基在向联合国提交的《四大国要求巩固和平的条约》的声明（Four – Power Pact for Strengthening the Peace）中指出："苏联的每一个旨在保卫和平，消除战争威胁的建议，都遭到了来自帝国主义分子阵营及其追随者的敌视；但是，对和平的敌人来说，制造它们恶毒的阴谋诡计则越来越难了，苏联促进和平的政策受到了世界人民的热烈支持。和平的敌人把他们的主要希望寄托在原子弹上，他们打算依靠威胁和恫吓，实现他们狂热的世界霸权的计划，这就是为什么他们如此顽固地坚持反对禁止原子武器并歇斯底里地煽动战争。众所周知，尽管苏联掌握了原子武器，但它没有准备进攻美国；苏联在未来将一如既往，坚持并打算坚持其一贯传统，坚决主张无条件地禁止使用这一武器。"①

对苏联的上述提案，联合国原子能委员会的成员国美国、英国、法国和"中华民国"的代表在 1949 年 10 月 25 日向安理会提交一份关于谈判的报告，指责苏联在原子能谈判中的立场和观点。报告指出："苏联代表坚持签订两个独立的协议：一个是禁止方面的，另一个针对管制，两个应同时生效。其他代表则坚持认为，解决问题的重点在于建立有效的管制，这个管制必须包括一切大量而危险地使用核原料。按照他们的观点，苏联的建议不仅没有提供必要的安全，而且是如此之不完备并具有危险性；他们哄骗世界人民认为正在控制原子能，而事实上并非如此。另一方面，根据大多数成员国同意的计划，禁止使用原子武器不仅基于各国的保证，而且不允许列国掌握可以制造原子武器的原料；进而言之，苏联政府对时间选定的问题采取了不切实际的立场，对实行禁止和管制

---

① 《葛罗米柯在安理会讨论原子能委员会第一次报告时的发言》，1947 年 3 月 5 日；《维辛斯基在联合国大会第四届会议关于禁止原子武器及监督原子能问题的发言（摘要）》，1949 年 9 月 23 日，载《裁军问题文件选辑》，第 27—38、89—99 页。

的阶段亦复如此。"①

# 五 结论

原子能国际管制与战后许多国际问题一样，是影响战后美苏关系发展和冷战起源的重大事件。原子弹所具有的前所未有的威慑及毁灭性的强大力量，注定将成为战后大国制定和实施国家安全战略必不可少的武器。美国显然不会放弃其核垄断地位，而苏联势必加快拥有核武器的步伐。在这种背景下，国际管制体系的历史命运便不言而喻了。

苏联政府明显意识到原子武器对国家安全战略所产生的巨大影响，及其对外交战略的作用，因此发展核武器，是苏联战后政治和军事努力的重要组成部分。听到广岛被轰炸的 24 小时后，斯大林召见了苏联五位著名的核物理学家到克里姆林宫，命令他们不惜一切代价，在最短时间内赶上美国，整个研制工作由贝利亚（Lavrenty Beria）负责。英国驻苏大使克尔爵士（Sir Archibald Clark Kerr）也做出了同样的判断，他说：俄国人对投掷原子弹感到震惊，并陷入深深的不安全感之中；尽管莫洛托夫冒失地宣称原子威胁将不会起作用，然而俄国对纳粹德国的胜利以及拥有三百个师这一似乎无可匹敌的力量，转眼间被原子弹的威力化为乌有，而且，克里姆林宫对西方列强一直拒绝信任苏联感到失望和羞辱。②因此，苏联在这种考虑下，就必须尽可能早地生产出原子弹，以抵消美国所拥有的威慑力量。苏联很清楚，美国是不会放弃原子弹的。

从前述的美苏两国的具体分歧上看，有关选定国际管制的时间的问题，美国反对在严格的监督体制建立之前就销毁原子武器。安德森在为丘吉尔准备的参加波茨坦会议的文件中指出："美国不能设想没有严格检查的任何国际管制体制。他们怀疑，即便是苏联政府接受了，这种监察能否在俄国奏效，而且他们还怀疑，国会是否会同意在美国也实施这种严格的监察。"在 1946 年 7 月 10 日致巴鲁克的信中，杜鲁门明确指出："在任何情况下，我们都不应当扔掉我们的枪杆，除非我们能够肯定世界

---

① Feis, *From Trust to Terror*, p. 410.

② Kerr to Bevin, December 3, 1945, in *FRUS*, 1945, vol. II, pp. 82 – 83.

上其他国家都不能武装起来反对我们。"①因此，美国主张在管制体系建立之前，不禁止原子弹的生产与原子能的军事应用，从而体现了冷战时期美国原子能政策的领先原则，即始终保持美国对原子能军事应用的领先地位。这样即使是管制体系失败，苏联掌握了原子弹，美国仍能处于领先的优势地位。就美国提出的管制的广度与方式的建议而言，苏联显然不能接受，要独立发展原子弹，当然不允许外国的所谓监察。就否决权问题而言，一方面，只有美国拥有核武器，只有美国能够单方面惩罚违反协定的国家；另一方面，美国也担心苏联利用否决权，以利于苏联原子弹的制造。其实，美国也明白这条规定当然构成"对否决权一般理论的侵犯"，但事实上美国走的则是另外一条路。从苏联的立场来看，坚持否决权对其尽早生产出原子弹影响甚大，因为它明显知道自己在安理会处于少数地位，只有使用否决权去否决那些不利于自己的多数决议，同样也可以否决对西方国家有利的各种提议。双方在这个关键问题上的分歧是显而易见的。

　　奥本海姆参加审议《巴鲁克计划》时曾表示，美国计划的制定者应"论及如何使美国人民对于俄国的拒绝在思想上有所准备"；实际上，当宣布巴鲁克的任命时，奥本海姆就悲观地说："这一天，我放弃了希望。"1949 年 8 月 28 日，苏联成功试爆了代号为"俄国造一号"（RDS - 1，俄语 Rossiya delaet sama 首字母的缩写）的核装置后，主管原子弹研制的库尔恰托夫（Igor Kurchatov）说："苏联科学家知道，他们已为自己的国家造出了原子弹……他们已把这张王牌从美国原子政治家的手中拿掉了。"②

（本文作者系云南大学特聘教授）

---

①　Sherwin, *A World Destroyed*, p. 216; Truman, *Memoirs*, Volume Two, p. 11.

②　Abraham Pais, *J. Robert Oppenheimer: A Life* (New York: Oxford University Press, 2006), pp. 151 - 154; Feis, *From Trust to Terror*, p. 401; Thomas B. Cochran, Robert S. Norris, and Oleg A. Bukharin, *Making the Russian Bomb: From Stalin to Yelstin* (Boulder, San Francisco: Westview Press, 1995).

# 美国对华文化外交模式的嬗变
## （1949—1989）

### 张 杨

同美国官方文件中出现的大多概念一样，"文化外交"是一个内涵和外延都不断变化的词汇，有其时效性、语境性、多维性，极具张力并充满矛盾。2005 年，美国国务院的一份报告定义文化外交是公共外交的关键（Linchpin）。① 但事实上，文化外交的概念早于公共外交，后者于1965 年才正式提出，文化外交也有着超越公共外交之现实诉求的丰富的精神内涵。综合已有关于文化外交的各种阐释和解读，本文所述文化外交的主要特征包括：①官方特征。即便有私人组织或志愿组织参与其中，但其行动主体是官方机构，其活动亦是为了实现国家目标；②文化特征。以各种文化形式为载体或工具，如观念、艺术、学术、展览、语言、文学等（新闻广播媒体中涉及文化的内容有时也涵盖其中）；③大众特征。目标群体以目标国家的民众为主，不同时期目标群体的优先性有所不同。④沟通和交流特征。文化外交的本意是通过各种文化活动来增进相互信任和理解，提升美国的国家形象和美国在目标国家的影响力，促进目标国家和民众理解美国的外交政策，进而有助于美国的外交政策目标实现。②

① Report of the Advisory Committee on Cultural Diplomacy, U. S. Department of State, *Cultural Diplomacy: The Linchpin of Public Diplomacy*, Washington, D. C., September, 2005.

② Milton C. Cummings, Jr., *Cultural Diplomacy and the United States Government: A Survey*, Washington D. C.: Center for Arts and Culture, 2003.

美国私人组织和机构很早就实施了带着宗教色彩的对外文化活动，但官方发起的有组织的对外文化活动始于两次世界大战期间。1938 年，美国国务院设立文化关系处（Division of Cultural Relations），文化活动正式纳入外交政策的轨道。二战时期美国政府对文化资源的集中调配和有效使用，为冷战时期的文化外交实践积累了经验。经杜鲁门和艾森豪威尔两届政府，美国文化外交的组织化和制度化极大增强。尽管在文化项目实施过程中，各组织机构间的意见不一、纷争不断，文化外交的重要性仍然与日俱增。1961 年，美国国务院提高了负责国际教育和文化关系事务的助理国务卿的地位，文化活动正式成为政治、经济、军事之外美国外交的"第四维度"。①

中国一直是美国文化外交的重点目标国家。1941 年美国国务院于文化关系处内部设立中国项目分处，对中国的重视显而易见。整个二战期间，美国以增强中国士气、增进中美友谊和增加中国高知群体对美国思想之兴趣的文化活动从来没有中断过。② 1946 年美国启动富布赖特项目，中国是首批接受富布赖特项目的国家之一。③ 应该说，此时美国对中国抱着极大期待，希望通过交流活动来拉近两个历史文化迥异国家的距离，短期来看，可以巩固中美结盟关系；长期来看，可利用在中国的文化影响力来推进美国的经贸利益乃至全球战略。然而，1949 年中华人民共和国成立后，美国对华文化外交遭遇挫折，其后直到 1969—1979 年中美关系渐次恢复，1989 年双边关系再次发生逆转，美国对华文化外交经历了三个特征鲜明的阶段。下文将分别论述不同历史时期美国对华文化外交的动因、特征和路径，并试图解析美国对华文化外交的内在机理和政策内核。

---

① 1959 年，美国国务院下设教育与文化关系处（Bureau of Educational and Cultural Relations：CU）。1961 年首设负责教育和文化事务的助理国务卿（Assistant Secretary of State for Educational and Cultural Affairs）职位，第一任助理国务卿是菲利普·库姆斯（Philip Hall Coombs）。Philip H. Coombs, *The Fourth Dimension of Foreign Policy：Educational and Cultural Affairs*, New York and Evanston：Harper & Row, 1964.

② From the Acting Secretary of State（Welles）to the Ambassador in China（Gauss），Apr 9, 1942, *Foreign Relations of the United States：diplomatic papers*, 1942, China, pp. 708 – 709.

③ 1947 年 11 月，中美签署富布赖特教育交流协议，中国成为第一个同美方签订富布赖特教育交流合作项目的国家。

# 一　冷战模式：以中国为"潜在目标"的文化接触

一般认为，1949 年中华人民共和国成立，特别是朝鲜战争爆发后，中美之间的文化关系全面中断。著名学者孔华润（Warren I. Cohen）在谈到 1949—1971 年中美文化交流时，认为这一时期中国大陆清除了美国的影响，美国原本在华文化项目逐渐转移至中国香港和台湾地区，中美之间"完全失去文化联系"。他承认仅有的一种文化联系是 1952 年以后美国对中国研究（中国学）的急剧扩充；此外，20 世纪 60 年代中期以后，美国开始探索与中国大陆进行新的交流的可能性。[①] 换言之，在孔华润看来，这一时期中美之间的文化关系仅停留在学术研究和机会探索层面，没有实质性的接触。现实情况却是，中美之间的文化关系并未中断过，只不过，它是以一种特殊的方式——冷战模式呈现出来的。

"冷战"这一特定的外部条件使文化交流活动的政治性日渐加强，美国的对外教育和文化交流项目越来越同冷战政策目标紧密结合起来。1948 年美国国会通过《史密斯—蒙特法》，明确提出要"促进其他国家对美国的理解"，[②] 其不仅为长期的"交流项目"，也为长期的"信息项目"确立了合法性。1953 年斯大林去世，苏联新领导层提出要与世界上其他国家进行"自由的接触"，引发美国政治精英的恐慌。苏联的新政策被美国理解为"文化攻势"（Cultural Offensive），美国的"冷战斗士们"因此急切呼吁美国也要采取进攻性的文化政策。[③] "文化外交"一词越来越多地被人提及。它仍然强调人员交流，特别是科学界和知识界声名显赫人员的对外交流，但同时强调带有政治目的的文化素材的向外传播和输

---

[①]　Warren I. Cohen, "While China Faced East: Chinese – American Cultural Relations, 1949 – 71", in Joyce K. Kallgren and Denis Fred Simon, eds., *Educational Exchanges: Essays on the Sino – American Experience*, Berkeley: University of California, 1987, p. 44.

[②]　《史密斯—蒙特法》即《美国信息与教育交流法案》（the US Information and Educational Exchange Act）。

[③]　Jessica Gienow-Hecht, "Shame on US? Academics, Cultural Transfer, and the Cold War-a Critical Review," *Diplomatic History*, vol. 24, No. 3, Summer 2000.

出。① 此时，文化外交不仅是外交的新维度，也成为宣传的新维度。

　　在此背景下，美国对华文化外交亦呈现出鲜明的"冷战"特征。中华人民共和国成立初期，尽管中美两国外交上互不承认，美国仍然希望通过各种方式让中国大陆的人们听到美国的声音。朝鲜战争爆发后，美国教育和文化交流项目更加强调以实现美国对华政策目标为导向，致力于"利用所有印刷文字形式，通过广播，通过所有其他可能的传播方式，集合起全部的自由力量，筑起一堵防范红色侵略的围墙"。② 概括起来，这一时期美国对中国的文化交流主要有以下三种方式：

**第一种方式：利用直接的教育和文化交流来影响中国大陆以外地区华人**

　　1949 年以后，美国政府对中国的政权性质、对外政策、未来走向有一个持续的评估和判断过程。新中国成立后相当长时期内，美国对于中共政权能否稳定持久是存疑的。时任洛克菲勒基金会主席的迪安·腊斯克曾经说过："我们很多人都不相信中共政权能够长久"。③ 在美国情报部门的评估报告和国家安全委员会的内部讨论中，中国不过是同东欧卫星国类似的苏联在亚洲的卫星国。朝鲜战争结束后，1954 年颁布的美国远东政策文件仍有这样的判断，即尽管时间未知，但"中共政权迟早会走向解体"，因为"其政权中的僵化和动荡因素会时时制造危机"。④ 这种论断到 1957 年后才逐渐减弱，但直到 20 世纪 60 年代中期，仍有美国政治精英寄希望于中共政权倒台。

　　对中国政权稳定性判断的一个结果是，美国异常关注中国的"未来力量"，设想为中共政权倒台后的中国训练和准备一批领导力量，这样，"当自由回归（中国）时，他们会成为中国人可以依靠的力量"。⑤ 从这

---

①　Attachment #1, Cultural Exchange, CIA's Freedom of Information Act Electronic Reading Room (hereinafter cited as CIA FOIA), CIA – RDP78 – 03061A000200040004 – 3, p. 1.

②　Letter from Alan Valentine, President of CFA, to Mr. Arthur W. Page, Business Consultant, July 18, 1952, Prof. Richard H. Cummings personal collection.

③　"Group Seeks to Aid Chinese Scholars", *The New York Times*, Tuesday, April 29, 1952, in Dwight D. Eisenhower Presidential Library, White House Office, NSC Staff Papers, 1953 – 61, PSB Central Files Series, Box 11, Folder: Aid to Chinese Intellectuals (1).

④　NSC 5429/5, Current U. S. Policy Toward the Far East, Dec 22, 1954, *Digital National Security Archive (hereinafter cited as DNSA)*, PD00422, p. 1.

⑤　"Group Seeks to Aid Chinese Scholars", *The New York Times*, Tuesday, April 29, 1952.

样的政策考量出发，美国负责文化外交事务的机构把目标对准了三个群体：一是所谓"难民知识分子"群体，二是海外华人群体，三是在美学生群体。

1945年以后，由于中国内战和国内政治问题赴香港的大陆难民人数激增。美国驻香港总领事馆向美国政府汇报说，"共产党夺取大陆后不到两年间，约有7.1万中国难民涌入香港。"① 在这些难民中，2.5万人左右的中国知识分子（包括青年学生）格外引人注目，成为美国上自行政机构，下至私人志愿组织关注的焦点。② 除了美国政府直接援助外，③ 一些有着官方背景的私人组织在"巩固和加强反共文化事业"中起到重要作用。援助中国知识人士协会（ARCI）、"自由中国救助协会"和中国文化协会（CCA）就是这种教育援助与文化援助组织。从1951年到1958年，有大约46715位"难民"知识分子从中获益。④ 美国学者乔治·葛德石（George B. Cressey）认为，居住在香港的"中国大陆难民"对美国的外交至关重要。在葛德石看来，中国"最终将建成自己的民主"，而"这些难民将承担这个重任"，"许多难民是第三种力量"，而且"自由世界的思想可以通过香港传入中国"。⑤ 葛德石的想法并不孤立，美国媒体在谈到滞留香港的"大量不愿受共产党影响的青年学生"时，也称这些青年人"或许就是自由世界未来的领袖"。⑥

与救助难民知识分子的考虑类似，香港、台湾和东南亚数量庞大的

---

① PSB D-18a/5, Oct. 23, 1952, Annex A, Escapee Program Plans for the Far East, *Declassified Documents Reference System* (hereinafter cited as DDRS), Gale Group, Inc., CK3100069844.

② PSB D-18a/5, Oct. 23, 1952, Annex A, Escapee Program Plans for the Far East, DDRS, CK3100069844.

③ 如艾森豪威尔政府上台伊始就特别拨款25万美元"救助"这一中国知识分子群体。Memorandum for the President, Special Assistance for Chinese Refugees, Mar. 20, 1953, DDRS, CK3100325915.

④ Free China Relief Association and The Problem of the Chinese Refugees in Hong Kong, Compiled by Free China Relief Association, Dec. 5, 1958, Hoover Institution Archives, Walter H. Judd files, Box 85, Trips Middle & Far East (1959) / Hong Kong, 1958-1959, p. 7.

⑤ George B. Cressey, "Hong Kong, Beachhead for Democracy," *Far Eastern Survey*, vol. 20, No. 15, Aug. 22, 1951, pp. 153-155.

⑥ The "Invisible University", Our Newest Weapon Against Communism in Asia, Sunday Mirror Magazine, March 20, 1954, p. 4, Hoover Institution Archives, Asia Foundation Records, Box P-56, Folder: Hong Kong Organization, Mencius Educational Foundation General, 1951/54.

华人群体亦引发美国关注。一方面，海外华人本身就有强大的影响力；另一方面，东南亚华人学生惯例要回中国求学，或者寻找其他替代教育方式，必将成为文化和思想交通的有效载体。因此，华人项目是这一时期美国在亚洲各种文化项目的重中之重。以亚洲基金会为例，20 世纪 50 年代中期，亚洲基金会以台港和东南亚华人为目标的项目经费约为年度 65 万美元，其中香港华人项目占到 76%；而香港项目的全部经费预算约为年度 58.5 万美元，1954—1955 年达到 73.8 万美元，其中与华人有关的项目经费占 2/3 强。① 这些经费广泛用于图书与图书馆、学生宿舍、教师和学生交流、教科书、学科发展、学术会议、报纸杂志、区域交流等门类繁杂的项目，其潜在影响力难以估量。

由于中国内战和中美之间迅速发展起来的敌对状况，在美中国交流生处于异常尴尬的境地。1949 年年初，美国行政机构和国会就围绕在美中国留学生的继续资助问题展开争论。② 整个 20 世纪 50 年代，这些交流生的资助问题、就业问题和去留问题成为美国国务院内部争论的焦点。美国政府对这些在美学生的态度是矛盾的，既怀疑他们的政治立场，又想使其成为美国文化传统和价值观念的展示品。美国国会和行政机构先后通过一系列救助中国学生和学者的议案和项目。至于去留问题，在中美开始大使级会谈后，约五千名在美留学生和科学家中一部分选择了回国，有四千余位选择继续留在美国。③ 中美隔绝后，美国教育和文化交流项目的重点落在了我国台湾地区。美国对台教育交流项目最初的资助意图中，不乏培养人才，为未来"重返大陆"做准备的考虑。从 1951 年

---

① Chinese Program, FY 53/54, Hoover Institution Archives, Asia Foundation Records, Box P - 96, Folder: Overseas Chinese Administration, Budget 53/54, AP's Allocations; Monthly Report to the Board of Trustees, Mar. 12, 1958, Columbia University Archives, Central Files, Asia Foundation Files, 1954 - 1969, Box 590, pp. 37 - 39.

② Benjamin Fine, "US Grant to Ease Crisis for Foreign Students Asked," *New York Times*, Jan. 27, 1949, p. 1.

③ 赵绮娜：《冷战与难民援助：美国"援助中国知识人士协会"，1952 年至 1959 年》，《欧美研究》1997 年第 2 期，第 79 页；Zuoyue Wang, "The Cold War and the Reshaping of Transnational Science in China", in Naomi Oreskes and John Krige, eds. , *Science and Technology in the Global Cold War*, Cambridge, MA: MIT Press, 2014, p. 352。

起，美国国务院特别拨出款项，用于资助 300 位中国台湾学生到美国学习。① 随着中国政权的稳固，美台交流项目逐渐常态化，这些项目在很大程度上成为巩固结盟关系，提升"两国间友谊"的工具。无论如何，美国关注在中国香港、中国台湾、美国等地中国知识分子，争取他们对美国友好，源于他们"对反共事业有特殊的价值"。②

**第二种方式：挑战与应战的对抗模式**

1949—1969 年，中美处于尖锐对峙时期，美国甚至一度将中国视为比苏联更为"不理智"，更为危险的敌人。"敌对"成为美国对华政策的基石，美国对外教育和文化活动由此偏离了正常轨道。在美国文化外交相关政策文件和阐释文本中，"共产主义挑战"这一要素频繁出现，成为美国政府论证其"政治性"文化活动之合法性的主要证据。自 1955 年日内瓦会议后，美国对中国的担心主要是"中国对亚洲的经济、贸易和文化渗透"已经取得相当成功。③ 在美国看来，中国对东南亚的宣传主题主要是两个：一是共产主义是"未来潮流"（wave of the future）；二是中国正日益强大，对世界事务的影响力不断增强。此外，中国"正史无前例地渗透并控制着海外华人社区"。④ 为反击中国在亚洲影响力的扩张，美国展开了针对中国的间接文化冷战活动，并在这个过程中，与中国有着实质上的文化接触和碰撞。

这一时期，包括杜鲁门和艾森豪威尔总统在内，美国政府一直苦于没有办法"接触中国普通民众"，没有办法"影响中国人，使其反对共产

① Letter from Joseph T. S. Ku, The Standing Committee Member, Taiwan Reconstruction, Promotion Association, to O. Edmund Clubb, Chief, Chinese Affairs Division, Department of State, May 27, 1951, Gale Archives Unbound, Records of the Office of Chinese Affairs, 1945 – 1955 Collection, TITLE: 620. 1 US Aid to Academic Personnel.

② Memorandum, attached "Save China Bill (Proposal)" by Peter P. S. Ching, Gale Archives Unbound, Records of the Office of Chinese Affairs, 1945 – 1955 Collection, TITLE: 620. 1 US Aid to Academic Personnel.

③ A Plan for Sino-American Cooperation to Combat Communist Penetration in Asia, 1956, *U. S. Declassified Documents Online* (*hereinafter cited as USDDO*), CK2349035044.

④ The Overseas Chinese and U. S. Policy, Sep. 6, 1956, The National Archives II, RG 59, Records Relating to State Department Participation in the OCB and the NSC, 1947 – 1963, Box 17, Formosa 1956 – 1957, p. 8.

主义政府"。①盖源于此，美国在中国周边地区开展的以中国为目标的文化宣传活动，变得意义重大。20 世纪五六十年代，美国官方和私人机构深深卷入中国周边国家的教育和文化发展进程中。美国新闻处（USIS）和亚洲基金会扶植起大批反左翼文学刊物，并打造了亚洲出版社、自由出版社和友联出版社三个"反共文化事业团体"。②以知识分子和各界领袖为目标群体的《今日世界》半月刊，一年总发行量达到 15 万册，③是美新处借以歪曲中国形象的重要工具。为阻断海外华人与中国大陆的情感与文化联系，美国多个机构暗中插手港台和东南亚华文高等院校的筹建与发展，借宣扬传统中华文化思想来反衬共产主义思想的"离经叛道"。与此同时，美国一直利用学生交流项目、教育援助项目、教科书项目和文化中心等项目，同中国进行文化上的交锋。

美国教育和文化交流的主要目标群体是知识分子。20 世纪 60 年代，亚洲基金会资助了一系列知识分子论坛，用以实现以下目标：其一，激发华人知识分子对中国未来的兴趣与思考；其二，促进不同组织与个人间更为密切的合作；其三，帮助识别华人知识分子中的潜在领袖；其四，频繁举行华人知识分子与（各国）访问学者间的会议和论坛将鼓励思想交流。④ 一言以蔽之，类似学术交流的目的就是要"提醒华人知识分子对中国传统文化和中国未来的担忧"，⑤ 进而达到反击中国文化影响力的冷战目标。

**第三种方式：继续强化"美国叙事"和推广美国发展模式**

考察美国文化外交的历史会发现，它一以贯之的目标是推广美国民主价值观念，塑造一个自由、民主、和平的美国形象。冷战对于长时段美国文化外交的影响在于，"美国叙事"遇到了一个强有力的竞争对

① Discussion at the 193rd Meeting of the National Security Council, Apr. 13, 1954, DDRS, CK3100083821, p. 7.

② 陈正茂：《逝去的虹影：现代人物述评》，秀威资讯科技股份有限公司 2011 年版，第 209 页。

③ Recommended Change in USIS Hong Kong Magazine "World Today", The National Archives II, RG 84, Box 03, Entry UD 2689, Folder: World Today.

④ The Asia Foundation, PP-HK-25, Aug. 21, 1964, Hoover Institution Archives, Asia Foundation Records, Box P-266, Folder: General Intellectuals, 7/62.

⑤ The Asia Foundation, PP-HK-25, Aug. 21, 1964.

手，其同样积极向外传播一种特定的生活方式和意识形态，从而对美国构成了挑战。随着战后美国力量投射能力的增强，处于冷战对抗中的美国不仅强化了"美国叙事"，而且针对新兴国家增加了新的内容。简言之，新的"美国叙事"强调：决定世界未来的是"道路选择"，美国式民主和发展道路能够满足大多数国家的需求，因此，美国的政策目标是帮助他国民众改造各自国家的前景，打造既能满足民众需求，又能在国际体系中履行责任的民主有效的国家。如果说从冷战对抗角度出发，美国实施的教育和文化交流项目可以看作是被动应战，那么从美国文化外交的传统使命出发，"冷战斗士们"要求美国要主动出击。盖源于此，福特基金会在一份重要的报告——《盖瑟报告》——中明确提出：迄今为止美国的行动完全基于对共产主义的恐惧，对专制主义策略的回应，或者基于为避免战争而对紧急事件的因应，所有这些都是防御性的、消极的……美国应当采取进攻性的、积极的行动来反击共产主义。①

这一时期美国对华文化外交亦没有脱离既有轨迹。早在二战时期，著名的中国学专家费正清就极力主张美国必须关注和救助战争中的中国知识分子，因为"这些曾在美国接受训练的中国知识分子，其思想、言行、讲学都采取与我们一致的方式和内容，他们构成了一项可触知的美国在华权益"。②费正清很明智地认识到中国人和美国人总是有差异的，不可能想法完全一致。但他还是坚持中美必须有一个占优势地位的共同理想，应当努力地使美国的价值准则占有优势。或者按一些传教士和美国外交人员的想法，应当尽量使"中国人"和美国人更加相像，进而纳入美国的思想体系中。③二战结束以后，世界进入两大阵营对峙的冷战格局，美国将自己定位为"自由世界的领导者"，④ 决心"不惜任何代价加强自

---

① H. Rowan Gaither, Jr., *Report of the Study for the Ford Foundation on Policy and Program*, Detroit, MI: The Ford Foundation, Nov., 1949.

② ［美］费正清：《费正清对华回忆录》，陆惠勒等译，章克生校，知识出版社1991年版，第223—224、275、281—282页。

③ ［美］费正清：《费正清对华回忆录》，陆惠勒等译，章克生校，第130页。

④ 美国官方文件一再确认"世态的发展已经将美国推上'世界领袖'的位置"。Development of a Policy for Dealing with Moral and Spiritual Factors and Materials in the United States Information and Education (USIE) Program, Jun. 22, 1951, DDRS, CK3100210894.

由人民的力量"……向共产主义国家和欠发达地区的人民输出"知识、指导和资本"。① 美国对华文化外交也在事实上成为美国不断证明自己是"自由世界领袖",不断以各种方式曲折呈现美国价值观念和发展理念的历程。

　　跳出冷战视角,从进攻性文化政策出发,美国针对中国的文化活动就有了新的阐释空间。例如在解读中国在亚洲的影响时,有学者表示,破坏亚洲经济和社会稳定的根源不是中国共产主义,而是中国力量的增强,即"尽管共产主义力量在亚洲的扩张强化了这一问题(经济和社会动荡),但其根源并非共产主义"。②换言之,美国在亚洲的活动重点不应当是反共产主义,而是要推行现代化。从这一假设出发,20世纪60年代美国文化活动的重点是打着"反共产主义"的旗号来推销"现代化",通过鼓励机制建设,更新教育和学术观念,增强公众对发展进程的参与,不遗余力地将现代化纳入亚洲国家(地区)的发展日程和话语体系中。③1965年,亚洲基金会得到的政策指南是"通过帮助亚洲个人和机构加强其各自国家的社会和机制来实现美国的政策目标"。④ 更具体来说,这一时期美国在亚洲的文化活动致力于:①提升新兴国家的人力资源。新兴国家经济增长和社会进步的前提是人力资源的提升。……如果没有教育上的大力投入,社会和政治改革亦不可能走得太远。⑤ ②重点帮助亚洲国家建设高等院校。"在一些具有战略地位或潜力较大的发展中国家建设大

---

① H. Rowan Gaither, Jr., *Report of the Study for the Ford Foundation on Policy and Program.*

② Tom Wicker, "Experts on China Urge U. S. to Seek a Peking Accord", *The New York Times*, Mar. 12, 1966.

③ "Major Directions and Fields of Interest of the Asia Foundation's Proposed program for 1968 – 69", Columbia University Archives, Central Files, Asia Foundation Files, 1954 – 1969, Box 590.

④ 反共仍然是美国官私组织在亚洲从事文化活动的优先目标,如20世纪60年代中期亚洲基金会设定的优先目标有:①反击共产主义的号召力;②促进亚洲与美国及西方的联系;③扭转极端民族主义倾向;④消除不负责任的中立主义和不结盟主义;⑤反复灌输(inculcate)自由和民主的观念。Renewal of Project DTPILLAR Approved for FY 1966, Nov. 12, 1965, Annex: "Request for CA Project Renewal", CIA FOIA, Collection: Nazi War Crimes Disclosure Act, vol. 3, 0014, p. 2.

⑤ Philip H. Coombs, *The Fourth Dimension of Foreign Policy: Educational and Cultural Affairs*, p. 45.

学……（希望）能够有助于推动一大批学者成为国家发展的重要资源"。① ③引入具有"现代性"的新兴学科。法律、新闻、大众传媒、政治学、社会学这些学科得到重点推介。美国机构甚至试图改造亚洲传统文化和佛教教育，帮助其实现带有现代意义的转变。② 所有这些活动都旨在强化"美国叙事"，向发展中国家推介迥异于共产主义的现代化发展模式。后面会提到，这些活动对中国产生了或直接或间接的影响。

## 二　大众交流模式：中美双边关系的润滑剂

从 1969 年到 1979 年，中美关系处于一个极为特殊的时期，即从中美缓和到中美建交的中间过渡期。这一时期，美国文化官员和私人机构带着复杂的心态来看待中国，既兴奋异常地期待同中国全面恢复文化交流关系，又对中国的教育制度和政治文化抱持警惕甚至敌意。但总体来看，除了少数政治精英有复杂的政治和利益考量，大多美国精英和民众逐渐认同中美缓和关系，将其视为"引导中国与世界进行文明（理性）对话的良好时机"。③ 另外，经过 20 余年的隔绝中国向美国"半敞开"大门，美国上自政府下到民众对中国充满了好奇，"'华盛顿—北京缓和'引发了广泛的学术兴趣和商业兴趣。"④

要了解这一时期美国对华文化外交，有一个背景还需补述一下。前面说过，美国文化外交的确立要追溯到 20 世纪 30 年代，其后不久战争爆

---

① Landrum R. Bolling, *Private Foreign Aid: U. S Philanthropy for Relief and Development*, Boulder, Colo. : Westview Press, 1982, pp. 61 – 62.

② Haydn Williams, President, "Monthly Report to the Board of Trustees", Jun. 1965, Columbia University Archives, Central Files, Asia Foundation Files, 1954 – 1969, Box 590; "Renewal of Project DTPILLAR Approved for FY 1962", Dec. 1, 1961, "Request for Project Renewal", CIA FOIA, Collection: Nazi War Crimes Disclosure Act, vol. 3, 0031.

③ Background Briefing by Dr. Henry Kissinger at the White House, Jul. 16, 1971, USDDO, CK2349565332, p. 4.

④ Pardee Lowe, "Prospects for Chinese and East Asian Studies in American Institutions of Higher Learning", Hoover Institution Archive, Pardee Lowe Papers, Box 232, Folder: Prospects for Chinese and East Asian Studies in American Institutions of Higher Learning, Dec. 9, 1974, p. 1.

发。二战结束后，美国又迅速进入冷战对抗状态，决心使用"除战争以外的一切手段"来反击共产主义。① 冷战这种"亚战争"状态，便于美国政府进行社会动员并对国家安全资源进行相当程度的综合计划运用。美国官方文件一直将冷战界定为"一种持续的国际紧张状态"，规定美国将应用除了公开武装冲突以外的"一切政治、经济、技术、社会科学、心理、准军事手段来实现国家目标"。②

对美国文化外交来说，冷战这个外部条件是一把"双刃剑"。从有利的方面来说，文化外交从未引发如此密切的官私合作，从未得到如此多的关注和资助。无论是杜鲁门政府的"真相战役"（campaign of truth），还是艾森豪威尔政府的"人民外交"（People-to-people program）都强调将"真相"传递给他国民众的重要性，强调"在这场敌对生活方式之间展开的宏大斗争中，我们美国的意识形态若要取得最终胜利，就必须得到成千上万独立的私人组织和团体，以及美国公民个人的积极支持，通过你们与国外公民间的联络（来传递我们的思想）"。③从不利的方面来说，美国文化活动从一开始就脱离了"文化外交"这个规定框架和"促进相互理解"这个正常功能，在很大程度上成为美国心理战和宣传的一部分，成了美国冷战对抗的工具。从20世纪60年代中期起，随着美国国际形象的下降和全社会反思浪潮的到来，美国文化事务官员对文化外交的政治化进行了反思和抨击。国务院负责教育和文化事务的助理国务卿菲利普·库姆斯认为，"真相战役"本意是要向其他国家人民传递一个有关美国的"全面而公正的形象"，结果变成了一场侵略性的、猛烈的，时

① Milton J. Rosenberg, "The Decline and Rise of the Cold War Consensus," *The Bulletin of the Atomic Scientists*, vol. 37, No. 3, Mar., 1981; Jack L. Snyder, *Myths of Empire: Domestic Politics and International Ambition*, Ithaca, NY: Cornell University Press, 1993, p. 255; Leslie Brown, Jacqueline Castledine and Anne Valk, eds., *U. S. Women's History: Untangling the Threads of Sisterhood*, New Brunswick, New Jersey, and London: Rutgers University Press, 2017, pp. 84 – 85.

② Glossary of Counterinsurgency Terms, May. 19, 1962, CIA Records Search Tool, at NARA II in College Park, Maryland (hereinafter cited as CIA – CREST), CIA – RDP80B01676R003000050019 – 6.

③ Harry S. Truman, Address on Foreign Policy at a Luncheon of the American Society of Newspaper Editors, Apr. 20, 1950, Public Papers of Harry S. Truman, 1945 – 1953, available at https: // www. trumanlibrary. org/publicpapers/index. php? pid = 715; James Hagerty, "Press Secretary to the President," May 31, 1956, Dwight D. Eisenhower Library, available at http: //www. eisenhower. archives. gov/research/online_ documents/people_ to_ people/BinderV. pdf.

而刺耳的反共产主义运动。美国的海外图书馆被重新命名为"信息中心","政治上有效的"图书翻译激增,具有"战略重要性的"目标群体上升为优先地位。教育交流项目越来越成为信息项目(宣传)的"仆从"(handmaiden)。奖学金和交流项目都向能够"快速见效"的项目倾斜。① 库姆斯主张美国负责对外事务的机构应当各司其职。对外技术援助原本是教育交流的一部分,但技术合作署(TCA)成立后,两者逐渐分道扬镳。对外援助机构重新确认自己的目标是"帮助其他国家发展其本土力量";美国新闻署认为自己的使命是"改善美国的海外形象";而教育和文化交流则要促进国家间的相互理解。② 尽管这些职能不可能截然分开,并且美国政府内部还有一种很强的声音要求整合资源,尽量用同类项目实现多重政策目标,但无论如何,美国教育和文化交流有其独立和独特的使命,这一点是毋庸置疑的。

谁都未曾料到,中美之间最为成功的一次文化外交活动是由中国发起的,即乒乓外交。由于中美之间的长期敌对,20 世纪 60 年代中后期,当美国试图开启缓和关系的通道时,却无从着手。1966 年起,美国政府取消了到中国旅行的限制,美籍华人作曲家周文中成为第一个申请护照并尝试申请赴华旅行签证的美国人,可惜未能成行。③ 尼克松就职后,立刻展开所谓"微笑外交"和一系列的试探行动,④ 但直到中国向美国乒乓球队发起访华邀请,双边关系才有了实质性的进展。乒乓外交之所以重要,原因正如基辛格所说,中美之间太久没有交往,以致不知道如何接触,从什么问题着手。乒乓外交事实上表明了中美双方总体上的缓和态度,双方都期待进入务实的协商阶段;乒乓外交还营造了一种良好的氛围,培育一种仍然相当脆弱的对话基础;⑤ 更重要的是,它是一种公开宣告,具有(双边友好的)象征意义。1971 年 4 月美国乒乓球队在中国获

---

① Philip, H. Coombs, *The Fourth Dimension of Foreign Policy*: *Educational and Cultural Affairs*, pp. 32 – 33.

② Ibid. , p. 37.

③ Peter, M. Chang, *Chou Wen-Chung*: *The Life and Work of a Contemporary Chinese-born American Composer*, Lanham, Maryland: The Scarecrow Press, Inc. , 2006, p. 40.

④ Ping-Pong Diplomacy, *The New York Times*, Apr. 10, 1971, p. 22.

⑤ Background Briefing by Dr. Henry Kissinger at the White House, Jul. 16, 1971, USDDO, CK2349565332, p. 5.

得"极其热情的"接待，并得到周恩来总理的亲自接见，一时成为美国媒体的报端新闻。[1]

中美缓和初期，双边关系仍然脆弱，带有政治性的文化活动只会让中国反感。因此，1969—1979 年中美之间的文化交往以官方背景下的"人民外交"为主，真正还原了文化外交的本色，即促进双方的相互理解和信任。体育外交后，美中之间陆续展开了艺术交往和学术互访。1972年 12 月周文中的中国行最终实现。1977 年他再次赴华，与吴作人和杨荫浏（Yang Yinliu）等会谈，确定了非政府层面的音乐交流事宜。1978 年10 月，周在哥伦比亚大学成立了"美中艺术交流中心"（Center for U. S.–China Arts Exchange at Columbia University），致力于促进美中文化相互理解。通过这个非官方渠道，知名的美国艺术家和社会精英如艾萨克·斯特恩（Isaac Stern）、阿瑟·米勒（Arthur Miller）、斯凯勒·蔡平（Schuyler Chapin）、马丁·西格尔（Martin Segal）等访问了中国。[2] 这一时期美中之间的学术交流异常频繁，美国代表团规模庞大，到访中国的学者数量尤其多。[3] 美国的中国学专家，如费正清、鲍大可、施乐伯、艾克斯坦等，都利用这个缓和时机访问了中国。

然而，1972 年尼克松访华后，美中关系正常化的步调非常缓慢。由于政治上的许多问题短期内难以实现突破，美国官员更加关注文化外交，做出种种努力来增加访华的人员数量，并试图打破中方的官僚掣肘，开辟更多的交流渠道。[4] 其时，对多数美国人来说，所谓的教育交流和文化

---

[1] Memorandum for Dr. Kissinger, From Situation Room, "Evening Notes", Apr. 12, 1971, USDDO, CK2349561899, p. 2.

[2] Peter M. Chang, *Chou Wen-Chung: The Life and Work of a Contemporary Chinese-born American Composer*, p. 40.

[3] Mary Brown Bullock, "Scholarly Exchange and American China Studies", in David L. Shambaugh, ed., *American Studies of Contemporary China*, New York: Routledge, 2015.

[4] 其时，中美文化交流中的官方活动都要经过中国文化部（Ministry of Culture），而私人组织活动则要通过中国人民对外友好协会（The Chinese People's Association for Friendship with Foreign Countries）。美国苦于无法避开两国文化交流中的官方因素，曾想通过诸如周文中这样的民间渠道进行交流。USICA, Implementation of the Cultural Agreement with the PRC, Mar. 29, 1979, The U. S. National Archives and Records Administration, Access to Archival Databases (hereinafter cited as AAD), Doc no. 1979BEIJIN01726, available at https://aad.archives.gov/aad/createpdf? rid = 207806&dt = 2776&dl = 2169.

交流，归根结底是美国影响中国，而非相互影响。美国教师联合工会（American Federation of Teachers，AFL-CIO）主席艾伯特·尚克尔（Albert Shanker）与美国卫生、教育、福利部（Department of Health，Education and Welfare）负责教育事务的副部长玛丽·贝莉（Mary Berry）之间的通信非常能够说明问题。玛丽·贝莉在访问中国回来后发表了演说。她认为价值观是可以有差异的，不应强求一致，甚至认为中国的教育制度也并非完全无可取之处。玛丽·贝莉的言论遭到尚克尔的激烈攻击。后者指称中国的教育哲学是"自由世界的诅咒"，并引述杜威的话说，"民主内在于教育，教育是为了民主。"[1]

直到 1977 年，中美之间的人员交流才真正形成一定规模。当年一次重要访问中，参访人员有来自洛克菲勒家族的小戴维·洛克菲勒（David Rockefeller，Jr.）、洛克菲勒三世基金会顾问波特·麦克威尔（Porter McKeever）、亨利·卢斯基金会（Henry Luce Foundation）主席玛莎·华勒斯（Martha Wallace）、洛克菲勒兄弟基金会副主席小拉塞尔·菲利普斯（Russell Phillips，Jr.）和福特基金会的杰克·布鲁斯南（Jack Bresnan）。[2] 这些人及其背后的组织后来促成了中美间文化交往的一个高峰期。1978 年中美签署《教育交流谅解备忘录》，成为中美关系的一个重要转折点。在美国看来，这意味着美国愿意为中国的现代化努力提供帮助，而中国则承认与美国建立更密切关系的必要性。[3] 同 1975 年《赫尔辛基协定》中的"一揽子"协议类似，《教育交流谅解备忘录》也是美国与中国调整关系过程中"一揽子""联系"政策的结果。无论如何，美国"直接接触并影响普通中国民众"的愿望初步实现了。

---

① Letter from Albert Shanker to Mary Berry, Nov. 28, 1977, Hoover Institution Archives, Sidney Hook, Box 51, Folder: Communism-China, 118. 7.

② Peter M. Chang, *Chou Wen-Chung: The Life and Work of a Contemporary Chinese-born American Composer*, p. 162, p. 174.

③ Edwin J. Feulner, Jr., *United States Public Diplomacy in China*, a Report of the United States Advisory Commission on Public Diplomacy, Dec. 1989, available at https: //www. state. gov/pdcommission/reports/175771. htm, p. 12.

# 三　文化帝国主义模式：全球化
背景下的美国对华文化外交

1979 年中美建交后，两国关系相对平稳，总体运行顺畅，两国交往的外部环境却异常复杂。一方面，自里根就职后，美苏之间进入"新冷战"时期，为了避免中国"重回苏联集团的轨道"，美国对华经贸政策比较宽松，技术援助规模较大，但与此同时，对于推动中国"制度改变"格外积极且抱有不切实际的期待；另一方面，中国实行改革开放后，立刻卷入全球化的浪潮，美国则借助在既有国际格局中的优势地位，多方参与新形势下中国的经济、社会和文化发展。长久以来美国欲改造中国社会的强烈愿望，加上中国积极融入世界的对外政策，使 1979—1989 年美国政府资助的对华学术和文化交流项目急剧增长。无论是从政策意图还是从具体项目来看，美国在事实上实施了带有文化帝国主义特征的对华文化政策。

这一时期，包括我国台湾在内诸多问题使中美关系仍有波折和矛盾，但美国政府内部对中国未来发展前景的评价是非常积极的。1979 年和 20 世纪 80 年代初的评估报告都认为：西方全面参与到中国经济发展中去，将使中国扮演其领导人和西方领导人都愿看到的更有建设性的角色。随着中国与西方建立起经济、技术、文化和贸易方面的全方位联系，可以期待中国会与西方紧密联结在一起。[1] 此外，评估认为中国领导层已经认识到：中国的现代化、西方技术的获取和出口的增加将在很大程度上取决于中国能否更多了解美国，以及学会一个现代工业民主社会是如何运行的。美国两党一致认为中国是亚洲的稳定力量，是美国商品的潜在市场，是对美国利益愈益重要的大国。[2] 总之，中国的改革开放使美国政治精英重新升腾起一种希望，即中国是可以被改造的，通过文化交往和经

---

[1]　"U. S. Discussion Paper for APAG 79: Diffusion of Power Ⅱ", Sep. 13, 1979, The U. S. National Archives and Records Administration, AAD, Doc no. 1979STATE240624, available at https: //aad. archives. gov/aad/createpdf? rid = 318099&dt = 2776&dl = 2169, p. 15.

[2]　Edwin J. Feulner, Jr., *United States Public Diplomacy in China*, *a Report of the United States Advisory Commission on Public Diplomacy*, Dec. 1989, p. 5.

济往来，中国将逐渐融入世界，并最终被改造成美国理想中的样子。

1984 年里根政府颁布的第 140 号国家安全决策备忘录（NSDD 140），集中表达了这种冀望。在谈到美国对华政策时，文件确认有三大目标：其一，使中国继续独立于苏联轨道；其二，鼓励中国修正"集权制度"的努力，在其经济中引入激励机制和市场力量，继续扩大与主要工业化民主国家间的联系；其三，在上述两个目标实现的前提下，基于一个强大、安全和稳定的中国是亚洲与世界的和平力量，帮助中国建设现代化。① 抛开第一个目标不谈，备忘录清楚表明，美国接受一个强大的现代化中国的前提条件是中国要实现制度变革和市场经济。其后美国推行的对华政策，特别是文化外交政策正是遵循这一方向。

这一时期，美国对外文化交流的机制也发生重大变化。1978 年卡特总统指令成立国际交流署（International Communication Agency），将美国新闻署的对外信息功能与美国国务院的教育文化交流功能合并在一起，统称"公共外交"。国际交流署的成立宣告美国文化官员关于将信息、援助和文化项目进行功能区分的主张，归于失败。卡特宣布国际交流署的目标是通过持续的大众传播过程"更好地获得国际理解，并为美国外交政策实施营造一个（良好的）世界环境"。他还特别提到国际交流署的两个使命：其一，"向全世界讲述美国的社会与政策——特别是我们对文化多元和个人自由的承诺"；其二，向美国人讲述世界，既要丰富美国自身文化，也要加深美国人对国际事务的理解。② 1982 年，里根总统将国际交流署重新更名为美国新闻署，并将"公共外交"的职能分配给国家安全委员会、美国国务院、美国新闻署、美国国际开发署（USAID）和国防部。在很大程度上，美国文化外交政策中促进相互理解的功能被大大削弱了。

---

① National Security Decision Directive 140, The President's Visit to the People's Republic of China, Apr. 21, 1984, Federation of Atomic Scientists (hereinafter cited as FAS), available at https：//fas. org/irp/offdocs/nsdd/nsdd – 140. pdf.

② Milton C. Cummings, Jr., *Cultural Diplomacy and the United States Government：A Survey*, p. 10; Frank C. Conahan, *U. S. International Communication Agency's Overseas Programs：Some More Useful Than Others*, U. S. General Accounting Office, Feb. 11, 1982, ID – 82 – 1, available at https：//www. gao. gov/products/ID – 82 – 1, p. 2.

里根政府有关"公共外交"的国家安全决策备忘录（NSDD 77）表明，文化活动和信息活动都是实现政治目标的工具。美国公共外交政策的两大目标：一是通过"真相计划"（Project Truth）来继续遏制和击败苏联；二是通过包括文化交流在内的一切方式来促进各国民主机制和实践。① 1983 年美国全国民主基金会（National Endowment for Democracy）的成立是这一政策实践的结果。美国以调整国家间权力结构和国际秩序为目标的文化扩张主义，到里根政府时期已经变得非常公开化。在对华文化外交方面，为推进第 140 号国家安全决策备忘录中提出的三大对华政策目标，里根政府针对中国重点实施的文化活动包括：①通过发展中美领袖间的紧密联系，通过电视、广播和媒体与中国人民直接对话，来提升中国人对美国的理解，向中国人民直接传递美国友好的信息。②扩大已有的规模较大的学生交流项目，寻求改善美国学者在中国查找研究资料的可能性，使美国学者享有同中国学者在美享有的资料获取权。③在文化领域（包括体育和艺术）鼓励人民间的交流（people-to-people exchanges）。②

在上述背景下美国开展的对华文化活动有着很强的单向输出和文化控制特征。20 世纪 70 年代末期，当美国文化官员刚被允许在中国开展活动时，他们惊觉美国对华文化外交已经远远落后于政策预期。于是，项目实施者将目标群体锁定在了"增殖者"（multipliers），即拥有巨大社会影响力并有可能成为"制度修正力量"的那部分社会群体——知识分子、专业精英、舆论领袖和青年学生。曾任美国驻华文化参赞的沃尔顿·巴特沃思说过，"我们必须鼓励和支持同美国民主意识形态最接近的中国人群体"，教育机会将使其偏好自己学习的国家，并期望中国深化与美国之间的关系，最终促使他们成为"中国制度的修正力量"。③

中美文化活动中最先恢复的是高级访问学者项目——富布赖特项目。它是迄今为止美国在中国最为成功的文化项目之一。十年间，参与富布

---

① Management of Public Diplomacy Relative to National Security (NSC – NSDD – 77), Jan. 14, 1983, FAS, available at https://fas.org/irp/offdocs/nsdd/23 – 1966t.gif.

② National Security Decision Directive 140, The President's Visit to the People's Republic of China, Apr. 21, 1984.

③ 胡文涛：《解读文化外交：一种学理分析》，《外交评论》2007 年第 3 期。

赖特项目的学者绝对数量虽然不多，但其对中国知识界的影响力不容小觑。正是这些富布赖特学者帮助中国主要大学创建了美国研究中心，将美国有关历史、法律、经济、政治科学、社会学、管理、传媒、图书馆学和艺术的观念传入中国。① 美国新闻署规模最大的对华交流项目是国际访问项目（International Visitor program），致力于"将中国未来领袖带到美国"。除此之外，还有各种人员交流项目、校际合作项目和外国专家项目。1979—1987 年，约有 5.6 万名中国学生去美国学习，1989 年仍在美国学习的有 3 万人。同时有大约 1.4 万中国高访学者和研究者在美国。有数百所大学与美国大学建立起校际联系。1988—1989 年，有超过 1000 位美国"外国专家"在中国教授英语。②

美国国际开发署的对华文化活动不受外界关注。事实上，在 1961 年《美国对外援助法》授权下，国际开发署拥有一个最为长期的海外项目——美国海外学校和医院（American Schools and Hospitals Abroad：ASHA）项目。该项目向美国以外的学校、图书馆和医疗中心提供援助，借助这些中心展示美国的思想和实践；帮助这些机构训练外国各个领域的未来领导者。③ 在美国海外学校和医院项目支持下，中国多所高校建立起美国研究中心，最为知名者如"南京大学—约翰斯·霍普金斯大学中美文化研究中心"（简称南大中美中心）。曾在南大中美中心担任美方主任的傅瑞珍（Carla Freeman）博士认为，中心对于传播美国的思想和观念十分重要：通过美国教师和不必经过审查的图书馆服务，中心能够向居住在中国的学生提供美式教育，向其展示美国民主实践、价值观和思想。这些中国学生正是中国未来在商业、政治和教育领域的领导者。美国教师们与中国学生不断开展思想交流，塑造其有关美国、世界和中美关系的思想。许多中心学生向教授表示，这些交流通过向其引入新的思考方法极大地冲击了他们，并直接影响了他们的世界观。与此同时，中

---

① Edwin J. Feulner, Jr., *United States Public Diplomacy in China*, *a Report of the United States Advisory Commission on Public Diplomacy*, Dec. 1989, p. 13.

② Ibid., p. 12.

③ USAID/ASHA, American Schools and Hospitals Abroad, available at https：//www.usaid.gov/work－usaid/business－funding/grant－programs/american－schools－and－hospitals－abroad.

心可以用美式学术研究来影响中国学者和学术领袖。①

应当承认的是，处于现代化探索时期的中国不仅需要美国的商品和资本，也需要具有现代性的思想和意识，这是 20 世纪 80 年代中国向西方敞开大门的原因。1978 年，中国政府停止了对美国之音（VOA）的信号干扰。其时，美国之音的听众主要是中国的政治领袖、媒体精英、知识分子和青年人。美国公共外交顾问委员会后来评价说：美国之音"向上百万中国人提供准确信息"，成为美中人民间最有力、直接和有效的交流工具。② 美国新闻署在中国大型城市举办讲座项目和电影项目；资助美国学者讲授西方艺术、音乐和文学；此外，图书和杂志项目、电视和其他传媒活动都异常繁荣。③总之，1979—1989 年美国对华文化活动以单向输出为主，多数活动颇受欢迎，得到积极响应。对于这一时期美国对华文化外交的成果，美国自我评价是："公共外交活动和教育交流项目在中国现代化进程中扮演了关键的角色。"④

## 四 美国对华文化外交的内在逻辑与得失评价

文化外交研究中有一个永恒争议的话题：即文化项目是一种开启"大众交流渠道"，防止冲突，协商各国利益的方式；还是纯粹的宣传，是在一个存在无法调和的国家利益冲突的世界中实现国家政策的手段。⑤再进一步论及美国文化外交，也有一个"大争论"（Grand Debate）问题：即美国的目标是要促进国际和平与合作，还是劝说世界接受美国的领导

---

① Carla Freeman, "Written Testimony Submitted by the Hopkins-Nanjing Center, Johns Hopkins University, Fiscal Year 2012," State, Foreign Operations and Related Programs Appropriations for 2012: Hearing before a Subcommittee of the Committee on Appropriation on State Foreign Operations, and Related Programs, 112ᵗʰ Congress, 1ˢᵗ Sess, Apr. 14, 2011.

② Edwin J. Feulner, Jr. , *United States Public Diplomacy in China*, *a Report of the United States Advisory Commission on Public Diplomacy*, Dec. 1989, pp. 3 - 4, p. 7.

③ Ibid. , p. 6.

④ Ibid. , pp. 3 - 4.

⑤ Frank A. Ninkovich, *The Diplomacy of Ideas*: *U. S. Foreign Policy and Cultural Relations*, 1938 - 1950, Cambridge, N Y: Cambridge University Press, 1981, p. 23.

(霸权)?① 回顾美国对华文化外交的历程，可以很清楚地看到，美国对华文化活动有促进相互理解和信息沟通的功能在里面，但其根本目的还是要借助文化活动，推进其外交政策进程，以及推动所谓"美国叙事"的广泛接受。美国文化外交的根本逻辑没有改变，变量仅在于"美国叙事"内容的应时变化，目标国家或目标群体的接纳程度以及美国外交事务相关人员在短期目标和长期目标上的策略纠结。

### （一）美国对华文化外交中的衡量与变量

追溯美国对华文化外交的历史，自1941年起，美国对华援助就包括了数量不菲的"文化援助"项目，如科学技术、社会、教育、工业等。其时美国对华政策的核心目标是要使中国在抗日战场坚持下去，因此并不讳言文化项目的主要目的是为鼓舞中国人的抗日士气，"有助于中国的战争努力"。美国对华政策的第二重目的则是，以美国的经验来提升中国人生活水平，改善农村人的生活条件，发展中国的教育、社会和管理计划。② 应该说，战时是一个特殊时期，美国的官方项目还是以实现迫切的战时任务为主。二战结束后，中国几乎立刻陷入内战的乱局中，美国对华文化项目并未来得及转向和平时期的战略调整。即便如此，向中国传递"美国经验"也是美国对华政策不可分割的一部分。1949年以前，美国在中国的文化活动已经形成一定规模，其输出美国文化和价值观的倾向非常明显。以至于有学者评价这些在华项目时，称其为"特洛伊木马"：它们由帝国主义目标所引导，"更加关心培植一个精英专业阶层以便实施美国的文化和技术转移，而非要真正满足该国的需求……它们为美国进入市场和获取原材料提供了通道。"③

---

① 另一种说法是：美国是否文化帝国主义？他们是否试图用美国的消费文化和政治文化来征服和腐化世界的其他地区？Jessica Gienow-Hecht, "Shame on US? Academics, Cultural Transfer, and the Cold War – a Critical Review".

② The Secretary of State to the Ambassador in China (Gauss), Jan. 29, 1942, *Foreign Relations of the United States diplomatic papers*, 1942, China, p. 697.

③ E. Richard Brown, "Rockefeller Medicine in China: Professionalism and Imperialism," in Robert F. Arnove, ed., *Philanthropy and Cultural Imperialism: The Foundations at Home and Abroad*, Bloomington: Indiana University Press, 1982, pp. 123 – 46; Andrew Metcalfe, "Living in a Clinic: The Power of Public Health Promotions," *Australian Journal of Anthropology*, vol. 4, No. 1, 1993.

　　"冷战"是一个长时段的危机状态。在这个特殊的历史时期,美国历届政府几乎不间断地致力于讲述美国故事,传递美国的价值观念和生活方式。美国在对外信息与教育交流领域展开了"积极的行动",要将美国的政策意图"有效传递"到有重要影响力的群体的思想和情感中;要使外国政府和民众认识到美国人民和政府与其利益是一致的,进而影响这些政府的行动和民众的态度。① 冷战时期出现的重要变量在于,由于竞争性意识形态和价值观念的存在,"美国叙事"的推行遇到了阻力。美国必须首先打破"共产主义叙事",才能贯彻自己的主张。也就是说,"我们必须使我们真实的形象为世人所知,而不是像苏联宣传所描述的那样;我们必须尽我们最大的努力,连同自由世界各国人民在一场伟大的、持续的宣传运动中提升我们自由的理想,以反击苏联奴役的宣传;我们必须在一场伟大的真理运动中让全世界听到我们的声音。"②

　　在对华文化外交方面,美国遇到了双重阻力,除了前述"共产主义叙事"挑战外,还有中国在"中华文化圈"对美国构成的挑战。美国的应对策略是:其一,用两分法来区分中国传统文化与中国政治文化,在一定限度内支持中国传统文化,以便利用其中的反共产主义因素,并曲折呈现美国"文化自由"价值观。例如,亚洲基金会曾大力支持包括新亚书院在内的学术机构,就中国传统文化的积极价值展开研究,最终目的是"使中国人认同这一传统文化,反击共产主义"。③在对新亚书院"中国文化"项目拨款时,亚洲基金会明确表示,要通过对中国文化和中国人面临的基本问题进行研究,通过学校教育,使华人学生"恢复对中国历史与文化发展的欣赏和理解,使其成为共产主义学说和阐释的替代品"。④ 其二,以中国为潜在目标,在亚洲民族主义、反殖民主义与国家建构的特殊历史进程中,将美国的现代化理念嵌入其中,进而影响中国。

---

　　① Foreign Information Programs, undated, The National Archives II, RG 84, Box 03, Entry UD 2689, Folder: Report, Semi-annual.

　　② Editorial Note, FRUS 1950, vol. IV Central and Eastern Europe; Soviet Union, Washington D C: Government Printing Office, 1981, p. 304.

　　③ Youth and Related Activities, undated, Hoover Institution Archives, Asia Foundation Records, Box P – 55, Hong Kong, Budget General 1954/55.

　　④ Program Allocation Form, Oct. 20, 1953, Hoover Institution Archives, Asia Foundation Records, Box P – 55, Hong Kong Administration, Budget 1952/53.

以美国在东南亚开展的宗教项目为例，利用共产主义"无神论"与信仰不兼容的特征，美国在反击中国的过程中，巩固了与盟国之间的关系，缓解了亚洲中立国家的反美情绪。①

　　美国国内对于文化外交的目的、功能和实施策略上确有比较大的分歧，但归根结底还是在讨论文化活动如何更好地为外交政策和国家利益服务。鉴于文化外交是一种政府主导行为，所以不太可能期待它成为一种慈善事业，但建立双边沟通机制、促进国际和平而进行文化交流，这应当是文化外交的题中之义。换言之，文化外交本身就兼具文化交流和信息传递双重功能，两者之中，美国对华文化外交以输出特定价值观，讲述"美国故事"的信息功能为重点。事实上，即便是在20世纪60年代中后期，美国社会大反思的特殊时期，美国学术界仍然坚持文化和信息项目应当承担起责任，更好地为世界安全与和平事业服务。② 普林斯顿大学W. 菲利普斯·戴维森（W. Phillips Davison）教授则直接呼吁，美国应当实施更有效的项目，即有清晰的价值观、具体的目标和积极进取、训练有素的成员。还有一些社会学家敦促美国决策层以图书、电影和信息项目为手段，推动全世界的人民熟悉美国历史、政治和娱乐方式。③ 可见，美国推行文化外交的思想文化基础——天定命运和灯塔意识④——从来没有改变过。到里根政府时期，随着中国对美国打开大门，美国对华文化外交直接以输出和扩张为标志的文化帝国主义模式自然而然地占据了主导。

---

　　① 参见拙作《以宗教为冷战武器——艾森豪威尔政府对东南亚佛教国家的心理战》，《历史研究》2010年第4期。

　　② John Boardman Whitton, ed. , *Propaganda and the Cold War: A Princeton University Symposium*, Washington, D C: Public Affairs Press, 1963, intro.

　　③ 相关论述可参见 Herbert Passin, *China's Cultural Diplomacy*, New York: Praeger, 1963; Walter Phillips Davison, *International Political Communication*, New York: Praeger, 1965; Walter Phillips Davison, *Mass Communication and Conflict Resolution: The Role of the Information Media in the Advancement of International Understanding*, New York: Praeger, 1974。

　　④ 基辛格在论及赫尔辛基会谈时，提出类似的主张："美国从自信与实力的立场去追求缓和紧张局势。在赫尔辛基取守势的不是我们；受全体出席代表团挑战应遵守签署之原则的，也不是我们。在赫尔辛基，战后以来第一次，人权与基本自由成为东西方对话谈判承认的主题。这项会议重申我们的人道行为标准，它们过去是，也依然是数以百万计的人类希望之灯塔。"亨利·基辛格：《大外交》，海南出版社1998年版，第702页。

## （二）接受史视野下"文化帝国主义"的能力与限度

"文化帝国主义"是考察美国文化外交的一个视角。客观来说，美国一直有向外进行文化输出的传统，随着全球化的进程和美国力量的增强，美国试图占据全球文化主导地位的政策意图也非常明显。[①] 然而，美国对华文化外交极具特殊性。尽管"文化帝国主义"是原动力和潜在有效因素，但不同时期美国对华采取的文化策略和手段不尽相同。更重要的是，从接受史的角度来看，由于文化现象和符号（载体）极其敏感又难以把握，文化传播能力极强，其传播效果既与接受者的接受意愿密切相关，又不完全受接受者意愿的左右。

就美国对华文化外交而言，在中美最为尖锐对峙的历史时期，中国也未能完全禁绝美国文化和思想的影响。以自然科学的发展为例，一方面，中国有数量较多的、受过西方教育，特别是美国教育的科学家，20世纪 50 年代以各种方式回到中国。据统计，1949—1958 年，有 1244 位接受美国教育的留学生和科学家回到中国，钱学森是一个案例。[②] 这些科学家大多成为中国科学界的权威和精英，其思想方法无疑是西方（美国）模式的。另一方面，"二战"结束后，国际科学界经历了一个同质化，乃至是"美国化"的过程，这一进程不可避免地影响了中国。无论是建国后初期中国科学家参与国际会议，还是苏联科学家的间接影响，在科学领域想完全摆脱西方影响，"自力更生"是不太现实的。

一些美国文化外交官员非常笃信文化活动的传播能力。他们坚持对华文化活动应当是基于长期的、持之以恒的策略。即便是"冷战"对抗时期，文化领域挑战与应战的结果也应该是向好的：①无论对方真实的政策意图是什么，文化冷战会被迫对方将"和平共处"当成真诚的政策，

---

① 有学者将 1945 年以来美国的海外文化转移活动分为三个时期：第一个时期是"冷战斗士们"急呼美国缺少进攻性文化外交政策的时期；其继任，"文化帝国主义的批判者"则认为美国的文化输出是近乎赤裸裸的全球经济扩张；最终，一些反批判者挑战了文化帝国主义这一概念。Jessica Gienow-Hecht, "Shame on US? Academics, Cultural Transfer, and the Cold War – a Critical Review".

② Zuoyue Wang, "The Cold War and the Reshaping of Transnational Science in China," pp. 350 – 351.

而非权宜之计。②文化冷战可能会迫使中苏社会主义国家将注意力转向国内发展，它国由此获得自由选择自己生活方式的机会。③尽管共产主义国家的改变不可能一夜之间发生，但可以期待这是一个缓慢的进程，特别是随着革命初期的狂热逐渐消退，中苏人民越来越坚持他们想要一个更好的生活时，改变就会发生，而"民主国家可以鼓励并加速这一变革进程"。① 从好的方面来看，在"文化冷战"中，无论是资本主义阵营，还是社会主义阵营，双方倡导的多是带有正面意义的"真善美"，进而产生带有积极意义的社会变革和国际关系改变。

尽管相互隔绝，美国在中国周边国家的文化活动的确引发了中国关注。《光明日报》曾刊文指责洛克菲勒、福特和亚洲基金会对东洋文库与日本其他研究机构的资助，意在推动美国政府所设定的对中国的敌对态度和阴谋。除了日本，文章还指出美国如下文化活动有不良意图：①吸引亚洲学生到美国留学，对留学生的选修科目安排是"资产阶级的社会学、医学和农业"，向留学生灌输"非暴力哲学"来对新兴地区学生进行系统的"改造"，企图以此消灭民族解放运动；②在国外（亚洲）设立学校或者资助当地学校，提供教师、教材和器材；③拉拢外国教授、学者、专业人员到美国去访问和"研究"。② 可见，相比其他冷战行动，文化活动还是能够冲破篱障和界限，产生相当的影响力。

中国改革开放后，如前所述，中国对美国的文化活动持开放宽容的态度。中美文化交往也给中国和中国人带来巨大的改变。前文提到的周文中教授，曾将大量中国学生带到美国求学。奥斯卡最佳原创音乐奖得主谭盾、美国密苏里大学堪萨斯分校音乐学院终身教授陈怡、普利策音乐奖得主周龙三位美国知名华人音乐家，都受惠于周文中的资助和指导。有学者认为，自20世纪70年代以来，中国决策者在不同程度上容忍、鼓励和积极欢迎美国机构参与中国的现代化进程。在许多情况下，他们事

---

① Philip H. Coombs, *The Fourth Dimension of Foreign Policy: Educational and Cultural Affairs*, p. 114.

② 高平叔：《美国垄断资本"基金会"的罪恶活动》，《光明日报》1965年5月10日第4版；L. Z. Yuan to the President, the Asia Foundation, "Peking Attack on American Foundations," Jun. 28, 1965, Hoover Institution Archives, The Asia Foundation Records, Box P‑245, Folder: U. S. & Intl. Program, Social & Economic, Communism General, 7/62.

实上塑造了文化交流的议事日程。因此，美国对中国的文化影响，可以被概括为"受邀请的影响"（invited influence）。① 然而，中国对美国的文化接受未见得导向美国期待的结果。中国学术界受到美国的巨大影响，但并不拒绝学术的中国化和世界化选择；美国期待中的"制度修正"没有实现；中国传统文化的影响力依然强大；中美文化接触也没有导向一个坚定的主导性的亲美群体的出现。事实上，费正清早在1941年就曾预见：（输出）自然科学并不必然促进美国的价值观，"同日本人一样，中国可以接受我们的技术。但对现代科学的汲取未必会使我们结合在一起。它很可能只是给中国提供了一个反击我们的工具。"② 无论如何，文化的力量很难掌控，也很难脱离经济和政治力量，单独存在。

1949—1989 年，美国对华文化外交的实施受到多种力量推动，分别呈现出"冷战模式""大众交流模式"和"文化帝国主义模式"三种样态，但一条不变的线索是美国输出价值观、讲述"美国故事"的永恒诉求。具体时段美国文化外交的实施还与美国对自身的定位，以及其对目标国家的政策诉求密切相关。文化外交的重要性是毋庸置疑的。对美国文化外交发展有深刻影响的参议员富布赖特曾说过："未来世界的塑造与其说受到我们军事和外交优势的影响，不如说会受到我们如何更好地传递我们的社会价值的左右。"③冷战时期，借助非殖民化、现代化和全球化三大历史潮流的推动，美国文化的影响力空前增强，并很好地作用于美国的外交目标和国家目标。但不可否认的是，文化外交的实施效果受到多种因素影响。作为接受国一方，中国完全可以因势利导，做有利于中国的主动扬弃。

（本文作者系浙江大学历史学系教授）

---

① Norton Wheeler, *The Role of American NGOs in China's Modernization: Invited Influence*, London and New York: Routledge, 2013, p. 2.

② Mary Brown Bullock, "American Exchanges with China, Revisited," in Joyce K. Kallgren and Denis Fred Simon, eds., *Educational Exchanges: Essays on the Sino-American Experience*, p. 40.

③ Philip H. Coombs, *The Fourth Dimension of Foreign Policy: Educational and Cultural Affairs*, p. ix.

# 20 世纪 50 年代美国对中国隐蔽的宣传战

白建才

20 世纪 50 年代是中美关系最敌对的年代。其间，两国不仅在朝鲜战场上兵戎相见，经历了近三年血与火的拼杀；美国还对中国进行了包括政治颠覆、经济封锁、军事威慑、外交孤立、文化渗透等在内的全面冷战。本文将主要依据近年来笔者所收集的档案资料，借鉴学界相关研究成果，就其中的一个侧面——美国对中国隐蔽的宣传战这一国内学界研究尚为薄弱的问题进行探析，① 以管窥其时的中美关系和美国的宣传战略、冷战战略，并为准确把握当前美国的对外战略提供借鉴。

一

隐蔽宣传战（Covert Propaganda Warfare），或曰隐蔽宣传活动（Covert Propaganda Operations），也即所谓"黑色宣传"（black propaganda）和"灰色宣传"（grey propaganda），② 是美国心理战和隐蔽行动战略中的一

---

① 目前，除拙文《20 世纪 50 年代初美国对中国隐蔽宣传战探析》[《四川大学学报》（哲学社会科学版）2018 年第 5 期]，尚未见到专论这一问题的中英文文献。本文即是对前文的延伸与扩展。

② 美国政府将宣传分为"白色宣传"（white propaganda）、"灰色宣传"（grey propaganda）和"黑色宣传"（black propaganda）三种，其中"白色宣传"是指公开宣布并承认其来源的宣传活动，"灰色宣传"是指避免确定来源的宣传活动，"黑色宣传"是指掩藏真实来源，使其看起来像来自别处的宣传活动。按照隐蔽行动战略的内涵及特点，"黑色宣传"和"灰色宣传"显然都属于隐蔽的宣传战略。"白色宣传"则属于公开的宣传战。United States National Security Council, NSC74, "A Plan for National Psychological Warfare", July 10, 1950. Presidential Directives, PD00200, Digital National Security Archives (hereafter as DNSA).

个重要子战略，是指通过资助、支持、收买某些广播电台、电视台、报刊、编辑、记者、学者等，让他们撰写、编造、广播、发表美国所希望传递的信息；或通过隐蔽地制作散发传单、书刊，张贴墙报海报等形式，进行鼓动性宣传，以达到宣传自己的意识形态、价值观念和生活方式，增强西方社会的凝聚力和吸引力，扶植美国所中意的势力，诋毁对方的社会制度、意识形态和统治集团，煽动对方的内乱并传递其信息，削弱对方的力量和影响，动摇乃至瓦解对方的统治等目的。① 由于冷战的意识形态争夺性质及宣传战的"性价比"高，隐蔽的宣传战是美国隐蔽行动战略中使用最多的一个子战略，被美国隐蔽行动问题专家格雷戈里·特里沃顿称为"隐蔽行动的面包和黄油"，② 估计其活动约占"二战"后至20 世纪70 年代美国对外隐蔽行动的一半左右。③

　　1949 年中华人民共和国成立后，美国政府由于对国民党政府已非常失望，虽然在当年12 月制定的对亚洲的政策文件中确定要"继续承认中华民国政府"，"避免承认中国共产党政权"，④ 但事实上已决定抛弃国民党政府，扶植"第三势力"，并表示美国无意干涉中国内争，"不打算对在台湾的中国军队提供军事援助和咨询意见，也不打算使用武装部队干预那里的局势。"⑤ 对于新中国政府，则试图"通过适当的政治、心理和经济手段，利用中共与苏联之间、中国的斯大林分子和其他分子之间的分歧，同时谨慎地避免给人以干涉的印象。在适当的场合，应使用各种隐蔽和公开的手段"，⑥ 以实现拉拢中国，阻止中苏结盟，削弱乃至消灭苏联在亚洲的力量和影响之战略目标。这就表明美国政府已将隐蔽行动

---

　　① 关于隐蔽行动战略的内涵及其与隐蔽宣传战的关系，请参阅拙著《"第三种选择"——冷战期间美国对外隐蔽行动战略研究》，人民出版社2012 年版，第57—65 页。

　　② Gregory F. Treverton, *Covert Action*: *The Limits of Intervention in the Postwar World*, New York: Basic Books, Inc. Publishers, 1987, p. 14.

　　③ Ibid. , p. 13.

　　④ NSC48/2, "The Position of the U. S. with Respect to Asia", Dec. 30, 1949. PD00138, DN-SA.

　　⑤ Department of State Bulletin, vol. 12, No. 550, January 16, 1950, p. 79. 转引自郝雨凡《白宫决策——从杜鲁门到克林顿的对华政策内幕》，东方出版社2002 年版，第43 页。

　　⑥ NSC48/2, "The Position of the U. S. with Respect to Asia", Dec. 30, 1949. PD00138, DN-SA.

作为与公开斗争手段相配合的要在中国实施的重要战略武器。其时由于中苏尚未结盟，美国对拉拢中国存有幻想，在中国实施的隐蔽行动主要是针对苏联的。

1950 年 2 月《中苏友好同盟互助条约》签订后，美国阻止中苏结盟的希望落空，不久又爆发了朝鲜战争，三个多月后中国人民志愿军入朝参战，给美国为首的联合国军以沉重打击。据此，美国的对华政策发生重大变化，不仅派第七舰队封锁了台湾海峡，阻止中国的统一大业，在 1951 年 5 月通过的对亚洲政策新文件《美国在亚洲的目标、政策与行动方针》（NSC48/5）中，规定美国的当前目标之一是"使中国不要成为苏联的主要盟国"，具体行动方针包括：继续努力通过联合国部队在朝鲜的作战，使中国军队遭受重创，以削弱中国共产党的政治、军事力量与威望；采取一切可以利用的手段，扩大和加强培养非共产党领导人物，并尽量影响在华的反对目前北平政权的领导人物和人民，使北平政权能改变方向或被取而代之；扶持和帮助在中国国内和国外的反共力量，以便发展和扩大中国对北平政权统治的反抗，尤其是在中国南部；采取一切可以利用的手段，使北平政权与莫斯科政权产生分歧，并在北平政权内部制造分裂；继续执行美国对中国的经济制裁，继续反对共产党中国在联合国获得席位，更加努力地说服其他国家采取类似政策等。[①] 这就是说，美国要采取一切可以利用的手段，包括隐蔽行动，培植其代理人反对新中国，扩大中苏分歧，分裂中共政权，"取而代之"。与此同时，美国政府视台湾为"一艘不沉的航空母舰"，重新开始扶植国民党政府，派去军事顾问团，提供大量军事援助。中央情报局也在台北设立了工作站，对中国大陆展开了隐蔽行动，隐蔽的宣传战则为其最主要手段。

## 二

20 世纪 50 年代美国对中国隐蔽的宣传战，首先是中央情报局以台湾

---

① NSC48/5, "United States Objectives, Policies and Courses of Action in Asia", May 17, 1951. *Foreign Relations of the United States* (hereafter as FRUS), 1951, vol. 6, *Asia and the Pacific*, Part 1, Washington D. C.: USGPO, 1977, pp. 35 – 37.

为基地，与国民党军情部门密切合作，对中国大陆制作投送了大量反华传单。

为了掩人耳目，中央情报局在台北工作站名为"西方企业公司"（Western Enterprise Incorporation），简称"西方公司"（WEI）。表面上这是一家经营船务的公司，但"一开始，台北工商界人士就发现这家船务公司的组织诡异，看起来没有太多的生意可做，公司的外籍雇员却经常维持在150人上下，远超过该公司的业务所需"。① 从台北"国史馆"所藏档案看，1951年2月13日国民党政府驻美国"大使"顾维钧致电蒋介石，称"业遵钧示及外交部电"，给西方公司罗伯特·基奇特纳等4人"转饬签证"，表示"以后该公司续派人员，仍当照办"。② 中情局特工开始以"西方公司"雇员身份入台活动。

"西方公司"在台湾的主要活动，除搜集情报、培训反共武装外，便是对中国大陆实施隐蔽的宣传战。其主要形式，就是对中国大陆制作、投送大量反华传单。

"西方公司"针对中国大陆制作投送的反华传单，主要包括以下一些内容。

第一，竭力抹黑新中国的形势，恶毒攻击中国政府及领导人，挑拨破坏民族关系和社会主义建设。如一份名为"周匪去莫斯科的故事"的传单，画有一幅毛泽东、周恩来、刘少奇、朱德、李立山（原文如此——笔者注）五人正在开会的漫画，他们或愁眉苦脸，或焦头烂额，或埋头沉睡。所配他们的对话，皆对形势悲观失望，说什么"国内现在搞得乱七八糟，我们的处境可以说是到了孤立没有朋友的地步了"；"现在中国遍地天灾人祸，沿海一带人民，却在欢迎由海上来的游击队"；"台湾的反攻恐怖日渐迫近，我现在已经感觉到风暴的来临"。该传单由中情局所属民航公司8架飞机向中国大陆空投了250万份。③ 一份于1953年9月空投给"淮河流域的同胞们"的传单，正反两面，包括一段文字、

---

① 翁台生：《CIA在台湾活动秘辛——西方公司的故事》，联合报社1993年版，第21页。

② 台北："国史馆"，蒋中正"总统"文物，其他—西方企业公司卷，典藏号002—080106—00080—003。

③ 台北："国史馆"，蒋中正"总统"文物，其他—西方企业公司卷，典藏号002—080106—00080—017，图档号002—080106—00080—017-004a.jpg。

5 首诗、两幅漫画。文字部分胡说什么"三年来共匪强迫你们治淮做劳工，使多少人家破人亡"；诗中又污蔑说"悲惨事儿数治淮，男女老幼都拉差，征工自己带粮食，征料忍痛砍木材，毁田掘地还拆屋，祖宗坟上把河开，朝朝暮暮无休息，倒毙路上无人埋"。一幅漫画中，一户人家茅屋破烂，树枝干枯，田地荒芜，父亲饿毙倒地，母子相拥而泣，人皆骨瘦如柴，还有一人吊死树上，情景极其凄惨，以致月牙垂泪。另一幅漫画是，在区政府缴粮处门口，一个农夫赤脚无头，跪在地上，两手高举自己血淋淋的头交给政府，标题为"这是最后一颗粮"。传单上还特别提示"请传阅""请张贴"。① 当时中国人民正在党和政府领导下大力根治淮河千年水患，对于如此利国利民的伟大工程美国中情局却费尽心机恶毒攻击，只能暴露其病态的反华反共立场。

1953 年 5 月 10 日，"西方公司"同时给大陆藏区空投了"国民政府游击委员会给回藏民的信""蒋总统告川甘青藏区同胞书""甘珠尔瓦呼图克图给藏区佛教同胞的信"三款传单，正反两面分别为汉文藏文，污蔑中国政府的藏区政策是要"榨取财产"，"强占寺院"，"破坏你们部落的组织，劫走你们的土司、士官，送到兰州或成都监禁或杀害"，"将来对待你们最后的残酷手段，就是要对你们普遍地进行清算斗争屠杀，或者把你们送到韩国去当炮灰，或送到俄国当奴工，弄得你们妻离子散，家破人亡"，同时美化台湾国民党政府和蒋介石，号召藏民起来抵抗，支持协助"游击队"的斗争，"等待政府反攻收复大陆"。②

第二，呼吁、号召大陆民众支持或参加国民党"游击队"，或开展各种形式反抗新中国政府的斗争。

1949 年年底蒋介石败退台湾后在大陆尚有几十万残余部队，③ 之后蒋

---

① 台北："国史馆"，蒋中正"总统"文物，其他—西方企业公司卷，典藏号 002—080106—00080—017，图档号 002—080106—00080—017 -038a. jpg。

② 台北："国史馆"，蒋中正"总统"文物，其他—西方企业公司卷，典藏号 002—080106—00080—017，图档号 002—080106—00080—017 -057a. jpg -065a. jpg。

③ 关于其人数有不同说法。台湾当局称有 150 万，美国二战时援华"飞虎队"队长陈纳德认为大约有 70 万—90 万。翁台生：《CIA 在台活动秘辛——西方公司的故事》，联合报社 1993 年版，第 23 页。1951 年 5 月美国特别情报评估说："在中国约有 60 万反共游击队，其中约 30 万在国民党松散控制之下。"Special Intelligence Estimate, SE - 5, May 22, 1951. *FRUS*, 1951, vol. 7, *Korea and China* (in two parts), part 2, p. 1674.

将其改编为"反共救国军"或"反共救国游击队",作为将来反攻大陆的重要力量,要求其不断进行袭击破坏活动。为使这些袭击破坏活动成功进行,中情局"西方公司"在对中国大陆制作投送的传单中,不少是要求大陆民众支持或参加这些"游击队",或采取其他形式的反抗。如1952年4月首次投送的一款传单题目"同胞们!如愿中国重获自由,就要帮助游击队!"① 1953年5月13日首次投送的一款传单,正面为"蒋总统召见游击英雄们"的照片,背面为"游击英雄致大陆同胞书",号召大陆同胞"参加游击队",声言"参加游击队才能活下去,打游击最光荣"。② "西方公司"还制作投送了名为"三毛反抗记"的系列传单,传授破坏反抗的方法。其中一款标明1953年12月首次投送的传单,为一幅三毛正偷偷给一辆汽车油箱里放东西的漫画,所配文字写道:"打击共匪的方法:将糖放入共匪汽车的油箱里,使汽车中途抛锚。"③ 另一款传单为三毛正偷偷将一个插着铁钉的火柴盒放在一辆汽车车轮下,所配文字为"打击共匪的方法:将洋钉插入火柴盒,平放在路旁停放的共匪汽车轮胎前,使汽车开动时,钉子戳破轮胎"。④ 还有一款为三毛正骑在高高的树杈上破坏电线,所配文字为"打击共匪的方法:用手将军用电话线里的铜丝扭断,皮线表面上不露痕迹,使共匪查不出损坏的地方"。⑤ 这些传单还特别标明,"看过以后传给别人",以求获得最大效果。

第三,竭力挑拨煽动解放军官兵叛变投台。1953年7月,"西方公司"首次投送的一款专门针对军队官兵的传单说道:"'解放军'和'民兵'同志们:自由中国的游击队就要攻打这个地方了!……倘若管你们的军官到现在还是执迷不悟的话,你们不可放过他们,必须把他们绑起

① 台北:"国史馆",蒋中正"总统"文物,其他—西方企业公司卷,典藏号002—080106—00080—017,图档号002—080106—00080—017-002a.jpg。
② 台北:"国史馆",蒋中正"总统"文物,其他—西方企业公司卷,典藏号002—080106—00080—017,图档号002—080106—00080—017-052a.jpg。
③ 台北:"国史馆",蒋中正"总统"文物,其他—西方企业公司卷,典藏号002—080106—00080—017,图档号002—080106—00080—017-090a.jpg。
④ 台北:"国史馆",蒋中正"总统"文物,其他—西方企业公司卷,典藏号002—080106—00080—017,图档号002—080106—00080—017-091a.jpg。
⑤ 台北:"国史馆",蒋中正"总统"文物,其他—西方企业公司卷,典藏号002—080106—00080—017,图档号002—080106—00080—017-089a.jpg。

来，押到你们的前面走出来……参加我们的行列吧！同我们一起回去做解放祖国的先锋。"① 同月 11 日首次专门投送给浙江海门地区驻军的一款传单，上半部为一幅海军"起义"的漫画：一艘解放军军舰在海上航行，一些官兵发动"起义"，将五星红旗倒挂，把反对者扔下大海，驶向台湾。下半部分为一大段文字，呼吁"'三野'的同志们！向图画中那些同志们看齐吧！参加真正解放大陆上被迫害被剥削的苦难同胞的工作吧！将来你们回到大陆的时候，将觉得有无限的光荣……"② 此传单显然旨在分化解放军原第三野战军，煽动部分官兵反叛。

有意思的是，"西方公司"还印制了一款"安全证"，正面写道："中共各部队指战员注意：这张纸是你们选择自由的保障，在你逃到了自由中国见到国军时，按着下面的三件事去做，可以得到绝对安全保障：一、放下武器；二、反穿上衣；三、交出这张安全证。"背面则为给"国军及游击队官兵"的说明和要求："凡是手里拿着这张安全证的中共官兵，都是因为受不了共匪的压迫，才自动反正的。你们必须好好地优待他们，绝对保障他们的安全……"落款为"参谋总长周至柔"，并盖有"参谋总长印"和周本人印章，时间为"中华民国四十三年元月二十三日"。③ 其英文版中有段手写的说明，标明该安全证共印制了 30 万份，让与外岛基地有联系的渔民偷运回大陆。④

第四，污蔑、挑拨、破坏中苏关系。1950 年中苏友好互助同盟条约签订后，中苏两个世界大国结成紧密同盟，极大地加强了社会主义阵营的力量，分裂、破坏中苏关系就成为美国政府的一个重要冷战目标。据此美国政府制定了"楔子战略"，要采取公开与隐蔽的各种手段，在中苏之间打进"楔子"，这也自然成为美国对中国隐蔽宣传战的重要内容。1952 年 8 月，"西方公司"用 4 架飞机共空投了 867 万份名为"中国快要

① 台北："国史馆"，蒋中正"总统"文物，其他—西方企业公司卷，典藏号 002—080106—00080—017，图档号 002—080106—00080—017 - 048a. jpg。

② 台北："国史馆"，蒋中正"总统"文物，其他—西方企业公司卷，典藏号 002—080106—00080—017，图档号 002—080106—00080—017 - 045a. jpg。

③ 台北："国史馆"，蒋中正"总统"文物，其他—西方企业公司卷，典藏号 002—080106—00080—017，图档号 002—080106—00080—017 - 108a. jpg。

④ 台北："国史馆"，蒋中正"总统"文物，其他—西方企业公司卷，典藏号 002—080106—00080—017，图档号 002—080106—00080—017 - 110a. jpg。

变成俄国的殖民地了"的传单，污蔑说 8 月 17 日周恩来到莫斯科后，"轻易地让俄国控制了中共所有的军队，中共的交通、警察、食粮、工业和人工，也一齐给俄国管理了"。① 1953 年 11 月 1 日"西方公司"向大陆投送的一款传单，正面是一幅名为"大陆人民'庆祝'苏联十月革命"的漫画，把中国最高领导人画成狗身人面，脖子上套个环，被苏联人拉着，面对着周围伸出的钳子、镰刀、刺刀、算盘等物，惊恐不已。背面为写给"亲爱的同胞们"的一封信，挑拨说"上百万的中国青年被送到韩国去牺牲了性命，这应该由苏联人负责。他们还从中国运走了数百万吨粮食，害得成千成万的同胞活活地饿死，更可怜的是到寒冷冬天的时候，将有更多的同胞们死在饥寒交迫下。""苏联人空口答应给中国的援助，都是骗人的。朱毛匪帮所说苏联送给中国的援助，其实都要中国人民去偿付的。……你们不要忘记，苏联人一向是中国的敌人，永远是中国的敌人！"这款传单可谓极其恶毒，一箭双雕，同时攻击了中苏两国政府以及中苏关系。在"西方公司"制作投送的一些小传单小标语中，也没有忘记诋毁中苏关系，如说什么"旅顺、大连都是中国的土地，共匪却把它们双手送给了俄国大鼻子"，"共匪把粮食运往俄国，让中国老百姓挨饿"，"俄国顾问享受大鱼大肉，大陆人民却在啃草根树皮"，"干部干什么？干掉大鼻子"，等。② 这些小传单都是装在火柴盒里，由渔民或与大陆有联系之人带到大陆的。

第五，歌颂"反共义士"，美化台湾社会。"西方公司"在制作投送直接攻击大陆政府和社会、煽动引诱大陆军民支持帮助"反共救国军"或叛逃投台的宣传品外，也制作投送了大量歌颂所谓"反共义士"、美化台湾社会的宣传品，引诱大陆军民加入反共队伍，叛逃投台。朝鲜战争结束后，一些志愿军战俘被威逼利诱来到台湾，"西方公司"配合国民党政府对此进行了大肆宣传，将他们戴上"反共义士"的"桂冠"。1954年 1 月 22 日，台湾《自由中国》第 177 期刊载了多则关于"反共义士"

① 台北："国史馆"，蒋中正"总统"文物，其他—西方企业公司卷，典藏号 002—080106—00080—017，图档号 002—080106—00080—017 -010a. jpg。

② 台北："国史馆"，蒋中正"总统"文物，其他—西方企业公司卷，典藏号 002—080106—00080—017，图档号 002—080106—00080—017 -118a. jpg。

来台的消息，称"自由中国完成欢迎反共义士的准备"。在台北"国史馆""西方企业公司卷"中保存的该刊上，"西方公司"在其顶部用英文注明"我们准备了这些文稿并印刷了 87.5 万份"。① 1 月 27 日，台湾《自由中国》发"自由特刊"，详细报道了台湾各界对"反共义士"的盛大欢迎，"西方公司"注明其"准备了文稿并印刷了 10 万份"。② "西方公司"当时还制作了一个名为"中共在朝鲜吃了两个败仗"的传单，称中共在军事和心理战方面都遭到了失败，"反共义士"不受"共匪"的"威迫利诱"，"用自己的鲜血写成血书"，要求来台湾。"西方公司"将该传单印制了 200 万份，空投中国大陆。③ 与此同时，"西方公司"则竭力美化台湾社会，在其制作的一些小传单中，吹嘘说"在蒋总统英明领导下，自由中国的工人们快乐地工作，过着快乐的日子"，"在自由中国，每个人都吃得饱、穿得好"。④ 一张"送大米"的传单，左边画一个解放军官拿着手枪凶神恶煞抢夺渔民捕的鱼；右边画的是台湾岛上物产丰富，一个农民手捧一包大米笑嘻嘻地要交给驾船前来的大陆渔民，后面有几艘渔船接踵而来，渔民欢呼雀跃；中间文字部分则写道："上天又给了我们丰收，让我们过着丰衣足食的生活，可是我们无时不想念你们。政府不断地提醒我们，说你们在共匪的迫害下，过着饥饿和痛苦的日子。"在对大陆进行了一番诽谤后接着又写道，"这次送给你们的一些东西，物轻意重，表示我们对你们的关心。"落款为"你们在台湾的同胞"。⑤

此外，"西方公司"还制作投放了一些攻击苏联领导人和政府、东欧社会主义国家的宣传品。

总之，这一时期美国对中国展开了大规模的隐蔽宣传战，接二连三

---

① 台北："国史馆"，蒋中正"总统"文物，其他—西方企业公司卷，典藏号 002—080106—00080—017，图档号 002—080106—00080—017 – 154a. jpg。

② 台北："国史馆"，蒋中正"总统"文物，其他—西方企业公司卷，典藏号 002—080106—00080—017，图档号 002—080106—00080—017 – 141a. jpg。

③ 台北："国史馆"，蒋中正"总统"文物，其他—西方企业公司卷，典藏号 002—080106—00080—017，图档号 002—080106—00080—017 – 174a. jpg。

④ 台北："国史馆"，蒋中正"总统"文物，其他—西方企业公司卷，典藏号 002—080106—00080—017，图档号 002—080106—00080—017 – 119a. jpg。

⑤ 台北："国史馆"，蒋中正"总统"文物，其他—西方企业公司卷，典藏号 002—080106—00080—017，图档号 002—080106—00080—017 – 115a. jpg。

制作了 100 多款宣传品，通过所谓民用航空公司、国民党空军、返回大陆的渔民或特工等隐蔽形式，从空中和海上向大陆投送，每月空投多达 30 多次，仅 1953 年就投放了约 3 亿份。①

三

在这一时期美国对中国隐蔽的宣传战中，搞了一个很滑稽的"四字运动"（the Character Four Movement），即利用汉语中"四"字与"死"字的谐音，制作"四"字传单，大量投放张贴，将其作为开展抵抗的标记暗号，以煽动在中国大陆开展抵抗运动（To start a resistance movement on the China Mainland）。

在这些传单中，有一款传单为，在一个长方形粗黑框内，四角对角分别为"4"和"四"字；自上而下写有 8 行字，依次为："一个反抗和反正的记号"，"无论你在甚么地方看到"，"'四'或'4'"，"它的意思是说"，"'共匪必亡'"，"无论你在甚么地方写'四'或'4'"，"它的意思是说"，"'共匪必亡'"。②"西方公司"在档案中特别注明，这是推行"四字运动"的第 5 款传单，1953 年 7 月首次投入使用。

1953 年 11 月 1 日，"西方公司"首次投入使用的一款传单上有 4 幅画，其一为三毛和一名解放军战士正在看着一架飞机投下大量"四"字传单；其二为三毛向该战士讲解"四"字传单，伸出 4 个手指；其三为该战士又向另一战士讲解"四"字传单，同样手伸 4 指；其四为在一个月黑风高的夜晚，该战士在"连指导员室"外墙上已写了一个"四"字，正偷偷在营房外面墙上写"四"字。该传单也属《三毛反抗记》系列传单之一，上面标明"看过以后传给别人"。③

在另一款《三毛反抗记》的传单里，也有 4 幅画：其一为三毛在制

---

① John Prados, *Presidents' Secret Wars: CIA and Pentagon Covert Operations from World War II through Persian Gulf*, p. 72.

② 台北："国史馆"，蒋中正"总统"文物，其他—西方企业公司卷，典藏号 002—080106—00080—017，图档号 002—080106—00080—017 –088a. jpg。

③ 台北："国史馆"，蒋中正"总统"文物，其他—西方企业公司卷，典藏号 002—080106—00080—017，图档号 002—080106—00080—017—092a. jpg。

作解放军军帽的车间里偷偷在已做好的帽子里写"四";其二为三毛正给一个工人讲解,说"四字运动就是共匪必亡";其三为同样在一个月黑风高的夜晚,三毛正在一棵树干上写"四"字,并已经在附近建筑物的墙上写了"共匪必亡"和"四",在地上摆了几个分别由 4 块石头组成的图案;其四为三毛正在公共厕所里的墙上写"共匪必亡",已经在每个坑位的隔墙上写了"共匪必亡"和"四"等字。[①]

在其制作的装在火柴盒的小传单中,也包括了类似上述第一款的传单,只是把中间的 8 行字压缩为"'四'或'4'""它的意思是说""'共匪必亡'"3 行。[②]

这场"四字运动"其实就是投送和书写以"四"字为核心的反动传单和标语,可谓颇费了些心机,其目的十分明确,就是想要以此来激发大陆人民的反抗,推翻共产党的统治。

"西方公司"不仅亲自制作投送反华传单,也利用其航空器为国民党政府空投大量宣传品。1952 年 9 月 30 日,即新中国成立三周年前夕,"西方公司"出动数架飞机,在广东潮汕地区空投了由"国民政府政治部"起草的三款传单,分别为"告张熙辉部书""告潮汕地区民众书"和"告潮汕地区匪军官兵书",各空投 10 万份。这些传单均对新中国政府和领导人进行了恶毒攻击,攻击"卖国贼毛泽东是史太林(原文如此——笔者注)的奴隶,在毛贼统治下的人们又是他的奴隶",声称"汉贼不两立,忠奸不并存",吹嘘"自由中国经过三年来励精图治,已经成为反共阵营中的中坚了,不久的将来,一定会反攻大陆光复国土的",[③] 号召潮汕地区民众像几百年前"八月十五杀鞑子"那样"八月十五杀共匪",[④] 要求当地

---

① 台北:"国史馆",蒋中正"总统"文物,其他—西方企业公司卷,典藏号 002—080106—00080—017,图档号 002—080106—00080—017 – 094a. jpg。

② 台北:"国史馆",蒋中正"总统"文物,其他—西方企业公司卷,典藏号 002—080106—00080—017,图档号 002—080106—00080—017 – 123a. jpg。

③ 台北:"国史馆",蒋中正"总统"文物,其他—西方企业公司卷,典藏号 002—080106—00080—017,图档号 002—080106—00080—017 – 020a. jpg。

④ 台北:"国史馆",蒋中止"总统"文物,其他—西方企业公司卷,典藏号 002—080106—00080—017,图档号 002—080106—00080—017 – 023a. jpg。

官兵"掉转你们的枪口","重返祖国的怀抱"。①

除了制作投送宣传品、开展"四字运动"外，美国也利用无线电广播开展了对中国隐蔽的宣传战。

新中国成立后，随着"冷战"在亚洲的扩展，美国政府为了遏制共产主义在亚洲的扩张，乃至颠覆新中国政府，仿效欧洲模式，暗中支持资助一些反华反共人士，于1951年3月12日在旧金山成立了"自由亚洲委员会"，并在旗下成立了自由亚洲电台（Radio Free Asia，RFA）。该委员会和电台名义上是私人组织和电台，但实际上被美国政府控制，是美国对中国实施隐蔽行动的工具，"是由美国国家安全委员会批准成立、由中情局间接资助的秘密行动机构，其目的就是建立一个有充分自由的私人机构，去做政府想做但不便做或不能做的事"。② 1951年9月4日，自由亚洲电台开始广播，使用普通话、中国方言和英语，每天播出4小时，每周用六天向中国大陆和东南亚华侨播出，节目包括新闻、时评、人物和音乐。受众主要为无线电拥有者、通讯工作人员、军队和其他基于工作需要收听各种广播的官员。为了加强播出效果，它还在马尼拉设立了转播站。③ 自由亚洲委员会主席布雷顿·威尔伯明确指出，RFA的最终目标是"用确凿的、准确的、真实的新闻刺破亚洲的'铁幕'"。④

与此同时，美国也通过所谓联合国军的广播对中国进行隐蔽的宣传战。根据1960年美国海外情报活动总统委员会的一份报告，在美国已经实施并将继续实施的对中国的情报计划中，"联合国军司令部之声用普通话和广州话每周播送约28个小时，尽管表面上这是一个联合国军的无线

---

① 台北："国史馆"，蒋中正"总统"文物，其他—西方企业公司卷，典藏号002—080106—00080—017，图档号002—080106—00080—017 – 025a. jpg。

② Cold War Radio, September 4, 2012. http：//coldwarradio. blogspot. com/2012/09/september – 04. 转引自毕研韬：《自由亚洲电台背景分析》，《青年记者》2013年8月上，第87页。

③ International Radio Broadcasting by Radio Free Asia, Apr 1, 1953. CK3100139128, DDRS. 郭永虎：《"争夺心灵和思想"——20世纪50—60年代美国对华心理宣传战初探》，《史学集刊》2015年第3期，第70页。

④ Cold War Radio, September 4, 2012. http：//coldwarradio. blogspot. com/2012/09/september – 04 – 1951 – original – radio – free. htm. 转引自毕研韬《自由亚洲电台背景分析》，《青年记者》2013年8月上，第87页。

电台，但它实际上是由驻扎在朝鲜、冲绳、日本的美军所操作的"。① 这
显然是一种隐蔽宣传。

## 四

在 20 世纪 50 年代美国对中国隐蔽的宣传战中，有一个领域不能不论
及，这就是美国对海外华人实施的"反共保台"隐蔽宣传战。

新中国成立后，美国为了阻止所谓中国共产主义向东南亚的扩张，
该地区多达上千万的华人就不能不成为美国关注的对象。近代以来中国
东南沿海很多人移居东南亚谋生。由于东南亚国家与中国大陆或地域相
连，或距离较近；特别是中国传统文化根深蒂固，中国人的家乡观念甚
浓；加之很多人的亲友仍在国内，东南亚华人与母国的联系非常紧密，
时刻关心着祖国的发展。因此，阻止这些人倒向新中国，引诱拉拢他们
支持台湾国民党政府，就成为美国对华政策、对东南亚政策的一个重要
组成部分。其中一个重要方面就是实施"反共保台"的隐蔽宣传战。

1950 年 2 月中旬，美国国务院指派无所任大使菲利普·杰瑟普
（Philip C. Jessup）在泰国曼谷主持召开了驻亚洲国家使领馆首席官员会
议，2 月下旬国务院又派员参加了在新加坡召开的美国驻 11 个亚洲国家
首席公共事务官员会议。这两次会议"确定了新形势下美国在东亚抵御
和反击新中国宣传活动的基本原则"，即宣传主题由"宣扬美国"转为
"反中共"；主要宣传对象由大陆民众调整为海外华人。② 紧接着，"1950

① 《海外情报活动总统委员会关于中国未来发展趋势及美国对策的报告》（1960 年 5 月 23
日），孔晨旭译，张民军校，载沈志华、杨奎松主编《美国对华情报解密档案（1948—1976）》
第 2 卷，东方出版中心 2009 年版，第 184 页。

② "Public Affairs Officers Conference", March 9, 1950, General Records of the Department of
State, Record Group 59（RG 59）, Records Relating to International Information Activities, 1938 -
1953（Assistant Secretary of State for Public Affairs）, Lot 52D365, Box 48, The U. S. National Ar-
chives and Records Administration at College Park, MD.（hereafter as NARA）. 转引自翟韬《美国对
东南亚华人宣传政策的演变（1949—1964）》，《美国研究》2013 年第 1 期，第 118—119 页。首
都师范大学青年学者翟韬博士依据在美国国家档案馆查阅的资料，对冷战前期美国对华宣传和文
化外交进行了深入研究，本节较多借鉴了其研究成果，转引了其收集的档案资料，在此谨致特别
感谢。

年 4 月，国务院发布文件要求加强在东南亚海外华人中的宣传和教育交流活动。"① 1952 年，美国国务院正式出台了《美国新闻处对东南亚海外华人宣传计划》。文件规定了对东南亚海外华人宣传的方针和主题，要求"以'反中共'宣传为主，正面宣传美国和'自由世界'为辅。'反中共'的宣传主题有：第一，揭露'中共暴行'，包括宣传'中共政权在中国大陆特别是南中国的一些地区（大多数华人是从广东和福建两省移民海外的）实施高税收、镇压、社会控制和死刑等种种行为'；第二，论证中共政权损害海外华人的利益，首先是强调'北平政权既没能力也无意给海外华人少数族裔提供支持和保护'，其次是宣传'共产党的扩张和东南亚华人的个人利益是矛盾的'；第三，揭露中共政权和苏联关系的实质，'北平政权代表的民族主义是一种虚假的民族主义。在现实中，中国人民被北平政权用作苏俄施行帝国主义的工具'。正面宣传美国和'自由世界'的主题是：'自由世界有力量和信心阻止共产主义的扩张政策'。"②

遵照这些指示精神和规定，美国驻东南亚各国使领馆的新闻处开展了大量公开与隐蔽的宣传活动，其中香港美国新闻处成为宣传活动的中心和基地，这是因为"香港距离中国大陆地理位置最近，可以获取新中国的最新信息；香港具备大陆以外最丰富的传媒资源，对大陆以外华人圈拥有巨大影响力，美方可以依托这种资源制作中文汉语宣传材料；香港还拥有庞大的大陆赴港'流亡者'群体，这不仅可以作为宣传主题来'推广'，且这一群体还是美方可以利用的传媒人才资源；在香港各国非政府的反共组织云集，美方可以依托和利用其开展宣传活动。"③

---

① 翟韬：《美国对东南亚华人宣传政策的演变（1949—1964）》，《美国研究》2013 年第 1 期，第 120 页。

② "USIS Plan for Overseas Chinese in Southeast Asia," May 28, 1952, RG 59, Records Relating to International Information Activities, 1938 - 1953 (Assistant Secretary of State for Public affairs), Lot53D126&53D196, Box 100, NARA. 转引自翟韬《美国对东南亚华人宣传政策的演变（1949—1964）》，《美国研究》2013 年第 1 期，第 121 页。

③ Guide Lines for United States Programs Affecting the Overseas Chinese in Southeast Asia, December 11, 1957, RG 59, Records Relating to Participation in the Operations Coordinating Board (OCB), 1953—1961, Lot 62D430, Box 28, NARA. 转引自翟韬《"冷战纸弹"：美国宣传机构在香港主办中文书刊研究》，《史学集刊》2016 年第 1 期，第 72 页。

由于制作电影进行宣传耗资费时费力，广播宣传有专门电台"美国之音"，香港美国新闻处对东南亚华侨的宣传活动主要采取了出版发行书刊的形式。这其中还有一个更重要的原因，即美国政府把对东南亚华侨进行宣传的主要对象确定为青年学生、知识分子和媒体人群体。1952 年美国制定的《美国新闻处对东南亚华侨的计划》设定的宣传目标人群为商人、知识分子和学生、劳工这三大类。① "但是美方评估，教师和学生这个群体总体上是'亲共'的，是新中国宣传的主要目标，而且是中国共产党'渗透'东南亚的主要工具（principal wedges），所以美方的宣传工作就渐渐地转向以教师和学生为主"。② 1953 年修订宣传计划时，香港方面又根据实际情况增加了东南亚中文"媒体人"这个目标，原因是这个群体是可以影响和塑造整个东南亚华人的舆论（opinion molder）。③ 青年学生、知识分子和媒体人文化程度较高，更关注信仰和理念，更容易通过书刊来影响其信念，通过出版发行书刊影响这些群体也就成为香港美新处的主要宣传活动。

香港美新处通过出版发行书刊对东南亚华人进行反中共宣传采取了公开与隐蔽并用的方式。

1951 年香港美新处开始实施一个名为"书籍翻译项目"（Book Translation Program）的宣传计划，包括组织人力把在美国出版的一些宣扬美国、反共反苏的英文书籍翻译成中文出版发行，组织人力撰写反中共的小说出版发行，以及在香港图书市场购买一些同类题材的著作通过各种渠道发行到东南亚。这其中最具隐蔽性的就是找人撰写反共小说。当时

① USIS Plan for Overseas Chinese in Southeast Asia, May 28, 1952, RG 59, Records Relating to International Information Activities, 1938 — 1953（Assistant Secretary of State for Public Affairs），Lot 53D126&53D196, Box 100, NARA. 转引自翟韬《"冷战纸弹"：美国宣传机构在香港主办中文书刊研究》，《史学集刊》2016 年第 1 期，第 73 页。

② USIS Hong Kong Semi — Annual Report for May 31, 1951, August 27, 1951, RG 59, Central Decimal Files 1950 — 1954, 511. 46g, Box 2575, 511. 46g /8 — 2751, NARA. 转引自翟韬《"冷战纸弹"：美国宣传机构在香港主办中文书刊研究》，《史学集刊》2016 年第 1 期，第 73 页。

③ Draft Plan for USIS Hong Kong, June 9, 1953, RG 59, Central Decimal Files 1950 — 1954, 511. 46g, Box 2575, 511. 46g /6 — 953, NARA. 转引自翟韬《"冷战纸弹"：美国宣传机构在香港主办中文书刊研究》，《史学集刊》2016 年第 1 期，第 73 页。

在香港有很多从中国大陆流亡来的学者、教师、作家等知识分子，他们大都生活窘困，处境艰难。香港美新处就在其中物色了一些善写小说的人，给他们提供经费、素材，甚至确定主题大纲，让他们撰写丑化新中国政府、揭露所谓中共"罪行"、大陆民众生活凄惨的小说，交出版社出版发行。著名作家张爱玲便是其中之一。20 世纪 50 年代初，张爱玲由沪来港，为维持生计，就接受了美新处的资助，为其翻译和写作。她为美新处写了《秧歌》和《赤地之恋》两部小说。《赤地之恋》"由美新处直接拟好故事大纲：一个革命青年参加土改、三反运动和朝鲜战争的'三段式'，再由张爱玲操刀创作，张写完之后交稿，美新处又让其他作者补充了两章，也未经张爱玲同意便出版了"。① 时任香港美新处主任理查德·麦卡锡（Richard M. Mc Carthy）称《秧歌》为"美新处的产儿"（USIS Baby）。② "《赤地之恋》一书甚至直接担负起了美国宣传机构恐吓华侨学生赴大陆求学的'政治任务'"。③ 据统计，"截至 1962 年，香港美新处一共策划出版中长篇作品 373 种（尚不算'独立出版书籍'）"。④

在刊物编辑发行方面，1952 年香港美新处创办了一个中文期刊《今日世界》（World Today），发行范围是整个华人世界，初为半月刊，1972 年后改为月刊，1980 年停刊，总共发行 598 期。1952—1957 年以"美国新闻处"名义刊行，之后改为以隐蔽的方式，以商业出版机构"今日世界出版社"的名义发行，是冷战前期中国大陆以外发行量最大的中文杂志，在 20 世纪五六十年代每期发行十几万份，一年累计发行量可达 200

---

① 翟韬：《"冷战纸弹"：美国宣传机构在香港主办中文书刊研究》，《史学集刊》2016 年第 1 期，第 79 页。

② Letter Richard M. Mc Carthy to B. Frank Steiner, July 12, 1954, Folder: Book Translation Project, Box 1, USIS IIK 1951 — 1955, RG84, NARA. 转引自翟韬《"冷战纸弹"：美国宣传机构在香港主办中文书刊研究》，《史学集刊》2016 年第 1 期，第 79 页。

③ Foreign Service Despatches 33 Hong Kong to USIA. USIA Materials for Overseas Chinese Students, June 16, 1954, Folder Overseas Chinese Education, Box 6, USIS HK 1951 — 1955, RG 84, NARA. 转引自翟韬《"冷战纸弹"：美国宣传机构在香港主办中文书刊研究》，《史学集刊》2016 年第 1 期，第 79 页。

④ Inspection Report：USIS Hong Kong, April 10, 1962, RG 306, Records of the Inspection Staff — Inspection Reports and Related Reports, 1954 — 1962, Box 4, NARA. 转引自翟韬《"冷战纸弹"：美国宣传机构在香港主办中文书刊研究》，《史学集刊》2016 年第 1 期，第 78 页。

万—300 万份，在大陆以外的华人世界拥有巨大影响力。① 为了精心打造
这个期刊，使其发挥最大影响，香港美新处下了极大功夫，将总经费的
1/4 投入其中。在版面的安排和内容的选择上，力求将可读性和娱乐性融
为一体，每期包括 5 万文字和 80 幅左右的图片，有新闻报道、时事评论、
文学作品、照片漫画等，主要内容为炫耀美国、中国香港、中国台湾的
生活和成就，对中国大陆进行影射攻击。由于香港美新处的精心打造，
该刊确实产生了巨大影响。根据台北美新处对在台湾接受中学教育和高
等教育的东南亚华侨学生的调查，他们几乎全部阅读过该刊 5 年以上，
到台湾之后还继续保持这种阅读习惯。此外，根据各个东南亚新闻处站
点反馈的信息，也证明了《今日世界》的效果。如泰国曼谷的华侨每四
人中就有一人读过《今日世界》，泰国南部的华侨则是每两人中就有一人
读过此刊物。②

在教育领域，美国为与新中国争夺海外华人学生，"借助设在台北的
华美委员会（Chinese-American committee in Taipei），美国成功扩充了台
湾大中学校的设施，使其可以接纳额外的 1000 名海外学生。到 1955 年 9
月，则可增加至 2600 名"。③

# 五

20 世纪 50 年代美国对中国隐蔽的宣传战是美国对中国及整个社会主
义阵营遏制政策的重要组成部分，是美国对苏联集团全面遏制战略在宣
传领域的具体实施。它凸显了美国政府对宣传手段的重视，此时的美国
已不再将宣传看作是不道德的欺骗行为，至少在对外战略中是如此。利
用公开的和隐蔽的各种宣传手段，丑化对手，美化自己，煽动对方民众
对政府的不满，挑动内乱，给对方制造各种麻烦，直至推翻对方政府，
已成为美国政府的家常便饭。这也凸显了东西方冷战争夺的意识形态性

---

① 翟韬：《"冷战纸弹"：美国宣传机构在香港主办中文书刊研究》，《史学集刊》2016 年
第 1 期，第 74 页。

② 同上书，第 76 页。

③ 张杨：《"海外华人项目"与美国反华保台之心理战政策初探》，《东北师大学报》（哲
学社会科学版）2010 年第 3 期，第 57 页。

质，分别以美苏为首的两大阵营的冷战争夺并非仅仅是世界霸权之争，而是更深层次的改变对方意识形态和社会制度的斗争，宣传则是实现后者的最重要的手段。

20世纪50年代，苏联和中国是美国的两个最主要对手，美国对苏中都实施了隐蔽的宣传战，但却表现出各自不同的特点。从宣传形式来看，美国对苏联主要通过幕后支持的"自由电台"进行无线电广播，50年代中后期美国在确立和平演变战略之后又增加了通过促进双方的文化交流进行宣传。美国对东欧国家曾空投了大量宣传品，但对苏联的此类案例并不多见。美国对中国则主要采取了空投宣传品的形式，虽然也搞了个自由亚洲电台，但存在时间并不长。从宣传内容来看，美国对苏联的宣传较为平和，以宣传美化西方社会的生活为主；对中国的言辞更加激烈，几乎是进行了全面的恶毒的攻击。从宣传受众来看，对苏联的宣传基本限于国内人群，对中国的宣传则扩展到上千万海外华侨。此外，美国对中国的宣传与准军事行动相结合，对苏联则未实施准军事行动。之所以有如此多的差别，主要是因为苏联国土广袤，还有几个东欧国家作为战略前沿，加之防空力量较为强大，民众拥有收音机数量较多，空投宣传品难以实施，无线电广播则效果更佳；中国当时防空力量弱，民众生活低，中国的台湾和香港或与中国大陆仅一峡之隔，或紧密相连，以此为基地，对中国大陆进行空投、渗透和准军事行动较为容易。同时，中国与美国在朝鲜战场上进行了你死我活的大规模战争，美国把中国看成是比苏联更凶恶的敌人，对中国更加仇视，对中国的攻击也更加狠毒；中国有众多热爱祖国的海外华侨，阻止华侨支持中国也成为美国对中国隐蔽宣传战的重要内容。这些都反映出冷战时期美国政府颇能因地制宜，对不同敌手制定和实施不同战略策略，以实现其遏制苏联、中国的所谓共产主义扩张，促使其内部发生变化的大战略目标。

20世纪50年代，美国中情局乘新中国刚刚成立、国力薄弱之机，采取隐蔽手段，在中国沿海和内陆大量散发各种反动宣传品，如入无人之境；自由亚洲电台也效法自由欧洲电台应运而生，对中国大陆进行频繁广播；美新署则与中情局互相呼应，采取公开与隐蔽的手段，大量制作出版反华反共书刊，在东南亚华侨中广为发行，其效果到底如何？虽然宣传触及的是人的思想灵魂，其效果很难具体统计，但许多事实证明，美国对中国隐蔽宣传战是不得人心的、总体上是失败的。美国对中国实施隐蔽宣传战的根本目的，是要煽动中国内乱，阻止破坏中国的建设发展，破坏中苏关系，乃至颠覆中国政府。但从西方公司上述宣传品可知，其皆为诽谤污蔑捏造等不实之词，与中国当时的社会现实相比截然相反。当时全国人民正在党的领导下，享受着翻身得解放的新生活，热火朝天地进行土地改革、合作化、社会主义改造和抗美援朝运动，那些污蔑中国社会一片黑暗、人民生活痛苦凄惨、各级领导腐败无能等谰言谁能相信，只能更加暴露和看清谣言制造者反华反共的嘴脸和险恶用心。美国隐蔽的宣传战丝毫未能阻碍中国革命和建设的步伐，中国政府的统治愈加巩固。

就自由亚洲电台来说，1953 年 4 月 1 日，美国政府在一份名为《自由亚洲电台的国际广播》的报告中评估了其广播作业，指出由于该电台的发射功率低，其广播"在亚洲任何地方都不能被正常听到"。① 该报告被提交给了总统特别助理。1953 年 4 月 15 日，"自由亚洲委员会"做出了停止该电台的决定。1953 年 4 月 30 日，该委员会主席布雷顿·威尔伯向媒体宣布了这一决定，称"与亚洲人民的沟通将以其他形式取代"。② 自由亚洲电台的宣传遭到了彻底失败，存在了不足两年就被取缔。

20 世纪 50 年代美国对中国隐蔽宣传战的失败还在于中共宣传力量的强大。中共历来重视宣传工作。1951 年 1 月 1 日，中共中央做出了《关于在全党建立对人民群众的宣传网的决定》，指出，为了对那些"错误的和反动的宣传和谣言"进行"及时的、应有的和致命的打击"，"及时地在人民群众中进行充分的宣传解释""党的政策与主张"，"必须有系统地建立对人民群众的经常性的宣传网，即在党的每个支部设立宣传员，在党的各级领导机关设立报告员，并建立关于宣传员、报告员工作的一定

---

① International Radio Broadcasting by Radio Free Asia, Apr 1, 1953. CK3100139128, Declassified Documents Reference System（DDRS）.

② Cold War Radio, September 4, 2012. http：//coldwarradio. blogspot. com/2012/09/september－04－1951－original－radio－free. htm. 转引自毕研韬《自由亚洲电台背景分析》，《青年记者》2013 年 8 月上，第 88 页。

制度"。① 文件对宣传员、报告员的选拔、任务、宣传工作的开展等做出了明确具体的规定，强调要"在全党范围内迅速建立宣传员和报告员制度"。② 2月25日，中共中央发出了《关于健全各级党委宣传机构和加强党的宣传教育工作的指示》。③ 3月14日，又发出了《关于贯彻落实建立宣传网的决定的指示》。④ 据此，各地纷纷加强宣传工作，建立由报告员、宣传员等组成的宣传网。如中共湖南省委决定："区以上的各级党委员会的书记与委员以及各级人民政府中担任负责工作的党员中，应挑选适当人员，经党的委员会批准，组成报告员的固定组织。按中央决定，报告员每两个月向当地人民群众做一次关于时事、政策、工作任务、工作经验的有系统的政治报告。"⑤ "各地必须立即动手，根据中央决定与中南局指示，切实结合当前各项中心工作（农村在土改运动中，城市在抗美援朝运动和爱国主义生产竞赛中），开始建立宣传网（员）的工作，先在城镇大力普遍建立，同时有步骤地向农村开展这一工作。在本年六月份以前，必须在工厂、矿山、铁路、学校、机关、城市中的群众团体及城市街道的支部中，有计划地、有重点地逐步建立起来。……在今年六月以前，农村中凡已建立支部和工作基础较好的地区，必须将宣传员普遍建立起来，没有支部的地方，宣传员由区委直接领导"。⑥ 指示要求，各级党委要定期讨论对人民群众的宣传工作，党委书记应直接领导宣传工作。该指示在执行几个月后，到5月底，"全省县以上报告员已初步建立起来，计省委级48人，地委级244人，县委级492人，区委级399人，总计1183人。"⑦ 五一节前后，省委报告员有26人做了报告，听众达50余

① 中央档案馆、中共中央文献研究室编：《中共中央文件选集（1949年10月—1966年5月）》第五册（1951年1—4月），人民出版社2013年版，第1—2页。

② 同上书，第5页。

③ 同上书，第197—201页。

④ 同上书，第278页。

⑤ 中共湖南省委：《中共湖南省委关于执行党中央〈关于在全党建立对人民群众的宣传网的决定〉的指示》（草案），1951年1月。湖南省档案馆：《中共湖南省委》，141-1-87。

⑥ 同上。

⑦ 中共湖南省委：《中共湖南省委对中央建立宣传网决定执行情况的报告》，1951年6月6日。湖南省档案馆：《中共湖南省委》，141-1-87。

万人。① 同期，全省已建立宣传员 5692 名，此外，还有非党宣传网，即由非党员群众组织的板报组、读报组等，仅衡阳市就有读报组 1087 个，参加者达 1.5 万多人。② 中国江西省委在 1951 年 1 月 23 日发出的《关于执行党中央〈关于在全党建立对人民群众的宣传网的决定〉的半年具体计划》中要求，"全省上半年保证建立党的宣传员至少发展到两万人"，其中"南昌市保证五百人、赣州市三百人、浮梁吉安九江各二百人、上饶袁州抚州宁都各一百人"，"全省约一半土改乡（全省八千五百乡）每乡三人，约一半未土改乡每乡一人"。报告员数目，"省十五人、南昌市十人、赣西南区党委及赣州市地委赣州市十人、浮梁吉安九江等地委各六人、其他地委各五人、各县三至五人、各区一至三人"。③ 文件还就如何建立宣传网及其组织领导问题做出了具体规定。与此同时，中共中央中南局也发出了《关于执行中共中央〈关于在全党建立对人民群众的宣传网的决定〉的指示》，对 1951 年实现中共中央的决定提出了明确具体的要求，要求在辖区各地迅速建立由报告员、宣传员和非党宣传网组成的宣传网，并要求其"完全实现"。④ 如此庞大的宣传网，经常适时地进行国内外形势及党和政府的方针政策宣传，使广大群众接收大量正面信息，自然使美国中情局的那些负面宣传无人相信，难以发挥作用。

如果说这一时期美国对中国隐蔽的宣传战还产生了一定影响的话，主要表现在如下几个方面。

首先，进一步恶化了中美关系，加剧了中美对抗和东西方冷战。西方公司给中国大陆空投或偷运的数以亿计的宣传品，对中国党和政府领导人恶毒攻击，对中国的社会状况大肆污蔑，竭力煽动民众起来造反和支持残余的国民党武装、解放军官兵叛变，这就使美国政府在中国政府和人民心目中的形象更加恶劣，将其视为全世界人民最凶恶的敌人，反

---

① 中共湖南省委：《中共湖南省委对中央建立宣传网决定执行情况的报告》，1951 年 6 月 6 日。湖南省档案馆：《中共湖南省委》，141 - 1 - 87。

② 同上。

③ 《中共江西省委关于执行党中央〈关于在全党建立对人民群众的宣传网的决定〉的半年具体计划》，《江西政报》1951 年第 1 期，第 17—18 页。

④ 《中共中央中南局关于执行中共中央〈关于在全党建立对人民群众的宣传网的决定〉的指示》，《江西政报》1951 年第 1 期，第 15 页。

对美帝国主义的态度更加坚定强烈。在这一时期，中国坚决站在苏联一边，与苏联成为非常紧密的军事政治同盟，两国在国际斗争中互相支持，使社会主义阵营空前强大，国际影响力迅速增强，东西方冷战愈演愈烈。1953 年斯大林逝世后，由于苏联方面调整了政策，美苏关系开始解冻，但中国与美国的冷战则在继续加剧，乃至在 1954 年和 1958 年上演了两场台海危机。

其次，加强了美台合作，强化了美台关系。如前所述，1949 年前后，由于对蒋介石政府完全失望，美国一度曾想放弃对蒋介石的支持，开始寻找"第三势力"。朝鲜战争爆发后，美国虽然将台湾作为遏制中国的一个基地，但美国对蒋介石政府并不完全信任，美台关系并未完全改善。第七舰队封锁台湾海峡也有一个目的即阻止蒋介石政府反攻大陆，制造麻烦。蒋介石政府多次要求派军赴朝参战，也遭到了美国的拒绝。美国中情局开始对中国实施隐蔽的宣传战后，与台湾军方和情报部门互相合作，配合行动，这也就促进了双方关系的密切和加强。1954 年 12 月，美台双方签署了《共同防御条约》，结成了军事政治同盟，"但强化维系台美日后关系者，却是相当依赖情报计划之合作落实；中央情报局台北站也成了美国驻台军事单位中最受国府信任之组织"。[1] 到 20 世纪 50 年代末 60 年代初，中央情报局台北站站长雷·克莱恩（Ray Steiner Cline）与台湾主管情报部门的蒋经国成为极其亲密的朋友。[2] 可见，中情局的活动对美台关系的发展产生了重要影响。同时，香港美新处也与台北美新处密切合作，在制作的宣传品中加入大量颂扬台湾社会的内容，进一步加强了美台关系。

再次，丑化了新中国和中共形象，破坏了海外华侨对祖国大陆的感情，疏离了他们与祖国大陆的关系。

热爱故乡和祖国是中华民族的优良传统。作为一个中国人，无论走到哪里，都会牵挂故乡，心系祖国。新中国成立后，广大海外华侨为祖

---

[1]　涂成吉：《克莱恩与台湾——反共理想与理性之冲突和妥协》，秀威资讯科技股份有限公司 2007 年版，第 2—3 页。

[2]　克莱恩于 1956 年被正式任命为中央情报局台北站站长，经一年中情局设在弗吉尼亚州的"农场"（Farm）训练，也即情报技术等训练，1958 年年初到任，1962 年离任回国，就任中情局副局长。

国的新生欢欣鼓舞，不少人突破重重障碍，返回祖国，报效国家，钱学森、邓稼先等就是他们的优秀代表。也有不少人为祖国的发展捐款捐物，大量青年回国求学。美国政府为了阻止这些现象的发生，拉拢海外华侨反共反华亲美亲台，从 1951 年开始实施了"书籍项目"，由香港美新处暗中运作，出版了大量反华反共的译著、小说等，通过各种渠道在海外华侨、特别是东南亚华侨中免费散发传播，"截止到 1962 年，香港美新处一共策划出版中长篇作品 373 种。"① 1955 年之前，年发行翻译书籍和原创书籍最高纪录达 30 万册。② 由香港美新处暗中策划、当地商业出版社出版的半月刊《故事画报》（Story Papers）主要刊载由本地作家创作的中短篇反共小说，由于图文并茂而广受欢迎，每年出版 24— 26 期，最高纪录一期卖到 10 万份以上。③ 列宁曾言："书籍是巨大的力量"。有时一本书就可以改变一个人的世界观乃至其命运。美国政府通过香港美新处实施的这些隐蔽宣传，与其公开宣传相配合，竭力污蔑丑化新中国和中共形象，产生了很大影响，破坏了海外华侨对祖国大陆的感情，疏离了他们与祖国大陆的关系。一些华侨青年放弃了赴中国大陆求学，转而选择台湾。此外，香港美新处实施的书籍项目也增强了香港反共反华传媒业的实力，使其在反共反华宣传中发挥了更重要的作用。在"书籍项目"开始一年多之后，美新处评估道，一年半以前在香港出版业中的"亲共力量"还没有对手，而正是靠着美方一批翻译书籍的合同扶植起了一批反共出版社，得以抗衡亲共势力。④

最后，促使中国共产党和政府进一步加强了社会管理，在不断加强正面宣传的同时，也要求民众凡捡到或收到的美蒋反动宣传品不得收藏，

---

① Inspection Report：USIS Hong Kong, April 10, 1962, NARA. 转引自翟韬《"冷战纸弹"：美国宣传机构在香港主办中文书刊研究》，《史学集刊》2016 年第 1 期，第 78 页。

② USIS Hong Kong Semi — Annual Report, March 26, 1953, RG 59, Central Decimal Files 1950 — 1954, 511.46g, Box 2575, 511.46g/3 — 2653, NARA. 转引自翟韬《"冷战纸弹"：美国宣传机构在香港主办中文书刊研究》，《史学集刊》2016 年第 1 期，第 78 页。

③ Assessment of USIS — Hong Kong Operations Since November 20, 1956, February 20, 1958, NARA. 转引自翟韬《"冷战纸弹"：美国宣传机构在香港主办中文书刊研究》，《史学集刊》2016 年第 1 期，第 79 页。

④ USIS Hong Kong Semi — Annual Report, March 26, 1953, NARA. 转引自翟韬《"冷战纸弹"：美国宣传机构在香港主办中文书刊研究》，《史学集刊》2016 年第 1 期，第 80 页。

一律上交，也不得"收听敌台"，违者将受到法律制裁。当时新中国成立不久，外有美国为首西方集团的封锁遏制，内有蒋介石残余的颠覆破坏和反攻叫嚣，政权尚未完全稳固，采取这些比较严厉的管制措施是可以理解的。但这也为敌对势力攻击中国压制人权、没有自由提供了口实。

（本文作者系陕西师范大学历史文化学院教授）

# 核武器、古巴导弹危机与美苏关系

赵学功

  古巴导弹危机是冷战时期美苏之间的一次直接的核对抗，对当时的国际关系产生了深刻影响。核武器在危机的发生、发展以及结束过程中都起了一定的作用。这场危机之所以发生，在很大程度上是美苏核军备竞赛的结果，是苏联为了谋求战略上与美国达成平衡。危机期间，美国军方试图利用美国的核优势，对苏联在古巴的导弹基地实行外科手术式的打击，以消除苏联导弹对美国的威胁，同时准备打一场美苏战争，并为此进行了相应的军事准备。但制约美国用军事手段解决问题的因素也很多，最终使美国决策者未敢轻举妄动，而是通过政治途径解决问题。这场危机对美苏关系产生的重要影响就是双方对核对抗的危险性有了更清醒的认识，从而开启了两国关系有限缓和的时代。另外，这场危机也对美苏关系产生了严重的负面影响，那就是危机之后苏联进一步加强核力量的建设，并在 20 世纪 60 年代末达成了与美国的战略平衡。

一

  核军备竞赛是美苏冷战的重要特征之一。战后初期，美国的核力量一直居于优势地位。赫鲁晓夫执政后，大力扩充苏联的战略核力量，将核武器视为维护国家安全、对外进行威慑的重要工具。1957 年 8 月，苏联首先成功发射了洲际导弹和人造地球卫星。赫鲁晓夫决意借此取得"最大限度政治上的好处"，对美国施加压力。他声称苏联现在拥有所需的各类导弹，包括远程、中程和短程导弹，制造导弹就像制造香肠一样，不断从车间里成批生产出来；"世界的力量对比已开始发生根本的变化"，苏联已经把美国这个世界第一强国"甩到后面"，苏联的导弹可以打击美国和欧洲的任一城市。他宣称，"十分明显，苏联既然能把火箭送到几十万公里的宇宙空间，也就能把强大的火箭百发百中地发射到地球上的任何一点"。①

1960 年 1 月，赫鲁晓夫在最高苏维埃主席团会议上提出了"火箭核战略"，强调要用火箭核武器威慑美国，使其不敢发动战争。他表示，现在空军和海军已经失去了以往的意义，这类武器不是要削减，而是要被代替；苏联军队已经在很大程度上转用火箭核武器，这种武器正在日益完善，而且将继续完善。"当前决定国防力量的不是我们有多少士兵肩荷枪支，有多少人身穿军大衣"，而是取决于火力如何，取决于掌握着什么样的发射工具。他强调，苏联已经拥有许多核武器以及向可能的侵略者的领土发射这种武器的相应的火箭，而且苏联的火箭优于美国；美国"用战争吓唬我们，我们也拿战争吓唬他们"。苏联可以"把进犯我们的一个或数个国家"从地球上消灭掉，虽然也会遭受很大的灾难，但可以忍受核打击；"我们将存在下去，我们的领土辽阔广大，人口比起其他许多国家来不太集中在大工业城市里。最遭殃的将是西方"。他断言，"如果侵略者发动新战争，那么这种战争不仅是他们最后一次战争，而且也是资本主义的末日"。同时他宣布，苏联将尽一切努力来发展火箭武器，并且要在这一方面居于领先地位。② 为此，赫鲁晓夫奉行了大力发展战略火箭部队的战略，使苏联核弹头数量由 1956 年的 400 枚增至 1961 年的 2450 枚，并在 1961—1962 年进行了 112 次核试验，在核领域与美国展开了激烈的竞赛，战略核威慑成为苏联冷战政策的工具。在赫鲁晓夫看来，只有拥有强大的核武器才能对美国起到有效的威慑作用，阻止其发动战争，维护苏联的国家安全。他强调，"现在重要的是我们的核火箭库的质

---

① John Newhouse, *War and Peace in the Nuclear Age*, New York: Alfred A. Knopf, 1988, p. 122；徐天新：《核武器与赫鲁晓夫的对美政策》，《北大史学》第 11 期，北京大学出版社 2005 年版，第 128 页。

② 赫鲁晓夫：《裁军是巩固和平和保障各国人民友谊的途径》，《人民日报》1960 年 1 月 16 日。

量和数量"，"保卫我国和制止帝国主义侵略的能力要靠我们的核武器和核火力"。他还称，"我们主要的、最强大、最危险的敌人离我们那么远，甚至我们的空军也到不了，只有建立一支核火箭部队，才能使敌人不至于对我们发动战争"。苏联之所以虚张声势，不断宣扬苏联的战略力量，目的就是要让美国和整个世界都相信苏联已经取得了优势，希望以此来遏制西方国家的进攻企图。①

美国对苏联核力量的发展深感震惊，并由此产生了所谓的"导弹差距"。当时的美国舆论普遍认为，苏联在远程导弹方面遥遥领先于美国，美国已经丧失了原来的战略优势，苏联的导弹直接威胁着美国的安全，使美国处在历史上最危险的时期。1957 年美国《国家情报分析报告》认为，苏联在 1960 年年底之前，将部署 500 枚洲际导弹，到 1961 年年中可达到 1000 枚。而美国 1960 年仅有 30 枚洲际导弹，到 1961 年为 70 枚。美国媒体也对此大肆渲染。知名政治评论员约瑟夫·阿尔索普根据有关情报判断，1959 年苏联计划部署洲际导弹 100 枚，1960 年为 500 枚，1961 年增至 1000 枚，1962 年为 1500 枚，到 1963 年底将达到 2000 枚。而美国洲际导弹的数量是 1960 年为 30 枚，1961 年 70 枚，1962 年 130 枚。② 他在专栏文章中写道，"在五角大楼，人们一谈起导弹差距就惊恐不已"。参议员赛明顿 1959 年更是宣称，今后三年内苏联将拥有 3000 枚洲际导弹，美国情报机构低估了苏联所拥有导弹的数量。1959 年 1 月，美国国防部部长麦克罗伊首先提出了"导弹差距"论，认为到 20 世纪 60 年代初期，苏联洲际导弹的数量将是美国的 3 倍。"由于苏联吹嘘它的优势，以及美国承认暂时存在导弹差距，舆论似乎得出这样的结论：美国不仅目前在军事上落后于苏联，而且在以后的 10 年或 20 年中也将继续落后"。③

---

① Michael Dobbs, *One Minute to Midnight: Kennedy, Khrushchev, and Castro on the Brink of Nuclear War*, New York: Alfred A. Knopf, 2008, p. 37.

② Christopher Premble, "Who Ever Believed in the Missile Gap: John F. Kennedy and the Politics of National Security," *Presidential Studies Quarterly*, vol. 33, No. 4, December 2003, p. 805; Roy Licklider, "The Missile Gap Controversy," *Political Science Quarterly*, vol. 85, No. 4, December 1970, p. 605.

③ Newhouse, *War and Peace in the Nuclear Age*, p. 122；托马斯·沃尔夫:《苏联霸权与欧洲》，冷向洋译，上海人民出版社 1976 年版，第 116 页。

尽管肯尼迪执政后很快就发现所谓的"导弹差距"不过是一个人为的"神话",美国仍享有战略优势,但他仍继续大力扩充美国的核力量。之所以如此,一是肯尼迪在总统选举期间利用"导弹差距"大做文章,从而为自己赢得了不少选票;二是担心公开宣布苏联在核军备竞赛中处于劣势,毫无疑问会刺激苏联大大加快导弹发展步伐;三是可以利用美国人对"导弹差距"的恐惧心理加紧发展战略核力量,维护并确保美国在核军备竞赛中的优势地位。肯尼迪认为,赫鲁晓夫有可能将美国拖入一场全面冲突,美国别无选择,只能继续扩大军备,甚至考虑把先发制人作为对付苏联的一种选择。①

因而,从1961年3月发表第一篇国防咨文开始,肯尼迪就明确表示要加速发展美国的战略核力量。根据计划,美国战略核导弹的数量要由1100枚增至1900枚,其中包括1200枚"民兵"导弹、600多枚"北极星"潜艇导弹,能够打击苏联的中程和中远程轰炸机数量达到1000架。1961年4月,美国武器库中拥有各类战略核武器3012件,到1964年7月,增至5007件,增加了66%。②

1961年9月21日,美国中央情报局根据U-2飞机23次的高空侦察记录以及卫星拍摄的资料,就苏联洲际导弹的力量和发展趋势进行分析,认为其洲际导弹的力量还非常薄弱,只有10—25枚可以打到美国;这些导弹虽然对美国的一些城市构成了严重威胁,但对美国战略核力量不会造成太大的影响。鉴于其第一代导弹过于笨重,目前正在研制小型的第二代SS-7洲际导弹,估计要到1962年下半年方可投入使用。因而,这一时期苏联的洲际导弹力量不会大幅度增加,到1963年中期大约有75—125枚导弹可以使用。与此同时,美国通过其他渠道也获得了大致相同的信息。③

---

① Robert Dallek, *An Unfinished Life: John F. Kennedy*, 1917 – 1963, New York: Little, Brown and Company, 2003, p. 347.

② Philip Nash, "Nuclear Weapons in Kennedy's Foreign Policy," *The Historian*, vol. 56, No. 2, December 1994, p. 286.

③ Donald Steury, *Intentions and Capabilities: Estimates on Soviet Strategic Forces*, 1950 – 1983, Washington, DC: Center for the Study of Intelligence, Central Intelligence Agency, 1996, pp. 122 – 123; Richard Lebow and Janice Stein, *We All Lost the Cold War*, Princeton: Princeton University Press, 1994, p. 36.

10 月 21 日，美国国防部副部长吉尔帕特里克在弗吉尼亚温泉城的一次会议上公开宣布根本不存在所谓的"导弹差距"，美国在核力量方面具有绝对优势，即使苏联率先对美国实施突然袭击，美国仍有至少同样强大的能力进行还击，将其消灭。因而，美国确信苏联不会挑起核冲突；倘若苏联胆敢发起攻击，"无异于自取灭亡"。为了确保引起莫斯科的关注，美国国防部官员在记者招待会上特别强调，吉尔帕特里克的这一讲话得到了"最高层"的同意。次日，国务卿腊斯克进一步说明，这是一份经过审慎考虑的官方声明，赫鲁晓夫一定知道"我们是强大的"，尽管他在公开场合试图否认这一事实。助理国防部部长尼采则明确警告苏联官员，在美国发动核打击之后，苏联将被夷为平地。[1] 国防部长麦克纳马拉也在几个场合表示，美国的核力量是苏联的数倍，在一场核冲突中有能力摧毁苏联的所有目标。11 月 11 日，他在一次讲话中明确指出，美国拥有近 1700 架洲际轰炸机，其中包括 630 架 B - 52 轰炸机，55 架 B - 58 轰炸机和 1000 架 B - 47 轰炸机；另有 6 艘潜艇携带着 80 枚"北极星"导弹；15 艘航空母舰正游弋在世界各地，每艘装载着 50 架可携带核武器的攻击机；还有数十枚"大力神"洲际弹道导弹。《纽约时报》载文称，苏联至多有 50 枚可以打到美国的洲际导弹，而美国部署的可以打到苏联的各种导弹则有 233 枚。[2] 肯尼迪在 1962 年 3 月 31 日接受媒体采访时也表示，美国将放弃从不使用核武器进行打击的原则，强调在某些情况下，一旦美国的重大利益受到威胁，美国将不得不采取主动。[3]

同样，美国的军事战略也明显地具有挑衅性质。1962 年 6 月 16 日，麦克纳马拉在密歇根州安阿伯发表的一篇讲话中公开强调：一旦发生核战争时，美国的主要军事目的应当是摧毁敌人的军队和军事设施，而不是消灭其平民；要做到这一点，美国必须拥有超过苏联许多倍的全面核

---

① Lebow and Stein, *We All Lost the Cold War*, p. 37.

② Desmond Ball, *Politics and Force Levels*: *The Strategic Missile Program of the Kennedy Administration*, Berkeley: University of California Press, 1981, pp. 98, 99; Michael Brower, "Nuclear Strategy of the Kennedy Administration," *Bulletin of the Atomic Scientists*, vol. 18, No. 8, October 1962, p. 34.

③ Lawrence Freedman, *The Evolution of Nuclear Strategy*, New York: Palgrave Macmillan, 2003, p. 229.

优势，以保证在遭受打击以后的还击力量至少和苏联先发制人的打击力量一样强大，"给予可能的敌人以可以想象的最强烈的刺激力量"，同时又要维护美国的社会结构，确保国家的生存，取得实力竞赛的胜利。① 因而，自 1962 年 4 月底开始，美国在太平洋上进行了 36 次核试验。毫无疑问，这就使本已十分激烈的核军备竞赛进一步加剧。

## 二

在战后初期的美苏核军备竞赛中，苏联始终处于劣势。20 世纪 60 年代初期，苏联制造的导弹和轰炸机几乎全是中程或中远程的，打击的主要目标是美国在欧洲的核力量。苏联当时有两种远程轰炸机，即"野牛"式和"熊"式，由于缺乏空中加油技术，都不适用于完成洲际飞行任务。所制造的导弹射程有限，如果部署在苏联国内，虽然可以有效地打击美国在欧洲和亚洲的基地，但对美国本土却无能为力，不足以对其构成威胁。苏联第一代洲际导弹虽是一种很好的运载火箭，可以把人造卫星送入太空，但比较原始笨重，可靠性较差，且造价昂贵，不适用于军事和大批量生产。此外，苏联第一代洲际导弹还有一个严重缺陷，就是均使用液体燃料，每隔一段时间就必须更换，因而很难使其长久地保持战备状态。直至 1962—1963 年，苏联才开始部署第二代洲际导弹，但鉴于打击的准确性较差，且易遭受攻击，仍难以与美国的导弹相抗衡。②

令赫鲁晓夫感到颇为不安的是，美国政府和军方高层不仅公开宣传美国的核优势，甚至开始谈论起应该利用这种优势，对苏联发动先发制人的第一次核打击。据苏联军事情报局获得的情报，美国计划在 1961 年 9 月对苏联发动核攻击。只是由于苏联宣布将进行新一轮的核试验，才使美国认识到苏联的核力量要比原来预想的大得多，因而改变了原来的冒险打击计划。苏联军事情报局和克格勃曾获得了数份美国以及北约有关

---

① Freedman, *The Evolution of Nuclear Strategy*, pp. 222 – 223.

② Lawrence Freedman, *U. S. Intelligence and the Soviet Strategic Threat*, Boulder: Westview Press, 1977, p. 99; David Holloway, *The Soviet Union and the Arms Race*, New Haven: Yale University Press, 1983, pp. 66 – 67.

率先对苏发动核打击的机密文件,其中包括"苏联境内核打击目标清单"等。①的确,这一时期美国军方曾拟定了针对"中苏阵营"的作战计划,要求使用 3423 枚原子弹对 1077 个军事和工业目标实施核打击。据此,54% 的苏联人口将被消灭。②

对于吉尔帕特里克、肯尼迪等的讲话,赫鲁晓夫反应强烈。他对美国"战争贩子的歇斯底里"进行了强烈谴责,指出军备竞赛只能导致灾难性的后果。他宣称,如果美国试图用武力来威胁苏联,必将遭到更为有力的回击。国防部长马利诺夫斯基警告说,苏联拥有各类核弹头,可以打到地球上的任一地点;一旦发生战争,西欧将被夷为平地。他表示,苏联已经成功解决了摧毁空中导弹的问题,美国的威胁吓不倒苏联。1962 年 1 月底,在接受《真理报》和《消息报》采访时,马利诺夫斯基重申,苏联有能力摧毁美国国内所有的工业中心和人口中心,同时消灭那些为美国提供军事基地的国家。③为了显示实力,自 1961 年 9 月 1 日至 11 月 4 日,苏联先后进行了 30 多次核试验,其中 10 月 30 日进行的核试验达 5000 万吨级,是第二次世界大战时期各国投放的包括轰炸广岛和长崎两颗原子弹在内的所有炸弹爆炸力的数倍。爆炸所产生的巨大蘑菇云升起高达 64 千米,远在 1000 公里都可以看到闪光。苏联之所以进行这次核试验,主要是出于政治上和心理上的考虑。赫鲁晓夫说,要让这颗炸弹像"达摩克利斯之剑"一样悬在美国人头上。④

1962 年 2 月,赫鲁晓夫主持召开国防委员会会议,讨论发展战略核武器问题。军方在会议上坦承,苏联现有的远程导弹还不足以与美国抗衡,存在诸多缺陷,特别是点火准备时间需数小时,而美国的"民兵"导弹则可在几分钟之内发射。同时,苏联导弹使用的仍然是液体燃料,一旦加注燃料,要么立即发射,要么必须在数天内抽空燃料,并送回工

---

① Aleksandr Fursenko and Timothy Naftali, *One Hell of a Gamble*: *Khrushchev*, *Castro*, *and Kennedy*, 1958 – 1964, New York: Norton, 1997, p. 155.

② Fred Kaplan, "JFK's First-Strike Plan," *The Atlantic Monthly*, vol. 288, No. 3, October 2001, p. 83.

③ Dino Brugioni, *Eyeball to Eyeball*: *The Inside Story of the Cuban Missile Crisis*, New York: Random House, 1991, pp. 76 – 77.

④ Viktor Adamsky and Yuri Smirnov, "Moscow's Biggest Bomb: The 50 – Megaton Test of October 1961," *Cold War International History Project Bulletin*, No. 4, Fall 1994, pp. 3, 20.

厂清理、调整弹体。而美国使用的则是固体燃料，可以无限期地保持战备状态。不仅如此，苏联在洲际导弹研制方面还遇到了一些技术上的难题，短期之内难以有重大突破。

促使赫鲁晓夫决定在古巴部署导弹的原因是多方面的，但扭转苏联的战略劣势无疑是其中至关重要的一个。在战后美苏核军备竞赛中，美国无疑具有明显的优势。1962 年美国拥有各类核武器 27387 件，而苏联只有 3322 件。① 1962 年 10 月美国拥有洲际导弹 226 枚，潜艇发射的弹道导弹 144 枚，远程轰炸机 1350 架；而苏联则有洲际导弹 75 枚、远程轰炸机 190 架。美国拥有各种战略核弹头 5000 枚，而苏联只有 300 枚，美国享有 17∶1 的绝对优势。在战略武器方面，美国大约领先苏联 10 年。此外，美国还拥有 2500 架战斗机、500 架运输机，并在大西洋、太平洋、地中海和加勒比海地区部署了近 20 艘航空母舰。1962 年 5 月初，美国国防部官员公开宣称：至少到 1965 年，美国洲际导弹的数量将达到 1500 枚，从而使美国的战略打击力量比目前增加 2 倍，如此一来，无论苏联采取何种措施，美国在今后几年将继续保持明显的战略优势。②

尽管赫鲁晓夫在核武器发展方面投入了大量人力、物力和财力，但进展缓慢，费用也远远超过了预期。同样重要的是，这一时期苏联的工业和农业生产都出现了亏损，苏联政府甚至考虑提高国内大宗消费品的价格。面对困境，苏联领导人想到了一条可以迅速改变双方力量对比的"捷径"。如果将中程和中远程导弹部署在古巴，就可以大大提高第一次打击的能力，摧毁美国 80%—85% 的核武器。这些导弹的射程可以覆盖整个北美大陆，并且可以绕过美国的导弹警报系统，出其不意地发动进攻。因而，此举有助于扭转美苏两国导弹数量和攻击时间上的不平衡，在一定程度上抵消美国的战略优势。

赫鲁晓夫表示，美国企图获得核优势是"特别令人无法容忍的"，"现在正是斩断他们长臂的时候了"。他在回忆录中坦率地承认：美国人用轰炸机和导弹包围了苏联，苏联重要的政治和工业中心处于装载着核

---

① "Nuclear Notebook: Global Nuclear Stockpiles, 1945–2006," *Bulletin of the Atomic Scientists*, vol. 62, No. 4, July/August 2006, p. 66.

② Brower, "Nuclear Strategy of the Kennedy Administration," p. 35.

武器的美国飞机的直接威胁之下，苏联在古巴所做的不过是以其人之道还治其人之身。他的想法是，如果苏联秘密地将导弹部署在古巴，并且是在已经装好可供发射之后才为美国发现，美国人在试图用军事手段摧毁这些导弹前就须三思而行；"这些导弹可能被美国摧毁，但不是全部。如果有 1/4，甚至只有 1/10 的导弹能够留下来，即使只留下一两枚核导弹，我们仍旧能够击中纽约，而纽约势将所剩无几"。① 在他看来，一旦在古巴的部署行动取得成功，就可以使美国面临一个既成事实，不仅可以威慑美国对苏联发动先发制人打击，而且也有助于解决苏联所遇到的一系列政治、经济和军事问题，从而改变整个冷战环境。在 1962 年 5 月 18 日的国防部会议上，赫鲁晓夫明确强调，除了遏制美国入侵古巴外，在古巴部署导弹有助于恢复美苏之间的力量均衡，使苏联可以同美国平等地谈判。

在赫鲁晓夫看来，美国之前在苏联周边地区建立了军事基地，并部署了导弹，这就为苏联在古巴采取同样的行动提供了某种"合理"的依据和借口。20 世纪 50 年代中后期，艾森豪威尔政府决定在土耳其部署 15 枚"木星"导弹，作为对付苏联的一种威慑力量，以减轻北约盟国对美苏之间出现的所谓"导弹差距"的恐慌。1962 年 3 月初，整个导弹基地工程完工。导弹射程为 1800 英里，打击目标包括莫斯科在内的苏联主要城市。同时，美国还在意大利部署了 30 枚同类型的导弹。对此，赫鲁晓夫极为不满，多次公开批评美国在距离苏联如此之近的地方部署导弹是"危险的"，美国是企图发动先发制人的打击。1961 年 6 月初，在维也纳与肯尼迪总统举行会谈时，他三次指责美国在土耳其部署导弹基地对苏联构成了严重威胁，同时把苏联在古巴的利益与美国在土耳其的利益相提并论。尽管他并没有对土耳其的导弹基地直接采取行动，但美国此举或许是促使其决定在古巴部署导弹的一个重要因素。用他的话说就是要让美国人知道遭受威胁是何种滋味。根据他的判断，既然美国可以在苏联周边建立军事基地，苏联同样可以在靠近美国的地方如此行事，美国政府没有反对的理由，届时只得接受既成事实。② 结果证明这一判断是完

① 赫鲁晓夫：《赫鲁晓夫回忆录》（张岱云等译），东方出版社 1988 年版，第 698 页。

② Fursenko and Naftali, *One Hell of a Gamble*, pp. 196 - 197.

全错误的。

1962 年 5 月中旬，苏联领导人正式决定在古巴部署 5 个中程和中远程导弹团，并对运送的导弹进行了研究，以便能给美国造成最大限度的破坏。7 月，开始了将导弹部件秘密运往古巴的"阿纳德尔"行动。古巴领导人曾提出与苏联签署共同防御条约，据此苏联就可以公开在古巴部署导弹，但遭到赫鲁晓夫的反对。他认为，"我们必须采取一切预防措施，悄悄地运送和部署导弹，以便给美国造成一个既成事实。如果我们不想让那里的局势恶化，那就必须保证在 11 月 4 日美国国会选举结束前不把消息透露给新闻界。一旦选举结束，选举的紧张空气缓和下来，美国人除了吞下这颗苦果之外将别无选择"。① 古巴领导人认为，这是赫鲁晓夫犯下的一个"非常大的错误"。不少西方学者也认为，如果苏联公开在古巴部署导弹，情况就会大有不同，美国也将面临更为困难的选择。②

为了迷惑美国，为部署行动争取更多的时间，苏联方面采取了种种欺骗手段。1962 年 9 月初，在与肯尼迪的特别顾问索伦森会晤时，苏联驻美大使多勃雷宁转交了赫鲁晓夫致肯尼迪的一封私人信件。赫鲁晓夫在信中表示，"在美国国会选举以前，我们将不采取任何可能使国际形势复杂化或加剧我们两国之间紧张关系的行动"。9 月 12 日，苏联方面又发表声明，明确表示不会向古巴运送进攻性导弹。声明称，"苏联不需要把自己所拥有的用于打退侵略、为了进行报复性的打击而将自己的武器转移到任何其他国家，例如古巴。我们的核武器爆炸力如此强大，苏联又拥有如此强大的火箭来运载这些核弹头，因而没有必要在苏联领土之外寻找发射核武器的场所"。10 月初，赫鲁晓夫通过驻华盛顿的军事情报局官员鲍尔沙科夫传话给美国，苏联运往古巴的纯属"防御性"武器，在任何情况下都不会在古巴部署射程可达到美国的导弹。甚至在美国已经发现了苏联在古巴部署的导弹后，苏联外长葛罗米柯仍向肯尼迪表示，苏联向古巴提供的都是防御性武器。

---

① Anatoly Dobrynin, *In Confidence*: *Moscow's Ambassador to America's Six Cold War Presidents*, New York: Times Books, 1993, p. 73.

② James Blight, Bruce Allyn and David Welch, *Cuba on the Brink*, New York: Pantheon Books, 1993, p. 207; Ernest May and Philip Zelikow eds., *The Kennedy Tapes*: *Inside the White House during the Cuban Missile Crisis*, Cambridge: Harvard University Press, 1997, p. 667.

到 10 月下旬美国宣布对古巴实施"隔离"行动时,苏联在古巴的军事力量主要包括 41902 名军人;42 枚中程导弹;42 架伊尔－28 轰炸机,其中有 7 架安装完毕;42 架米格－21 战斗机;构筑了 24 处地对空导弹基地,共有导弹 576 枚;80 枚巡航导弹;12 枚"月神"战术核导弹。在整个行动中,参加运送货物和人员的各类舰只 85 艘,这些船只从苏联到古巴共往返航行了 243 次。[1] 这是苏联历史上规模最大的跨洋军事调动。

多年来,人们对苏联是否将核弹头运到了古巴这一问题一直争论不休。尽管美国中央情报局发现了几处可疑的弹头储藏所,但并没有发现核弹头的存在。鉴于核弹头体积较小,容易隐藏,美国决策者和情报人员在分析、决策过程中只是假定它们的存在。[2] 现在已经很清楚,1962 年在古巴的苏联部队不仅拥有中程导弹,还拥有中程导弹弹头和各种战术核弹头。根据苏联军事历史研究所所长沃尔科戈诺夫 1989 年 1 月在莫斯科召开的古巴导弹危机研讨会上的说法,危机开始时在古巴有 20 颗核弹头,另外 20 颗装在"波尔塔瓦号"运输船上,正在运送途中。尽管他称自己的这一看法是基于档案资料,但他并没有向与会者提出任何的文件证据。曾参与制定向古巴运送导弹计划的格里布科夫将军透露,在美国封锁前,苏联在古巴共有各种导弹核弹头 60 颗,其中 36 颗用于中程导弹,24 颗用于中远程导弹,另外还有 9 颗战术核弹头用于"月神"短程火箭。还有人认为,苏联共向古巴运送了 102 颗战术核弹头,其中 12 颗用于"月神"短程火箭,80 颗用于战术巡航导弹,4 颗核鱼雷,6 颗用于伊尔－28 轰炸机。[3] 按照美国历史学家盖迪斯的估计,在危机开始时,古巴至少有 158 枚战略和战术核武器。[4] 根据一位俄罗斯学者的说法,肯尼迪向世界公开苏联在古巴部署导弹之前,苏联共运送导弹核弹头 60 枚,

---

① Alice L. George, *The Cuban Missile Crisis*, New York: Taylor and Francis, 2013, p. 38.

② McGeorge Bundy, *Danger and Survival: Choices About the Bomb in the First Fifty Years*, New York: Random House, 1988, p. 425; Roger Hilsman, *The Cuban Missile Crisis: The Struggle over Policy*, Westport: Praeger, 1999, p. 116.

③ Raymond L. Garthoff, "Some Observations on Using the Soviet Archives," *Diplomatic History*, vol. 21, No. 2, Spring 1997, p. 251; Blight, Allyn and Welch, *Cuba on the Brink*, p. 354.

④ Len Scott and Steve Smith, "Lessons of October: Historians, Political Scientists, Policy-Makers and the Cuban Missile Crisis," *International Affairs*, vol. 70, No. 4, October 1994, p. 674; John Gaddis, *We Now Know: Rethinking the Cold War*, Oxford: Clarendon Press, 1997, p. 274.

巡航导弹核弹头 80 枚，加上其他核弹头总共 164 枚。[①] 由于开始封锁，装载中远程导弹的船只在苏联境内待命，但是已有 24 枚核弹头先期运抵古巴。另据谢·赫鲁晓夫的回忆，运到古巴的弹道导弹只有 60 枚中的 42 枚和全部的核弹头。其中用于弹道导弹的 100 万吨级核弹头有 100 枚左右，用于巡航导弹的 12 万吨级核弹头有 80 枚，12 万吨级的原子弹有 8 枚，2 万吨级的核弹头 12 枚。此外，还有人称在古巴应有 162 颗核弹头，包括 60 颗战略核弹头、92 颗战术核弹头、6 颗供伊尔-28 轰炸机投掷的原子弹、4 颗核水雷。[②] 尽管说法不一，核弹头的存在是确定无疑的。一旦美国对古巴采取军事行动，其后果将不堪设想。

三

1962 年 10 月 14 日美国发现苏联在古巴的导弹后，肯尼迪总统立即召集主要顾问组成国家安全委员会执行委员会（简称执委会）商讨对策。对于苏联的这些导弹是否对美国构成了严重威胁，执委会内部有不同的看法。国防部长麦克纳马拉认为，美国面对的不是一个"军事问题"，而主要是一个"国内政治问题"。他多次明确表示，美国军方认为这些导弹对战略均衡产生了重大影响，"我个人的观点是，一点都没有影响"。鉴于美国享有压倒性的战略优势，这使苏联不可能真正使用在古巴的这些导弹。麦克纳马拉确信，由于美国在核弹头方面具有 17∶1 的绝对优势，在任何情况下，每一方都可以给对方造成难以承受的破坏，将几十枚导弹运进古巴并没有产生实际的军事影响。索伦森在 10 月 17 日提交给肯尼迪的备忘录中表示，大部分顾问认为，苏联在古巴的这些导弹并不能明显地改变美苏之间的军事力量对比。[③]

---

[①] 鲁·格·皮霍亚：《苏联政权史（1945—1991）》，徐锦栋等译，东方出版社 2006 年版，第 236 页。

[②] 谢·赫鲁晓夫：《导弹与危机》，郭家申、述弢译，中央编译出版社 2000 年版，第 588 页；Norman Polmar and John Gresham, *Defcon-2: Standing on the Brink of Nuclear War during the Cuban Missile Crisis*, Hoboken: John Wiley & Son, 2006, pp. 61, 68.

[③] Laurence Chang and Peter Kornbluh eds., *The Cuban Missile Crisis*, New York: The New Press, 1992, p. 124.

美国国防部助理部长尼采等却不同意麦克纳马拉的看法，认为赫鲁晓夫此举是迈向战略平衡的重要步骤，美国东南部大部分战略轰炸机基地就会暴露在苏联导弹面前，预警时间也会从 15 分钟减少到 2—3 分钟，这将使美国处于十分困难的境地，这些导弹的存在即使不能立即改变战略平衡，实际上加快了美国核优势的丧失，而且也将会影响盟国特别是拉丁美洲国家领导人对于战略平衡的看法。在财政部长狄龙看来，虽然在古巴的导弹不可能改变整个战略均势，但可以从根本上改变苏联打到美国本土的弹头数量，从而大大增强苏联的进攻能力，对美国的战略威慑能力构成严重威胁。

美国军方的基本看法是，苏联的导弹部署"实质性地"改变了美苏之间的战略平衡，对美国的国家安全构成严重威胁。参谋长联席会议主席泰勒、陆军参谋长惠勒和空军参谋长莱梅都认为，苏联虽然拥有可以打到美国的洲际导弹，但数量十分有限，这些部署在古巴的中程和中远程导弹极大地提高了其打击美国的能力和准确度。在他们看来，苏联核力量打击北美目标的能力非常值得怀疑。苏联第一次打击至多能摧毁美国 400—500 件核武器，但把导弹部署在古巴，则可以摧毁美国 4/5 的核武器。尽管仍会有 500 件核武器完好无损，但力量对比会发生变化。[1] 在古巴部署 60 枚中程导弹和大约 50 枚中远程导弹，就可以在不到 17 分钟的时间内击毁 42 个战略空军司令部的基地，战略空军作为美国主要的威慑力量就有可能陷入几乎不起作用的境地。不仅如此，苏联在古巴的导弹还威胁着美国对北约的承诺。因而，美国国防部的一份报告指出，尽管加勒比海地区不在北约的防御范围之内，盟国的防御与西半球在地理上是分隔开的，但是苏联在西半球地区的行动不仅影响美国本土，而且也牵涉美国对欧洲核保护的信誉问题。[2]

国务院的苏联问题专家加特霍夫也认为，鉴于苏联可使用的洲际导弹的数量有限，在古巴的导弹将苏联第一次打击的能力提高 40% 以上。

---

[1]  Newhouse, *War and Peace in the Nuclear Age*, pp. 169 – 170.

[2]  Michael Desch, "That Deep Mud in Cuba: The Strategic Threat and U. S. Planning for a Conventional Response during the Missile Crisis," *Security Studies*, vol. 1, No. 2, Winter 1991, pp. 327 – 328.

不仅如此，苏联的导弹也将威胁美国的战略威慑力量。美国战略空军司令部40%的轰炸机处于苏联在古巴的中程导弹射程之内，几乎全部战略轰炸机基地处于中远程导弹的打击范围。苏联的突然袭击就能摧毁美国相当一部分的战略力量，使美国可用来进行报复的武器数量减少大约30%。[1]

肯尼迪更为关注这些导弹所产生的广泛的政治影响。这不仅会影响美国在世界公众面前的威信和声望，而且威胁着他的政党对国会的控制以及他本人在政府成员中的信誉，进而威胁到他的总统职位。[2] 苏联导弹在古巴的存在似乎表明苏联与美国的"平起平坐"，这种心理影响将严重威胁到美国与欧洲盟国和拉美国家的关系。他认为，苏联这步棋走得如此迅捷，如此秘密，并使用了如此精心策划的欺骗手段，以致在微妙的现状中可能引起一种挑战性的变化，从而在政治上改变力量的对比。肯尼迪认为，苏联人"并不是想发射这些导弹，因为如果他们要进行一场核战争，他们在苏联有导弹。但是，他们这样做就能在政治上改变力量均势，会给人以改变均势的印象，而人们的印象却是有真实价值的"。[3]从国内政治角度看，古巴一直是肯尼迪政府外交政策的一根"软肋"，是国内反对派攻击的焦点。很显然，如果对苏联在古巴的导弹无动于衷，势必在美国国内掀起轩然大波。

虽然美国政府高层对于这些导弹是否改变了美苏军事力量对此有不同的看法，但基于军事或政治上的考虑，都认为苏联的这一做法是不可接受的，美国必须采取行动，促使苏联撤走导弹。对于应该采取何种行动，执委会又展开了激烈的争论。总统国家安全事务助理邦迪、泰勒、狄龙、尼采、前国务卿艾奇逊等强烈主张对导弹基地实施"外科手术式"的全面空中袭击。在泰勒等看来，较之空中袭击，采取海上封锁似乎是

① Raymond Garthoff, *Reflections on the Cuban Missile Crisis*, Washington, DC: Brookings Institution, 1987, pp. 202 – 203; Raymond L. Garthoff, "The Meaning of the Missiles," *The Washington Quarterly*, Autumn 1982, pp. 78 – 79.

② Graham Allison and Philip Zelikow, *Essence of Decision: Explaining the Cuban Missile Crisis*, New York: Longman, 1999, pp. 339 – 340.

③ Robert Divine ed., *The Cuban Missile Crisis*, New York: M. Wiener Publishers, 1988, p. 109.

更为激烈的做法，更易于使美国"不得不在出兵古巴和认输退让之间做出抉择"。参谋长联席会议建议对导弹基地、机场等军事目标进行全面袭击，一天出动 700—1000 架次的飞机，连续轰炸 5 天，然后实施入侵。军方领导人强调，美国行动的目的不仅仅是消除苏联的导弹，而是要抓住时机，彻底解决古巴问题。在莱梅看来，采取任何其他行动无异于是奉行"绥靖"政策。泰勒认为，美国根本用不着担心苏联的报复，因为美国在战略上占据优势。① 实际上，在美国发现苏联的导弹之前，美国军方就一直积极策划入侵古巴。危机期间，军方领导人先后提交了 20 多份备忘录，要求采取军事行动，并拟订了详细的作战计划。

麦克纳马拉、副国务卿鲍尔、国务院顾问汤普森等人则主张实行海上封锁，反对采取"珍珠港式"的突然袭击，认为此举不符合美国的传统，有悖于美国的价值观念，并将严重损害美国的道义立场。同时他们还指出，空袭并不能解决问题，最终可能不得不实施入侵，使美国陷入一场前途未卜的战争之中。泰勒以及战术空军司令斯威尼都向肯尼迪表示，不可能对苏联在古巴的这些导弹基地进行彻底的"外科手术式"的空中打击，空袭之后必须实施入侵，以便摧毁所剩余的导弹。② 尽管最初肯尼迪也倾向于采取空袭，但经过反复权衡利弊，最终决定对古巴实行海上"隔离"行动，然后再视情况采取其他措施，逐步向苏联施加压力。应当说，肯尼迪此举是非常明智的，不仅保持了今后行动的自由，更重要的是也给对手留下了一定的选择余地。

10 月 22 日晚，肯尼迪向全国发表电视讲话，公开披露了苏联正在古巴构筑进攻性导弹基地的消息。他指出，从这些基地发射的导弹可以打击西半球从秘鲁的利马到加拿大哈德逊湾的多数主要城市；设置这种基地的目的只能是提供对西半球进行核打击的能力，从而对整个美洲的和平与安全构成了明显威胁。他指责苏联无视美国和本半球的政策，"秘密、迅速和出其不意地设置导弹的做法是对现状故意挑衅性的、毫无理

---

① Historical Division of Joint Chiefs of Staff (JCS), Chronology of JCS Decisions Concerning the Cuban Crisis, 21 December 1962, Digital National Security Archive (DNSA), pp. 11 – 12; Anatoli Gribkov and William Smith, *Operation Anadyr: US and Soviet Generals Recount the Cuban Missile Crisis*, Chicago: Edition Q, 1994, pp. 125 – 126.

② May and Zelikow eds., *The Kennedy Tapes*, p. 206.

由的改变",因而是美国完全不能接受的;美国不可动摇的目标是,使这些导弹不致被用来攻击美国或任何其他国家,并使这些导弹从西半球撤走或清除掉。为此,他提出对古巴实施下列"初步措施":对一切正在驶往古巴的装有进攻性军事装备的船只实行海上"隔离",严密封锁运往古巴的一切进攻性的军事装备;继续并进一步加强对古巴及其军事集结行动的密切监视;从古巴向西半球任何国家发射的任何核导弹将被认为是苏联对美国的攻击,需要对苏联做出全面的报复性还击等。他还呼吁赫鲁晓夫停止并消除这种对世界和平与美苏关系"秘密的、无情的、挑衅性的"威胁,共同做出历史性的努力,结束危险的军备竞赛,改变历史的进程。①

为了实施海上隔离,美国在加勒比海和南大西洋区域部署了 183 艘舰只,其中包括 8 艘航空母舰、2 艘巡洋舰、118 艘驱逐舰、13 艘潜艇,还动用了 68 个空军中队,组成了一个从佛罗里达到波多黎各的弧形封锁线,封锁了古巴海域。当肯尼迪发表电视讲话时,全球美军立即进入三级战备状态。②

作为美国的重要威慑力量,战略空军做好了进行战争的各项准备。在肯尼迪发表讲话前,美国战略空军司令部已指示核轰炸机进入戒备状态,确保 1/8 的 B-52 战略轰炸机在空中随时待命。携带核弹头的 183 架 B-47 战略轰炸机被疏散到国内 33 个民用和军事机场,66 架携带核弹头的 B-52 战略轰炸机升空待命。10 月 22 日晚上,战略空军司令部将地面警戒的轰炸机数量增加了 50%,即由 652 架增加到 912 架。90 枚宇宙神、46 枚大力神和 12 枚民兵洲际导弹都在发射台准备就绪,随时可以发射。③与此同时,北约部队也提高了警戒级别,37 架轰炸机进入 15 分钟预警状态,准备对苏联和东欧国家的目标采取行动。10 月 24 日美国开始实施"隔离"行动后,战略空军司令部指令所属部队进入二级戒备状态,1436

---

① *Public Papers of the United States Presidents*: *John F. Kennedy*, 1962, Washington, DC: US Government Printing Office, 1963, pp. 808 – 809.

② Richard Betts, *Nuclear Blackmail and Nuclear Balance*, Washington, DC: Brookings Institution, 1978, p. 118; Scott Sagan, "Nuclear Alerts and Crisis Management," *International Security*, vol. 9, No. 4, Spring 1985, p. 108.

③ Sagan, "Nuclear Alerts and Crisis Management," p. 109.

架轰炸机和916架加油机随时准备起飞。与此同时，美军在东南沿海地区集结了近百万部队，随时准备对古巴采取行动。

战略空军司令部的部署行动主要是为了威慑苏联。在10月16日的第一次执委会会议上，麦克纳马拉就曾指出，无论美国采取封锁、空中打击或入侵等直接军事行动，都肯定会招致苏联在世界某个地方做出某种军事反应。美国或许可以通过提高战略空军的戒备级别来威慑苏联，阻止其行动。① 战略空军司令托马斯·鲍威尔也表示：美国主要的战争威慑力量采取这一行动，就赋予肯尼迪总统的讲话以更多的含义，那就是美国将对苏联本身采取全面报复行动，以此作为对从古巴发射的任何核导弹的反应。他在国会作证时进一步指出：战略空军司令部已经开发出一套空中预警系统，"我们可以让装载炸弹的飞机一天24小时待在空中指定位置，随时向目标发起进攻"，"我们必须使赫鲁晓夫明白我们准备好了，他不可能攻击我们而自身不受伤害"。②

战略空军如此大规模的战备行动是否对苏联产生了威慑作用，因为缺乏危机期间苏联决策的档案资料，目前对此尚不完全清楚。毫无疑问，苏联领导人意识到美国战略空军的戒备行动。赫鲁晓夫在1962年12月的一次讲话中就提出，危机期间，美国战略空军司令部20%的飞机携带着原子弹和氢弹在空中不停地飞来飞去。③

苏联方面对肯尼迪的讲话反应强烈。赫鲁晓夫致信肯尼迪，谴责其所提出的各项措施意味着对世界和平与安全的严重威胁，"美国已经公开而粗暴地践踏了联合国宪章以及关于公海自由航行的国际准则，并对古巴和苏联采取了一种挑衅性的行为"；美国政府的行为只能被认为是对古巴、苏联和其他国家内部事务的一种赤裸裸的干涉。他希望美国政府表现出谨慎和理智，放弃肯尼迪所提出的可能使整个世界和平遭受灾难性

---

① May and Zelikow eds. , *The Kennedy Tapes*, p. 87.

② Scott Sagan, *The Limits of Safety*, Princeton：Princeton University Press, 1993, p. 66；Polmar and Gresham, *Defcon* - 2, p. 238.

③ Ronald Pope, *Soviet Views on the Cuban Missile Crisis*, Washington, D. C. ：University Press of America, 1982, p. 86.

后果的措施。① 苏联政府发表声明称，美国"准备把世界推向战争灾难的深渊"，指出美国对古巴实行海上封锁是"史无前例的侵略行为"，美国这种冒险行动是向发动世界热核战争迈出的一步，警告美国政府"如果实行肯尼迪总统宣布的措施，它就要对世界的命运承担严重的责任，它就是轻率地玩火"。②

赫鲁晓夫认为肯尼迪的讲话旨在"威胁我们"，"我们必须表明以武力应对武力的决心"，警告美国"我们拥有的核打击力量并不比美国少"。③ 苏联政府命令战略导弹部队、防空部队和潜艇部队一律暂停老兵复员工作；全军停止一切个人休假；全军进入一级战备状态；战略轰炸机开始向前沿基地转移；陆军部队的仓库已经打开，部分部队已经分发了弹药；核潜艇分散到世界各地；洲际弹道导弹处于戒备状态，将目标锁定在纽约、华盛顿、芝加哥等大城市，中程和中远程导弹则瞄准了西欧。④ 华沙条约组织也为"提高联合武装力量部队的战斗准备采取一系列措施"，所属部队进入战备状态。在赫鲁晓夫看来，美国的行动只不过是试图吓唬一下苏联而已；虽然苏联还未来得及把全部物资运到古巴，但已经安装好的那些导弹就足以摧毁诸如纽约、芝加哥这样的大工业城市，更不用说华盛顿了，美国"从来没有像当时那样面临过如此现实的毁灭性威胁"。因此，他决定不为美国的恫吓所吓倒。用他的话来说就是"我们自己干自己的"，"只要美国限于采取威胁姿态而不真正碰我们，我们也就可以佯不理会"。⑤ 因而，装载着导弹装备的苏联船只继续向古巴行进，导弹基地依然在加紧施工。

随着美国隔离行动的实施，赫鲁晓夫开始对局势越发担心。10月22日晚上，苏联国防部致电驻古苏军立即作好战斗准备，一旦美国发动进攻，协同古巴军队一起击退敌人，同时强调没有莫斯科的明确指示，不

① *FRUS*, 1961 – 1963, vol. 11, Washington, DC: United States Government Printing Office, 1996, pp. 170 – 171.

② 《苏联政府声明》，《人民日报》1962 年 10 月 24 日。

③ Polmar and Gresham, *Defcon* – 2, p. 182.

④ Steven Zaloga, *The Kremlin's Nuclear Sword*, Washington DC: Smithsonian Institution Press, 2002, p. 87; Polmar and Gresham, *Defcon* – 2, p. 183.

⑤ 赫鲁晓夫：《赫鲁晓夫回忆录》，第 701—702 页。

得使用核武器。① 同时，为了降低与美军发生直接冲突的风险，赫鲁晓夫决定让那些尚未到达古巴水域的载有进攻性武器装备的苏联船只返航。在 10 月 24 日上午举行的中央主席团会议上，赫鲁晓夫表示希望解决导弹危机，认为继续与肯尼迪进行针锋相对不会有什么成效，提议运送导弹前往古巴的船只停止前进，或就地抛锚等待封锁结束，或掉头返航，并寻求新的途径保护古巴，或者使之成为"一个和平的地区"。在次日的会议上，赫鲁晓夫认为，最新的情报表明，肯尼迪不会退缩，如果苏联坚持在古巴部署导弹，其结果只能是一场战争，甚至就在今天发生，现在是采取灵活性的时候了；苏联应采取主动，防止事态的失控。他建议直接进行交易，如果肯尼迪保证不入侵古巴，他将下令拆除导弹。他表示，从古巴撤走导弹不会危害苏联的安全，"我们仍然能够从苏联本土击败美国"，"主动权现在我们手中，用不着害怕"。赫鲁晓夫的建议获得大多数与会者的同意。为了减少战争风险，会议决定携带"特殊物资"的船只返回苏联港口。26 日，苏联全部船只掉头返回苏联。当天《真理报》的大字标题是"尽一切努力避免战争"，并发表了一篇题为"理智必胜"的评论文章，敦促美国保持谨慎和克制，要认识到当前的紧张局势已经到了极限，有可能将整个世界带入战争的深渊。② 当日，赫鲁晓夫致信肯尼迪，提出苏联将从古巴撤走导弹和部队，作为交换，美国则保证不入侵古巴，并表示美苏关系应当正常化。

1962 年 10 月 27 日被称为"黑色星期六"，美苏之间的对抗达到了高潮。美国政府尚未回复赫鲁晓夫的来信，苏联方面则通过莫斯科电台公开提出了新的交易条件，要求美国以撤除在土耳其的导弹来换取苏联撤除在古巴的导弹。同日，美国两架低空侦察机遭到古巴地面炮火的袭击，其中一架被一枚苏联地对空导弹击落，飞行员当即身亡。美国战略空军司令部的一架 U - 2 侦察机从阿拉斯加的基地起飞前往北极地区，执行一次所谓"例行的空气取样任务"，以判断近来苏联是否在该地区进行过核试验。由于导航系统出现故障，飞机偏离航线进入苏联远东的楚科奇半

① George, *The Cuban Missile Crisis*, p. 78.
② Aleksandor Fursenko and Timothy Naftali, *Khrushchev's Cold War: The Inside Story of an American Adversary*, New York: Norton, 2006, p. 484; Brugioni, *Eyeball to Eyeball*, pp. 432 – 433.

岛上空。苏军雷达很快发现了该机，两架米格歼击机迅速从西伯利亚基地起飞拦截。美军基地获得求救信号后立即派出两架携带空对空战术核导弹的 F－102 截击机前往救援，最终这架 U－2 飞机由截击机护航安全地回到基地。如果美军截击机与苏军米格战斗机相遇，在白令海峡上空发生一场冲突的可能性还是很大的，因为是否使用战术核武器完全由美军战斗机飞行员自行决定。①

更令美国领导人感到不安的是，苏联仍在加紧进行导弹基地的建设工作。根据中央情报局的最新情报，到 27 日已有 5 个导弹发射场完全可供作战使用，第 6 个也将在 28 日完工，这些导弹发射场可在发出指令后6—8 小时内发射 24 枚地对地弹道导弹，美国的海上隔离行动显然并未奏效。执委会的不少成员都认为，空袭和入侵已成为解决问题的必由之路。莱梅甚至擅自下令对古巴采取报复行动，幸好在飞机启动前被白宫官员及时阻止，告诉他没有肯尼迪的直接授权，不得行动。莱梅对肯尼迪的"胆怯"非常不满。②

罗伯特·肯尼迪后来在回忆录中写道：在当天的执委会会议上，"大家都几乎一致同意我们第二天清早就出动轰炸机和战斗机进行空袭，摧毁地对空导弹发射场"；当时人们的感觉是，苏联和古巴正准备开战，"绞索正在我们所有的人、全人类的脖子上勒紧，可供逃生用的桥正在垮掉"。肯尼迪的特别顾问索伦森也写道，"双方都做好了一切战斗准备。美国的常规部队和核部队已在世界各地处于戒备状态。空袭的飞机和第二次世界大战以来集中最大的入侵力量都集结在佛罗里达州。我们这个小班子在那个星期六一直坐在内阁会议桌旁开会，大家全认为，在这一天，核战争的爆发比核时代的任何时候都更为接近"。③

当危机进入最为严峻的时刻，美国在加勒比海地区有 3 艘航空母舰、9 艘护卫舰、12 艘驱逐舰和巡洋舰。为了准备进攻古巴，海军、海军陆战队、战术空军司令部在佛罗里达集结了 850 架飞机，陆军在东南沿海部

---

① Polmar and Gresham, *Defcon－2*, p. 152; Scott Sagan, *Moving Targets: Nuclear Strategy and National Security*, Princeton: Princeton University Press, 1989, pp. 147－148.

② Brugioni, *Eyeball to Eyeball*, pp. 463－464; Sheldon Stern, *The Week the World Stood Still*, Stanford: Stanford University Press, 2005, p. 188.

③ Theodore Sorensen, *Kennedy*, New York: Harper & Row, 1965, pp. 713－714.

署了4个师的兵力。战略空军的60架B-52轰炸机空中待命,其中52架携带着196枚核导弹,如果全面战争爆发,可以有效地对付苏联境内的目标。在地面,15分钟预警的飞机包括271架B-52轰炸机和340架B-47轰炸机,携带着1634枚核武器。136枚"大力神"和"宇宙神"洲际弹道导弹也做好了发射准备。到27日上午10时,战略空军司令指令804架飞机和44枚导弹处于待命状态。[①]500万张向古巴散发的传单印制完毕,并已装箱,随时准备投放。[②]战争似乎一触即发。

## 四

表面看来,美苏两国剑拔弩张,但双方领导人都在关键时刻采取了冷静的态度,在具体行动上表现出相当的克制和谨慎,尽力避免危机的升级和失控,并开始寻求摆脱危机的途径。邦迪写道:"在星期六,我们感到局势已变得如此紧张,如此蕴含着不可预知的冲突,如此接近于失去控制,只有立即结束才能使我们免予冒无法接受的升级乃至核交锋的危险。"[③] 这句话实际上道出了美苏领导人共同面临的选择。

的确,赫鲁晓夫公开提出进行导弹交易使肯尼迪陷入一种进退维谷的境地。而且,美国政府内大部分人坚持认为美国不能在苏联的威胁和讹诈面前低头。虽然部署在土耳其的导弹基地并没有多大的军事和战略价值,但是对土耳其却具有重要的象征意义,体现了盟国的团结一致和美国对盟友的责任。如果用土耳其的安全来换取美国的安全,那很可能意味着西方联盟将发生分化,将对美国在欧洲的地位造成严重影响。美国国务院起草了一份明确拒绝苏联建议的回信,强调任何交易都是"不可接受的",美国不会从土耳其撤走导弹,并要求苏联首先必须立即停止导弹基地的建设工程,然后才能讨论其他问题。[④] 但在肯尼迪看来,导弹交易总比战争要好得多。他强调,如果要保留在土耳其的导弹,"我们就

---

① Chang and Kornbluh eds. , *The Cuban Missile Crisis*, pp. 201－202.

② Chang and Kornbluh eds. , *The Cuban Missile Crisis*, p. 391.

③ Bundy, *Danger and Survival*, p. 426.

④ George Ball, *The Past Has Another Pattern*, New York：Norton, 1982, pp. 306－307.

不得不要么入侵古巴，要么对古巴实施大规模轰炸，这样就会丢掉柏林"，苏联也会对土耳其采取报复行动。这正是他所担心的事情。① 他很清楚，即便能在一场核战争中摧毁苏联，但一枚或多枚苏联的导弹也会击中一个或多个美国城市。因而，压倒一切的是要想方设法避免战争的发生。肯尼迪不仅拒绝了军方提出的对苏联导弹基地进行报复的要求，而且通过各种途径谋求危机的政治解决。鉴于导弹交易问题的敏感性，肯尼迪只得通过私下接触的途径与苏联方面进行磋商，由他的弟弟罗伯特·肯尼迪通过多勃雷宁向赫鲁晓夫传递有关信息。

事态的发展表明危机显然正走向失控，世界徘徊在核战边缘。邦迪称"实际上已经能够嗅到战争的气味了"。肯尼迪的顾问们都一致认为10月27日是一个最不寻常的日子。肯尼迪的政治顾问施莱辛格回忆说，"星期六之夜几乎可以说是最为漆黑的一个夜晚"，除非几小时内赫鲁晓夫做出妥协，否则执委会星期天的会议"就很可能要面临最可怕的决定"。② 麦克纳马拉后来也称：那天离开肯尼迪办公室时曾想到可能以后再也不会活着看到下一个星期六的夜晚了。白宫新闻秘书塞林格透露，当他27日晚上走出白宫准备回家时，有人递给他一个密封的信封，让他转交给他妻子，并告诉她一旦次日因战争爆发白宫工作人员转移到安全场所，可以按照信封里的指示带着家人转移到安全的地方。事实上，所有高层官员的家属都收到了这样的便函。③ 罗伯特·肯尼迪的话典型地说明了当时笼罩着执委会会议的悲观气氛："我们还没有放弃希望，但是，现在一切希望都取决于赫鲁晓夫在今后几个小时内改变其行动方针。这是一种希望，而不是一种期待。期待的是10月29日也可能是明天要出现的一场军事对抗。"④

赫鲁晓夫无疑同肯尼迪一样窥见了核灾难的深渊，意识到这场赌博

---

① May and Zelikow eds. , *The Kennedy Tapes*, p. 546.

② Dallek, *An Unfinished Life*, p. 569; Arthur M. Schlesinger, Jr. , *A Thousands Days*: *John F. Kennedy in the White House*, Boston: Houghton Mifflin Company, 2002, p. 830.

③ James Blight and David Welch, *On the Brink*: *Americans and Soviets Reexamine the Missile Crisis*, New York: Hill and Wang, 1989, p. 378; Alice George, *Awaiting Armageddon*: *How American Faced the Cuban Missile Crisis*, Chapel Hill: The University of North Carolina Press, 2003, pp. 52 – 53.

④ Robert F. Kennedy, *The Thirteen Days*, New York: Norton, 1969, p. 109.

已不能再继续下去了，不得不寻求妥协，因为任何其他途径都意味着
"走穷兵黩武的道路"，"除了相互毁灭之外没有别的前途"。他称当时空
气中"弥漫着烧焦的味道"。[①] 得知美国一架侦察机在古巴上空被击落，
他深感震惊。当马利诺夫斯基解释说，因为来不及与莫斯科联系，驻古
巴苏军司令官决定按照卡斯特罗的指示行事。赫鲁晓夫对此大发雷霆：
"我们的将军是在哪国部队服役？是苏联军队还是古巴军队？如果他是
在苏联军队服役，为什么他要听从别人的命令？"赫鲁晓夫强调，没有
莫斯科的批准，不得擅自向美国侦察机开火，不许任何人接近在古巴的
导弹，在古巴的苏联军队要绝对服从莫斯科，不能自行其是。[②] 马利诺
夫斯基一天之内数次电告驻古巴苏军司令普利耶夫：停止一切导弹基地
工程；没有莫斯科的命令不得使用中程导弹、巡航导弹、"月神"导弹
和飞机。他同时批评说"你们击落美国 U-2 侦察机的行动过于草率匆
忙"，与美国政府的谈判正取得进展，有望通过和平途径阻止对古巴的
进攻，"我们已经决定拆除导弹基地"。[③] 他还特别告诫说：须知击落美
机这一事件发生于这样的时刻，此时苏联面临着一个极其尖锐的问题，
即如何防止全球导弹核冲突，如何找到尽快解决危机的最有利的办法，
命令防空部队不得再对 U-2 飞机进行攻击。要求驻古苏军未经莫斯科
的授权不得动用战术核武器或飞机；任何人都不得接近导弹，任何人的
发射命令也不得执行，核弹头在任何情况下都不能安装上。[④] 虽然如此，
一旦美国对古巴采取行动，在情况危急时刻驻古巴的苏军难保不会动用
核武器。

　　美苏双方都对美国侦察机因迷航而误入苏联一事感到非常紧张。赫
鲁晓夫指示马利诺夫斯基给全国防空部队下达命令，没有总司令部的特
殊授权，不经过特批，不许擅自拦截来犯的侦察机。与此同时，他致信

---

　　① 瓦特：《国际事务概览》（1962 年），上海市政协编译工作委员会译，上海译文出版社
1983 年版，第 88 页。

　　② 亚·奥尔洛夫：《超级大国的秘密战》，朱志顺译，上海译文出版社 2003 年版，第 380
页；Gribkov and Smith, *Operation Anadyr*, p. 67。

　　③ Svetlana Savranskaya, "Tactical Nuclear Weapons in Cuba," *Cold War International History
Project Bulletin*, No. 14/15, Winter 2003/Spring 2004, pp. 388 – 389; Blight, Allyn and Welch, *Cuba on the Brink*, p. 114.

　　④ 奥尔洛夫：《超级大国的秘密战》，第 380 页；赫鲁晓夫：《导弹与危机》，第 651 页。

肯尼迪："你们的飞机侵犯了我国领空，而此时我们和你们正处在这样一个不安的时刻：一切都处于战斗准备状态。要知道，我们完全可能把入侵的美国飞机当作是一架载有核弹头的轰炸机，这就很可能促使我们采取有严重后果的一步，何况美国政府和五角大楼早就声称你们的载有原子弹的轰炸机在不断地进行巡逻飞行。"① 事实上，苏军参谋部的确认为这可能是美国发起核攻击之前进行最后的侦察活动，以准确地确定打击目标。赫鲁晓夫的外交顾问特罗扬诺夫斯基认为，对于苏联领导人而言，这是危机期间最为紧张的时刻。②

卡斯特罗的信同样令赫鲁晓夫深感不安。10 月 26 日晚，卡斯特罗致函赫鲁晓夫，认为今后 24—72 小时内美军的入侵是不可避免的，建议赫鲁晓夫"在与美国进行谈判时，应使用核武器打击美国的威胁手段来击败美国对古巴的任何威胁"。③ 在赫鲁晓夫看来，卡斯特罗实际上是在敦促苏联"立即对美国发起核攻击"，这表明他"完全没有明白我们的意图"，苏联部署导弹并不是要攻击美国，而是要用古巴来钳制美国。④

所有这些使赫鲁晓夫认识到，已经到了迅速改变立场、采取决定性行动的关键时刻了，局势有可能随时会失控，应立即从古巴撤出导弹。10 月 28 日，赫鲁晓夫主持召开会议，商讨解决危机的办法。与会者对于苏联应采取何种政策存在较大分歧，一派赞成尽快与美国达成和解，另外一些人则要求坚持强硬立场，主张如果美国进攻古巴，苏联就对柏林和设在土耳其的美国导弹基地采取报复行动。赫鲁晓夫表示，苏联必须找出一个摆脱这次冲突的体面办法，应从古巴撤出导弹；条件是美国政府要向苏联保证，美国军队或任何其他军队都不入侵古巴。他强调，"我们正面临着战争和核灾难的危险，其结果可能毁灭整个人类，为了拯救世界，我们必须退却"。赫鲁晓夫对美国方面承诺撤走土耳其的导弹感到非常满意，并清醒地认识到，这是肯尼迪能够做出的"最后让步"，现在

---

① 赫鲁晓夫：《导弹与危机》，第 632 页；*FRUS*，1961 – 1963，vol. 6，Washington，D. C.：United States Government Printing Office，1996，p. 186。

② Lebow and Stein，*We All Lost the Cold War*，pp. 139 – 140；Len Scott，*The Cuban Missile Crisis and the Threat of Nuclear War*，London：Continuum，2007，p. 71。

③ Chang and Kornbluh eds.，*The Cuban Missile Crisis*，p. 199。

④ William Taubman，*Khrushchev：The Man and His Era*，New York：Norton，2003，p. 573。

该是结束危机的时候了，除非苏联立即做出妥协，否则战争将不可避免。[1] 经过秘密磋商，苏联同意从古巴撤走导弹，而美国则保证不进攻古巴，并承诺拆除部署在土耳其的导弹。1962 年 11 月初，苏联拆除了所有部署在古巴的导弹，并在公海上接受了美军的检查。1963 年 4 月，美国将部署在土耳其的导弹全部撤走。

核武器在古巴导弹危机发生、发展和结束过程中都发挥了重要作用。这一危机的发生在很大程度上就是美苏核军备竞赛的结果。危机期间，美苏更是走到了核战争的边缘。更重要的是，基于对核冲突的恐惧，双方最后都不得不做出妥协让步，谋求危机的政治解决。肯尼迪和赫鲁晓夫都清醒地认识到，核战争对双方来说都将是灾难性的。因而，尽管拥有明显的核优势，美国军方也曾多次要求通过军事手段摧毁苏联在古巴的导弹，但都被肯尼迪所拒绝。对于肯尼迪来说，美国战略空军的动员以及所采取的军事部署行动，旨在威慑苏联，防止其贸然行动，并以此作为与苏联进行讨价还价的重要筹码。

长期以来，不少西方学者以及尼采、泰勒等都过分夸大了美国战略核力量对苏联的威慑作用，将危机的和平解决视为美国"强制性外交"的胜利，把赫鲁晓夫的妥协、退让归结为美国的核优势，称赫鲁晓夫完全明白他面对着美国的全部军事力量，包括核力量，而且他也非常清楚美国可能发动核攻击，即便苏联率先向美国发动突然进攻，美国的报复也会给苏联造成难以预料的伤亡，并赢得这场战争，"这就是他为何撤走导弹的唯一原因"，否则，这场危机不可能这么快就结束。在他们看来，美国的核优势对于危机的解决"至关重要"。[2] 他们还认为，肯尼迪及其顾问所犯的主要错误是对核战争危险的过分担心，因而对采取行动犹豫不决、瞻前顾后。泰勒等多次表示，美国在加勒比海地区不仅享有"战术优势"，而且也具有全面的战略优势，如果美国采取军事行动，根本用不着担心苏联会进行报复，更不会触发一场核战争。[3] 国内也有学者认

---

[1]  Fursenko and Naftali, *One Hell of a Gamble*, p. 284.

[2]  Marc Trachtenberg, *History and Strategy*, Princeton：Princeton University Press, 1991, pp. 238 – 239; Polmar and Gresham, *Defcon* – 2, pp. 249, 279; Lebow and Stein, *We All Lost the Cold War*, p. 292.

[3]  Blight and Welch, *On the Brink*, pp. 147, 148; Sagan, *The Limits of Safety*, pp. 53 – 54.

为，苏联的核劣势是造成赫鲁晓夫最后失利的"根本原因之一"。① 应当说这种看法有失偏颇。

美国的核优势在促使苏联谋求和平解决危机方面起了一定的作用，但绝非导致危机和平解决的唯一因素，更非决定性的因素。核战争对双方来说意味着两败俱伤，没有胜利者。危机期间，肯尼迪就对如何减少苏联的核打击给美国造成的伤亡感到束手无策，因为面对一场核战争，美国政府的保护措施几乎是无济于事。② 1962 年 10 月初，美国政府应急计划办公室下属的国家资源评估中心利用计算机模拟系统，就苏联对美国发动大规模核打击的后果进行了分析，认为在两天之内，苏联可投掷355 枚核武器，假定苏联的攻击仅限于军事目标而不是城市，即使如此也将会有 50 个城市的中心地带遭到轰炸的破坏；尽管 1. 64 亿人可以幸存，但其中 3400 万人将严重缺水；美国的海空力量将因为人员和设施的损失而受到沉重打击；48% 的工厂将遭受严重破坏；整个通信系统将陷于瘫痪状态；由于核辐射和爆炸的影响，全国有 25 个州的州政府至少在三个月内不能正常运转。③ 当时美国已经完成的庇护所能容纳 6000 万人，不到美国总人口的 1/3，而且现有的庇护所尚未储存足够的食品、水和其他物资。负责民防事务的助理国防部长向肯尼迪汇报说，9200 万美国人处于古巴导弹的射程之内，其中包括 58 个人口超过 10 万人的城市。④

麦克纳马拉曾在国会听证会上明确强调，无论美国拥有多么庞大、多少种类的核武器，要想有效地摧毁苏联大部分的战略核力量而同时确保自身不受大的损害将是非常困难的。⑤ 他多次坦率地承认，尽管美国拥有 5000 颗核弹头，而苏联只有 300 颗，美国在数量上占据绝对优势，但他并不认为美国有能力对苏联发起先发制人的打击，而同时保证自身完好无损。根据他的估计，即使美国率先发动进攻，苏联原有 300 枚战略核弹头中或许会有 25% 保留下来，足以对美国和欧洲大陆造成灾难性的破坏，造成数百万美国民众的丧生。因而在他看来，1962 年发动一场核战

① 朱明权主编：《20 世纪 60 年代国际关系》，上海人民出版社 2001 年版，第 313 页。
② Stern, *The Week the World Stood Still*, p. 105.
③ George, *Awaiting Armageddon*, p. 41.
④ May and Zelikow eds. , *The Kennedy Tapes*, p. 338.
⑤ Paul Harper and Joann Krieg, *John F. Kennedy*, Westport: Greenwood Press, 1988, p. 62.

争不仅会摧毁苏联，而且美国、欧洲都难以幸免。危机结束后，肯尼迪曾承认，仅是苏联在古巴的导弹就对其构成了重大威慑。[①] 因而，他宁愿做出某些让步以求达成谈判解决，也不愿意用当时的压倒优势发动一场核战争。[②] 1982 年 9 月，在古巴导弹危机发生 20 周年之际，腊斯克、麦克纳马拉等联名在美国《时代》周刊上发表文章，明确表示在解决危机中起决定作用的军事因素是美国在这一地区具有明显的随时可投入战斗的常规力量的优势。他们强调，古巴导弹危机表明，面对着可能幸存下来并将实施报复性打击的热核力量，核优势并非至关重要，而是无关紧要，"美国的核优势并非是决定性因素"。[③] 邦迪也表示，"我们对任何核交锋都没有兴趣，而是要避免它，我们自己的战略力量具有绝对优势这一事实并不能使我们感到安逸。"[④]

很多人都对肯尼迪在这场危机中的表现给予了高度赞誉，认为这不仅是肯尼迪在白宫"最辉煌的时刻"，同时也造就了一个"不朽的典范"，表明一个人如何能够防止灾难降临到这个世界。[⑤] 新近解密的资料表明，无论是肯尼迪还是赫鲁晓夫，不仅对核武器而且对整个局势都没有绝对的控制，失误、偶发事件频频发生。在当时双方剑拔弩张的情况下，每一个错误的举动都有可能酿成一场冲突。美苏两国距离一场核冲突实在太近了。[⑥] 有学者甚至认为，从严格的意义上讲，肯尼迪的危机决策乃是一个失败的案例。[⑦] 在核时代，不可能对危机实施有效的"管理"，必须努力避免危机的发生。

---

① Scott, *The Cuban Missile Crisis and the Threat of Nuclear War*, p. 81.

② Blight and Welch, *On the Brink*, pp. 29 – 30; 90 – 91; Robert McNamara, *Blundering into Disaster: Surviving the First Century of the Nuclear Age*, New York: Pantheon Books, 1986, pp. 8 – 9, 44 – 45.

③ Jeffrey Porro ed. , *The Nuclear Age Reader*, New York: Knopf, 1989, pp. 168 – 170.

④ Bundy, *Danger and Survival*, p. 448.

⑤ Schlesinger, *A Thousands Days*, pp. 840 – 841.

⑥ Sagan, *The Limits of Safety*, pp. 77 – 101; Len Scott and R. Gerald Hughes eds. , *The Cuban Missile Crisis: A Critical Reappraisal*, New York and London: Taylor and Francis, 2015, pp. 102 – 104.

⑦ Richard Pious, "The Cuban Missile Crisis and the Limits of Crisis Management," *Political Science Quarterly*, vol. 116, No. 1, Spring 2001, p. 104.

# 五

古巴导弹危机对美苏关系的影响是深刻且多方面的，其中或许最为重要的就是使美苏两国领导人都认识到核战争是绝对要避免的。这场危机表明，"少量核武器就极具破坏力的事实所导致的恐惧心理，比起核武器的数量对比要重要得多"。① 肯尼迪在危机过后说的这句话应该道出了两人当时的共同心理："从双方都拥有核能力，双方都想保护自己的社会这一意义上来说，我和赫鲁晓夫先生是处境相同的。"在他看来，一个各国彼此以核武器相威胁的世界不仅是"无理性的"，而且是"不能容忍和不可思议的"，整个人类在防止核战争方面有着共同的利益。② 赫鲁晓夫对此也深有同感。他说："尽管我们的阶级对抗是不可调和的，肯尼迪和我在防止军事冲突的问题上，却找到了共同的立场和共同的语言。"③

1963 年 6 月 10 日，肯尼迪在美利坚大学发表讲话，要求美国人重新审视他们的冷战观念，重新审视对苏联的态度，寻求改善双边关系。这篇讲话为美苏关系未来的发展确定了基调。他强调，在核时代爆发战争是不可想象的，在制止军备竞赛方面美苏有着共同的深切的利益；"如果我们现在不能结束我们所有的一切分歧，那么，我们至少能够协力使世界在分歧之中保持安全。因为，归根结底，我们最基本的共同纽带是，我们全都生活在这个小小的星球之上"。他宣布，美国将不再进行大气层核试验，并谋求缓和与苏联的关系。④

惊心动魄的危机同样使赫鲁晓夫清醒地认识到核对抗的危险。他在1962 年 12 月向最高苏维埃会议所做的报告中指出：在核时代，必须显示出"更加清醒的头脑和消除国家间不和的各种障碍的更大愿望"，同时应该加强国际关系中理智的准则，呼吁有关大国排除就永久停止核试验达成协议的最后障碍。赫鲁晓夫还将肯尼迪在美利坚大学发表的讲话称为

---

① Joseph S. Nye, *Understanding International Conflicts*, New York：Longman, 2005, p. 143.

② Sorensen, *Kennedy*, p. 725；Schlesinger, *A Thousands Days*, p. 893.

③ Sorensen, *Kennedy*, p. 578；赫鲁晓夫：《最后的遗言：赫鲁晓夫回忆录续集》，上海国际问题研究所、上海市政协编译组译，东方出版社1988 年版，第 765 页。

④ Schlesinger, *A Thousands Days*, pp. 901 – 902.

自富兰克林·罗斯福以来"美国总统所发表的最好的一篇演说"。①

古巴导弹危机使肯尼迪、赫鲁晓夫相互间有了更进一步的认识和了解。肯尼迪在危机中的克制、谨慎给赫鲁晓夫留下了深刻的印象，并赢得了他的尊重。危机结束后，赫鲁晓夫对美苏关系发展的前景和肯尼迪的态度有了明显改变，希望以谈判取代对抗，并在制止核军备竞赛方面共同做出努力。1962 年 12 月初，赫鲁晓夫致信肯尼迪，希望他能够连任，这样他们就能为"和平共处"创造更好的条件。在肯尼迪看来，赫鲁晓夫是一位理智的、有思想的领导人，能够正确地认识本国的利益和全人类的利益。1963 年 6 月 20 日，美国和苏联达成谅解备忘录，决定在华盛顿和莫斯科之间建立"热线"，这样两国领导人在遇到紧急情况时可以进行直接磋商，防止因意外、误解、错误估计而导致一场核战争。8 月初，经过长时期激烈的讨价还价，双方终于签署了部分禁止核试验条约，禁止在大气层、外层空间和水下进行核试验。条约的目的是为"尽速达成一项在严格国际监督下的全面彻底裁军协议"，制止军备竞赛和消除刺激生产和试验包括核武器在内的各种武器的因素；"谋求永远不继续一切核武器试验爆炸"，并"希望使人类环境不再被放射性物质污染"。② 尽管该条约未禁止地下核试验，以便两国进一步发展核武器，但这是自 1945 年核武器出现以来，美苏在限制核军备竞赛方面迈出的具有实质性意义的重要一步，同时还为日后双方在该领域进一步谈判并达成协议奠定了基础，因而得到了国际社会的广泛支持和欢迎，认为条约的签署有利于缓和国际关系。肯尼迪曾表示希望访问莫斯科，并进一步扩大两国合作的领域，包括联合登月、加强贸易关系、共同削减军备等。在经历了激烈的对抗之后，肯尼迪、赫鲁晓夫的确为两国关系的缓和、开启双边关系发展的新阶段带来了希望。因而，不少学者将这一事件视为"冷战的转折点"。③

另外，古巴导弹危机并未消除美苏之间的对抗和冷战。赫鲁晓夫在危机中的表现令苏联政府其他领导人颇为不满，这是导致他下台的重要

① Dan Caldwell, *American – Soviet Relations*：*From 1947 to the Nixon – Kissinger Grand Design*, Westport：Greenwood Press, 1981, p. 58；Dallek, *An Unfinished Life*, p. 621.

② 《国际条约集（1963—1965）》，商务印书馆 1976 年版，第 206—208 页。

③ Melvyn P. Leffler and Odd Arne Westad eds., *The Cambridge History of the Cold War*, vol. 1, New York：Cambridge University Press, 2010, p. 397.

原因之一。随后，苏联与美国展开了新一轮的军备竞赛，相继研制出第二代和第三代洲际导弹。在陆基导弹方面，1962 年美苏分别拥有 226 枚和 75 枚，到 1969 年双方各有 1054 枚和 1060 枚，1972 年苏联则达到了1530 枚，而美国仍为 1054 枚。同样重要的是，苏联新部署的导弹属于第三代，不仅打击半径大，而且打击的精确度也较前有了较大提高。1963年苏联拥有战略核弹头 400 枚，1969 年达到 1250 枚。尽管数量只是美国的 1/3，但其爆炸当量却超过了美国。到 1972 年，苏联潜射弹道导弹为560 枚，为美国的 85%；远程轰炸机 140 架，为美国的 40%。苏联的战略核力量已经从原来的劣势转为与美国保持大体均势。[①] 同时，苏联还大大加强了常规力量的建设，特别是海军的远洋作战能力有了明显提高。1962—1972 年，苏联共建造了 910 艘舰艇，包括大型航空母舰，并装备了性能先进的逆火式轰炸机。

虽然东西方对抗这一冷战基本格局并没有发生改变，但美苏两国都采取了一系列措施来管理相互之间的关系，防止类似的严重对抗再度重演，努力减少发生核冲突的可能性。双方的军备竞赛和对抗又持续了近30 年，但两国都再也没有让局势危险到彼此有可能直接使用核武器或使用武力的地步，从而使美苏关系从激烈对抗转入一个相对缓和的时期。曾长期出任苏联驻美大使的多勃雷宁认为，古巴导弹危机"是冷战中最富有戏剧性的事件"，"这场危机将两个大国最大限度地拖到核战争的边缘，因此它成为人们推断两个大国的对抗究竟能达到何种程度的界石，同时也告诉我们应该采取什么样的行动来防止核战争。在此后的 30 年里，古巴危机期间的某些做法成为核游戏的规则和界限，同时也成为莫斯科与华盛顿之间重要的、反复无常的、危险的关系中的规则和界限"。[②]尽管这一事件已经过去半个多世纪，国际环境也发生了巨大变化，但人们依然可以从中汲取一些有益的经验教训。

（本文作者系南开大学世界近现代史研究中心教授）

---

① 张翔主编：《世界主要国家核导弹武器发展路线图》，国防工业出版社 2013 年版，第130 页；王羊主编：《美苏军备竞赛与控制研究》，军事科学出版社 1993 年版，第 27—28 页。

② Dobrynin, *In Confidence*, pp. 71, 96；Raymond L. Garthoff, *A Journey Through the Cold War: A Memoir of Containment and Coexistence*, Washington, DC: Brookings Institution Press, 2001, p. 187.

# "新瓶旧酒"：毒品与中苏美
# "冷战的新战场"（1963—1973）

张勇安

随着中苏关系的不断恶化，中国曾经的盟友、社会主义的"老大哥"、美国联邦麻醉品局（FBN）局长哈里·安斯林格（Harry Anslinger）诽谤新中国时中国利益的坚决捍卫者——苏联开始"从美帝国主义的反华武器库里捡拾破烂"。1964 年 9 月 13 日，苏联的官方"喉舌"《真理报》刊发了该报驻东京记者奥夫琴尼科夫（V. Ovchinnikov）的一篇名为《毒贩》的文章，指责中国。①令人惊讶的是，该文的用词、造句、修辞手法乃至证据来源，都与此前安斯林格刊发于媒体的报道惊人地相似，如出一辙，只不过言说的对象发生了变化。美苏两大对立的阵营突然间好似找到了共通之处，媒体之间相互唱和。围绕所谓的"中国的毒品问题"，中、美、苏三家媒体和政府之间展开了一系列的长达 10 年的"口水战"，而这场舆论战随着中、美、苏三国关系及冷战国际形势的变化，

---

① 新华社：《苏〈真理报〉反华破产竞靠造谣过日子，公然摭拾美帝唾余诬蔑我国产销毒品》，《人民日报》1964 年 9 月 21 日第 4 版；观察家：《〈真理报〉编辑部，难道你们不觉得可耻吗？》，1964 年 9 月 21 日第 4 版。非常有趣的是，英国和中国香港报刊也注意到了中国大陆媒体的报道，并引起了美国联邦麻醉品局注意。参见 Victor Zorza，"Moscow Accused of Anti-China Calumny," *The Guardian*，September 21，1964；"Pravda Criticised for Opium Article," *South China Morning Post*，September 21，1964；关于《真理报》9 月 13 日刊出的文章，《人民日报》9 月 21 日的文章，美国中央情报局还专门译成了英文，9 月 24 日提交给联邦麻醉品局。参见 Folder：0660 - Communist（Red）China - 1962 - 1963，#4，RG 170 Records of the Drug Enforcement Administration Subject Files of the Bureau of Narcotics and Dangerous Drugs，1916 - 1970，Box153，National Archives，College Park，MD。

不断升级演化，成为"冷战的新战场"。①

# 一　"撮拾美帝唾余"：《真理报》的造谣

　　20 世纪 60 年代，中苏两党两国之间由于意识形态的尖锐对立和国家利益冲突，发生了一场对两国内外政策乃至世界战略发展格局都产生过重大影响的论战。尔后，论战不断升级，最终超出两党或社会主义国家阵营内部，《真理报》把"美帝唾余"改头换面之后装在苏联这个"新瓶"里，引起国际好事者的诸多关注和讨论，而且，这种讨论不断扩散，一定程度上，让中国身陷国际舆论的旋涡之中，国家形象受损。

　　1960 年莫斯科各国共产党和工人党会议之后，在一段时间内，中苏关系总体平稳。尽管中苏两党在许多问题上仍然存在分歧，但"总的关系还不坏"。然而，从 1961 年 10 月召开的苏共二十二大开始，特别是从 1962 年 10 月古巴导弹危机爆发和中印边境冲突开始，中苏关系急剧恶化。②

　　苏共中央通过媒体和利用各种机构，公开指责中共，作为回应，中共中央从 1962 年 12 月 15 日到 1963 年 3 月 8 日，连续撰写了七篇文章：《全世界无产者联合起来，反对我们的共同敌人》《陶里亚蒂同志同我们的分歧》《列宁主义和现代修正主义》《在莫斯科宣言和莫斯科声明的基础上团结起来》《分歧从何而来？——答多列士等同志》《再论陶里亚蒂同志同我们的分歧——关于列宁主义在当代的若干重大问题》和《评美国共产党声明》来回答攻击者。③双方唇枪舌剑，你来我往。

　　尽管如此，这一时期，"中苏论战"一定意义仍主要是两党之间的论争，或者说还多限定在两党或社会主义国家阵营内部。而在国际事务上，

　　①　相关研究：吴冷西《十年论战：中苏论战回忆录（1956—1966）》，中央文献出版社 2013 年版；孔朝晖：《兄弟的隐喻 从〈真理报〉（1950—1959）的中国形象谈起》，中国社会科学出版社 2012 年版。

　　②　中共中央文献研究室编；杨胜群主编；刘金田副主编：《邓小平传（1904—1974）》（下），中央文献出版社 2014 年版，第 1246—1247 页。

　　③　《关于国际共产主义运动总路线的建议——中国共产党中央委员会对苏联共产党中央委员会一九六三年三月三十日来信的复信（一九六三年六月十四日）》，载中共中央文献研究室编《建国以来重要文献选编》第十六册，中央文献出版社 2011 年版，第 417—468 页。

双方相互支持仍多于相互拆台。例如 5 月 8 日联合国麻醉品委员会
（CND）第 18 届会议上，美国政府及其同盟者再次竭力无端指责中国贩
卖麻醉品，诬称中国把贩卖所得的钱用于在国外的"政治活动"。与此前
一样，苏联代表则给予严词回击，指出这是"纯粹出于政治原因进行的
虚假的和没有道理的指控"。①

　　然而，7 月 14 日，苏共中央发给苏联各级党组织和全体共产党员的
公开信，以及随后采取的一系列行动，却把中苏关系推向破裂的边缘，
把国际共产主义运动的分歧推到一个空前严重的阶段。② 1963 年 9 月 6 日
至 1964 年 7 月 14 日，中共中央针对苏共中央的公开信又连续发表了"九
评"。③ 而与此相伴随的则是苏联在国际事务之上，开始从支持中国，演
变为公开的对峙，甚至指责。而"毒品"则成了苏共指责中国的"秘密
武器"之一。

　　其中，最为典型的行动即，9 月 13 日，作为苏共中央党报的《真理
报》发表了该报驻东京记者奥夫琴尼科夫的一篇名为《毒贩》④ 的文章，
就文章的内容而言，实际上并无新意，更多的是重复着美国此前对中国

---

　　① 《在联合国麻醉药品委员会议上美国诬蔑中国的阴谋失败》，《人民日报》1963 年 6 月 1
日。

　　② 《人民日报》编辑部、《红旗》杂志编辑部：《苏共领导同我们分歧的由来和发展——评
苏共中央的公开信》（一九六三年九月六日），载中共中央文献研究室编《建国以来重要文献选
编》第十七册，中央文献出版社 2011 年版，第 1 页。

　　③ 《人民日报》编辑部、《红旗》杂志编辑部：《苏共领导同我们分歧的由来和发展——评
苏共中央的公开信》（一九六三年九月六日）、《关于斯大林问题——二评苏共中央的公开信》
（一九六三年九月十三日）、《南斯拉夫是社会主义国家吗？——三评苏共中央的公开信》（一九
六三年九月二十六日）、《新殖民主义的辩护士——四评苏共中央的公开信》（一九六三年十月二
十二日）、《在战争与和平问题上的两条路线——五评苏共中央的公开信》（一九六三年十一月十
九日）、《两种根本对立的和平共处政策——六评苏共中央的公开信》（一九六三年十二月十二
日）、《苏共领导是当代最大的分裂主义者——七评苏共中央的公开信》（一九六四年二月四日）、
《无产阶级革命和赫鲁晓夫修正主义——八评苏共中央的公开信》（一九六四年三月三十一日）、
《关于赫鲁晓夫的假共产主义及其在世界历史上的教训——九评苏共中央的公开信》（一九六四
年七月十四日）。

　　④ V. Ovchinnikov, "Dope Peddlers," *Pravda*, September 13, 1964. 9 月 17 日被译成英文报
英国驻莫斯科大使馆。参见 China, FC 1811/1, 1964, FO 371 175967; 同样美国中央情报局也专
门译成了英文，9 月 24 日提交给联邦麻醉品局。参见 Folder：0660 - Communist（Red）China -
1962 - 1963，#4，RG 170 Records of the Drug Enforcement Administration Subject Files of the Bureau of
Narcotics and Dangerous Drugs, 1916 - 1970, Box153, National Archives, College Park, MD。

的指责，诬称中国大量种植罂粟、生产和贩卖毒品。苏联通讯社塔斯社在同一天也转发了这篇文章。通过比较，我们可以发现，《真理报》的这些言论与安斯林格此前的言论一般无二，如果说有差别，那就是《真理报》更加大胆，宣称中国通过贩毒每年可以赚取"5亿美元"的外汇，实际上中国每年的外汇总收入彼时也就大体3亿美元而已。

更令人惊奇的是，日本全国防毒委员会主席菅原通济（Tsusai Shugawara）在这篇报道中被称为"这方面最权威的人士"，奥夫琴尼科夫引用他的话来证明自己的观点。这很容易让我们联想到1952年3月10日，安斯林格第一份正式的指控中国种植、加工和走私毒品的报告即是从驻日美军司令部"获得"。[1] 而且，与美国联邦麻醉品局经常援引蒋介石集团提供的数据和资料一样，《真理报》的文章也援引在香港出版的有蒋介石集团背景的刊物《新闻天地》的"材料"，材料来源如此相似，或许就不能简单地归因于"巧合"。

尽管奥夫琴尼科夫爆的"料"并无新意可言，甚至可以说都是些"旧酒"，但是，改头换面之后装在苏联《真理报》这个"新瓶"里，必然散发出不一样的"味道"，特别是在冷战背景之下，在中苏交恶之时，必然会引起好事者的诸多关注和讨论。《人民日报》就注意到，"《真理报》这篇反华文章一出来，立即获得了美帝国主义和印度反动派的喝彩。在《真理报》的反华文章由塔斯社全文转播以后，美国的《华盛顿每日新闻》就马上出来说《真理报》的造谣是'可信的'。印度新闻处也立即予以转述。"[2]

实际上，"喝彩"面之广、时间之长，远远超出《人民日报》所注意到的内容。9月14日，《美国新闻人》（Journal American）即刊出题为《苏联攻击北京贩卖毒品》的文章。文章开篇指出："俄国自己公开

---

[1]  "Memorandum from H. J. Anslinger to The Chairman of the United Nations Commission on Narcotic Drugs, United Nations Commission on Narcotic Drugs, New York, April 15, 1952," RG 170 Records of the Drug Enforcement Administration Subject Files of the Bureau of Narcotics and Dangerous Drugs, 1916 – 1970, Brief Description – Misc. Files – 0660 – Foreign Countries CEY – CON, Box 153, National Archives, College Park, MD.

[2]  观察家:《〈真理报〉编辑部，难道你们不觉得可耻吗?》,《人民日报》1964年9月21日第4版。

支持美国对共产党中国贩卖鸦片攫取外汇的指控"。同时，文章还发现，尽管美苏两国在这一点上意见一致，但美国官方宣称中国这么做的目的是"腐化自由世界的人民"，而苏联宣称中国"巨款都花在反苏宣传和犒劳北京分裂主义者的傀儡方面"。但该文章也对日本权威人士声称的："中国把三分之一的鸦片走私到日本，其他的则被贩运到东南亚和美国"提出质疑，《美国新闻人》指出，西方世界任何官方文件都没有对此给出明确的说法。① 同一天，美国的《洛杉矶时报》和《芝加哥论坛报》、英国的《每日电讯报》和泰国《曼谷世界报》都以最快的速度、以耸人听闻的标题转载或摘编了《真理报》的报道，美苏两大阵营的媒体结成了统一战线，中国用贩卖鸦片来进行反苏宣传的说辞不断在各种媒体上传播。②

22 日，北美报业联盟（North American Newspaper Alliance）的记者戴维·巴尼特（David Barnett）则注意到，苏共《真理报》指责中国自1952 年开始贩运毒品来资助其反苏宣传，"这些话语，美国官员并不觉得新奇，他们坚称，这些话语对于克里姆林宫而言也不会太感意外。"③尽管如此，但他对《真理报》诸多无端的指责则表示怀疑。如《真理报》称中国每年从贩毒中获利 5 亿美元，其中 1/3 毒品被贩运到日本，其他的则贩运到东南亚和美国，巴尼特表示，这些信息与美国专家掌握的信息是不对称的，诸如安斯林格就曾多次强调虽然有一些来自中国的毒品被贩运到美国西海岸，但大多数的进入美国的海洛因则是来自位于法国的非

① "Soviet Blasts Peking on Dope Traffic," *Journal American*, September 14, 1964, p. III; Folder: 0660 – Communist (Red) China – 1964 –1967, #5, RG 170 Records of the Drug Enforcement Administration Subject Files of the Bureau of Narcotics and Dangerous Drugs, 1916 – 1970, Box153, National Archives, College Park, MD.

② Victor Zorza, "Peking Pushes Opium Trade, Soviet Claims," *Los Angeles Times*, Monday, September 14, 1964; "Pravda Raps Red China for Dope Traffic," *Chicago Tribune*, Monday, September 14, 1964; Jeremy Wolfenden, "China Opium Pays for Anti – Russian Drive': £ 180m Narcotics Sales," *Daily Telegraph*, September 14, 1964; "USSR Accuses China of Big Drug Traffic," *Bangkok World*, September 14, 1964; Folder: 0660 – Communist (Red) China – 1964 –1967, #5, RG 170 Records of the Drug Enforcement Administration Subject Files of the Bureau of Narcotics and Dangerous Drugs, 1916 –1970, Box153, National Archives, College Park, MD.

③ 英文原文：The disclosures came as no surprise to U. S. officials, and they contend, could not have been much of a surprise to the Kremlin。

法实验室，原料则是来自中东。①

　　24 日，《华盛顿日报》刊出的沙克福德（R. H. Shackford）的文章则把《真理报》的文章视为是中苏之间的"新鸦片战争"。文章开篇指出，"新鸦片战争已经发动。但这次是红色中国和苏联之间的口舌之争（a war of words）。"对于俄国人指责其北京"同志"通过贩毒来资助反苏宣传，沙克福德批评道，双方都没有告知鸦片的全部真相。实际上，大家都不清楚非法麻醉品走私的全部真相。长期以来，因无法从想象中分离出事实，鸦片只能是用于相互指责进行宣传的工具。但此次与以往不同，在他看来，苏联这次的指责超出了可以为国际禁毒专家所接受的事实，联合国机构和其他国际组织总部所在地日内瓦的禁毒专家对苏联《真理报》提供的数据提出了质疑。世界上合法生产的用于医学需求的鸦片每年约1000 吨，主要由苏联、印度和土耳其提供。非法生产源主要位于东南亚的三角地带，即缅甸、泰国、老挝和中国交界处。专家通常估计这个地区每年的产量是 1000 吨，其中 40% 产自缅甸。《真理报》提出的中国8000 吨的产量显然不合常理。② 然而，必须注意到，同巴尼特一样，沙克福德质疑苏联《真理报》提供的数据，并不是在为中国辩解，从而否认中国卷入非法贩毒，其背后的真实意图实际上是以退为进，坐实中国种植、贩卖鸦片的所谓的事实。

　　同一天，1952 年就开始与安斯林格进行合作的《纽约镜报》的编辑维克托·里塞尔（Victor Riesel），针对苏联《真理报》的文章撰文批评中国，在他看来，《真理报》的文章所陈述的事情"早已是人所共知的事实"。不仅如此，他还强调，美国驻华盛顿、东京和曼谷大使馆及香港总领馆的官员已经掌握了更加具体的清单，包括中国大陆把鸦片加工成吗啡碱然后再提炼成海洛因的实验室。③

　　进入 10 月，《真理报》的文章仍不断受到美国媒体的关注，这在世

---

　　①　David Barnett, "U. S. Narcotics Agents Smash Red Dope Trade," *Oklahoma Journal*, Tuesday, September 22, 1964.

　　②　R. F. Shackford, "Moscow, Sees Red over Peking's Dope Peddling," *Washington Daily News*, Thursday, September 24, 1964, p. 39.

　　③　Victor Riesel, "Red China's Opium Demoralizing West," *Oakland Tribune*, September 24, 1964.

界传媒史或许也是较为罕见的个案。10 月 1 日，《纽约先驱论坛报》刊出了题为《红罂粟刺痛俄国》一文，开篇即引用《真理报》的文章，指出其所"揭露"之事甚至数字实际上都是之前安斯林格已经讲过的。而在其看来，之所以苏联这么多年来一直保持沉默主要不是其忽略了，而是相信中国贩毒是服务于发展共产主义事业的共同目标。但现在令其愤怒的是，中国已经把其目标从帝国主义国家转向了苏联。[①] 显然，这同样是媒体人在没有真凭实据的情况下的臆想和猜测。

10 月 15 日，《华盛顿邮报》驻伦敦记者丹尼斯·布拉德沃思（Dennis Bloodworth）撰文指出，"当 9 月中旬苏共报纸《真理报》指责北京从国际鸦片走私中每年赚取 5 亿美元时，中苏冷战在一个新的战场打响。"进而称这并不是中国第一次受到指责，同时借助此前来自美国方面的言论，试图进一步坐实中国生产、贩运毒品。[②]

对于这些假新闻，联合国方面提出了质疑甚至批评。11 月 28 日，巴尔的摩《太阳晚报》摘编自《密尔沃基报》（*Milwaukee Journal*）的文章开篇即指出，联合国非常关注世界非法鸦片生产的增加，但是对于最近《真理报》指责中国的内容则表示怀疑。[③] 实际上，联合国常设中央鸦片委员会（PCOB）因无法获得可靠的信息，不能也不愿意指责中国，在其看来，这些信息都是从美国的联邦麻醉品局获得的。[④] 尽管如此，众口铄金，中国的国际形象必定严重受损，然又无畅通的渠道来加以自证清白，这种被动地遭受指责的局面，随着越来越多国家的媒体涉入其间而进一步被国际化。

## 二　"日益威胁世界的红色毒品"

随着这种造谣和中伤的不断升级，美国的媒体不断地介入与扩散，毒品俨然成了共产党中国获得外汇资金和战略物资，进行海外援助、支

---

① "The Red Poppy Bites Russia," *New York Herald Tribune*, October 1, 1964.

② Dennis Bloodworth, "Soviets Accuse Red Chinese of $500 – Million Dope Traffic," *Washington Post*, Thursday, October 15, 1964, p. A37.

③ "Production of Illicit Opium Rising," *Evening Sun*, Baltimore, Md., November 28, 1964.

④ Andrew Tully, "News Behind the News," *Whirligig*, August 16, 1965.

持越南战争等活动的"秘密武器"。1965 年 1 月，《迈阿密先驱报》刊出文章《肮脏的工作和毒品》，它在引述《真理报》的文章时，不加辨别地接受其论断，甚至指出，"这一指责恰可以解释长期以来的困惑：红色中国从哪里获得资金来资助非洲和其他地方的颠覆活动，而在国内民众却衣不遮体，食不果腹。"①

1 月 19 日，《芝加哥太阳时报》据合众国际社瑞士日内瓦电，联合国常设中央鸦片委员会称：中国的鸦片受毒贩控制，北京显然没有采取措施来阻止。同时表示，中国与朝鲜、"北越"拒绝向联合国经社理事会报告其受到政府管控的鸦片产量，拒绝对其合法或非法生产给予评价。而且仅中国云南—缅甸—老挝地区的年鸦片产量就超过 1000 吨，这个数量超过了全球所有合法生产的鸦片。②

而且，这些针对中国的指责和批评并不局限于美苏两国的媒体，而是开始借助其驻外记者、合作者等不断地向他国散播。5 月 9 日，《旧金山观察家报》刊文，其驻东京的记者指出，"共产党中国"的政府操纵了世界范围的鸦片及其主要衍生物海洛因和吗啡的走私，每年的非法收入达到 5 亿美元，这些资金用于资助秘密特工的渗透活动、制造危机和类似的监控活动。③ 5 月 31 日，这篇短文被扩写为长文《北京操纵世界范围的毒品贩运》刊登于泰国《曼谷世界报》，指出世界范围的鸦片及其衍生物、海洛因和吗啡的生产和贩运，被认为是北京中国共产党政府的杰作，仔细地比对其信息，我们会发现其主要的数据和内容仍是借用自苏联《真理报》的文章，而在文末更是直接引用了奥夫琴尼科夫的文章。④《旧金山观察家报》驻日本东京的记者同《真理报》驻东京的记者奥夫琴尼科夫是否有工作上的交集，我们不得而知，但这种相互之间的唱和却是显而易见的。

---

① "Dirty Work and Dope," *Miami Herald*, January, 1965.

② "Red China Fails To Curb Opium, UN Board Says," *Chicago Sun - Times*, January 19, 1965; A Special Writer, "Traffic Mounts on the Poison Trail... China Keeps Drug Convoys Moving," *The Straits Times*, January 30, 1965.

③ "Dope Plot by Red China?" *S. F. Examiner*, Sunday, May 9, 1965.

④ Stuart Griffin (N. Y. Herald Tribune), "Peking Masterminds Worldwide Dope Traffic," *Bangkok World*, Monday, May 31, 1965.

特别值得关注的是，随着美国"特种战争"遭遇到越南军民英勇抗击，美国一方面在越南南方增加军力，另一方面对越南北方不断进行轰炸，把战火逐步向北延伸，向局部战争发展。① 美国对越南的干涉和越来越深地卷入其间，让越南的局势更趋复杂。一如安斯林格及其同盟者在20世纪50年代指责中国贩卖毒品到朝鲜战场，毒害韩国和美国士兵一样，越南战争中南越和美国士兵的腐化与堕落被归结为来自中国的"秘密武器"。

8月16日，《陀螺报》（Whirligig）刊出《新闻背后的真相》一文，指责中国把一种"秘密武器"引入越南战争，这一武器就是"高纯度的海洛因"，它们被运到南越，通常是通过南越和美国士兵经常光顾的酒吧、饭馆和夜店以折扣价出售给这些士兵。文章指出，北京的目的是削弱盟军战士的士气，同时通过贩毒在国际市场上赚取外汇。②

不仅如此，善于哗众取宠的专栏作家更是借机把无根无据之事不断放大。11月3日，罗伯特·艾伦（Robert S. Allen）③ 和保罗·斯科特（Paul Scott）撰文指出，"共产主义毒品日益对美国和自由世界的安全构成威胁。来自红色中国的鸦片和古巴的可卡因为共产党在非洲、亚洲、中东、近东、拉美和美国进行间谍和破坏活动提供资金。""1949年以来，单单北京每年就从鸦片贩卖中获利达5亿美元。"与其他的报告不同，这篇报道已经从单纯地关注中国扩大到指责整个共产主义世界，甚至指出，根据联邦麻醉品局官员的观点，红色中国的毒品主要借助菲德尔·卡斯特罗的特工把大量的鸦片、吗啡、海洛因、大麻和可卡因借道哈瓦那走私到美国和拉美。"红色中国"甚至派"科学家"到古巴、阿尔巴尼亚以及非洲的一些地方，以便培训当地的共产党人罂粟种植技术。④ 在他们眼

---

① 《中共中央关于加强备战工作的指示（一九六五年四月十二日）》，载中共中央文献研究室编《建国以来重要文献选编》第二十册，中央文献出版社2011年版，第126—130页；时殷弘：《美国在越南的干涉和战争（1954—1968）》，世界知识出版社1994年版。

② Andrew Tully, "News Behind the News," *Whirligig*, August 16, 1965.

③ 罗伯特·艾伦（Robert Sharon Allen, 1900 – 1981），新闻记者和专栏作家。曾因较早报道1923年纳粹啤酒馆暴动而出名，他自称是"第一位批评阿道夫·希特勒和纳粹的美国新闻记者"，晚年同保罗·斯科特（Paul Scott）合作写专栏。

④ Robert S. Allen and Paul Scott, "Red dope Growing Menace to World," *Plattsburgh Press Republican*, Wednesday, November 3, 1965.

里，共产党正通过毒品向世界扩张，而中国更是不仅输出革命，还出口罂粟种植技术。

更加值得关注的是，国际媒体甚至称中国把发动世界范围的麻醉品"战争"纳入国家战略。美国和西欧许多国家犯罪率飙升，原因就是非法毒品贩运的大规模扩张。1966 年 1 月 23 日，皮埃尔·赫斯（Pierre J. Huss）在费城《问询者报》上刊文时再次把 1964 年《真理报》的造谣当作了"一项新的调查"，指出中国每年从贩毒中赚取 5 亿美元，每年向全世界走私 1000 吨的毒品。在其看来，中国毒贩的非人道主义行为的目的有两个：①获取外汇以资助在越南等地的游击战，扩大其在各大洲的颠覆活动网络；②破坏白人、黑人和棕色国家的毅力和道德思维。① 5 月 26 日《斯托克顿记录报》刊文持类似的立场，把东南亚毒品贩运的增长归罪于中国的共产党政权，甚至援引所谓专家的言论称，共产党正在使用来自毒品的利润作为迅速获得外汇的手段，以资助在越南的日益增加的战争费用。② 7 月 1 日，该报又刊文指责中国在南亚地区走私鸦片，以获取资金来削弱对手。③

与此同时，美国盟国的部分媒体也加入了指责中国的行动当中。5 月 31 日，《韩国时报》刊出一篇题为《检察官拘捕三位鸦片制造者》的文章，指出鸦片制造者的麻醉品是来自中国。④ 8 月 12 日，《日内瓦论坛报》（La Tribune de Geneve）刊登的文章则借用《真理报》提供的所谓材料指责中国，称鸦片是"毛的秘密武器"。对于北京而言，在他看来，"鸦片是财富的主要来源"，"保险的说法是无论鸦片是否用来奴役自由世界或仅是作为中国提供她所需要的外汇的手段，但可以说它是服务于北京政治规划的财富的主要来源。"⑤

---

① Pierre J. Huss, "World-Wide Narcotics 'War' Part of Red China's Strategy," *Inquirer*, Philadelphia, PA, Jan. 23, 1966.

② "Asia Becoming Concerned over Big Increase in Smuggling of Opium, Heroin," *Stockton (Calif) Record*, Wednesday, May 25, 1966.

③ "Red China Produces Opium to Get Gold, Weaken Rivals," *Stockton (Calif.) Record*, Wednesday, July 1, 1966.

④ "Prosecutor Arrests Three Opium Makers," *The Korea Times*, May 31, 1966.

⑤ Alexander Bregman, "Opium-Mao's Secret Weapon," *La Tribune de Geneve*, August 12, 1966.

可以发现，苏联《真理报》刊文后的近两年时间里，美国各主流媒体从各个层面持续地给予关注和报道，一方面可以为此前美国方面的"子虚乌有"的报道找到佐证①，另一方面也借此来为中苏交恶火上浇油，尽管我们无从知悉这一行动对中苏关系究竟产生了何种程度的影响，但不可否认的是，世界媒体的无端指控必然影响到中国的国际形象。

然而，这些媒体的新闻报道却引起了美国民众的担忧。来自加利福尼亚州的雪莉·福西（Shirley C. Forsey）致信其所在区的国会共和党议员约翰·鲍德温（John F. Baldwin）众议员，表达了其疑虑与担忧。作为回应，1964 年 10 月 2 日，鲍德温众议员专门致信咨询财政部长道格拉斯·狄龙（Douglas Dillon）。他注意到，其选民在看到 9 月 24 日刊登于《奥克兰论坛报》的文章《红色中国的鸦片正在腐蚀西方世界》时感到非常吃惊。因据他所知，财政部负责打击走私到美国的鸦片。他希望能够知悉财政部为阻止鸦片走私到美国采取了什么样的措施，并附上了报纸上的文章。② 10 月 5 日，财政部部长助理约瑟夫·鲍曼（Joseph M. Bowman）代表财政部长狄龙复信鲍德温议员，首先感谢其对禁毒工作的关注，同时告知已将信转给专门负责此项业务的联邦麻醉品局局长亨利·焦尔丹诺（Henry Giordano），焦尔丹诺将非常乐意来回复其选民的关切。③

根据指示，10 月 13 日，联邦麻醉品局代理局长约翰·恩赖特（John R. Enright）致信鲍德温议员，阐述了美国打击毒品贩运的机制、措施和成效。他指出，联邦麻醉品局和海关总署共同负责打击毒品走私，两个部门相互协作，特别是在世界各地的战略要地设立了麻醉品专员之后，

---

① 关于此问题的研究笔者将另有专文探讨。

② "John F. Baldwin, House of Representatives to Douglas Dillon, Secretary of the Treasury, Department of the Treasury, October 2, 1964," Folder：0660 – Communist（Red）China – 1964 –1967, #5, RG 170 Records of the Drug Enforcement Administration Subject Files of the Bureau of Narcotics and Dangerous Drugs, 1916 –1970, Box153, National Archives, College Park, MD.

③ "Joseph M. Bowman, Assistant to the Secretary, to John F. Baldwin, House of Representatives, October 5, 1964," Folder：0660 – Communist（Red）China – 1964 – 1967, #5, RG 170 Records of the Drug Enforcement Administration Subject Files of the Bureau of Narcotics and Dangerous Drugs, 1916 –1970, Box153, National Archives, College Park, MD.

它们调查合作更加密切。美国在海外共设有 10 个办公室，分别位于欧洲、中东、墨西哥和远东。这些办公室配备有最有能力的工作人员，通过情报交换协助海外国家的警察机构，主要目标是通过打击供应路线来阻断非法毒品进入美国。这些努力已经破获了大量把美国作为目标地的案件，没收了大量的鸦片和海洛因。与此同时，恩赖特还专门随信附上了前局长安斯林格的文章《红色中国的毒品走私》，虽未明言，但其意不言而喻。①

　　与此同步，美国联邦麻醉品局驻海外的麻醉品专员也注意到了这一问题，并积极地收集相关信息，向联邦麻醉品局汇报。如 9 月 14 日，法国报纸《普罗旺斯报》（Le Provencal）刊出短评文章：《莫斯科：北京贩卖鸦片资助其反苏宣传》，介绍了《真理报》对中国的指责，同时特别指出这是苏联第一次指责中国卷入国际鸦片走私。② 联邦麻醉品局驻法国巴黎的麻醉品官员维克多·玛丽亚（Victor G. Maria）旋即注意到了这一报道，并报告了联邦麻醉品局驻意大利罗马的区域主管迈克尔·皮奇尼（Michael G. Picini）。皮奇尼指出，《真理报》是苏联政府的官方"喉舌"，它攻击"红色中国"表明，他们怀疑中国贩毒获得的大部分资金都用在了反苏宣传上。③ 皮奇尼迅速将这些信息和《真理报》《普罗旺斯报》刊出的文章的英译稿上报给联邦麻醉品局。10 月 27 日，恩赖特代理局长致信皮奇尼，告知收悉相关的材料。④

---

① "John R. Enright, Acting Commissioner of Narcotics to John F. Baldwin, House of Representatives, Washington, D. C., October 13, 1964," Folder: 0660 – Communist (Red) China – 1964 – 1967, #5, RG 170 Records of the Drug Enforcement Administration Subject Files of the Bureau of Narcotics and Dangerous Drugs, 1916 – 1970, Box153, National Archives, College Park, MD.

② "Moscou: Pékin fait le traffic de l' opium pour financer sa propaganda antisoviétique," LeProvencal, September 14, 1964.

③ "Victor G. Maria, Narcotic Agent, Paris, France to Michael G. Picini, District Supervisor, October 2, 1964," Folder: 0660 – Communist (Red) China – 1964 -1967, #5, RG 170 Records of the Drug Enforcement Administration Subject Files of the Bureau of Narcotics and Dangerous Drugs, 1916 – 1970, Box153, National Archives, College Park, MD.

④ "John R. Enright, Acting Commissioner of Narcotics to Michael G. Picini, District Supervisor, Rome, Italy, October 21, 1964," "Michael G. Picini, District Supervisor to John R. Enright, Acting Commissioner of Narcotics, October 27, 1964," Folder: 0660 – Communist (Red) China – 1964 – 1967, #5, RG 170 Records of the Drug Enforcement Administration Subject Files of the Bureau of Narcotics and Dangerous Drugs, 1916 -1970, Box153, National Archives, College Park, MD.

对于海外专员提供的信息，联邦麻醉品局均予以高度关注。1965 年
10 月 7 日，联邦麻醉品代理局长约翰·恩赖特还在给各区域主管的主题
为"中国的毒贩"备忘录中，专门要求，美国所有区均需强化打击中国
贩毒者涉足的麻醉品违法案件，这将更有助于美国驻外区域更多侦破由
中国向远东、欧洲和拉美提供毒品的案件。"任何涉及中国共产党在毒品
领域的活动务必全面追查"。[1] 尽管如此，因这些指责均是想象，要想找
到真凭实据实无可能。

# 三 美国与"中苏冷战的新战场"

《真理报》引发的新一轮对华舆论战，不断引起国际社会的关注，而
美国各媒体的积极跟进，更是吸引了美国国内民众、国会议员及相关的
机构的注意。这一时期，斯坦福大学胡佛战争、革命与和平研究所（简
称胡佛研究所，Hoover Institution）的吴元黎（Yuan-li Wu）[2] 研究员正在
领导研究关于中国经济和军事潜力的项目，作为项目的一部分，需要评
估中国获取外汇的能力。遗憾的是，他们在图书馆很少能够获得关于中
国从出口鸦片和鸦片制品中获取外汇的相关信息。为了搞清楚这一问
题，1965 年 9 月 7 日，他致信美国财政部位于加州旧金山区域办公室
寻求帮助，因考虑到麻醉品管制是财政部的职责范围，"故如果您能建
议我从贵办公室获取数据，我将万分感激。"他希望获取中国 1950 年以
来每年的数据，主要包括以下六类：①罂粟种植面积；②鸦片的产量；

---

① "Memorandum, John R. Enright, Acting Commissioner of Narcotics to All District Supervisors, October 7, 1965," Folder: 0660 - Communist (Red) China - 1964 -1967, #5, RG 170 Records of the Drug Enforcement Administration Subject Files of the Bureau of Narcotics and Dangerous Drugs, 1916 -1970, Box153, National Archives, College Park, MD.

② 吴元黎（Yuan-Li Wu, 1920 -2008），天津人。出生于上海，南洋中学毕业，上海圣约翰大学学士，英国伦敦大学经济与政治科学系博士。曾在中国中央银行任职，1949 年移居美国，为美籍著名华裔，美国经济及军事学家。曾任美国旧金山大学经济系教授。1960 年起任斯坦福大学胡佛战争、革命与和平研究所（Hoover Institution）研究员和顾问等职。1969—1970 年曾任美国国防部副部长助理。1985 年被选为"1985 年旧金山大学杰出教授"，获得"杰出服务奖"。著作甚多，内容以国际经济与政治为主，其中多部被译成英、中、德、日、西班牙文。参见唐骋华选编《观察文选》，福建教育出版社 2015 年版，第 452 页。

③鸦片和鸦片制品的出口；④出口的鸦片的平均价格；⑤鸦片的主要市场以及其相对的重要性；⑥从出口鸦片和鸦片制品中获取的外汇数量。①

财政部地区专员（Regional Commissioner）哈罗德·霍金斯（Harold Hawkins）收到吴元黎的信件之后，很快做出回复，同时还将信件抄送联邦麻醉品局旧金山的区域主管弗莱德·迪克（Fred T. Dick）。霍金斯首先告知，9 月 7 日信已经收悉，但遗憾的是，其所要求的信息是联邦麻醉品局的职权范围，故把其信转给弗莱德·迪克，并告知了联邦麻醉品局旧金山区域办公室地址是加州旧金山金门大街 450 号 2104 房间。霍金斯指出，只要其所求允许，他们将非常愿意提供帮助。②

9 月 14 日，哈罗德·霍金斯致信弗莱德·迪克，告知其已经致信斯坦福大学胡佛研究所吴元黎，并把 9 月 7 日信和他的信一并附上。③ 17 日，弗莱德·迪克回复吴元黎，告知其信已经收悉，他们将研究其请求并于近期回复。信同时抄送了联邦麻醉品局。④ 是日，弗莱德·迪克将此事报告了联邦麻醉品局局长焦尔丹诺，在他看来这是联邦麻醉品局应该处

---

① "Mr. Yuan-li Wu, The Hoover Institution, Stanford University, Stanford, California, to the Regional Commissioner, Office of Regional Commissioner, U. S. Department of the Treasury, 870 market Street, San Francisco, California, September 7, 1965," Folder: 0660 – Communist (Red) China – 1964 – 1967, #5, RG 170 Records of the Drug Enforcement Administration Subject Files of the Bureau of Narcotics and Dangerous Drugs, 1916 – 1970, Box153, National Archives, College Park, MD.

② "Mr. Yuan – li Wu, the Hoover Institution, Stanford University, Stanford, California to Harold Hawkins, Regional Commissioner, cc: Mr. Fred T. Dick, District Supervisor, Bureau of Narcotics, San Francisco, September 14, 1965," Folder: 0660 – Communist (Red) China – 1964 – 1967, #5, RG 170 Records of the Drug Enforcement Administration Subject Files of the Bureau of Narcotics and Dangerous Drugs, 1916 – 1970, Box153, National Archives, College Park, MD.

③ "Mr. Fred T. Dick, District Supervisor, Bureau of Narcotics, 450 Golden Gate Avenue, San Francisco, California to Harold Hawkins, Regional Commissioner, September 14, 1965," Folder: 0660 – Communist (Red) China – 1964 – 1967, #5, RG 170 Records of the Drug Enforcement Administration Subject Files of the Bureau of Narcotics and Dangerous Drugs, 1916 – 1970, Box153, National Archives, College Park, MD.

④ "Mr. Yuan-li Wu, The Hoover Institution, Stanford University, Stanford, California to Fred T. Dick, District Supervisor, cc: Bureau, September 17, 1965," Folder: 0660 – Communist (Red) China – 1964 – 1967, #5, RG 170 Records of the Drug Enforcement Administration Subject Files of the Bureau of Narcotics and Dangerous Drugs, 1916 – 1970, Box153, National Archives, College Park, MD.

理的业务，故告知以便关注。同时提醒，如果要在华盛顿层面作出答复，希望能够抄送他们。①

9 月 27 日，联邦麻醉品局副局长乔治·加夫尼（George H. Gaffney）代表联邦麻醉品局回复吴元黎：办公室已经收到了 9 月 7 日的来信，但遗憾的是，他不能为其提供所要求的关于中国生产和销售鸦片的信息。随信附上了相关文件希望对吴元黎的研究有帮助。②这些附件包括：艾伦和斯科特 1965 年 10 月 13 日发表于《芝加哥美国人》上的《赤色国家的重型毒品武器》以及两人合写的另一篇文章《日益严峻的对世界的赤色毒品威胁》。③ 实际上，联邦麻醉品局不是"不能"提供吴元黎要求的文件和信息，而是"无法"提供，必定他们也非常清楚，吴元黎不是一般意义的新闻从业人员或普通民众，而是专业的研究者，他们如果提供材料，必须提供真材实料，遗憾的是，这恰恰是联邦麻醉品局无法做到的。

无独有偶，1966 年 7 月 13 日，英国电视网络有限公司（ATV Network Limited）的阿德里安·科威尔（Adrian Cowell）致信联邦麻醉品局寻求帮助，因他们公司正在拍摄一部 55 分钟的电视片，主题是东南亚的鸦片和海洛因贸易，希望能够了解中国出口鸦片和吗啡碱的证据。这主要因为他们已经花费了 5 个月时间来收集证据，包括采访掸邦人（Shans）和前果敢自卫军（Ka Kwe Ye）以及其他当地居民，令他感到惊奇的是，掸邦人坚称中共根本没有通过景栋（Kengtung）④ 来经营鸦片。

---

① "Memorandum：Fred T. Dick，District Supervisor District #14 to Henry L. Giordano，Commissioner of Narcotics，September 17，1965，" Folder：0660 - Communist（Red）China - 1964 - 1967，#5，RG 170 Records of the Drug Enforcement Administration Subject Files of the Bureau of Narcotics and Dangerous Drugs，1916 - 1970，Box153，National Archives，College Park，MD.

② "George H. Gaffney，Deputy Commissioner of Narcotics to Mr. Yuan-li Wu，The Hoover institution on War，Revolution，and Peace，Stanford University，Stanford，California，Cc：District #14，September 27，1965，" Folder：0660 - Communist（Red）China - 1964 - 1967，#5，RG 170 Records of the Drug Enforcement Administration Subject Files of the Bureau of Narcotics and Dangerous Drugs，1916 - 1970，Box153，National Archives，College Park，MD.

③ Robert S. Allen and Paul Scott，"Dope Potent Weapon of Reds，" *Chicago's American*，October 13，1965；"Red dope Growing Menace to World，" *Plattsburgh Press Republican*，Wednesday，November 3，1965.

④ 景栋，或译肯东（Kengtung）（缅甸东部城市）。

不仅如此，掸邦人每次试图通过云南边境进入中国都遭到中共军队的越境阻截。结果，在摄制组看来，尽管没有证据来证明中国没有出口鸦片，但也证明不了此事存在。于是他们转到泰国和香港拍摄，仍对中国出口鸦片感兴趣，尽管香港的近半的成瘾者和贩毒者称"共产党参与香港的贩毒"，但没有一个人有任何证据能够证明此事的真实性，无疑是种典型的香港"流言"。他在信中也毫不讳言其赤裸裸的强烈的意识形态偏见：电视片希望能够把麻醉品贸易的主题导向重要的政治议题即"共产党中国"参与其间，但有限和过于简单的信息无法证明这一情况。"为了避免结论的不平衡，我们非常需要信息来支持国民党中国和美国的指责，我们已经联系了位于伦敦的美国大使馆，但如您能也给予帮助将不胜感激。"①

　　8月1日，联邦麻醉品局局长焦尔丹诺亲自回复阿德里安·科威尔，他从联合国麻醉品委员会和常设中央鸦片委员会挑选了部分文件材料，以确认当下和以前关于中国边境或边境附近鸦片过量生产以及吗啡碱和海洛因秘密加工问题的严峻程度。这些文件主要包括美国代表参加联合国麻醉品委员会（UNCND）第七、八、九、十届年会时所做的《关于远东非法麻醉品走私的报告》（Statements on Illicit Narcotic Traffic in Far East, by U. S. Rep. at 7th, 8th, 9th & 10th UNCND Sessions）、美国代表在联合国麻醉品委员会第15、16、18、19、20届年会上所做的报告以及其所提供的附件（U. S. Delegation Statement on Illicit Traffic at 15th, 16th, 18th, 19th, & 20th Sessions, UNCND E/CN. 7/423& Adds. 1 – 3, Illicit Traffic）、联合国麻醉品委员会第17届年会的《关于无水醋酸和乙酰氯的报告》（Acetic anhydride & acetyl chloride (17th Sess. UNCND)；E/CN. 7/L. 241, Acetic anhydride & acetyl chloride, 17th Sess. UNCND）、联合国常设中央鸦片委员会的报告［PCQB Reports E/OB/20& E/OB/21（pertinent

---

① "Mr. Adrian Cowell, ATV Network Limited, ATV Elstree Studios, Eldon Avenue, Boreham Wood, Herts, London, W. 1, England, to The Press Office, U. S. Bureau of Narcotics, 633 Indiana Avenue, N. W. , Washington D. C. , U. S. A. , July 13, 1966," Folder：0660 – Communist（Red）China – 1964 – 1967, #5, RG 170 Records of the Drug Enforcement Administration Subject Files of the Bureau of Narcotics and Dangerous Drugs, 1916 – 1970, Box153, National Archives, College Park, MD.

pages）] 以及联合国麻醉品委员会第16—20届年会《关于非法贩毒的报告》[UNCND, Reports of 16th, 17th, 18th, 19th, St 20th Sess., Illicit Traffic（pertinent pages）]。①

我们不得而知英国电视网络有限公司拍摄的电视片最终是否采用了美国联邦麻醉品局提供的材料，但必须指出的是，焦尔丹诺提供的材料理论上讲，科威尔如果功课做得好，这些材料事先应该均已经看到过，毕竟这些材料并非什么秘密文献，而是联合国公开的资料。最为关键的是，这些材料仍多是出自美国之手，科威尔所担忧的问题"结论的不平衡"仍无法解决。

尔后，这些问题仍不断受到美国国内民众的关注，甚至受到国会议员的质询。1967年1月2日，来自亚利桑那州菲尼克斯市的雷·乔纳斯（Ray Jonas）致信众议院约翰·罗兹（John J. Rhodes）议员：如果所附文章的信息是准确的，"红色中国"正从越南战争中获得巨额利润。"我们把大量物资送到国外打仗之时，无疑导致财富的大量流失，而与此相对应，红色中国只要鼓励战争就能获利。"乔纳斯想获悉信息准确否？美国政府是否正在采取措施阻止财物流向中国？同时担心如果政府没有采取严厉的货币政策，解决面临的金融问题，必将导致灾难性后果。②

1月24日，联邦麻醉品局副局长乔治·加夫尼收到了国会议员的质询信件，要求对于所附文章中讨论的中国向美国走私鸦片问题给出简短的回应。③ 作为回应，1月26日，乔治·加夫尼指出，目前远东不是

---

① "Henry L. Giordano, Commissioner of Narcotics, to Mr. Adrian Cowell, ATV Network Limited, ATV Elstree Studios, Eldon Avenue, Boreham Wood, Herts, London, W. 1, England, August 1, 1966," Folder: 0660 – Communist（Red）China – 1964 – 1967, #5, RG 170 Records of the Drug Enforcement Administration Subject Files of the Bureau of Narcotics and Dangerous Drugs, 1916 – 1970, Box153, National Archives, College Park, MD.

② "Ray Jonas, 1907 E. Hazelwood, Phoenix, Ariz. 85016, to The Honorable John J. Rhodes, House of Representatives, Washington, D. C., January 2, 1967," Folder: 0660 – Communist（Red）China – 1964 – 1967, #5, RG 170 Records of the Drug Enforcement Administration Subject Files of the Bureau of Narcotics and Dangerous Drugs, 1916 – 1970, Box153, National Archives, College Park, MD.

③ "Michael F. Cross, ODN-Room 5050, Main Treasure, to Mr. George H. Gaffney, Deputy Commissioner, Bureau of Narcotics, Jan. 24, 1967," Folder: 0660 – Communist（Red）China – 1964 – 1967, #5, RG 170 Records of the Drug Enforcement Administration Subject Files of the Bureau of Narcotics and Dangerous Drugs, 1916 – 1970, Box153, National Archives, College Park, MD.

美国非法毒品的主要供应源。据估计，80% 的海洛因来自土耳其，它们在法国加工之后进入美国。约 15% 海洛因产自墨西哥。"5% 可能来自远东，但这里我们要说的是除了中国云南省之外的印度、泰国、老挝和缅甸。"进而指出，这相对较少数量的鸦片不会对美国的黄金外流造成重大影响，而远东特别是中国云南省的鸦片生产主要被当地的成瘾者消费。中国香港、新加坡以及其他地区有严重的成瘾问题，但需要重申这不会对美元产生影响。① 这一回应，显然与美国国内民众所掌握的信息完全不同，也与美国联邦麻醉品局和美国主流媒体对中国的指责迥异。

事实上，加夫尼的回应正在成为美国主管麻醉品问题政府机构的官方意见。4 月 12 日，参议院联合经济委员会（Joint Economic Committee）主席威廉·普罗克斯迈尔（William Proxmire）参议员致信财政部长道格拉斯·狄龙：他们正在做关于中国大陆经济状况的听证，尽管其能够获得的统计数据比较弱，但中共仍能够建立和维系至少 3 亿美元的外汇。议员们被告知这个数字被低估了，实际上其运作的经费要比这个数字高 1 倍。问题是，他们非常想知道，中国的外汇从哪里来？听证会上，一个被提及的问题是，很可能中国通过非法贩运毒品到香港和其他地方来获得外汇。因此，他想知道他们是否可以在其记录中附加一个财政部提交的声明：①贵部认为中国大陆的外汇实际有多少；②贵部或麻醉品局认为非法贩卖毒品对中国外汇收入贡献度或未来的贡献度。② 4 月 17 日，财政部负责执法的部长特别助理詹姆斯·亨德里克（James P. Hendrick）将此信转给了联邦麻醉品局代理局长乔治·加夫尼，并建议给出回复。③

---

① "Mr. George H. Gaffney, Deputy Commissioner, to Bureau of Narcotics, Michael F. Cross, ODN-Room 5050, Main Treasure, Jan. 26, 1967," Folder: 0660 - Communist (Red) China - 1964 - 1967, #5, RG 170 Records of the Drug Enforcement Administration Subject Files of the Bureau of Narcotics and Dangerous Drugs, 1916 - 1970, Box153, National Archives, College Park, MD.

② "William Proxmire, Chairman of the Joint Economic Committee, to Mr. Secretary, April 12, 1967," Folder: 0660 - Communist (Red) China - 1964 - 1967, #5, RG 170 Records of the Drug Enforcement Administration Subject Files of the Bureau of Narcotics and Dangerous Drugs, 1916 - 1970, Box153, National Archives, College Park, MD.

③ "Mr. James P. Hendrick, Special Assistant to the Secretary (for Enforcement), to George H. Gaffney, Acting Commissioner of Narcotics, April 17, 1967," Folder: 0660 - Communist (Red) China - 1964 - 1967, #5, RG 170 Records of the Drug Enforcement Administration Subject Files of the Bureau of Narcotics and Dangerous Drugs, 1916 - 1970, Box153, National Archives, College Park, MD.

而随着这一问题的真实性受到越来越多的机构和民众的关心，联邦麻醉品局的回应也在悄悄地发生着变化。11 月 30 日，来自美国联合社区教会（United Community Church）负责教育的主管唐纳德·西尔斯牧师（Rev. Donald N. Sills）致信联邦调查局局长埃德加·胡佛（J. Edgar Hoover），咨询共产主义对美国毒品问题的影响，① 12 月 6 日，联邦调查局把信转给联邦麻醉品局，21 日，乔治·加夫尼代表联邦麻醉品局做出回复，其回复除了第一句话告知联邦调查局局长将信转交外，后面的回复只不过是进一步重审了年初的立场：目前远东不是美国非法毒品的主要供应源。②

可以发现，随着越来越多的专业人士来寻求实实在在的证据支撑，作为直接负责此业务的联邦麻醉品局陷入自相矛盾之地，而其回复也不得不步步收缩，从开脱到无法提供消息到最后声明中国问题被夸大，前后立场大相径庭。但是，这种回复多限于少数人知悉，美国政府从未就此进行过公开的澄清，更没有为此而道歉，结果，不言而喻，那些通过大众媒体广泛散播的对新中国的诬蔑和流言并没有得到清理。

## 四　中国的回应与国际社会对"苏式宣传"的质疑

面对来自《真理报》的无端指责，以及随之而来苏联国内媒体和国际媒体的跟进与炒作，中苏两党两国之间的矛盾和冲突日益加剧和扩散，成为彼时社会主义国家阵营内部又一重大的事件。作为当事国，中国政

---

① "Reverend Donald N. Sills, Minister of Education, United Community Church, 233 South Kenwood Glendale, California 91205, to Mr. J. Edgar Hoover, Director Federal Bureau of Investigation, Washington D. C. , November 30, 1967," Folder: 0660 - Communist (Red) China - 1964 - 1967, # 5, RG 170 Records of the Drug Enforcement Administration Subject Files of the Bureau of Narcotics and Dangerous Drugs, 1916 - 1970, Box153, National Archives, College Park, MD.

② "George H. Gaffney, Acting Commissioner of Narcotics, to Reverend Donald N. Sills, Minister of Education, United Community Church, 233 South Kenwood Glendale, California 91205, December 21. 1967," Folder: 0660 - Communist (Red) China - 1964 - 1967, #5, RG 170 Records of the Drug Enforcement Administration Subject Files of the Bureau of Narcotics and Dangerous Drugs, 1916 - 1970, Box153, National Archives, College Park, MD.

府坚决予以回击。与此同时，理智和富有理性的部分国家及国际组织对于这些凭空的指责，也提出了批评和质疑，这种超越冷战意识形态界限的对峙与交流也正体现了冷战的复杂性和多变性。

中苏之间论战的主题不断扩大，苏联《真理报》1964 年 9 月 13 日的文章就是其论战内容扩大化的重要表现。文章一经刊出，中国政府迅速予以有力回击。9 月 21 日，新华社首先发表一份声明：《新华社受权驳斥苏联〈真理报〉诬蔑中国已经成为世界上鸦片的主要生产者发表的声明》，声明全文如下：

> 《真理报》这种彻头彻尾的造谣并不是什么新鲜的东西，正是自从中华人民共和国成立以来美帝国主义所一直在经常重复的反华滥调，这种诽谤，早已破产。仅仅在一年多以前，一九六三年五月八日，苏联代表华西里耶娃还在联合国麻醉药品委员会的会议上抗议过美帝国主义对中国的这种诽谤，斥责为"纯粹出于政治原因进行的虚假的和没有道理的指控"。显然，这句话不仅适用于揭露和驳斥当时美帝国主义的反华诽谤，而且同样也适用于揭露和驳斥现在《真理报》所发表的反华诽谤。
>
> 《真理报》一而再、再而三地登载这种完全捏造的恶毒反华文章，说明《真理报》已经堕落到当年戈培尔制造舆论所惯用的伎俩——"重复就是真理"的可耻境地了。①

可以发现，苏联《真理报》的反华文章不过是其诸多反华言论的组成部分，只不过，这次所选择的对象发生了变化，更令人吃惊的是，《真理报》所讨论的问题恰是"美帝国主义所一直在经常重复的反华滥调"，而这又是苏联代表所一直批评和驳斥的，这种立场的前后反差之大，恰恰折射了中美苏关系的变化。

与此同时，9 月 21 日，《人民日报》同一版还刊登了新华社社论和观察家评论文章，进一步批评，奥夫琴尼科夫的文章"重复美帝国主义早

---

① 《新华社受权驳斥苏联〈真理报〉诬蔑中国已经成为世界上鸦片的主要生产者发表的声明》，《人民日报》1964 年 9 月 21 日。

已破产了的反华谰言"，"从美帝国主义的反华武器库里捡拾破烂，已经成为苏联《真理报》进行反华宣传的不二法门"。其中新华社社论从其证据链、作者的身份入手，全面驳斥其荒谬言论。诸如奥夫琴尼科夫在他的文章里捏造了许多"见闻"，实际上，尽管这位作者本人早已不在中国了，但是他还闪烁其词，似乎以目睹者的身份写道："现在，加工这种比鸦片强烈十倍的吗啡和比鸦片强烈百倍的海洛因的基地已在中国国内建成"。① 与新华社社论相较，这篇观察家评论文章除了批评之外，还积极地立论，提出证据来驳斥《真理报》的无端指责。然而，《真理报》作为苏共的舆论"喉舌"，必然积极地服务于苏联对华舆论战，服务于中苏两党两国间的意识形态论战。而随着中苏关系的恶化，其行动就越趋向极端。

同时，通过查阅档案我们也注意到，1964 年 9 月 21 日《人民日报》刊发的声明和社论迅速被美国中央情报局译成了英文，9 月 24 日提交给联邦麻醉品局。② 尽管这些报道也引起了英国和中国香港报刊的注意。③ 然而，《人民日报》的声明和社论与《真理报》的文章相较，无论是影响的广度和还是深度都小了许多。

更为有趣的是，《真理报》的文章刊发之后，英国政府也在第一时间就注意到。9 月 17 日，英国驻莫斯科大使馆克劳尔（B. L. Crowe）致信英国外交部远东司，指出，《真理报》刊发题为"毒贩"的文章是"苏维埃新闻界发起一轮新的对于中国领导人肆无忌惮的谴责活动"。同时，他附上了一份该文章的译文，文章指控中国领导人大规模扩张中国毒品产业，把毒品销往日本、美国和其他国家，以赚取外汇，支付其在国外的活动。克劳尔在报告中指出，世界各国对医用鸦片的需求每年达到 300吨，而中国 8000 吨产量的说法是否真实，以及东京反鸦片会议和联合国

---

① 新华社：《苏〈真理报〉反华破产竟靠造谣过日子，公然摭拾美帝唾余诬蔑我国产销毒品》，《人民日报》1964 年 9 月 21 日第 4 版；观察家：《〈真理报〉编辑部，难道你们不觉得可耻吗?》，《人民日报》1964 年 9 月 21 日第 4 版。

② Folder：0660 – Communist（Red）China – 1962 – 1963，#4，RG 170 Records of the Drug Enforcement Administration Subject Files of the Bureau of Narcotics and Dangerous Drugs，1916 – 1970，Box153，National Archives，College Park，MD.

③ 参见 Victor Zorza，"Moscow Accused of Anti-China Calumny，" *The Guardian*，September 21，1964；"Pravda Criticised for Opium Article，" *South China Morning Post*，September 21，1964。

麻醉品委员会的记录是否支持这篇文章的论断，在其看来，这些都值得关注。克劳尔把此信及其附件抄送给香港总督办公室，英国政府驻东京、华盛顿大使馆、驻北京代办处以及澳门总领事。①

9月22日，英国驻北京代办迈克尔·威尔福德（Michael Wilford）发来电报，告知中国政府对《真理报》9月13日文章指控的回应。电文指出，9月20日中国新华社发布公告，与此同时，官方的一份声明也由新华社发表。9月21日《人民日报》还刊登发表了观察家文章。② 然而，英国政府对于这些不同渠道的媒体报告并不满意，遂指令情报部门展开调查。

10月14日，英国情报部门国防情报七十六处（D. I. 76）向外交部提交了一份机密报告，题为《中国的毒品产业》，这一报告是英国政府内部报告，代表了其对苏联《真理报》和中国政府回应的主要观点，兹录如下：

> 机密
>
> 参考 FC1811/1
>
> 中国毒品
>
> 正如中国人指出那样，指控中国正在从鸦片贸易中攫取巨额利润并不新鲜。由于对中国鸦片种植以及1955年对这个问题的考察所知甚少，我们不得不放弃提供正式报告的想法。有关信息太过模糊零散，更有甚者，这些信息几乎全部源自中国国民党分子或者准确度不可信的新闻报纸。自那时起，其实我们一无所获。
>
> 显然，那个时期，鸦片很大一部分由位于掸邦（缅甸）、泰国北部和老挝的交界之处的少数族裔部落种植，大量的鸦片越过边境寻找出路，它们与种植国的产品一般无二。也许自那时起中国有关方面组织了更为有效的鸦片控制和征收，但我们既没有任何信息可以

---

① "B. L. Crowe, British Embassy, Moscow, to Far Eastern Department, Foreign Office, London, S. W. 1., September 17, 1964," FC1811/1, China, 1964, FO 371 175967, Narcotic Industry in China, British National Archives.

② "Inward Saving Telegram from Peking to Foreign Office, September 22, 1964," FC1811/1 (A), China, 1964, FO 371 175967, Narcotic Industry in China, British National Archives.

支撑鸦片种植的"大跃进"理论，也不能在产量上拿出任何数据。

这个话题是在最近与中央情报局讨论关于中国贸易时提出的。我们被告之，在 1956 年，经过了动用一切可用资源的竭力研究（包括由美国麻醉品管理部门提供的信息）获知，中国从这样的贸易中获利每年少则 500 万美元，而最高则可达 2500 万美元。他们正提议再看一看这一问题，但如同我们自己一样，他们对苏联的指控印象不深。这是中苏论战现阶段的特点，即以一方应瞄准另一方给予习难人的指控。

以此而论，我们最保险的说法无疑是，鸦片仍在中国种植，或许中国当局也会从中获利。此利润我们不知多少，但无疑只是奥夫琴尼科夫指出的 5 亿美元的一小部分。因若中国能得到如此规模的外汇资源，她将可以在自由世界市场中消费更多。①

随后，正是基于这一非正式的内部文件，10 月 28 日，英国外交部官员布林森（A. O. Blishen）致信英国驻莫斯科大使馆克劳尔，陈明了英国政府的立场，同时将信抄送给英国驻香港总督办公室的爱德华·威廉（Edward William）、英国驻北京的代办迈克尔·威尔福德、东京和华盛顿办事处以及澳门总领事。②

显而易见，英国政府特别是英国外交部和驻北京代办处、驻莫斯科大使馆都非常清楚《真理报》对中国的指责多为子虚乌有，而苏联之所以坚持这么做，若放在中苏关系的背景之下，不难理解，这只不过是新一轮中苏论战的组成部分，在这里事实已不重要，重要的是，何种事实能够更好地服务于苏联对华的战略需要。而随着苏联对华战略需求的重要性日益凸显，苏联围绕这一问题的对华舆论宣传不断升级。

1969 年 1 月 20 日，理查德·尼克松执掌白宫，随后对"毒品宣战"。与此同步，为改变同苏联竞争中的劣势，应对美国全球战略收缩的需求，

① D. I. 76 (a), "Narcotic Industry in China, October 14, 1964," Reference FC1811/1, China, 1964, FO 371 175967, Narcotic Industry in China, British National Archives.

② "Letter to B. L. Crowe, Esq., Moscow from A. O. Blishen, Foreign Office, London, SW1, October 28, 1964," Reference FC1811/1, China, 1964, FO 371 175967, Narcotic Industry in China, British National Archives.

美国试图改善中美关系。20 世纪 70 年代初，随着中美关系的缓和，中苏关系更显微妙，苏联的官媒进一步打出"毒品牌"，一方面可以迎合美国尼克松政府"毒品战"的需要，另一方面则可以进一步在国际上丑化中国，或许还可以借此离间正在试图改善中的中美关系，为中美关系的缓和制造一些障碍。

为此，1972 年 9—11 月，除了《真理报》外，苏联的《新时代》《苏维埃俄罗斯报》《文学报》等报刊又多次散布所谓中国向国外"贩卖鸦片""以捞取美元"的谣言。12 月 27 日，苏联塔斯社又散布了一个更加耸人听闻的谣言："中国每年从向国外销售鸦片中获得 120 亿至 150 亿美元。""中国通过香港和澳门""把大量鸦片转卖给美国，以换取浓缩铀和所需要的设备"。似乎"美元愈多，谣言的身价也就愈高"。对此，1973 年 1 月 8 日，新华社发表社论批评道：他们每次造谣前也不去查一查他们的"谣言档案"，而"只顾信口胡说，这样就使造谣者自己陷于自相矛盾的可悲境地"。而且，"为了蛊惑人心，苏修不断从他们的谣言武库里放出种种最荒唐的谣言"。"苏修集团为了猖狂反华，不惜采取种种卑劣手段诋毁我国声誉，造谣中国'向国外销售鸦片'，只不过是其中一例而已"。①

而对于这些谣言，美国政府部门的立场也正在发生微妙的变化，开始通过不同的方式来给中国正名。1971 年 4 月 15—16 日，管制毒品滥用和走私工作会议（Staff Conference on Control of Drug Abuse and Traffic）在泰国曼谷召开，美国驻曼谷大使馆向国务院提供的会议报告就明言：

> 走私中涉及的产自共产党国家的鸦片及其衍生物的数量和程度鲜为人知（very little knowledge）。有理由让人相信来自中国的鸦片确实进入到三角地区，但难以获得可靠的信息。同样，也缺少可靠的证据支撑时而被提出的理论，即，作为政策之一，红色中国或"北越"或共产党集团一直在支持麻醉品生产和走私，借此削弱美国或盟国的战争努力。一些共产党集团一直在参与［毒品］走私，但显

---

① 新华社：《离奇的谣言　丑恶的表演：新华社驳斥塔斯社胡说中国"向国外销售鸦片"的谰言》，《人民日报》1973 年 1 月 8 日第 6 版。

然只是为了增收。在当前情况之下，显然如果传统的走私路线没有被切断，通过共产党国家或地区的路线将会被迅速或及时地重建起来。①

如果说这个会议报告提供的信息还含糊其词的话，10 月 22 日，美国国务院关于中国鸦片问题的新近评估报告则进一步明确了态度和立场："共产党中国政府多年以来官方已经禁绝了鸦片及其衍生物的私营生产、消费和销售。没有可靠的证据证明共产党中国参与或批准鸦片或其衍生物向自由世界的非法出口，也没有任何迹象表明中国共产党控制了东南亚的鸦片贸易和邻近的市场。"②

美国国会的调查也正意识到这一问题。1973 年 8 月，国会下设的国际麻醉品问题特别委员会（the Special Ad Hoc Committee on International Narcotics）就东南亚毒品问题展开调查，翌年 3 月 26 日，调查报告提交众议院外交事务委员会，报告再次申明："没有可靠的证据来支持我们一直揭示的中华人民共和国参与或批准鸦片或其衍生物的出口或中国卷入到了东南亚的鸦片贸易"。报告注意到一直存在的关于中国的"指控来自多个源头，包括中国台湾，苏联以及来自大陆的难民。"③

可以发现，无论是中国政府的积极回应，还是来自英国、美国政府部门的调查报告，都以不同的方式为中国正了名，然而，这些政府的结论一定程度上无法让普通民众获悉，更难以很快地消除媒体对中国国际形象的负面影响。

---

① "Attachment A: Conference Report, p. 9," "Airgram A – 182 from American Embassy in Bangkok to the Secretary of the Department of State, April 28, 1971," Folder: SOC 11 – 5 ASIA SE 7/1/71, RG59 General Records of the Department of State, Subject Numeric Files, 1970 – 1973. Social from: SOC 11 – 5 ARG to SOC11 – 5 ASIA SE, Box 3050, National Archives, College Park, MD.

② "Airgram CA – 4831 from Department of State to American Embassy in Rangoon, Oct. 22, 1971," Folder: SOC11 – 5 Burma, 1971, Record Group（RG）59 General Records of the Department of State Telegram, Subject Numeric Files, 1970 – 1973, Social From: SOC BR HOND to SOC 11 – 5 Burma, Box 3055, National Archives, College Park, MD.

③ "Telegram 75336 from the Department of State to US Mission in Geneva, April 16, 1974," Declassified/Released US Department of State, EO Systematic Review, June 30, 2005, Document Number: 1974STATE075336.

# 结　语

以 1964 年 9 月 13 日《真理报》刊文"以毒品问题为武器"中伤中国为起点，到 1973 年 1 月 8 日新华社再次刊文回击苏联的诬蔑为终点，前后约 10 年时间，虽然中间张弛无度，然而我们却可从媒体纷争、政府参与、三国互动的视角揭示冷战国际史的不同面相。

20 世纪 60 年代中期，中苏关系的急剧恶化导致了苏共及其官媒《真理报》在对华宣传上无所不用其极，更为奇怪的是，《真理报》选择的靶子恰是其曾经批评美国政府出于政治目的诬蔑中国的言论，这种出尔反尔的言行，更彰显出意识形态冲突主导两国两党关系之时，出于斗争的需要，"美帝唾余"可以被改头换面之后装在苏联这个"新瓶"里。苏联自制的"谣言档案"尽管受到国际社会甚至联合国禁毒机构的质疑，然而，出于冷战的考量和破坏中苏关系的需要，一切极端的措施和言论均不是问题，针对中国恶意宣传甚至成了"标准的苏联式宣传"，中国国际形象受损之大可想而知。而随着中美关系的缓和，苏联的媒体和政府变本加厉，恶意中伤中国。

中苏之间围绕子虚乌有的"毒品问题"进行的长达 10 年的"口水战"，其根本的原因无外乎两国两党之间意识形态分歧取代了友好同盟关系，舆论战和媒体的立场均服从于冷战的战略考量，服从于两国两党在社会主义国家阵营的领导权和话语权之争，通过梳理这一问题，或可以从一个侧面揭示曾不被言说而又长期失语的冷战新战场。

中、苏、美三国关系的变化及冷战国际形势的演化，令一个非传统安全的议题成了三国媒体和政府、乃至国际社会都热烈争议的问题，在这里，事实不再重要，重要的是哪一方能够借所谓的"事实选择"和"事实呈现"① 实现己方的战略意图，这或许正是冷战吊诡之处。

（本文作者系上海大学历史系教授）

---

① 相关论述参见张军芳《报纸是"谁"：美国报纸社会史》，中国传媒大学出版社 2008 年版，前言。

# 美国大都市区的空间蔓延与农地保护

孙群郎

刘易斯·芒福德指出，"在生态上，城市与农村是一个整体，谁也离不开谁。如果谁能离开而独立生存下来的话，那是农村，而不是城市。"①然而，城市的发展却正在侵蚀着自己生存的基础。二战以后，美国大都市区的发展呈低密度蔓延发展态势。大都市区的空间蔓延不仅吞噬了面积广大的开放空间和野生动物栖息地，而且还侵占了另一种更加重要的自然资源，即广袤肥沃的农业用地（农地）。这里的农地（farmland）不仅包括耕地（crop land），而且还包括牧场（pasture）和果园（orchard）等。美国大都市区的低密度蔓延对美国的农业生产造成了不可估量的损失，并严重地威胁着其生存前景，因此，美国各界人士和各级政府逐渐认识到保护农地的重要性，并采取了一系列措施对农地加以保护。

## 一 大都市区的蔓延对农地的侵占

二战以后，由于美国大都市区的迅速蔓延乃至蛙跳式的增长，面积广大的农业用地被占用。就地方层面而言，1950—1957 年，仅圣路易斯大都市区的奥克兰县就有 45 平方英里的土地被占用，相当于两个曼哈顿的面积；20 世纪 50 年代芝加哥大都市区的杜培奇县也有相同面积的土地被吞噬，使该县的农地面积减少了 22%；1950—1954 年，纽约长岛拿骚

---

① ［美］刘易斯·芒福德：《城市发展史——起源、演变和前景》，宋峻岭、倪文彦译，中国建筑工业出版社 2005 年版，第 357 页。

县的农地从 2.7 万英亩减少到 1.3 万英亩，使该县的农地占全部土地面积的比例不足 7%。因此，有人不无担忧地说："到本世纪末，在长岛也许不会再有农业可言了。"①

在洛杉矶大都市区的奥兰治县，橘园的面积从 1948 年的 13 万英亩减少到 1981 年的不足 2.5 万英亩。②在堪萨斯州的堪萨斯城大都市区的怀恩多特县（Wyandotte County），到 1959 年，城市占用农地 9350 英亩，而到 1974 年这一数字增加到 13050 英亩。值得注意的是，在此期间，该县人口只增加了不足 2%，但城市用地却增加了 37%。③在旧金山湾区，每两年就会有 3 万英亩以上的农地被占用，相当于一个旧金山市的面积，这还不包括农地以外其他类型的土地。从 1949 年到 1998 年，旧金山湾区被占用的农地多达 100 万英亩。全国历史遗迹保护信托组织（NTHP）在 1999 年的一份研究报告中预测，在随后的 30 年内，旧金山湾区将会出现更加严重的大都市区蔓延的情况，受到威胁的农地将达 57 万英亩，相当于 19 个旧金山市区的面积，或相当于该地区已经城市化面积的 3/4。④

问题的严重性还不仅仅在于大都市区空间蔓延对农地的直接侵占，而且还迫使周围的农地分割、减产乃至闲置起来，从而导致更多的农地退出生产。当一片农地进行了住房开发以后，邻近地区的土地价格由于受到开发趋势的压力骤然飙升，这些农地往往不是作为农业用地而进行财产估价，而是作为具有开发潜力的住房或工商业用地进行财产估价，从而导致农场主地产税急剧上升，农业生产难以为继，农场主被迫将农场全部或部分出卖给开发商。而在开发商进行开发之前，这些农地往往已经退出农业生产而闲置起来。同时，由于农业生产前景暗淡，农场主

---

① Jon C. Teaford: *Post-Suburbia*: *Government and Politics in the Edge Cities*, Baltimore & London: The Jones Hopkins University Press, 1997, p. 48.

② Tim Palmer, ed., *California's Threatened Environment*: *Restoring the Dream*, Washington, D. C.: Island Press, 1993, p. 146.

③ Ronald V. Shaklee, Curtis J. Sorenson and Charles E. Bussing: "Conversion of Agricultural Land in Wyandotte County, Kansas", *Transactions of the Kansas Academy of Science*, vol. 87, No. 1/2 (1984), pp. 6 – 8.

④ National Trust for Historic Preservation, *Challenging Sprawl*: *Organizational Responses to a National Problem*, a Report, Washington, D. C.: National Trust for Historic Preservation, 1999, pp. 58, 75.

在土壤改良和农业机械等方面的投资大为减少，从而造成农业产量大幅下降。根据美国学者杰拉尔德·沃恩（Gerald Vaughan）的研究，每当有1英亩的农地转变为他用之时，就会有另外1英亩的农地闲置起来，同时还会有另外2英亩农地减少投资。也就是说，城市开发每占用1英亩的农地，就会有3英亩的农地闲置或降低生产。[①]而且，由于蛙跳式的城市开发对农场的侵入与分割，导致农地的减少和碎化，农业生产的规模效益下降，不仅农业产量大幅度下降，而且与之相关的农产品加工业也会倒闭或者搬迁，从而对周围的农业生产造成进一步的打击，从而导致恶性循环。另外，新开发社区的居民往往与农场主发生冲突，因为农业生产会给附近居民生活造成危害，比如喷洒农药、使用肥料、农机噪声、牲畜的叫声等，从而引起周围居民的反感，甚至两者之间会发生纠缠不休的法律诉讼。这些都会迫使农地退出农业生产。这种现象被称为"临界综合征"（Impermanence Syndrome）。因此，城市开发对农业生产所造成的危害，要远远高于其实际占用的土地。正如奥利弗·吉勒姆（Oliver Gillham）所指出的："蛙跳式的开发仅仅意味着，居民区、购物中心和办公园区在农田、森林或两者兼有的地带之间做'蛙跳'运动，其结果就是彼此远离，七零八落混乱不堪，这似乎比连续的开发模式侵占多得多的土地。"[②]

从各州层面来看，加州是农地损失最为严重的州之一。仅1949—1997年，加州损失农地8914512英亩，而耕地则损失了2961306英亩。在不到50年的时间里，加州仅耕地就损失了将近300万英亩。[③]其他各州的农地损失也同样十分严重。比如，1959—1969年短短的10年间，马萨诸塞州丧失了40%的农地。而且城市开发更倾向于占用耕地，1951—1971年，城市开发占用的农地增长率是占用各类乡村土地增长率的1.7倍。而城市开发直接占用的农地只占同期该州农地损失的三分之一，另

---

① Tom Daniels, Deborah Bowers, *Holding Our Ground: Protecting America's Farms and Farmland*, Washington, D. C.: Island Press, 1997, p. 72.

② Oliver Gillham, *The Limitless City: A Primer on the Urban Sprawl Debate*, Washington, D. C.: Island Press, 2002, p. 4.

③ John Fraser Hart, "Half a Century of Cropland Change", *Geographical Review*, vol. 91, No. 3 (Jul., 2001), p. 533.

外损失的三分之二大多是由于土地闲置而造成的。① 1970—1997 年，宾夕法尼亚州的农场减少了 2.4 万个，尤其是在该州的东南部，商业和住房开发造成了大规模蔓延。1998 年该州 "21 世纪环境委员会"（21st Century Environment Commission）公布的一项研究报告，将该州的大都市区蔓延描述为 "胡乱的，几乎是杂乱无章的增长"。②

从全国范围来看，美国的农地损失如同天文数字，令人触目惊心，仅城市开发每年所占用的耕地动辄上百万英亩，如果再加上其他类型的土地和开发所导致的闲置土地那就更加难以数计了。1950—1969 年，美国农地总面积从 10.21 亿英亩减少到 9.18 亿英亩。③虽然 1987 年农地面积有所回升，达到 9.65 亿英亩，但 1992 年降为 9.46 英亩，1997 年降为 9.32 英亩。④

因此，早在 20 世纪 70 年代之初，就已经有人发出了美国农地将要告罄的警告。比如，1973 年，美国参议员亨利·M. 杰克逊（Henry M. Jackson）就大胆地预测："从现在至 2000 年为止，我们必须还要建造与我们此前同样多的建筑。在随后的 30 年间，我们必须还要建造同以往三个世纪同样多的住房、学校和医院等。"而根据美国学者温德尔·弗莱彻（W. Wendell Fletcher）等学者的研究，从建国到 1967 年，美国城市开发只占用了 3500 万英亩土地，而到 1977 年，城市开发面积已经达到 6500 万英亩，在短短 10 年内增加了 3000 万英亩。如果将这 10 年消耗的土地拼凑在一起，其面积比整个俄亥俄州还要大。1974 年农业部的一份报告预测，从 1969 年到 2000 年，城市开发将耗费土地 2100 万英亩。"我们面临着农地告罄的危险。"1976 年，"土壤保护局"（SCS）官员戴维斯（R. M. Davis）再次发出警告说："本国现有耕地总数的近五分之四已经投入生产。如果将其余的 20% 进行耕作，那么我们的'耕地'边疆也就销

① David Berry and Thomas Plaut, "Retaining Agricultural Activities under Urban Pressures: A Review of Land Use Conflicts and Policies", Policy Sciences, vol. 9, No. 2 (Apr., 1978), p. 160.

② National Trust for Historic Preservation, *Challenging Sprawl*, pp. 58, 75.

③ U. S. Department of Commerce, Bureau of the Census, *Statistical Abstracts of the United States*: 1976, 97th Edition, Washington D. C., 1976, p. 636.

④ U. S. Department of Commerce, Bureau of the Census, *Statistical Abstracts of the United States*: 2002, 122nd Edition, Washington D. C., 2001, p. 517.

声匿迹了。"①

## 二 农地开发对美国农业生产的危害

美国大都市区的空间蔓延乃至蛙跳式的开发,不仅侵占了大量的农业用地,而且侵占的往往是最肥沃的耕地,从而对美国的农业生产造成极大的危害,不仅损害了美国的经济活力,甚至危及了美国乃至世界的粮食供给。

美国学者康斯坦斯·E. 博蒙特(Constance E. Beaumont)指出,"并非所有的农地都是生而平等的。"②于城市一般都是发端于河谷、平原和山麓土地最为肥沃的地带,也就是农业发展最有潜力最有优势的地带,当这些城市和大都市区进行蔓延或蛙跳式发展之时,它们便就近吞噬了大批最肥沃的土地。正如美国学者尤因(Ewing)所说的,"那些最适于种植作物的土地,也一般最适于'种植房屋'。"③

一般而言,美国农地分为 8 个等级,一等(Class I)和二等(Class II)土地为优质农地(prime farmland);三等土地为州级性的重要农地,某些四等土地为特种农地(unique farmland)或地方性重要农地,五至八等为贫瘠土地,不适于农业生产。根据 1976 年的《耕地储备调查》(Potential Cropland Study),1967—1975 年的 8 年间,城市开发占用农地 1663.5 万英亩,其中一等农地 655 万英亩,即占 39.4%;二等至四等农地 630.2 万英亩,即占 37.9%;五等至八等农地 378.3 万英亩,即占

---

① W. Wendell Fletcher and Charles E. Little, *The American Cropland Crisis: Why U. S. Farmland Is Being Lost and How Citizen and Government Are Trying to Save What Is Left*, Baltimore: The American Land Forum, Inc. , 1982, pp. 3 – 5.

② Constance E. Beaumont, ed. , *Challenging Sprawl: Organizational Responses to a National Problem*, A Report by the National Trust for Historic Preservation, Washington, D. C. : National Trust for Historic Preservation, 1999, p. 14.

③ F. Kaid Benfield, et al, *Once There Were Greenfields: How Urban Sprawl Is Undermining America's Environment, Economy and Social Fabric*, New York: Natural Resources Defense Council, 1999, p. 64.

22.7%。也就是说，一至四等上好的农地占城市侵占耕地总数的77%以上。[1]

根据美国农地信托组织（American Farmland Trust，AFT）的研究，就各州城市开发所占用的优质农地和特种农地而言，得克萨斯州首当其冲，仅1982—1992年的10年间，该州就损失了48.9万英亩，占全国同期优质农地和特种农地损失量的11.5%。该组织还进一步对美国受到城市开发威胁的"主要土地资源区域"（Major Land Resource Areas，ML-RAs）进行了分析。在美国本土的181个主要土地资源区域（MLRAs）中，有多达127个区域受到威胁，其面积占所有主要土地资源区域的76%，而优质农地同比则高达95%。而且在这些受到威胁的主要土地资源区域中，优质农地和特种农地占本区域土地总面积的比例，平均高达22%。不幸的是，在这些受到威胁的主要土地资源区域中，高达32%的城市开发是在优质农地和特种农地之上进行的。[2]这些优质农地和特种农地具有不可替代性，其消失将会成为不可挽回的永久性损失。

农地是人类生存最为重要的资源之一，城市开发对美国的农业造成了极大的危害。从每英亩的农业产值来看，马萨诸塞、康涅狄格和新泽西三州都位居全国前列。比如，1969年，马萨诸塞州平均每英亩农地的产值为198美元，而加州为109美元，纽约为96美元，全国平均值只有42美元。然而，美国东北部却是大都市区蔓延最为严重的地区之一，因此对农业造成的损失也最严重，到20世纪70年代中期，这里的农产品就已经不能自给，马萨诸塞州85%的食品依靠输入。[3]而根据美国农地信托组织（AFT）1997年的报告，加州的中央谷地（Central Valley）农业产值高达133亿美元。该谷地拥有美国10个农业产值最大县中的6个，其中包括弗雷斯诺县（Fresno County），该县的农业产值超过了24个州的农业产值。然而，由于该谷地人口的迅速增加和对农地的侵占，其农业产值迅速减少。1981—1992年，其土地开发增加了两倍以上，该组织预计

①  R. Neil Sampson, *Farmland or Wasteland: A Time to Choose: Overcoming the Threat to America's Farm and Food Future*, Emmaus, Pennsylvania: Rodale Press, 1981, p. 83.

②  American Farmland Trust, *Farming on the Edge*, DeKalb, Illinois, 1997, p. 6.

③  Rutherford H. Platt, "The Loss of Farmland: Evolution of Public Response", *Geographical Review*, vol. 67, No. 1, Jan., 1977, p. 94.

在 1990—2040 年的半个世纪中，该谷地人口将增加 3 倍以上，农地损失将达 100 万英亩，累计减少农业产值 490 亿美元，相关的农产品加工业产值也将减少 760 亿美元。①

从全国范围来看，农业一直是美国最重要的经济部门之一，其农业产值 1950 年为 322.9 亿美元，1970 年为 585.7 亿美元，② 1990 年为 1853 亿美元，2000 年为 2147 亿美元，50 年间增长了 5.6 倍。③农产品在美国进出口贸易中占有十分重要的地位，对美国的贸易平衡曾发挥过积极的作用。比如，1960 年美国农产品出口额为 45.2 亿美元，占美国出口总额的 24%，几达 1/4；1970 年分别为 67.2 亿美元和 16%；④ 1980 年分别为 412 亿美元和 18%；1990 年分别为 395 亿美元和 11%；2000 年分别为 512 美元和 7%。⑤虽然农产品出口额在不断增长，但其所占出口总额的比例却一路走低。除了其他因素的影响以后，美国农地的减少也难辞其咎。从世界范围来看，美国占世界耕地面积的 7%，却生产了世界粮食的 13%，每位美国农民可以养活 120 个人。⑥因此，美国被称为"土壤 OPEC"（the OPEC of soil）。如果美国粮食生产受到危害，其灾难将是世界性的。

然而，由于美国人口的日益增加与大都市区的蔓延对农地的蚕食鲸吞，美国的农业生产确实在日益衰落，粮食储备日益减少，比如 1972 年，美国小麦储备达到 9.83 亿蒲式耳，而到 1974 年下降到 3.4 亿蒲式耳；玉米储备由 11 亿蒲式耳下降到 4.83 亿蒲式耳。⑦美国仅玉米的生产能力就每天下降大约 5800 吨，价值损失为 62 万美元，每年则高达 200 万吨和

---

① F. Kaid Benfield, et al, *Once There Were Greenfields*, pp. 64 – 66.

② U. S. Department of Commerce, Bureau of the Census, *Statistical Abstracts of the United States*: 1976, p. 645.

③ U. S. Department of Commerce, Bureau of the Census, *Statistical Abstracts of the United States*: 2002, p. 521.

④ U. S. Department of Commerce, Bureau of the Census, *Statistical Abstracts of the United States*: 1976, p. 655.

⑤ U. S. Department of Commerce, Bureau of the Census, *Statistical Abstracts of the United States*: 2002, p. 527.

⑥ Tom Daniels, Deborah Bowers, *Holding Our Ground*, p. 9.

⑦ W. Wendell Fletcher and Charles E. Little, *The American Cropland Crisis*, p. 70.

2.2 亿美元。①与此同时，其他国家也出现了产量下降现象，因此 20 世纪 70 年代出现了世界性的粮食危机，甚至到 90 年代阴影仍然挥之不去。1990 年，美国农业部的一项报告指出，美国谷物的消费量已经连续三年超过了谷物的产量，即美国人在消费其谷物储备，其供应世界的能力在持续下降。1996 年，联合国世界粮食峰会的报告指出，要养活世界人口，在随后的 50 年内全球粮食生产必须再增加 3 倍。②

美国大都市区的蔓延对农地的侵占，不仅侵占了优质农地，导致了粮食危机，而且还侵占了大量的特种农地，危害了某些特种作物的生产。根据美国农地信托组织（AFT）1997 年的报告，美国受到城市开发威胁的 127 个主要土地资源区域（MLRAs）生产了全国 79% 的水果、69% 的蔬菜、52% 的牛奶、25% 以上的肉类和谷物。③加州是美国最大的特种作物的生产地，加州虽然只拥有美国土地面积的 4.4%，却有 48 种农产品产量居全国第一。21 世纪初，加州生产了美国 40% 的桃子、菠菜、芦笋；50% 以上的草莓、甜瓜；60% 以上的胡萝卜；70% 以上的柠檬、生菜、西红柿、芹菜；80% 以上的西瓜、花椰菜（broccoli）、菜花（cauliflower）、大蒜和葡萄；90% 以上的鳄梨、杏、李子；以及 98% 以上的洋姜、核桃、杏仁和橄榄。④然而，加州也是美国大都市区蔓延最严重的州，其特色农业的存续令人担忧。

美国大都市区的空间蔓延侵占了大量的农地，威胁了美国的农业生产，特别是某些特种农产品的生产，与此同时，还对其他类型的土地造成了严重威胁，比如开放空间、野生动物栖息地等，从而引起了有关学者、公众和政府部门的广泛关注。比如，《时代杂志》（Time）于 1973 年发表文章，将美国这种缺乏规划的无序开发和土地浪费，描述为"流行病爆发"般的"土地狂热"（land fever），要求政府对"新的土地投机热

① R. Neil Sampson, *Farmland or Wasteland: A Time to Choose: Overcoming the Threat to America's Farm and Food Future*, p. 80.

② American Farmland Trust: *Saving American Farmland: What Works*, Washington DC, 1997, p. 5.

③ F. Kaid Benfield, et al, *Once There Were Greenfields*, pp. 64 – 66.

④ John Fraser Hart, "Specialty Cropland in California", *Geographical Review*, vol. 93, No. 2, Apr., 2003, p. 153.

潮"加以管制。①另一些学者专门探讨了农业资源问题,比如《美国的关键农地正在消失》《资源危机对农业生产的危害》《城市蔓延之所至,农业作物之所死》等文章更是频频见诸报端,振聋发聩,触目惊心。甚至普通公民也认识到了农地资源的损失所产生的危害,1979 年的一项民意调查显示,有 53% 的美国人认为美国优质农地的损失是一个"非常严重"的问题。②于是,联邦政府开始采取行动,在环境质量委员会(the Council on Environmental Quality,CEQ)的倡议下,"地产调查公司"(Real Estate Research Corporation)于 1974 年发表了《蔓延的代价》(*The Cost of Sprawl*)。尼克松总统也宣称,土地利用改革已经成为"国家面临的最为迫切的环境问题。"③于是,20 世纪后期美国逐渐兴起了一个全国性的农地保护运动。美国的农地保护运动是一个自下而上的运动,这一运动首先是由民间组织发起,随后地方政府、州政府和联邦政府依次介入,对于保护美国农地发挥了积极作用。

## 三 民间组织的农地保护措施

20 世纪六七十年代,美国民间土地保护运动开始蓬勃发展,相继成立了许多民间非营利保护组织,保护不可再生的、有限的土地资源,而农地成为重点保护对象之一。在众多民间非营利保护组织中,既有地方性的保护组织,也有全国性的保护组织,它们在保护农地的过程中发挥了积极的作用,尤以各类土地信托(land trust)组织最为突出。土地信托组织利用多种方法来保护农地、开放空间、野生动物栖息地以及其他自然资源。

土地信托组织是一种民间的非营利的组织,其主要目的是通过直接行动来保护自然区域、开放空间和农地等土地资源。土地信托组织可以

---

① Tim Lehman, "Public Values, Private Lands: Origins and Ironies of Farmland Preservation in Congress", *Agricultural History*, vol. 66, No. 2, History of Agriculture and the Environment, Spring, 1992, p. 258.

② R. Neil Sampson, *Farmland or Wasteland: A Time to Choose: Overcoming the Threat to America's Farm and Food Future*, pp. 81, 94.

③ Tim Lehman, "Public Values, Private Lands," p. 258.

通过多种方法保护土地，比如购买和拥有土地、接受土地捐献、购买开
发权（或称保护性地役权）、接受地役权的捐献等。为了减少土地保护方
面的政治阻力，土地信托组织强调土地所有者的自愿性，而不倡导政府
的管制性措施，这也正是其优势所在，民间保护组织不受政府程序的干
扰，也不受政治边界的限制。土地信托组织所拥有的土地可以享受各级
政府的免税特权，比如土地交易税、地产税和继承税等，土地信托组织
还可以将其所获得的土地和地役权合同卖给地方、州或联邦政府机构，
以便获得更多的资金，还可以接受政府资金和私人基金的援助。

　　土地信托运动起源于 19 世纪后期的自然资源保护运动，美国的第一
个土地信托组织是 1891 年马萨诸塞州成立的"资源保护信托组织"（the
Trustees of Reservations），其目的是保护开放空间。20 世纪前期，土地信
托组织的发展十分缓慢，到 1950 年，美国只在 26 个州中成立了 53 个土
地信托组织，此后迅速增长，到 1981 年增加到 431 个。①而根据 2001 年美
国"土地信托组织联盟"（The Land Trust Alliance，LTA）的统计，到
1990 年这类组织骤然增长到 885 个，增长 1 倍以上，到 2000 年又增长到
1262 个，增长了 42.6%。这些土地信托组织的分布存在显著的不平衡性，
数量最多的是东北部，2000 年拥有 497 个，这是因为东北部城市发展最
早，人口密度最大，城市数量最多，对土地的威胁最严重，因而较早和
较多受到关注。

　　然而，并非所有上述土地信托组织都从事农地的保护活动，而是从
事多种类型的土地保护活动，只是各有不同侧重点而已。根据 2001 年土
地信托组织联盟（LTA）于 2001 年的调查，只有 46% 的土地信托组织将
农地（farm/ranch land）作为其土地保护活动的内容之一，也就是说，有
54% 的土地信托组织不从事农地保护，这是因为，人们对保护农地的重
要性的认识较为滞后。在这些土地信托组织中，绝大部分属于小型的地
方性的土地信托组织，为了推动土地信托运动的发展，一些全国性的土
地信托组织也出现了，比如"公共土地信托组织"（the Trust for Public
Land）、"土地信托组织联盟"（LTA）、"美国农地信托组织"（AFT）等，

①　Jean Hocker，" Land Trusts：Key Elements in the Struggle Against Sprawl，"*Natural Resources & Environment*，vol. 15，No. 4（Spring 2001），p. 244.

其中后者是唯一的全国性的专门从事农地保护的组织。

前文指出，土地信托组织可以通过多种方法保护土地，但最主要的方法是购买土地和开发权。购买和拥有土地就是把私人土地按照市场价格购买下来，成为本组织的私有财产，并将其置于永久的保护之下，这是最直接、最有力的保护措施，但资金耗费巨大。购买开发权（Purchase of Development Rights，PDR）相对而言较为节约资金，美国农地信托组织（AFT）又将其称为购买农地保护地役权（Purchase of Agricultural Conservation Easements，PACE）。这种保护方式是基于这样一种理念：在一块土地上存在多种权利，比如采矿权、出售权、开发权等，这些权利既可以捆绑在一起出售，也可以拿出某项权利单独出售，而其他权利仍然保留在土地所有者手中。在开发权购买（PDR）这种方式中，土地所有者可以自愿地将开发权向土地信托组织或政府出售，而仍然拥有该土地的其他权利。开发权购买合同对该土地的使用进行了详细的规定和严格的限制，土地所有者可以继续生活在其农场上，可以进行必要而适当的农用建筑，但对未来建筑物的数量、类型和位置和某些活动设置限制性条款。土地所有者也可以将土地出售或者传给子孙后代，但是未来的土地所有者都要受到开发权的限制。开发权购买的价格是原来的农业利用模式与开发利用模式之间的价格差额。开发权购买合同的期限可以是一段时期，也可以是永久性的。然而，一段时期的开发权合同只能在固定期限内对土地保护发挥限制作用，而期限一旦结束，土地所有者仍然有权将土地出售进行开发，这种有期限的开发权购买合同不能有效地保护土地，只不过是对土地所有者的持有成本进行的一种补贴而已。[1]因此，开发权购买的合同一般是永久性的，土地所有者一旦将开发权出售，他就将永远失去了对该土地的开发权，这种限制将永远伴随这块土地，即使在土地出售或转让之后，该合同条款依然有效。开发权购买合同的持有者即土地信托组织或政府部门有权监督执行这些限制条款。[2]

---

[1] Thomas L. Daniels："Coordinating Opposite Approaches to Managing Urban Growth and Curbing Sprawl：A Synthesis"，*The American Journal of Economics and Sociology*，vol. 60，No. 1，Jan.，2001，p. 233.

[2] Henry E. Rodegerdts，"Land Trusts and Agricultural Conservation Easements"，*Natural Resources & Environment*，vol. 13，No. 1，Summer 1998，p. 336.

　　开发权购买合同的优势在于，它既可以维持农业生产，又使土地所有者能够获得开发用地的价格，同时受保护的土地还可以获得政府免税权，对于城市附近的土地所有者保持农业生产也是一种补贴和公平待遇；而且开发权购买比直接购买土地节省资金。①出售土地开发权是一种自愿性的、以激励机制为基础的土地保护方法，它不改变土地的私人所有权，从而可以避免政府的高额成本和政治纠纷。但开发权购买也存在严重不足，城市附近面临开发的土地所有者往往不愿出售开发权，而远离城市的土地又无须保护，至少没有那么迫切。最重要的是，开发权购买开支浩繁，财政压力过大。因此，土地信托组织面临的最大困难就是筹集资金。土地信托组织的资金来源一般来自会员费、捐款、基金、政府拨款等。无论是购买土地或者开发权，都需要大量的资金。到 1989 年，根据土地信托交易所（Land Trust Exchange）的调查，美国有半数的土地信托组织每年开支不足 1 万美元，大约有 25% 的土地信托组织的预算超过了25 万美元，而有 1/3 的土地信托组织仅仅依靠个人捐款和会员费来筹集每年的管理费用。②在全国各类土地信托组织的共同努力下，通过多种形式的保护活动，美国的土地保护活动取得了显著的成果。根据土地信托组织联盟（LTA）的调查，到 2000 年，美国地方性土地信托组织已经保护了 650 万英亩的土地，其中 560 万英亩（80%）是在 1990 年以后保护的。③

　　当然上述受保护的土地并非全部是农业用地，但农地的保护也同样取得了显著的成果，某些大型的土地信托组织在农地保护方面取得了非常的成就。比如，蒙大拿土地信托组织（MLR）保护农地达 76347 英亩，美国农地信托组织（AFT）为 40266 英亩，佛蒙特土地信托组织（VLT）为 36580 英亩等。④因此，塞拉俱乐部的前会长迈克尔·费希尔（Michael

---

① David C. Levy and Rachael P. Melliar‐Smith, "The Race for the Future: Farmland Preservation Tools", *Natural Resources & Environment*, vol. 18, No. 1, Summer 2003, p. 47.

② Chris Elfring, "Preserving Land through Local Land Trusts," *BioScience*, vol. 39, No. 2, Feb. 1989, p. 72.

③ Richard Brewer, *Conservancy: The Land Trust Movement in America*, Lebanon: University Press of New England, 2003, p. 11.

④ Tom Daniels, Deborah Bowers, *Holding Our Ground: Protecting America's Farms and Farmland*, Washington, D C: Island Press, 1997, p. 194.

Fischer）于1996年在对加州一个土地信托组织的演讲中不无夸张地宣称，土地信托组织是"资源保护运动中最为有力的手段"。①然而，此话确有溢美之嫌，从前文我们知道，美国每年有100多万英亩的土地被城市开发所占用，此外还有由城市开发导致土地闲置等，其数目难以计数。土地信托组织几十年的保护成果，仅仅在几年之内就会被城市开发所占用和所闲置的土地所抵消。因此，仅仅依靠民间组织的努力是远远不够的，必须发挥政府强制性的管制手段，政府部门与私人组织共同合作才能更有效地保护土地和农业用地。

# 四 州政府和地方政府的农地保护措施

在民间组织农地保护运动的影响和推动之下，美国各级政府也采取了各种保护措施，地方政府和州政府一般直接介入农地的保护活动中，而联邦政府则主要是通过制定农业保护法对各州和地方政府进行资助，很少直接插手农地保护活动。在州和地方政府的农地保护作用中，地方政府发挥了更加直接的作用，但地方政府的保护活动也离不开州政府的支持，因为州政府拥有更广泛的管制权，可以批准和管理大型基础设施项目，可以控制地方政府的税收政策，受保护地域可以达到一定的规模。

州和地方政府的农地保护措施可分为鼓励性措施和管制性措施。鼓励性措施的优点在于参与是自愿性的，普遍受到土地所有者的欢迎，政治阻力较小。但鼓励性措施开支浩繁，程序复杂，进展缓慢。管制性措施的优点是立竿见影，见效迅速，而且节省开支，但往往引起政治纷争，特别是容易侵犯土地所有者的财产权，引起诉讼，从而往往使管制性措施遭到修改甚至废除，不能有效地保护土地和农业生产。在这些措施中，比较普遍地包括开发权的购买（PDR）、开发权转让（TDR）、差别估价法、农业专属区法和农业保护区划等。州和地方政府往往将两种措施结合起来运用，以扬长避短，相得益彰。

地方政府保护农地的基本方法之一就是购买农地的开发权（PDR）。纽约州的萨福克县（Suffolk County）是最早实施购买农地开发权计划的

---

① Richard Brewer, *Conservancy: The Land Trust Movement in America*, p. 11.

地方政府。1974 年县议会制定了"萨福克县农地保护计划",根据该计划,那些希望参加计划的农场主可以参加投标,县政府对投标土地的农业价值和市场价值进行评估,市场价值减去农业价值就是该土地的开发权价值。到 1975 年 2 月,县政府收到了 381 项投标,涉及农地面积达 1.8 万英亩,所需购买开发权的资金高达 1.16 亿美元。①然而,县政府的财政能力十分有限,1976 年,县议会只批准发行了 2100 万美元的公债券,只能购买 3200 英亩农地的开发权。②而且直到 1977 年才成功购买了第一个开发权。经过 20 多年的努力,到 2000 年,该县已经投资 3100 万美元,购买了 6000 英亩的开发权,相当于每英亩 5000 多美元。③然而,这只相当于所需保护的 5.5 万英亩农地的 1/10 强。④

其他一些地方政府后来居上,实施了大规模的开发权购买计划,比如到 1998 年 3 月,加州的马林县(Marin County)投资 1660 万美元,保护农地 25504 英亩;加州的索诺马(Sonoma County)投资 3880 万美元,保护农地 25146 英亩;华盛顿州的金县(King County)投资 5390 万美元,保护农地 12731 英亩。⑤

由于地方政府财政能力有限,于是一些州政府纷纷介入进来。1977 年,马里兰州和马萨诸塞州率先制定了开发权购买计划,随后东北部其他各州纷纷效法。1981 年,"全国统一州法委员会议"为各州制定了一个购买开发权(地役权)的法律蓝本,即《统一保护地役权法》(Uniform Conservation Easement Act),有力地推动了各州开发权购买法律的制定。到 1998 年 3 月,美国已经有 15 个州通过了开发权购买(PDR)计划,其中成就最显著的是宾夕法尼亚州和马里兰州,前者投资 17220 万美元,保

① Florida Atlantic University, Florida International University, Joint Center for Environmental Problems, *Plowing the Urban Fringe: An Assessment of Alternative Approaches to Farmland Preservation*, Fort Lauderdale, Florida: University Tower, 1989, pp. 134 – 135.

② W. Wendell Fletcher and Charles E. Little, *The American Cropland Crisis*, p. 41.

③ Thomas L. Daniels: "Coordinating Opposite Approaches to Managing Urban Growth and Curbing Sprawl: A Synthesis", p. 235.

④ Florida Atlantic University, Florida International University, Joint Center for Environmental Problems, *Plowing the Urban Fringe*, p. 140.

⑤ Thomas L. Daniels: "Coordinating Opposite Approaches to Managing Urban Growth and Curbing Sprawl: A Synthesis", p. 237.

护农地 111752 英亩；后者投资 14060 万美元，保护农地 139828 英亩；15
个州总计投资 73493 万美元，保护农地 464576 英亩。[①]

开发权转让（Transfer of Development Rights，TDR）是地方政府实施
的一项与开发权购买（PDR）相似的农地保护措施，开发权转让（TDR）
同样需要将土地所有者的开发权购买过来，但购买者是开发商，而不是
政府单位或土地保护组织。在开发权转让计划中，地方政府首先制定综
合发展规划和分区制法规，将其辖区内的土地分为农地保护区和城市开
发区，受保护的农业区被称为"出让区"（sending area），允许开发的地
区称为"接收区"（receiving area）。开发权的转让（TDR）有两种方式，
一种方式是地方政府向出让区的农场主颁发开发权证书，价格相当于土
地开发的市场价格与农业用地价格之间的差额，农场主可以将自己土地
的开发权证书出售给开发商。另一种方法是地方政府成立"开发权转让
银行"（TDR bank）作为中介，收购出让区农场主的开发权证书，再转手
出售给开发商。在开发商购买到足够的开发权证书以后，就可以申请在
接受区内进行项目开发，而且开发密度远远高于分区制法规所规定的密
度，提高开发密度可以使开发商节省购买开发用地的成本，从而取得更
高的利润，此即密度奖励，这也是开发商不怕周折购买开发权的动力
所在。[②]

通过开发权转让计划保护农地的优势在于，开发权由地产开发商购
买，可以大幅度节省政府开支；可以对农业保护区内的土地所有者进行
经济补偿，减少农地保护的阻力；可以将住房开发集中在接收区，节省
公共设施开支，限制城市蔓延，保护珍贵的农业用地。然而，开发权转
让却是农地保护措施中难度最大的一种，因为它不仅需要县政府制定综
合发展规划和农业保护区划，划定出让区和接收区，而且还需要农场主
与开发商之间进行复杂的交易活动，因此开发权转让也是美国农地保护
措施中发展较为缓慢的一种，到 1997 年，美国只有 15 个州采用了开发权

---

① Thomas L. Daniels："Coordinating Opposite Approaches to Managing Urban Growth and Curbing
Sprawl：A Synthesis"，p. 236.

② Tom Daniels，Deborah Bowers，*Holding Our Ground*，p. 173.

转让计划。[1]

　　差别估价（differential assessment）也是一种鼓励性农地保护措施。单位面积的农业产值与城市开发价值相比自然不可同日而语，如果地方政府在对土地进行估价和征税时不加区分，一律按照潜在的市场价值来估价和征税，农业生产就会难以为继。因此，实行土地的差别估价是保护农地的一个有效方法。差别估价就是对农地按照现有用途进行税收估价，而不是按照最高的土地利用类型的市场价格进行税收估价，如此，农场主所应缴纳的地产税就会大大降低。然而，当实施差别估价以后，那些获得税收优惠的农地如果进行了住房开发或改为他用，农场主就必须偿还税收优惠所得，并加收罚款。

　　对农地的差别估价是一种较早和较为流行的农地保护方法，早在1956年马里兰州就第一个实行了差别估价法，但于1960年被州法院推翻。同年，该州宪法加入了农地差别估价的条款，于是差别估价法具有了宪法效力。新泽西州于1963年通过了一项宪法修正案，对农地和历史遗迹实行差别估价，但如果该地转为他用，就要赔偿此前的优惠。[2]宾夕法尼亚州的差别估价法是比较典型的。1974年，该州议会通过了一个《农地和林地估价法》，规定按照土地的使用价值而非市场价值进行地产估价和征税。如果参与计划的土地改为他用，土地所有者必须赔偿参与计划以来7年的税收优惠，而且还要加收6%的利息。到1991年，在该州的67个县中，有45个县的42022位土地所有者参与了计划，涉及土地面积达3700300英亩。[3]其他各州也纷纷效法，到1997年，实施这种计划的州已经达到48个。[4]

　　然而，差别估价同样存在严重缺陷，它导致了政府收入的损失，转嫁了税收负担。根据特拉华大学的一项的研究，仅美国东北部的差别估

　　[1]　American Farmland Trust: *Saving American Farmland*, p. 18.

　　[2]　Frederick D. Stocker, "Taxing Farmland in the Urban Fringe", *Journal of Farm Economics*, vol. 45, No. 5, Proceedings Number, Dec. , 1963, pp. 1131 – 1132.

　　[3]　Timothy W. Kelsey and Kathleen S. Kreahling, "Preferential Tax Assessments for Farmland Preservation: Influence of Population Pressureson Fiscal Impacts", *State & Local Government Review*, vol. 28, No. 1, Winter, 1996, pp. 51 – 52.

　　[4]　Tom Daniels, Deborah Bowers, *Holding Our Ground*, p. 93.

价就损失了 10 亿美元到 20 亿美元的税收基础。①更重要的是，差别估价并不能阻止农地的开发与流失，因为它所提供优惠远远不足以抵制开发的诱惑。

农业专属区法（Agricultural District Act）就是成立专门的农业生产区，区内的农场主要与政府签约，规定在签约期限内，农业专属区内禁止进行土地开发或改为他用，保护珍贵的农业资源，而农场主也相应地获得某些利益，比如给予农地差别估价，免征给排水等基础设施的特别征税，对容易导致开发活动的给排水等基础设施进行限制，农场主拥有农业生产权，不受附近居民妨害法诉讼的干扰，限制政府对农地的征用，限制市镇法人的政治兼并，农场主可以向其他地区出售开发权等。签约期满后农场主可以退出，没有惩治措施。

农业保护区划（Agricultural Protection Zoning，APZ）是在城市土地利用分区制（或称区划制）的基础上产生的。20 世纪六七十年代，随着人们环境和资源保护意识的增强，地方政府将分区制应用于农地保护，于是农业保护区划便应运而生。在农业保护区划内，主要的土地利用模式就是农业生产，限制其他土地利用模式，而且对住房开发密度和数量进行了严格限制，以保护农业区划内的土地用于农业生产，并防止农地的分割与碎化。在农业区划内限制住房开发密度，最大密度在东部一般为每 20 英亩一套住房，在西部一般为每 640 英亩一套住房，但在区划内对必要的农业建筑设施的限制比较宽松，比如建立仓储、农产品加工和销售、农机供应、农业信贷机构等，以鼓励商品农业的发展。

以上各项措施一般都由地方政府主导，州政府只是发挥了指导作用。而在某些州，州政府发挥了主导作用。最早由州政府对农地进行保护的是夏威夷州，该州早在 1961 年就采取了农地保护措施。1963 年，夏威夷州议会制定了全州性的土地利用分区制，将全州分为四种区域，即农地、城市、保护区域、乡村区域，规定这四种区域的界限为"永久性"边界，但该州的"州土地利用委员会"（the State Land Use Commission）有权调

---

① Tom Daniels, Deborah Bowers, *Holding Our Ground*, pp. 95 - 96.

整这些区域的边界。[1]1965 年，加州通过了"加州土地保护法"，即威廉森法（Williamson Act）。1971 年，新泽西州政府成立了一个"新泽西州未来农业蓝图委员会"，在该州农业部长菲利普·阿兰皮（Philip Alampi）的指导下提出了一个报告，其核心就是大规模地购买农地开发权，以增加 0.4% 的地产交易税（大约 400 万美元）作保障。康涅狄格州于 1974 年成立了"州长农地保护工作队"，计划征收 1% 的地产交易税用以保护农地。据估计，按当时平均每英亩 1500 美元的价格，这一计划可以对 32.5 万英亩的农地进行保护。[2]

到 1997 年，美国已经有 50 个州制定了税收激励计划和农业生产权法规，24 个州采用了农业保护区划（APZ），20 个州实施了开发权购买计划，16 个州采用了农业专属区计划，15 个州采用了开发权转让（TDR）计划，6 个州采用了增长管理保护农地的计划。[3]

然而，要想进一步推动美国的农地保护事业，还必须有联邦政府的积极介入，因为联邦政府既拥有巨大的政治影响力，也拥有强大的财政力量。因此，从 20 世纪 70 年代开始，联邦政府开始制定相关的土地保护政策，并引起了相关部门、民间团体和有关学者的激烈争论。在双方的意见分歧和利益角逐之下，联邦政府的农地保护政策的制定和实施可谓举步维艰，行动迟缓，未能有效地保护美国珍贵的农业土地。

## 五　联邦立法尝试和农地保护争论

美国有关农地保护的争论首先是从联邦政府的一项土地利用规划法案的讨论开始的。为了鼓励各州土地开发的有序进行，参议员亨利·杰克逊（Henry Jackson）于 1970 年向国会提出了一项联邦《土地利用规划法》（Land Use Planning Act），要求各州制定全州性的综合性土地利用规划，以保护包括农地在内的有重要环境价值的地区。虽然该法最终失败，

---

[1]　C. R. Bryant and L. H. Russwurm, "North American Farmland Protection Strategies in Retrospect", GeoJournal, vol. 6, No. 6, Farmland Preservation in North America, 1982, pp. 507.

[2]　Rutherford H. Platt, "The Loss of Farmland: Evolution of Public Response", p. 96.

[3]　American Farmland Trust: Saving American Farmland, p. 18.

但它却引发了一场旷日持久的农地保护论战，特别是"环保主义者对经济学家"之间的争论，两者对于农地存在基本价值观方面的巨大差别。[①]

在该法的讨论中，参议员杰克逊、艾肯（Aiken）和众议员莫里斯·尤德尔（Morris Udall）等认为，大都市区的空间蔓延吞噬了大量的农地，而农地是一种重要的稀缺资源，因此，农地保护应该成为联邦土地利用规划的首要内容。然而，该法遭到了某些普通民众、组织机构和政府部门的强烈反对。农业部对该法表示担忧，它指出："特别是乡村选民表达了他们的关切，认为拟议中的法案要对私人土地制定规划程序，就像对公共土地制定规划程序那样。对他们而言，这就意味着联邦机构的绝对控制。"

从 1976 年开始，关于农地保护的争论开始进入高潮。该年农业部的土壤保护局（the Soil Conservation Service，SCS）发表了一份《耕地储备调查》报告（Potential Cropland Study），发现美国的耕地储备在迅速减少。仅 1967—1975 年的 8 年间，城市开发、公路建设、水库修建和其他城市用地就大约占用乡村土地达 2400 万英亩，即每年占用 300 万英亩，其中大约 1/3 为耕地。这一速度是此前估计的 3 倍。调查结果首先在农业部内部引起争论，特别是在土壤保护局（SCS）与美国经济调查局（Economic Research Service）之间，前者认为土地，特别是高产农地是一种宝贵的资源，应该竭力加以保护；而后者则认为土地只是一种商品，只是农业生产的资本投入。后者的首席地理学家托马斯·弗雷（Thomas Frey）认为，土壤保护局（SCS）的统计资料存在问题。他们根据商业部人口普查局的数据进行了反驳，认为每年城市开发占用土地只有 75 万英亩，其中耕地只有 25 万—30 万英亩。[②]

1977 年，参议员詹姆斯·杰福兹（James Jeffords）向国会提出了一个专门的《农地保护法》（the Agricultural Land Protection Act），要求所有的联邦机构制订计划，最大限度地减少其行为对农地的危害；成立一个总统委员会，研究农地保护问题，确定农地损失的严重程度，以及将要

① Tim Lehman, *Public Values*, *Private Lands*: *Farmland Preservation Policy*, 1933 – 1985, Chapel Hill: University of North Carolina Press, 1995, p. 88.

② W. Wendell Fletcher and Charles E. Little, *The American Cropland Crisis*, p. 80.

采取的措施；对州和地方政府提供资金和技术援助，制订农地保护计划等。①

　　围绕《农地保护法》，联邦政府内部以及美国社会再次展开了激烈的争论。该法案得到了众多资源保护主义组织的支持，他们认为土地不仅仅是一种农业商品，而且是一种宝贵的资源，能够提供生态多样性、充足的水源、清洁的空气以及美学价值等。而传统的资源经济学家（resource economists）则将土地视为一种商品，土地仅仅是一种"投入"，正如化肥农药和生物研究一样。此外，反对集团还老调重弹，声称该法将会导致联邦干预的危险，"可以轻而易举地成为联邦政府管制和控制土地利用的跳板。"结果，在 1980 年 2 月议会表决中该法再次惨遭失败。②

　　1979 年 6 月，美国农业部和环境质量委员会（CEQ）共同组建了"全国农地调查署"（the National Agricultural Lands Study，NALS），该署根据美国农业部"土壤保护局"（SCS）的调查资料，于 1981 年 1 月完成了一份《最终报告》（Final Report），对美国本土 48 个州城市侵占农地情况进行了分析，其结果令人骇然，从而引发更加激烈的争论。根据上述报告，1958—1967 年，美国每年有 1135100 英亩的乡村土地被转化为城市用地，而 1967—1977 年这一数字骤增到 2846400 英亩，后者是前者 2.5 倍。③在城市开发所占用的近 300 万英亩的土地中，大约有 1/3 即近 100 万英亩属于耕地。④因此，美国的农地储备在迅速减少。该报告预测，到 2000 年，即使剩余的这 1.27 亿英亩的耕地不会全部投入耕作，也会所剩无几。⑤

　　然而，一些政府官员对全国农地调查署（NALS）的调查报告表示怀

---

　　① R. Neil Sampson, *Farmland or Wasteland: A Time to Choose: Overcoming the Threat to America's Farm and Food Future*, p. 108.

　　② Tim Lehman, "Public Values, Private Lands: Origins and Ironies of Farmland Preservation in Congress," pp. 264 – 270.

　　③ William A. Fischel, "The Urbanization of Agricultural Land: A Review of the National Agricultural Lands Study", *Land Economics*, vol. 58, No. 2 (May, 1982), p. 239.

　　④ Tim Lehman, "Failed Land Reform: The Politics of the 1981 National Agricultural Lands Study", *Environmental History Review*, vol. 14, No. 1/2, 1989 Conference Papers, Part Two, Spring – Summer, 1990, p. 134.

　　⑤ W. Wendell Fletcher and Charles E. Little, *The American Cropland Crisis*, p. 78.

疑，认为该报告缺乏科学性和说服力。甚至该署的首席专家迈克尔·布鲁尔（Michael Brewer）也认为该报告夸大其词，认为美国每年农地损失不足 100 万英亩，而这对于美国 5.4 亿英亩的农地储备来说微不足道，全国农地调查署（NALS）之所以夸大数据，是因为该署把未开发的乡村土地、山地、沙漠以及其他土地都算作农地。他认为美国农地的减少并"没有导致全国性的危机，没有必要掀起一场'拯救我们的农地'的运动"。他指责全国农地调查署（NALS）传教士般的煽动"剥夺了科学的权威性。"农业部内部大多数官员认为全国农地调查署（NALS）的报告"数据矛盾，前后不一，混淆视听，夸大其词"。[1]

尽管在农地保护问题上，争论双方相持不下，未能得出一个令人信服的结论，但问题的关键不在于得出某种结论，而在于提醒人们对农地资源的关注，它向人们表明，农地是一种宝贵的不可再生的资源，一旦失去便无法挽回。而且这种争论直接推动了美国土地保护立法的出现与深化。正如蒂姆·莱曼（Tim Lehman）所指出的那样，不能等待科学数字出现之后才采取行动，否则将会亡羊补牢，为时已晚。他写道："不同的理论观点产生不同的数据，因此，科学争论也许还会持续几年甚至几十年，直到人们达成某种共识。但是，如果等待更多的调查研究，也许意味着只有当损失已经无可挽回之后，问题才被理解。"[2]

## 六 联邦政府的农地保护立法

尽管前述两个联邦土地利用管理和保护法案相继失败，但也并非一无所获，无功而返，它们的提出和辩论对于 20 世纪 80 年代的联邦农业政策产生了积极影响。第一个成果就是 1981 年国会通过的《农地保护政策法》（the Farmland Protection Policy Act），它是该年通过的一个范围更广的《农业和食品法》（Agriculture and Food Act）的子法案。该法的首要目

---

[1] Tim Lehman，"Failed Land Reform：The Politics of the 1981 National Agricultural Lands Study"，pp. 135 – 139.

[2] Tim Lehman，"Failed Land Reform：The Politics of the 1981 National Agricultural Lands Study"，p. 145.

标，就是减少农地的开发和损失，该法写道："该条款的目的是最大限度
地减少联邦计划对农地的不必要和不可逆转的非农业开发，并且尽可能
地确保联邦计划的实施，能够与州和地方政府以及私人部门的计划和政
策相协调。"为了实现这一目标，联邦政府的每个部门都必须对其占用农
地的开发计划进行审查，必须考虑是否存在可替换的地点或方案，必须
与州和地方政府的发展规划相协调。如果某个联邦机构下辖的开发项目
导致了不必要的农地开发，该机构有权扣留该开发项目的联邦援助基金。
该法还建立了土地和场地评估制度（the Land Evaluation and Site Assess-
ment System，LESA），帮助联邦机构和地方政府评估其开发项目是否造成
严重的农地开发问题，并帮助决策者将未来的开发活动安排在贫瘠的土
地上进行，以保护高产农地。①该法还要求农业部长"设立一个或多个农
地信息中心，作为地方政府和州政府中心性的信息储备和输送网点，以
传播有关农地事务、政策、计划、技术原则、创新行动或建议等"。于
是，美国农地信托组织（AFT）与自然资源保护署（NRCS）和全国农业
图书馆合作，建立了一个农地信息中心，以便向联邦、州和地方政府官
员、农地专业人士、农场主和牧场主、农业组织以及相关公民提供方便
的农地信息。②到1996年，土地和场地评估制度（LESA）已经在30多个
州得到了实施，而且还有220个县和市镇法人将该制度纳入其土地利用规
划和农地保护规划中。③

该法在随后的年代里不断得到补充与发展，比如，从1986年开始，
如果联邦某机构的项目直接或间接导致了农地开发，它还必须向自然资
源保护署（NRCS）的地方办事机构提交"农地保护评估表"（Farmland
Conversion Rating Form，AD - 1006）。从1994年开始，农业部还必须向国
会提交关于联邦计划和项目占用农地情况的报告。该法还要求自然资源
保护署（NRCS）向州和地方政府以及非营利组织提供技术援助，制订农
地保护计划。随后，该机构已经在每个县的地图上标出了重要的农地区

① Tom Daniels, Deborah Bowers, *Holding Our Ground*, pp. 76 – 77.
② American Farmland Trust: *Saving American Farmland*, p. xi.
③ Tom Daniels, Deborah Bowers, *Holding Our Ground*, p. 81.

域，以使地方政府能够有的放矢地保护优质农地。①然而，该法远没有
1977 年杰福兹参议员提出的《农地保护法》那样有力，因此，查尔斯·
利特尔称之为"只不过是我们起初提出法案的暗淡的影子而已"。②不仅如
此，该法并没有马上付诸实施，而是拖延了 13 年，直到 1994 年才制定出
具体的实施计划。③

在随后的年代里，联邦政府又通过了一系列农地保护法规，对于美
国农地的保护发挥积极的作用。比如在 1985 年通过的农场法（Farm Bill）
授权下，联邦政府制定了"保护区计划"（the Conservation Reserve Pro-
gram）。对于那些容易造成水土流失的耕地和环境敏感地带（比如河岸保
护带、野生动物栖息地和湿地等）的农场主，联邦政府提供休耕补贴。
由农业部的农场服务署（Farm Services Agency）向农场主提供技术援助。
该计划仅 1996 财政年度的开支就达 19.5 亿美元，10 年间保护土地达
3400 万英亩。④又如，1990 年的《未来农场法》（Farms for the Future Act）
授权联邦政府直接对州和地方政府发放贴息贷款，以购买农地的开发权。
各州可以在 5 年内每年向联邦政府借贷 1000 万美元，但各州要进行配套
拨款，联邦与州政府的资金比例为 2∶1。⑤佛蒙特州根据该法制定了一项总
体规划，1993—1995 年向联邦政府贷款 23548465 美元，购买农地开发权
达 4.4 万英亩。⑥

1996 年的《联邦农业改进和改革法》（Federal Agricultural Improve-
ment and Reform Act）是力度较大的一个联邦立法。该法授权在随后的 6
年内拨款 3500 万美元的配套资金，资助州和地方政府购买农地开发权，
州和地方政府与联邦政府资金各占一半。该法由自然资源保护署
（NRCS）负责实施。该法对于获得联邦资助的条件作出了某些限制：其
一，优质农地或特种农地，或其他生产土地；其二，面积要达到一定规

① Tom Daniels, Deborah Bowers, *Holding Our Ground*, pp. 76 – 77.

② Tim Lehman, "Public Values, Private Lands: Origins and Ironies of Farmland Preservation in
Congress," p. 271.

③ American Farmland Trust: *Saving American Farmland*, p. 20.

④ American Farmland Trust: *Saving American Farmland*, p. 6.

⑤ Tom Daniels, Deborah Bowers, *Holding Our Ground*, p. 82.

⑥ American Farmland Trust: *Saving American Farmland*, p. 20.

模，以维持农业生产；其三，能够接近市场，以便销售农产品，拥有充分的基础设施和农业服务设施；其四，周边土地有利于维护长期的农业生产。①该法的第一期拨款就达 14325000 美元，对 17 个州的 37 个农地计划进行了援助，大约有 76756 英亩土地得到保护。②

2002 年的《农场安全和乡村投资法》（the Farm Security and Rural Investment Act）是对 1996 年法的改进，新法在 1996 年法的"农场保护计划"（Farmland Protection Program，FPP）的基础之上，制订一个新的"农场和牧场保护计划"（the Farm and Ranch Lands Protection Program，FRPP）。新法将购买开发权的资助对象扩大到非营利组织，比如土地信托组织和土地捐献者。然而，在 2002 年农地保护法通过后，自然资源保护署（NRCS）通过了一系列行政细则，加强了对州和地方政府的控制，并与后者的农地保护计划发生冲突。比如，联邦立法的目标片面地强调保护表土，而州和地方政府的目标则是针对土地利用政策，保护农业经营和限制城市化。在地方政府的反对下，联邦政府又于 2008 年通过了《食品、资源保护和能源法》（the Food，Conservation and Energy Act）。该法放松了对地方政府的一些限制，不再强调表土保护，而以保护农地和自然资源为核心目标，从而与州和地方政府的政策措施更趋协调一致。③

自从 1996 年农地保护计划的实施到 2007 年下半年，"农场和牧场保护计划"（FRPP）已经拨款 5.36 亿美元，帮助购买了 2764 个农场和牧场的 53.3 万英亩的开发权，州和地方政府的配套资金达 8.56 亿美元，土地所有者捐献开发权达 2.15 亿美元。联邦资助主要集中于东北部，1996—2008 年，该地区的 11 个州获得了联邦"农场和牧场保护计划"拨款 6.21 亿美元中的 46.7%。在全国 49 个获得拨款的州中，前 10 位中有 7 个位于东北部，其他三个州是加州、科罗拉多州、肯塔基州。马萨诸塞州获得的资助最多，为 3990 万美元，购买开发权面积 11926 英亩；新泽

① Jeffrey Kline and Dennis Wichelns，"Public Preferences Regarding the Goals of Farmland Preservation Programs"，*Land Economics*，vol. 72，No. 4，Nov.，1996，p. 567.

② American Farmland Trust：*Saving American Farmland*，p. 21.

③ Alvin D. Sokolow，"Federal Policy for Preserving Farmland：The Farm and Ranch Lands Protection Program"，*Publius*，vol. 40，No. 2，Non – Metropolitan Policy and Governance，Spring 2010，pp. 243，246.

西州分别为 3390 万美元和 19499 英亩；佛蒙特州为 2480 万美元和 52095 英亩；特拉华州为 2180 万美元和 18191 英亩；马里兰州为 2090 万美元和 25791 英亩。①

  诚然，上述联邦计划保护了几十万英亩的农场和牧场，但按照美国城市开发每年占用上百万英亩的土地和几十万英亩的农地来看，这点成就简直是杯水车薪，无足轻重。根据美国农地信托组织（AFT）的一项报告，1982—1992 年，美国城市和郊区开发平均每年占用优质农地（prime farmland）约 40 万英亩，即每小时损失 45.7 英亩。此外，同期每年还丧失种植稀有作物和特种作物的特种农地 2.66 万英亩，即每小时 3 英亩以上。从另一个角度看，在此期间，美国通过各种农地保护措施，每保护一英亩的优质农地和特种农地，就有 3 英亩同类农地被大都市区开发所占用。②美国的农地保护之所以效果不佳，首先是因为联邦政府乃至各级政府政策力度有限，不能对宝贵的农地提供有力的保护。正如威廉·B. 霍纳彻夫斯基（William B. Honachefsky）所指出的，"美国是一片充满矛盾的地方，一个明显的例子就是这个国家对于农地的政策。一方面，直到最近以来，联邦政府一直鼓励，甚至资助将勉强可以接受的土地排干和改造为农业用地，其中包括湿地。与此同时，在这个国家的其他地方，优质农地正在被也许是永久地埋葬在数以英里计算的混凝土和柏油路之下，或者是埋葬于成千上万的居民住房和其他建筑物的地基之下。"③因此，最根本的解决方法应该是采取综合性措施，限制大都市区的空间蔓延。

  总之，城市是一种典型的耗散结构，它自身不能生产它所必需的生产生活资料，对农村和农业具有严重的依赖性。然而，美国大都市区的空间蔓延对农地和农业生产造成了严重的危害，从而引起了广泛的社会关注，并掀起了一场农地保护运动，民间组织、州和地方政府以及联邦

---

① Alvin D. Sokolow, "Federal Policy for Preserving Farmland: The Farm and Ranch Lands Protection Program", pp. 247–250.

② F. Kaid Benfield, Jutka Terris and Nancy Vorsanger, *Solving Sprawl: Models of Smart Growth in Communities across America*, p. 169.

③ William B. Honachefsky, P. P., P. L. S., Q. E. P., *Ecologically Based Municipal Land Use Planning*, Washington, D. C.: Lewis Publishers, 2000, p. 107.

政府纷纷采取了一系列政策措施对农地，特别是优质农地和特种农地加以保护。然而，由于各种经济、政治和社会文化的原因，比如，地产开发利益集团和农地所有者财产权运动对保护运动的抵制、强烈的自由与民主的政治文化氛围，以及联邦政府政策的犹疑不决甚至相互矛盾等，都不能从根本上遏制大都市区的空间蔓延，从而使美国民间组织和各级政府的农地保护措施如逆水行舟，效果不佳。

（本文作者系浙江师范大学历史系教授）

# 美国制造业城市转型
# 对黑人就业的负面影响*

## 韩　宇

黑人就业问题是长期困扰美国社会的痼疾，与其他族裔相比，黑人失业率更高、收入更低，这种情况迄今仍在继续。论及黑人就业问题的成因，最受我国学者关注的是美国社会长期存在的种族歧视和隔离。那么，为何在20世纪60年代美国从法律上结束了种族隔离和种族歧视制度之后，黑人的失业率和贫困率仍然高居不下？美国城市产业结构和空间结构的双重转型是一个不容忽视的重要原因。在以去工业化为核心的产业结构转型过程中，黑人的教育程度和劳动技能与劳动力市场需求不相匹配形成了技能错位（skill mismatch），在大量工作岗位从中心城市向郊区转移的空间结构转型过程中，黑人居住地和工作地点之间的地理差异产生了空间错位（space mismatch），二者对黑人就业都造成了极为不利的影响。① 东北部和中西部是美国制造业城市最集中的地区，中心城市汇聚了大量的黑人居民，而且经历了最剧烈的产业和空间转型，是考察制造业城市双重转型对黑人就业影响的最佳案例。

\* 本文系国家社会科学基金重大项目"20世纪世界城市化转型研究"（16ZDA139）、国家社会科学基金项目"战后美国制造业城市转型研究"（12BSS018）的阶段性成果。

① 美国著名社会学家威廉·威尔逊是技能错位和空间错位理论最具影响力的学者，相关著述参见 William J. Wilson, *The Truly Disadvantaged*, Chicago：University of Chicago Press, 1987；William J. Wilson, *When Work Disappears：The World of the New Urban Poor*, New York, N Y：Knopf, 1999。

# 一　美国制造业城市的双重转型

20 世纪后半期，特别是 70 年代之后，美国制造业城市经历了产业结构和空间结构的双重转型，也就是去工业化和郊区化。

去工业化最突出的表现是制造业就业人数的下降。虽然从全国范围看，美国制造业岗位数量的下滑是从 20 世纪 70 年代末开始的，实际上，东北部和中西部的制造业城市更早经历了制造业就业绝对数量的减少，在中心城市表现尤为突出。表 1 的统计数据显示了 1950—2000 年东北部和中西部 18 个主要制造业大都市区的中心城市制造业就业变化情况。在 20 世纪五六十年代，分别只有 4 个中心城市实现了制造业就业增长，其余全部下滑，而且下降幅度大多超过 10%。50 年代，布法罗、普罗维登斯、哈特福德的制造业岗位降幅在 20% 以上，底特律的降幅高达 35%。60 年代，制造业岗位降幅超过 20% 的城市包括费城、波士顿、匹兹堡、哈特福德和圣路易斯，其中哈特福德的降幅超过 30%。20 世纪七八十年代，美国制造业全面下滑，对制造业城市产生严重影响。1979—1984 年，美国制造业就业整体滑坡，以平均每年 1.58% 的速度下滑，其中，金属制造就业人数年均下降 3 个百分点，汽车业下降 3.1%，橡胶 5.2%，非电子机器（nonelectrical machinery）2.5%。[1]中西部是上述制造业部门最集中的地区，所受的打击尤为沉重，在 20 世纪 70 年代和 80 年代初，中西部在结构性和周期性调整的接连重击下，重工业收缩，制造业岗位锐减，许多工厂永久倒闭。在此期间美国全国减少的制造业岗位数量是 175 万，而大湖区减少了 100 万个制造业就业岗位。[2]表 1 的数据显示，在七八十年代的两个 10 年间，除了匹兹堡之外，17 个制造业城市的制造业就业岗位持续下滑，从整体上看，其严重程度超过五六十年代，而且呈持续恶化之势。70 年代，8 个城市降幅在 20% 以上，其中费城、匹兹堡、布法

---

① Daniel H. Garnick, "Local Area Economic Growth Patterns: A Comparison of the 1980s and Previous Decades," in Michael G. H. McGeary and Laurence E. Lynn ed., *Urban Change and Poverty*, Washington, D. C.: National Academy Press, 1988, p. 213.

② Daniel H. Garnick, "Local Area Economic Growth Patterns: A Comparison of the 1980s and Previous Decades," p. 213.

罗、底特律和圣路易斯等 6 个城市降幅超过 30%。80 年代，制造业岗位降幅超过 20% 的城市数量增加到了 14 个，其中 9 城市下降比重在 30% 以上。90 年代，部分城市制造业岗位严重流失的情况略有好转，但是整体下滑的大势并无改观。

表 1　　　　　　　1950—2000 年东北部和中西部主要制造业
大都市区中心城市制造业就业增长率　　　　单位：%

|  | 1950—1960 年 | 1960—1970 年 | 1970—1980 年 | 1980—1990 年 | 1990—2000 年 |
|---|---|---|---|---|---|
| 纽约 | 2.8 | −10.6 | −14.4 | −26.7 | −27.7 |
| 费城 | −11.1 | −20.2 | −32.1 | −32.1 | −35.8 |
| 波士顿 | −11.9 | −22.6 | −15.5 | −21.7 | −25.4 |
| 匹兹堡 | 18.9 | −22.3 | −33.8 | 51 | −33.8 |
| 布法罗 | −27.3 | −7.9 | −33.9 | −39.3 | −25.8 |
| 普罗维登斯 | −20.2 | −7 | −4.5 | −19.9 | −20.6 |
| 罗切斯特 | −18.3 | 19.6 | −20.2 | −27.7 | −30.3 |
| 哈特福德 | −21.3 | −33.6 | −4.5 | −37 | −40 |
| 芝加哥 | −15.6 | −12.6 | −18.6 | −31.5 | −23.4 |
| 底特律 | −35 | −7.8 | −39.3 | −39.1 | −6.2 |
| 圣路易斯 | −16.1 | −20.3 | −36.1 | −34.9 | −24 |
| 克利夫兰 | −18.3 | −16.4 | −27.5 | −40.7 | −19.1 |
| 明尼安纳波利斯 | 7.1 | 2.3 | −11.8 | −19.4 | −8.7 |
| 密尔沃基 | −12.4 | −10.6 | −8.4 | −32.5 | −19.2 |
| 辛辛那提 | −18.9 | −2.4 | −22.7 | −31.3 | −18.6 |
| 堪萨斯城 | −7.3 | −10.9 | −5 | −23.5 | −16.4 |
| 印第安纳波利斯 | −12.5 | 10.6 | −4.7 | −23 | −3.4 |
| 哥伦布 | 13.2 | 4.4 | −5.9 | −13.7 | 0.4 |

资料来源：Michael J. Greenwood, *Migration and Economic Growth in the United States*：*National*, *Regional*, *and Metropolitan Perspectives*, New York：Academic Press, 1981, p. 124；U. S. Department of Housing and Urban Development。

与制造业岗位严重下滑形成鲜明对比的是服务业岗位的显著增长。这是二战后美国各地区的普遍趋势，东北部和中西部的制造业城市也是如此。20 世纪七八十年代，美国制造业城市的服务业部门增长迅速，为大都市区经济增长带来新的活力。在广义的服务业部门中，增长最突出的是金融和狭义服务业。80年代，纽约增加了41.5万个金融和服务业岗位，芝加哥增加了22万个新的服务业岗位，即使是整体就业表现较差的底特律也增加了5万个金融和服务业岗位，单企业服务部门几乎增加了2.5万个岗位。①

值得关注的是，1970—1990年，美国东北部和中西部制造业城市的白领服务业岗位显著增长。②表2的统计数据显示，无论从就业人数还是比重看，白领服务业在20世纪七八十年代显著增长。1970年，白领服务业已经是纽约和波士顿中心城市就业人数最多的部分，分别为117.2万和19.4万，占总就业人数比重为35%和42%，而费城和圣路易斯的白领服务业就业人数和比重均低于制造业。此后，白领服务业的就业人数和所占比重持续增长。到1980年，白领服务业在纽约和波士顿的比重增加到42%和50%，费城则增加了12个百分点，白领服务业岗位超过制造业，圣路易斯的白领服务业岗位与制造业岗位的差距进一步缩小。1990年，圣路易斯实现了反超，与其他三个城市一样，白领服务业成为最大的产业部门。

**表2    1970—1990年东北部和中西部主要大都市区中心城市就业情况**

| 中心城市/部门 | 1970年 | | 1980年 | | 1990年 | |
| --- | --- | --- | --- | --- | --- | --- |
| 纽约 | | | | | | |
| 就业总人数 | 3350 | 100% | 2883 | 100% | 3128 | 100% |
| 制造业 | 864 | 26 | 570 | 20 | 368 | 12 |
| 批发零售业 | 779 | 23 | 596 | 21 | 616 | 20 |
| 白领服务业 | 1172 | 35 | 1201 | 42 | 1607 | 51 |
| 蓝领服务业 | 424 | 13 | 388 | 13 | 398 | 13 |
| 其他 | 112 | 3 | 128 | 5 | 138 | 4 |

① Franklin J. James, "Urban Economies: Trends, Forces, and Implications for the President's National Urban Policy," *Cityscape*, vol. 1, No. 2, 1995, p. 74.

② 白领服务业指除去政府和批发零售业，半数以上雇员从事经营、管理、专业或者文员工作的服务业部门；蓝领服务业指除去政府和批发零售业，半数以下雇员从事经营、管理、专业或者文员工作的服务业部门。参见 John D. Kasarda, "Industrial Restructuring and the Changing Location of Jobs," in Reynolds Farley ed., *State of the Union: America in the 1990s, Volume 1: Economic Trends*, New York, NY: Russell Sage Foundation, 1995, p. 242。

续表

| 中心城市/部门 | 1970 年 | | 1980 年 | | 1990 年 | |
|---|---|---|---|---|---|---|
| **费城** | | | | | | |
| 就业总人数 | 772 | 100% | 630 | 100% | 611 | 100% |
| 制造业 | 257 | 33 | 145 | 23 | 85 | 14 |
| 批发零售业 | 180 | 23 | 134 | 21 | 135 | 22 |
| 白领服务业 | 220 | 29 | 259 | 41 | 302 | 49 |
| 蓝领服务业 | 81 | 11 | 64 | 10 | 63 | 10 |
| 其他 | 35 | 5 | 28 | 5 | 26 | 4 |
| **波士顿** | | | | | | |
| 就业总人数 | 465 | 100% | 439 | 100% | 509 | 100% |
| 制造业 | 84 | 18 | 57 | 13 | 36 | 7 |
| 批发零售业 | 111 | 24 | 82 | 19 | 82 | 16 |
| 白领服务业 | 194 | 42 | 219 | 50 | 296 | 58 |
| 蓝领服务业 | 55 | 12 | 59 | 13 | 66 | 13 |
| 其他 | 21 | 5 | 21 | 5 | 29 | 6 |
| **圣路易斯** | | | | | | |
| 就业总人数 | 376 | 100% | 286 | 100% | 257 | 100% |
| 制造业 | 133 | 35 | 88 | 31 | 51 | 20 |
| 批发零售业 | 89 | 24 | 61 | 21 | 58 | 23 |
| 白领服务业 | 96 | 26 | 82 | 29 | 97 | 38 |
| 蓝领服务业 | 44 | 12 | 41 | 14 | 40 | 16 |
| 其他 | 14 | 4 | 14 | 5 | 12 | 5 |

资料来源: John D. Kasarda, "Industrial Restructuring and the Changing Location of Jobs," in Reynolds Farley ed. , *State of the Union*: *America in the 1990s*, *Volume* 1: *Economic Trends* , New York, NY: Russell Sage Foundation, 1995, p. 242。

　　大量工作岗位从中心城市向郊区转移是美国制造业城市转型空间变化的核心内容。对郊区就业总体趋势的考察表明,在 20 世纪 70 年代中期,大都市就业平衡转移到了郊区,并且以每年约 1% 的速度分散,郊区的制造业就业率现已超过 70%,批发和零售业的比例接近 70%。[1]在贸易

---

　　[1] John D. Kasarda, "Industrial Restructuring and the Changing Location of Jobs," p. 235.

和狭义服务业的显著扩张的带动下，东北部和中西部郊区的就业增长十分强劲。例如，1977—1987 年，纽约市郊区增加了 47.2 万个工作岗位，芝加哥增加了 25.6 万，费城增加了 24.9 万个，底特律增加了 23.2 万个。①

1970—2000 年，东北部和中西部主要大都市区的制造业和批发零售业工作岗位在郊区持续增加，郊区已经成为这两个部门最集中的地点。根据美国住房与城市发展部（U. S. Department of Housing and Urban Development）网站提供的统计数据，1970 年，郊区已经是东北部和中西部大都市区制造业的大本营，除了密尔沃基和印第安纳波利斯，制造业在郊区的比重均在 50% 以上。30 年间，郊区制造业占大都市区总就业的比重持续增加。波士顿是郊区制造业比重较高的城市，1970 年已经达到 79%，之后在 1980 年为 82%，1990 年为 83%，2000 年达到 84%。郊区制造业比重上升较为显著的大都市区有如下城市：费城从 1970 年的 65%，1980 年的 74%，1990 年的 78%，上升到 2000 年的 82%；密尔沃基从 1970 年的 46%，1980 年的 53%，1990 年的 59%，增至 2000 年的 70%。增幅较小的大都市区中，纽约从 1970 年的 59%，1980 年的 61%，1990 年的 63%，上升到 2000 年的 65%；芝加哥从 1970 年的 51%，1980 年的 58%，1990 年的 62%，增长到 2000 年的 66%；底特律从 1970 年的 52%，1980 年的 61%，1990 年的 67%，达到 2000 年的 69%；辛辛那提从 1970 年的 60%，1980 年的 64%，1990 年和 2000 年的 66%。到 2000 年，制造业城市郊区的制造业比重普遍在 60% 以上，只有印第安纳波利斯是唯一的例外。费城、波士顿、匹兹堡、圣路易斯、克利夫兰和扬斯敦的制造业比重都超过了 80%。批发零售业在郊区的增长与制造业基本一致。30 年的持续增长之后，到 2000 年多数郊区的批发零售业就业比重超过 80%，在 80% 以下的城市包括芝加哥（65%）、底特律（68%）、密尔沃基（61%）、辛辛那提（67%），实际上，上述大都市区郊区批发零售业就业比重均超过了 60%，比重不到 50% 的仅有印第安纳波利斯（48%）。

美国制造业城市的双重转型对黑人就业产生了严重影响，下面从产业结构变化造成的技能错位与空间结构变化造成的空间错位加以考察。

---

① John D. Kasarda, "Industrial Restructuring and the Changing Location of Jobs," p. 235.

## 二 制造业城市产业结构转型与黑人的技能错位

如上所述，美国制造业城市经济转型的核心内容是制造业的衰落和服务业的兴起，二者对受教育程度较低的黑人劳动力均产生了严重的负面影响。制造业城市的制造业部门提供了大量的工作岗位，这些岗位工资水平较高，而且对从业者的教育水平要求较低。事实上，具有高中教育程度的劳动力，即可从制造业部门中得到能够支付购房款和子女大学教育费用，并提供医疗保险和退休金等福利待遇的就业岗位。直到 20 世纪 70 年代末，即使没有接受大学以上的教育，也可在美国享受中产阶级的生活水平。随着中心城市制造业的持续衰落，制造业工作岗位大量流失，教育程度较低的黑人劳动力的就业机会大幅缩减。因为大约 50% 的高工资蓝领就业岗位来自制造业，黑人的收入也随之降低。[1] 虽然服务业的迅速兴起在中心城市创造了众多就业岗位，低技能劳动者并未从中受益。如前所述，白领服务业是制造业城市增长最快的服务业部门，这些部门提供的是高薪工作，但是这些岗位对从业者的教育水平和技能要求更高。这就产生了黑人的教育程度和劳动技能与劳动力市场需求不相匹配的技能错位。

一个值得关注的现象是，计算机等信息技术的普及应用，使教育程度较低的劳动力处境更为不利。20 世纪 80 年代，计算机在工作中的使用出现了前所未有的增长。[2]随着计算机价格的大幅下降，使用计算机的企业数量激增。1984 年只有不到 10% 的企业拥有计算机，而 1989 年这一比重超过 35%。[3] 从制造业城市使用计算机工人的比重看，1984—1989 年，东北部从 25.5% 上升至 38%，中西部从 23.4% 增加到 36%。[4]即使是快

---

① Maury B. Gittleman and David R. Howell, "Job Quality and Labor Market Segmentation in the 1980s: A New Perspective on the Effects of Employment Restructuring by Race and Gender," Working Paper No. 82, Annandale-on-Hudson, N Y: Bard College, The Jerome Levy Economic Institute, March 1993, p. 19.

② 计算机的使用定义广泛，包括编程、文字处理、电子邮件、计算机辅助设计等。

③ Statistical Abstract of the United States, 1990, p. 951.

④ Alan B. Krueger, "How Computers have Changed the Wage Structure: Evidence from Micro data, 1984–1989," *Quarterly Journal of Economics*, vol. 108, No. 1, 1993, p. 36.

餐业这样的低端服务业部门也普遍使用计算机，低技能劳动力的就业难度加大。可以发现，制造业城市所提供的工作岗位因技术进步发生了重大变化，随着计算机和互联网等信息技术的广泛应用，对劳动力的教育程度提出了更高的要求。受过良好教育的工人可以努力跟上技术变革，但教育程度较低的低技能工人却面临日益增长的失业威胁。

1970—1980 年，从东北部和中西部主要中心城市不同教育水平从业人员的就业变化看，教育程度较低劳动力的工作岗位降幅最大。根据约翰·卡萨达提供的数据，在波士顿、芝加哥、克利夫兰、底特律、纽约和费城，高中以下学历从业者数量在 10 年间大量下降，降幅均在 40% 以上，从绝对数量上看，纽约和芝加哥分别减少了 44 万和 21 万，费城和底特律各减少 14 万和 11 万左右。高中学历的从业者数量也显著减少，下降幅度均超过 10%，降幅最大的波士顿和底特律接近 30%。与此同时，东北部和中西部中心城市接受过高等教育从业者的工作岗位大幅增加。1970—1980 年上述城市的大学学历工作岗位增幅都超过了 30%，增幅最大的波士顿达到 71%。将大学肄业和毕业的工作岗位相加，纽约和芝加哥在 10 年间接受过高等教育从业者的工作岗位分别增加了 50 万和20 万。[①]

从上述数据不难得出这样的结论，美国制造业城市转型过程中，中心城市需要较高学历的工作岗位迅速增长，而需要较低教育水平的工作急剧下降，中心城市就业人员的教育构成发生重大变化。

很明显，上述趋势往往有利于高学历或高技能从业者，但对非熟练工人而言，则面临着严重的技能错位，失业威胁日益加剧。对低技能劳动力需求的急剧下降对黑人尤为不利，这是因为黑人教育程度普遍较低，在低技能工作中的比例比白人高得多。由于美国社会长期存在的种族歧视和隔离政策，黑人受教育程度远远低于白人。虽然美国在 20 世纪 60 年代从法律上彻底结束了种族隔离和种族歧视制度，黑人城市居民的整体教育程度在 70 年代有所改善，黑人教育水平低这一现象依然长期存在，即使在东北部和中西部也是如此。约翰·卡萨达对 1980 年巴尔的摩、波

---

① John D. Kasarda, "Urban Industrial Transition and the Underclass," *The Annals of the American Academy of Political and Social Science*, vol. 501, No. 1, 1989, p. 31.

士顿、芝加哥、克利夫兰、底特律、圣路易斯、纽约、费城、华盛顿特区 9 个中心城市 16—64 岁男性黑人的考察中发现，黑人劳动力在高中以下教育程度的组别最为集中，在大学教育程度组别中比例极低。表 3 的统计数据显示，在上述中心城市中，除了波士顿（35.4%）和纽约（39.3%），教育水平在高中以下的黑人男性居民比重均超过 40%，而在失业的黑人男性居民中，这一比重更高，除去波士顿（47.6%），所有城市的比重均高于 50%。其中，费城和圣路易斯没有完成高中教育的黑人男性失业者的比重在 60% 以上。而在拥有大学文凭的高素质劳动力中，黑人居民的比重均低于 10%。

表3　　　　　　1980 年美国制造业城市黑人男性劳动力教育程度　　　　单位:%

| 中心城市 | 高中以下 | 高中 | 大学肄业 | 大学毕业 |
|---|---|---|---|---|
| 波士顿 | | | | |
| 黑人男性居民 | 54.4 | 26.9 | 14.2 | 4.4 |
| 无业黑人男性居民 | 67.5 | 20 | 10.4 | 2.1 |
| 芝加哥 | | | | |
| 黑人男性居民 | 44.7 | 29.2 | 19.6 | 6.6 |
| 无业黑人男性居民 | 58.1 | 26.6 | 12.8 | 2.5 |
| 克利夫兰 | | | | |
| 黑人男性居民 | 46.4 | 34.1 | 15.1 | 4.4 |
| 无业黑人男性居民 | 56.7 | 30.8 | 11 | 1.5 |
| 底特律 | | | | |
| 黑人男性居民 | 43.3 | 30.5 | 20.3 | 5.9 |
| 无业黑人男性居民 | 56.1 | 28.9 | 13.6 | 1.3 |
| 纽约 | | | | |
| 黑人男性居民 | 39.3 | 33.2 | 18.8 | 8.7 |
| 无业黑人男性居民 | 52.5 | 28.3 | 14.9 | 4.4 |
| 费城 | | | | |
| 黑人男性居民 | 46 | 35.1 | 13.3 | 5.6 |
| 无业黑人男性居民 | 60.1 | 28.8 | 9.2 | 1.9 |

| 中心城市 | 高中以下 | 高中 | 大学肄业 | 大学毕业 |
|---|---|---|---|---|
| 圣路易斯 | | | | |
| 黑人男性居民 | 50.9 | 28.1 | 15.5 | 5.5 |
| 无业黑人男性居民 | 63.8 | 24.7 | 9.3 | 2.2 |

资料来源：John D. Kasarda, "Urban Industrial Transition and the Underclass," *The Annals of the American Academy of Political and Social Science*, vol. 501, 1989, p. 32。

很明显，黑人教育水平状况严重制约了就业能力，大多数黑人不具备参与工作岗位迅速增长部门所要求的教育程度，在失业黑人群体中的差距尤为突出，这是以城市经济发展为基础的政策在减少城市黑人失业方面收效甚微的重要原因。[1]

美国制造业城市经济转型对教育程度低黑人就业状况的负面影响十分严重。约翰·邦德（John Bound）和哈利·霍尔泽（Harry Holzer）利用 1970 年和 1980 年人口统计署数据，考察了 52 个黑人数量最多的大都市区产业转型对黑人就业状况的影响，发现制造业下降导致黑人高中辍学者就业人数大约减少了一半。[2]根据约翰·卡萨达的统计，1950—1970 年，纽约、费城和圣路易斯未完成 12 年教育的黑人就业人数都有相当大的增长，遍及纽约和费城的制造业和主要服务业部门，圣路易斯除了制造业部门，主要的服务业部门中教育程度较低的黑人工作岗位都在增加。然而，从 1970—1980 年这种增长态势急转直下，三个城市的制造业和贸易、生产服务业、消费服务业和政府等主要服务业部门教育程度较低的黑人工作岗位全面下滑。制造业部门最为严重，纽约减少近 3 万个，费城减少 2 万个，圣路易斯减少近 7500 个。经济转型使制造业城市教育程度较低的黑人从业者失去了大量的就业机会，加速了该群体失业人数的增长。1970—1980 年，没有高中学历黑人的失业率大幅攀升，纽约从 28.2% 上升到 43.9%，费城从 26.7% 上升到 50.6%，圣路易斯从 31.8%

---

[1]  John D. Kasarda, "Urban Industrial Transition and the Underclass," p. 35.

[2]  John Bound and Harry J. Holzer, "Industrial Shifts, Skills Levels, and the Labor Market for White and Black Males," *The Review of Economics and Statistics*, vol. 75, No. 3, 1993, p. 395.

上升到48.4%。①正如美国著名社会学学者威廉·威尔逊所言，需求方面的变化对那些在主流经济中处于边缘地位的低技能工人来说尤其是毁灭性的，即使在经济转型之前，低技能的非洲裔美国人也处于就业线的末端，往往是最后一个被雇用、第一个被解雇的人。②

需要指出的是，与黑人女性相比，黑人男性受经济转型影响更大。大多数对受教育程度和工作经验要求较低的就业岗位都分布在低端服务部门，比如服务员、售货员和护士助手等，此类就业机会中女性更具优势。黑人男子的就业困境不仅来自性别和教育程度上的劣势，在需要与顾客直接打交道的服务部门，雇主往往不愿雇用喜欢拉帮结派且让顾客心存忌惮的黑人青年，这是他们过去在工厂和建筑工地从事体力劳动时无须面对的问题。因此，黑人男性在服务业部门就业面临着很大的困难。③

## 三　制造业城市空间结构转型与黑人的空间错位

中心城市一直是黑人最集中的居住地，而制造业城市空间结构转型过程中，大量工作岗位从中心城市转移到郊区，形成了居住地和工作场所的空间错位，对黑人的就业产生了极为不利的影响。

自20世纪初黑人第一次大迁移开始，东北部和中西部一直是从南部北迁黑人的主要目的地，而能够提供大量就业机会的制造业中心城市成为黑人的聚居之所。1950年在东北部和中西部17个主要中心城市共有317万黑人，占美国黑人人口总数的21.1%，1960年这些中心城市黑人达到482万，占全国黑人人口的25.6%，到1970年，17个城市的黑人人口增加了1倍多，达到642万人，占全国黑人总人口的28.4%。④东北部

---

① John D. Kasarda, "Urban Industrial Transition and the Underclass," p. 37.

② William Julius Wilson, *The Bridge Over the Racial Divide: Rising Inequality and Coalition Politics*, Berkeley: University of California Press, 1999, p. 47.

③ William Julius Wilson, "Being Poor, Black, and American: The Impact of Political, Economic, and Cultural Forces," *American Educator*, vol. 35, No. 1, 2011, p. 19.

④ John F. McDonald, *Urban America: Growth, Crisis, and Rebirth*, Armonk, N Y: M. E. Sharpe, 2008, pp. 105 – 106.

和中西部中心城市的黑人人口主要集中在纽约、芝加哥、费城、底特律、圣路易斯、克利夫兰、华盛顿特区和巴尔的摩等城市。

事实上，在大都市区内，黑人在中心城市的集中程度非常高。1970年，东北部和中西部17个主要大都市区中，82.5%的黑人居住在中心城市，其中，芝加哥、底特律、波士顿、克利夫兰、巴尔的摩、布法罗和辛辛那提的比重在80%—90%，而明尼安纳波利斯—圣保罗、密尔沃基、印第安纳波利斯和哥伦布的比重更是超过90%。[1]尽管在20世纪70年代美国黑人开始了郊区化的进程，但移出中心城市的黑人数量远低于白人，到1980年，黑人的大都市区人口中仍有72%分布在中心城市。[2]据《密尔沃基日报》1976年进行的调查估计，密尔沃基县的18个郊区只有1200名黑人居住，还有850名黑人居住在该县周边的16个郊区。[3]

黑人郊区化速度缓慢，主要是因为限制黑人进入白人聚居郊区的种种障碍所致。白人居民的种种排斥行为是黑人移入郊区的重要障碍。一些白人郊区的居民使用暴力和恐吓手段来阻止黑人迁入，比如，底特律出现了200多起针对迁入白人社区黑人的骚扰、大规模示威、纠察、焚烧假像、砸玻璃、纵火、破坏和人身攻击。[4]郊区的社区组织积极维护居住隔离，默许甚至组织对有意迁入黑人的恐吓活动。事实上，在1968年联邦立法通过之前，许多州的房地产经纪人、银行、住房开发商采取多种手段引导黑人远离白人社区，或拒绝向黑人家庭出售或出租房产。1968年《公平住房法》通过后，房地产交易中直接拒绝向黑人出租或出售住房的情况已不多见，但是，黑人在郊区购买或者建造住房仍然困难重重。郊区通过分区条例和建筑法规限制当地土地的使用，许多郊区将多户住宅排除在外，或确定地块规模的门槛，上述两种做法都抬高了进入郊区的门槛，对黑人极为不利。黑人还面临着需要在白人郊区购买单一家庭

---

① John F. McDonald, *Urban America: Growth, Crisis, and Rebirth*, p. 108.

② Leah Platt Boustan, "Was postwar suburbanization 'white flight'? Evidence from the black migration," *The Quarterly Journal of Economics*, vol. 125, No. 1, 2010, p. 417.

③ Lois M. Quinn, Michael G. Barndt and Diane s. Pollard, "Relationships between School Desegregation and Government Housing Programs: A Milwaukee Case Study," National Institute of Education, December 1980, p. 5.

④ Thomas J. Sugrue, *The Origins of the Urban Crisis: Race and Inequality in Postwar Detroit*, Princeton, N J: Princeton University Press, 1996, p. 233.

住房所需的抵押贷款的障碍。郊区的大部分住房都是业主拥有，而黑人家庭难以获得购买白人地区住房的贷款。20 世纪 60 年代对芝加哥 241 个白人储蓄和贷款机构进行的调查显示，只有一家机构向在白人社区购买住房的黑人家庭提供抵押贷款；141 家商业银行和 229 家保险公司表示拒绝向黑人购房者提供传统的抵押贷款。[1]收入普遍较低的黑人无力购买郊区较为昂贵的独栋住宅，而黑人自建住房也面临很大的困难，联邦住房管理局经常拒绝向黑人建房者提供贷款。[2] 正是由于上述原因，虽然随着郊区化进程的加速，越来越多的工作岗位移至郊区，大多数的黑人仍然集中在中心城市。

在东北部和中西部的许多制造业大都市区，大量的工作岗位分布在距离中心商务区较远的地点。在芝加哥、费城、克利夫兰、纽瓦克、辛辛那提、哈特福德、扬斯敦等大都市区，距离中心商务区 3 英里之内的工作岗位比重只有 10%—20%，距离中心商务区 10 英里之内的工作岗位不到 60%。就业分散状况最严重的是底特律和圣路易斯，这两个大都市区距离中心商务区 3 英里之内的工作岗位比例均低于 10%，底特律仅为 5%，事实上，底特律 78% 的就业岗位分布在距离中心商务区 10 英里之外的地区。[3]尤其值得关注的是，黑人能够胜任的对技能要求较低的工作岗位主要分布在郊区。比如，在克利夫兰，80% 的入门级工作位于郊区。[4]在波士顿大都市区快速增长的地区，只有 14% 的入门级工作可以在不到一小时内的公共交通到达。[5]

居住地点和就业场所在空间上的分离似乎并非不可克服的障碍，很

---

① Arnold R. Hirsch, *Making the Second Ghetto: Race and Housing in Chicago: 1940 – 1960*, Chicago, IL: University of Chicago, 1983, p. 31.

② Thomas J. Sugrue, *The Origins of the Urban Crisis: Race and Inequality in Postwar Detroit*, p. 44.

③ Edward L. Glaeser, Matthew Kahn and Chenghuan Chu," Job Sprawl: Employment Location in U. S. Metropolitan Areas," The Brookings Institution, Survey Series, May 2001, p. 5.

④ Radhika K. Fox and Sarah Treuhaft, *Shared Prosperity, Stronger Regions: An Agenda for Rebuilding America's Older Core Cities*, Oakland, CA: Report prepared for PolicyLink and the Community Development Partnerships' Network, 2006, p. 35.

⑤ U. S. Department of Housing and Urban Development, *The State of Cities: 1999*, Washington, DC: Government Printing Office, June 1999, p. 21.

多在郊区居住的白人都是自驾前往位于市区或者其他郊区的工作地点。但是，对于多数居住在中心城市的黑人而言，到郊区上班的确是难以承受的沉重负担。经济收入有限的黑人无法支付私家汽车的各项开销，失业者尤为如此。威廉·威尔逊主持的"城市贫困和家庭生活研究"（The Urban Poverty and Family Life Study）项目对中心城市黑人的调查发现，接受调查的失业者当中，只有28%的人使用汽车，而在居住在隔都区的受访者拥有汽车的比例仅为18%；一位接受调查的32岁黑人失业者表示，"没有足够的工作。我认为芝加哥是唯一一个没有很多机会的城市。没有足够的工厂，没有足够的工作。大多数好的工作都在郊区。有时城市里的人很难到郊区去，因为每个人都没有车。每个人都不开车。"①即使拥有私家车，很多黑人支付不起从居住地到郊区往返的汽油费。

在这种情况下，公共交通成了大多数在中心城市居住的黑人到郊区就业的唯一选择。然而，公共交通的运营需要一定的人口规模和密度支撑，低密度蔓延的郊区不利于公交系统的运行。②因此，在大多数情况下，黑人难以搭乘公交方便快捷地抵达郊区的工作岗位。这种情况在威尔逊对黑人失业者的访谈内容中可见一斑。一位居住在芝加哥南区的29岁失业黑人男子在接受调查时表示居住地缺乏工作机会，"你得去郊外，但我不能出去。公共汽车可以出去，但是你不想赶公共汽车出去，往返都要两个小时。如果你必须在八点钟上班，那么你必须在六点前离开住处，这意味着你必须五点起床，才能在八点赶到。冬天到来时，你会遇到麻烦。"另一位18岁的失业黑人男子表示，"他们很可能在郊区招聘。最近，我想大约两年前，我有一个工作机会，但他们说我需要交通工具，还说郊区的公共汽车在特定时间运行。所以我不得不拒绝这个工作，因为我没有交通工具。"事实上，一名来自芝加哥西区的36岁黑人失业者因为交通问题而辞去了他的郊区工作，"在内珀维尔（注：芝加哥的一个郊区）工作成本更高，交通费用还有所有的支出，这不值得……我花在

---

① William Julius Wilson, *When Work Disappears: The World of the New Urban Poor*, New York, N Y: Knopf, 1999, p. 39.

② 孙群郎：《当代美国大都市区的空间结构特征与交通困境》，《世界历史》2009年第5期，第20页。

路费上的钱比我挣的还多。"①另一项研究表明，长距离通勤导致就业成本的增加，从而导致了更多的黑人陷入失业境地。②

空间错位对黑人就业的负面影响从多项实证研究中得到证实。最早的对空间错位理论的验证，来自 1968 年哈佛大学经济学教授约翰·凯恩（John Kain）对底特律和芝加哥两个中西部大都市区进行的考察。该研究对 1952 年和 1956 年底特律和芝加哥黑人工人的工作场所和居住数据的计量分析，指出这些住房市场中的种族歧视及其产生的对美国黑人家庭居住选择严重限制影响了就业的空间分布，黑人就业比例低与工作岗位远离贫民区之间有着密切的关系。据估算，对居住选择的限制使底特律的黑人失去了 9000 个工作岗位，芝加哥的黑人失去了多达 24600 个工作岗位，而就业岗位进一步分散将导致更多的失业。③

另一项颇具说服力的研究是针对迁往郊区与留在中心城市的黑人就业状况的对比。该研究的对象是美国公共住房政策史上著名的高特里克斯住房项目（Gautreaux Assisted Housing Program）。高特里克斯住房项目是针对芝加哥公共住房项目中存在的种族歧视而采取的举措，1976 年，该项目将 3900 多个黑人低收入家庭从中心城市的公共住房迁往芝加哥大都市区的私人住房。其中一半以上的家庭迁移到了郊区，其余的家庭留在中心城市。高特里克斯住房项目为验证空间错位理论提供了极佳案例，芝加哥西北大学的两位学者将迁至郊区的黑人与留在中心城市黑人的就业经历进行了比较。研究发现，在曾经有过工作经历的受访者当中，搬到郊区的人中有 73.6% 找到了工作，在中心城市居住的人就业比重为 64.6%；在那些没有工作经历的人当中，搬到郊区之后 46% 的人找到了工作，而留在中心城市的人找到工作的比例仅有 30%。受访者明确表示郊区提供了数量更多的工作岗位，这是他们更容易在那儿找到工作的主要原因。④

---

① William Julius Wilson, *When Work Disappears*: *The World of the New Urban Poor*, p. 40.

② Roberto M. Fernandez, "Race, Space, and Job Accessibility: Evidence from a Plant Relocation," *Economic Geography*, vol. 70, No. 4, 1994, p. 390.

③ John F. Kain, "Housing Segregation, Negro Employment, and Metropolitan Decentralization," *The Quarterly Journal of Economics*, vol. 82, No. 2, 1968, pp. 175 – 197.

④ James E. Rosenbaum and Susan J. Popkin, "Employment and Earnings of Low-Income Blacks Who Move to Middle-Class Suburbs," in Christopher Jencks and Paul E. Peterson eds., *The Urban Underclass*, Washington, D. C.: Brookings Institution, 1991, p. 352.

拥有黑人员工的企业从中心城市移至郊区，亦可对空间错位理论进行验证。罗伯特·费尔南德斯（Roberto M. Fernandez）考察了从密尔沃基中央商务区迁往郊区的一家食品加工厂的搬迁对工人造成的影响。这家工厂迁至郊区是出于设备大规模升级的需要，为了留住现有的员工，新址的选择力图减少对包括黑人在内所有工人的负面影响。尽管如此，工厂搬迁确实造成工人住所和工作地点之间的空间错位，黑人工人所受影响最大，就业机会严重恶化。当公司迁往郊区时，中心城市企业的黑人雇员也更有可能辞职。①

# 四　结语

综上所述，美国制造业城市的产业结构和空间结构转型所产生的技能错位和空间错位均对黑人就业造成了很大的负面影响。如果进一步剖析这种现象的成因，美国社会长久以来对黑人的种族歧视和隔离无疑是根源所在。技能错位的产生，乃黑人教育程度普遍较低所致；空间错位的出现，是因为黑人在中心城市聚居。而黑人之所以教育程度低、聚居于中心城市，长期的种族歧视和隔离是非常重要的原因，即便美国政府在法律上结束了种族隔离和种族歧视制度，其负面影响仍然长期存在。

（本文作者系厦门大学人文学院历史系教授）

---

① Roberto M. Fernandez, "Race, Space, and Job Accessibility: Evidence from a Plant Reloca-tion," *Economic Geography*, vol. 70, No. 4, 1994, pp. 390 – 416.

# 黑人回迁与美国南部种族隔离新模式

## ——以亚特兰大都市区为例

### 胡锦山

亚特兰大都市区拥有许多耀眼的头衔：因其强健的经济和不断增长的人口，它被称为"新南部首都"；① 它还被誉为"黑人美国的首都"，这是由于其郊区众多黑人中产阶级居民，以及亚特兰大作为黑人商业活动、政治领导和文化创新上的带头作用。②很多美国人认为亚特兰大是一个气候宜人，具有很多机会，可以找到理想工作，并拥有高质量生活的地方，因而自20世纪70年代以来亚特兰大吸引了大量生活在美国其他地区的人来到这里，其中包括许多几十年前父母或祖父母离开这个区域、出生在东部北和中西部的黑人。亚特兰大都市区非常典型地代表了20世纪后期以来的美国黑人人口的发展趋势——向南部迁移和郊区化，黑人向亚特兰大回迁与郊区化，也将美国中心城市的种族居住隔离模式蔓延到了郊区，进而削弱了中产阶级黑人通过拥有住房建立财富的能力，这种郊区居住空间隔离，导致黑人学生只能入学少数族裔学生占多数的公立学校。2000年在亚特兰大都市区内58%黑人学生在少数族裔占多数的

---

① Obie Clayton, Cynthia Hewitt, and Gregory Hall, "Atlanta and 'The Dream': Race, Ethnicity, and Recent Demographic and Socioeconomic Trends," *Past Trends and Future Prospects of the American City: The Dynamics of Atlanta*, ed. by David L. Sjoquist, Lanham: Lexington Books, 2009, pp. 219 –248.

② Richard Lloyd, "Urbanization and the Southern United States," *Annual Review of Sociology* 38, 2012, pp. 483 –506.

公立学校上学，到 2013 年，这一数字上升到 64%。① 这种种族隔离教育极大地损害了黑人学生的教育经历，对他们未来发展造成不利影响。

## 一 黑人回迁与亚特兰大

自 1970 年以来，美国人口普查局注意到了东北部和中西部非洲裔美国人向南部迁移现象，② 这一迁徙趋势在此后 40 年不断加强，生活在东北部和中西部的非洲裔美国人人口下降，2010 年生活在人口普查定义为南部的美国黑人占全部黑人人口的 57%，比 1970 年的 53% 上升了 4 个百分点。③这是黑人回迁的一个明确指标。现在出生在东北部迁回南部生活的黑人是 1970 年这一群体的 10 倍——总共超过 100 万。④截至 2010 年人口普查时，近 60% 的黑人人口生活在美国的十个州里，其中 6 个在南部，佛罗里达、佐治亚、得克萨斯和北卡罗来纳在过去十年中黑人人口增长超过 20%。⑤对黑人这种向南部的迁徙，美国学者冠以不同名称，如"回迁"（return migration）、"逆向迁移"（reverse migration）、"新的大迁徙"（new great migration）、"再迁徙"（remigration）等，称谓不同，但均表明 20 世纪 70 年代以来黑人向南部迁移的流向与规模，是与黑人此前的人口流动之间存在着强大的关联。本文采用"回迁"，以强调自 70 年代以来的黑人向南迁移中的社会文化和地理动力。

① John D. Barge, Georgia Special Needs Scholarship Program End of School Year Report 2012 – 2013 School Year, p. 6. 12 – 13 *Annual Rpt FTP* 112013. xlsx https：//gosa. georgia. gov/sites/gosa. georgia. gov/files/related _ files/document/2012 – 13 – Special – Needs – Scholarship – Annual – Report – 11 – 20 – 13. pdf. 2018 年 11 月 3 日下载。

② 美国人口普查定义的"南部"包括亚拉巴马、阿肯色、特拉华、哥伦比亚特区、佛罗里达、佐治亚、肯塔基、路易斯安那、马里兰、密西西比、北卡罗来纳、俄克拉荷马、南卡罗来纳、田纳西、得克萨斯、弗吉尼亚和西弗吉尼亚。

③ William H. Frey, "The 2010 Census：How Is America Changing?" *Urban Land* (2011), http：//www. frey – demographer. org/briefs/B – 2010 – 3_ ULJF11_ p34_ 36. pdf. 2017 年 11 月 25 日下载。

④ Sabrina Tavernise and Robert Gebeloff, Many U. S. Blacks Moving to South, Reversing Trend, " *The New York Times*, March 24, 2011. https：//www. nytimes. com/2011/03/25/us/25south. html. 2018 年 3 月 7 日下载。

⑤ "The Black Population：2010," Issued September 2011, https：//www. census. gov/prod/cen2010/briefs/c2010br – 06. pdf. 2019 年 1 月 2 日下载。

对于这次持续至今的黑人迁移运动，美国学者已进行了深入研究，如人口统计学家威廉·H. 弗雷（William H. Frey）在多篇文章中，根据美国人口普查局数据进行了人口统计研究，认为返回南部的移民首先是在1970年的人口普查中发现的，或者，利用居住史数据，以1965—1970年为标志，这一年段的人口普查数据显示，20世纪初开始的南部黑人大迁徙已告结束，因为黑人迁入南部的人数超过了迁出南部的人数，而且美国其他地区的黑人人口也相应在减少。这场黑人向南部迁徙运动最常指的是初始移民（出生在其他地区的人向南迁移），通常是中产阶级，他们到达南部的城市和郊区目的地。后来不断增长的证据支持弗雷的论断，黑人回迁/逆向迁移选择的是黑人群体中"出类拔萃之辈"。①社会学家拉里·亨特（Larry Hunt）、马修·亨特（Matthew Hunt）和威廉·福尔克（William Falk）的研究记述了黑人南迁的社会人口构成，明显不同于同期回迁白人的构成，黑人移民一般更年轻，受过更多教育，且有较大比例的女性。同样，他们发现，与发生在20世纪70年代以前的两次黑人大迁徙不同，早期迁移主体为相对没有受过教育的黑人，而回迁似乎不成比例地选择了受过更高教育的人，他们在南部不断扩张的区域经济中寻求新机会。虽然大迁徙——至少在早期阶段——是男性主导的（在后期阶段紧跟着来了大量妇女和家庭），但黑人回迁运动却包括较大比例的女性。而且，在大迁徙期间，几乎所有来自南部的黑人移入非南部的城市，近期黑人迁入南部在目的地上更多样化，大多数黑人移到南部的城市和郊区，也有少部分流向农村地区。另一个突出现象是，回迁南部黑人多为已婚者和/或有孩子的家庭，他们之所以回迁是发现了南部更"有利于家庭生活的"安排。②

---

① William H. Frey, "Census 2000 Shows Large Black Return to the South, Reinforcing the Region's 'White – Black' Demographic Profile." *Population Studies Center Research Report*, No. 01 – 473. *Ann Arbor, MI: University of Michigan*; "*The New Great Migration: Black Americans' Return to the South*, 1965 –2000," *Washington, D. C.: Brookings Institution, Living Cities Census Series*, 2004.

② Matthew O. Hunt, Larry L. Hunt, and William W. Falk, "Who Is Headed South? U. S. Migration Trends in Black and White, 1970 – 2000," *Social Forces*, 87（1）September 2008; "'Call to Home?' Race, Region, and Migration to the U. S. South, 1970 –2000," *Sociological Forum*, vol. 27 Issue 1, March 2012; "Twenty-First-Century Trends in Black Migration to the U. S. South: Demographic and Subjective Predictors," *Social Science Quarterly*, February 2013.

1970 年至今的黑人回迁显然说明，南部之外的城市中心（如北部和中西部城市），并没有成为第一次世界大战爆发后开始的第一次大迁徙和"二战"后第二次大迁徙参与者们的"希望之乡"。美国南部之外的其他地区曾吸引了 600 万黑人离开南部，但这些地区几十年间的发展变化，却为 20 世纪末黑人返回南部的"回迁"或"逆向迁移"做好了准备。

在这次黑人回迁运动中，亚特兰大是最为吸引黑人的南部城市之一。亚特兰大是美国南部佐治亚州首府，既是一座历史名城，也是一个新兴的工商业城市和金融文化中心。1970 年，亚特兰大都市区的人口数量位列全国第十五，2010 年上升为第九，① 超过了波士顿、底特律和旧金山这些大都市区的人口规模——而所有这些都市区迟至 2000 年时均比亚特兰大都市区的人口要多。② 亚特兰大也一直被赞誉为"黑人中产阶级的麦加"，③ 自 1990 年以来，亚特兰大都市区比美国任何其他大都市区迁入了更多的非洲裔美国人居民，同时，亚特兰大都市区的黑人人口增长，占到了自 2000 年以来美国一百个最大都市区所有黑人人口增长的大致 1/5。④ 2000 年，非洲裔美国人在所有亚特兰大都市区居民中占 28.7%，2010 年时上升到 32.4%，其非洲裔美国人口在美国大都市区中位居第三。⑤

---

① "State of Metropolitan America," Brookings Institution, http：//www. brookings. edu/about/programs/ metro/stateofmetroamerica. 2018 年 3 月 7 日下载。

② Frank Hobbs and Nicole Stoops, *Census* 2000 *Special Reports*：*Demographic Trends of the* 20*th Century*（Washington, D. C.：US Census Bureau, 2002）, http：//www. census. gov/prod/2002pubs/censr – 4. pdf. 2018. 3. 7.

③ Marshall Ingwerson, "Atlanta Becomes Mecca for Black Middle Class in America," *The Christian Science Monitor*, May 29, 1987, http：//www. csmonitor. com/1987/0529/amecca. html. 2018. 3. 7；David L. Sjoquist, "The Atlanta Paradox：Introduction," in *The Atlanta Paradox*, ed. David L. Sjoquist, New York City：Russell Sage Foundation, 2000, pp. 1 – 14.

④ William H. Frey, "The 2010 Census：How Is America Changing？" *Urban Land*, January/February 2011, http：//www. frey – demographer. org/briefs/B – 2010 – 3 _ ULJF11 _ p34 _ 36. pdf. 2018 年 4 月 10 日下载。

⑤ Steven G. Wilson, David A. Plane, Paul J. Mackun, Thomas R. Fischetti, and Justyna Goworowska, "Patterns of Metropolitan and Micropolitan Population Change：2000 to 2010（2010 Census Special Reports）," SUS Census Bureau, C2010SR – 01（Washington, D. C.：US Department of Commerce, Economics and Statistics Administration, and US Census Bureau, 2012）, http：//www. census. gov/library/publications/2012/dec/c2010sr – 01. html. 2018 年 4 月 10 日下载。

亚特兰大都市区的人口快速增长，得益于美国其他地方前往亚特兰大的移民。2000—2010 年，该都市区的国内净迁入数字是 41.28 万，十年间迁入该都市区的人口与 2010 年亚特兰大市总人口（42 万）大致相等。①这些迁移人口中，黑人占了相当大的比例。

在弗雷的 1965—1970 年黑人大都市人口增长最多的十大城市名单上，亚特兰大并未上榜，但在 1975—1980 年和 1985—1990 年的名单上亚特兰大均排名第二。自 1990 年以来，亚特兰大都市区更是经历了前所未有的黑人移民潮。1995—2000 年，亚特兰大以几乎是下一个最高城市达拉斯 3 倍人数的增长，再次领先于其他正在增长的大都市地区。其他黑人人口增长排名前列的南部大都市是夏洛特、奥兰多、诺福克—维吉尼亚海滩、罗利—达勒姆、华盛顿—巴尔的摩、孟菲斯和哥伦比亚特区。② 在这五年间，无论是黑人净人口增长，还是黑人回迁移民数量，亚特兰大都市区都超过了所有其他南部大都市区。

亚特兰大都市区的近期人口动态，反映了自 1970 年以来不断加速的美国人口向南部和西部移动的趋势，亚特兰大在 1990—2010 年经历了前所未有的人口移入，特别是年轻人。在这 20 年中，人口翻了一番，其中 2000—2006 年，亚特兰大每年平均增长超过 14.2 万人，带来 20% 的人口增长，使其成为美国人口增长最快的大都市区。③回迁参与者又有比南部居民平均更年轻、更高教育和收入水平的倾向。自 1970 年以来，该市虽然吸引了各个年龄段的移民，但尤其受到"年轻的且不满足的"人口，被确定为受过大学教育、年龄在 25—34 岁人群的青睐。1990—2000 年，亚特兰大这个年龄段人口以 46% 增长，比美国 20 个最受欢迎的都市区中的任何一个都要快。这些年轻移民中的许多人来自大都市纽约、洛杉矶和芝加哥，这些地方现在仍具有更大数量的"年轻且不满足"人口；然

---

① William H. Frey, "Diversity Spreads Out: Metropolitan Shifts in Hispanic, Asian, and Black Populations Since 2000," Washington, D. C.: Brookings Institution, 2006, http://www.brookings.edu/research/reports/2006/03/demographics-frey. 2018 年 4 月 10 日下载。

② Frey, "The New Great Migration," p. 5.

③ Atlanta Regional Housing 2010, 转引自 Miriam Simone Leshin, "The New Great Migration: Reinventing Race Relations in the New South?" thesis, The Honors College, Wesleyan University, April, 2010, p. 135。

而，亚特兰大正开始超越这些城市，1990 年到 2000 年，亚特兰大人口统计中增加了 8 万这个年龄段的移民，而同一个十年间，纽约仅增加了 3.5 万这个年龄段的移民。也许部分由于这个新的迁入，亚特兰大的青壮年比其他城市的同类人平均接受了更好的教育，36% 具有四年大学学历，而美国平均为 30%。①

黑人移民构成了这个"年轻且不满足"群体的极大部分。虽然美国非洲裔青壮年人口 20 世纪 90 年代减少了大约 6%，但亚特兰大的年轻黑人人口同期增长 36%。② 1995—2000 年，佐治亚州的黑人大学毕业生净移入人数居全国之首，其他更高教育水平的黑人人口均有增长。③ 这些个体和家庭涌入亚特兰大都市区，增加了该区域的黑人中产阶级。现在，亚特兰大都市区的黑人中产阶级比芝加哥都市区还要多，只低于纽约市和哥伦比亚特区。南部新的拉力（与前两次迁徙中促成黑人离开南部的推力截然不同），和东北部与中西部不断增强的推力——远非宽容和开放的种族环境、过度拥挤和越来越贫困破败的中心城市聚居区、去工业化后工作岗位的流失等，不断地减少这两个地区移民和居民的期望。④ 这种比较对照使南部一些地方，特别是佐治亚、佛罗里达、北卡罗来纳和得克萨斯，成为对生活在北部黑人极具吸引力的地方。⑤ 例如，佐治亚在 1940—1970 年黑人人口几乎没有变化，自 1970 年以来黑人人口已经增至近 3 倍；该州黑人人口 2000—2010 年增长到近 60.1 万人。⑥

---

① Atlanta Regional Housing 2010，转引自 Miriam Simone Leshin，"The New Great Migration: Reinventing Race Relations in the New South?" thesis, The Honors College, Wesleyan University, April, 2010, p. 135。

② Metro Atlanta Chamber 2007, Atlanta Regional Housing 2010，转引自 Miriam Simone Leshin, "The New Great Migration: Reinventing Race Relations in the New South?" thesis, The Honors College, Wesleyan University, April, 2010, p. 135。

③ Frey, "The New Great Migration," p. 9.

④ Rebecca Leung, "Going Home To The South," *CBS News*, June 12, 2003, http://www.cbsnews.com/ 8301 – 18560_ 162 – 558375. html. 2018 年 3 月 20 日下载。

⑤ Frey, *The New Great Migration*, p. 4.

⑥ Chris Kromm, "Black Belt Power: African Americans Come Back South, Change Political Landscape," *Race, Poverty & the Environment* 18, No. 2 (2011), p. 17, http://www.southernstudies. org/2011/09/black – power – african – americans – come – back – south – shake – up – southern – politics. html. 2018 年 3 月 20 日下载。

美国很多媒体追踪着这些从东北部和中西部城市回迁到亚特兰大的黑人，记录了回迁黑人现在向往的是什么："南部更好的工作和生活质量令人心动，本来就有一些无形的诱惑——家的感觉。"①回迁黑人觉得，"在南部会少一些生存上的竞争"，② 想要自己及其子女获得过上更好生活的机会。③ 弗雷更简洁地概括为回迁黑人看重的是"南部的经济增长和现代化，及种族关系的改善。"④

经济机会对所有黑人回迁移民群体都有共同的吸引力，他们在相对较低的生活成本和负担得起的住房（通常是郊区住房）的前提下，将亚特兰大视为就业机会的所在地，在这里更容易找到满意的工作。按照大都市会亚特兰大商会主席萨姆·A. 威廉姆斯（Sam A. Williams）的话，该市繁荣的机场，其在全国财富500强中第三高的集中率、该都市区研究大学及其宜人的气候，使这里在整个美国的城市地区突出醒目，亚特兰大成为"东南部的商业首都"。⑤ 2005年亚特兰大新增7万个工作岗位，2006年又增加了6万个岗位，使其在美国创造就业上名列第三。⑥该市被列为在商业上对黑人最好的五个美国城市之一，支持和发展扩大黑人商业和专业阶层。⑦2008年，亚特兰大—桑迪斯普林斯—玛丽埃塔（Atlanta-Sandy Springs-Marietta）大都市区现有独栋房屋中位数售价是14.95万美元，而在移民移出的很多北部大都市区中，这样房屋的售价要远高于这

---

① Hope Yen, "In a Reversal, More Blacks Moving Back to South," *Washington Times*, February 16, 2011. I, https://www.washingtontimes.com/news/2011/feb/16/in-a-reversal-more-blacks-moving-back-to-south/2018 年 3 月 20 日下载。

② Dan Bilefsky, "Many Black New Yorkers Are Moving to the South," *The New York Times*, June 21, 2011. https://www.nytimes.com/2011/06/22/nyregion/many-black-new-yorkers-are-moving-to-the-south.html. 2018 年 3 月 20 日下载。

③ Ibid; Rebecca Leung, "Going Home To The South," CBS News, June 12, 2003. https://www.cbsnews.com/news/going-home-to-the-south/; Tavernise and Gebeloff, "Many U. S. Blacks Moving to South, Reversing Trend," The New York Times, MARCH 24, 2011, 2018 年 3 月 7 日下载。

④ Frey, "The New Great Migration," p. 1.

⑤ Leshin, "The New Great Migration: Reinventing Race Relations in the New South?" thesis, p. 135.

⑥ Metro Atlanta Chamber of Commerce 2007, Ibid., p. 135.

⑦ Marshall Ingwerson, "Atlanta Becomes Mecca for Black Middle Class in America." https://www.csmonitor.com/1987/0529/amecca.html 2018 年 3 月 7 日下载。

个数字：芝加哥—内伯威尔—乔利埃特（Chicago – Naperville – Joliet）大
都市区每幢中位数售价是 24.56 万美元，纽约州的几个大都市区更是在
36.52 万美元和 49.43 万美元之间。① 2011 年，亚特兰大都市区黑人家庭
收入超过 10 万美元的总数位于全美第三（仅在纽约大都市区和哥伦比亚
特区大都市区之后，名列芝加哥大都市区之前）。8.33 万高收入黑人家庭
定居在亚特兰大都市区，比 2000 年增加了 5.10 万个高收入家庭。②亚特
兰大都市区在黑人房产拥有者数量上名列第二，仅次于纽约都市区。
2000—2011 年，亚特兰大都市区的黑人房产拥有者差不多增至 3 倍（从
11.08 万增加到 31.74 万），超过了芝加哥、华盛顿和费城的总和。③

　　许多移民在提及回迁原因时，会将亚特兰大的黑人传统大学和其他
高等教育机构作为他们做出迁徙决定的一个因素。亚特兰大 19 世纪后期
就形成了黑人教育中心，当时在北部传教士的帮助下，六所私立大
学——斯贝尔曼学院、莫尔豪斯学院、克拉克学院、亚特兰大大学、莫
里斯·布朗学院和派系间神学中心在世纪之交建立起来，共同组成了亚
特兰大大学中心。这些高等院校使亚特兰大大多数黑人受到良好的教
育。④ 这些机构有良好的声誉，并持续至今。斯贝尔曼在所有美国传统黑
人大学中位居榜首，莫尔豪斯名列第三。亚特兰大也是艾莫利大学、佐
治亚理工学院、佐治亚州立大学和其他高等学术机构的所在地。高等教
育机构的相对集中，有助于促进发展一个长期且受过教育的黑人中产阶
级，到 20 世纪 40 年代，亚特兰大已成为黑人商业和高等教育的中心，拥
有"前所未有规模"的黑人中产阶级。⑤ 1945 年，亚特兰大黑人拥有企业

① *National Association of Realtors*, *2010 Annual Report*, http：//archive. realtor. org/article/na-
tional – association – realtors% C2% AE – 2010 – annual – report. 转引自 Leshin，"The New Great Mi-
gration：Reinventing Race Relations in the New South？" p. 136，Note 102。

② American Community Survey, Table B19001B，"Household Income in the Past 12 Months，"
2007 – 2011 American Community Survey 5 – Year Estimates，https：//www. census. gov/newsroom/re-
leases/archives/news_ conferences/20121203_ acs5yr. html. 2018 年 3 月 7 日下载。

③ American Community Survey, Table P151B，"Household Income in 1999，" Census 2000 Sum-
mary File 3（SF 3）. 2018 年 3 月 7 日下载。

④ Ronald H. Bayor, *Race and the Shaping of Twentieth-Century Atlanta*，Chapel Hill：The Uni-
versity of North Carolina Press，1996，pp. 7 – 11。

⑤ Andrew Wiese, *Places of Their Own*：*African American Suburbanization in the Twentieth Centu-
ry*，The University of Chicago Press，2004，p. 174.

合计净值约达 3 千万美元。①许多黑人专业人士生活或工作在靠近亚特兰大大学的"博士街道"或奥伯恩大街上，奥伯恩大街也以"甜蜜奥伯恩"著称。这是一个将黑人中产阶级住宅与黑人金融机构连在一起的一个居住和商业邻里。②《财富》（Fortune）杂志将甜蜜奥伯恩称为"世界上最富黑人街道"。③

　　虽然亚特兰大和美国其他地方一样，存在处处可见的种族和社会经济不平等，但其所以成为许多回迁移民最受欢迎的目的地，也因相较南部其他大都市，亚特兰大历史上一直因其种族关系较为和谐而广受赞誉，是一个"新南部的标志"。④19 世纪末南部白人至上甚嚣尘上，种族主义压制着黑人的方方面面，1895 年黑人领袖布克·T. 华盛顿（Booker T. Washington）在此就种族关系发表了《亚特兰大宣言》，他所倡导的种族妥协也得到了白人的支持，使这一时期亚特兰大的黑人和白人曾一度和平共处。1897—1910 年，另一著名黑人领袖 W. E. B. 杜波依斯（W. E. B. Dubois）受聘为亚特兰大大学社会学和历史学教授，他主持了该校的城市黑人大会和黑人研究项目。在他的指导下，亚特兰大大学对黑人进行了一系列研究，并出版了研究成果。1949 年亚特兰大黑人选民联盟成立，致力于鼓动黑人政治参与并改善种族关系。亚特兰大还是黑人民权领袖小马丁·路德·金（Martin Luther King, Jr.）博士和顽固地赞成种族隔离分子莱斯特·马多克斯（Lester Maddox）的家乡，这两人同时存在更印证了"以地理、文化和历史为特征存在两个亚特兰大，一个是白人的，另一个是黑人的"。⑤1974 年，亚特兰大选出了第一个黑人市长梅纳德·杰克逊（Maynard Jackson），以后的市长也大都是黑人。相比其他南部城市，亚特兰大的种族关系一直相对融合，成为一个在"一片愚昧的干旱荒漠"里的"绿洲"和"太热闹、无法仇恨的城市"。⑥亚

① Kevin Kruse, *White Flight*: *Atlanta and the Making of Modern Conservatism*, Princeton: Princeton University Press, 2005, p. 28.

② Wiese, *Places of Their Own*, p. 174.

③ Kruse, *White Flight*, p. 29.

④ Gary M. Pomerantz, *Where Peachtree Meets Sweet Auburn*: *The Saga of Two Families and the Making of Atlanta*, New York: Lisa Drew/Scribner, 1996, p. 19.

⑤ Pomerantz, *Where Peachtree Meets Sweet Auburn*, p. 17.

⑥ Kruse, *White Flight*, p. 610.

特兰大历史上一直与南部其他地方不同,该市今天仍因其独特性而深受回迁移民的欢迎。

当然,在亚特兰大,回迁移民选择这个目的地,更多的是出于与其当代形象有关的原因,而不是历史上的个人联系。到 20 世纪 90 年代,亚特兰大成为一个备受瞩目的"黑人"社区,在媒体和文化叙事中,亚特兰大是黑人经济、社会和文化活动的中心,通常被称为"黑人中产阶级的麦加"。回迁移民一般很清楚亚特兰大和黑人相关的各方面细节。他们通过从历史到现在的黑人领袖以及自 70 年代以来持续的黑人市长选举,了解亚特兰大黑人社会和政治参与的特殊历史与现实。他们认为亚特兰大有一个稳定和活跃的黑人中产阶级,这为黑人的公民、社会和宗教参与提供了机会。他们认识到亚特兰大历史上黑人学院和大学的密集,以及这些机构在为亚特兰大黑人提供教育和为该地区带来文化活动方面所发挥的作用。到 90 年代,他们注意到了亚特兰大不断增长的主要由音乐家和运动员组成的黑人名人。亚特兰大具有广泛文化、社会和经济机会的印象有助于形成吸引回迁移民的拉力。

## 二 黑人郊区化与居住隔离

历史上,美国郊区一直存在同质性的格局,所谓"巧克力城市香子兰郊区"(意即城中住黑人,市郊住白人)。美国白人郊区化在 20 世纪 40 年代到 70 年代快速发生和发展。白人购买郊区住宅带有"一种将种族隔离和白人优越感视为理所当然的空间概念"。① 通过分区法、种族协约和其他形式的歧视,白人逃到郊区以远离从南部农村大量涌入的进城黑人,这无疑是白人对黑人大迁移的回应。对此,肯尼思·杰克逊(Kenneth Jackson)在其开创性著作《马唐草边疆》② 中,详细描述了推动郊区增长的各种动机,从更好的卫生条件、更多的空间到极为严重的种族和阶

① Wiese, *Places of Their Own*, p. 84.

② Kenneth Jackson, *Crabgrass Frontier*: *The Suburbanization of the United States*, Oxford University Press, 1985. 肯尼思·杰克逊:《马唐草边疆》,王旭等译,商务印书馆 2017 年版,第十、十一章。

级驱动的偏见。此外，杰克逊清楚地记录了联邦政府在建立隔离的郊区社区中的作用。1983 年阿诺德·赫希（Arnold Hirsch）在《建造第二个贫民窟：芝加哥的种族与住房》① 一书中，论述了 1940 年至 1960 年芝加哥种族隔离、暴力和排斥黑人的城市重建历史，揭露了芝加哥商业精英、白人工人阶级和市政府的阴谋诡计，通过城市更新努力、地方种族暴力和市政住房政策，这座曾是第一次大迁徙和第二次大迁徙中黑人"希望之乡"的中西部大都市，成功地创造了美国历史上隔离最严重的城市黑人聚居区。在这些研究中，虽然黑人是事件的中心人物，但黑人在论述中只是次要的角色。读者对白人的感情、信仰和偏见了解了很多，但对黑人的动机、希望和偏好却知之甚少。而且，传统的郊区史叙事往往把重点放在白人对黑人郊区化的抵制上，这意味着直至 20 世纪 60 年代黑人仍然被困在衰败的中心城市，与郊区世界格格不入。正如加州大学圣迭戈校区历史学家安德鲁·威斯（Andrew Wiese）指出的那样，"历史学家把非裔美国人排除在郊区之外的工作，甚至比他们的白人郊区居民做得更好。"②

但进入 20 世纪后期美国郊区的种族构成发生了变化，郊区正在日益多元化。"黑人郊区化是一个重要的当代人口趋势"，③是发生在 20 世纪末美国城市中一个共同模式，黑人郊区化不仅发生在经济繁荣的兴旺城市，也出现在诸如底特律和克利夫兰这样的衰败城市中。

实际上，黑人在郊区生活并非 20 世纪最后二三十年才出现，在《他们自己的地方：20 世纪的非洲裔美国人郊区化》一书中，安德鲁·威斯认为在第一次黑人大迁徙中（1910—1930），约 150 万黑人向北部和西部迁移，每 6 个前往北部城市的黑人移民中就有 1 个定居在郊区。在南部城市，黑人迁移到郊区的时间更早，20 世纪初，许多黑人无力支付城市高昂房租和生活费用，搬到了南部城市"边缘"地区，这些城市外围地区虽然缺乏公共设施、卫生系统等，但却提供了简陋粗糙的郊区生活。到

---

① Arnold Hirsch, *Making the Second Ghetto: Race and Housing in Chicago*, 1940 – 1960, University of Chicago Press, 1983, pp. 40 – 99, 171 – 211.

② Wiese, *Places of Their Own*, p. 5.

③ J. John Palen, *The Suburbs*, New York: McGraw – Hill College, 1994, p. 117.

20世纪60年代，250万黑人可以自称是郊区居民。这还不包括"数以百万计的其他人"居住在上述城市边缘地区。对于非洲裔美国人，从城市到郊区的转变真正开始于20世纪70年代，1968年《公平住房法》（Fair Housing Act）颁布，它宣称"在宪法限制之内在整个美国提供公平住房"，并限制住房出售与租赁和不动产关联交易上的种族歧视，加之民权运动后"肯定性行动"的实施，凡此种种增加了非洲裔美国人进入城市住房市场的机会，黑人于70年代开始从城市核心地区迁移到郊区。

20世纪70年代以来，日益壮大的黑人中产阶级越来越多地把郊区化作为一种政治宣言，据威斯研究，黑人房地产经纪人将自己的商业利益提升为服务于黑人争取自由的斗争，公开宣传要扩大黑人和其他族群在体面小区得到好住房的机会。[1] 威斯论述了黑人文化出版机构和黑人房地产经纪人在开拓黑人郊区化道路方面的重要性：媒体报道揭露银行划红线、限制性公约和私营部门的歧视，鼓励黑人将住房选择等同于基本公民权利。但其实黑人在郊区买房的许多理由与白人如出一辙：更好的学校、更好的社会机会和更好的住房。威斯指出，在郊区购房的"大多数先驱者都是经济富裕人士和专业精英，受过良好教育，在白人机构和综合环境方面经验丰富"。这些地位上升的黑人家庭"含蓄地认识到，地理位置与不平等有关联，一些地区——所有为白人保留的那些地区——通常都会带来他们为子女设想的那种社会成功。与其他中产阶级家庭一样，他们希望获得这些优势"。[2]

20世纪70年代以来，黑人人口众多的城市都发生了突破性的黑人向郊区的逃离，北部和南部城市的黑人郊区化加速，并改变了长期以来黑人占主导地位的城市种族格局。在20世纪最后20年，美国黑人郊区人口从610万跃增至近1200万，郊区居民所占黑人人口比例从1/4扩大到1/3。[3] 居住在大都市郊区的黑人比例从1990年的37%上升到2000年的

① Wiese, *Places of Their Own*, p. 133.

② Ibid. , p. 242.

③ U. S. Census of Population and Housing：2000, data posted on the website of the Lewis Mumford Center at the State University at the State University of New York at Albany, http：//mumford 1. dyndns. org/cen2000/data. html –1990：8. 5 million；2000：11. 9 million. 2018年3月7日下载。

44%，再上升到 2010 年的 51%。① 这意味着现在居住在郊区的非裔美国人比居住在城市地区的人数更多。在曾是南部三代黑人希望之乡的芝加哥，非洲裔美国人人口在 80 年代迎来了 20 世纪中的第一次下降，而郊区增加了超过 10 万黑人。② 哥伦比亚特区的黑人郊区人口增长了 50 万，亚特兰大增长超过 70 万。在世纪相交之际哥伦比亚特区和亚特兰大的黑人郊区居民都已超过 100 万。2000 年，在 57 个大都市区，黑人郊区居民超过 5 万，而 1980 年时是 33 个。③ 在规模、速度和影响上，移向郊区是黑人的这次新大迁徙——回迁的一个突出特点。其主体仍是中产阶级，正如 50 年代以来白人郊区化的情形。在 20 世纪末，中产阶级黑人每隔几年就迁移到离市中心更远一点的郊区，同时，更穷的黑人移进中产阶级黑人放弃的地区。1990 年非洲裔美国人郊区居民收入比中心城市非洲裔美国人超出 55%，年平均 3.2 万美元，比全国 3.5 万美元的中位数略低。④ 在许多地区——其中包括亚特兰大、华盛顿、芝加哥和哈特福德——黑人郊区居民自夸有比郊区白人平均水平更高的收入与教育程度。在 25 岁至 29 岁的黑人中，2009 年有 19% 是大学毕业生，而 1999 年为 15%，1989 年为 13%。⑤黑人郊区化的急剧增长，可以部分归因于黑人近几十年来的经济进步，尤其是年轻黑人。约尔·加罗（Joel Garreau）是第一批追踪研究黑人郊区化这一主题的新闻记者，用他的话说，郊区眼看着就出现了一个"庞大的，经常去教堂做礼拜、拥有住房、抚养孩子、后院

① William H. Frey, *Melting Pot Cities and Suburbs: Racial and Ethnic Change in Metro America in the 2000s*, Washington, DC: Brookings Institution, 2011, http://www.brookings.edu/research/papers/2011/05/04 - census - ethnicity - frey. 2018 年 3 月 7 日下载。

② Patrick T. Reardon, "Life in the Suburbs Is Becoming More of a Trend," *Chicago Tribune*, February 5, 1992, 3C. 2018 年 3 月 12 日下载。

③ William P. O'Hare and William H. Frey, "Booming, Suburban, and Black," *American Demographics*, September 1992, pp. 30 - 38; U. S. Census of Population, vol. I, *Characteristics of the Population*, chap. B, *General Population Characteristics*, part 1, *U. S. Summary*, Washington, D. C., 1983, pp. 201 - 246.

④ Jon Sall, "More Blacks Choose Suburbs; City Residents Outward Bound," *Chicago Sun - Times*, September 14, 1992, 1.

⑤ William H. Frey, "Census Data: Blacks and Hispanics Take Different Segregation Paths," Washington: Brookings Institution, 2010; https://www.brookings.edu/opinions/census - data - blacks - and - hispanics - take - different - segregation - paths/#page - content. 2018 年 5 月 7 日下载。

烧烤野餐、诅咒交通堵塞的黑人中产阶级"。①

　　亚特兰大见证了约尔·加罗所描述的黑人中产阶级增长的情形。亚特兰大的黑人郊区化与北部不同,早在 20 世纪初就已有黑人生活在藤市(Vine City)、西区(West End)和靠近市中心的一些其他邻里。"二战"结束后,亚特兰大白人开始向郊区迁移,工人阶级黑人和中产阶级黑人迁入白人以前生活的靠近中心的近郊地区,以逃避中心老城区与贫穷相关的弊端。其时,亚特兰大的黑人精英与白人政府官员就"黑人扩展区"的建设进行协商,利用黑人房地产组织和黑人金融机构的资金,在该市的西部、东部和南部建起了几个主要是黑人居住的新住宅区,它们成为亚特兰大第一批黑人郊区。②这些地区远离白人住宅区,在某种程度上加强了与白人居住的隔离。1970 年,亚特兰大生活在郊区的黑人人口占27%,1980 年上升到47%,这时,亚特兰大南区几乎全是黑人家庭,此后东面的郊区也成了主要是黑人居住的地区。郊区的非洲裔美国人口从1990 年的67%增加到 2010 年的87%。③ 2000—2010 年,亚特兰大都市区获得的郊区黑人人口比美国其他任何都市区都多。④ 该区域总数大约50万新郊区黑人居民,超过了华盛顿的 2.5 倍,芝加哥的 4 倍多。⑤ 20 世纪90 年代末和 21 世纪初,亚特兰大都市区一半以上的非洲裔美国人,主要居住在历史上最靠近亚特兰大核心的黑人郊区县,即南富尔顿、德卡尔布和克莱顿。

① Daniel Disalvo, "The Great Remigration: Blacks are abandoning the Northern Cities that Failed Them," July 12, 2012, The Great Remigration: Blacks are abandoning the northern cities that failed them. | City Journal https://www.city‐journal.org/html/great‐remigration‐13493.html. 2018 年 9 月 22 日下载。

② Wiese, *Places of Their Own*, pp. 176–184.

③ Percent of Greater Atlanta's non‐hispanic black population living in the suburbs, 1970–2010, pooley‐g001‐blackpopulation‐lg.png (878×374) https://southernspaces.org/sites/default/files/images/2015/pooley‐g001‐blackpopulation‐lg.png. 2018 年 9 月 22 日下载。

④ John Sullivan, "African Americans Moving South—and to the Suburbs," *Race, Poverty & the Environment* 18, no.2 (2011): 16–19, http://reimaginerpe.org/18‐2/sullivan. 2018 年 9 月 22 日下载。

⑤ Frey, *Melting Pot Cities and Suburbs: Racial and Ethnic Change in Metro America in the 2000s*; https://www.brookings.edu/research/melting‐pot‐cities‐and‐suburbs‐racial‐and‐ethnic‐change‐in‐metro‐america‐in‐the‐2000s/. 2018 年 9 月 4 日下载。

　　民权运动和肯定性行动使相当比例的黑人上升为新中产阶级，他们的教育水平和收入水平均有很大提升，在他们迁入郊区后，郊区的种族构成会出现不同于美国中心城市的种族融合吗？1994 年 J. 约翰·帕伦（J. John Palen）在《郊区》一书中注意到，郊区正变得更种族多元，并具有提供种族融合社区的潜能。[①] 21 世纪初，威廉·弗雷也在《熔炉郊区：郊区多元化的 2000 年人口普查研究》[②] 中持有同样乐观的看法。在2015 年出版的《多元化爆发》中，弗雷进一步强调了这一观点："21 世纪从过去种族隔离的一些痕迹开始，但也开始于新的多元化爆发中，随着国家向前发展，这种多元化有可能重塑邻里隔离和融合的形象。就黑人而言，中产阶级的出现，他们继续流向南部繁荣的大都市地区，以及他们更广泛地迁移到郊区，正促使他们转向与上个世纪大部分时间相比不那么隔离的社区环境。"[③]

　　2008 年 3 月，玛丽·J. 菲舍尔（Mary J. Fischer）在《地域变迁：考察郊区化在黑人种族隔离下降中的作用》中，利用威斯和其他学者的研究成果，探讨了黑人郊区化是如何影响种族融合的。她指出，很多学者认为在导致种族隔离下降过程中，有四个因素起了重要作用，它们是种族态度变化、黑人中产阶级增长、地区人口转移以及大都市族裔和种族多样性水平的上升，但菲舍尔进一步指出，黑人郊区化应该被添加到这份名单中。虽然黑人在郊区的代表性仍然不足，但也足以表明与居住在市中心的黑人社区相比，这些郊区社区往往表现出较低的隔离率。当然，菲舍尔在文中也论述了"已经跃升到郊区生活的黑人仍然比其他种族隔离程度高得多"。[④]同样，在少数族裔中，黑人仍然处于住房等级的底层，亚裔人和西裔拉美人往往居住在更接近白人的空间里。按种族/族裔群体划分不同种族隔离模式，黑人与白人隔离最多，白人与亚裔人口，这说

---

　　① J. John Palen, *The Suburbs*, New York: McGraw-Hill College, 1994.

　　② William H. Frey, *Melting Pot Suburbs: A Census 2000 Study of Suburban Diversity*, Washington, D. C.: Brookings Institution, Center on Urban and Metropolitan Policy, 2001.

　　③ William H. Frey, *Diversity Explosion: How New Racial Demographics Are Remaking America*, Washington, D. C.: The Brookings Institution, 2015, p. 168.

　　④ Mary J. Fischer, "Shifting Geographies: Examining the Role of Suburbanization in Black's Declining Segregation," *Urban Affairs Review*, vol. 43/No. 4, March 2008, p. 478.

明种族等级正在空间上表现出来。[1]但菲舍尔也承认，郊区的种族隔离水平虽然较低，但其融合程度仍在"白人对少数族群接触的容忍限度之内"。[2]

可见，即便这些学者乐见郊区种族隔离低于中心城市，但他们也承认郊区中仍存在种族居住空间上的隔离，并未导致更大程度的融合。实际上，在20世纪末，数百万非洲裔美国人搬到了郊区，但黑人人口在"郊区爆炸式增长中，并没有颠覆人们熟悉的将大都市地区划分为白人和黑人的分层，而是将这种分层扩大到了更大的地区"，以至于到1990年，"大多数郊区黑人居住在种族隔离的社区"。[3] 于是形成了"城市化景观中的郊区岛屿"。[4] 在亚特兰大，尽管黑人大量进入郊区，远离中心城市，但"在特别的邻里期许上的种族差异"，导致亚特兰大都市区黑人和白人家庭在迁移模式上存在很大不同。[5]随着黑人的移入，白人家庭的移出趋势减弱了黑人郊区化对区域范围种族隔离程度下降的影响，并使该市由种族构成的隔离空间继续存在。在亚特兰大都市区，2000—2010年几乎所有增加了黑人家庭的县都有白人流失。亚特兰大区域共28个县，其中11个县的黑人居民增长占整个亚特兰大都市区黑人增长的98%；到2010年，这11个县容纳了该大都市区黑人人口的79%。[6] 现在，黑人郊区居民主要定居在该市东部和南部县，只有微乎其微的黑人移进亚特兰大北部主要为白人居住的县。[7] 亚特兰大都市区其余的郊区县的非洲裔美国人居民全体相加少于4万（与20万白人居民形成鲜明对比）。亚特兰大都市区和其他一些南部城市周围郊区都形成了由不同种族——黑人和白

[1] Mary J. Fischer, "Shifting Geographies: Examining the Role of Suburbanization in Black's Declining Segregation," *Urban Affairs Review*, vol. 43/No. 4, March 2008, p. 479.

[2] Ibid., p. 480.

[3] Wiese, *Places of Their Own*, p. 258.

[4] Matthew Lassiter, *The Silent Majority: Suburban Politics in the Sunbelt South*, Princeton: Princeton University Press, 2006, p. 44.

[5] Casey J. Dawkins, "Recent Evidence on the Continuing Causes of Black-White Residential Segregation," *Journal of Urban Affairs* 26, No. 3, 2004, pp. 379–400.

[6] 这11个县是克莱顿、德布尔卡、富尔顿、科布、道格拉斯、牛顿、拉克戴尔、菲也特、昆内特、亨利和保尔丁。

[7] Kruse, *White Flight*, p. 263.

人——郊区飞地所组成的群岛。①

结果，虽然亚特兰大都市区的黑人"地理集中程度，以及被限制在靠近中心城市的数量均有所下降"，但他们仍高度隔离。②

过去 30 年来的人口统计显示，亚特兰大都市区"多数黑人"和"隔离的黑人"地区数目略微增加，生活在其中的黑人人数也增加了。到 2000 年，50% 以上的黑人居住在黑人居民占多数的统计区，或者是被隔离的黑人统计区，明显高于 1990 年的 48%。2000—2010 年这个数字保持相当稳定：生活在隔离的黑人人口普查区的数字在这十年增加了 4511 人；到了 2010 年，亚特兰大都市区的非洲裔美国人口近一半（47%）仍生活在大多数为少数族裔或隔离的少数族裔邻里。③

这种隔离的居住模式给黑人邻里和房产拥有者带来严重的后果。白人有更严重的生活在大多数白人邻里的倾向。随着一些地方非洲裔美国人百分比上升，特别是达到大约所有居民的 1/3 时，白人家庭一般会急于离开这个邻里。结果，随着邻里多元化增加，白人住房的需求下降，最终产生了"种族的住房价格差异"，多元邻里的房地产随之贬值，该居住区住宅遂成为"劣质的长期投资"，相应地，减少了所有者"通过拥有住房增加权益"，如大学学费借贷的能力。反过来，这对邻里环境和生活质量有严重后果，多为黑人居住邻里中的便利设施、公共服务，特别是公立学校的水准随后都被拉低。④

---

① Wiese, *Places of Their Own*, p. 166.

② Douglas S. Massey and Nancy A. Denton, *American Apartheid*: *Segregation and the Making of the Underclass*, Cambridge: Harvard University Press, 1993, p. 78.

③ Sheryll Cashin, *The Failures of Integration*: *How Race and Class are Undermining the American Dream*, New York City: Public Affairs, 2004, p. 42. Ovetta Wiggins, Carol Morello, and Dan Keating, "Prince George's County: Growing, and Growing More Segregated, Census Shows," *Washington Post*, October 30, 2011, http://www.washingtonpost.com/local/prince-georges-county-growing-and-growing-more-segregated-census-shows/2011/10/14/gIQAbCc1TM_story.html. 2018 年 10 月 25 日下载。

④ Genevieve Siegel-Hawley, "City Lines, County Lines, Color Lines: The Relationship between School and Housing Segregation in Four Southern Metro Areas," *Teachers College Record* 115, No. 6 (2013): 1-45. http://www.tcrecord.org/Content.asp? ContentID=16988. 2018 年 10 月 6 日下载。

# 三 郊区公立学校中的种族隔离

生活在一个有着修剪整齐的草坪、白色尖桩栅栏的独栋住房和良好学校的社区，是许多美国人梦寐以求的，而过去几十年间，黑人的快速郊区化在一定程度上也是由这样一种信念推动的，即这种梦想可以在郊区实现。长期以来美国人普遍认为，位于大都市外围住宅区的郊区学校，生源是同质的，为大多数白人中产阶级家庭服务。与许多城市学校相比，往往有更高的标准化考试成绩、出勤率和大学入学率。由于这些原因，对于许多有学龄儿童的家庭来说，郊区是很受欢迎的居住场所。"二战"结束以来，越来越多的白人中产阶级家庭寻求郊区教育，以避免城市问题并"囤积"诸如资源和社会网络等方方面面的机会。然而，同质性已不再是现实，20 世纪末，郊区正在迅速发展和变化，与前几十年不同的是，如今的郊区不再总是种族单一、高收入的社区。相反，21 世纪的郊区代表着美国种族变革的前沿。

理查德·弗里（Richard Fry）发现，1990—2010 年，郊区白人人口比例从81%下降到65%。此外，居住在郊区的西裔人口增加了一倍多，从8%增加到17%，居住在郊区的非洲裔美国人增加到10%，郊区成为大多数非洲裔美国人和西裔美国人的家园。郊区的族裔比例变化必然带来学校学生种族构成的改变。1990—2010 年，在郊区学校就读的少数族裔学生增加了82%。[1]郊区学区已是少数族裔占多数。

今天美国的事实是，随着郊区学校多元化程度的提高，种族隔离的程度也在上升。例如，2006 年，大多数郊区白人学生（54%）就读的学校超过一半白人，而大多数黑人和西裔学生（分别为67%和75%）就读的郊区学校，非白人学生占多数。值得注意的是，近30%的黑人和西裔郊区学生是在高度隔离的郊区学校就读，这些学校的白人学生的比例为0

---

[1] Richard Fry, The Rapid Growth and Changing Complexion of Suburban Public Schools | *The Pew Charitable Trusts* , https：//www. pewtrusts. org/research - and - analysis/reports/2009/03/31/the - rapid - growth - and - changing - complexion - of - suburban - public - schools. 2018 年 11 月 10 日下载。

至 10%。①中心城市中一直存在的有色人种学生就读于过于拥挤和资源不足学校的现象，正在向郊区部分地区蔓延。尽管美国的教育政策继续试图通过关注地区内的解决方案来解决隔离学校的问题，但美国公立学校中的绝大多数种族/族裔隔离是发生在学区之间，而非学区之内。

美国有学者在对郊区研究中发现，学区的种族构成在其声誉建设中起着非常重要的作用。②在现实中，"好"和"坏"社区和学校的建设，只是部分建立在"有形因素"的基础上，如房屋和学校资源的物理特征和结果数据。事实上，"无形因素"，如口碑和一个社区或学区相对于另一个社区或学区的地位，强烈地影响着那些拥有最多选择的人。美国最高法院在 1954 年"布朗诉教育委员会"案的裁决指出，有形和无形因素在教育领域都很重要，今天的情况仍然如此。学区的种族构成在其声誉建设中起着非常重要的作用，即使不同人口结构的学区之间的有形因素是相同的。这些不同的声誉，反过来，影响社区财产价值，并最终导致不平等的有形因素出现并加强。在当代美国许多郊区中，这种种族隔离过程正在发生。在这些变化的时刻，当一个新的族群成员开始搬进以前全是白人的郊区时，有形和无形因素之间的关联往往暂时不同步了。也就是说，在郊区背景下，一个所谓的"好"社区和学校系统的资源和有形设施可能仍然很高，而声誉等"无形"因素，随着白人居民的比例而下降。在城市中产阶级化的社区里，随着更多的白人学生入学，白人家长接管家长会，学校的声誉可能很快就会改变，但这些学校的有形改革往往滞后。在这两种情况下，声誉和现实可能相去甚远，但这并不能阻止选择住房的家庭，特别是在住房和社区上拥有选项较多的白人家庭，根据其他人的言论和想法做出选择，从而促进重新隔离的进程。反之，

---

① Integrating Suburban Schools: How to Benefit from Growing Diversity and Avoid Segregation, pp. 1 - 7. ED520331. pdf. https: //files. eric. ed. gov/fulltext/ED520331. pdf. 2018 年 10 月 18 日下载。

② Amy Stuart Wells, Lauren Fox, Diana Cordova-Cobo, Douglas Ready, "Addressing the Patterns of Resegregation in Urban and Suburban Contexts: How to Stabilize Integrated Schools and Communities Amid Metro Migrations," Working Paper, Harvard University, July 6, 2018. http: //www. Jchs. Harvard. edu/research - areas/working - papers/shared - future - addressing - patterns - resegregation - urban - and - suburban, 下载资料时，网址均为大写字母，为保持书写统一，遂将网址字母改为小写，特此说明。下载时间为 2018 年 10 月 20 日。

当黑人/西裔家庭陆续进入某一社区后，尽管学校的有形设施并不会马上发生变化，但无形的声誉却很快变差，有能力的白人家庭避之不及。

如前所述，族裔多样性的增强并不一定会促进郊区的融合。除了有害地影响了邻里住宅市场的健康和稳定外，居住隔离对公立学校的学生已有深远影响。正如亚特兰大都市区少数族群成员不断增加的郊区化，没有转变成其邻里的更大融合，同样它也未能转化为学校的更大融合。① 德布尔卡就是个典型例子。

德布尔卡县位于亚特兰大市区以东，曾是个主要为白人居住的郊区。第二次世界大战之前，德卡尔布县郊区居民较少，1940 年时人口大约 4 万人，但战后亚特兰大市白人开始移居郊区，该县人口急剧增长，1970 年时已达到 34.5 万人。② 此前，由于联邦住房管理局提供担保的住房贷款存在着严重的种族歧视，加之对黑人的歧视行为，黑人难以在德卡尔布定居，1970 年时黑人仅占德卡尔布人口的 7%，被隔离在狭小的地带。但此后黑人人口开始迅速增长。2010 年美国人口普查，该县人口达 69.19 万人，③ 其中，54.3% 是非洲裔美国人，33.3% 是白人，9.8% 为西裔，5.1% 为亚裔，0.4% 为印第安人，4.5% 为其他种族，2.4% 为两个或更多种族的人。④ 2010 年，该县是佐治亚州第四大人口的郊区县，也是美国非洲裔人口第二多的县，仅次于马里兰州的乔治王子县。2012 年 12 月 17 日，南部大专院校协会宣布，迪卡尔布县学校系统地位从"劝告"下调为"试用"，并警告学校系统资格认证的丧失是"急迫的"。⑤ 德布尔卡

① Richard Fry, *The Rapid Growth and Changing Complexion of Suburban Public Schools.*

② US Bureau of the Census, *Sixteenth Census of the United States*: 1940 *Population*, *Volume II*, *Part 2*, *Florida-Iowa* (Washington, DC: Government Printing Office, 1943), 325 1940 Census of Population: Volume 2. Characteristics of the Population. https://www.census.gov/library/publications/1943/dec/population – vol – 2. html. 2018 年 6 月 23 日下载。

③ "*DP – 1 Profile of General Population and Housing Characteristics*: 2010 *Demographic Profile Data*". United States Census Bureau. *American Fact Finder*. 2015 年 12 月 29 日下载。

④ "*Population*, *Housing Units*, *Area*, *and Density*: 2010 – *County*". United States Census Bureau. 2015. 12. 29.

⑤ "*DeKalb school district in 'conflict and crisis,' put on probation by accreditation agency*". The *Atlanta Journal and Constitution*. December 17, 2012. https://www.ajc.com/news/local – education/dekalb – school – district – conflict – and – crisis – put – probation – accreditation – agency/y9fPnzt1KR8WQAu0kb8bCL/. 2018 年 9 月 17 日下载。

公立学校已再次种族隔离。

1954 年美国最高法院在布朗案裁决中废除学校种族隔离后，亚特兰大并未发生像阿肯色小石城那样暴力废除学校种族隔离的事件，许多学者称赞该市在 1961 年公立学校"和平地"废止了种族隔离。[1]然而此后十年间，该市只是象征性地允许微乎其微黑人学生融入几个白人学校，成功地保持了一个几乎隔离的"双重学校制度"体制，大多数白人学校仍学生数量不多，而大多数黑人学校继续人满为患。[2]直至 20 世纪 60 年代末，德卡尔布学区仍有 4 所小学和 1 所中学只招收黑人学生，当时黑人儿童只占该地区学生的 5.6%。[3]

1968 年，最高法院在"格林诉肯特县（弗吉尼亚）学校董事会"（Green v. County School Board of New Kent County）一案中裁定，如果"选择自由"计划未能产生实际的消除种族隔离现象，则说明"选择自由"计划是一项不适当的措施。学校负有消除种族歧视的积极义务。[4] 要求南部学区必须终止对布朗案的拖延和逃避，最终"彻底"废除法律上学校隔离的残余。根据格林案裁决，1969 年联邦地区法院法官纽厄尔·伊登菲尔德（Newell Edenfield）批准了一项主要由德卡尔布学区官员和美国卫生、教育和福利部代表设计的消除种族隔离计划。该计划的重点是关闭该地区剩下的全黑人学校，并让其学生融入现有的学区学校。它还需要为该学区学校重新划定招生范围，将所有黑人和白人学生都安置在他们自己社区内或附近的学校里。伊登菲尔德在 1969 年的命令中还包括：取消本学区教师和教职员工的种族隔离，确保"任何一所特定学校的教师派任模式都不能被认定为适合黑人或白人学生的高度集中"。此外，他还命令德卡尔布学区官员继续修建新校舍，并将学生整合到现有设施中，"目的是消除种族隔离，并永久消除种族隔离。"[5] 当

---

① Kruse, *White Flight*, p. 3.

② Bayor, *Race and the Shaping of Twentieth-Century Atlanta*, p. 227.

③ 转引自 Daniel Amsterdam, "Toward the Resegregation of Southern Schools: African American Suburbanization and Historical Erasure in Freeman v. Pitts," *History of Education Quarterly*, vol. 57, No. 4, November 2017, p. 460。

④ *Green v. County School Board of New Kent County Virginia*, 391 U. S. 430 (1968).

⑤ *Freeman v. Pitts*, 503 U. S., joint app., vol. 1, 61—67.

时，在德卡尔布学区学校就读的非裔美国学生有 4876 人，占学生总数的 5.6%。伊登菲尔德和当地官员显然认为，当时德卡尔布县非洲裔美国人人口相当较少，在这样一个以社区为基础的系统中肯定会达成令人满意的融合。

1969 年，德卡尔布学区关闭了所有法律上的黑人学校，并实施了新的以社区为基础的招生系统，当时学区内只剩下 1 所学校仍以黑人学生为主。然而，到 1974—1975 学年，黑人学生在德布尔卡学区注册的比例为 15.1%。黑人占多数的学校数量相应增加。[①] 一批以非洲裔美国人为主的新学校很快出现在德卡尔布郊区，特别是在该县西南部。到 1975 年，该地区有 14 所以黑人为主的学校，所有这些学校都位于该县西南部。其中 5 所至少 96% 为黑人学生，另一所 91% 为黑人学生，另外两所分别有 83% 和 89% 为黑人学生，其余的 66%—79% 的学生是黑人。简言之，在伊登菲尔德法官废除种族隔离令仅仅 6 年之后，德卡尔布学区实际上是黑人学生占绝大多数的学校更多了。[②]

多种力量推动了这一趋势，其中最重要的就是黑人郊区化。1968 年的"公平住房法"禁止了早年盛行美国住房市场的各种歧视性做法，从"诱骗房产主竞相削价抛售"和"划红线"到房地产经纪人指导客户根据种族在某些社区租房或买房。一些黑人中产阶级进入了德卡尔布，于是德卡尔布也出现了在美国黑人郊区化过程中常见的情况——白人和黑人房地产经纪人通过一系列行为加速了社区的种族转换。一旦黑人家庭搬进来，经纪人就开始向白人家庭施压，警告他们在房产价值进一步下跌之前出售，价格往往对经纪人有利。然后经纪人以更高的价格将房子转售给黑人家庭。1969 年，德卡尔布西南部至少有 30 家房地产机构从事着各种经典的诱骗房主竞相削价抛售方法，从利用白人种族主义，到激起人们对刚开始的种族变革会破坏房地产价值稳定的担忧，从

---

① B. B. Jackson, "The effects of the majority to minority (M to M) program on African American students who transfer to predominantly Caucasian schools," Doctoral dissertation, Georgia State University, 1995, pp. 4 –7.

② *Freeman v. Pitts*, 503 U. S., Joint App., vol. 1, 253; *Freeman v. Pitts*, 503 U. S., Joint App., vol. 2, 505 –08.

而鼓励白人房主出售房产。① 德卡尔布一位房地产经纪人吹嘘说，"她喜欢看到白人从过渡社区'逃跑'，因为她从有色人那里赚了很多钱。"②德卡尔布西南另一位居民抱怨说，经常有房地产经纪人拉来一车看似购房的黑人，带着他们逐一考察白人为主邻里待售的房产，从而引发白人的恐慌。③据报道，房地产经纪人也敦促白人房主出售房屋，谎称该县已决定在德卡尔布西南修建一座新的焚化炉和医院，从而威胁到房价。其他形式的歧视，如种族操纵也存在于德卡尔布郊区的住房市场，同样助长了新的居住隔离模式，"当黑人寻找房屋时，他们会被引导到种族混合的或黑人社区。"相比之下，白人则被带到了白色区域。④

除住房歧视外，其他因素也促成了德卡尔布郊区的种族重组。在南德卡尔布购房的许多黑人都是用联邦住房管理局支持的贷款来购房的，1968年公平住房法案通过后，越来越多的黑人购房者获得了这种贷款。当然，联邦住房管理局的贷款主要是补贴首次购房者的购房费用。这表明，一些新移入德卡尔布郊区的非洲裔美国人在中产阶级居住区中获得了新的立足点。但事实证明，这一立足点对某些人来说是脆弱的。20世纪70年代糟糕的经济状况导致德卡尔布地区发生了一连串的止赎事件，其中很多发生在非洲裔美国人拥有的联邦住房管理局资助的房屋上。不断上升的止赎率引发了更多白人逃离该地区，因为富裕的白人房主担心，邻里住房丧失抵押品赎回权的增多，会对他们的房产价值产生影响，于是搬到别处去了。⑤类似的止赎事件在2008年国际金融危机时，再次在亚特兰大都市区内许多购买郊区住房黑人中发生，同样也恶化了郊区居住环境。许多历史学家记录了这样的"重创"如何对种族

---

① "The Housing Pressures," *Atlanta Constitution*, Feb. 1, 1969, 4.

② Margaret, Hurst, "Blockbust Profit Claims Reported," *Atlanta Constitution*, Aug. 8, 1969, 1A.

③ Frank Wells, "100 Residents in SE Plan Blockbusting Fight," *Atlanta Constitution*, Nov. 24, 1971, 13A.

④ Colleen Teasley, "Racial Steering: How Prevalent in Metro Realty," *Atlanta Constitution*, April 22, 1979, 1C.

⑤ John Reetz, "Blight in DeKalb: Vacant Homes Tarnish County's Image," *Atlanta Constitution*, Nov. 20, 1977, 13B; Susan Wells, "South DeKalb Area Has Most Home Foreclosures in Nation," *Atlanta Constitution*, April 1, 1979, 9B.

关系造成破坏，助长了白人工人阶级和中低阶层的敌对情绪与行动，他们认为黑人在他们居住邻里购房是对他们所作投资的威胁。从历史上看，工人阶级家庭持有的多样化金融投资较少，这意味着对住房价值的任何威胁，对这些家庭的惩罚都超过了对中产阶级或中上阶层家庭的惩罚。因此，部分由于经济脆弱性的增加，中低层白人对黑人诉诸言行和情感暴力。直到 20 世纪 80 年代，在德卡尔布县，暴力和恐吓并非鲜见，特别是当非洲裔美国人试图迁入该县北部时。1984 年，当一个黑人家庭搬到多拉维尔，一个位于德卡尔布县北部深处的地区，这户人家不得不忍受白人的不断骚扰。年轻的白人男子探出车窗用种族歧视语言大声辱骂他们。这家人的汽车被烧了，院子里的十字架也被焚毁。①

与此同时，德卡尔布县西南部以非洲裔美国人为主的学校飞地的发展，开始更广泛地影响到德卡尔布郊区的种族定居模式。德卡尔布郊区的人口——无论是黑人还是白人——在 20 世纪 70 年代前半期都有显著增长。从 1970 年到 1975 年，大约有 3.5 万名白人和 2 万黑人搬到了德卡尔布县郊区。但越来越多的以非洲裔美国人为主的学校，而且这样学校往往不成比例地配备极多的黑人教师，让白人望而却步，他们不愿接受这种融合多元化学校教育，也不愿黑人老师教育他们的孩子，于是逃离德卡尔布西南部。例如，1975 年，德卡尔布西南部以黑人为主的多所小学的教师中黑人教育占到 40%—48%，而整个地区的黑人教师的比例仅为 15%。②

1972 年，学区官员启动了一项在该县进一步消除种族隔离的方案，名为"多数到少数计划"（Majority-to-Minority（M-to-M）Program），它允许所属邻里学校为多数族群人口的学生，转学到他们为少数族群的学校。该计划最初没有得到广泛宣传，1974—1975 学年只有不到 30 名学生参加。随着学校系统继续按照联邦法院的命令废除种族隔离，德卡尔布县的非洲裔美国人 20 世纪 80 年代参与"多数到少数计划"的人数也有所

---

① Sam Heys, "Racial Discrimination in the Suburbs," *Atlanta Constitution*, Oct. 19, 1984, 1D.

② Daniel Amsterdam, "Toward the Resegregation of Southern Schools: African American Suburbanization and Historical Erasure in Freeman v. Pitts," *History of Education Quarterly*, vol. 57, No. 4, November 2017, p. 462.

增加。1977—1978 学年参加这一计划的学生人数为 534 人，这一数字在次年跃升至 1229 人。到 1981—1982 学年，该数字已超过 2000 人，1986 人达到 4000 人。①该计划不失为一种消除学校种族隔离的手段，但成效有限，提供的交通服务不足，参加计划的学生每天要花上几个小时乘坐公共汽车去学校，而且所去学校人满为患，因教室不够，学生们只能在拖车里上课。在德卡尔布的非洲裔美国人社区中，反对这种极端措施的人越来越多。1990 年 3 月，一群黑人家长向法院提出诉讼，指出这种方法只是关心种族配额，而不是提高教育质量。1992 年 3 月 31 日，美国最高法院对此案做出了裁决，一致认为在学校运作的每一领域都得到充分遵守之前，联邦地区法院有权逐步放弃对公立学校取消种族隔离计划的监督和控制。法院还认为，一旦消除了法律上的隔离残余，公立学区就没有义务纠正人口变化造成的种族不平衡。该裁决寻求加速废除学校种族隔离的结束，随后美国各地学校官员开始请求地区法院终止他们的废除种族隔离令。②

随着 20 世纪的结束，学校废除种族隔离的所有行动在佐治亚州的德卡尔布县，以及整个美国都开始衰落。随后几年，地方法院在赞扬德卡尔布学校官员在各方面的"诚信努力"之后宣布，该学区"已经完全纠正了以前维持双重制度所造成的违宪行为。特此撤销所有禁令，德卡尔布县学校应立即恢复对其管辖范围内学校的全面控制"。③ 20 世纪 90 年代末，当地一家保守基金会以学区歧视白人儿童的理由威胁要起诉该学区时，该学区就结束了"多数到少数计划"。到 1999 年，在德卡尔布

---

① DeKaib County School System Majority-to-Minority（M-to-M）Program（1997）. 转引自 Six Moving Targets at Once：School Desegregation in DeKalb County, Georgia ｜ J. Marcus Patton；https：//jmarcuspatton. wordpress. com/2015/03/30/six – moving – targets – at – once – school – desegregation – in – dekalb – county – georgia/. 2018 年 6 月 14 日下载。

② Erwin Chemerinsky, "The Segregation and Resegregation of American Public Education：The Court's Role," in *School Resegregation*, ed. John Charles *Boger* and Gary. *Orfield*, Chapel Hill, North Carolina：University of North Carolina Press, 2005, pp. 38 – 41.

③ *Mills v. Freeman*, 942 F. Supp. 1449（N. D. Georgia, 1996）at 1462 and 1464. 转引自 Daniel Amsterdam, "Toward the Resegregation of Southern Schools：African American Suburbanization and Historical Erasure in *Freeman v. Pitts*," History of Education Quarterly vol. 57, No. 4, November 2017, pp. 451 – 479。

学区，黑人学生中大约有 2/3 进入了 90% 以上学生为非洲裔美国人的学校。①

2009 年 1 月 19 日，《南部空间》上刊有一文 "隔离的新模式：大都市亚特兰大高中拉丁裔和非洲裔美国人学生"，文中揭示了令人不安的模式：对于西裔和非洲裔美国人来说，亚特兰大都市区的公立高中种族轮换正变得更加隔离而不是融合。② 2017 年 5 月 23 日，加州大学洛杉矶分校的民权项目和宾夕法尼亚州立大学教育和民权中心发布了一份报告指出，在布朗案裁决种族隔离学校违宪的 60 年后，南部公立学校出现再次种族隔离。其中提及在 2014 年超过 1/3 的南部黑人学生（35.8%）上的学校是极其严重种族隔离的，学校里 90% 的学生是非白人。相较 1980 年的 23% 增长了近 13 个百分点。这项研究的作者总结说："很明显，该地区在消除学校隔离方面的进展正在倒退。""事实上，一些州最近公然提出种族主义的政策建议和言论，完全无视现实：该地区的未来取决于发展居住在那里的人民的才能，他们是人口增长最快的一部分。"③

亚特兰大和南部大都市学校里不断强加的隔离趋势，反映了整个美国都能看到的趋势：少数族裔学生份额不断增长的城郊地区，"通常极其明确地显示出了白人和少数族群学生间不断增长的隔离程度"。④随着郊区学区变得越来越多元，许多地方经历了"由种族间接触的'推力'和邻近更白学区的'拉力'"引起的"白人逃离"，⑤ 从而使一些邻里和学区

---

① "DeKalb Schools Desegregation Program Changes Concern Southside Parents," *Atlanta Daily World*, Dec. 9, 1999, 1; Torpy, "Bitter Lessons"; "Student Transfer Program Attacked," *Atlanta Constitution*, Feb. 2, 1999, B2; and "DeKalb Votes End to Racial Busing," *Atlanta Constitution*, Dec. 7, 1999, C1.

② New Patterns of Segregation: Latino and African American Students in Metro Atlanta High Schools | Southern Spaces https://southernspaces.org/2009/new – patterns – segregation – latino – and – african – american – students – metro – atlanta – high – schools. 2018 年 5 月 20 日下载。

③ Southern Schools Are Becoming More Segregated, Report Finds http://atlantablackstar.com/2017/05/27/southern – schools – becoming – segregated – report – finds/. 2018 年 5 月 20 日下载。

④ Sean F. Reardon, John T. Yun, and Tamela McNulty Eitle, "The Changing Structure of School Segregation: Measurement and Evidence of Multiracial Metropolitan-Area School Segregation, 1989 – 1995," *Demography* 37, No. 3, 2000, p. 351.

⑤ Charles T. Clotfelter, "Are Whites Still Fleeing? Racial Patterns and Enrollment Shifts in Urban Public Schools, 1987 – 1996," Working Paper 7290, Cambridge: National Bureau of Economic Research, 1999, http://www.nber.org/papers/w7290. 2018 年 6 月 3 日下载。

或学校浓缩了少数族裔家庭和学生。

# 四　结语

　　亚特兰大都市区的黑人回迁与郊区化反映了近期美国人口发展趋势，美国黑人向南部迁移、黑人郊区化与白人远郊化、中心城市绅士化持久性地稳固了美国久已存在的居住隔离模式，也促成了学校中不断加剧的种族隔离。亚特兰大的隔离邻里和学校，现在已延伸到郊区，不仅对这一代的少数族裔特别是非洲裔美国人的房产拥有者和学生造成伤害，而且也同样削弱了少数族裔居民后代的生活机会。随着它不断扩大继续蔓延，亚特兰大都市区的种族隔离模式势必进一步限制少数族裔房屋拥有者建立财富的能力，少数族裔学生在学校获得更好的教育和低收入家庭获得向上流动的机会。

（本文作者系厦门大学人文学院历史系教授）

# 当代美国阶级隔离趋势的分析[*]

## 梁茂信

在美国历史上，隔离既是种族关系中的核心内容，也是美国学界研究的热点问题之一。然而，自 20 世纪 70 年代开始，美国的种族隔离却有所下降，而各群体内部的阶级隔离呈不同程度的上升态势，并在 21 世纪初成为美国社会隔离的主要形态之一。关于这种新变化，美国学界特别是社会学领域在 20 世纪 80 年代开始展开辩论，但国内学界成果中，尽管有个别学者的成果中偶然提及，然而相关的体系性深入探讨尚无成果面世。有鉴于此，笔者拟从比较的视角中探讨阶级隔离形成、表征、根源及其社会与经济影响。

## 一 阶级隔离趋势的加剧

20 世纪 70 年代之前，美国历史上的隔离主要属于种族关系的范畴。在 19 世纪末南部各州的黑人法典"吉姆克劳法"实施之后，特别是在 1896 年美国最高法院判决中确立了臭名昭著的"分离但平等"原则之后，种族隔离成为处理黑白种族关系的一项制度。此后到 20 世纪 60 年代末，种族隔离的指数仍然十分突出。据美国学者研究，从 19 世

* 本文为教育部重点基地重大项目"美国公共价值观悖论研究"（项目编号：15JD770006）的阶段性成果。感谢王希教授和宾州印第安纳大学图书馆工作人员在资料查阅过程中提供的帮助。Nicholas O. Stephanopoulos, "Civil Rights in a Desegregating America," *The University of Chicago Law Review*, vol. 83, No. 3 (Summer 2016), pp. 1343 – 1444; http://www.jstor.org/stable/43913853 (2018 年 6 月 29 日下载)。

纪 90 年代初到 1970 年，黑人与白人的隔离分值（dissimilarity score）从 45 上升到 80，黑人与非黑人的平均孤立分值（isolation score）从 20 上升到 60。因而 20 世纪 70 年代被称为是"超级隔离"（hypersegregation）的年代。更重要的是，在"二战"后的 20 多年间，美国的种族隔离指数还处于波浪式的上升状态。例如，1940 年全美 207 座城市的居住隔离指数平均为 85.2，1950 年达到 87.3，1960 年降至 86.2，仍然高于 1940 年的水平。从地理区域看，南部城市的隔离指数平均为 90.2，东北部地区为 79.2，北方地区为 87.7，西部地区为 79.3。全国只有 8 座城市的隔离指数低于 70，有 50 多座城市超过 91.7。由于黑人越来越集中在中心城市，白人集中在郊区，因此，1968 年美国民事动乱委员会报告中指出："我们国家正在变成两个社会，一个是黑人社会，一个是白人社会，分离且不平等。"不平等的代价是在 1963—1967 年各地城市发生了美国建国以来罕见的种族骚乱，严重地威胁到美国的社会稳定。更令人担忧的是，如果种族隔离不解决，它就"会最终毁灭基本的民主价值观"。①尽管这种观点有些言过其实，但隔离所带来的问题却成美国人不得不思考的问题之一。

进入 70 年代之后，黑白种族隔离指数逐渐下降。据美国全国城市政策委员会的调查，全美最大的 50 个标准大都市统计区，黑人和白人的空间隔离从 1970 年的 79.2 减少到 1980 年的 69.4。在全国 161 个黑人超过总人口 4% 的大都市区，隔离指数也从 74 下降到 68。当然，黑白种族隔离的绝对指数依然很高。譬如，要使全美 60 座城市的种族隔离彻底消失，必须有近 70% 的黑人迁入白人社区混居。在东北部和中西部地区，各城市平均隔离指数从 84.4 下降到 83.4。隔离指数较高的城市降幅不大，甚至有些城市还略有增长。例如，芝加哥的黑白种族隔离指数平均从 91.9 下降到 87.8，费城从 79.5 下降到 78.8，底特律从 88.4 下降到

---

① U. S. National Advisory Commission on Civil Disorders, *The Kerner Report*: *The 1968 Report of the National Advisory Commission on Civil Disorders*, New York: Pantheon Books, 1968, pp. 1, 12 - 13.

86.7，纽约从 81 增加到 82，纽瓦克从 81.4 增至 81.6。①值得注意的是，1980 年之后，隔离状况不断好转。全国 10 万人口以上的大都市区均呈下降态势。不同的是，西部和南部降幅明显，而东北部和中西部降幅较小（见表 1）。

表 1　1980—2000 年全美 10 万人口以上的大都市区黑人种族隔离指数统计②

| 大都市区名称 | 1980年 | 2000年 | 大都市区名称 | 1980年 | 2000年 | 大都市区名称 | 1980年 | 2000年 |
|---|---|---|---|---|---|---|---|---|
| 底特律 | 87.4 | 84.6 | 堪萨斯城 | 77.3 | 68.8 | 劳德代尔堡 | 83.6 | 60.8 |
| 密尔沃基 | 83.9 | 81.8 | 新奥尔良 | 69.8 | 68.4 | 丹佛 | 68.9 | 60.5 |
| 纽约 | 81.2 | 81.0 | 巴尔的摩 | 74.4 | 67.5 | 普罗维登斯 | 72.7 | 60.0 |
| 纽瓦克 | 82.7 | 80.1 | 匹兹堡 | 72.5 | 67.1 | 达拉斯 | 77.1 | 58.7 |
| 芝加哥 | 87.8 | 79.7 | 洛杉矶 | 80.8 | 66.4 | 明尼阿波利斯 | 67.7 | 57.6 |
| 克利夫兰 | 85.4 | 76.8 | 休斯敦 | 75.4 | 66.3 | 圣迭戈 | 64.3 | 53.5 |
| 布法罗 | 80.1 | 76.6 | 罗切斯特 | 67.7 | 66.1 | 圣安东尼奥 | 61.3 | 49.2 |
| 辛辛那提 | 78.1 | 73.9 | 波士顿 | 76.3 | 65.8 | 西雅图 | 67.1 | 48.9 |
| 圣路易斯 | 81.7 | 73.1 | 亚特兰大 | 73.7 | 64.5 | 波特兰 | 68.6 | 46.6 |
| 拿骚—萨福克 | 76.7 | 73.0 | 哈特福德 | 71.2 | 64.4 | 诺福克 | 59.5 | 46.0 |
| 伯根—帕塞伊克 | 80.3 | 72.3 | 坦帕 | 78.1 | 62.9 | 里佛赛德 | 52.6 | 44.9 |
| 费城 | 78.1 | 72.0 | 华盛顿 | 68.7 | 62.5 | 菲尼克斯 | 61.3 | 43.3 |
| 印第安纳波利斯 | 78.8 | 70.4 | 奥克兰 | 73.9 | 61.8 | 圣何塞 | 47.8 | 39.9 |
| 迈阿密 | 78.5 | 69.4 | 哥伦布 | 72.9 | 61.6 | 奥兰治 | 44.7 | 37.1 |

---

①　Committee on National Urban Policy, Commission on Behavioral and Social Sciences and Education and National Research Council, *Inner – city Poverty in the United States*, ed. by Laurence E. Lynn, Jr., and Michael G. H. McGeary, Washington D. C.：National Academy Press, 1990, p. 228.

②　U. S. Department of Commerce, U. S Census Bureau, *Racial and Ethnic Residential Segregation in the United States*：1980 – 2000, *Census Special Reports*, Washington D. C.：U. S. Government Printing Office, 2002, p. 69.

2000 年之后，种族隔离指数仍在下降，到 2010 年有些城市下降到 47，几乎与 1910 年的水平相当，黑人孤立指数达到 30，接近 1920 年的水平，是百年来最低的。①面对上述变化，有些学者过于乐观，他们在 2001 年推出的《世纪隔离的终结：1890—2010 年美国街区的种族隔离》调查报告中认为，"美国的城市比 1910 年更加融合，纯粹的以白人为主的街区，多数已经消失。黑人集中的隔都正在减少。"这种观点遭到多方的批评，认为"这些积极的变化并不意味着隔离消失了。事实上，它以某种令人不安的方式强化了，特别是当人们考察种族与经济隔离的时候尤其如此"。尤其是"在一些资源贫乏的地段，贫困人口的多样性更加突出。这是社会经济问题，而非种族问题"。②上述观点在很大程度上是正确的。

笔者使用"很大程度上"这个词是要说明，上述观点只看到了其他少数族裔人口变化的影响，但未强调黑人种族内部的自身变化对黑白种族隔离变化的影响。其实，黑白种族隔离指数的下降，原因之一在于 20 世纪 60 年代美国经济繁荣发展的同时，各项民权法相继实施，联邦政府又实施了具有深远影响的反隔离性质的肯定性行动。这些因素合力造就了一个新兴的黑人中产阶级，其人均年收入从占白人年收入的 55% 上升到 70 年代的 64%。随着经济条件的改善，家庭条件较好的黑人纷纷加入了郊区化进程，生活在城市低收入统计区的黑人比例从 85% 下降到 80%。因迁居郊区的黑人主要流向黑人居多的郊区，因而黑白之间的隔离变化不大，但黑人内部的空间隔离却在加剧。③此外，黑人郊区化并非都是本地城市的郊区化，不少黑人从美国东北部和中西部中心城市迁移到南部城市郊区。结果，居住在东北部和中西部的黑人从 1970 年占全国的 50% 减少到 2010 年的 38%。南部在同期的比例从 41% 上升到 52%。这种跨地区的大迁徙至少使东北部和中西部城市种族隔离

①　Nicholas O. Stephanopoulos, "Civil Rights in a Desegregating America," pp. 1343 – 1444.

②　Marjorie Valbrun, "Experts attack Manhattan Institute Study Claiming End to Segregation in U. S. Cities," *Chicago Defender*; Apr, 11 – Apr, 17, 2012; 106, 50; ProQuest, p. 10.

③　Committee on National Urban Policy, Commission on Behavioral and Social Sciences and Education and National Research Council, *Inner – city Poverty in the United States*, pp. 228 – 229.

程度减少了20%。①

　　黑白种族隔离指数下降的另一个重要原因是，1965 年美国国会废除了移民政策中的种族歧视条款后，来自亚洲和拉丁美洲国家的移民与日俱增。他们入境后，许多非专业技术人士要么是因为对美国社会不熟悉，要么是因为经济条件的限制，或者是住房市场上白人种族歧视等因素的掣肘，因而纷纷进入本民族社区定居。② 其中有近半数不说英语，处于语言隔离之中。据统计，1990 年有35%的亚洲裔生活在"语言隔离家庭"，他们占美国苗族家庭的 61% 、柬埔寨裔家庭的 56% 、老挝裔家庭的52% 、越南裔家庭的 44% 、韩国裔家庭的 41% 以及华人家庭的 40%。③他们与本族人口一起，强化了中心城市人口民族多样性的特征。同时，随着各族裔中，经济条件优越的人口的郊区化，各族内部也出现了阶级分离，在客观上造成黑白种族隔离下降格局的形成。例如，在西班牙裔中，墨西哥裔与白人、黑人、亚洲裔以及其他西班牙裔的居住隔离相对较低。在亚洲裔中，日本裔和菲律宾裔与白人、黑人以及西班牙裔的差异指数也低于其他亚洲裔与白人的隔离指数。④1980 年，拉丁裔与白人隔离的指数是50，亚洲裔是 31，印第安人是 37，黑人为 73。此后 20 年间，印第安人的隔离指数从 37 下降到 33，拉丁裔和亚洲裔与黑人之间的隔离差异未变。这种现状并不意味着没有进步。相反，它源于亚洲和拉丁美洲移民的大幅增加。"尽管拉丁裔与亚洲裔移民的大规模增长，但两个群体的

---

①　Nicholas O. Stephanopoulos, "Civil Rights in a Desegregating America," p. 1346.

②　Panel on the Demographic and Economic Impacts of Immigration, Committee on Population and Committee on National Statistics, Commission on Behavioral and Sciences and Social Sciences and Education, National Research Council, *The New Americans*, *Economic*, *Demographic and Fiscal Effects of Immigrants*, Washington D. C. : National Academy Press, 1997. p. 61; U. S. Department of Homeland Security, Office of Immigration Statistics, *2005 Yearbook of Immigration Statistics*, Washington D. C. : U. S. Department of Homeland Security, Office of Immigration Statistics, 2006, pp. 7 – 8.

③　U. S. President's Advisory Commission on Asian Americans and Pacific Islanders, *Asian American and Pacific Islanders: A People Looking Forward Action for Access and Partnerships in the 21st Century*, *Interim Report to the President and the Nation*, January, 2001, pp. 7 – 8. https://permanent. access. gpo. gov/lps17931/ www. aapi. gov/ interimreport3. pdf （2017 年 8 月 7 日下载）。

④　John Iceland, Daniel Weinberg and Lauren Hughes, "The Residential Segregation of Detailed Hispanic and Asian groups in the United States 1980 – 2010," *Demographic Research*, vol. 31 （July – December 2014）, p. 593, http: //www. jstor. org/stable/26350074 （2018 年6 月 29 日下载）。

居住差异没有增长，表明美国住房市场向其相对开放性。"随着城市人口的增长，亚洲裔与拉丁裔人口的社会孤立指数（isolation index）也有所上升。例如，在人口统计区层面上的孤立指数（tract-level isolation）从23上升到31，拉丁裔从45上升到55。城市印第安人的孤立指数从1980年的80下降到2000年的10。在过去30年间，黑人的隔离指数与孤立指数均出现下降。也就是说，在城市人口多种族的时代，"隔离作为美国社会的结构性特征渐趋温和。"①

当然，具体到西班牙裔、亚洲裔与黑人和白人之间的隔离状况，其隔离与孤立指数各不相同。例如，1980年，西班牙裔多数居住在本民族人口占38%以上的街区，然而2005—2009年同比提高到46%。这种状况一方面源于西班牙裔移民的增加，另一方面则源于西班牙裔人口郊区化进程比较缓慢的事实。同时，讲西班牙语的黑人与非西班牙裔白人和其他肤色的西班牙裔的隔离依然居高不下。墨西哥人、古巴人及波多黎各人等群体中的黑人与白人的隔离也比较高。其中波多黎各人与白人的隔离指数达到60，高于古巴人和墨西哥人与白人隔离指数的54，多米尼加人与白人的隔离指数也高达81。古巴裔与非西班牙裔黑人之间的隔离指数达到71，而墨西哥人和波多黎各人与非西班牙裔黑人之间的隔离平均在49—55，属于相对温和的状态。这就是说，黑人不仅与白人的隔离指数较高，而且与其他非白人族裔的隔离程度也比较高。就亚洲裔而言，不管是作为一个整体还是个体，其与白人的隔离指数不算太高，最高的是越南人（54），最低的是日本人（34）。而且，亚洲裔各群体与白人之间的互动关系非常高，达到43—54。②这些数据表明，所有群体与黑人之间的隔离程度较高，互动关系不尽相同。具体情况，详见下表。

---

① Douglas S. Massey, Jonathan Rothwell and Thurston Domina, "The Changing Bases of Segregation in the United States," *The Annals of the American Academy of Political and Social Science*, vol. 626, (Nov., 2009), p. 81; http://www.jstor.org/stable/40375925（2018年6月29日下载）。

② John Iceland, Daniel Weinberg and Lauren Hughes, "The Residential Segregation of Detailed Hispanic and Asian Groups in the United States 1980–2010," pp. 598–599.

表2　　　　　　　1980 年和 2010 年美国西班牙裔和亚洲裔与
白人和黑人的隔离状况调查统计①

| 年份 | 隔离差异指数 | | 互动指数 | | 年份 | 隔离差异指数 | | 互动指数 | |
|---|---|---|---|---|---|---|---|---|---|
| | 1980 | 2010 | 1980 | 2010 | | 1980 | 2010 | 1980 | 2010 |
| 西班牙裔与非西班牙裔白人之间的隔离 | | | | | 亚洲裔与非西班牙裔白人的隔离 | | | | |
| 所有西班牙裔 | 51.9 | 44.9 | 47.5 | 351 | 所有亚洲裔 | 42.0 | 44.5 | 61.9 | 47.7 |
| 墨西哥裔 | 52.1 | 50.3 | 45.1 | 33.4 | 华人 | 52.2 | 53.5 | 59.6 | 46.3 |
| 波多黎各裔 | 69.7 | 51.9 | 41.1 | 42.2 | 印度人 | 48.3 | 51.9 | 75.0 | 53.9 |
| 古巴裔 | 67.2 | 59.7 | 44.0 | 30.1 | 菲律宾人 | 54.1 | 47.5 | 55.1 | 40.3 |
| 多米尼加 | NA | 72.4 | NA | 25.5 | 韩国人 | 47.2 | 51.2 | 68.8 | 52.1 |
| 萨尔瓦多 | NA | 68.9 | NA | 28.3 | 日本裔 | 44.4 | 40.5 | 52.3 | 45.3 |
| 西班牙裔与非西班牙裔黑人的隔离 | | | | | 亚洲裔与非西班牙裔黑人的隔离 | | | | |
| 所有西班牙裔 | 61.5 | 45.2 | 10.6 | 10.7 | 所有亚洲裔 | 67.4 | 56.6 | 7.2 | 8.6 |
| 墨西哥裔 | 60.9 | 43.7 | 8.1 | 8.6 | 华人 | 75.1 | 68.9 | 6.5 | 6.3 |
| 古巴 | 82.3 | 67.1 | 6.3 | 9.2 | 印度人 | 77.4 | 67.2 | 8.4 | 9.6 |
| 波多黎各裔 | 62.2 | 45.5 | 19.8 | 17.6 | 菲律宾人 | 66.3 | 53.3 | 8.4 | 8.6 |
| 多米尼加 | NA | 56.0 | NA | 19.5 | 韩国人 | 76.3 | 69.5 | 6.8 | 7.0 |
| 萨尔瓦多 | NA | 53.5 | NA | 15.8 | 日本裔 | 69.4 | 62.1 | 5.2 | 4.8 |
| 西班牙裔与亚洲裔的隔离 | | | | | 亚洲裔与西班牙裔的隔离 | | | | |
| 所有西班牙裔 | 51.0 | 49.5 | 3.1 | 5.7 | 所有亚洲裔 | 45.4 | 48.9 | 12.5 | 19.0 |
| 墨西哥人 | 53.8 | 52.2 | 3.1 | 5.7 | 华人 | 59.3 | 62.5 | 12.2 | 16.4 |
| 波多黎各裔 | 65.4 | 50.7 | 2.4 | 5.2 | 印度人 | 58.6 | 60.8 | 10.3 | 15.0 |
| 古巴裔 | 58.5 | 56.3 | 1.8 | 3.5 | 菲律宾人 | 47.0 | 45.9 | 16.6 | 25.5 |
| 多米尼加 | NA | 65.4 | NA | 5.4 | 韩国人 | 57.6 | 63.5 | 12.1 | 16.3 |
| 萨尔瓦多 | NA | 59.6 | NA | 8.2 | 日本裔 | 49.9 | 55.1 | 11.7 | 15.9 |

---

① John Iceland, Daniel Weinberg and Lauren Hughes, "The Residential Segregation of Detailed Hispanic and Asian Groups in the United States 1980 – 2010," pp. 600 – 606, 610.

续表

| 年份 | 隔离差异指数 | | 互动指数 | | 年份 | 隔离差异指数 | | 互动指数 | |
|---|---|---|---|---|---|---|---|---|---|
| | 1980 | 2010 | 1980 | 2010 | | 1980 | 2010 | 1980 | 2010 |
| 西班牙裔与其他西班牙裔的隔离 | | | | | 亚洲裔与其他亚洲裔的隔离 | | | | |
| 所有西班牙裔 | 孤立指数 | | 38.9 | 46.0 | 所有亚洲裔 | 孤立指数 | | 15.9 | 20.4 |
| 墨西哥人 | 32.3 | 24.7 | 4.9 | 8.3 | 华人 | 41.3 | 40.3 | 7.9 | 12.6 |
| 波多黎各裔 | 46.8 | 31.4 | 11.0 | 19.5 | 印度人 | 36.0 | 38.0 | 3.8 | 10.6 |
| 古巴裔 | 45.2 | 37.8 | 15.9 | 27.3 | 菲律宾人 | 47.4 | 40.5 | 8.3 | 11.5 |
| 多米尼加 | NA | 38.9 | NA | 32.5 | 韩国人 | 40.1 | 41.6 | 11.8 | 16.9 |
| 萨尔瓦多 | NA | 39.8 | NA | 38.4 | 日本裔 | 37.0 | 41.4 | 11.8 | 16.9 |

在种族隔离下降的同时，阶级作为"一个居住隔离的新机制形成了"。其主要表现是在穷人与富人之间、白领与蓝领之间以及大学与高中学历之间的居住隔离指数在上升。当然，这并非说种族隔离作为一个社会问题不再像以前那样重要，而是说当代美国的社会隔离更加复杂。当种族与社会经济的隔离相互交融的时候，"种族（族裔）与阶级就成为界定城市空间结构并确定其居民人口位置的关键连接点，形成了……一个认识空间关系中处于中心位置的社会类别——'族裔阶级'（eth-class）——的概念"。①

需要指出的是，在种族隔离的时代，阶级隔离并非不存在。相反，它只是被种族隔离所掩盖。以白人为例，其上下层社会的隔离，可追溯至19世纪中期的富人郊区化进程。二战后到20世纪70年代，白人郊区化的主体是中产阶级和劳工阶级中的富裕者，白人上层占比极低。在这个时代，随着美国种族隔离制度的废除，亚洲裔、拉丁美洲裔和黑人中的中产阶级郊区化也随之加速。若将阶级与种族和性别因素综合考虑，可以得出这样的结论：即在1970年以前的美国社会，无论是在中心城市还是在郊区或农村，隔离中的种族因素大于阶级因素。对此，有美国学者指出："白人中上层收入家庭以及中产阶级收入家庭，与黑人同等阶层

---

① Douglas S. Massey, Jonathan Rothwell and Thurston Domina, "The Changing Bases of Segregation in the United States," pp. 87 - 88.

之间的隔离，远远高于白人上下层间的阶级隔离。"①

　　然而，从 20 世纪 70 年代中后期开始，这种格局发生转变。随着白人和各少数民族郊区化步伐开始加快，各族裔之内的阶级隔离日益加剧，到 80 年代，美国的隔离首先是社会经济的因素，其次才是种族因素。②到 90 年代，各地中心城市的居民中，不仅仅有黑人，而且还有非黑人，因而被称为"超种族的隔都化趋势"。有美国学者指出，"尽管黑人隔都受到多数媒体的关注，其他群体的隔都化也不应被忽视。……城市中心的族裔多样性比通常认识到的更加多样化"。在 80 年代大都市区的底层阶级人口中，英国裔占 17%，非洲裔黑人占 20%，德国裔、法国裔、爱尔兰裔、挪威裔和瑞典裔等西北欧裔占 21%，东南欧裔占 9%，盎格鲁美国人（Anglo Americans）占 7%，其他非白人占 4%，其他白人占 3%，其他西班牙裔占 4%、墨西哥裔占 5%、亚洲裔占 1%。其余为身份不详者。从各群体中的底层阶级人口比例看，黑人最高（19%），其次是墨西哥裔（13%）。英国裔和爱尔兰裔是西北欧裔中最高的，分别达到 7%，其他西北欧族裔分别在 2%—6%。在东南欧裔中，西班牙人达到 13%、意大利人达到 6%，是东南欧裔中最高的。亚洲裔达到 6%，印第安人达到 8%，其他非白人达到 15%，其他西班牙裔达到 16%，盎格鲁美国人达到 10%。③不言而喻，当代美国的隔离是一个种族和阶级相互交织的问题。

　　此外，在非大都市区和农村地区，贫困人口的隔都化趋势明显加快，以至于到 20 世纪 90 年代，有的美国学者认为，"农村隔都"贫困化程度超过了中心城市。④在 90 年代初的美国南部，超过 100 万农村黑人（约56.2%）居住在贫困率超过 40% 的县。在西班牙裔人口中，有 28% 居住在贫困率超过 40% 的县。在得克萨斯州农村地区，有 46% 的西班牙裔人

　　① U. S. National Advisory Commission on Civil Disorders, *The Kerner Report*, pp. 240 - 241.

　　② Barbara Schmitter Heisler, "A Comparative Perspective on the Underclass: Questions of Urban Poverty, Race, and Citizenship," *Theory and Society*, vol. 20, No. 4 (Aug., 1991), pp. 468, http://www.jstor.org/stable/657687 (2017 年 3 月 1 日下载).

　　③ Robert Masao Jiobu, *Ethnicity and Inequality*, Albany, N Y: State University of New York Press, pp. 58, 60, 78.

　　④ Daniel T. Lichter, Domenico Parisi and Michael C. Taquino, "The Geography of Exclusion Race, Segregation, and Concentrated Poverty", *Social Problems*, vol. 59, No. 3 (August 2012), p. 367; http://www.jstor.org/stable/10.1525/sp.2012.59.3.364 (2017 年 3 月 1 日下载).

口居住在贫困率超过40%的县。在密西西比州的蒂尼卡（Tunica）县，不少人栖身在"即将坍塌的小破屋……屋内没有管道或排污设施。街道是凹凸不平的土路，社会问题泛滥……它们就是城市隔都区"。① 2000年之后的密西西比三角区农村黑人中，其贫困率超过58.2%。2005—2009年，居住在极端贫困区的白人达到16.6%，黑人达49.2%，西班牙裔为33%。再从非大都市区与中心城市的差异看，有些农村的"隔都化"程度比中心城市更高。2009年，居住在贫困社区的黑人占非大都市区黑人的45.9%，而在大都市区仅为35.1%。在非大都市区的贫困黑人中，57.6%居住在高贫困区，大都市区仅为47.7%。②

在白人内部各阶层之间，因经济状况差异而形成的隔离进一步加剧。例如，在俄勒冈的亚姆希尔（Yamhill）县，"处于就业边缘的白人家庭似乎在复制两代人之前毁灭黑人家庭的病态心理。"底层阶级的各种特征——长期失业、辍学、非婚生育、吸食毒品和社会犯罪等问题严重泛滥。③在该县具有高中学历的美国白人妇女中，婚外生育的比例超过了44%，而在1970年仅为6%。对于长期陷入贫困的家庭来说，稳定的家庭和婚姻对于贫困人口具有重大的影响。④在新罕布什尔州21号公路旁的居民约为1200人的达比镇（Darby），尽管其自然资源丰富，但因为上层阶级、劳工阶级和底层阶级之间在价值观和生活方式等方面存在着"阶级分裂"。居住在该镇的"乔丹家族"（Jordan clan）就属于该镇的底层阶级，其族内通婚属于常态，居民不关注子女教育和文化学习，院落内堆满了旧车、废弃的洗衣机，院落没有护栏，生活方式脱离主流社会。这种状况"也存在于新英格兰的所有小城镇"和美国南部与西部

---

① Committee on National Urban Policy, Commission on Behavioral and Social Sciences and Education and National Research Council, *Inner-city Poverty in the United States*, p. 34.

② Daniel T. Lichter, Domenico Parisi and Michael C. Taquino, "The Geography of Exclusion Race, Segregation, and Concentrated Poverty," pp. 368, 376.

③ Nicholas D Kristof, "The White Underclass," *New York Times*; February 9, 2012, p. A23.

④ Nicholas D. Kristof, "The White Underclass," *International Herald Tribune*; Paris［Paris］10 Feb., 2012, p. 9; https：//rpas. klnpa. org/rpas/ezproxy. cgi? institution = 8&url = https：//search. proquest. com/docview/920472345? accountid = 11652（2017年8月11日下载）。

地区。①一些媒体将白人底层阶级称为"白人垃圾"。②"如此多的美国白人垃圾（white – trash Americans）"作为"永久的经济失败者"，构成了美国农村白人底层阶级的主体。③

从美国阶级隔离的特征看，主要是富人与下层社会的隔离。例如，最富有的 20% 的美国人与其他美国人之间的隔离在 1970—1990 年增长了36%。尽管在 20 世纪 90 年代，随着各阶层收入不平等差距略有缩小，阶级隔离的增长一度处于停滞状态，但是，贫富隔离"基本上发生在大都市区之间以及中心城市与郊区之间"。究其原因，主要是因为富人"在郊区的社区周围使用了政治疆界"。因此，最富有的 20% 的人群与最贫困的20% 人群之间的"隔离更高一些"，从 1960 年的 26.6 上升到 2000 年的32.9。④再从以学历差异为标志的社会经济层面看，其隔离指数逐渐上升，从 1970 年的约 12 上升到 2000 年的 16，高中与大学学历之间的隔离从1970 年的 20 上升到 2000 年的 35。白领与蓝领的职业隔离指数从 1971 年的 12 上升到 1997 年的 17。特别是在黑人人口数量较多的大都市区，富人与穷人的空间隔离明显提升。甚至黑人"比白人之间的收入隔离增长更快"。⑤表现在居住隔离方面，其指数从 1970 年的 29 上升到 1990 年的43。阶级分类指数（class sorting index）也从 34 上升到 42。尽管这两项指数在 20 世纪 90 年代经济增长时期显得比较温和，但富穷之间的隔离2000 年比 1973 年更高。收入引起的隔离与阶级孤立（class isolation）如

---

① Peter Anderson, "Class War in Darby, N. H. It's like every New England town, but it's not easy to find on the map," *Boston Globe*; Boston, Mass. 8 May 1991, pp. 2 – 3; http：//proxy – iup. klnpa. org/login? url = https：// search. proquest. com/ docview/294592455? Accountid = 11652 (2017 年 8 月 17 日下载)。

② Clarence Page, "Coming Soon：The New White Underclass," *The Sun*；Baltimore, Md. [Baltimore, Md] 03 Nov 1993, p. 19A；http：//proxy – iup. klnpa. org/login? url = https：// search. proquest. com/docview/406828771? accountid = 11652 (2017 年 8 月 17 日下载)。

③ Gabrielle Rish, "Rural America's bitter harvest," *Sunday Tasmanian*；Hobart Town, Tas. [Hobart Town, Tas] 22 Aug 2010：26；http：//proxy – iup. klnpa. org/login? url = https：// search. proquest. com/docview/ 746327208? accountid =11652 (2017 年 8 月 17 日)。

④ Claude S. Fischer, Gretchen Stockmayer, Jon Stiles and Michael Hout, "Distinguishing the Geographic Levels and Social Dimensions of U. S. Metropolitan Segregation, 1960 – 2000," *Demography*, vol. 41, No. 1 (Feb. , 2004), pp. 49；http：//www. jstor. org/stable/1515212 (2018 年 6 月 29 日下载)。

⑤ Nicholas O. Stephanopoulos, "Civil Rights in a Desegregating America," pp. 1357 – 1358.

影相随。富有家庭与贫困家庭之间的孤立指数，在 1970 年到 1990 年美国大都市区均处于增长状态。一般贫困家庭居住在贫困人口平均占到 14%的统计区，到 1990 年达到 28%，而富裕家庭居住的街区从 1970 年的 31% 上升到 1990 年的 36%。尽管两类数据在 90 年代有所下降，但仍然保持在 1970 年的水平上。也就是说，随着阶级隔离的上升，贫困人口和富有人口日益集中在大都市区不同的街区。上层社会在郊区追求同质性的同时，人们依据自身的意识形态差异择而分聚，形成了自由派与保守派的隔离。它在州一级层面上，从 1990 年的 15 上升到 2000 年的 18，2002 年又上升到 28。在县级层面上，从 1994 年的 30 上升到 2000 年的 33，2002 年达到 42。到 21 世纪初，美国首次出现了建国以来的"以意识形态界限为基础的极化现象"。①

## 二　贫富两极化的趋势和影响

从性质上看，当代美国阶级的隔离实际上是各族群内的贫富极化，"演化为地理上日益增长的社会经济隔离的形式"。②它以特定的地理空间居住条件为标志，以住房及其所在地段的商业价值与价格为尺度，在不同经济条件人口之间形成地理空间上的贫富隔离。有的美国学者认为，1970—2000 年，收入不平等对隔离的影响率在 40% 到 80%。因而在当代美国居住隔离方面，收入不平等是首要因素。③

为更好地理解当代美国的阶层隔离与财富差异的关系，有必要先对这两个概念进行简单的界定和说明。据美国学者查尔斯赫斯特使用的标准看，私人财产和财富包括各项资产中不含债务的"净价值"和"金融资本财富"，是指"所有可以在市场交换的当前价值，或者是可以兑换成

①　Douglas S. Massey, Jonathan Rothwell and Thurston Domina, "The Changing Bases of Segregation in the United States," pp. 81 – 82, 83 – 86.

②　Douglas S. Massey, Jonathan Rothwell and Thurston Domina, "The Changing Bases of Segregation in the United States," p. 75.

③　Sean F. Reardon and Kendra Bischoff, "Income Inequality and Income Segregation," *American Journal of Sociology*, vol. 116, No. 4 (January 2011), p. 1138; http://www.jstor.org/stable/10.1086/657114 (2018 年 6 月 29 日下载)。

现金的扣除债务价值的资产"，包括房产、不动产、现金、积蓄、存款、资本市场账户、债券、股票、信托基金、退休养老金、生命保险和养老金等。他在界定美国社会各阶层时将其分为五个阶层：①上层社会，占美国人口的1%，主要是大公司所有者、商人、银行家、金融家等，年薪平均在200万美元以上，其收入来自资产收益；②中产阶级上层，占美国人口的14%，年薪平均在12万美元以上，是具有高等学历的专业技术人士、经理和中等资产公司的业主；③中产阶级，占美国人口的30%，多数具有美国高校学历，部分具有中学学历，多数从事白领职业。④劳工阶级，占美国人口的30%，多数有高中学历，部分人曾在大学深造，职位为白领低层和蓝领高层，平均收入在3.5万美元以上；⑤就业的穷人阶级，占美国人口的13%，多数有高中学习的经历，有些高中毕业，是蓝领低层和服务业工人，年收入在2.2万美元以上；⑥底层阶级，占美国人口的12%，多数无学历，含半日就业者、失业者、依赖福利者，年薪平均为1.2万美元。①

上述界定是21世纪初期完成的，它并不一定能够反映整个美国历史的史实。但是，在殖民地时代，因财富分配不公而形成的社会等级现象十分突出。在建国之后，财富不平等的现象随着美国工业化和城市化的发展而逐渐加剧。1800—1850年的新英格兰、大西洋沿岸中部州以及南部地区和中西部地区，最富有家庭持有的人均财富占美国家庭财富的60%。1810年的布鲁克林，1%的人口占有22%的财富。1840年1%的人口占财富的42%。波士顿和纽约市的格局基本相似。财富占有不平等趋势1850—1870年明显加剧。通过对自由成年男性的动产和不动产分析就可以看出，1860年1%的人口占有美国30%的财富，而最富有的10%的人口拥有全美73%的财富。这就是说，"1850—1870年从经济资源的占有看，一个上层精英群体的存在毋庸置疑。"1860年，全美共有41名百万富翁，1870年达到545人，1922年增至5904人。很明显，在19世纪工业化开始后，财富的不平等化趋势加快。20世纪20年代，美国最富有

---

① Charles E. Hurst, *Social Inequality*, *Forms*, *Causes and Consequences*, Boston, Pearson Educational Inc., 2007, pp. 17 – 18, 34.

的 1% 的人口拥有美国家庭财富的 30%。①不言而喻，到 20 世纪，现代美国财富两极化的格局已经形成。

　　不过，经过 20 世纪 30 年代的经济危机和战后美国联邦政府带有明显的平均主义色彩的新政干预模式，贫富极化的趋势在一定程度上得到遏制。特别是在 60 年代，美国经济的繁荣发展创造了大量就业机会，社会失业率一路走低，并在 1969 年降至 4% 以下。另外，民权运动的高涨和社会贫富的两极化，促使联邦政府加大了新政式的国家干预，它通过伟大社会政纲和向贫困开展计划的实施，加大了对劳工福利、教育和各种福利计划的投入，医疗照顾、医疗援助、对有子女家庭的援助计划等也相继出台，在就业、教育和住房市场方面的反歧视法律不断完善。在这种背景下，体面的职业、稳定的收入、保障的福利和广泛的社会参与使许多人加入了中产阶级行列，甚至有些人还有富余的资金进行投资，或者是通过学历教育实现了子女向中产阶级社会的流动。所有这一切都使人们相信，美国进入了一个更加平等的社会。

　　然而，在 1969 年共和党人尼克松上台之后，形势急转直下。首先，1973 年经济危机爆发后，通货膨胀使 3/4 的美国劳工的工薪骤降。美国经济结构的变化，特别是制造业的空心化——部分制造业向拉丁美洲和亚洲国家转移，酿成了"美国梦的危机"。其次，"20 世纪 60 年代和 70 年代福利国家的扩张，引起了美国资本家阶级的恐惧"。这种恐惧情绪与同期大公司的利润骤减并行不悖。于是，特权阶级发起了"一场具体的、大规模的阶级总体战的动员"。他们通过成立游说组织，加强对政治决策的干预。例如，1973 年全美成立了一个由 200 多家大公司首席执行官组成的"美国最恐惧的公司游说组织"——"企业圆桌会议"。与此同时，在全国注册的游说集团从 1971 年的 175 个增加到 1979 年的 650 个。美国商会会员从 1967 年的 3.6 万家增长到 1974 年的 8 万家。同时，70 年代还见证了大批保守思想智库的出现，目标是影响福利改革等方面的联邦政策。同期，具有强大影响力的"公司政治行动委员会"从 1974 年的 89 个增加到 1980 年的 1206 个，到 90 年代末期达到 2746 家。它们在国会选举中的支出迅速增加，从 1980 年的 3.42 亿美元增加到 1996 年的 7.65 亿

① Charles E. Hurst, *Social Inequality, Forms, Causes and Consequences*, p. 33.

美元和 2000 年的 10 亿美元以上。利益集团的崛起对国会立法、国会选举和总统选举等每个层次的政府组织产生了很大的影响。特别是以共和党和民主党为代表的两大政党之间及其身后的利益集团之间在施政纲领上的博弈"形同一场阶级总体战"。在这场战争中，一切"都根植于相互冲突的利益，并且与几乎是由特权阶级主导的、由大公司资源驱动的几乎一边倒的战争动力相联系"。①

于是，人们在政治生活中就看到这样一种变化，即 20 世纪 70 年代之后，随着大公司参与政治程度的提高，它们对美国政体的控制空前加强，进入了有的美国学者所说的"新镀金时代"。在这个阶段，政治决策者利用美国政体的内在机制，在决策中将精英阶层与民主监督隔离开来并"处于免予公众问责的保护之下"。在公开的政治生活中，"统治精英们互动的标志是，在一些领域彼此恶语相伤，或冲突极端化，在另一些领域则是顺利的合作与共识。在两个极端和中间的许多连接点上，统治美国的精英们今天只是彼此盯着对方。""当精英们不再与公众进行民主对话后，他们转向过度的、经常是灾难性形式的冲突或共识。一方面是近年来让国会陷入瘫痪的两极化的冲突，形成一种无动于衷与不负责任的行动的混合；另一方面是金融家、管理者和联邦储备银行官员之间出现的群体性思维的破坏性动力并导致 2008 年爆发的大衰退……事实上，很难说两者中，对民主制度或对另一半低收入的美国人而言，哪一种破坏性更大。"从政治决策者与富有阶层的关系看，政治生活已经成为受到利益集团支配的"有组织的战斗"。交战的一方是民主党、工会以及其他不同利益集团联合的政治组织，另一方是共和党、大企业和相关组织。在这种机制下，"精英们完全拥有行动的扩张性自由，而公民作为支持者则成为精英行动合法性的源泉，但是，公民又被视为治理的对象，具有可以被利用的政治资源。在另一极，精英们又坚定地参与到一直存在的民主代表的关系中，因而受到了各种制约因素和反制力量的限制。公民有组织地参与到政治中，充当公民代理，作为治理中的共同参与者。"在决策链条中，精英们通过还权于州的方式，让"精英自治潮一次又一次地吞

① Robert Perrucci and Earl Wysong, *The New Class Society*, *Goodbye American Dream*? Lanham, Maryland, Rowman and Littlefield Publishers, Inc., 2003, pp. 48 – 49, 69 – 70.

没了政坛。制度性变化的推进，使决策过程远离公众影响，却被解释为公众对专家和开明官员的尊重。这些变化在两党政治制度之下运作，两党政治以普通民众为代价，赋予了治理精英权力。从这一视角出发，造成经济不平等的各种问题，却只能在横向研究中，捕捉到一小部分画面。他们只能在政党政治的失衡和中间选民选择的政策中背离。因此，经济不平等与民主制度受到侵蚀的过程并行不悖。这种侵蚀的特点就是被隔绝的精英统治、被削弱的公民组织、民众政治代理的边缘化，它不仅发生在右翼内部，也发生在左翼内部"。[1]

更重要的是，从 20 世纪 70 年代开始，美国终止了二战后秉承多年的美国民主体制中的政治和经济契约。作为大企业和劳工之间纽带的公民组织也销声匿迹了。商业所有者将财富从地方性社区转移到一种合作性运作体制中，其目标是股民期盼的高额利润。大企业的精英们开始追随能够获取利润最大化的快速的、单边行动的自由。他们以州为政治根据地，解除了政府对企业精英们的种种限制，在管理上摆脱了劳工组织通过集体谈判权利所带来的各种限制，采取了颇具灵活性的新型生产管理模式和廉价劳工就业方式。到 90 年代中期，政府作为合作者，与企业和非盈利组织一起分享权力。当一份又一份合同将公共资源和决策权授予非政府组织的时候，一种新型的管理精英在"公私伙伴关系"和"跨行业合作"的模式下开始显现。在这样的权力网络中，来自各个行业的企业精英们实现了一个目标——让美国人无法责怪民主体制中承担责任的机构或代表。他们在摆脱劳工组织的制约和政府管理的监督后不再受到政府的种种限制，而是处于一种自由放任的状态中。于是，大企业开始向各种选举活动提供资金，削弱了政府管理规则、税收以及州政府监督企业的能力。"当它们逃出政府的管制，精英们利用他们新发现的自由权利，抛弃了 20 世纪中期支撑强大的中产阶级的契约，接着便迅速削减工资、福利和退休养老金，将医疗照顾和退休养老金的风险推给劳工，取消了预算成本和对美国工人在市场紧缩时期提供的各种保护。"另外，企

---

① Joe Soss and Lawrence R. Jacobs, "Guardianship and the New Gilded Age, Insular Politics and the Perils of Elite Rule" in Marion G. Crain and Michael Sherraden, eds., *Working and Living in the Shadow of Economic Fragility*, New York: Oxford University Press, 2014, pp. 158 – 160.

业精英们利用还权于州的政治口号,加强了在本州内的自治。在 60 年代的伟大社会时期,企业精英们认为美国出现了"过度民主","给州政府机构带来了超载的威胁"。于是,精英们"在随后的几十年间……通过不同的方式,在他们与公民之间构筑起一道道制度性的边界墙"。地方政治是如此,联邦政府也是如此。在美国国会立法中,"参议员通过拖延的方法,或者是由众议院议长和参议院多数党领袖通过确定各自议院议程和规则绕道而行,使越来越多的公众要求被冲掉了。两院议员拥有一系列复杂的技巧,遮掩其政治决策的视觉形象,避免曝光后遭到谴责。政策设计十分精明,它们通过模糊或拖延成本,遮掩精英们获益的特性。"当选官员们也通过民意调查研究中总结出来的"精心制作的谈话",以丰富的想象力,来建构既能为富有阶层服务,又能让公众相信的话语表达自己的治国思想。一旦出现有争议性的问题,则通过"把矛头指向准备就绪的替罪羊,躲过了公众的愤怒。之后,他们又能重新获得民众的支持,并收获来自谋求更加殷勤的、穿着考究的利益集团的政治奖赏"。①

当然,这些保护当选官员们的政治把戏也延伸到政治选举中,弱化了民众的监督和问责制度的作用。多年来选举中出现的方式是,他们通过各种方法,增加选民注册登记的难度,修改注册规则,在选举前不告诉选民投票地点,随便更改投票地点,甚至指使基层组织通过不正当方法,伪造选民登记册,导致许多适龄选民被"剥夺了选举权"。例如,在2000 年以来的历次全国性或者是地方性的选举中,"失实的选民名册是一个重大的全国性问题"。在 2004 年总统选举期间,在密苏里州的几个县,"注册的选民人数超过了适龄投票人口数量(以美国人口统计为依据)的150%。"在其他州,非法选民重复投票的势力屡见不鲜。在佛罗里达州,有超过 14 万选民在佐治亚、俄亥俄、纽约和北卡罗来纳等州重复注册投票。在佛罗里达州的注册选民中,有超过 6.4 万人是在纽约注册的投票公民。2000 年的选举投票结果表明,至少有 6 万多名选民在北卡罗来纳和南卡罗来纳重复注册投票。到 2006 年年底, "许多州仍然没有遵守《2002 年帮助美国选举法》中要求一州一份覆盖全州的选民名册。"在俄

---

① Joe Soss and Lawrence R. Jacobs, " Guardianship and the New Gilded Age, Insular Politics and the Perils of Elite Rule," p. 166.

亥俄州，有些候选人"受到州外各种特殊利益集团的'围攻'"。①在日常
生活中，联邦和各州经常出现行政权力行使立法权的现象，其中之一就
是通过行政命令替代立法，小布什因此被称为"帝国总统"，民主党人谴
责其单边行动涣散了美国的民主制度。可是在奥巴马担任总统以后，也
因为类似的行为而被称为"政策沙皇"，意思是指他在气候变化、经济政
策、医保、住房和教育等方面，独断专行，行使了"脱离其国会民主党
大本营的权力"。②政治精英与企业精英在政治生活中共同构筑了远离公民
社会的制度体系。让人们看起来，政客们很忙，在为民办事，实质上在
很大程度上是与企业精英们合唱双簧，从而最后实现利益均沾。政治家
们在一次又一次的选举中获得好处，而企业家在"自由放任"和"还权
于州"的旗号下聚敛财富。在2010年美国国会举行的听证会上，许多议
员和社会组织要求颁布宪法修正案，解决选举中政治捐助资金问题。
因为：

> 民众已经对他们的政府丧失了信任。民众不再相信他们的政府
> 会为他们负责，因为他们相信，他们的政府对那些资助竞选的人更
> 加负责。正如你们所有的人——民主党人，共和党人以及独立候选
> 人——都发现，你们自己被迫进入了一个永恒的资金筹措周期，你
> 们变得，或者至少多数美国人相信你们已经变得，对捐资者更加负
> 责。……今天的美国有两类选举——不是主要的大选，而是资金选
> 举和投票选举。要赢得投票选举，必先赢得资金选举。但与投票选
> 举不同，并非每一位公民都能平等地参与资金选举中。恰好是因为
> 资金选举，我们已经演化为一种当选官员依赖一小撮少数美国人的
> 制度。这一小撮人绝对不能代表美国全部……这不是犯罪学意义上
> 的腐败……它是一种开国元勋们肯定认识到也很容易识别的意义上

① Mark F. (Thor) Hearne, II, "Voter Fraud and Voter Intimidation at Polls" in U. S. Commission on Civil Rights, Voter Fraud and Voter Intimidation: A Briefing Before The United States Commission on Civil Rights, Washington, DC: U. S. Commission on Civil Rights 2006, pp. 40 - 41; http://www.usccr.gov/pubs/voterfraud102408.pdf (2017年2月5日下载)。
② Joe Soss and Lawrence R. Jacobs, "Guardianship and the New Gilded Age, Insular Politics and the Perils of Elite Rule," pp. 166 - 167.

的腐败。①

另外，"美国民主与媒体中心"的负责人指出："大公司在我们的民主体制中已经享有太多的权力。……有些大公司的总裁及其家庭从他们在大公司的投资中获得了'巨额'财富，他们将资金投入选举中的能力超过了多数公司（甚至一些国家）的财富。令人难以置信的政治捐助金额有助于推进大公司的目标和这些个人的利润（以及他们的投资）……"②2014年，美国参议院银行、住房与城市事务委员会经济政策特别委员会主席杰夫·默克利（Jeff Merkley）在国会听证会的开幕词中指出，"今天有证据表明，财富的不平等集中正在影响我们的决策，其方式是加大我们国家创建一个更加强大的中产阶级难度并排除中产阶级经济增长。每天，成千上万的游说者来到国会山影响政策的辩论，以利于更加富有的公民的利益。我们必须确定，数以百万计的底层和中产阶级收入的美国人的声音为那些掌握更多财富的人的声音所淹没。"③

政治制度与决策过程被置于大公司的掌控之下，为大公司在经济领域纵横捭阖创造了条件。他们利用各种手段敛财。有些是合法的，有些超出了法律的制约。就合理性投资与利润而言，有些投资——例如技术性风险投资——可以获得高额的利润。1983—1989年，美国最富有的20%的人口获得了美国财富总额的89%，其中1%富豪占这15年间财富

---

① "Statement of Lawrence Lessig, Roy L. Furman Professor of Law and Leadership, Harvard Law School, Cambridge, Massachusetts" in United States Senate, *Taking Back Our Democracy*: *Responding to Citizens United and the Rise of Super PACs*: *Hearing before the Subcommittee on Constitution, Civil Rights and Human Rights of The Committee on the Judiciary*, United States Senate, One Hundred Twelfth Congress, First Session, July 24, 2012, Serial No. J－112－89, Washington D. C.: U. S. Government Printing Office, 2012, p. 18.

② "Statement of the Center for Media and Democracy, Lisa Graves and Brendan Fischer Before the United States Senate Committee on the Judiciary, Subcommittee on the Constitution, Civil Rights, and Human Rights" in United States Senate, *Taking Back Our Democracy*, p. 139.

③ "Opening Statement of Chairman Jeff Merkley" in United States Senate, *Who is the Economy Working for? The Impact of Rising Equality on the American Economy*, *Hearing before the Subcommittee on Banking, Housing and Urban Affairs*, United States Senate, One Hundred Thirteenth Congress, Second Session on Exploring the State and Trends of inequality and Its Impact of the Middle Class and The Economy Overall*, September 17, 24, 2014, Washington D. C.: U. S. Government Printing Office, 2016, pp. 1－2.

增长的 50%。1983 年，100 万美元的股票投资到 1998 年增长了 14 倍。拥有如此巨额财富的家庭并不多。1989—1998 年，美国的百万富翁增长了 54%，价值千万美元资产的家庭增长了 4 倍。1% 的家庭拥有的财富 80% 来源于股票、金融证券、房地产和商业实体，而投资到家庭住房的资本不到 8%，流动资产（如银行存款或者资本市场的资金）的投资仅为 5%。居于中产阶级位置的 60% 的美国人口与富人形成了鲜明的对比。他们财富中的 60% 用于家庭住房，24% 用于投资于流动资本，14% 用于商业实体、股票、不动产或者金融证券等投资。但是，恰好是后几种投资在 20 世纪 80 年代和 90 年代经历了"最大幅度的增长"。1998 年最富有的 10% 的家庭拥有全部股票的 85%、金融证券的 84%、信托基金的 91%、私有企业"去除债务后资产净值"的 92%。相反，剩余的 90% 人口所欠的债务占美国家庭债务总额的 73%。年收入在 1 万美元以下的家庭所欠的债务，远远高于年收入在 10 万美元以上的家庭。在收入不到 1 万美元的家庭中，1/3 的家庭常常遇到经济困难，而年收入在 10 万美元的家庭中仅为 2%。所谓经济困难是指年收入的 40% 用于偿还债务。[1]据统计，20 世纪 90 年代，搞技术风险投资催生了当代美国的巨富"独角兽"（unicorn）。2014 年 1 月到 2016 年 3 月，美国的亿万美元富翁从 32 个增长到 88 个，资本价值从 750 亿美元增长到 3000 亿美元。同期，欧洲的巨富"独角兽"从 2 个增长到 16 个，综合资本价值从 90 亿美元增长到 350 亿美元。欧洲企业创造了 260 亿美元的附加值资本，美国同类型企业创造了 2250 亿美元的附加值资本。[2]

从政府的服务宗旨看，首先，由于财产权利受到法律保护，企业精英可以根据市场行情，将企业迁移到海内外有利可图的地方。但是，就业岗位却不是工人的财产，也不受司法保护。只是在企业雇佣环节方面，企业必须做到公平竞争。这种不对称现象使工人处于弱者的位置。其次，精英阶级有着"无限制的机会积累财富"。在积累过程中，精英阶级受到美国国家税法偏袒和保护。因为在美国的税收政策中，"有一系列漏洞避

① Charles E. Hurst, *Social Inequality, Forms, Causes and Consequences*, pp. 35 - 36.

② Edward Conard, *The Upside of Inequality, How Good Intentions Undermine the Middle Class*, New York：Penguin Random House LLC, 2016, p. 34.

免税收，环境也有利于富有人口变得更富。富有的 20% 的人口的净财富和金融财富的份额是惊人的。这部分人口拥有一切，而其余 4/5 的美国人口只是旁观者"。这种结构不仅提供了美国社会阶级结构的画面，而且还是这种阶级结构得以延续的基础。2001 年美国国会颁布了一项税法，废除了联邦不动产税法，富有阶级可以将其财富传承给子孙，而不受任何苛税政策的限制。这是当时小布什总统税改计划的一部分，收入在 6 位数以上的阶层受益最多，而中产阶级和劳工阶级收益最少。包括社会保障和医疗照顾的资金来源保障的所得税，低收入阶层承担的份额远远高于高收入阶层。这就是说，在当代美国精英阶级与劳工阶级的利益分配之间，存在着有的美国学者所说的这样一个事实："当一个阶级的状况得到改善的时候，另一个阶级会有所损失。精英阶级在消费资本、投资资本、技术资本和社会资本方面的优势，是以牺牲劳工阶级利益为代价的。任何旨在保证劳工阶级资源稳定的行动，都会导致精英阶级资本或者优势的部分丧失。"①倘若出现精英阶层在财富分配中失利的情形，那美国就不是美国了。

当然，美国政治的保守化趋势还在于美国社会形成了保守文化的土壤。最明显的例证是在 2009 年 1 月巴拉克·奥巴马当任美国总统之时，美国经济陷入了 20 世纪 30 年代以来最为严重的经济危机，由于这次危机是从共和党执政时期开始的，银行倒闭，工业破产，房地产市场陷入灾难，失业率上升，穷于应付的奥巴马政府焦头烂额，可是许多美国人并不满意，于是，反对奥巴马政府的"茶党"组织出现，其核心是反对奥巴马政府实行扩大医疗照顾计划的政策纲领，尤其是坚决反对将财富和资源分配给下层群体。在媒体的帮助下，茶党的主张迅速传播，获得了广泛的支持，尽管该党自诩代表普通美国人的价值观，但它严重依赖大公司提供的资源，因而，该组织活动是一次中产阶级和上层社会反对下层的全国性运动。在 2010 年《纽约时报》进行的一次调查中，茶党支持者的经济状况好于多数美国人。他们中间只有 6% 的人暂时失业，多数人更加富有，有大学学历，认为奥巴马政府扩大医疗照顾的计划损害了他

---

① Robert Perrucci and Earl Wysong, *The New Class Society*, *Goodbye American Dream?*, pp. 35 – 37.

们的利益。①

在这样的背景下，企业主通过压制工人工资来降低生产成本，确保利润。结果是：第一，社会财富分配不公，加剧了阶级极化的趋势，中产阶级中队伍中，不少人分别流入上层和下层社会，其规模开始萎缩。第二，收入下降导致许多劳工阶级生活水平下降，但精英阶级丝毫不受影响。第三，收入下降的同时，也加剧了劳工阶级和中产阶级医疗保险和福利的不安全感。第四，20 世纪 70 年代以后，零工、半日共和临时工的使用，削弱了许多工人的岗位安全感，助长了一个新型的"应急劳工队伍"的形成。在此背景下，每小时工资在 8.19 美元到 24.57 美元的劳工人数，从 1973 年的 67.8% 减少到 1999 年的 61.3%，每小时工资在 8.19 美元以下的劳工比例从 1973 年的 23.6% 增长到 1999 年的 26.8%。每小时工资超过 24.57 美元的劳工比例从 1973 年的 8.6% 上升到 1999 年的 12%。再从劳工阶级内部看，也存在相同的现象。在蓝领职业和服务业行业，50% 的男性和 25% 的女性出现下降。1973 年，蓝领和服务业行业的男性每小时工资从 15.51 美元（蓝领）和 12.89 美元（服务业）下降到 2000 年的 13.9 美元和 11.01 美元（按照 2000 年美元价格计算）。同期女性蓝领和服务业劳工每小时工资从 1973 年的 9.84 美元和 8.14 美元下降到 2000 年的 9.49 美元和 8 美元。白领职业的男性和女性职业的工资每小时都出现增长的趋势。按照 2000 年美元价值计算，白领男性的每小时工资从 1973 年的 20.58 美元增长到 2000 年的 22.69 美元，女性白领的职业从每小时的工资 12.49 美元增长到 2000 年的 15.13 美元。1973 年，白人家庭中位数收入是 45311 美元，1999 年是 50106 美元。同期黑人家庭中位数收入从 24837 美元增长到 30053 美元，西班牙裔从 30376 美元下降到 30262 美元。②

与下层劳工收入下降的趋势相比，上层社会的收入迅速膨胀。据统计，1960 年，美国最富有的 5% 的人口占美国国民总收入（税前）的

---

① Rory McVeigh, et. al., "Educational Segregation, Tea Party Organizations, and Battles over Distributive Justice," *American Sociological Review*, vol. 79, No. 4, August 2014, pp. 632 – 633; http://www.jstor.org/stable/ 43187557（2018 年 6 月 29 日下载）。

② Robert Perrucci and Earl Wysong, *The New Class Society*, *Goodbye American Dream*? pp. 48, 50 – 51.

22%，这一比例一直维持到 1986 年，但此后开始增长，1990 年以后加速，2000 年增长到（税前总收入）30%，2010 年则超过 34%。体现在增长率方面，各阶层收益状况大不相同。例如，1979—2010 年，美国最富有的 1% 的家庭的税后收入增长了 202%，而中间的 60% 即中产阶级家庭的收入仅增长了 39%。显然，经济不平等作为"过去 30 多年来宏观经济政策变化的结果，最富有的美国人口与其余的美国人之间的差距变成了巨大的裂缝"。由于 1/4 的成年全日工的收入不足以维持住房、基础设施、医疗保险、他们自己或者其家庭交通开支。于是，人们只好求助于信贷消费，结果造成家庭债务的空前增加。1960—1985 年，信用卡借贷消费仅占美国人消费的不到 60%，到 20 世纪 90 年代中期达到 80%，此后继续攀升，2003 年超过 100%，2008 年经济危机之前更是高达 130%。也就是说，从 2003 年开始，下层美国人的消费百分之百地依赖于信用借贷，其中住房借贷引起的债务超过了债务消费的 70%。①不仅如此，到 2010 年，美国就业适龄劳工中，有 2700 万劳工（占美国劳工的 15%）失业或者处于就业不足的状态。这个数字到 2014 年仍然高达 2000 万以上。还有相当一部分劳工放弃了在就业市场上谋职。其中有 10% 的人的失业时间超过了 37 个星期，是 20 世纪 80 年代经济萧条时期失业平均为 16 个星期的两倍多。16—24 岁青年劳工的失业率达到 16.2%，超过全国平均失业率的 2 倍多。②

　　面对收支之间的长期失衡，有美国学者指出，"在过去几十年间，美国的收入和财富的不平等急剧增长。最富有的人口不仅在经济上而且在社会上和政治上远离其他人口。他们的优越地位更加牢固，因为随着时间的流逝，相对于其他发达国家而言，社会流动性在下降。"在另一端，能够保障家庭稳定收入和福利的体面职业不断减少。"许多两人工作的家庭的工资收入不及 20 世纪 70 年代一人工作的家庭收入，并承担着与疾

---

① Barry Z. Cynaman and Steven M. Fazzari, "Too Much Spending of Too Little Income?" in Marion G. Crain and Michael Sherraden, eds., *Working and Living in the Shadow of Economic Fragility*, p. 39; "Testimony by Heather C. McGhee, President, Dēmos" in United States Senate, *Who is the Economy Working for?* p. 28.

② Marion G. Crain and Michael Sherraden, eds., *Working and Living in the Shadow of Economic Fragility*, p. xv.

病、残疾、老年、失业和家庭地位变化等相连的更多的风险。"①难怪有的美国学者认为,自20世纪70年代以来,"美国经历了日益增长的收入和财富的不平等。几乎所有的经济收益都集中在收入和财富分配最富有的1/5人群中。这与此前的50年截然相反。"数千万就业的美国人发现自己没有参与到财富的分配中。②越来越多的美国学者认为,近几十年来,"美国经济不平等的增长,在幅度上远远超过其他发达国家。这种趋势已无法再用人口变动、技术变化、工作场所规则变化及全球化等因素来解释"。它"在很大程度上就是美国政治和公共政策的结果"。③

不言而喻,当代美国财富分配的极化源于政治服务的富人化趋势。特别是从里根政府开始,一届又一届政府奉行了新自由主义政策,它一方面减少国家干预,还权于州;另一方面又通过法律手段,强力削减劳工权益、社会福利支出以及对大公司和富有阶级的课税政策。金融行业自由放任的加强,对劳工福利保护的减弱以及服务业经济的发展,均导致国民财富分配偏向社会上层,而社会下层的收入来源锐减,社会贫困率日益加剧。"对于数百万美国人而言,任何个人的努力,或者自治政府或技术软件,都不能为中产阶级的生活提供保障。美国的社会契约作为那些愿意努力工作的美国人的机会和保障的诺言已经破产了。"④

## 三 大都市区经济活动的结构性变迁及其区位隔离

除政治制度性因素外,战后美国大都市区经济活动的区位配置及其结构性变迁,也对当代美国阶级隔离的形成起到了推波助澜的作用。这一点主要表现在两个方面:一方面,二战后期美国军事技术的发展掀起

---

① Joe Soss and Lawrence R. Jacobs, "Guardianship and the New Gilded Age, Insular Politics and the Perils of Elite Rule," p. 157.

② Marion G. Crain and Michael Sherraden, eds., *Working and Living in the Shadow of Economic Fragility*, p. xiv.

③ J. S. hacker, and Pierson, *Winner-take-all Politics: How Washington made the Rich Richer-and Turned it back on the Middle Class.* 2011; M. Gilens, *Affluence and Influence: Economic Inequality and Political Power in Amerca*, Princeton, NJ: Princeton University Press; N. J. Kelly, 2009.

④ "Testimony by Heather C. McGhee, President, Dēmos" in United States Senate, *Who is the Economy Working for?* p. 29.

了战后科技革命的浪潮，推动美国经济从以制造业为主体的时代向以服务业为主体的后工业时代转变，引起了产业结构的升级。在制造业规模萎缩的同时，制造业的智能化程度迅速提高，极大地削减了低端就业市场对劳动力的需求，而服务业的发展又因为地理空间分布，蜗居在中心城市的蓝领劳工和非熟练劳工受益有限。另一方面，在地理空间上，美国经济经历了两个层次上的再配置。首先是作为老工业基地的美国东北部和中西部地区相对衰落，代表新兴产业发展的西部和南部迅速崛起。到 1980 年，西部和南部在人口规模和国民生产总值等方面超过东北部和中西部，成为美国经济发展最活跃的地区。其次是在全美大都市区化蓬勃发展的同时，中心城市、郊区和非大都市区也经历了区位功能的转换。中心城市作为"二战"前美国制造业和服务业中心，经历了一个经济学界熟悉的"空心化"过程。所谓"空心化"是指三个层面上的含义：①美国制造业中劳动密集型的产业，包括纺织、服装、制鞋、玩具等企业，向中南美洲和亚洲部分国家转移。②美国的部分企业或公司总部，从北方的中心城市向西部和南部城市的郊区迁移。③创造蓝领就业机会的制造业，为扩大生产规模或对横向空间要求更高的技术升级改造，纷纷向本地郊区或非大都市区迁移，甚至包括商品零售等服务业部门也出现了郊区化趋势。①在这种转换中，各地大都市区特别是东北部和中西部中心城市已经转化为"提供信息交换和更高品质服务的中心"，以前的制造业中心，例如商品加工、仓库管理和商品零售等，为非熟练劳工提供的就业机会此时被知识含量更高的白领替代。白人中产阶级的郊区化本身也带走了大量的蓝领职业，包括家政、杂货店、汽车与家电维修、商品零售等。②到 20 世纪 60 年代末，从机器车间到理发店，旅馆、酒店，再到剧院、电影院、餐馆、银行、服装店和护理中心等，纷纷迁移到郊区，中心城市成千上万的商业、社会和文化实体相继衰落或发生功能转换，一个又一个活力四射的街区沦为"种族和阶级双重隔离之下的城市

---

① 关于战后美国经济结构的转型，参见梁茂信《美国人力培训与就业政策》，人民出版社 2006 年版，第 2 章；梁茂信：《都市化时代》，第 2 章和第 5 章。

② U. S. Department of Housing and Urban Development, Office of Policy Development and Research, *Rediscovering Urban America: Perspectives on the 1980s*, Washington D. C. : U. S. Government Printing Office, 1993, p. 241.

荒地"。① 在这种背景下，各地中心城市的蓝领岗位数骤减，而白领职业剧增（见表3）。

表3　　　1959年与1989年美国10个中心城市主要行业就业人数和
比例变化统计（岗位总量单位：千）②

| 大都市区 | 年份 | 岗位总量 | 百分比 | 制造业 | 商品批发零售 | 白领 | 蓝领 | 其他 |
|---|---|---|---|---|---|---|---|---|
| 纽约 | 1959 | 2957 | 100.0 | 31.2 | 25.1 | 25.7 | 13.9 | 4.1 |
| | 1989 | 3142 | 100.0 | 12.4 | 19.7 | 51.2 | 12.0 | 4.7 |
| 费城 | 1959 | 722 | 100.0 | 40.4 | 25.9 | 18.8 | 10.4 | 4.4 |
| | 1989 | 610 | 100.0 | 14.6 | 22.3 | 48.5 | 10.3 | 4.3 |
| 芝加哥 | 1959 | 1842 | 100.0 | 41.3 | 24.7 | 17.0 | 12.3 | 4.7 |
| | 1989 | 2338 | 100.0 | 21.3 | 28.0 | 36.2 | 11.1 | 3.4 |
| 底特律 | 1959 | 813 | 100.0 | 48.3 | 22.9 | 14.0 | 11.1 | 3.8 |
| | 1989 | 740 | 100.0 | 28.0 | 28.0 | 31.0 | 11.6 | 4.1 |
| 亚特兰大 | 1959 | 233 | 100.0 | 24.8 | 33.4 | 17.3 | 18.2 | 6.3 |
| | 1989 | 516 | 100.0 | 11.3 | 26.1 | 35.9 | 20.9 | 5.8 |
| 达拉斯 | 1959 | 322 | 100.0 | 30.6 | 29.5 | 17.2 | 13.1 | 9.6 |
| | 1989 | 1072 | 100.0 | 17.2 | 26.9 | 33.9 | 14.4 | 7.6 |
| 迈阿密 | 1959 | 260 | 100.0 | 14.9 | 31.5 | 17.1 | 26.9 | 9.9 |
| | 1989 | 740 | 100.0 | 12.1 | 29.9 | 34.2 | 17.1 | 6.7 |
| 丹佛 | 1959 | 178 | 100.0 | 20.5 | 31.9 | 21.5 | 17.5 | 8.6 |
| | 1989 | 326 | 100.0 | 10.1 | 23.9 | 39.9 | 19.6 | 6.4 |
| 洛杉矶 | 1959 | 1819 | 100.0 | 39.5 | 24.3 | 17.8 | 11.5 | 6.9 |
| | 1989 | 3739 | 100.0 | 24.3 | 25.0 | 34.3 | 11.0 | 5.4 |
| 西雅图 | 1959 | 286 | 100.0 | 40.5 | 26.2 | 15.1 | 11.9 | 6.3 |
| | 1989 | 779 | 100.0 | 22.5 | 26.6 | 30.8 | 12.9 | 7.3 |

在各地大都市区经济活动发生结构性变革的过程中，人口结构也发

---

① Loïc Wacquant, "Urban Desolation and Symbolic Denigration in the Hyperghetto," *Social Psychology Quarterly*, vol. 73, No. 3, September 2010, pp. 215 – 219, http://www.jstor.org/stable/27896232（2017年3月1日下载），p. 216。

② U. S. Department of Housing and Urban Development, Office of Policy Development and Research, *Rediscovering Urban America*: *Perspectives on the 1980s*, pp. 278 – 279.

生变化。其中最为突出的是四个方面：①黑人分别在 1915—1930 年和 1940—1970 年完成了 20 世纪的两次大迁徙。大迁徙改变了黑人的地理分布。例如，1900 年以前，黑人的城市化程度较低，多数居住在南部农村。1910 年，黑人的城市化比例仅为 28%，1968 年则达到 69%。居住在南部之外的黑人在同期从 9% 上升到 45%。①黑人两次大迁徙虽然完成了空间区位上的转移，但知识与就业技能等生存性要素仍停留在仅能满足农业经济对劳动力需求的层面上。他们到北部和西部城市后，与大都市区经济及其区位配置的结构性变化引起的就业市场需求，处于一种脱节的状态，就业难度倍增。②当大批黑人从南部地区纷纷迁移到北部和西部城市的同时，民权运动后崛起的黑人中产阶级也纷纷迁移到郊区。这对黑人社区走向隔都化（ghettorization）产生了釜底抽薪的作用。③白人上层社会、中产阶级以及经济条件明显改善的少数族裔纷纷迁移到郊区，形成了一个具有民族多样性特征的郊区社会。②相反，中心城市的许多街区人去楼空，街区破败现象加重。除了最贫困的人口之外，那些"最糟糕的住房便退出房源，或闲置起来⋯⋯房租和价值也在下降"。③ ④如前所述，1965 年美国国会修改了移民法之后，来自亚洲和拉丁美洲国家的有色种族移民纷纷从加利福尼亚、得克萨斯、佛罗里达、纽约等州的港口城市入境。其中以家庭团聚身份入境的移民和成千上万的非法移民，大多流向各地大都市区中心城市本民族社区，形成了与黑人居民人口增长并行不悖的格局。中心城市和郊区人口的结构性变化，也为战后美国人口贫富隔离创造了条件。

经济结构与人口结构的双重变革，与 20 世纪 70 年代经济滞胀一起，不仅加剧了隔都（ghetto）的孤立性，而且其面积还进一步扩张。1970—1978 年，美国 318 个大都市区中心城市隔都的贫困人口从 189.1 万增至 244.9 万，增长了 29.5%，其中在 118 个大都市区增长超过 118%。居住在隔都的贫困黑人从 124.7 万增至 159 万，增长 27.5%，其中有 96 个大

---

① U. S. National Advisory Commission on Civil Disorders, *The Kerner Report*, pp. 236 - 237.

② 关于人口与产业的郊区化，参见梁茂信《都市化时代》，第四章和第五章。

③ Committee on National Urban Policy, Commission on Behavioral and Social Sciences and Education and National Research Council, *Inner-city Poverty in the United States*, p. 91.

都市区总计增长了 100.9%。相对而言，隔都的西班牙裔贫困人口从 28.5 万增至 53.4 万，增长了 38.7%，其中在 116 个大都市区的隔都贫困人口增长 277.6%。与此同时，因城市商业改造，全国有 88 个大都市区的贫困人口减少 39.6%，81 个大都市区隔都的贫困黑人减少了 38%，37 个大都市区的西班牙裔贫困人口减少了 41.6%。此外，70 年代，"混合收入统计区"退化为隔都区的数量，在克利夫兰有 21 个，密尔沃基为 11 个，费城为 43 个。对上述变化，美国城市政策委员会的报告中写道："混合收入统计区也出现大批人口流失的事实有点令人惊讶。人们可以预测到，这些地段贫困人口的增长加速了其隔都化进程。"[1]当然，在隔都扩张的过程中，美国经济的波动周期也难免影响到中心城市的经济状况。特别是从 1969 年开始，美国经济增长率下降，通货膨胀率上升，并在 1973—1975 年经济危机的冲击下，陷入长达 10 余年的滞胀之中。之后，美国经济又在 1981—1982 年和 1990—1993 年相继出现比较严重的萧条。在这种背景下，居住在中心城市隔都的贫困居民更加孤立。

简言之，战后美国大都市区中心城市与郊区之间，经济活动与人口分布之间完成了双重意义上的区位配置转换，造成了就业市场上就业者与失业者之间、种族之间以及性别之间的多重隔离。例如，在 1990 年的纽约、芝加哥和费城等大都市区，白人男性的整体失业率不超过 16.6%，这个数字低于 1980 年同比最高的 23.4%。相比之下，黑人无业率在 1990 年达到 37.2%，2000 年达到 41.6%。西班牙裔与亚洲裔的无业率则居于黑白种族之间。西班牙裔在 1980 年的失业率为 26%，1990 年达到 32.8%，2000 年仍然停留在这个水平上。亚洲裔从 1980 年的 22.0% 上升到 2000 年的 26.8%。这就说明，在大都市区，各种族与族裔之间的就业隔离差异不同。在各族裔中，黑人失业者与就业之间的隔离指数在白人、黑人、西班牙裔和亚裔四个种族群体之间最高。50% 以上的黑人需要迁移到失业者较少的街区才能实现大都市区就业的均衡分布。60% 的人需要迁到远郊才能实现统一的就业均衡分布。在所有大都市区，特别是在工业化程度较高的东北部与中西部地区，例如芝加哥、费城、底特律、

---

① Committee on National Urban Policy, Commission on Behavioral and Social Sciences and Education and National Research Council, *Inner-city Poverty in the United States*, pp. 35, 49.

圣路易、巴尔的摩和克利夫兰等大都市区中心城市，无业男性在多个维度上经历了相对较高的隔离，一般在55左右，孤立指数在40以上，集中程度高达70%或更高。[①]

当然，就业隔离不单纯存在于黑人和其他少数民族中间，也存在于白人男性之间，但其隔离指数相对较低。无业男性更加均衡地分布在大都市区男性就业率较高的区位。只有20%的白人男性需要迁移到失业率更低的街区才能就业。换句话说，75%—80%的白人男性就业适龄劳工都在自己居住的街区实现了就业。与他们为邻的白人街区，就业适龄白人男性劳工的就业率也比较高。尽管有些无业男性白人集中在中心城市商业区附近，其集中化程度平均在38.9到49.6之间，明显低于中心城市无业的有色种族男性集中的程度。因此，白人男性的隔离指数在大多数大都市区处于较低的或温和的状态。他们面临的就业机会更多，与所在街区和周边社区的就业者更容易形成互助性的社会关系。相对而言，西班牙裔与亚洲裔就业隔离状况居于白人和黑人之间，既不像白人那样好，也不像黑人那样糟糕。两个族群的失业者比较均衡地分布在整个大都市区。集中在相对狭小空间内的人数与比例都不高。此外，没有一个大都市区的西班牙裔与亚洲裔存在着类似黑人在芝加哥、底特律和巴尔的摩等大都市区那种多维度的高度隔离现象。西班牙裔和亚洲裔只有在极少数大都市区的隔离度达到50、孤立指数达40，聚集指数大于100。[②]

与种族隔离相比，虽然性别隔离也一直存在，而且有些行业的性别隔离指数也比较高，但其在整体上处于下降状态。例如，1940—1960年，各地就业市场上的性别隔离指数处于上升状态，1960年以后开始下降。其中，1960—1980年性别就业隔离平均每年下降2.9%，高于同期黑人与白人男性之间年度降幅的1.5%，1980—1988年，降幅减弱，平均每年为0.6%。20世纪70年代西班牙裔与白人之间的隔离，在70年代平均每年减少1%，而两个种族间的女性隔离平均每年减少2%，80年代到90年

---

① Robert L. Wagmiller Jr., "Race and the Spatial Segregation of Jobless Men in Urban America," *Demography*, vol. 44, No. 3, Aug., 2007, p. 547; http://www.jstor.org/stable/30053101（2018年6月29日下载）。

② Robert L. Wagmiller Jr., "Race and the Spatial Segregation of Jobless Men in Urban America," p. 551.

代一直处于停滞状态。再从各行业看，1973—1982 年，全国 22 个制造业产业中，"多数产业的性别隔离未能展示变化，或者变化很少，尽管少数产业消除隔离的步伐加大，有些产业的隔离还在上升。"也就是说，各产业之间有升有降。唯有社会服务行业的融合程度较高。个人服务与批发业中存在"中度隔离"。至于建筑与采矿等高危性行业的性别隔离相对较高。在耐用品制造业，特别是其中的小企业，普遍存在"高度隔离"，而一些大企业则表现为"中度隔离"，非耐用品行业则表现为相反，大型企业的隔离"高度隔离"。这就是说，在几乎每个行业，无论程度差异如何，各种形式的隔离始终存在。[①]

如果说就业市场上的隔离加剧了中心城市人口的贫困化，中心城市白人郊区化进程的持续对中心城市的财政资源如同釜底抽薪，那么各级政府的财政拨款的削减具有雪上加霜的作用。就联邦政府而言，在 1980 年罗纳德·里根总统上任后，联邦政府对城市的直接援助额度大幅减少，其中有些涉及公共交通和社区开发等公益性援助，也有一些属于公共服务工作计划和岗位培训等针对贫困人口个人收入的补偿计划。1977 年，联邦资金占城市预算总量的 17.5%，但到 2000 年仅占 5.4%。这对于严重依赖政府拨款的东北部和中西部城市维护其基础设施，服务贫困人口而言至关重要。1980 年，联邦和州政府资助占东北部和中西部城市（6 个城市）预算的 50%—69%、11 座城市的 40%—50%。可是，到 1989 年只有布法罗、巴尔的摩和纽瓦克得到的联邦援助超过各自城市预算的 50% 以上。同样，密尔沃基和波士顿的预算中，有 40%—50% 是来自联邦和州政府的拨款。联邦和州拨款占纽约预算的比例，从 1980 年的 52% 下降到 1989 年的 32%，资金额度绝对数量净减 40 亿美元。这种走势加剧了中心城市的财政困难和居民的贫困程度。各地城市不同程度地陷入了"财政危机"，在垃圾处理、街道清洁和警察保护等方面因入不敷出而难以为继。甚至有些城市不得不削减社会服务的支出，以防止破产。另外，许多城市的毒品、暴力犯罪、艾滋病和无家可归人口等问题空前泛

---

① Donald Tomaskovic-Devey, et. al., "Documenting Desegregation: Segregation in American Workplaces by Race, Ethnicity, and Sex, 1966 - 2003," *American Sociological Review*, vol. 71, No. 4, Aug., 2006, p. 567; http://www.jstor.org/stable/30039010 (2018 年 6 月 29 日下载)。

滥，其政府却"无能为力"。①

在 20 世纪 90 年代，尽管许多城市的财政状况有所改善，但这种短暂的经济繁荣被 2001 年的经济萧条终结。加上乔治·布什（又称小布什）时代联邦和州拨款的持续减少，不少城市再次陷入"严重的财政与服务危机"，尤以底特律、克利夫兰、巴尔的摩和费城等东部与中西部城市更加严重。正是由于这些经济和政治变化，中心城市和部分内层郊区陷入"巧妇难为无米之炊"的窘境。与此同时，面对各地在解决失业人口、社会贫困、公立学校质量下滑等方面束手无策的同时，小布什政府通过减税政策，加上在伊拉克和阿富汗进行的反恐战争，导致联邦资金大量外流。不言而喻，美国政府决策者间接地促成了贫困人口的集中，削减了低薪岗位的吸引力，加快了低薪劳工的工薪骤降，岗位福利渐减，日工数量的增加也抑制了每小时工资的增长。在 21 世纪初，联邦每小时最低工资是 6.55 美元，比 20 世纪 60 年代的联邦每小时工资少 24%，比 70 年代少 23%，比 80 年代少 6%，比 90 年代少 1%。显然，2008 年联邦政府特别是民主党控制的国会增加联邦最低工资的立法，显然"已经长期过时"。总之，所有上述政策"对内城街区产生了深远的影响"。②这一点在中心城市的贫困率变化方面体现得非常清楚。1975 年美国所有中心城市的贫困率达到 15%，1985 年增至 19%，中心城市贫困区的贫困率在同期从 34.9% 上升到 37.5%，郊区从 7.6% 上升到 8.4%。从同期的种族结构看，中心城市黑人的贫困率从 29.1% 上升到 32.1%，中心城市隔都的贫困率则从 39.6% 上升到 41.2%，郊区黑人的贫困率从 22.5% 下降到 21.7%。从性别看，"贫困女性化"的趋势非常明显。女性单亲家庭的增长，特别是黑人女性单亲家庭的增长引人注目。与双亲家庭的子女相比，女性单亲家庭的子女更容易倾向辍学，就业后的工薪低，未婚先育现象突出，离婚率较高。更重要的是，若母亲为女性单亲，子女步其后尘并依赖福利的比例也比较高。在中心城市的女性单亲家庭中，生活在贫困

---

① William Julius Wilson, "The Political and Economic Forces Shaping Concentrated Poverty," *Political Science Quarterly*, vol. 123, No. 4（Winter 2008 - 2009），pp. 562 - 563；http：// www. jstor. org/stable/25655565（2017 年 3 月 1 日下载）。

② William Julius Wilson, "The Political and Economic Forces Shaping Concentrated Poverty," p. 564.

线以下的女性白人单亲家庭的贫困率在 1983 年达到 35.5%，黑人达到 59.1%，18 岁以下白人女性单亲的贫困率是 53.6%，黑人为 70.1%。女性单亲家庭贫困的原因经常有三点：①女性单亲收入少，工作时间短。②父亲不履行抚养子女的义务，否则女性单亲家庭的贫困率会下降 25% 左右。③自里根总统开始，历届政府不断削减福利，加上通货膨胀，其实际福利待遇下降。①

　　20 世纪 90 年代的经济繁荣减少了贫困率及其集中程度。其间，美国最大的大都市区中心城市贫困率超过 40% 的街区的数量减少了 27%，相关街区的贫困人口减少了 250 万。居住在贫困率为 30% 的街区数量从 31% 减少到 26%。在农村地区，贫困率也比较高，但因为其人口居住分散，因而不那么引人注目。居住在阿巴拉契亚山区的印第安部落和南部黑人就是如此。1900—2000 年，贫困率超过 20% 的县数量从 852 个减少到 494 个，其中 85% 在 2000 年属于非大都市县。值得关注的是，2008 年次贷危机爆发后，股市崩盘、房价暴跌、企业关闭、失业率上升，国民经济生产总值受到"极大影响"。美国贫困人口总量也从 2000 年的 2000 多万上升到 2010 年的 4620 万，人口的贫困率上升到 1990 年以来的 15.1% 的最高点。在贫困人口中，58% 的贫困人口是有色种族，其中黑人达到 27.4%，西班牙裔 25.6%，非西班牙裔白人 9.9%。不仅如此，贫困人口具有很强的地域性特点。最突出的是中西部，而在各州中，加利福尼亚、佛罗里达、密歇根等州比较高，在城市中，底特律、拉斯维加斯和克利夫兰等城市，受到的经济冲击、财政危机和住房泡沫冲击更大。显然，"在任何一个地理层次上，空间上集中化的贫困呈上升状态。"②更重要的是，到 2014 年，"美国大城市、郊区和小城镇之间的等级制度下的地方分层模式的加剧。"③其中最为值得关注的是，各地隔都孕育出一个新的社会阶层——底层阶级（underclass）。它生成于 20 世纪 60 年

---

① Commission on National Urban Policy, *Urban Change and Poverty*, Washington D. C. : National Academy Press, 1988, pp. 17 – 18.

② Daniel T. Lichter, Domenico Parisi and Michael C. Taquino, "The Geography of Exclusion Race, Segregation, and Concentrated Poverty," pp. 364 – 366.

③ Marion G. Crain and Michael Sherraden, eds., *Working and Living in the Shadow of Economic Fragility*, p. xv.

代，增长于 70 年代，到 80 年代已经形成一个稳定的群体。例如，底层阶级居民占底特律中心城市居民的比例，从 1970 年的 5.9% 跃至 1990 年的 25.2%，纽约从 3.3% 上升到 9.3%，芝加哥从 7.2% 上升到 16%，亚特兰大从 7.2% 上升到 10.5%，洛杉矶从 4.4% 上升到 6.6%。从种族构成看，1990 年，底层阶级人口占纽约黑人的 12.9% 和西班牙裔的 11.5%。在同年的费城市，底层阶级黑人的比例是 21.7%，西班牙裔高达 51% 以上。芝加哥的黑人底层阶级比例是 23.9%，西班牙裔为 15.2%。①

　　尽管美国学界对于底层阶级的关注始于 19 世纪末，但作为一个引起普遍关注的问题，却是在 20 世纪 80 年代。特别是社会学领域，不同的学者围绕底层阶级的含义、地理分布、阶级特征、成因和种族构成等问题，发表了丰硕的成果。其中，以底层阶级为核心标志之一的阶级隔离问题，已经取得普遍的共识，认为底层阶级在 20 世纪 70 年代就已形成并发展到"灾难性的比例"。②这些变化表明，尽管在美国这样发达的国家，底层阶级的出现表明社会的不平等在加剧，他们在迁移、就业、教育、住房、医疗照顾等方面的权利受到限制。"黑人底层阶级与贫困白人有着根本的差异，因为黑人被排挤在劳动力市场之外。"③这种将生产资料与劳动力作为商品交换的思考，及其与美国种族关系的结合，提高了底层阶级理论定性的层次，是所有成果中最富有说服力的解说之一。更重要的是，如果把底层阶级看作是阶级的解释是成立的，那么，与之相关的社会隔离是否可以被解释为阶级隔离？从"地方隔离"（place segregation）的角度观察，由于贫困区的贫困人口属于"双重的处境不利者"——他们本身是贫困的，又面临着所在区域就业机会、学校质量差以及公共服务不足等因素的限制。因此，忽略地方层面上的贫困问题，可能会忽略美国"这个国家贫困故事中新出现的维度——宏观隔离与空间上的经济巴尔干

---

①　U. S. Department of Housing and Urban Development, Office of Policy Development and Research, *Rediscovering Urban America：Perspectives on the 1980s*, pp. 274 - 276.

②　William Julius Wilson, *The Truly Disadvantaged：The Inner City, the Underclass and Public Policy*, Chicago：The University of Chicago Press, 1987, pp. vii - viii, 3 - 5.

③　Garry L. Rolison, "An Exploration of the Term Underclass as It Relates to African-Americans," *Journal of Black Studies*, vol. 21, No. 3, 1991, pp. 293 - 294, 297 - 299；http：//www. jstor. org/stable/2784338（2017 年 3 月 1 日下载）。

化问题"。①

# 四 维护私有财产的政策及其隔离效应

尽管当代美国隔离的形式多样,有语言隔离、职业隔离、教育隔离、公共服务隔离、种族隔离、宗教隔离、性别隔离以及阶级隔离等,然而,最为重要的是地理空间上的大都市区内中心城市与郊区之间,以及郊区之间的隔离。凡能迁移到郊区的家庭,其经济条件都比较优越。家庭迁移到山清水秀、安逸舒适的郊区,既要依靠自己的经济条件,也有赖于各级政府颁布的与住宅相关的政策。因此,居住隔离根源于两大方面。第一,它是市场经济内在竞争机制中"优胜劣汰"法则的作用下,各阶层人民根据自身的经济条件和生活追求的必然结果。那些经济贫困的居民被困在中心城市隔都实质上是一种被动而无奈的选择。第二,无论是私有房地产商,商业开发和金融资本家,还是联邦政府与地方政府,其城市区域规划、商业开发和民权纠纷管理等方面,都存在种族和阶级的歧视行为。也就是说,美国大都市区的隔离,既是市场经济机制的结果,也是美国政治体制内各级政府在执法过程中存在歧视行为的结果。②

1990年,美国城市政策委员会在调查报告中指出,在美国的权力体系中,各级政府的分权与自治,使美国联邦政府在战后"能明确影响城市居住区规模、位置或其内部空间结构的全面的联邦政策与计划而言,没有一套真正的城市政策"。结果使"私有市场因素在塑造城市区域的过程中发挥了主导性作用"。但令人匪夷所思的是,报告中又认为,从积累性效应看,联邦政策通过刺激郊区就业机会增长,促进了富有人口的郊区化。同时,由于联邦政策偏向于新区开发,对老区改造支持乏力,导

---

① Daniel T. Lichter, Domenico Parisi and Michael C. Taquino, "The Geography of Exclusion Race, Segregation, and Concentrated Poverty," pp. 366, 383 – 384.

② The United States Commission on Civil Rights, *Equal Opportunity in Suburbia*: *A Report of the United States Commission on Civil Rights*, Washington D. C. : U. S. Commission on Civil Rights, 1974, pp. 9 – 49.

致东北部和中西部城市失业率和贫困率的上升。①上述表述中指出了两个问题：第一，从联邦政府到地方政府，美国郊区化没有全国性的规划，这类工作主要是郊区城市负责制定和实施的。第二，在美国人口郊区化的进程中，各级政府通过直接或间接的方式，实施了有利于富人的政策。关于这一点，笔者将逐条举例说明。

其一，从20世纪50年代开始，美国为实现冷战战略，颁布了《1956公路法》，副产品之一便是将各地大都市区之间、中心城市与郊区之间连成一体，为当地富人的郊区化提供了便利条件。此后到20世纪80年代，美国联邦政府向各地城市提供了修建高速公路的巨额资金。按照1984年美元计算，联邦年度拨款1965年达到160亿美元的顶点后，尽管20世纪70年代不断下降，到1980年仅为110亿美元，但联邦政府用于城市公共交通的支出从1964年开始增长，70年代每年增长40%，到1980年达到28亿美元。穿越中心城市的高速公路网络及城市公共交通网络的建设，方便了中心城市与郊区之间的通勤，刺激了富有家庭的郊区化。这种影响在中心城市交通利用方面体现得十分明显。70年代，全国大都市区劳工使用转乘交通的人数大幅减少，其中东北部大都市区减少近60万，中西部的降幅超过33万。在人口规模较大的大都市区，负面影响更加突出。例如，芝加哥减少了13%，费城降低了28%，底特律的降幅达49%。②另外，美国联邦政府作为华盛顿和哥伦比亚特区最大的雇主，对该地区的郊区化也产生了重大影响。例如，自1958年原子能委员会迁移到位于马里兰的日耳曼敦（Germantown）之后，联邦政府机构及其雇员持续迁移到位于马里兰和弗吉尼亚的郊区。1963—1968年，联邦政府18个机构中约1.4万人迁出了市区，海军部1.2万名职员迁移到弗吉尼亚的阿灵顿（Arlington）。卫生、教育和福利部公共卫生服务局5000名职员1970年迁移到马里兰的罗克维尔（Rockville）。美国地理测绘局2200名职员也迁移到弗吉尼亚的雷斯顿（Reston）。③联邦政府雇员的郊区化导致

①　Committee on National Urban Policy, Commission on Behavioral and Social Sciences and Education and National Research Council, *Inner-city Poverty in the United States*, pp. 223 – 224.

②　Committee on National Urban Policy, Commission on Behavioral and Social Sciences and Education and National Research Council, *Inner-city Poverty in the United States*, pp. 230, 232 – 233.

③　The United States Commission on Civil Rights, *Equal Opportunity in Suburbia*, p. 48.

华盛顿大都市区中心城市面临"空心化"挑战，他们带走了强大的政治、经济、文化和就业资源，社会下层的就业与居住环境可谓雪上加霜。

其二，自 19 世纪末开始，歧视黑人的吉姆克劳法与各地盛行的种族限制性契约一起，成为各地城市住房市场上推行种族歧视的"主要工具"，它禁止向黑人出售在白人街区的住房。由于缺乏在白人社区购买住房的机会，黑人就被隔离在就业与教育资源稀缺的城市街区。到 20 世纪 30 年代之后，尽管美国联邦政府实施了增加城市住房供应、促进城市商业开发的政策，但"在住房隔离模式的形成中，联邦政府发挥了主导性作用"。1971 年，尼克松总统在评价联邦政府在其中的作用时指出："在 30 年代到 40 年代，主宰联邦住房署抵押保险活动长达十多年之久的政策，承认并接受了旨在维持街区种族同质性的限制性契约……联邦城市更新计划旨在帮助清除破败区域，振兴城市街区。经常发生的情况是，他们清除了破败区，但是没有用建设新房替代……特别是它将少数民族留在比以前更加糟糕、更加拥挤的住房里。"[1]在操作上，联邦住房署的标志性措施之一是"红线"制度。它通过对潜在开发地段的评估，凡被认为可能造成人口和经济资源流失的地段，属于不值得开发和提供抵押贷款的高危区域。被划红线的街区，居民或商家就无法获得开发必需的各类贷款。就这样，"联邦政府通过掌控抵押贷款资本，促成了内城街区的早期衰落，这些地区很难保持或者吸引有能力购买住房的家庭。"尽管在被划红线的街区也有欧洲移民，但"所有的黑人街区都被排斥在外。希望在红线区购房者都普遍被拒绝提供抵押贷款"。[2]这种方式严重地限制了在内城建造或者购买住房的机会。到 20 世纪 60 年代，这种带有种族偏见的红线政策才被叫停。后来的政策开始将黑人锁定在内城。例如，在民权运动时期，尽管美国国会发布了多项法令，包括 1962 年 11 月签署的总统行政命令（11063 号）禁止在联邦援助的住房内实施歧视性措施，1964 年民权法第 6 款禁止联邦资助的包括住房在内的任何计划有歧视性政策。1968 年联邦民权法第 8 款，禁止在私有住房市场种族歧

---

[1] The United States Commission on Civil Rights, *Equal Opportunity in Suburbia*, p. 36.

[2] William Julius Wilson, "The Political and Economic Forces Shaping Concentrated Poverty," p. 557.

视。但是，美国联邦政府"在根除以前政策所形成的种族隔离方面过于有限，过于迟缓"。一直到 1971 年，在美国住房与城市发展部管辖的住房计划中，"存在着高度的隔离状况"。在按照 1964 年住房法 203（b）款实施的住房抵押贷款计划中，只有 3% 的住房是由黑人购买的。在 235 条款中实施的建房计划中，全部建设在"破败区"，其购买者全部是黑人，而在"破败区"之外修建的住房中，70% 以上的购买者是白人。按照 236 款规定建设的住房中，2/3 以上的居民是白人。在 389 个项目中，30%（120 个）属于百分之百的种族隔离住房，其中 80 多个项目竣工后的居民全部是白人，38 个项目全部是黑人，其余 2 个是西班牙裔。在剩余的 269 个项目中，只有 100 个项目中的种族融合程度超过了 15%，在另外白人居民超过 85% 的 142 个项目中，有 27 个项目属于黑人超过 85% 以上的居住区。这就是说，联邦政府在当代美国的种族隔离制度中发挥了不可替代的作用。①

其三，自 20 世纪 30 年代的新政开始，美国联邦政策的核心之一是向贫困率较高、就业岗位流失较多的地区提供公共援助。它虽然有助于城市衰落地区的失业人口在私有房地产市场购买住房，但"却无助于解决居民劳动力与当地就业岗位之间的技术脱节问题"。事实上，空间上的集中援助可能不经意间将贫困人口与中心城市蓝领就业岗位流失的街区捆绑在一起，"加剧了就业市场供求关系的脱节和在教育方面处境不利者的困境"。同时，它会对中心城市的失业者产生一种"'粘贴性'因素的作用"。因为"在当地享受为数不多的援助，也比到一个陌生环境里去寻找工薪低的低层岗位的日子更加宽裕"。②这方面的例子就是公共住房计划，其地点一般都选定在中心城市贫困的少数民族街区，然后再通过降低贫困人口的申请门槛，直接促成了贫困人口的集中。例如，在 70 年代兴建的公共住房中，有 72% 位于中心城市。到 1980 年，这些项目所在中心城市的贫困率超过了 60%。由于居住在这些公共住房的低收入家庭居民的流动性比其他街区的贫困人口的流动性较差，"导致 1970—1980 年日益

---

① The United States Commission on Civil Rights, *Equal Opportunity in Suburbia*, p. 39.

② U. S. Department of Housing and Urban Development, Office of Policy Development and Research, *Rediscovering Urban America: Perspectives on the 1980s*, p. 243.

集中的贫困人口的大幅增长"。仅仅 1970—1975 年，芝加哥市一个名叫卡博里尼格林（Cabrini-Green）高层建筑所在统计区，贫困家庭增长了59%，然而在其他没有高层建筑的统计区，贫困家庭仅增长了40%。此外，"住房管理局在早期的实践，采纳了私人房地产抵押贷款机构中的种族歧视性行为，加快了郊区的白人化和少数民族在中心城市陈旧的、价格低廉的住房中的集中。"另外，联邦和各州的税收法典允许购房户在确定其年度纳税额之前，从年收入中扣除抵押贷款利息。由于联邦税收计划是与时俱进的，与住房相关的减税政策对于高收入房主更加具有吸引力。意味着在郊区购买住房价格更加低廉，并且可以享受郊区政府提供的高品质服务，同时，又通过分区制和其他土地使用政策，避免补贴低收入税民，直接导致了高收入阶层的郊区化，同时"助长了中心城市贫困人口的集中"。①

联邦最高法院的判决也产生了类似的效果。1969 年，它在夏皮罗诉汤姆森一案的判决中指出，各州不得向申请单亲家庭福利的居民提出居住年限要求。这项具有法律效应的解释加速了女性单亲家庭向中心城市集中的趋势。1979 年，美国 330 万接受该福利的家庭中，9.1% 的家庭1975—1980 年完成了从某一中心城市向另一中心城市的迁移，而未申领该福利的家庭比例仅为 4.1%。尽管统计数据中没有包含贫困家庭的住址、迁移模式和流向等信息，但就中心城市人口的结构而言，除一些经济条件较好者迁居郊区外，人口贫困化的一个重要的因素就是前来申请该福利的家庭不断增加。1975—1980 年，享受该福利的贫困家庭中，有65% 的家庭有迁移行为，而未接受该福利家庭的迁移比例达到51%。5 年之后，接受福利的家庭中82% 的家庭仍在原地居住，5% 迁移到另一座大都市区中心城市。但在 1979 年没有享受福利的家庭中，同比分别为72%和5%。②这表明最高法院的司法解释加速了贫困单亲家庭人口向中心城市集中的趋势。

① Committee on National Urban Policy, Commission on Behavioral and Social Sciences and Education and National Research Council, *Inner-city Poverty in the United States*, pp. 224–225.

② Committee on National Urban Policy, Commission on Behavioral and Social Sciences and Education and National Research Council, *Inner-city Poverty in the United States*, pp. 238–239.

其四，对于联邦政府在隔都问题上的不作为，早在20世纪80年代就有美国学者提出批评，认为隔都的根源在于美国的政治制度。由于美国的政治制度是多元的和竞争性的，特别是在联邦和州两个层面上的三权分立，以及地方、州和联邦三级政府的纵向关系上，常常衔接不畅，诸多环节上的利益差异又使彼此在诸多问题上矛盾重重。国会作为美国各种利益集团汇聚的核心平台，其立法过程与内容"常常是在不考虑如何实施的情况下，在最后期限的压力下达成的复杂的政治博弈。涉及政策所在领域问题的争议越大，即将形成的政治博弈就越显得复杂"。更令人头疼的是，"执法人员中……许多公共机构的主要官员都是政治任命的短期官员，他们经验不足，且经常关注个人的职业阶梯。"①这种敷衍塞责的态度和利益取向，自然会将隔都排除在重点关注之外。为说明这个观点，下文再举几例。

1968年，美国著名学者肯尼斯·B.克拉克在国会听证会上说："我阅读过……1919年芝加哥骚乱的报告，感觉就像阅读1935年哈莱姆骚乱调查委员会的报告、1943年哈莱姆骚乱调查委员会的报告和关于瓦茨骚乱的麦康委员会的报告。……它就像《爱丽斯历险记》一样，同样的感人画面一次又一次地出现，同样的分析、同样的建议和同样的无动于衷。"②"同样的无动于衷"就是在批评美国政府碌碌无为的表现。可是这种不作为的政策仍然是民权运动后的常态。

1967年种族骚乱之后，美国政府成立了著名的克纳委员会。它在随后完成的《克纳报告》中陈列了12项黑人民怨，其中8项与政府有关，其余4项与市场经济运作机制和白人的歧视有关。也就是说，隔都问题的根源首先在于美国政府，其次是市场运作机制和白人的歧视问题。尽管后4项与政府政策并无直接的逻辑关联，但在更深的层次上，其内在的逻辑关联还是存在的，因为美国经济、市场和种族关系方面的变化，不可避免地会受到美国联邦宪法、法律和司法体制的制约，属于美国联

---

① Richard P. Nathan, "Institutional Change and the Challenge of the Underclass," *The Annals of the American Academy of Political and Social Science*, vol. 501, 1989, p. 175; http: //www. jstor. org/ stable/1045657 (2017年3月10日下载)。

② U. S. National Advisory Commission on Civil Disorders, *The Kerner Report*, p. 29.

邦调控政策的范畴之内。因此可以说，隔都不仅仅是美国"自由"市场经济机制运作的产物，也是美国政府奉行自由主义政策的必然结果。关于这一点，克纳报告中讲得很清楚："隔离与贫困在隔都创建了一个绝大多数美国白人一无所知的毁灭性的环境……美国白人从来没有完全明白，而黑鬼却从来不能忘却的是……白人制度造就了它，白人社会维系着它，容忍它。"[1] 为了彻底解决隔都问题，克纳报告提出诸多建议。可是，"20年过去了，一切都没有变化。"[2]（《克纳报告》）公布25年后，美国一家基金会的报告中说，《克纳报告》中的预言，"随着多种族差异和收入隔离的加剧，比1989年更加贴切，更复杂。"[3] 其实，1976年美国"郊区行动研究院"执行主任在国会作证时，道出了美国城市隔都问题产生的本质："它是由愿意接受绝对和相对贫困的国家（按：美国）造成的，而且政府在根除贫困方面毫无作为。"如果美国不采取更加公平的社会和经济政策，允许已有的不公平的财富分配制度继续，那么，"越来越成为美国贫困人口家园的城市就不会获得新生。"从这个意义上说，"隔都贫困的新近动向，只有作为更加广泛的经济和社会变化的象征，从政策目的上去理解。"[4] 尽管这种要求从联邦政策上反思的主张属于美国人的内省行为，但其中揭示的问题却表明，城市隔都问题的主因在于美国的政治体制本身。

其五，除联邦政府外，以各地城市为代表的地方政府在美国阶级和

---

[1] 与政府相关的八项民怨是：警察行为、教育机会缺乏、民怨解决机制缺乏、休闲设施不足、司法管理歧视、联邦计划不足、市政服务设施缺乏和福利计划不足；其他4项包括：失业与就业不足、住房不足、消费与信贷歧视以及白人的不尊重行为。U. S. National Advisory Commission on Civil Disorders, *The Kerner Report*, pp. 2, 8.

[2] "Review and Outlook: Kerner 20 Years Later," *Wall Street Journal*, March 28, 1988; Pro-Quest Historical Newspapers *The Wall Street Journal*, p. 16.

[3] "Opening Statement of Chairman Donald W. Riegler, Jr. " in United States Senate, *The State of Urban America: Hearing before the Committee on Banking, Housing and Urban Affairs, United States Senate*, One Hundred Third Congress, First Session, S. Hrg. 103 – 167, Washington D. C. : U. S. Government Printing Office, 1993, p. 2.

[4] "Paper Submitted to the U. S. House of Representatives Committee on Banking, Currency and Housing by Paul Davidoff, Executive Director, Suburban Action Institute" in U. S. House of Representatives, *The Rebirth of the American City: Hearings Before the Committee on Banking, Currency and Housing*, U. S. Senate, the Ninety Fourth Congress, the Second Session, Part One, Washington D. C. : U. S. Government Printing Office, 1976, p. 61.

种族隔离问题中也发挥了不可替代的重要作用。由于城市住房、商店和工业开发选址用地的决策权均掌握在地方政府的手中，其任何决定都会影响到各阶层的受益程度及其差异。例如，分区制（zoning）作为一项行之有效的实施了长达一个多世纪的政策，是地方政府从事商业开发、民宅改造和环境保护等方面的最有力杠杆。可是，它们关心的首先是创造就业机会和利润，增加政府收益，而不是贫民区的改造，因而隔都向来不是政府关注的重点。① 另外，郊区政府通过分区制政策，不仅限制贫困人口的迁入，而且还将仅有的黑人飞地拆除，同时又没有为居民新建住房，因而"削减了所在地区低收入家庭（以黑人为主但不限于黑人）的住房机会"。②

追本溯源，分区制始于19世纪末20世纪初的城市开发规划，被视为"推进白人家庭的社会和经济利益而制定的配置公共资源和机会的一种重要机制"。它"将土地划分为广泛的使用范畴，例如居住区、商业区和工业区——理念是土地分开使用，会促进公共卫生和人民的福利"。这种政策1908年率先在洛杉矶市推行。之后，纽约市亦步亦趋，但其本质不同。纽约市的分区制不是谋求公共福利，而是用来保护白人财产，限制有色种族居民与白人为邻的工具，理由是"有色种族居民进入临近的住宅后，破败……便在所难免"。③

"二战"后，由于美国各地郊区城市追求的首要目标，是在种族、经济收入、社会地位、住房标准、宗教和学历教育等方面的同质性，目的是要避免中心城市贫民区那种惨象的出现。于是，各地郊区将那些可能会增加政府财政负担、引发各种社会问题的群体排斥在外，而实现这一目标的有效手段是土地开发中实行分区制。按照美国民权委员会的界定，"分区制是州一级政府确立、地方政府实施的，其主旨是调控建筑高度、面积和密度，土地开发位置和用途，都是出于为公共'卫生、安全、道德和一般福利'的目的考虑，会彻底禁止一些用途。"例如，为了保证郊

---

① 梁茂信：《都市化时代：20世纪美国人口流动与城市社会问题》，第438—448页。

② The United States Commission on Civil Rights, *Equal Opportunity in Suburbia*, pp. 30 – 35.

③ Swati Prakash, "Racial Dimensions of Property Value Protection Under the Fair Housing Act," *California Law Review*, vol. 101, No. 5, October 2013, pp. 1446 – 1447, http: //www.jstor.org/stable/23784351（2018年6月29日下载）。

区居民的一般福利，负责分区制的官员会在民宅的面积、建造标准、建筑密度、建筑用途、外部空间、环境绿化、街道设计等方面，制定详细可行的具体措施，从而实现提高住房价格，限制下层居民购买的目标。分区制虽然在运作上是地方性的，但作为一种维护利益的有效手段，却是全国性的。因此，在全美各地的大都市区，分区制的实施，导致大都市区的区位功能分层制度的出现。市内商业中心和工业园区的选址会影响到所在城市和大都市区的增长模式，当然也会影响到大都市区居民的包括住房、交通和学校在内的整体的福利。由于其决策是由所在市政议会做出的，具有一定的民主的性质。可是，"那些有可能属于被排斥群体的居民，在整个过程中听不到他们的声音，也没有有效的机制保证一个社区能考虑超越上述自身利益的举措。"甚至一些地方，政府官员明目张胆地排斥贫困人口。圣路易斯县的一位官员在民权委员会上作证指出，欢迎"谋求我们县生活质量的任何人，那些有经济能力追求这种生活质量的人，不管是白人还是黑人"。但是"把中心城市贫民区移植到我们县……我认为那不是政府的事情。"在巴尔的摩、圣路易等城市的调查发现，郊区分区制一般是通过两个阶段实现的。第一，在郊区开发中，摧毁农村或城乡接合部农村贫困人口的飞地，造成其居民流离失所，随后的商业开发建成漂亮的郊区城市。第二，无论是在中心城市还是在郊区，利用分区制，限定廉价的高密度住房建设的地理位置。据美国"反对住房歧视全国委员会"在纽约大都市区的调查后指出，纽约各郊区的目标是："通过对土地使用的管控和楼房建设，为那些有身份的体面人提供住房，同时，廉价吸引能缴纳税收但对服务要求很少的非住宅开发商，在纷繁杂乱的城市海洋中，运用人类最大的智慧，把社区建造成一座没有麻烦的岛屿。"在分区制政策的影响下，各地郊区基本上看不到适合于下层社会的廉价住房，甚至廉价租赁房和多户式公寓也是寥寥可数。在一些市区的公寓住房大楼内，也通过限制卧室数量，试图将学龄儿童较多的家庭排斥在外。例如，在新泽西大都市区的 4 个郊区市，80% 的公寓都有对卧室数量限制。在那些严格控制卧室数量的公寓中，80% 只允许有一间卧室。郊区对廉价住宅和廉价公寓的限制使一个又一个郊区的住房成了下层人口无法购买的宽敞别墅，造成了种族和阶级的空间隔离。①另外，许多郊区为"防止环境的退化"，限制少数民族、单身或单亲家庭入住，在"种族、性别和生活方式方面实行更加隐蔽巧妙的歧视"，使"空间隔离越来越演变为美国人迁移的障碍"。甚至白人和黑人中产阶级为保护居住环境，避免房产贬值，纷纷"加固了其与城市底层阶级在社会和身体上的空间隔离"。②

不啻如此，有些地方政府依旧按照自己的地方法规实施排斥性的措施。例如，21世纪初期在新泽西郊区芒特霍利（Mount Holly）小镇处理加登斯（Gardens）街区的做法上，就是典型的例子。加登斯小区的建筑主要是20世纪50年代为附近军港的军人提供350套两层楼的独户房。到60年代，它经由联邦住房署购买，然后转售给一家纽约房地产商。此后，该公司几次违反分区制条例，导致住房状况恶化。到2000年，该街区拥有住户居民近1000人，其中46%居民是黑人，29%是西班牙裔，但加登斯街区居民仅占芒特霍利镇居民的10%，其余90%的居民是白人中产阶级。随着黑人居住的加登斯街区自然环境和经济状况的恶化，该区也不断受到白人的指责，于是，该镇政府决心重新开发加登斯街区。该镇市政议会通过一项决议，决定彻底拆毁破旧住房，以解决房产的贬值与社会犯罪率上升的问题，当地法庭对城镇的决定采取了支持的态度，认为这样有利于"割除贫民区破败以及破败对街区财产价值的影响"，2003—2008年，该市政会议发布了一系列的再开发政令，拆除329套住房，新建520套（其中56套为经济适用房，11套向现有居民出售）。在当地居民的抗议下，镇政府决定购买并拆除加登斯的房产，以保护街区周围的白人中产阶级街区的财产价值。于是镇政府使用恐吓手段，压低多数黑人和拉丁裔财产价值并且最终将他们赶出社区。③

从各地郊区政府的角度看，分区制政策的实施，是执行辖区居民的

---

①　The United States Commission on Civil Rights, *Equal Opportunity in Suburbia*, pp. 30 – 33.

②　United States President's Commission for a National Agenda for the Eighties, *Urban America in the Eighties*, *Perspectives and Prospects*, *Report of the Panel on Policies and Prospects for Metropolitan and Nonmetropolitan America*, Washington D. C. : U. S. Government Printing Office, 1980, pp. 57 – 59.

③　Swati Prakash, "Racial Dimensions of Property Value Protection Under the Fair Housing Act," pp. 1438 – 1439.

民主程序和意志的结果，是行使美国宪法与法律所赋予的自由权利。它保护了辖区居民的居住环境和生活质量，维护了辖区的住房价格。但它也造成了郊区化的肆意蔓延和国土资源的浪费。因为分区制之下，每英亩空间的建筑数量、密度、高度和户型等都受到限制。据调查，在20世纪60年代末期，人口超过5000的城市中，有1/4的城市只允许在每英亩土地上修建一栋别墅，甚至有些地段，独户住宅的面积超过2万平方英尺，对房前屋后的草坪面积、人行道、护栏、照明、排水沟、燃气和供电线路等基础设施以及建筑材料都做了硬性规定。这一切无疑扩大了开发空间，造成大量土地的浪费。从社会意义上看，由于住房密度和多户型住房的建设受到限制，这在客观上提高了建设成本，将贫困者限制在破败的中心城市区，造成阶级的空间隔离。对此，有的美国学者认为，"各种经历表明，分区制为满足富有人口的私人福利（而不是公共福利）起到了很好的效果。对于一般民众和低收入群体而言，该项政策是有害的"。当然，对于实施分区制的政治家和规划者而言，实行分区制之后，"如果说他们没有变得更加富有，他们至少变得更加强大。"对于贫困人口和社会下层而言，分区制限制了贫困人口自由选择房源的权利，堵死了社会下层居民搬迁到郊区的机会，形成了贫富人口之间在居住空间上的隔离。同时，分区制一般会禁止建设各种店铺和维修店铺。在缺乏交通设施的社区，这必然会增加那些没有家用汽车或者只有旧车的家庭困难。正是在这样的意义上，分区制政策被称为"附庸风雅的分区制"（snob zoning）。此外，分区制还提高了房租，抑制公平竞争，造成市政官员的腐败。在70年代，《纽约时报》发文批评说，"一个又一个州发掘出来的证据显示，……一些市长、市政议员、县各位专员和分地方官员"都在验证"诱发腐败"的名言。"在每一个地方，腐败的政治家都把分区制政策看作是贪污的一个有利可图的来源。令人失望的是，几曾何时，消费者的需求只能通过向市政官员行贿才能得到满足。"①总之，郊区政府作为最为美国社会基层的民主单元，"向不同街区分配不同价格的住房的政治决定，将市场转化为种族与阶级隔离的机制。在一个赤裸裸的偏见

① Bernard H. Siegan, *Other People's Property*, Lexington, Massachusetts, lexngton Books, 1976, pp. 6, 9, 39-42.

与公开的歧视不断退化的时代，排斥性的分区制已经成为一种核心的制度性机制，限制穷人与少数民族居住在更好的街区并且享受更好的商品与公共服务的机会。"①

其六，除了政府之外，私有房地产市场也同样在美国的阶级隔离中发挥了决定性的作用。由于房地产经纪人控制着市场上所有销售或租赁住房的房源，因而"买卖双方都广泛参考经纪人的建议"。正如一位房地产经纪人在巴尔的摩民权机构作证时说："行将上市出售的大量的房产都是由经纪人提供的。经纪人有决定权，或者说至少有影响，引导购买者到一处具体的房产，或者引导他离开该房产。"如果一位房地产商"要让一个街区居民保持全部的白人居民，真正决策者并不是房主，因为只要开业的房地产经纪人开业，他就会认为，在居民全部为白人的街区，向黑人出售住房无异于经济自杀"。美国民权委员会通过广泛取证，认为美国各地的"双重住房市场——一个面向白人，一个面向黑人和其他少数民族——决定了整个大都市区人口的种族居住模式"。②

为了规范私有住房市场，消除种族歧视等行为的发生，美国国会在1968年颁布了《公平住房法》，目的在于推进居住融合。然而，私有住房市场的状况依然令人担忧，造成居住隔离的格局依然没有改变。巴尔的摩的一位黑人经纪商说，"在巴尔的摩县，我的看法是，房地产行业处于白人房地产经纪的控制之下。他们垄断了行业，控制着房源清单。通过控制房源清单，他们就控制了整个行业。因为，房源清单是房地产行业的关键。"1960年巴尔的摩大都市区经纪商队伍中没有黑人，1970年650名经纪人中间，仅有15名黑人。在圣路易斯4400名经纪人行业中，黑人也不过20人。除了经纪行业外，住房贷款和保险行业的政策取向也会对住房市场的种族与阶级融合产生较大的影响。因为无论是购房者还是租赁住房的房东，都需要信贷来源和抵押作保证。即使是收入丰厚的家庭也是如此。买者需要抵押才能贷款，房东需要抵押才能获得返修房产的贷款。因此，金融机构的制度和行为也十分重要。如果银行、抵押经纪

① Douglas S. Massey, Jonathan Rothwell and Thurston Domina, "The Changing Bases of Segregation in the United States," p. 89.

② The United States Commission on Civil Rights, *Equal Opportunity in Suburbia*, p. 16.

人、贷款机构和保险公司都不愿意为准备在白人居住区购买住房的黑人提供抵押贷款和保险等服务，黑人购买者就难以如愿。美国联邦住房与发展部和美国民权委员会的调查分别显示，"为住房市场提供资金的机构，通过抑制种族融合社区的开发和加剧居住区的隔离，为少数民族进入郊区住房市场提供十分有限的帮助。"根据美国联邦家庭贷款银行理事会（Federal Home Loan Bank Board）调查，主要借贷机构都存在歧视性行为，尽管有些机构看似毫无歧视性行为的主观意愿，但却存在种族歧视性后果。例如，有些借贷机构要求申请者提供配偶收入，或者借贷者是否存在犯罪记录等，并将这些问题作为"批准借贷的阻碍"。那些在隔都区被划为红线区（redlining）内的住房都无法获得贷款。圣路易斯市大学城的一家研究机构的一位负责人表示："由于我们的人口中有16%的人是黑人，我们在大学城不得不面对黑人经历多年的相同形式的种族歧视。我们在吸引投资商前来投资，为开发申请贷款资金，申请抵押贷款的事情面临困难。"①

1988年，美国国会对1968年法案进行修订，规定任何机构或者人不得以种族、肤色、民族来源、宗教、性别、残障或家庭状况等理由，歧视任何租赁（购）房者。该法案还要求那些接受联邦住房援助的社区和美国政府推进公共住房机会，但事实上，"住房平等机会以及实现无隔离的街区仍然是我们国家各地社区的一项主要挑战。"②在21世纪最初10年间，美国公平住房联盟、美国住房与城市发展部和司法部三家收到的3万多起投诉中，对残障者的歧视占投诉总量的1/3，其次是种族歧视（大约14%到19%）、家庭歧视约9%到11%、性别歧视约6%到9%、民族来源3%到6%、宗教和肤色约1%到3%。在1997年以前，住房保险业普遍采用"道德灾难"标准，拒绝向1970年以前建设的住房提供"重新

---

① The United States Commission on Civil Rights, *Equal Opportunity in Suburbia*, pp. 19, 22 - 23.

② "Testimony of Barbara Arnwine, Executive Director, Lawyer's Committee for Civil Rights Under Law" in U. S. House of Representatives, *Protecting the American Dream* (*Part One*): *A Look at the Fair Housing Act*, *Hearing Before the Subcommittee on the Constitution*, *Civil Rights*, *and Civil Liberties of the Committee on the Judiciary*, *House of Representatives*, One Hundred Eleventh Congress, Second Session, Serial No. 118, Washington D. C. : U. S. Government Printing Office, 2010, p. 22.

安置成本"（replacement cost）服务，单方面地将所在城市的住房价格按照自己的标准进行估价。例如，在首都华盛顿对 1970 年以前的住房平均估价是 20 万美元，而在弗吉尼亚和俄亥俄州均为 5 万美元。这对那些购买二手房的家庭，特别是对种族融合的街区和少数民族街区影响较大，①大批下层民众居住的二手房瞬间贬值，许多人不胜房产税的压力，无奈之下，将房子付之一炬，沦为无家可归者。面对成千上万的居民投诉，联邦政府应接不暇，解决问题的效率低下。而且，司法部在长期打击住房歧视方面的努力和投入，"多年来处于不稳定减少状态。"② 2009 年，美国联邦住房与城市发展部负责公平住房与平等机会问题的部长助理在国会听证会上指出，过去 40 年来，美国"在履行住房平等机会的诺言中取得了伟大的进步。今天，我们的城市与街区的隔离进一步减少。贷款承保指南再也没有以种族为基础的不同政策了，全国许多建筑法典现在要求多户型建筑向残障人士开放。然而，歧视行为依然存在。联邦住房与城市发展部的研究显示，非洲裔美国人、亚洲裔美国人和土著美国人在购买或者租赁住房时，持续受到不同政策的对待，遭受歧视的比例至少达到 20%。在一些社区，残障人士在每两次交易中至少有一次会受到歧视"。③因此，在公平住房法实施 40 年后，美国许多大都市区"仍然处于隔离之中"，其中有 20 多个大都市区被界定为"超级隔都区，或者是高度隔离的区域。1990 年，几乎所有黑人占居民 90% 以上的街区，或者纯

---

① 重置成本（replacement cost）是指按照当前市场条件，按照现在购买相同或相似资产所需支付的现金，或现金等价物的金额。"Prepared Statement of Shanna L. Smith, Testimony Before the Housing Judiciary Committee, Subcommittee on the Constitution, Civil Rights and Civil Liberties" in U. S. House of Representatives, *Protecting the American Dream* (*Part One*), pp. 10, 16.

② "Prepared Statement of the Honorable John Conyers, J. R., A Representative in Congress from the State of Michigan, Chairman, Committee on the Judiciary, and Member, Subcommittee on the Constitution, Civil Rights, and Civil Liberties" in U. S. Congress, House of Representatives, *Enforcement of the Fair Housing Act of 1968: Hearing Before the Subcommittee on the Constitution, Civil Rights, and Civil Liberties of the Committee on Judiciary, House of Representatives*, One Hundred Tenth Congress, Second Session, Jun. 2, 12, 2008, Serial No. 110 – 183, Washington D. C.: U. S. Government Printing Office, 2009, p. 4.

③ "Testimony of Kim Kendrick, Assistant Secretary, Office of Fair Housing and Equal Opportunity, Department of Housing and Urban Development" in U. S. Congress, House of Representatives, *Enforcement of the Fair Housing Act of 1968*, p. 16.

粹是黑人街区，在 10 多年后还是以黑人为主，或者是纯粹是黑人的街区"。①

2008 年美国法定公民权律师委员会与全美公平住房联盟等四家机构联合成立了"公平住房与平等机会全国委员会"，该委员会的主席是美国住房与城市发展部的两位前任部长——民主党人亨利·辛纳罗斯（Henry Cisneros）和共和党人杰克·肯普（Jack Kemp）。该委员会在芝加哥、洛杉矶、休斯敦、波士顿和亚特兰大等城市进行了为期半年的调查后，推出了《公平住房的未来》报告。其中开宗明义地写道："多场听证会暴露出的事实是：尽管有强大的法律，但在美国的住房与借贷市场上，歧视性行为继续制造程度不同的居住隔离，使少数民族与非少数民族家庭在获取良好的就业岗位、高质量的教育与住房所有权、学识与财产积累方面，继续产生差异。这一事实让许多人怀疑，联邦政府是否在全力以赴遏制住房歧视。更糟糕的是，有些人担心，联邦住房与城市发展部和其他联邦部门不是在与隔离战斗，而是通过其住房、借贷和税收计划的管理推进隔离。"②该报告无奈地指出："当 1968 年的公平住房法成为法律之后，高水平的居住隔离已经根深蒂固。然而，该法律作为一项遏制歧视、消除隔离的工具，却未能实现自己的使命。在该法案颁布后的 40 年间，在政府决定和民间持续的歧视行为的合力作用下，这些隔离的住房模式并未被阻止。"③2010 年 3 月 11 日在首都华盛顿举行的国会听证会上，众议院司法委员会宪法、民权与公民自由特别委员会主席杰洛德·纳德勒（Jerrold Nadler）在听证会开幕式上说：住房歧视"是我们国家的顽疾"。"尽管吉姆克劳法和限制性的契约不复存在，但它们代表的歧视性的态度与行为却一直存在。直接的歧视、购房分导、拒绝法律要求建造的可买得起的住房、歧视性的借贷行为，都在继续折磨租赁户和潜在的房主。

① "Written Testimony of James H. Carr, Chief Operating Officer, National Community Reinvestment Coalition" in U. S. Congress, House of Representatives, *Enforcement of the Fair Housing Act of 1968*, p. 46.

② "Testimony of Barbara Arnwine, Executive Director, Lawyer's Committee for Civil Rights Under Law" in U. S. House of Representatives, *Protecting the American Dream* (*Part One*), p. 23.

③ "Testimony of Barbara Arnwine, Executive Director, Lawyer's Committee for Civil Rights Under Law," p. 29.

此外，在许多管辖区，仍然有不少人会受到法律禁止的歧视行为。以性取向和性别为基础的歧视，在许多地方都是完全合法的。仅仅是因为这一原因，人们常常被剥夺了选择居住地址的权利。"①美国"全国公平住房联盟"（National Fair Housing Alliance）主席沙纳·史密斯（Shanna L. Smith）在国会听证会上说，"作为一个国家，在有效解决个人和制度性的住房、借贷与保险歧视的失败，意味着歧视仍然是广泛的，居住隔离仍然是一种常态。所以，歧视到底有多广泛呢？联邦住房与城市发展部，美国司法部和民间公平住房团体，以及州和地方机构报告的歧视案例大约3万起，我们经过研究发现，可以估计到每年发生的住房歧视超过400万起案例。"面对这样的惊人数据，他所得出的结论是"我们几乎没有触及美国的住房歧视"。②加州大学伯克利校区法学院博士斯沃迪·普拉卡什（Swati Prakash）认为，在公平住房法颁布55周年之后，以种族为基础的居住隔离仍然"就像在经济富裕方面的种族大差异那样异常坚固"。尽管联邦公平住房法的目的在于实现"真正意义上的融合与居住模式的平衡"，但是，联邦法院多次将这一民权法解释为"中产阶级和白人家庭的财产利益的守护人，过度地对这些家庭提供保护，以免政府为促进融合的努力给白人和中产阶级的财产带来假想的威胁"。同时，法庭对低收入家庭和少数民族家庭"在环境隔离和再开发引起的财产贬值与再安置中提供的保护不足"。③

显然，无论是联邦政府管理机构还是司法机关的判例，"无一能扭转美国大都市区居住隔离的模式。"无论是纵向协作还是横向协调，美国各级政府之间协作乏力，我行我素。地方自治的政治特点又导致全国缺乏一盘棋的意识和计划，一个社区或城市的政策差异，必然导致贫困人口在不同城市之间流动。同时，住房政策的实施还需要就业和交通机构的配合，实现劳动者与就业岗位的有机结合。这些方面在美国这样的所谓的民主国家，很难实现，因此，美国民权委员会报告中悲观地指出，"要

---

① U. S. House of Representatives, *Protecting the American Dream*（*Part One*）, p. 1.

② "Prepared Statement of Shanna L. Smith, Testimony Before the Housing Judiciary Committee, Subcommittee on the Constitution, Civil Rights and Civil Liberties," pp. 7, 10.

③ Swati Prakash, "Racial Dimensions of Property Value Protection Under the Fair Housing Act," pp. 1437 – 1497.

盼望这些补救措施本身在将来比以往的实施中更加有效，那将是莽撞的。"①在密苏里州圣路易斯市，尽管其民权机构在每年报告中都强调因为种族、宗教、性别和肤色为标志的种族歧视，但是，从官员到企业，大多数人"视而不见"，歧视成为"实现平等住房机会的障碍"。一直到1979—1980 年圣路易斯市"才开始颁布可以实施的禁止住房市场种族歧视的地方法令"。② 在 2005 年 8 月 24 日发生的卡特里娜（Katrina）飓风席卷新奥尔良之后，该市大批民宅被毁，许多灾民需要救助。但是，当地的房地产商在出租广告中，刊登带有歧视性的条款。5 家互联网上刊登的广告中明文规定，"我愿意为只有一个孩子的单亲母亲提供住房，不要有色种族的人，只要白人。"还有一家广告写道，"两个卧室，单独卫生间、住宅完全出租，可接纳五口之家的白人。"另几家广告写道："我们愿意接纳白人中产阶级"，或者是"我们愿意与一位有孩子的白人妇女，或者是已婚且有孩子的白人夫妇共享我们的家宅"。③ 尽管分区制是以种族或族裔为基础的，但在飓风之后，中低收入阶层的家庭的重建却举步维艰。因丧失了住房抵押品赎回权，200 万儿童和他们的家长无家可归。当他们父母亲在互联网上寻找住房的时候，看到的广告是："不要孩子"，"青少年莫租"，"承租三卧室公寓的家庭，只能带一个孩子，一套三室的公寓可出租给单身，或限于仅限 4 口之家。"④私有市场上的歧视行为无疑加剧了贫困人口购房或租房的难度，加剧了贫富隔离状况。

## 五 隔离之下的恶性循环

无论是种族还是阶级隔离，居住隔离首先是以居住为标志的"地点"

① The United States Commission on Civil Rights, *Equal Opportunity in Suburbia*, p. 63.

② Missouri Advisory Committee to the United States Commission on Civil Rights, *Fair Housing in America: Fair Housing Enforcement in St. Louis*, *A Report Prepared by the Missouri Advisory Committee to The United States Commission on Civil Rights*, Washington D. C. : the United States Commission on Civil Rights, vol. 2, 1982, p. 2.

③ "Testimony of Barbara Arnwine, Executive Director, Lawyer's Committee for Civil Rights Under Law ," p. 26.

④ "Prepared Statement of Shanna L. Smith, Testimony Before the Housing Judiciary Committee , Subcommittee on the Constitution, Civil Rights and Civil Liberties," p. 11.

（place）隔离，是指住房购买或租赁过程中，按照收入或经济条件产生
的街区选择，并在每一个住房价格相同或相近的街区，形成以经济条件
为核心的街区同质性。表现在阶级或种族关系上，是高收入家庭与低收
入家庭之间的隔离。隔离的空间距离可能比较远，也可能是两个经济同
质性接近的不同街区。所以，居民按照收入状况选择家庭位置就十分普
遍。由于每个街区或社区，是在特定的地理空间存在的，在横向上又与
附近的自然环境、空气质量、就业市场、购物环境、学校、教会、医院、
图书馆、公园、宗教文化、公共交通、政府福利和社会治安等公共服务
密切相关，对人们在居住、休闲、购物、就业、就学、宗教活动、社会
交往、申请各种福利和享受政府公共服务等方面的生活影响巨大。因此，
居住在不同的地理空间，对人们获得上述资源的数量和确定日常生活的
质量都会有直接和间接的影响。不同收入的群体被隔离在不同的政府管
辖之下，意味着他们在就业、子女就学、福利和享受的空气清洁程度等
诸多方面都存在不平等。①这就是说，家庭在社会经济上的不平等和区位
地理上的不平等相互关联，相互制约。"在社会等级中较高的地位，可以
获得最为理想的区位……不管一个人控制了什么样的区位（place），就等
于获得了一个具有回报性的保障。同时，一个人在地理位置上享有较高
的社会地位，意味着……在总体上会得到丰富生活机会的各种资源。"因
此，地理上的隔离在一定意义上又决定着阶级隔离的差异。②在这个意义
上，居住隔离既是各族裔居民自身劳动技能差异的结果，同时又决定着
每个人未来的发展空间。因此，住房就不是简单的栖身之地，而是富有
更多的含义。有美国学者精辟地指出：

> 住房不只是一种商品、一种投资，或者一种产业，尽管它显然
> 每一种都兼备。它是美国经济中庞大的且居核心位置的部分，并对
> 各个家庭的经济状况产生巨大的影响。但不啻如此，住房决定着一

---

① Peter Dreier, John Mollenkopf and Todd Swanstrom, *Place Matters: Metropolitics for the Twenty-First Century*, Third Edition, Lawrence, Kansas: University press of Kansas, 2014, pp. 20 – 21.

② Douglas S. Massey and Eric Fong, "Segregation and Neighborhood Quality: Blacks, Hispanics, and Asians in the San Francisco Metropolitan Area," Social Forces, vol. 69, No. 1 (Sep. , 1990), pp. 16 – 17; http://www.jstor.org/stable/2579605 (2018 年 6 月 29 日下载).

个家庭的位置，也正因为如此，住房是机会的支点，与美国社会上成年和儿童取得成功的许多关键因素相关联。美国社会上许多家庭流动的故事，就是寻找一个居住的好地方，并在时间的消逝中，搬进更加理想的社区和学校。这是美国梦的基础，是一项受到大规模税款支持的政策目标，也是帮助多数美国白人家庭拥有住房的其他政策的目标——即对数百万美国中产阶级家庭生活产生深刻影响的住房。①

这就是说，住房作为家庭日常生活的核心，是人们参与广泛的社会生活链条中的核心，它不仅涉及家庭父辈的各种物质与精神生活需求，也涉及子女的前途和命运。因为"一个人居住的地方影响着这个人每天的活动，社会互动、教育、职业、娱乐机会、雄心与期盼。"②当隔都被孤立在美国经济发展的孤岛上时，其居民面对的不单纯是失业和贫困，而是一种代际生活质量的传承。

就经济环境而言，无论是在中心城市还是郊区或者农村，由于贫困人口被隔离在各种资源匮乏、生活质量低劣的街区，每天都处于城市喧闹、环境污染和贫困的包围之中，因而其与主流社会的隔离本身就成为贫困的根源之一。有的美国学者为探寻其破解之道，认为消除隔离就是最为有效的方法之一。它会产生被隔离者贫困率1∶1的降幅。在其他条件相当的情况下，如果将种族隔离的平均边际效应对街区贫困的种族差异，隔离指数下降25%，就会对黑人和西班牙裔街区的贫困率产生大约10%的降幅。因此，削减种族隔离有助于达到削减贫困的目的。不过，如果只有高收入黑人和拉丁裔进入白人社区，黑人与西班牙裔社区的贫困率在整体上不会下降太大；同样，如果黑人与西班牙裔的白人邻居也

① Gary Orfield and Nancy McArdle, "The Vicious Cycle: Segregated Housing, School and Inter-generational Inequality," Prepared by the Civil Rights Project of Harvard University, Published by the Joint Center for Housing Studies of Harvard University August 2006, p. 3; http://www.doc88.com/p-7048906496484.html (2018年7月27日下载)。

② Ann Owens, "Racial Residential Segregation of School-Age Children and Adults: The Role of Schooling as a Segregating Force," The Russell Sage Foundation Journal of the Social Sciences, vol. 3, No. 2, February 2017, p. 63; http://www.jstor.org/stable/10.7758/rsf.2017.3.2.03 (2018年6月29日下载)。

有较高的贫困率，那么，在削减隔离方面的贫困分散化力度就会减少。另外，当较低收入的黑人与西班牙裔迁入非贫困的白人社区，去隔离化与街区贫困分散化就会增强，说明社区隔离与社区自身的贫困化，与迁移者的贫困化状况也会影响到街区的隔离与贫困化关系。①从另一层面上讲，由于低收入人群被限制各种资源与机会十分不利的地理空间，影响了其在更大的社会范围内的成功概率，因而会在久而久之中陷入一种恶性循环。

首先，由于被困在孤立的隔都，其居民缺乏经济资源，失业率、贫困率和对福利的依赖比例，均成正比上升。例如，在 20 世纪 80 年代末大都市区 16 岁以上的隔都有色种族居民中，30% 处于失业状态，隔都之外的黑人失业率为 23%，西班牙裔为 16%。此外，61% 的隔都区贫困家庭依赖福利度日，隔都之外的黑人和西班牙裔为 39%。隔都区 77% 的贫困儿童与单亲母亲生活在一起，在隔都之外的黑人和西班牙裔分别 71% 和 47%。隔都区 15—16 岁的贫困学生的性行为达到 67%，隔都区之外仅为 40%。②进入 21 世纪之后，这种状况依然如故。2005—2009 年，有 66% 的高度贫困区集中在低贫困县（low-poverty counties），但在大都市区为 78.3%，非大都市区为 59.5%。大都市区这种贫困区集中密度由内向外递减延伸的格局，与贫富人口居住的空间布局是一致的。90 年代，贫困率超过 20% 的高贫困区（high-poverty places）从 5770 个减少到 4781 个，但 21 世纪第一个 10 年间再次上升到 6264 个。而贫困率超过 30% 的贫困区从 2000 年的 1627 个增长到 2009 年的 2428 个。贫困率超过 40% 的高度贫困区从 518 个增加到 912 个，远远超过了 1990 年的 782 个标准。这种惊人的增长在大都市区和非大都市区都存在。与此同时，居住在农村贫困区的人口比例从 2000 年的 49.5% 上升到 2009 年的 60.9%。与中心城市、郊区和非大都市区相比，在 2009 年，居住在贫困社区的黑人占非大

---

① Lincoln Quillian, "Segregation as a Source of Contextual Advantage: A Formal Theory with Application to American Cities," *The Russell Sage Foundation Journal of the Social Sciences*, vol. 3, No. 2, February 2017, pp. 152 – 169; http://www.jstor.org/stable/10.7758/rsf.2017.3.2.07（2018 年 6 月 29 日下载）。

② Committee on National Urban Policy, Commission on Behavioral and Social Sciences and Education and National Research Council, *Inner-city Poverty in the United States*, pp. 256 –257.

都市区黑人的 45.9%，而在大都市区仅为 35.1%。在非大都市区的贫困黑人中，57.6% 居住在贫困率较高的街区，大都市区仅为 47.7%。当然，用县作为衡量单位，大都市区和少数民族的贫困率都出现估计不足的现象。例如，2005—2009 年，只有 19.6% 的大都市区贫困黑人居住在贫困率较高的县，但是 47.7% 居住在高贫困街区，同样，大都市区贫困西班牙裔居住在高贫困县的比例仅为 18.2%，但居住在高贫困区的比例为 31.8%。县、城市、郊区和农村小城镇作为比较贫困人口集中的程度在非大都市区一样突出。西班牙裔中居住在非大都市区分别为 38.7% 和 45.4%。[①]正因为各大都市区隔都集中了许多男性失业者，或者是低收入的男性劳工，特别是在距离中心城市较近的黑人街区更加突出。隔都实际上就是"失业者的隔都"。这个概念被认为"从根本上改变了城市处境不利者的属性"。男性失业者的广泛性被认为是①削减了低收入社区可以结婚的男性的储备，阻碍了传统的家庭的组成。②加速了贫困化的集中，增加了诸如犯罪、青少年犯罪、青少年非婚生育以及依赖福利的处境不利的现象。③削减了低收入街区主流社会中必需的道德范式，让居民处于日常生活孤立之外，使工作节奏、家庭稳定性与个人成就的光环显得暗淡与褪色，或者说在低收入社区消失了。④让街区的教堂、学校、商店、街区俱乐部以及街区改造协会等机构丧失了诸多的社会、经济与领导力的资源。[②]

美国森豪威尔基金会的报告中说，"在我们国家的如此多的内城里，就业岗位的缺失、充足的教育机会的缺失、充足的医疗照顾的匮乏，或体面、安全而且可买得起的住房的缺乏，这种现实，我认为十分明显。"因为"我们的城市社区，每天，每一个小时都在为面对种族主义和经济

---

[①]  Daniel T. Lichter, Domenico Parisi and Michael C. Taquino, "The Geography of Exclusion Race, Segregation, and Concentrated Poverty," pp. 371 – 373, 376.

[②]  Robert L. Wagmiller Jr., "Race and the Spatial Segregation of Jobless Men in Urban America," *Demography*, vol. 44, No. 3, Aug., 2007, p. 539; http: //www. jstor. org/stable/30053101 （2018 年 6 月 29 日下载）。

衰落的影响而不断地挣扎"。①上述资源的确十分重要，但是，它没有提到社会资源。对于青少年而言，隔离状况下的成长环境也具有非常重要的意义。一方面，由于被隔离的贫困街区居民的经济状况、文化水平和道德范式基本相近或者相似，因而，在同伴成长的过程中，彼此的价值观会产生相互的影响，并且发育成不同的社会资本（social capital），进而造成下一代之间的不平等。②

众所周知，20世纪90年代，"黑人社区比以前的几个时期更加危险。"因为长期的贫困孕育了一种不利于青少年上进的亚文化。由于中产阶级迁移到郊区之后，中心城市社区的居民道德沦丧，引发了价值观的衰变，越来越多的青少年对于自己社区的认同感下降，不愿意对自己的负面行动承担责任，认为白人的郊区化带走了城市发展需要的资源，中心城市成了郊区化发展的牺牲品，由此产生的连锁性效应是："破碎的社区""破碎的家庭""破碎的价值观"和"破碎的梦想"。随着贫困率的上升，隔都犯罪率80年代上升了60%，黑人离婚率也成倍上升。20世纪30年代到40年代，黑人双亲家庭的比例达到70%，但在80年代末，62%的黑人孩子出生在单亲女性贫困家庭。不仅如此，非婚先育、毒品、辍学、暴力犯罪、购买枪支、夜不归宿、打架斗殴等扰乱社会秩序的现象层出不穷。从此，中心城市看到的是"种族主义、性主义、暴力和各种可以想象的无忧无虑的消费主义的泛滥。恰好是由于黑人社区价值体系的削弱，尤其是青年人以各种不负责任的行为方式，沉迷于大众文化中最为消极的方面"。在这样的一个社会中，一位典型的黑人"是一个自由自在的人，没有家庭教养，也没有受到类似教堂或学校的影响。简言之，他极易陷入大众文化中展现在他面前并且想要的那种世界。所以，他为了金钱和工作岗位，沉迷于毒品文化，为了家庭和个人的尊严，参与到团伙文化之中。这些追求的悲痛结局常常是要么进入监狱，要么是

---

① "Opening Statement of Chairman Donald W. Riegler, Jr." in United States Senate, *The State of Urban America：Hearing before the Committee on Banking, Housing and Urban Affairs, United States Senate*, One Hundred Third Congress, First Session, S. Hrg. 103 - 167, Washington D. C.：U. S. Government Printing Office, 1993, p. 2.

② Sean F. Reardon and Kendra Bischoff, "Income Inequality and Income Segregation," p. 1138.

死亡"。①在这样的环境里，美国"全国无家可归者联盟"（National Coalition for Homeless）发现，全美每天晚上有 50 万无家可归的儿童，生活在贫困当中。在美国 27 座大城市中，在 1988—1989 年需要提供庇护所的无家可归的儿童增长了 30%，单亲家庭构成了无家可归者家庭的 75%。这些儿童面临着卫生健康差、环境不安全、学历低下等风险。势必会增加未来的医疗保健成本高，劳工素质差，依赖福利比例高的问题。②

在改善居住环境方面，隔都居民也面临着灾难性的后果。如前所述，由于美国的私有住房市场长期存在着种族和经济上的歧视，而联邦住房署在提供抵押贷款方面的红线政策，使贫困人口密度较高、住房破败程度严重的街区，成为房地产商认为因无利可图而极力躲避的投资区域。主流社会的银行和保险公司都不愿意提供金融和保险服务。于是，贫困人口往往在住房购买、翻修或租赁方面，都面临资金来源的困扰，人们对信贷的需求达到了一种"饥不择食"的状态。无奈之下，他们不区分借贷条件的差异，或者是出于主动，或者是被动的背上了高利贷债务。例如，巴尔的摩市人口中的 64% 是黑人，32% 是白人，两者处于高度隔离状态。经济上处于无助的少数民族黑人，不得不接受来自国富银行巴尔的摩市支行的"掠夺性借贷"。每年发放的"高成本抵押贷款"超过 1000 多份。到 2006 年，该银行向该市 65% 的黑人提供了高息贷款，然而接受同类贷款的白人达到 15%。种族差异之大，是"所有借贷者中最大的"。二次融资贷款（Refinanced loans）的状况更加糟糕。其中黑人借贷者数量是白人的 2.5 倍，黑人的贷款利率是白人的 5 倍。该公司在向黑人提供的贷款中，65% 属于"高息贷款"，同比仅占白人的 13%。这种贷款的灾难性后果是，在 2001 年美国经济陷入衰退之后，每年有不少黑人家庭因为无力偿还贷款而丧失了抵押赎回权。2000—2006 年丧失抵押赎回权的家庭达到 3.3 万，是白人的 4 倍。到 2007 年，情况进一步恶化，其前两个季度丧失抵押品赎回权的比例增加了 5 倍。这种掠夺性借贷使巴

① "Targeting Resources to Central Cities: A Strategy for Redevelopment the Black Community by Ronald Walters, Ph. D, Professor, Political Science Department, Howard University, Washington, D. C." in United States Senate, *The State of Urban America*, pp. 109 - 110.

② U. S. Department of Housing and Urban Development, Office of Policy Development and Research, *Rediscovering Urban America*, p. 248.

尔的摩市 2004—2005 年损失的房产价值超过 178 亿美元。仅仅 2006 年该市损失税收就达到 4190 万美元。①

同样，在田纳西州的孟菲斯大都市区中心城市及其所在的谢尔比 (Shelby) 县，国富银行如法炮制。正如孟菲斯市市长在国会听证会上说："借贷者以贫弱的少数民族户主为对象，以少数民族街区为目标。国富银行在住房市场上扬的时候，通过虐待性和歧视性做法，牟取暴利……当住房市场的泡沫破碎时，掠夺性的借贷者让孟菲斯和谢尔比县留下了破坏性的废墟——数以百计闲置的且丧失抵押赎回权的财产……该公司在孟菲斯和谢尔比县以黑人为主的街区，因贷款而丧失的抵押赎回权的概率，几乎是白人社区贷款抵押赎回权的 7 倍。"2000—2008 年，孟菲斯大都市区以黑人为主的街区丧失住房抵押赎回权的比例高达 17.5%，在白人街区仅为 3.3%。在谢尔比县的黑人社区为 17.7%，白人街区是 2.6%。换句话说，黑人丧失住房赎回权的比例是白人的比例的 7 倍，在孟菲斯大都市区是 5.3 倍。②

那么，国富银行是如何操作的呢？该公司前信贷部的一位经理在孟菲斯市和谢尔比县诉国富银行一案出庭作证时说，她的业务是寻找客源，"每天几乎所有的时间都在按照手中的'名单'打电话"。该名单源于三种渠道，第一种是来自以前购买汽车、住房、保险等业务而借贷的老客户信息；第二种是通过其他渠道获得名单与个人信息；第三种是按照所在城市的电话簿，专门在黑人社区打电话，目的是推销"新的昂贵的次级贷款，其利率极高，另附加各种税费"。"我们被告知推销这类贷款的方式是告诉客户：我们通过合并客户已有的债务，转为新的贷款。事实上并非如此。我们并未消掉客户现有的债务，而是给他们增加了一项新

---

① "Written Testimony of James H. Carr, Chief Operating Officer, National Community Reinvestment Coalition" in U. S. Congress, House of Representatives, *Enforcement of the Fair Housing Act of 196*, p. 46; "Testimony of Suzanne Sangree, Chief Solicitor, City of Baltimore Law Department" in U. S. Congress, House of Representatives, *Enforcement of the Fair Housing Act of 1968*, pp. 54 – 56.

② "Testimony of A. C. Wharton Jr. , Mayor of the City of Memphis" in U. S. House of Representatives, *Protecting the American Dream* (Part II), p. 30.

的增加其住房风险的，且更加昂贵的新贷款"。①由于公司分摊的推销任务
艰巨。

> 老板不断向信贷经理施压，即使她们知道客户没有偿还能力，
> 或者不符合贷款资格，也要说服客户申请贷款。我迫于压力，努力
> 实现信贷数额不低于 504 份。凡是债务与收入之比高于 50% 的人，
> 申请时我知道他们无力并且无法偿还贷款。在我打电话之前，我已
> 经了解所有客户的个人信息。我知道这是不道德的、肮脏的做法，
> 因为我知道贷款会使客户丧失房产。令我震惊的是，许多信誉不佳
> 的人以及债务与收入之比较高的人，离开办公室时，都签署了利率
> 高达 11%、12% 或者 13% 的次级贷款。有些贷款的利率甚至超过了
> 17%。……看到信誉不佳的人和债务与收入之比高于 50% 的人接受
> 了高利率贷款，我特别不安。我知道，国富银行为向客户提供贷款，
> 违反了自己的规则，贷款发放对象是不应该发放给债务与收入之比
> 超过 50% 的人以及信用债务超过 580—600 美元的客户。②

卡米尔·托马斯（Camille Thomas）作为国富银行孟菲斯支行的贷款
程序员，在该公司工作了 8 年。他在法院出庭作证时说，之所以将黑人
列为目标，是因为公司人普遍相信，"非洲裔比较愚钝，睿智不足，容易
被操弄并签署高利率贷款。我听到雇员们用种族开玩笑说：'你知道，那
个人挺愚蠢的，就因为他是黑人'。"在黑人中，最容易中招的是中老年
黑人，他们多次上当，甚至还牵扯到子女。公司职员寻找黑人的方法之
一是到黑人社区，与那里的商业实体合作，获取黑人客户个人信息。其
次是与公司的前黑人客户建立联系，鼓励他们使用该公司的被称作是
"征募支票"（draft checks）的信用卡，其含义是只要客户使用，其消费
就会立即转为贷款，其利率可高达 20% 以上。当客户偿还清所欠，职员

---

① "United States District Court for the Western District of Tennessee Western Division, City of Memphis and Shelby County v. Wells Fargo Bank, NA, Declaration of Doris Dancy" in U. S. House of Representatives, *Protecting the American Dream* (*Part* II), p. 71.

② "United States District Court for the Western District of Tennessee Western Division, City of Memphis and Shelby County v. Wells Fargo Bank, NA", pp. 71 - 72.

们会收到相关信息，便劝说其接受新的次级贷款。①托尼·帕斯卡尔
（Tony Paschal）在国服银行工作了 10 年，他在出庭作证时说，因公司采
取激励机制，业绩突出者享受的奖励就越多。销售业绩突出的职员最多
年薪可达 100 万美元，稍逊者也在 60 万美元以上。②

　　类似国富银行的歧视性做法，在全美各地并不罕见。那些"肆无忌
惮的借贷者用高利贷手法，将目标锁定在那些中低收入社区的有色种
族"，他们通过"掠夺性贷款"对隔都居民造成了灾难性的冲击。他们在
评估有色种族的住房价值的时候，往往过高地估价住房的市场价值，
20% 的住房的估价超过实际价值的 50%，2/3 的住房的估价超过实际价值
的 15% 到 50%。通过这种方式向少数种族放高利贷，加重了其金融困境。
在受害者中间，黑人占 77%，47% 居住在低收入区，83.6% 的借贷者年
收入在 4.5 万美元以下。③美国公民权法律全国委员会的一位官员在国会
听证会上说，2008 年危机源于"近期的住房与抵押借贷市场上的种族歧
视。事实上……丧失赎回权对少数民族房主与租房户产生了不成比例的
影响，媒体对这种影响报道不足。这场危机的影响造成了美国历史上少
数族裔社会最大的损失之一"。④

---

① "United States District Court for the Western District of Tennessee Western Division, City of Memphis and Shelby County v. Wells Fargo Bank, NA, Declaration of Camille Thomas" in U. S. House of Representatives, *Protecting the American Dream（Part II）: Combatting Predatory Lending Under the Fair Housing Act*, Hearing Before the Subcommittee on the Constitution, Civil Rights and Civil Liberties of the Committee on the Judiciary, *House of Representatives*, One Hundred Eleventh Congress, Second Session, April 29, 2010, Serial No. 111 – 88, Washington D. C.: U. S. government Printing Office, 2010, pp. 92 – 93.

② "United States District Court for the District of Maryland, Baltimore Division, Mayor and City Council v. Wells Fargo Bank, NA" in U. S. House of Representatives, *Protecting the American Dream（Part II）*, p. 104.

③ "Written Testimony of James H. Carr, Chief Operating Officer, National Community Reinvestment Coalition" in U. S. Congress, House of Representatives, *Enforcement of the Fair Housing Act of 1968: Hearing Before the Subcommittee on the Constitution, Civil Rights, and Civil Liberties of the Committee on Judiciary, House of Representatives*, One Hundred Tenth Congress, Second Session, Jun. 2, 12, 2008, Serial No. 110 – 183, Washington D. C.: U. S. Government Printing Office, 2009, pp. 44 – 45.

④ "Testimony of Barbara Arnwine, Executive Director, Lawyer's Committee for Civil Rights Under Law," p. 24.

　　美国司法部长助理托马斯·佩雷斯（Thomas E. Perez）认为，2008危机的产生，在很大程度上源于"冒险性的、不负责任的借贷行为，它让太多的美国人陷入无法储蓄的、负担不起的住房贷款之中"。到2010年，美国大约有1300万家庭丧失了抵押赎回权。当然受到伤害的不单纯是社会下层，而且广大的中产阶级"也发现自己限于灾难的边缘——面临着其最重要资产的丧失"。丧失抵押赎回权给美国带来的代价，不单纯是丧失家产的家庭，超过1000万已经偿还了抵押贷款的房主，其房产贬值，因为它们就位于丧失抵押品赎回权的房产附近。整体上，2008年次贷危机沉重地打击了所有的美国家庭，但少数民族家庭遭受的打击更重。《纽约时报》调查了抵押贷款拖欠率比全国平均水平高1倍的社区，发现85%的社区的居民是少数民族。在纽约，家庭年收入达到6.8万美元的家庭，申请次贷的家庭比例是同等年收入的白人家庭的5倍多。一家再投资基金会研究发现，凡被隔离的社区可能是丧失抵押赎回权比例较高的社区。部分原因是有些借贷者提供了"最恶毒的贷款"。①

　　隔离产生的另一种长期性的，具有致命性影响后果是对子女的教育。因为在围绕就业机会、福利和高质量的公共服务等方面，"最为深刻的不平等就是以地域为基础的教育机会的不平等"。教育作为战后美国民众实现美国梦的主要渠道，是被隔离民众摆脱贫困的重要途径。在隔离机制之下，由于家庭住所位置与子女就学的学校质量密切相关。富人社区的学校质量明显占据优势，因而对孩子成长影响更大。在这个意义上，"在诸多基本途径中，住房市场都存在着缺陷，它延续并固化了代际的不平等。"②另外，"作为一种语境，街区对儿童成长至关重要。如果在一个贫困街区成长，减少了教育绩效与高学历的可能，增加青少年时代的不确

---

① "Statement of Thomas E. Perez, Assistant Attorney General, Department of Justice" in U. S. House of Representatives, *Protecting the American Dream* (Part Ⅱ), pp. 10 – 11.

② Gary Orfield and Nancy McArdle, "The Vicious Cycle: Segregated Housing, School and Intergenerational Inequality," Prepared by the Civil Rights Project of Harvard University, Published by the Joint Center for Housing Studies of Harvard University August 2006, p. 4; http://www.doc88.com/p - 7048906496484. html (2018 年 7 月 27 日下载)。

定性，削弱其认知与心理福祉。"① 由于中心城市，特别是隔都区的学校
师资水平、教育设施、教育环境和生源质量等差强人意，其教育效果令
人难以满意。根据 20 世纪 80 年代美国政府的调查发现："与生源中多
数以贫困生为主的学校的孩子相比，富裕学校的孩子知识更渊博，在校
读书时间更长，最终能获得更好的工作岗位。居住在富裕街区的孩子犯
法的比例更低，其非法生育的孩子也比贫困街区的孩子更少。当我们比
较白人街区和黑人街区的时候，看到相同的模式。这些模式让许多社会
科学家、政策分析家以及普通公民心服口服，相信一个街区或学校的社
会结构肯定会影响到孩子一生的机会。……富裕家庭的孩子，无论居住
何处，都比贫困家庭的孩子表现得更好。同样，白人家庭的孩子，不管
其街区的种族混合状况如何，都比黑人家庭的孩子表现更好。"从认知
技能（cognitive skill）看，一所学校的"社会经济状况"对学生的学习
成绩产生了不同的结果。在以白人为主的学校中，黑人学生学习成绩优
于以黑人为主的学校的黑人毕业生。美国城市政策委员会的报告中指
出：①当邻居们彼此确立了共同的社会标准，或者创建了服务于整个社
区的制度后，富裕家庭就会处于有利的地位。②当一个街区的邻居们为
稀缺的资源相互竞争的时候，富裕家庭因为吃亏而处于不利的地位。
③富裕家庭的儿童和贫困儿童在小学互相鼓励，认真学习，完成高中学
业。④处境有利的同学会帮助贫困学生提高学习成绩；处境有利的学生
的大学深造比例影响不大。⑤处境有利的社会对青少年婚外育产生抑制
作用，鼓励青少年高中毕业，增加青少年未来的收入。⑥处境有利的邻
居会抑制富裕家庭子女的犯罪，但是，鼓励贫困家庭的子女犯罪，这种
现象在黑人中间更加突出。②

在贫困街区的环境、办学质量、经济状况和人文环境恶化等因素的
影响下，当代美国社会特别是下层社会的流动性也受到削弱，下层社会

① Ann Owens, "Racial Residential Segregation of School-Age Children and Adults: The Role of Schooling as a Segregating Force," The Russell Sage Foundation Journal of the Social Sciences, vol. 3, No. 2, Spatial Foundations of Inequality, February 2017, p. 63; http://www.jstor.org/stable/10.7758/rsf.2017.3.2.03 (2018 年 6 月 29 日下载)。

② Committee on National Urban Policy, Commission on Behavioral and Social Sciences and Education and National Research Council, Inner-city Poverty in the United States, pp. 111, 175–177.

向上流动的机会，也进入美国历史上最低的时期。众所周知，美国是一个人口流动性较高的国家。许多人的职业升迁就是通过横向的地理空间的迁移完成的。因此，每年都有许多人口因为就业、养生、家庭团聚等因素而流动。人们在选择住处时，都会考虑居住地及其包含的影响家庭成员发展的众多因素。这些问题不仅仅是个人的问题，而且具有社会性和政治性的意义。在战后美国社会中，随着贫富差距的加大和社会隔离的复杂化，社会流动性日益减少。有学者对 20 世纪 70 年代的社会流动性研究发现，与父辈从事相同的职业比例相对较高。子女从事与父辈相同的高端非体力职业的比例为 59.4%，从事低端非体力职业的比例为 11.4%，两者相加超过 70%。在从事低端体力职业的劳工中，子女与父辈从事相同的职业结构中，从事高端非体力职业的比例为 16.4%，从事低端非体力职业的比例达到 9%，两者相加超过 25%，而从事与父辈相同的低端体力劳动者与农场劳工的比例超过 51.6%。从事高端体力职业的劳工中，进入高端非体力职业的比例达到 30.9%，进入低端非体力职业的比例达到 12.2%，两者相加超过 43%，而从事高端与低端体力职业的比例达到 55.8%。这一组数据表明，传统上的社会流动性有所减弱，但其流动性还存在。[1]到 20 世纪 80 年代，社会流动性发生变化。出生于社会最底层的 20% 的家庭的子女，停留在同一阶层的比例达到 40%，只有 12% 的概率进入最富有的 20% 的阶层。在中间的 20% 到 80% 的家庭中，如果流动性是完美的，进入最富有的 20% 的阶层的概率达到 25% 以上。此外，出生于最底层的 20% 的家庭的人，有 31% 概率进入比较富有的 40% 的阶层。对子女投入较多的家庭，子女向上流动的机会就多，概率就高，反之就低。鉴于最低的 20% 的阶层的收入较低，可以投给子女的人力资本投入较低，滞留在最低的 20% 阶层的概率就比较大。[2]

---

① Paul W. Kingston, *The Classless Society*, Stanford, CA: Stanford University Press, 2000, p. 66. 高端非体力职业包含经理与专业技术人士；低端非体力职业包含业主、办公室职员和商品零售等；高端体力劳工职业包含工头与工艺工人等；低端体力职业包含服务、操作员和体力劳工等；农场劳动者包含农场主与农业工人等。

② U. S. Department of Labor, Bureau of the Labor Statistics, Differences in Intergenerational Mobility Across the Earnings Distribution, *Working Papers* 364, January 2003, pp. 6, 23–24. https://www.bls.gov/ore/pdf/ec030010.pdf（2017 年 8 月 12 日下载）。

　　但是，如果进行纵向比较，就不难看出，在 20 世纪的历史上，美国的职业流动基本上是发生在职业结构发生变化的时期。新的职业的产生和旧的职业的重构皆源于产业的升级和科学技术带来的变化。信息技术的发展就给美国的就业市场和美国人的职业结构产生了重大的影响。然而，在总体上看，社会流动性越来越难。20 世纪 80 年代的职业流动性的升迁就比 60 年代更加艰难。在 20 世纪最后 10 年间，美国的职业流动性有所减缓，甚至下降。社会顶层与底层之间的流动受到诸多限制。出身于顶层 10% 的家庭的子女，至少有 20% 的机会获得与父辈相同的社会地位，而出身于社会底层 10% 的家庭子女，获得社会顶层的收入地位的概率只有 1%。这种研究结果得到多项研究成果的证实。社会上层的代际传承在星移斗转中增加，但出身于社会下层家庭的子女流动性却没有显著增加。因此，有学者认为，美国对于后代而言，正在变得不平等了。与父辈相比，20 世纪末这一代人为子女提供的向社会收入上层流动所必需的教育在减少。当然，回顾 20 世纪的总体发展，就业升迁也与就业市场上劳动力构成、种族歧视以及就业环境的变化不无关系。1940 年以后的种族歧视的改善，对亚洲裔特别是日本裔和华裔进入白领职业就具有比较重要的影响。①

　　需要指出的是，"全国大规模的具有代表性的抽样调查表明，在 20 世纪 80 年代中期，绝对向下的流动性增加了……其主体来自中间和下层的 20% 的人口，而非中上层的 20% 的人口，因而对于处于贫困边缘的人来说，陷入贫困的概率更大。与前文所列举的经济不平等的例证一起，这些趋势印证了这样的说法：'富人更富，穷人更穷。'尽管其中存在差异，但在 80 年代，对于人口中的多数群体而言，向下流动的风险增加了。"一般而言，生长于贫困黑人家庭的人，有 25% 的人在成年早期仍然生活在贫困中，而生长于贫困白人家庭的人同比为 10%。换句话说，多数白人走出了贫困，但仍有少数人像父辈那样生活在贫困中；若父辈正处于一生最贫困阶层的家庭，其子女生活在贫困中的概率大增。②到 21 世

---

① Charles E. Hurst, Social Inequality, Forms, Causes and Consequences, Boston, Pearson Educational Inc., 2007, pp. 334 - 335.

② Charles E. Hurst, *Social Inequality, Forms, Causes and Consequences*, pp. 335 - 336.

纪初，美国已经"成为富裕国家中流动性最弱的国家。特别是从代际相对收入总体水平而言，加拿大的流动性比美国高出三倍"。换句话说，"在美国社会中，父母亲的财富对子女来说，显得越来越重要。"面对这一社会问题，有的美国学者指出："父母亲富裕的儿童，比贫穷家庭的孩子，获得走向成功的机会更多。这种情况将来会成为更大的可能，除非我们保证所有的孩子能获得同等质量的教育、医疗保障、安全环境以及其他在经济成功中获得一席之地的必要机会。"①

上述诸多问题既是阶级隔离的结果，又是造成财富不平等的促成因素，因而自 20 世纪 70 年代以来，美国社会财富分配的不公进入了一个前所未有的差异悬殊的阶段。2013 年，美国家庭财富（扣除债务后的家产净值）——包括银行存款、金融证券、商业资产（不包括仍然在偿还贷款的房产、养老金和医疗保险等社会服务等），总额达到 67 万亿美元，相当于当年美国国内生产总值的 4 倍，每个家庭的财富中位数价值平均为 8.1 万美元。在不同的阶层中，增减幅度不同。例如，1989—2013 年，收入最高的 10％ 的家庭财富增长了 153％，排列在 51％ 到 90％ 的家庭仅增长了 19％。2013 年财富的分布与 1989 年相比，显得更加不平等。2013 年，最富有的 10％ 的家庭财富超过全国家庭财富总量的 3/4，而在 1989 年仅为 2/3。51％—90％ 的家庭拥有的家庭财富从 30％ 下降到 23％。社会最低的 10％ 的家庭财富比例从 3％ 下降到 1％。2013 年，最富有的 10％ 的家庭拥有 76％ 的家庭财产，平均每个家庭的财产净值为 400 万美元，在百分比中排位从 51％ 到 90％ 的家庭拥有的比例是 23％，每个家庭的财产净值是 31.6 万美元。最底层的 10％ 拥有的财产仅为 1％。在家庭财产排位中，26％—50％ 阶层的家庭，平均每个家庭的财产净值为 3.6 万美元。25％ 以下的家庭，每个家庭所欠的资金达到 1.3 万美元。从学历看，家长拥有大学学位的家庭，其中位数收入为 20.2 万美元，是拥有高

---

① "Testimony by Heather C. McGhee, President, Dēmos" in United States Senate, *Who is the Economy Working for? The Impact of Rising Equality on the American Economy*, *Hearing before the Subcommittee on Banking, Housing and Urban Affairs, United States Senate, One Hundred Thirteenth Congress, Second Session on Exploring the State and Trends of inequality and Its Impact of the Middle Class and The Economy Overall*, September 17, 24, 2014, Washington D. C.: U. S. Government Printing Office, 2016, pp. 44, 46.

中文凭的家长的家庭年收入的 4 倍。1989—2013 年的增长看，在家庭财富百分比排位中，90% 的家庭的财富比 1989 年增长了 54%（扣除物价因素）。居于中位数的家庭增长了 4%，排位在 25% 的家庭的财富比 1989 年减少 6%。家庭财富的分配在 2013 年比 1989 年更加失衡。例如，最富有的 10% 的家庭拥有的财产从 1989 年的 67% 上升到 2013 年的 76%，而底层的 10% 的家庭拥有的财富比例从 3% 下降到 1%。也就是说，1989—2013 年，美国的财富两极化趋势是美国历史上最严重的。最底层的 10% 的家庭财富的变化，分为两个阶段，第一个阶段是 1989—2007 年以前几乎没有增长，2007—2009 年出现下降。最富有的 1% 的家庭的比例从 31% 上升到 37%。1989—2013 年，最底层家庭发生的债务进一步增加，欠债家庭数量明显增长。2007 年，8% 的家庭所欠的债务超过了其家庭财富，平均欠债 2 万美元。到 2013 年，12% 的家庭所欠债务超过了家庭财富，平均每个家庭的所欠债务超过 3.2 万美元。①财富的两极化已经成为当代美国社会的核心问题之一。

# 六　结语

综上所述，当代美国城市和郊区人口分布与结构性变化，导致大都市区中心城市与郊区之间，以及郊区之间，出现了种族与阶级隔离相互交错、并行增长的趋势。特别是贫困人口在城市、郊区和农村的隔都化趋势空前加剧，使美国的种族与阶级隔离更像一个旋转的多棱镜，其多维性特点则是美国历史上不曾有过的。在这种条件下，当代美国阶级隔离虽然没有超越种族隔离而成为独一无二的社会现象，但是，种族与阶级隔离相互交织，导致各种族和族裔的社会下层人口被隔离在美国社会的主流之外，在就业、教育、自然资源和社会资源的分享中，处于不利的地位，进而形成了以隔都居民为典型的底层阶级。尽管外来移民和部分白人贫困人口也在星移斗转中获得摆脱隔都贫困的机会，但是，在郊

---

① Congress of the United States, Congressional Budget Office, Trends in Family Wealth, 1989 - 2013, 2016, pp. 1 - 2, 4. https：//www. cbo. gov/sites/default/files/114th - congress - 2015 - 2016/ reports/51846 - familywealth. pdf（2017 年 8 月 17 日下载）。

区社会和经济发展的过程中，能够体现郊区市政条例和法规的分区制，是在保护郊区居民，特别是白人居民财产权益的前提下，将贫困人口排斥在外，各族贫困人口因此而被困在中心城市和非大都市区的贫困街区，并形成一个具有代际传承的特征。这既是美国市场经济内在机制运作规律下社会优胜劣汰的必然结果，也是担当社会管理大任的美国各级政府决策的产物。如果美国政府继续施行过去40年的新自由主义政策，分散于美国各地的隔都作为当代美国隔离的极端形态，还会长期存在，其中折射出来的问题，值得学界认真研究。

（本文作者系东北师范大学美国研究所教授）

# 美国学术界对"牛仔贡献"的贬褒之争

周　钢

　　如何看待西部牛仔在牧场里和牛道上的艰辛劳作？他们对美国西部牧区的开发和"牧牛王国"的兴起贡献如何？对于这一问题，在美国学术界有两种相反的观点。刘易斯·阿瑟顿在 1961 年出版了《牧牛大王》一书。在书中，阿瑟顿把牧场主定义为企业家、资本家和铁路建造者。作者认为，"牧场主是牧牛王国的主导者"，他们"对美国西部和美国文化的深远影响具有巨大的贡献"。与对牧场主的颂扬相反，阿瑟顿却把牛仔称为"马背上的雇工"，强调他们"对美国的历史进程没有什么影响"。阿瑟顿是把牧场主作为一个"群体"鼎力推介的，称他们为"牧牛大王"（Cattle Kings）。[①] 与阿瑟顿贬抑牛仔的观点相左的是劳伦斯·I. 塞德曼。塞德曼于 1973 年出版了《马背生涯：1866—1896 年的牛仔边疆》一书。在书中，塞德曼写道："牛仔成为我们的民间英雄。他比任何边疆人物给美国人的生活以更深远、更持久的影响"。[②] 作者认为，"牛仔时代发生在镀金时代，它是美国人民在建立工业帝国中巨大成就的一部分。""对镀金时代的财富，牛仔贡献很多，但他自己并没有增加财富。在这一点上，他的经历是那个时代最普通的美国工人的象征"。[③] 可见，在美国学者中，

---

① Lewis Atherton, *The Cattle Kings*, Lincoln and London: University of Nebraska Press, 1961, p. xi.

② Lawrence I. Seidman, *Once in the Saddle: The Cowboy's Frontier*, 1866 - 1896, New York: Alered A. Kinope, Inc. , 1973, p. 1.

③ Lawrence I. Seidman, *Once in the Saddle: The Cowboy's Frontier*, 1866 - 1896, pp. 187, 188.

存在对牛仔贬褒两种截然相反的观点。

# 一 阿瑟顿贬抑牛仔

刘易斯·阿瑟顿教授 1905 年生于密苏里州的博斯沃思，1989 年去世。1911 年，阿瑟顿移居到离博斯沃思 16 英里远的一个农场。他的高中学业是在离家约 4000 英里远的县城所在地卡罗尔顿完成的。阿瑟顿在博斯沃思亲戚开的商店里当过年轻的店员。在俄克拉何马大学学习了两年后，他又转学到密苏里大学。1927 年，阿瑟顿在密苏里大学获文科学士，并被选入优秀毕业生联合会。1930 年，阿瑟顿在密苏里大学获文科硕士，1937 年在该校又获博士学位。1936 年，阿瑟顿开始在密苏里大学任教。1939 年，阿瑟顿的博士论文《中美洲的开发商》出版，并在 1971 年再版。1961 年，阿瑟顿又出版了《牧牛大王》一书，这是阿瑟顿建议撰写的多卷本边疆商人中的一本。[①] 此外，他还发表了 20 多篇论文。

在《牧牛大王》一书中，尤以第 12 章和第 13 章更为重要。前面的 11 章，每章写牧场主们的一个方面的活动。第 12 章"牧场主与牛仔：事实与幻想"、第 13 章"牧场主在美国文化中的角色"是前面章节的概括和升华。阿瑟顿还把《牧场主和牛仔：事实与幻想》作为论文，发表在当年的《蒙大拿西部历史杂志》第 4 期上。[②] 后来，阿瑟顿的这篇论文又被收入 1964 年由迈克尔·S. 肯尼迪选编面世的《牛仔和牧场主》一书中[③]。

在《牧牛大王》的前言中，阿瑟顿明确地表明了其观点。他强调："在这本书中，我集中在西部牧场主在美国文化中的角色上。"他相信"在塑造文化发展方面，牧场主远比牛仔重要"。他认为"牛仔作为被雇用的马背雇工，由于受低层次环境的拖累，他们在美国的历史进程中，难以发挥影响"。阿瑟顿还申明，他之所以认为"牧场主比牛仔更重要"，

---

[①] http：//shs. unsystem. edu/manuscripts/columbia/3603. pdt. 2009 年 9 月 12 日查阅。

[②] Lewis Atherton，"Cattleman and Cowboy：Fact and Fancy," *Montana the Magazine of Western History*，vol. 11，No. 4，1961，pp. 2 - 17.

[③] Lewis Atherton，"Cattleman and Cowboy：Fact and Fancy"，Michael S. Kennedy ed.，*Cowboys and Cattlemen*，New York：Hastings House，1964，pp. 3 - 24.

是因为"牧场主们努力支配他们的环境，至少去改变了它"。① 阿瑟顿率直地表明了他贬抑牛仔和褒扬牧场主的观点。他写这本书的目的，就是要强调牧牛大王这个群体的重要贡献，向人们证明对美国历史进程和文化发展产生重要影响的是能支配西部牧区的"牧场主"，而不是作为"马背上的雇工"的牛仔。

基于贬低"牛仔"和褒扬"牧场主"的基调，阿瑟顿在《牧场主和牛仔：事实与幻想》中进一步阐释其观点。文章第一段写道："牛仔在牧牛王国最重要的贡献就是他最为人所熟知。即使牛仔身处的环境早已成为历史，但牛仔的名声反而大噪。然而，颇具讥讽意味的是，事实上牧业边疆的核心人物并非牛仔，而是牧场主。如果没有牧场主，就不会有牛仔。是牧场主为牛仔的生活、工作范围划定了边界。然而，小说家、戏剧家和其他文艺从业者通常都把牧场主降低到虚无的背景角色中，以衬托他们虚构的主体英雄——美国牛仔"。② 阿瑟顿在篇首就点明，牛仔在"牧牛王国"的贡献、牛仔成为美国人心目中的英雄都是小说家和戏剧家等的虚构。他指明，把牧场主降为衬托牛仔英雄的背景、次要角色，不符合西部牧区的事实。

阿瑟顿认为，"在真实的经济意义上，普通的牛仔就是马背上的雇工"，"从这一点来说，极不浪漫"。他还认为，"牛仔的生活充满了艰辛和寂寞，消遣方式枯燥无比。"牛仔这样的工作和经济状况，"使他们成为无法结婚、成家立业的流浪汉"。阿瑟顿也述及，牛仔在照看他人的牛群时，"他们所受到的人身危险，最主要的是使他们无法继续长期从事牧牛业"，"年龄大一点的就无法忍受这种残酷的生活，这也是这一群体年轻的主要原因"。阿瑟顿强调，牛仔在管理牛群时所受到的人身危险"极少属于英雄行为"，研究者只需指出这种危险使一些人不能继续从业的事实，而不是去"美化他们的职业生涯"。③ 在阿瑟顿看来，牛仔是牧场主雇用的"马背上的雇工"，是"牧牛王国"里年轻的下层群体。他们是不能成家立业的流浪汉。牛仔的生活艰辛、寂寞和枯燥，劳作中危及生命

① Lewis Atherton, *The Cattle Kings*, p. xi.
② Ibid., p. 263.
③ Ibid., p. 243.

的危险不属于英雄的行为，不能美化。

阿瑟顿认为，"普通牛仔把钱只当作获得暂时欢愉的工具"。[1] 牛仔们在得到为数不多的去小牛镇的机会时，"会过度狂饮"。因为没有结婚，牛仔们"从妓女那里寻求女性伴侣"。阿瑟顿还以布鲁斯·赛伯茨在牧区的观察为他的观点作证。赛伯茨19世纪90年代在达科他做过牛仔，并成为小牧场主。他总结归纳说："牛仔衣着褴褛，他们中的很多人都惨遭淋病或瘟疫的折磨。只有少数优秀的牛仔进入牛贸易，并获得成功"。[2] 阿瑟顿认定，牛仔的行为是放荡不羁的。

阿瑟顿还认为，在"牧牛王国"里牛仔的身份最低微。他写道："在很多方面，他们都以最低微的身份在逃离生活，或者调整自己，以适应生活。"[3]

综上所述，我们可以发现，在阿瑟顿的心目中，牛仔只是"身份低微的"被牧场主雇用的"马背上的雇工"。在经济上，他们"无法结婚、成家立业"。牛仔的生活"太艰辛、寂寞"，"消遣方式枯燥"。牧牛中他们会遭遇危及"人身的危险"，但极少是英雄行为。他们的生活放荡，有钱就"狂饮"、嫖娼。他们无力改变生活，或者逃离"做流浪汉，或者适应艰辛、寂寞的牧牛生活"。在阿瑟顿看来，牛仔对"牧牛王国"的兴起，对美国历史、文化的发展进程没有什么贡献。虽然有的学者在论及牛仔的贡献时，也会涉及他们的缺点或问题，但像阿瑟顿这样贬抑、否定牛仔的人甚少。阿瑟顿可算得上贬抑牛仔的第一人了。

与贬抑牛仔相反，阿瑟顿对牧场主极力褒扬。他阐释了牧场主是"牧牛王国"的主导者，认为他们对美国西部和美国文化具有深远的影响，做出了重要贡献。在《牧牛大王》中，阿瑟顿把牧场主定义为企业家、资本家和铁路建造者。在该书的最后一章"牧场主在美国文化中的角色"中，阿瑟顿用"群体特性"来分析牧场主们的多方面贡献。他认为，牧场主们控制着"牧牛王国"的经济，掌管着牧牛业的生产管理、

---

① Lewis Atherton, *The Cattle Kings*, p. 266.
② Ibid. , p. 243.
③ Ibid. , p. 250.

土地和水源的使用，规定赶拢制度和牛群的销售；他们进行优良种畜的培育、饲草种植等实验；为了牧牛业的发展，牧场主们从各处筹集资本等。阿瑟顿称赞，牧场主除经营牧牛业外，还投资西部铁路建设、矿业开发、修建学校和对教堂等给予慈善资助；牧场主还以其组织的"牧牛者协会"，对所在州或领地施加政治影响，使立法机关制订有利于牧牛业发展的法律。他声称，有些大牧场主还成了美国国会的参议员，"牧牛者协会"也成为在美国西部 16 个州或领地有影响的政治势力集团。① 阿瑟顿强调，牧场主们之所以能做出这些贡献，是因为他们在美国西部追求的是"财富"，而不是历险。

他肯定牧场主对待"财富和权力"的态度。他写道："那些在牧牛王国获得财富和权力的人们追求财富和权力……尽管充满危险，牧场主把保护他们的财富看得更重要。他们赞成法律和秩序的发展，而这是按照他们自己所理解的发展的。他们的动机同那个时期美国其他地方的商人非常相似。他们使用在更古老社区的商业组织的各种形式。"② 在这里，阿瑟顿点明牧场主到"牧牛王国"的动机就是为了追逐财富和权力。一旦聚敛了大量财富，他们就会获得政治上的权力。为了保护自己既得的财富和权力，牧场主们像美国其他社区、其他行业的资本家一样，建立起行业组织。如在怀俄明牧区，大牧场主和牧牛公司的巨商建立了"怀俄明家畜饲养者协会"。这个主宰怀俄明牧区的协会，制订赶拢、管理使用土地和水源的法规，强令会员和非会员一律执行。这个协会还组织武装侦探，打击、排斥和驱逐小牧场主和小农场主。为了达到独霸牧区的目的，"怀俄明家畜饲养者协会"甚至策划发动了清除小牧场主和小农场主的"约翰逊县战争"。

"约翰逊县战争"是牧场主用武力来维护他们所得的财富和权力的一场战争。雷·艾伦·比林顿评论道，阿瑟顿"尽了最大努力，津津有味并兴致盎然地生动刻画描写了牧牛战争和牛镇骚动"。③ 1892 年 4月发生的"约翰逊县战争"，是牧牛大王对小牧场主和小农场主的武装

① Lewis Atherton, *The Cattle Kings*, pp. 267 - 277.

② Ibid., p. 266.

③ Ray Allen Billington, *Chicago Tribune*, Lewis Atherton, *The Cattle Kings*, back cover.

入侵。虽然经过了精心策划和充分准备，由牧场主和从得克萨斯雇用的枪手组成的武装远征队还是以失败而告终。对于战争结果，阿瑟顿深表遗憾。他认为，"不幸的是牧场主们的名声"，他认为，"他们此前在很多地方毋庸置疑地努力创造了有利的环境，所有职位受人尊敬的牧场主会因这场自傲和威胁到诚实的定居者的入侵"而名声扫地。阿瑟顿写道："牧场主们因在'约翰逊县战争'中被打败而加速他们的权力衰落。"① 可见，阿瑟顿是同情牧场主的，他对"约翰逊县战争"的表述很有唱挽歌的味道。

阿瑟顿认为，牧场主们崇拜"好女人"，他们的家庭生活稳定。在《牧牛大王》中，作者专门写了一章，论及牧场主的婚姻和家庭生活。牧场主的妻子们，无论她们是来自"印第安人保留区"，还是来自和丈夫一样的社会阶层，都遵循丈夫们的训诫，同丈夫一样受人尊敬。她们努力支持、帮助丈夫在事业上取得成功。② 阿瑟顿认为，牧场主们"极其崇拜'好女人'，给她们很高的社会地位，但也完全认识各处牛镇的妓女。一旦步入婚姻，他们便珍视自己的誓言，给予家庭生活在许多其他边疆所不存在的稳定"。③ 在阿瑟顿看来，牧场主比那些捕兽者和采矿主更尊重妇女，有更稳定的婚姻和家庭生活。然而，阿瑟顿也无法否认牧场主与"各处牛镇的妓女"交往的事实。

阿瑟顿还分析了使牛仔成为英雄的原因以及"牛仔英雄"的实质。他认为公众把牧场主当作"牧牛大王"，他们像其他领域的"大亨"一样，压迫了"小同行"。他们压迫了那些和他们争夺土地和水源的"新开垦土地的定居者"或是"自耕农"。"因此，牛仔成了英雄"。④ 如何看待牛仔英雄？阿瑟顿自问自答地写道："这个伟大的牛仔是谁？作为答案，我们必须认识到他一直是许多牛仔的合成体，是一个无名字的英雄；意识到他的功绩也超不过几乎任何人所希望拥有的权力。他功绩伟大并不神奇。美国人一直不愿意赋予他超人的个性。作为美国的民族英雄，他

---

① Lewis Atherton, *The Cattle Kings*, p. 55.

② Ibid. , pp. 78 – 101.

③ Ibid. , pp. 265 – 266.

④ Ibid. , p. 245.

是真实的美国人的集合体。"① 阿瑟顿在这里极力贬抑牛仔是无名字的英雄，称美国人还没有把他当作"美国的民族英雄"。

在阿瑟顿看来，应当让牧场主取代牛仔成为伟大而神奇的民族英雄。他认为"牧场主和牛仔同样活跃、不冷静"，"牧牛王国"在利用此前美国已形成的一些特征，并使之得以增强和延伸。他认定"牧牛王国"强调了"年轻和男性社会"。作为一个独特的社会，"牧牛王国"以男人的当前成就来评价他们，"雇主和雇工都承认牧场主有权制定规则和规定，甚至涉及了牛仔的个人声明"。牧场主还知道"对人友好的价值"。因为阿瑟顿相信，"在塑造文化发展方面，牧场主远比牛仔重要"，所以他在书中，"把西部牧场主作为了美国文化的主角"。②

从以上的分析中，我们不难看出阿瑟顿贬抑牛仔和褒扬牧场主的鲜明立场和观点。他认为，牛仔对"牧牛王国"的兴起和发展，对美国的历史进程没有什么影响。相反，阿瑟顿认为牧场主对美国西部和美国文化具有深远影响，具有重要贡献。阿瑟顿认为，美国现代社会的"自由派和保守派，都一样能从牧场主身上找到不少可赞美的价值标准"。③

## 二　塞德曼褒扬牛仔

劳伦斯·I. 塞德曼与刘易斯·阿瑟顿的观点不同。塞德曼认为，美国西部牛仔不但对"牧牛王国"的兴起和发展做出了重要贡献，而且，牛仔们创造的西部牧牛业的繁荣还对美国"镀金时代"财富的增长贡献很多。塞德曼在1973年出版的《马背生涯：1866—1896年的牛仔边疆》中表达了这种观点。塞德曼是历史学家和民俗学研究者，他对美国西部的传奇和传说特别感兴趣。他教过几年小学，在出版《马背生涯》一书时，他已是 C. W. 邮政学院的副教授。塞德曼博士是一位使用民歌进行社会研究的权威人士。④《马背生涯》一书被收入约翰·安东尼·斯科特

---

① Lewis Atherton, *The Cattle Kings*, p. 248.

② Ibid. , p. xi.

③ Ibid. , p. 277.

④ Lawrence I. Seidman, *Once in the Saddle: The Cowboy's Frontier*, 1866 – 1896, pages after 199.

任主编的"鲜活历史图书馆"丛书中。因为丛书是为青年读者写的,所以《马背生涯》的篇幅并不很长,只有 188 页。然而,塞德曼却简明扼要地全面阐释了美国"牧牛王国"的发展。① 特别是作者用生动的笔触讲述了牛仔在美国内战后 30 年的"马背生涯",肯定了他们对历史发展的重要贡献。在每章之后,塞德曼选择一首与内容相契合的牛仔歌曲,把词曲同时附上,有助于年轻的读者加深对全书内容的理解,增加他们的阅读兴趣。《马背生涯》出了精装和简装两种版本,是当时很流行的读物。

在《马背生涯》中,塞德曼精确地描述了牛仔的劳作和生活。作者把重点放在牛仔们在牛道上历经的种种磨难和在暴风雪中冒死保护牛群上。塞德曼以安迪·亚当斯参加的一次从得克萨斯往蒙大拿长途驱赶牛群的经历为典型例证,讴歌了美国内战后由牛仔们完成的持续 30 年的"长途驱赶"。塞德曼对美国历史上这一壮丽奇观的记述,是取材于安迪·亚当斯的经典著作《一个牛仔的日志》,其内容较为真实可信。亚当斯是得克萨斯的一个农场主之子。在两个哥哥当了牛仔以后,16 岁的亚当斯也选择了"牧区"。1882 年,亚当斯 18 岁时,被得克萨斯的肉商唐·洛弗尔的工头吉姆·弗拉德雇用。洛弗尔与美国联邦政府签订了合同,要为"印第安人保留地"提供食用牛。为了履行合同,洛弗尔要弗拉德担任道头,组成赶牛队,把一群牛从格兰德河赶到蒙大拿西北部的"黑脚印第安人保留地"。亚当斯加入了这个赶牛队,这是他第一次参加"长途"赶牛。②

根据亚当斯的记述,塞德曼认为,能踏上牛道的牛仔,通常是最有能力和最有经验的人。赶牛队必须在道头的统一指挥下,根据每个牛仔的技能和经验把他们分派到不同的岗位上,让牛形成长度适宜、行进速度适宜的纵队。牛仔让牛用一种自由、悠闲的方式,头尾相随移动,而不是形成一群。之所以如此,是为了让牛在移动过程中能保持甚至增加重量,上市时状况良好。赶牛的秘密就是决不让牛知道它们在被控制之下。在 15—20 英里内,赶牛人让牛享有开放牧场的自由。对赶牛的牛仔

---

① Karen Dannenberg, "Review", *History Teacher*, vol. 12, No. 4, 1979, p. 581.

② Lawrence I. Seidman, *Once in the Saddle*: *The Cowboy's Frontier*, 1866 – 1896, p. 65.

来说，这是令人生厌的时间，但牛群的状况和在马背上放养它们，要求牛仔们做出牺牲。在牛道上，牛仔的一天是从黎明到日落，外加夜间至少值两个小时的班。在暴风雨之夜或牛群受惊逃跑的紧急情况下，他们将整夜起来应对。牧牛的一个公理是一个赶牛人只有在冬天才能安睡。①

塞德曼讲述了牛仔在牛道上遭遇的诸多突发事件，无论在什么情况下，他们都要冒死保护牛群。长角牛是极易受惊的。尤其在漆黑的夜晚或暴风雨之夜，长角牛最易受惊，炸群逃跑。一旦发生这种情况，所有的牛仔都要立即跃上马背，围追堵截牛群。发生牛群炸群时，牛仔和牛都要付出代价。牛在夜晚四处逃散时，或掉下悬崖毙命，或跃入河中溺水而死。经过一夜惊心动魄的追堵后，次日牛仔们要继续去寻找丢失的牛和失散的同伴。有时会发现有的牛仔连人带马摔死在绝壁下。在赶牛途中，雷电会给牛仔造成更大悲剧。塞德曼例举了在交接牛时，一个牛仔突然被雷电击死；三个牛仔骑行时突遭电击，结果一死一伤。牛仔们在赶牛渡过激流时，常有牛仔被旋涡吞没，或连人带马被卷走淹死的悲剧发生。在夏天的烈日下赶牛，牛仔和牛都会吸入空气中飘浮的灰尘。因不能及时得到水喝，牛仔们会嘴唇干裂，小公牛刚伸出的舌头会马上缩回去。有时不得不改成夜间赶牛。在牛道上，赶牛队还会遇到原住民拦截。因为他们的狩猎场地被占有，加之野牛的灭绝，使他们失去了食物来源。因为饥饿，一些原住民部落向赶牛队索要牛。双方经过讨价还价，赶牛队给原住民几头牛后才能继续前行。赶牛队在牛道上还会遇到白人武装劫匪的劫掠和偷盗。这些盗贼袭击牛仔，惊散牛群，偷盗钱财或牛仔们在卖牛后获得的工资。② 一次长途驱赶，从得克萨斯到阿比林用了2—4个月，而到蒙大拿、达科他要6个月。安迪·亚当斯参加的赶牛队，在1882年4月离开得克萨斯，到同年9月抵达蒙大拿北部的"黑脚印第安人保留地"。这样的行程对人的消耗太大。牛仔们变得越来越疲劳，他们的话也越来越少。只有到可以遥遥望见即将抵达的牛镇终点时，

---

① Lawrence I. Seidman, *Once in the Saddle: The Cowboy's Frontier*, 1866–1896, pp. 67, 68, 69.

② Ibid. , pp. 75, 77–78, 79–80.

牛仔们才笑颜重开。①

1886 年和 1887 年，大平原下了两场历史上罕见的暴风雪。塞德曼称赞在冰天雪地里，只有牛仔冒死抢救牛群。1885 年的最后一天，上午的天气还暖和晴朗，但到中午突然下起了冷嗖嗖的毛毛雨，不一会儿便雨转雪。在一阵势如破竹的狂风突袭之后，大雪飞快地降落到牛群上。瞬息间，被暴风雪吹打和刺痛的众生灵都痛苦地挣扎着。在这样的寒冷和暴风雪中，人和牛都无法存活。然而，牛仔们试图在暴风雪中把牛群转移到安全的地方。塞德曼引用了埃默森·霍夫讲述的两个牛仔救牛群的故事。结果，那两个牛仔和牛群被大雪落下结成的冰雪帐罩捂在一起冻死。1886 年 10 月至 1887 年 2 月，大平原又下了一场历史上罕见的暴风雪。对分散在牧场上的人们来说，这是一个极为可怕的艰难时期。蒙大拿的牛仔们为救牛群，同暴风雪进行了搏斗，遭受了饥渴和寒冷的折磨。牛仔们像奴隶一样工作着。他们把牛群从山脚赶下来，救出了数千头牛。他们人手短缺，耗尽了力气。他们整天骑行在看不清路的暴风雪中。在零下 50℃ 至 60℃ 的气温情况下，还没有饭吃。沿途确实像个地狱。这种情况遍及怀俄明、蒙大拿、科罗拉多、内布拉斯加西部和堪萨斯西部。在蒙大拿，牛仔们要穿上厚厚的衣服骑马去救激流中的牛群，把处于险境的牛赶到隐蔽安全的地方。寒气钻进他们的肺部。不少牛仔冻坏了双手双脚，很多牛仔被冻死。对于这一切，牛仔们除了每月每人得到 40 美元工资外，不期望再得到任何东西。②

塞德曼称赞了牛仔的优秀品质。在《马背生涯》中，作者阐明了牛仔的构成和典型牛仔的特点。塞德曼写道："最初，牛仔主要是得克萨斯人、退伍军人、黑人和墨西哥人。随着牧牛业遍及牧区，牛仔队伍中由于有来自美国各地的人和外国人的加入而扩大。富人和穷汉、城里的孩子、农民的孩子和百万富翁之子，他们来自各行各业，甚至是无职业的人。"他强调："典型的牛仔是在 17—28 岁之间的年轻男子汉。艰苦的赶

---

① Lawrence I. Seidman, *Once in the Saddle: The Cowboy's Frontier*, 1866–1896, pp. 67, 81, 179.

② Ibid., pp. 139, 140, 142.

牛工作催他们长大成熟。一些人随之步入中年"①。牛仔这个群体具有优秀的品质。他们中的大多数人勇敢、健壮、有力。一个牛仔总在尝试做任何事情，如通过他迅捷的动作解决问题。即便在他不能做任何事情的情况下，他也从不报怨。牛仔"习惯于困难，他们对此开着玩笑，而使之轻松"。塞德曼还引用牛仔特迪·布卢的描述做进一步的说明，"他们对其为之工作的牧场极为忠诚，并为之奋斗至死。他们跟随道头经历苦境，而从不报怨。我看到他们骑马赶着牛群经过两天两夜后走进宿营地，在雨中躺在马鞍的垫毯上，睡得如死人一般。他们起床时，开玩笑谈论着在奥加拉和道奇城一些玩得开心的事"②。从上面的表述中，我们可以看出，牛仔具有勇敢、健壮、有力、不怕困难、敢于负责、忠于职守、不怕吃苦和乐观面对困难等优秀品质。

非裔、墨裔等少数族裔的贡献亦受到塞德曼的褒扬。他认为，"黑人和墨西哥人是牛仔队伍中的重要组成部分"。1865—1895 年，"估计有3.5 万人踏上牛道，至少有 5000 人是黑人。黑人牛仔做白人牛仔做的一切工作。"塞德曼肯定，"在他们之中，有最好的骑手、套索能手和骑马牧人。"他们之中"一些人是坏人，一些人是英雄"③。塞德曼还讲述了最著名的非裔牛仔纳特·洛夫成长的经历。奴隶出身的洛夫凭着苦练的骑马技能当上了牛仔，并在竞技比赛中获得了"戴德伍德·迪克"的称号。洛夫成为美国西部牧区最好的套索手。塞德曼还认为墨西哥牛仔对牛仔的服饰和使用的装备产生了"巨大的影响"④。他从牛仔帽、内外服饰、靴子、围巾、马鞍和其他马具、六响枪、骑的马和牛仔的关系等诸多方面讲述了墨西哥传统对"美国牛仔的影响及演变"⑤。

《马背生涯》的最后结论是"牛仔对镀金时代的财富贡献很多，但他们自己并没有增长财富"。塞德曼认为，在这一点上，牛仔的经历是那个时代"美国绝大多数普通工人的典型象征"⑥。

---

① Lawrence I. Seidman, *Once in the Saddle*: *The Cowboy's Frontier*, 1866 – 1896, p. 169.

② Ibid., pp. 170, 172.

③ Ibid., p. 173.

④ Ibid., pp. 173 – 176.

⑤ Ibid., pp. 176 – 179.

⑥ Ibid., p. 188.

通过对牛仔群体在内战后 30 年长途赶牛的艰辛和在暴风雪中冒死保护牛群的论述，塞德曼认为，事实上牛仔是"牧牛工人"，他的"整个一生和生活方式都受到束缚，与照看牛群相联系"。① 内战后，"牧牛王国"的兴起是由于美国东部成长中的工业制度对牛肉的需求超过了内战时期的需要，工人们需要价钱便宜的牛肉。西部大平原上的牛仔和得克萨斯长角牛满足了这种需求。得克萨斯长角牛被牛仔们长途驱赶到堪萨斯铁路沿线站点，再经火车运到芝加哥和堪萨斯城，在那里被加工成东部餐桌上的牛肉。牛道是牛仔的大学，牛道造就了牛仔。踏上牛道的牛仔们被作为英雄尊敬，并引起全美国的关注。牛仔的黄金时代始于 1866 年，到 1896 年便一去不复返了。牛仔的"时代发生在镀金时代。它是美国人民在建造工业帝国中巨大成就的一部分"。② 故塞德曼肯定牛仔对美国镀金时代的财富做出了很大贡献。

塞德曼对牧场主的论述不是很多，但切中要害。美国牧场主是在"牧牛王国"的"摇篮"得克萨斯起家的。1821 年，一群英裔美国人在斯蒂芬·奥斯汀带领下移居当时为墨西哥共和国一个省的得克萨斯。他们得到墨西哥政府的移民许可，定居在水草丰美、树木繁茂的布拉索斯河和科罗拉多河流域，"几乎无一例外地献身于养牛业"。奥斯汀和他的一伙人定居在得克萨斯的东南部。这块被 W. P. 韦布称为"菱形"的地区，"几乎提供了养牛最完美的条件"。这一地区"从西班牙人时期起，就已成为美国牧牛业的摇篮"。圣安东尼奥河谷成了得克萨斯长角牛最初的繁衍地。长角牛是美国移居者带来的来自英国的饲养牛与西班牙牛杂交产生的新牛种。到 1835 年，得克萨斯的牛和马、绵羊和山羊的数量总计达 300 万，有大量的牛漫游在荒野中。"美国西部最后的边疆——牛仔的边疆深受西班牙生活方式和习惯的影响。"在此期间，"得克萨斯人"（即英裔美国人）学会了放牧，从墨西哥骑马牧人那里几乎学会了一切。骑马牧人教会了英裔美国人骑马、使用套索、赶拢和打烙印等。骑马牧人发明并熟练使用套索，是牧场主生意中不可缺少的工具。"英裔美国人采用了墨西哥人的装备、服饰和放牧方法。"1836 年，"得克萨斯人发动

① Lawrence I. Seidman, *Once in the Saddle*: *The Cowboy's Frontier*, 1866 – 1896, p. 187.
② Ibid., pp. 185, 187, 188.

了一场革命，他们从墨西哥获得了独立。"许多墨西哥人被迫丢弃了他们的牛群和家园，逃往南部。英裔美国人围捕被丢弃的牛，开始建立他们自己的牛群。他们之中的一些人袭击墨西哥人的牧场，驱走骑马牧人，捕捉牛。[①] 塞德曼的上述叙述阐明了英裔美国人在 19 世纪 20 年代移居得克萨斯后，几乎无一例外地选择了养牛业，成为牧场主。这是因为墨西哥政府对从事养牛业的移民赠与更多的土地。英裔美国人利用墨西哥政府鼓励移民和赠与土地的政策，大量移居得克萨斯。到 1836 年，这些自称"得克萨斯人"的英裔美国人，从墨西哥牧场主那里学会了在开放大牧场骑马放牧牛群的方法，又围捕了墨西哥人的牛群，占据了他们的牧场和家园。在得克萨斯的英裔美国人牧场主就是这样起家变富的。

塞德曼深刻指明牧场主们发财致富的原因。他写道："不花钱的草地，不加围栏和几乎无限制的扩张，给牧场主们带来了财富。"[②] 美国内战结束后，得克萨斯的存牛爆满。牧场主们雇用牛仔，把四处漫游和变野的牛围捕起来，通过"长途驱赶"送往东部市场和北部新牧区，从中获利。内战后的牛贸易繁荣了 20 余年。这成了牧场主们发财致富的年代。牧场主们追求发财致富不是投入时间和自己参与，而是投资钱。[③] 这正如唐·洛弗尔让他的工头吉姆·弗拉德带领牛仔赶牛一样，他自己并不参加，而只是与弗拉德在道奇城和奥加拉拉相遇。洛弗尔作为牛群的所有者，他对弗拉德的要求是"赚钱"。洛弗尔说："如果牛群不能赚钱，你我最好现在就作罢。"[④]

塞德曼认为，在 19 世纪 80 年代早期牧牛业进入繁荣时期后，在牧场主和牛仔之间的巨大经济鸿沟，是导致 1883 年牛仔罢工的原因。在早期小牧场时期，牧场主还能与牛仔一起劳动，牛仔对牧场有"忠诚"感。进入 19 世纪 80 年代，劳资关系发生了变化。牛仔们为牧场主创造了大量财富，自己却"都是仅有很少的工资而劳作的人。他们感觉到失落"。于是，在 1883 年 3 月，得克萨斯潘汉德尔的牛仔举行了罢工。然而，大牧

---

① Lawrence I. Seidman, *Once in the Saddle*: *The Cowboy's Frontier*, 1866 – 1896, pp. 32, 33, 34, 38.

② Ibid., p. 149.

③ Ibid., p. 124.

④ Ibid., p. 66.

场主联合起来，挫败了罢工。一些回牧场复工的牛仔仍挣原来的工资。① 塞德曼也探讨了牧场主与移民矛盾的升级，对"约翰逊县战争"的起因、实施和失败的结局进行了细致的描述和论析。② 他指出，大牧场主发动战争的目的是独霸牧区，但最终他们失败了。总之，在《马背生涯》中，作者对牧场主如何起家、如何致富，及他们对财富过度的追求导致对牧区过载放牧，致使"牧牛王国"衰落的分析比较客观准确。

概言之，在《马背生涯》中，塞德曼论析了牛仔长时间的劳作、食物不足和经历的各种危险，为保护牛群甚至付出生命的代价等问题。他提供的歌曲表现出牛仔的孤寂和他们经历的艰险。塞德曼称赞牛仔为美国镀金时代财富的增长做出了巨大贡献。对牧场主的发家致富、引发的牧区战争、导致"牧牛王国"的衰落等问题，塞德曼也进行了探讨。其分析客观公正。

## 三 评论与再论析

在前两部分，笔者分别梳理、介绍了阿瑟顿和塞德曼的观点。阿瑟顿贬抑牛仔，褒扬牧场主。他不提牛仔的劳作，而只强调他们的"生活充满了太多的艰辛和寂寞，消遣方式枯燥无比"；在牛镇牛仔"会过度狂饮"，"寻求女性伴侣"。阿瑟顿列举这些从表面上看来的"事实"，是为了证明牛仔对美国的历史进程和文化发展没有产生影响。与这种否定牛仔"贡献"的态度相反，阿瑟顿认定牧场主是"企业家、资本家"，是"牧牛王国"的"主导者"，认为他们对美国的历史进程和文化发展做出了"巨大贡献"。塞德曼则把重点放在牛仔身上，对该群体进行了更为全面、深入和立体化的分析。他通过对牛仔长时间的劳作、艰辛生活和勇对凶险等方面的详细描述，赞扬了他们的勇敢、正直、忠于职守、冒死保护牛群等优秀品质，肯定了他们做出的重要贡献，认为牛仔是无人能替代的"美国民间英雄"，褒扬他们对美国的历史进程和文化发展产生了

① Lawrence I. Seidman, *Once in the Saddle*: *The Cowboy's Frontier*, 1866 – 1896, pp. 124, 126.

② Ibid. , pp. 149 – 168.

重要影响。对于牧场主，塞德曼对他们如何发财致富、引发牧区冲突乃至牧区战争等都有论析，但没有论及他们对美国历史进程和文化发展的贡献。《牧牛大王》和《马背生涯》面世前后相差 12 年。当时学术界对这两本著作是如何评价的呢?

阿瑟顿在 1961 年出版《牧牛大王》时，选择了对他有利的三则评论附在他著作的封底。第一则摘自乔·B. 弗朗茨在《密西西比河流域历史》上发表的评论。摘文曰:"这是首次真正尝试将牧牛大王作为一个管理者和雇佣者阶层写成论文……所有研究美国创业精神、美国社会史或美国西部的人都应参阅此书。"第二则为雷·艾伦·比林顿在《芝加哥论坛报》发表的摘录。摘文写道:"与之前的传统新形象相比，阿瑟顿在书中所描述的牧牛区的新形象同样富有浪漫色彩;他尽最大努力，津津有味并兴致盎然地生动刻画并描写了牧牛战争。"第三则录自 B. W. 奥尔雷德刊在《农业史》上的评论，摘录称:"阿瑟顿教授写了一份关于牧场主的先驱在其西部栖息地的才智的评估。文章新鲜有趣，生动尖锐，有可能是针对这一复杂课题所提出的最好文献的评论。"① 这三则摘文指明，像阿瑟顿这样为牧场主著书立说尚属第一次，并且写得浪漫有趣，生动尖锐，特别是对"约翰逊县战争"和牛镇骚动描述得津津有味。评论者还认为《牧牛大王》是一些研究专题史的参考书。这些评论是宣传他的书所需要的。然而，这些评论对阿瑟顿书中的观点正确与否，均未涉及。

《牧牛大王》出版的第二年，《印第安纳历史杂志》第 2 期也刊发了几篇评论文章。艾伦·T. 诺兰评论道:"美国西部史学家们认为刘易斯·阿瑟顿教授的《牧牛大王》是一部有新意并有价值的著作。刘易斯·阿瑟顿教授把经济史的一些方法和假设用到了牧业边疆。在本书中，作者把牧场主定义为企业家、资本家和铁路建造者。因为牧场主是牧牛王国的主导者，他们对美国西部和美国文化的深远影响具有巨大的贡献。具体而言，作者使用'群体特性'来分析牧场主们。相反，作者却把牛仔们描述为'马背上的雇工'，对美国历史的进程没有什么影响。"② 诺兰的这一评论，归纳了美国西部史学家对《牧牛大王》的评价、阿瑟顿的研究方法

---

① Lewis Atherton, *The Cattle Kings*, back cover.

② Alan T. Nolan, "Book Reviews," *Indiana Magazine History*, vol. 36, No. 2, 1962, p. 17.

及其主要观点。《牧牛大王》之所以被认为"有新意并有价值",是因为在此之前,还没有学者把牧场主定义为"企业家、资本家和铁路建造者"。阿瑟顿把经济学的一些研究方法,以"群体特性"论析牧场主也有别于其他研究牧业边疆的著作。诺兰概括了阿瑟顿褒扬牧场主和贬抑牛仔的主要观点,但对这种观点正确与否未作评论。

同期的《印第安纳历史杂志》上还有唐纳德·J. 伯思朗的一篇评论。该文中,伯思朗主要概述了《牧牛大王》论述的重要问题及其主要观点。在婚姻家庭关系上,阿瑟顿认为牧场主要妻子遵循丈夫的训诫,并使他们的妻子同样受人尊敬。阿瑟顿认为,牧场主在西部追求的是财富,而不是冒险。为了筹集到所需要的资本,牧场主们控制了各种经济组织来筹措资金。与此同时,一些牧场主也把自己的资本投资于其他行业,甚至土地投机。牧场主们都尽力避免各种风险给牧牛业带来损失。伯思朗在概述了《牧牛大王》的主要内容观点后,总结道:"阿瑟顿教授考察了大量一、二手资料来撰写这部著作,为对牧业边疆这段历史不甚了解的人提供了翔实的论述。"[1] 伯思朗的评论有助于读者了解《牧牛大王》的主要内容和主要观点,但他对阿瑟顿的观点依然只有介绍,而没有涉及评论者是否同意。

1964 年,迈克尔·S. 肯尼迪首次明确表达了他对阿瑟顿观点的看法。肯尼迪于这一年选编、出版了《牛仔与牧场主》一书。在该书的"绪论"中,肯尼迪引用了阿瑟顿在《牧牛大王》中表述的主要观点,并做了否定的评论。肯尼迪写道:"刘易斯·阿瑟顿认为很有必要写成《牧牛大王》这样一大本书,以偿还对这些'大人物们'长期的欠账。他说,因为'我相信,在塑造文化发展方面,牧场主远比牛仔重要,而且也更加激动人心。牛仔作为被雇用的马背雇工,由于受低层次环境的拖累,对美国的历史进程的影响极为有限……'"肯尼迪很不赞同阿瑟顿的观点,他以蒙大拿的实际情况进行了反驳。肯尼迪称,在蒙大拿,有太多的牛仔最后都成了牧场主,牛仔出身的"牧牛大王"比例非常高。他先列举了格兰维尔·斯图尔特等四个牧场主的例子,又进而以特迪·布卢·阿博特为例,说他在做牛仔时就已光彩照人,后来的大半生都是一

---

[1] Donald J. Berthrong, "Book Review," *Indiana Magazine History*, vol. 36, No. 2, 1962.

个成功的牧场主。肯尼迪还提到了查利·拉塞尔,一个自谦为"穷"牛仔的看马人和驯马人,最终却成了美国开放牧区时代闻名于世的最重要的艺术家。肯尼迪进而评价说,"阿瑟顿的观点更像是在讲述一个将军眼中的战地故事。"其实就一个战场而言,"军队的数量总是多得难以计数。因此,本书中不光有牧场主,还应有为数更多的牛仔和关于牛仔的讨论。"肯尼迪坚信,这样的写法才是"平衡的"。肯尼迪还谈及他用以进行论证的事实材料,这些材料都没有经过任何编辑曲解,它们也恰好能验证肯尼迪的想法的正确性,而与阿瑟顿的观点"不一致"。①

对塞德曼《马背生涯》的最早评论,则被印制在该书精装本的扉页上,作为出版社对该书的内容简介。短文阐明了"长途驱赶"的重要意义。文称:内战后,得克萨斯的赶牛人踏上赶牛小道,把牛群赶到铁路沿线的牛镇。1860—1890 年有 600 万头长角牛被驱赶,"牧牛王国"由此形成。每年有数不清的牛被赶上牛道,再经火车运来芝加哥,为密西西比东部工业区的工人提供肉食。据此,短文肯定:"牧牛王国是边疆生活最后一部史诗,牛仔是史诗中的英雄"。短文接着又连连发问:"牛仔是谁?他们来自哪里?他们作为骑手、作为普通人、作为肉类产业工人经历的性质是什么?"紧随的回答是:"在本书中,劳伦斯·塞德曼查阅了大量鲜为人知的回忆录和牛仔的自传,来讲述牛仔鲜活而重要的历史事实。"② 简短的内容介绍,把因长途驱赶而形成的"牧牛王国"称为边疆生活的"最后史诗",而牛仔是"史诗中的英雄"。塞德曼是用真实的历史事实来写牛仔英雄。

《纽约时报》书评栏目也对《马背生涯》进行了评介,评介的主要内容印在了 1973 年出版的《马背生涯》简装本的封底,标题为《当西部完全开放而牛仔不只是神话之时》。该评介认为,《马背生涯》讲述的牛仔是与时下美国流行的牛仔不同的。"当前,我们对牛仔的认知来自层出不穷的电影、电视节目和通俗小说,它们都把牛仔描绘成最具浪漫色彩的英雄,一直充当着'美国梦'里的角色。本书讲述了一个截然不同的牛仔故事,他是 1866—1896 年这一时期的实际主宰者。通过挖掘第一手的

---

① Michael S. Kennedy, ed., *Cowboys and Cattlemen*, p. xi.

② Laurence I. Seidman, *Once in the Saddle*: *The Cowboy's Frontier*, 1866 - 1986, title page.

资料……重现了那一段由人、马和牛彻底改变的美国西部的非凡岁月"。该书呈现了这一时期牛仔生活的真实面貌:"漫天的尘土、牛队炸群、牛道上的饥渴和提心吊胆的夜晚,以及当牛仔到达牛镇,那里的沙龙、赌场、妓院等",还杂列了"一些非常精彩的叙述文本和歌曲等"。《纽约时报》评论道,该书"很好地从历史的视角讲述牛仔现象和牧牛业……你能身临其境般地从中感受到牧区牛仔的气息"。① 从上面的评介我们可以了解到,《马背生涯》是用第一手资料讲述历史上真实的牛仔。作者重现了美国内战后西部"牧牛王国"兴起发展的历史,以及牛仔在牛道上和牛镇里的全部活动。塞德曼讲述的牛仔不同于美国时下用文学、影视作品虚构的"美国梦中最浪漫的"牛仔英雄。正是由于《马背生涯》讲述的牛仔的历史真实性,使它成了当时美国的畅销书。

1979 年,卡伦·德南贝格在《历史教师》第 4 期上发表了评论《马背生涯》的文章。德南贝格认为,塞德曼"用了大量第一手资料","全面阐释了美国牧牛王国的发展,概述涵盖了对印第安人的处理、野牛屠杀、牛仔生活、牧场主与移民的冲突"。评论认为,《马背生涯》中用了大量原始日记和其他资料,"探讨了铁路通向东部市场的问题"。德南贝格认为,"作者精确地讲述了牛仔的生活。作者查阅了报纸中和其他一手资料中关于牛仔长时间的工作、食物不定、休息不足和牛群炸群。作者提供的歌曲中体现了孤独和牛仔的冒险活动"。评论也指出了《马背生涯》一书的不足,"尽管作者使用了大量的一手资料,但是深度不够。这本书对于 9—10 年级的学生比较适用"。② 德南贝格较为全面的评价,指出了《马背生涯》是用大量一手资料为基础,讲述的"牧牛王国"和牛仔真实的历史。因为篇幅所限,书的内容深度不够,是适合中学生的读物。

《牧牛大王》和《马背生涯》面世以来,在美国学术界引发了一些反响和评论。但正如上面介绍的那样,对《牧牛大王》,多数评论只提及阿瑟顿是倾心尽力推崇牧场主的第一人,他在研究中引进了经济史的方法,具有新意等,少有对其所持观点作出评价的文章,只有肯尼迪表达了对

---

① Laurence I. Seidman, *Once in the Saddle*: *The Cowboy's Frontier*, 1866 – 1986, back cover.

② Karen Denenberg, "Review," *History Teacher*, vol. 12, No. 4, 1979, pp. 581 – 582.

阿瑟顿的观点的不赞同。对《马背生涯》，评论者都认为塞德曼写的是"牧牛王国"和牛仔的真实历史。他对牛仔的艰苦劳作、艰辛生活、他们在马背生涯中经历的凶险、他们对美国历史进程和文化发展的贡献乃至他们在牛镇的不良活动，都做了历史的、真实的讲述，可信度强。评论也指出了《马背生涯》深度不够的问题，这可能是因为该书的对象是青少年的原因。对这样的读者，历史应写得真实且简明扼要，而非深奥难懂。

从阿瑟顿和塞德曼所持的观点中，反映出这样几个问题。其一，财富是怎样产生的？其二，历史是谁创造的？其三，对历史人物的评价是否应持"双重标准"？

阿瑟顿和塞德曼把财富的产生归结于不同的人和不同的方式。在《牧牛大王》一书中，阿瑟顿把牧场主定义为企业家和资本家，是财富的创造者，而使财富增加的是资本。他写道："当然，在牧牛王国最兴盛时期，资本在生产三要素中一直是最值钱的。廉价土地和开放牧区初创并继续支撑着牧牛的狂热，茫然的年轻人为图牛仔的虚名，愿意低工资工作。然而，在整个时期，利润仍然是高的。"[1] 阿瑟顿认为，19世纪80年代后期，"牧牛王国"普遍的经济状况是土地廉价、雇工成本低，但资本稀缺。[2] 为了筹集到急需的资本，牧场主们尽力挖掘利用各种经济组织。阿瑟顿详细讲述了得克萨斯大牧场主查尔斯·古德奈特、怀俄明"斯旺土地牧牛公司"总经理约翰·克莱等四处筹集资本的活动，从银行乃至个体经济组织，都不放过。[3] 在阿瑟顿看来，在"牧牛王国"兴起和发展的过程中，只有"资本"自始至终创造了最高的利润。牧场主投入的资本越多，他所获得的利润也越多，其财富就增长得越快。在早期个体牧场时期，牧场主还能与牛仔一起劳作，参与牧牛和售牛。进入19世纪80年代，牧场公司化后，牧场主和牧牛公司的经理们不再参与牧场上的劳作，他们把主要精力放在资本的筹集上。他们认为，筹集的资本越多，财富就增长得越多。阿瑟顿称赞牧场主们这种致富方式，认为资本创造

---

① Lewis Atherton, *The Cattle Kings*, p. 192.

② Ibid. , p. 171.

③ Ibid. , pp. 182 – 186.

了财富。

塞德曼所持观点与阿瑟顿不同。在《马背生涯》中,塞德曼肯定地说:"对镀金时代的财富,牛仔贡献很多。"[1] 这清楚地表明,塞德曼认为是牛仔们长期的艰苦劳作创造了美国镀金时代的财富。也就是说,牧场主们增长的大量财富主要是由牛仔们长时间的艰苦劳动创造的。为了阐释这一观点,塞德曼选取了"牧牛王国"中最具特色的劳动环境,详细描述牛仔们长时间的艰苦劳作。其一是美国历史上壮丽的篇章"长途驱赶"。其二是严重的牧区天灾"1886 年和 1887 年美国西部历史上罕见的暴风雪"。在长途驱赶中,即使没有突发事件,牛仔们在马背上的工作时间都比在牧场劳作时间长。他们夜里只能休息五六个小时。如果遇到牛群炸群等突发事件,他们整夜甚至连续几天都无法休息。一次"长途驱赶"历时少则 2—4 个月,多则长达半年。正是靠牛仔们在"长途驱赶"中长时间的艰苦劳作,才实现了牧场主赚钱的目的。在那两场历史上罕见的暴风雪中,在冰天雪地中冒死奋力在峡谷、冰水中拯救牛群的是牛仔,而见不到牧场主的踪影。牛仔们以长时间的劳作使一些牛群被保护下来。这样就可以减少牧场主的损失。暴风雪过后,牧场主的牛群又可以被赶往牛镇出售,变成财富。

在财富是如何产生的问题上,塞德曼的观点更符合历史唯物主义,只不过未能深入探及资本靠劳动创造剩余价值的根本。马克思指出:"资本是死劳动,它像吸血鬼一样,只有吮吸活劳动才有生命,吮吸的活劳动越多,它的生命就越旺盛。"[2] 在美国西部牧区,牧场主用以购买廉价土地和牛群等投资是死劳动,而牛仔在牧场或牛道上的劳作是活劳动。牧场主就是靠剥削牛仔们的劳动,创造出最大化的剩余价值,使其资本不断增加而发家致富的。首先,正是牛仔们的劳动,实现了资本的保值和增值,带来了财富的不断增加。如果没有牛仔们在牧场上放牧管理牛群,那么牛就会跑向荒野,变成无主的野牛。如果没有牛仔春秋两季的"赶拢",那么几个牧场主的牛会混杂在一起,牧场主们便无法分割他们的财产。如果不是牛仔们把牛群从得克萨斯赶往牛镇出售,那么牛在当

---

[1]　Laurence I. Seidman, *Once in the Saddle: The Cowboy's Frontier*, 1866 – 1986, p. 188.

[2]　马克思:《资本论》第 1 卷,人民出版社 2004 年版,第 269 页。

地就没有市场价值，即使牛再多也增加不了牧场主的财富。如果不是牛仔们在暴风雪中舍命保护和抢救牛群，那么牧场主们只能望着他们的牛变成僵尸。他们的财富怎能不断增加呢？正是牛仔们艰辛的劳动，保护了牧场主的财富，并创造了财富的不断增长。其次，剥削牛仔的劳动，只支付牛仔低微的工资，也是牧场主财富迅速积累增加的重要原因。只对牛仔支付低廉的工资，有效降低了生产的成本，保证了绝大部分利润流入牧场主的腰包。这是牧场主主动的剥削性行为，并不是像阿瑟顿讲的那样，牛仔只为了虚名而愿意接受低微的工资。在牧场主暴富的年代，牛仔也曾为增加工资或为至少不降低工资举行过罢工，但牧场主凭借其政治和经济优势，把罢工的牛仔挫败了。牧场主为维护其私利，只付给牛仔低工资。如果不是牧场主以其资本不断吮吸牛仔的劳动，他们就不会在牧牛业繁荣的年代暴富。牧场主之所以与不同时代的"钢铁大王""石油大王"那样成为"牧牛大王"，是对牛仔长期艰苦劳动剥削的结果。

在历史由谁创造的问题上，阿瑟顿与塞德曼持相反的观点。阿瑟顿认为牧场主是"牧牛王国"的主导者，对美国西部、对美国历史进程和文化的发展具有重大影响。他认为牛仔受低层次环境的影响，对美国历史和文化的发展没有什么贡献。① 自从 1893 年弗雷德里克·J. 特纳奠定"边疆学派"的基础后，以特纳为代表的"边疆学派"强调研究西部开拓进程的西进史学，很多著作都冠以边疆的名称，如雷·艾伦·比林顿的《向西部扩张：美国边疆史》。这本著作于 1949 年出了第一版，以后数版书名未变。书中一些章节也以边疆为标题，如"采矿者的边疆""牧场主的边疆"和"农场主的边疆"等。② 比林顿把牧场主作为牧牛边疆史叙述的主体。阿瑟顿与比林顿一脉相承，也是把牧场主作为"牧牛王国"的主导者对待。塞德曼的观点则与美国传统的史学观点不同。他认为"牧牛王国"是牛仔的边疆，开发牧业边疆的时代是牛仔的时代。塞德曼认为"牛仔的时代发生在镀金时代。它是美国人民创建工业帝国中所获

① Lewis Atherton, *The Cattle Kings*, p. xi.

② Ray Allen Billington, *Westward Expansion: A History of the American Frontier*, Fourth Edition, New York: Macmillan Publishing Co., Inc., 1974, pp. 529, 582, 613.

巨大成就的一部分"。① 从这些明确的表述中我们可以看到，塞德曼秉持
人民群众是历史的主人，是历史的创造者的立场。在他看来，是数万名
不同年龄、不同肤色、不同族裔、不同国籍的牛仔，以他们长期艰苦卓
绝的马背劳作，缔造起一个疆域辽阔的"牧牛王国"。"牧牛王国"繁荣
主要是牛仔的劳动创造的，这个繁荣的时代应是属于牛仔的时代。由于
"牧牛王国"的兴起，满足了美国在镀金时代建造工业帝国时对肉类的巨
大需求，改变了美国人的饮食结构，建成了世界上最大的肉类加工、包
装、贮运企业，使芝加哥在这个产业中成为世界的中心。"牧牛王国"是
美国建造工业帝国巨大成就的组成部分。塞德曼的历史观是人民群众创
造历史的唯物史观。相较而言，阿瑟顿所坚持的"经济精英"即牧场主
决定"牧牛王国"乃至美国历史进程发展的观点，就不符合历史的真
实了。

至于为什么美国人民把牛仔作为民间的英雄，塞德曼也作了深刻的
分析。他指出："与镀金时代的贪婪、把人们禁锢在贫民区和工厂相比，
牛仔是作为自由选择自己的命运和有个性的英雄人物出现的。这种想象
残存至今，是作为一种神话，寄托了美国人头脑中对一个把人变成机器，
并残酷地对他进行剥削，在一个厚颜无耻地以阶级定位的社会中毁灭民
主的平等精神的时代的厌恶情怀。"② 这种使牛仔成为英雄的原因，也许
是阿瑟顿无法理解的。牛仔为什么在他身处的环境已成为历史后反而名
声大噪？塞德曼也作出了解释。他认为牛仔的时代"虽然仅仅持续了30
年，但牛仔的生活抓住了世界的想象力。在百余年后，牧牛王国和牛仔
依然具有不可思议的吸引力"。③ "在遍及全球的每一个角落，儿童们仍然
在扮演牛仔和印第安人，成年人则观赏西部主题的影片"。阿瑟顿对这种
现状非常不满。他列举了十余位著名的大牧场主，感叹道："历史给这些
有创造力的艺术家准备了一个多么宏大的人物阵容啊！"④ 然而，"只有屈
指可数的小说家把牧场主作为中心人物，但通常把他们描绘成缺乏个性

① Laurence I. Seidman, *Once in the Saddle: The Cowboy's Frontier*, 1866 - 1986, pp. 187 -
188.

② Ibid., p. 188.

③ Ibid..

④ Ibid., p. 185.

的呆板类型。"① 为了改变这种现状，阿瑟顿写了《牧牛大王》。正如迈克尔·S. 肯尼迪评论的那样，阿瑟顿用这一整本书写牧场主，为的是偿还"对他们长期的欠账"。阿瑟顿在对牧场主未成为作家描绘的中心人物鸣不平的同时，也极力贬抑说牛仔英雄是许多牛仔的集合体，美国人并不愿意赋予他超人的个性。其言外之意是牛仔英雄只不过是没有超人个性的普通牛仔群体，将来应该由有"超人的个性"人物取代"牛仔英雄"。阿瑟顿认为应该让牧场主取代牛仔在美国历史和文化中的角色。然而，在广大美国人的心目中，牛仔"不仅是开拓者"，"还象征着美国西进的岁月。其形象无处不在。"② 尽管阿瑟顿极力想改变这种状况，但也无力回天。迄今为止，还没有任何边疆人物能取代牛仔在美国人心目中的位置。

在评价历史人物上，阿瑟顿用的是"双重标准"。在写《牧牛大王》时，书中的牧场主和牛仔都已成了历史人物。对于他们所做的事情，阿瑟顿不是以事论是非，而是以人论是非。在他的著作中，一个突出的例证就是婚姻、家庭和与"妓女"的交往问题。在这一问题上，阿瑟顿采取了"双重"的道德标准。如前所述，牛仔的经济状况使他们无法结婚和成家立业，他们就到妓女中找女性伴侣。很多牛仔因此得了性病，不能再从事牧区的工作。在阿瑟顿笔下，行文叙述赤裸裸，道德上的贬抑色彩毫不遮掩，跃然纸上。而对于牧场主与"妓女"的关系，阿瑟顿则行文曲婉，轻描淡写地说他们崇拜"好女人"，但也认识各处牛镇的"妓女"。并进而强调一旦他们步入婚姻，就能给予家庭生活稳定。从阿瑟顿的这些表述来看，无论是牛仔还是牧场主，都与妓女交往。可是在他看来，牛仔与妓女交往是金钱交易，只图暂时的愉悦，结果得了性病；牧场主虽认识各处牛镇的妓女，但崇尚"好女人"的道德本性不变，还保持着家庭的稳定。卖淫嫖娼是有阶级社会以来就产生存在的一种社会丑恶行为，应受到谴责。然而，阿瑟顿在谈到牛仔的这种行为时，是用很犀利的批判口吻，而对牧场主的这类行为只是轻描婉转，似乎不过是他

① Lewis Atherton, *The Cattle Kings*, p. 241.

② William W. Sawage, Jr., ed., *Cowboy Life: Reconstructing an American Myth*, Niwot: University Press of Cobrado, 1993, p. 3.

们有稳定家庭生活的一点"浪漫"点缀。这显然是一种"双重"的标准。阿瑟顿说到牛仔的经济状况无法结婚和成家立业,只说了表面现象,并没有指出造成这一现象的真正原因。这种真实的原因恰恰是牧场主们为了发财致富,只支付给牛仔低工资,使这些马背雇工们没有结婚成家的经济能力。还有一个原因是,当时牧场主们明确规定不允许牛仔们结婚成家。再者,在评价牛仔的历史功过时,应把他们在牛镇几日的荒唐放在他们一生在马背上辛勤劳作所做的贡献中进行综合考察。既不能因其在牛镇的不当行为而否定牛仔一生的成绩,也不能为肯定其贡献而护短。阿瑟顿之所以如此,并认为"牧场主远比牛仔重要",或许与他生长在一个"中产阶级价值准则"① 的家庭里有很大关系。

在这一方面,塞德曼就比较客观公正。他并不否定牛仔们与"妓女"交往的不道德性。塞德曼认为,杀手、投机商、酒吧经营者、拉皮条客和妓女等蜂拥进牛镇,"带来了不道德行为和犯罪"②,并讲述了包括寻找妓女等牛仔在牛镇的主要活动和所去的场所。与此同时,塞德曼又在全面地考察了牛仔们所有的活动之后,认定他们在美国的历史发展中做出了重要贡献。

在美国内战之后,西部的开发,不仅牧畜业,其他行业都进入发展的高潮。在这个所谓的"镀金时代",生产力飞速发展,一端是劳动强度的积累和贫穷的积累,另一端是财富的积累,各行各业的企业家、资本家、铁路大王等应运而生。阿瑟顿认定牧场主是"企业家""资本家",这是事实,但并不等于说,他们就"对美国西部和美国文化的深远影响具有重大的贡献"(阿瑟顿语)。正是他们对广大牛仔的压迫、剥削的加剧,才导致他们财富增长、经济地位上升和牛仔的境遇每况愈下。这正说明,牧牛王国的财富是牛仔创造的。没有牛仔的艰辛劳作,甚至付出生命,牧牛王国也不可能发展到后来的巨大规模。牧牛王国的产生、发展,是广大牛仔辛劳的成果,牛仔对牧牛王国做出了最大的贡献,这是符合历史真实的科学结论。阿瑟顿们观点的错误在于,他们无

---

① "Lewis Atherton," http：//shs. umsystem. edu/manuscripts/columbia/3603. pdf. 2009 年 9 月 12 日查阅。

② Laurence I. Seidman, *Once in the Saddle*：*The Cowboy's Frontier*, 1866 – 1986, p. 87.

视牛仔的艰辛劳动，无视牧场主们的财富是牛仔劳作所创造，反而歪曲事实，对牛仔进行人身攻击、人格否定，甚至进行诬蔑。正因为其立场、观点的明显偏颇，阿瑟顿们并没有得到美国学术界更多学者的响应。

（本文作者系首都师范大学历史学院教授）